Neukirchener

Neukirchener Theologische
Dissertationen und Habilitationen
Band 30

Tobias Eißler

Pro ecclesia

Neukirchener

Tobias Eißler

Pro ecclesia

Die dogmatische Theologie
Peter Brunners

Neukirchener

© 2001 Neukirchener Verlag
Verlagsgesellschaft des Erziehungsvereins mbH, Neukirchen-Vluyn
Alle Rechte vorbehalten
Umschlaggestaltung: Hartmut Namislow
Satz und Druckvorlage: Andrea Eißler
Gesamtherstellung: Breklumer Druckerei Manfred Siegel KG
Printed in Germany
ISBN 3-7887-1866-8

Die Deutsche Bibliothek – CIP-Einheitsaufnahme

Eißler, Tobias:
Pro ecclesia: die dogmatische Theologie Peter Brunners / Tobias Eißler. – Neukirchen-Vluyn: Neukirchener, 2001
  (Neukirchener theologische Dissertationen und Habilitationen; Bd. 30
  Zugl.: Erlangen, Nürnberg, Univ., Diss., 1999
  ISBN 3-7887-1866-8

Gedruckt auf alterungsbeständigem Papier; gedruckt mit Unterstützung der Deutchen Forschungsgemeinschaft.

D 29

Vorwort

Am 25. April 2000 jährte sich der Geburtstag von Professor Dr. Peter Brunner zum hundersten Mal. Das war jedoch nicht der Anlaß dafür, daß die vorliegende Arbeit geschrieben wurde. Sie wurde vielmehr veranlaßt durch die Art und Weise Peter Brunners, Theologie zu treiben. Eine Art und Weise, die eine ungewöhnlich gediegene Form der Theologie hervorgebracht hat! Ich lernte sie während des Theologiestudiums dadurch kennen, daß ich bei Gelegenheit zwei preisgünstige Aufsatzbände eines seinerzeit in Heidelberg lehrenden Systematikers erwarb, von dem es hieß, er habe als aktives Mitglied der Bekennenden Kirche den Weg ins KZ Dachau antreten müssen. Die Aufsätze dieses Theologen erwiesen sich als verständliche, gründliche Einweisungen in eine evangelische Lehre, die sich nicht nur als Orientierungshilfe im Rahmen der akademischen Ausbildung bewährte, sondern die sich auch als Praxishilfe für die Ausübung des kirchlichen Amtes zu empfehlen schien. Die Erfahrungen in meiner Vikariatszeit, zu denen eine Diskussion um die Kindertaufe und die Kindersegnung gehörte, bestätigten diesen Eindruck. So reifte der Entschluß zu einer eingehenderen Beschäftigung mit dem Theologen Peter Brunner, der heute wenig Beachtung findet und insofern zu den Außenseitern unter den Systematikern des zwanzigsten Jahrhunderts zu rechnen ist. Es dürfte für die Kirche des Evangeliums gewinnbringend sein, wenn sie aufmerksamer und intensiver als bisher auf die eindringliche Stimme Brunners hörte.

Diese Arbeit wurde im Dezember 1999 von der Friedrich-Alexander-Universität Erlangen-Nürnberg als Promotionsleistung angenommen und auf Vorschlag der evangelisch-theologischen Fakultät mit dem Staedtler-Promotionspreis 1999 ausgezeichnet, wofür ich Dekan Professor Hans G. Ulrich und allen Fakultätsmitgliedern meinen Dank aussprechen möchte.

Ganz besonders habe ich Herrn Professor Dr. Reinhard Slenczka zu danken, der als fachkundiger, aufmerksamer und ermutigender Berater für das Zustandekommen der vorliegenden Untersuchung gesorgt hat. Er erstellte auch das Erstgutachten. Für die Ausarbeitung des Zweitgutachtens danke ich Herrn Professor Dr. Walter Sparn.

Dank gebührt auch dem Vorstand des Albrecht-Bengel-Haus-Vereins und Herrn Rektor Dr. Rolf Hille für ein Jahr der Freistellung von der üblichen Assistententätigkeit, in dem die vorliegende Untersuchung ausgearbeitet werden konnte.

Herrn Pastor Rudolf Weth und allen anderen Verantwortlichen des Neukirchener Verlags danke ich für die Aufnahme dieses Werks in die Reihe „Neukirchener Dissertationen und Habilitationen".

Finanziert wurde die Drucklegung durch einen namhaften Druckkostenzuschuß der Deutschen Forschungsgemeinschaft, deren Vertretern ich für die großzügige Förderung sehr danken möchte.

Bedanken möchte ich mich nicht zuletzt bei meiner Frau Andrea Eißler, die das Dissertationsprojekt durch ihre Begleitung ermöglicht und das Manuskript für den Druck vorbereitet hat.

Gewidmet ist die Arbeit Herrn Dr. habil. Eberhard Hahn, Studienleiter am Albrecht-Bengel-Haus, Tübingen, dem Freund und Förderer.

Mundelsheim, im Juni 2001   Tobias Eißler

Inhalt

Kapitel 1: Einleitung... 13
    1.1 Begegnung mit der Theologie Peter Brunners 13
    1.2 Der Lebensweg Brunners 17
    1.3 Das Lebenswerk Brunners... 22
    1.4 Bisherige Forschungsarbeiten zur Theologie Brunners... 26
    1.5 Die Konzeption der vorliegenden Arbeit 28

Teil I: Die Grundlegung der dogmatischen Theologie

Kapitel 2: Theologie als kirchliche Wissenschaft............................ 37
    A. Darstellung
    2.1 Die Entscheidung für eine im Worte Gottes gegründete
         Theologie.. 37
    2.2 Theologie nach der eschatologischen Wende 42
    2.3 Gebundenheit und Freiheit der theologischen
         Wissenschaft 43
    2.4 Ortsbestimmung der Theologie im Umkreis der
         Wissenschaften... 45
    2.5 Zusammenfassung 50
    B. Diskussion
    2.6 Zur Entscheidung zwischen Neuprotestantismus und
         erneuertem Protestantismus 50
    2.7 Zum reformatorischen Theologieverständnis und seinem biblischen Hintergrund 55
    2.8 Zum Wissenschaftsbegriff... 59

Kapitel 3: Die Kirche als Ort der Theologie 63
    A. Darstellung
    3.1 Von der Sichtbarkeit der Kirche..................................... 63
    3.2 Vom Wesen der Kirche 66
    3.3 Der Geist und die Kirche 69
    3.4 Vom Wesen des kirchlichen Gottesdienstes 71
    3.5 Zusammenfassung 73
    B. Diskussion
    3.6 Ekklesiologie zwischen Barth und Jungluthertum........... 74

3.7 Zum reformatorischen und biblischen Kirchenverständnis 84
3.8 Die Bedeutung des Kirchenbegriffs für den Theologiebegriff 87

Kapitel 4: Das Evangelium als Vorgabe und Aufgabe der Theologie 91
A. Darstellung
4.1 Gesetz und Evangelium 91
4.2 Das verkündigte und geglaubte Evangelium als Voraussetzung der Theologie 93
4.3 Das zu verkündigende Evangelium als Gegenstand der Theologie 96
4.4 Zusammenfassung 98
B. Diskussion
4.5 Zum Verständnis des Evangeliums 99
4.6 Zum Verhältnis von Glaube und Theologie 103
4.7 Zum Verständnis der theologischen Aufgabe 107

Kapitel 5: Die Offenbarung des Wortes Gottes als Kondeszendenz 111
A. Darstellung
5.1 Die Offenbarung des Wortes Gottes als Problem und als Tatsache 111
5.2 Die Wortoffenbarung in der Schöpfung 113
5.3 Die Wortoffenbarung in der Bundesgeschichte 115
5.4 Die Wortoffenbarung in Jesus Christus 116
5.5 Zusammenfassung 118
B. Diskussion
5.6 Zum Verhältnis von Gottes Wort und Menschenwort ... 118

Kapitel 6: Die Bedeutung der Heiligen Schrift für die Theologie 127
A. Darstellung
6.1 Die Autorität des apostolischen Wortes 127
6.2 Die Autorität des alttestamentlichen Kanons 130
6.3 Die mündliche Überlieferung des apostolischen Wortes 132
6.4 Die Autorität des neutestamentlichen Kanons 135
6.5 Zusammenfassung 140
B. Diskussion
6.6 Zur Bedeutung der alttestamentlichen Schriften 141
6.7 Zum Verhältnis von apostolischer Verkündigung und apostolischer Schrift 144
6.8 Zum Verhältnis von Geist und Schrift 151
6.9 Zum Verständnis des Kanons der Heiligen Schrift 157

Inhalt 9

Kapitel 7: Die Bedeutung des kirchlichen Bekenntnisses für
   die Theologie 165
A. Darstellung
   7.1 Bekenntnisstand und Bekenntnisbindung 165
   7.2 Das Bekenntnis und die theologische Aufgabe 168
      7.2.1 Theologie der Bekenntnisschriften als
         Prolegomena zur Dogmatik 168
      7.2.2 Das Bekenntnis als Gestalt des Evangeliums 171
      7.2.3 Das Bekenntnis als verbindliche Schrift-
         auslegung 172
   7.3 Die Bedeutung des lutherischen Bekenntnisses
      für heute 174
   7.4 Zusammenfassung 177
B. Diskussion
   7.5 Zur Bedeutung des Bekenntnisses für die neuere
      Theologie 178
   7.6 Zur Bedeutung des Bekenntnisses für die reforma-
      torische und die biblische Theologie 182
   7.7 Brunners Bekenntnis 188

Kapitel 8: Historisch-philologische Wissenschaft und dogmati-
   sche Theologie 189
A. Darstellung
   8.1 Vom Recht und von der Grenze der Geschichts-
      wissenschaft in der Theologie 189
   8.2 Vom Recht und von der Grenze der historisch-
      philologischen Wissenschaft in der Theologie 196
   8.3 Dogmatische Theologie als Angelpunkt der Theologie 202
   8.4 Zusammenfassung 207
B. Diskussion
   8.5 Zum Verhältnis von Geschichtswissenschaft und
      Theologie 208
   8.6 Zum Verhältnis von historisch-philologischer
      Wissenschaft und Theologie 218
   8.7 Zum Verständnis der dogmatischen Theologie 224

Kapitel 9: Zwischenergebnis 233

Teil II: Die Durchführung der dogmatischen Theologie

Kapitel 10: Der Gottesdienst der Kirche 243
   10.1 Theologische Verantwortung für den Gottesdienst 244
      10.1.1 Die Verantwortung in der kirchengeschicht-
         lichen Situation 244

10.1.2 Die Verantwortung im Blick auf die liturgische
   Tradition 247
10.1.3 Die Verantwortung im Spannungsfeld der
   theologischen Diskussion 250
10.2 Der Gegenstand und die Aufgabe der Lehre vom
   Gottesdienst 252
   A. Darstellung
   10.2.1 Der Gegenstand der Gottesdienstlehre 252
   10.2.2 Die Aufgabe der Gottesdienstlehre 253
   B. Diskussion
   10.2.3 Zum Verständnis des Begriffs „Gottesdienst" 254
   10.2.4 Zur Orientierung der Gottesdienstlehre am
      Wort Gottes 256
10.3 Der dreifach bestimmte Ort des Gottesdienstes 259
   A. Darstellung
   10.3.1 Der heilsökonomische Ort des Gottesdienstes 260
   10.3.2 Der anthropologische Ort des Gottesdienstes 263
   10.3.3 Der kosmologische Ort des Gottesdienstes 264
   B. Diskussion
   10.3.4 Zum heilsgeschichtlichen Horizont der Gottes-
      dienstlehre 265
   10.3.5 Zur Bedeutung des Gottesdienstes für den
      Menschen 269
10.4 Das Heilsgeschehen im Gottesdienst 274
   A. Darstellung
   10.4.1 Notwendigkeit und Struktur des Gottesdienstes .. 275
   10.4.2 Gottesdienst als Gottes Dienst im Wort 276
   10.4.3 Gottesdienst als Gottes Dienst im Abendmahl 279
   10.4.4 Gottesdienst als Dienst der Gemeinde vor Gott ... 281
   B. Diskussion
   10.4.5 Zum Verständnis der gottesdienstlichen
      Wortverkündigung 283
   10.4.6 Zum Verständnis des Abendmahls 289
   10.4.7 Zum Verhältnis von Gottes Dienst und des
      Menschen Dienst 299
10.5 Die Gestalt des Gottesdienstes 305
   A. Darstellung
   10.5.1 Die dogmatische Begründung der Gestalt 305
   10.5.2 Die Verwirklichung der Gestalt 306
   B. Diskussion
   10.5.3 Zur Frage nach der Angemessenheit der
      Abendmahlseulogie 308
10.6 Zusammenfassung und Würdigung 314
10.7 Die Gottesdienstbewegung der sechziger Jahre 319
   10.7.1 Gottesdienst und Wirklichkeit 320

Inhalt 11

    10.7.2 Zur Transformation des Gottesdienstes............... 321
    10.7.3 Neue Gottesdienstformen 322
    10.8 Brunners Kritik an den „Gottesdiensten in neuer
         Gestalt" 324
    10.8.1 Der zeitgemäße Gottesdienst................................. 324
    10.8.2 Der endzeitliche Gottesdienst................................ 332
    10.8.3 Der vernünftige Weltdienst.................................... 334

Kapitel 11: Das Amt der Kirche 337
  A. Darstellung
    11.1 Die Stiftung des ministerium verbi 337
    11.2 Das allgemeine Priestertum als Träger des
         ministerium verbi.. 339
    11.3 Der berufene Diener der Kirche als Träger des
         ministerium verbi.. 341
    11.4 Die Vokation und Ordination des Amtsträgers.......... 343
    11.5 Der Pastor als Bischof 345
    11.6 Das übergeordnete bischöfliche Amt 349
    11.7 Zusammenfassung 351
  B. Diskussion
    11.8 Zur Begründung des ordinierten Amtes 352
    11.9 Zur Gestalt des ordinierten Amtes 358
    11.10 Zum Verständnis der Vokation und der Ordination .. 365
    11.11 Zur Frage der Frauenordination 370
    11.12 Zur Form der Gemeinde- und Kirchenleitung 374

Kapitel 12: Die Einheit der Kirche 377
  A. Darstellung
    12.1 Die Einheit der Kirche und die Verwirklichung der
         Kirchengemeinschaft 377
    12.2 Die Frage der innerevangelischen Kirchen-
         gemeinschaft.. 381
        12.2.1 Das Problem der unierten Kirche 382
        12.2.2 Das Problem des Kirchenbundes....................... 385
        12.2.3 Die Arnoldshainer Abendmahlsthesen.............. 387
        12.2.4 Die Leuenberger Konkordie 389
    12.3 Die Frage der evangelisch-katholischen Kirchen-
         gemeinschaft.. 393
    12.4 Zusammenfassung 399
  B. Diskussion
    12.5 Zum Verständnis der ökumenischen Aufgabe 400
    12.6 Zur Frage der innerevangelischen Kirchen-
         gemeinschaft.. 406
    12.7 Zur Frage der evangelisch-katholischen Kirchen-
         gemeinschaft.. 416

Kapitel 13: Endergebnis 427

Abkürzungsverzeichnis 435

Literaturverzeichnis 436
 I. Schriften Peter Brunners 436
 II. Sekundärliteratur 441

Verzeichnis der Lehrveranstaltungen Peter Brunners 452

Kapitel 1: Einleitung

Dieses einleitende Kapitel soll einen Eindruck von dem Typos der Theologie Brunners vermitteln (1.1), bevor es informiert über seinen Lebensweg und sein Lebenswerk (1.2, 1.3), über bisherige Brunner-Studien (1.4) und die Konzeption der vorliegenden Untersuchung (1.5).

1.1 Begegnung mit der Theologie Peter Brunners

In einem evangelischen Sonntagsblatt hat Brunner am 21. Mai 1950 einen Artikel veröffentlicht, der die Überschrift trägt: „Die ganze Theologie auf einem Bogen Papier".[1] Dieser Artikel enthält ein persönliches Glaubensbekenntnis Brunners und gleichzeitig in nuce den ganzen Horizont seines theologischen Denkens. Deshalb wird der Text an dieser Stelle ungekürzt zitiert:

„Die ganze Theologie auf einem Bogen Papier
Graf Zinzendorf hat einmal gesagt, man müsse die ganze Theologie mit großen Buchstaben auf ein Oktavblatt schreiben können. Was über den Inhalt unseres christlichen Glaubens zu lehren ist, muß sich in der Tat in wenigen Sätzen zusammenfassen lassen. Martin Luther hat uns in seiner Auslegung der drei Artikel unseres christlichen Glaubens eine solche kurze Zusammenfassung geschenkt, deren Inhalt für alle Zeiten in der christlichen Kirche eine vorbildliche und verpflichtende Bedeutung behalten wird. Doch wird jede Generation die Aufgabe haben, diese unauflöslichen Elemente des christlichen Glaubens auf Grund der Heiligen Schrift und in Übereinstimmung mit dem Bekenntnis der Väter auch mit eigenen Worten und nach dem Maße der geschenkten Einsicht und Gewißheit auszusprechen. Bei dem Versuche (sic!), solche Einsicht und Gewißheit in wenigen Sätzen zusammenzufassen, wird sich herausstellen, was tatsächlich zu unserem inneren geistlichen Besitz geworden ist.
Die folgenden Sätze sind das Ergebnis eines Versuches, auf einem Bogen Papier zusammengefaßt das niederzuschreiben, was durch das uns verkündigte Evangelium zu den Grundpfeilern unseres Glaubens geworden ist. Keiner dieser Sätze kann bewiesen werden. Darum steht über jedem Satz: ‚Ich glaube.' Der Aussage ‚Ich glaube' kommt aber eine Gewißheit zu, die es sonst in der Welt nicht gibt. Dieses Vorzeichen ‚Ich glaube' bringt zum Ausdruck, daß der Inhalt dieser Sätze von mir, von der Existenzgrundlage meiner Person, nicht mehr abgelöst werden kann. Es ist kein Zufall, daß in jedem Absatz ‚Ich' oder ‚Wir' vorkommt, obwohl in diesen Sätzen auch von Ereignissen gesprochen wird, die lange vor meinem

---

[1] Kirche und Gemeinde. Evangelisches Sonntagsblatt für Baden 5 (1950), 143f.

Geburtstag geschehen sind und wahrscheinlich erst lange nach meinem Todestag geschehen werden. Aber dies ist das Geheimnis des christlichen Glaubens, daß ich selbst jetzt und hier von diesem Geschehen, das sich da außerhalb meines Lebens zugetragen hat und zutragen wird, in einer sehr konkreten Weise betroffen bin. Von dieser Geschichte außer mir – sie beginnt mit der Erschaffung der Welt, sie ist zusammengefaßt in dem *einen* Namen *Jesus Christus*[2], sie kommt an ihr Ende in der Auferstehung von den Toten – von dieser Geschichte bin ich mit allem, was ich bin, so umfaßt, daß durch sie das Urteil über Leben und Tod über mich ergeht.

Doch genug der Vorworte! Hier folgt der Bogen Papier, auf dem m.E. ‚die ganze Theologie' geschrieben steht. Der Leser prüfe sich und frage sich, ob er sich selbst zusammen mit dem Schreiber dort wiederfindet, wo etwas von ‚mir' und über ‚mich' ausgesagt wird.

I

Ich glaube[3]: Gott der Vater hat mich und alles, was ist, durch seinen Sohn, der von Ewigkeit vor aller Welt beim Vater ist, erschaffen und mich mit allen Menschen und Engeln in seinem Sohn zu einer durch den Heiligen Geist vermittelten Gemeinschaft mit sich bestimmt und zur Teilhabe an seinem eigenen ewigen Leben ausersehen.

II

Ich glaube: Infolge des Sündenfalles[4] bin ich mit allen Menschen schon mit der Geburt unter die Herrschaft der Sünde, des Todes und des Teufels getreten. Ich habe mich[5] von Gott in Feindschaft abgewandt. Ich kann mit meinen eigenen Kräften seine Gebote nicht erfüllen. In der Verfassung, in der ich geboren bin, bin ich notwendig und dennoch schuldhaft ein Sünder, der unter Gottes Zorn steht. Daher bin ich im Gericht Gottes verloren, verdammt und tot in Ewigkeit, wenn mir nicht Rettung kommt von woanders her.

III

Ich glaube: Damit mir und allen Menschen Rettung widerfahren könne, erhält Gott mich und alle Menschen in seiner Langmut[6] trotz Sünde und Schuld leiblich und geistig in diesem irdischen Leben.

IV

Ich glaube: Die Rettung aus Verlorenheit, Verdammnis und ewigem Tod ist für mich und alle Menschen gekommen in Jesus Christus, der wahrhaftiger Gott ist, vom Vater vor aller Zeit in Ewigkeit geboren, der um unserer Rettung willen auf die Erde gekommen, auch als wirklicher Mensch geboren und in allem uns Menschen gleichgeworden ist – doch ohne Sünde. Er hat nach dem Willen des Vaters in freier Hingabe Gottes Zorn und Gericht in seinem Leiden und Sterben erduldet, die Herrschaft von Sünde, Tod und Teufel zerbrochen und aus Tod und Grab heraus in seiner Auferstehung ein neues, unzerstörbares Leben ans Licht gebracht, das allein und in Wahrheit Leben ist und ewig währt.

---

[2] Sperrdruck im Original wird stets durch Kursivschrift wiedergegeben. Graphische Besonderheiten, die für die Intention oder Akzentsetzung des Textes ohne Bedeutung sind, wie z.B. Kapitälchenschreibung von Autorennamen, finden bei der Wiedergabe von Zitaten keine Berücksichtigung. Griechische Buchstaben werden nach dem System der klassischen Transliteration wiedergegeben (äta = e, omega = o).

[3] Es existiert eine Kopie des Textes, auf der handschriftliche Nachträge BRUNNERs (Abk. HN) zu erkennen sind. HN setzt „Ich glaube" in Absatz I bis III in Klammer.

[4] HN ersetzt „Sündenfalles" durch „Einbruchs der Sünde in die Welt".

[5] HN ersetzt „habe mich" durch „bin von Haus aus".

[6] HN ersetzt „in seiner Langmut" durch „im Blick auf das Opfer Jesu Christi".

V

Ich glaube: Jesus Christus hat in der Vollmacht Gottes die Verkündigung seines Evangeliums, die heilige Taufe[7] und sein heiliges Mahl als die rettenden Machtmittel eingesetzt, durch die er uns in das Heilsereignis seines einmaligen Sterbens und Auferstehens hineinnimmt, uns der Herrschaft der finsteren Mächte entreißt und uns der von ihm gewirkten Erlösung teilhaftig macht, wenn wir das Evangelium und die Sakramente in dem Glauben empfangen, den der Heilige Geist selbst durch das Evangelium und die Sakramente in uns wirkt. Die Gemeinschaft derer, die das Evangelium und die Sakramente im Glauben empfangen, ist die *eine*, heilige, unzerstörbare Kirche Gottes auf Erden.

VI

Ich glaube: Ich bin kraft der Wirkung des Evangeliums und der Sakramente Jesu Christi Eigentum durch den Glauben und von Gott um Jesu Christi willen von allen meinen Sünden freigesprochen, für gerecht erklärt und durch solchen lebenschaffenden Freispruch in Wahrheit gerecht gemacht. Obwohl ich täglich noch viel sündige und bis zu meinem Tode auf die gnädige Vergebung meiner Sünden angewiesen bleibe, glaube ich doch zuversichtlich, daß ich nicht mehr notwendig sündigen muß, sondern anfangen darf, aus der Kraft des geistgewirkten neuen Lebens heraus Gottes Gebote in einem neuen Gehorsam gern und fröhlich zu erfüllen, wenn auch in großer Schwachheit und Gebrechlichkeit.

VII

Ich glaube: Jesus Christus wird in Herrlichkeit wiederkommen. Dann muß ich mit allen Menschen, die gelebt haben und noch leben werden, in der Auferstehung von den Toten vor seinem Richterthron offenbar werden. Dann wird er zwischen den Ungläubigen, die die Gabe seines Heils verworfen haben, und seinen Gläubigen endgültig scheiden. Die, die er als Ungläubige erkennt, bleiben unter dem Zorn Gottes in ewigem Tod und in ewiger Pein. In denen aber, die er als seine Gläubigen erkennt, wird der Heilige Geist sein umschaffendes Werk zusammen mit der Neuschöpfung von Himmel und Erde vollenden zu ewiger Seligkeit. Dann wird Gott sein alles in allem.[8]

Peter Brunner"

An diesem sorgfältig formulierten Text ist folgendes zu beobachten:

(1) Den einleitenden Sätzen zufolge hängen Theologie und Glaube aufs engste zusammen. Die theologische Lehre behandelt die Inhalte des Evangeliums, welche der Glaube erkennt und bekennt. Unter „Theologie" wird keine distanzierte Reflexion über den Glauben, sondern eine reflektierte Artikulation des Glaubens selbst verstanden.

(2) Martin Luthers Erklärung des Apostolikums im Kleinen Katechismus erscheint als vorbildliche Zusammenfassung der wesentlichen Glaubensinhalte. Unverkennbar orientiert sich das theologische Summarium an Sprache und Aufbau des Katechismustextes. Eine bloße Wiederholung des lutherischen Katechismustextes wird jedoch als nicht hinreichend erachtet, weil jede Generation vor die Aufgabe gestellt ist, sich das in Schrift und Bekenntnis bezeugte Evangelium durch eine erneuerte Sprachform zu verdeutlichen und anzueignen.

---

[7] HN fügt ein: „die Absolution".
[8] HN ergänzt einen Absatz VIII: „Dann preise ich in solchem Glauben den einen, dreieinigen Gott; Vater, Sohn und Heiligen Geist."

(3) Die Lehrinhalte der Theologie können deshalb als wahr und gewiß bezeichnet werden, weil der personale, existentielle Glaube sie als wahr und gewiß erkannt hat. Sie wären aber verkannt als bloß subjektive, individuelle Glaubenswahrheiten, weil sie bezogen sind auf die Wahrheit einer objektiven, überindividuellen Geschichte zwischen Erschaffung und Vollendung der Welt, welche alle Menschen unbedingt angeht.

(4) Anders als bei Luther ist schon im Zusammenhang mit dem ersten Glaubensartikel von dem dreieinigen Gott die Rede. Genau diesem Gott, der von Ewigkeit her zu einer Gemeinschaft des Lebens beruft, steht der Mensch von Anfang an gegenüber, ob er es weiß oder nicht. Der Mensch existiert coram deo.

(5) Ein wenig ausführlicher als der Kleine Katechismus spricht Absatz II von dem, was in CA II „Erbsünde" genannt wird.[9] Die Feindschaft gegen Gott ist der menschlichen Kreatur angeboren. Auf dem Hintergrund dieser absolut tödlichen Fehlorientierung des Menschen erscheint die vorläufige Erhaltung des Menschheit als ein um so größeres Wunder.

(6) Etwas deutlicher als Luther in seinen berühmten Katechismussätzen zum zweiten und dritten Glaubensartikel unterscheidet Brunner zwischen Heilstat (IV), Heilszueignung (V) und Heilsstand (VI). Die Heilstat Christi wird als „freie(r) Hingabe" zur Überwindung des Zornes Gottes im Sinne eines Opfers beschrieben. Sie ist nicht gleichzusetzen mit der Überwindung des Unheils beim einzelnen Menschen. Zur tatsächlichen Rettung aus der Verfallenheit an Sünde, Tod und Teufel kommt es im Einzelfall erst dort, wo der Glaube das Heil empfängt, welches die „rettenden Machtmittel" der Evangeliumsverkündigung und des Sakramentsvollzuges austeilen. Dabei geht es wohlgemerkt nicht nur um einen Zuspruch, der für gerecht erklärt und gerecht macht, sondern auch um ein Hineingenommenwerden in das Heilsereignis selbst. Die auf diese Weise zugeeignete neue Gerechtigkeit schließt leider ein fortwährendes Scheitern an Gottes Recht nicht aus, bringt aber gleichzeitig die Möglichkeit mit sich, anfangsweise tatsächlich gemäß der Gebote Gottes zu leben.

(7) Dort, wo die heilszueignenden Mittel Evangelium und Sakrament ihre Wirkung ausüben, entsteht die eine „Kirche Gottes auf Erden". Wie in Luthers Erklärung des dritten Glaubensartikels erscheint der einzelne Christ eingeordnet in die Gemeinschaft der Christen.

(8) Bedrängend klar und gewiß spricht Brunner von dem Endgericht und der endgültigen Scheidung. Der Rechtfertigungsglaube muß sich eschatologisch bewähren. Seine Echtheit zeigt sich in der Gewißheit, an der neuen Schöpfung und dem ewigen Lob Gottes teilzuhaben.

---

[9] BSLK 53.

Die Theologie, wie Brunner sie versteht, stellt sich also dar als Theologie, die kraft der Erkenntnis des Glaubens, wie sie durch das gegenwärtig verkündigte Evangelium nach der Maßgabe von Schrift und lutherischem Bekenntnis zustandekommt, die Geschichte des dreieinigen Gottes mit den Menschen zwischen Proton und Eschaton wahrnimmt und neu beschreibt. Es handelt sich um eine verheerende Unheilsgeschichte vom Sündenfall bis zum ewigen Tod. Aufgrund des Heils, das Jesus Christus schafft und in Wort und Sakrament austeilt, handelt es sich aber gleichzeitig um eine Heilsgeschichte, die für den Glaubenden in Gottes neuer Welt endet.

So viel zum Grundriß der Theologie Brunners. Diese Theologie sperrt sich dagegen, einfach als Produkt der Biographie begriffen zu werden. Dennoch steht sie in engem Zusammenhang mit der Lebensgeschichte Peter Brunners.[10] Deshalb folgt ein Blick auf die Spuren dieser Geschichte.

1.2 Der Lebensweg Brunners

Brunners Biographie wurde bisher nicht eingehend erforscht. Einen knappen, besonders instruktiven Überblick über Leben und Werk verschafft der Artikel „In memoriam Peter Brunner", der von Brunners Schüler Professor Albrecht Peters und seinem Schwiegersohn Jens Thoböll verfaßt wurde.[11] Die bisher wohl ausführlichsten Informationen zu Biographie und Theologie finden sich in den Aufsätzen „Ringen um die einigende Wahrheit" von Peters[12] und „Peter Brunner in memoriam" von Horst Georg Pöhlmann[13]. Als ein Kenner der Materie hat sich auch der Heddesheimer Pfarrer Dr. Konrad Fischer mit folgendem Beitrag in den lutherischen Monatsheften ausgewiesen: „Ein eisenharter Lutheraner. Fällige Erinnerung an den leidenschaftlichen Theologen Peter Brunner".[14] Einen interessanten Ausschnitt der Biographie Brunners, nämlich die Zeit des Pfarrdienstes in Ranstadt von

---

[10] BRUNNER schreibt im Vorwort seines ersten Aufsatzbandes (PE I, 6): „Letzten Endes können theologische Fragmente nur in der kirchlichen und theologischen Existenz des Verfassers den Angelpunkt haben, in dem sie wirklich zusammenhängen. ... Gerade theologische Fragmente möchten als Fragmente eines Lebens gelesen werden."
[11] A. PETERS/J. THOBÖLL, LuJ 50 (1983), 10–12. Andere Kurzartikel: A. PETERS, Zum 80. Geburtstag von Peter Brunner, RC 33, 177f. DERS., ÖL² 195. H.ASCHERMANN, Hochschule Wuppertal, 152. V. GÄCKLE, ELThG 1, 315. H.G. PÖHLMANN, LThK³ 2, 730f. E. LOHSE, RGG⁴ 1, 1802.
[12] KuD 29 (1983), 197–224.
[13] ZEvKR 32 (1987), 1–18. Vgl. auch R. SLENCZKA, Einführung PE I (1990).
[14] LM 34 (1995), 23–25. Auch K. FISCHERs Brunner-Studie „Prota, Eschata, Existenz. Bemerkungen zur Theologie Peter Brunners" (Hildesheim 1994) enthält etliche biographische Hinweise.

1932 bis 1936, hat Brunners Freund Otto Salomon in dem Buch „Das Dorf auf dem Berge" beschrieben und unter dem Pseudonym Otto Bruder 1939 in der Schweiz veröffentlicht. Aufgrund der bisherigen Veröffentlichungen läßt sich über die wichtigsten Stationen des Lebensweges Brunners folgendes feststellen:
(1) Zeit der Ausbildung, 1900–1932: Peter Brunner wird am 25. April 1900 in Arheiligen bei Darmstadt als Sohn eines Stadtbaumeisters geboren.[15] In jungen Jahren kommt er in Berührung mit einer kirchlichen Jugendbewegung um den Schlüchterner Rektor und Seelsorger Georg Flemmig.[16] Das letzte halbe Jahr des ersten Weltkriegs erlebt er als Soldat. In Marburg studiert er Theologie bei Rudolf Otto und Friedrich Heiler, Philosophie bei Paul Natorp.[17] Zum Sommersemester 1921 wechselt er nach Gießen[18], wo er 1923 das Fakultätsexamen ablegt. Im Jahr 1924 folgt das zweite Examen und die Promotion mit der Arbeit „Vom Glauben bei Calvin".[19] Ab 1925[20] setzt Brunner seine Studien in Boston und Cambridge, USA, fort. Sie finden 1927 ihren Abschluß mit der Verleihung des Doctor of theology der Harvard University und der Habilitation in Gießen zum Thema: „Probleme der Teleologie bei Maimonides, Thomas von Aquin und Spinoza".[21] Die Kenntnis der katholischen Scholastiker Thomas und Bonaventura vertieft Brunner bei einem Forschungssemester 1929/30 an der Sorbonne in Paris.[22] Bis 1932 arbeitet er als Privatdozent für systematische Theologie und als Studentenpfarrer in Gießen. In dieses Jahr fällt die Heirat mit Margarethe Funccius. Zwei Töchter werden dem Ehepaar Brunner geboren. Monika Brunner, die Theologin und Pfarrerin, stirbt relativ früh.[23]

---

[15] A. PETERS/J. THOBÖLL, LuJ 50, 10. Aus diesem übersichtlichen Text stammen alle folgenden Informationen, die nicht durch Anmerkung einer anderen Quelle zugeordnet sind.
[16] A. PETERS, KuD 29, 208.
[17] Auf das Philosophiestudium bei den Marburger Neukantianern weist K. FISCHER nachdrücklich hin (Prota, 128f; LM 34, 23).
[18] K. FISCHER, Prota, 128.
[19] (Abk. Glauben). Untertitel: Dargestellt auf Grund der Institutio, des Catechismus Genevensis und unter Heranziehung exegetischer und homiletischer Schriften, Tübingen 1925. Nach A.PETERS (ÖL^2 195) ist Brunner durch K. Barth auf die Reformatoren aufmerksam geworden.
[20] Sollten die im Gießener Vorlesungsverzeichnis eingetragenen Veranstaltungen des Repetenten Brunner im SoSe 1925 und WiSe 1925/26 wirklich durchgeführt worden sein (siehe Anhang), müßte der Beginn des USA-Aufenthaltes ins Jahr 1926 datiert werden.
[21] (Abk. Probleme der Teleologie), Heidelberg 1928, Nendeln/Liechtenstein repr. 1979.
[22] A. PETERS schreibt (RC 33, 178), Brunner habe die beiden Scholastiker schätzen gelernt.
[23] E. SCHLINK, KuD 28, 4.

(2) Zeit des Kirchenkampfs, 1932–1947: Aus politischen Gründen kommt es zum Bruch in Brunners akademischer Laufbahn. Schon vor der Machtergreifung Hitlers trägt er sich mit dem Gedanken des Tyrannenmords und erwägt die Gründung einer christlichen antifaschistischen Partei.[24] Sein 1932 veröffentlichter Vortrag mit dem ursprünglichen Titel „Warum ein Christ nicht ein Nationalsozialist sein kann"[25] veranlaßt das Kultusministerium, die Berufung der Gießener Universität auf das Ordinariat für systematische Theologie außer Kraft zu setzen. Daraufhin übernimmt Brunner eine Pfarrstelle im oberhessischen Ranstadt, ohne seine Lehrtätigkeit in Gießen ganz aufzugeben. Der Dorfpfarrer macht keinen Hehl aus seiner entschiedenen Ablehnung der Deutschen Christen. Er warnt seine Gemeinde in öffentlichen Ansprachen und verliest Kundgebungen der Bekennenden Kirche im Gottesdienst.[26] Dies führt im März 1935 zur Verhaftung und zum Abtransport ins KZ Dachau. Infolge des Protests von Bischof George Bell aus Chichester, der auf die Verständigungsbemühungen im Vorfeld des deutsch-englischen Flottenvertrags Bezug nimmt[27], kommt Brunner Anfang Juni wieder frei[28]. Am ersten Sonntag zuhause besteigt er trotz Predigtverbots die Kanzel.[29] Im April 1936 entzieht ihm die Theologische Fakultät Gießen die venia legendi. Die Universität Basel hingegen verleiht ihm einen Monat später den Ehrendoktor.[30] In demselben Monat wird Brunner als Dozent für lutherische

---

[24] K. FISCHER, LM 34, 23.
[25] Titel der Veröffentlichung in „Zwischen den Zeiten" (10, 1932, 125–151): „Politische Verantwortung und christliche Entscheidung" = PE I, 341–359.
[26] O. BRUDER, Das Dorf auf dem Berge, 57.68.82f.123–125. O.BRUDER erwähnt Brunners Teilnahme an dem Gottesdienst der Bekennenden Kirche am 22. April 1934 in Ulm (a.a.O. 82; vgl. J. MEHLHAUSEN, TRE 24, 56); von einer Teilnahme an der 1. Bekenntnissynode der DEK in Barmen Ende Mai 1934 ist nicht die Rede. In seinem Bericht über die Verhaftung vom 17.6.1935 schildert BRUNNER den Inhalt seines in der Haft verfaßten Briefes an die Hessische Staatspolizei in Darmstadt (Bericht, 3): „Die Verlesung einer Kanzelabkündigung sei eine Teilfunktion des dem Pfarrer aufgetragenen Lehramtes in der Gemeinde. Die Richtlinien, nach denen dieses Amt geführt werden müsse, seien in dem Ordinationsgelübde des Pfarrers festgelegt. In diesem Gelübde habe ich gelobt, die gesamte Lehre der christlichen Religion, wie sie in den Schriften des Alten und des Neuen Testamentes enthalten und in den Bekenntnissen unserer Kirche vornehmlich in der Augsburgischen Konfession bezeugt ist, rein und lauter zu verkündigen, mich hiervon durch keine Gunst der Menschen, durch keine Furcht vor Gefahr abwenden oder abschrecken zu lassen, vielmehr hätte ich die Pflicht, einreissenden Ärgernissen zu wehren, den Widersachern des Evangeliums entgegenzutreten und ihren Irrtum auf Grund der Heiligen Schrift zu widerlegen."
[27] K. MEIER, Der evangelische Kirchenkampf 2, 34f.
[28] Nach BRUNNERS Verhaftungsbericht fand die Verhaftung am 20. März 1935, die Entlassung am 4. Juni 1935 statt (Bericht, 2.5).
[29] E. SCHLINK, KuD 28, 4.
[30] Eine Kirchenzeitung würdigt „die Ehrung eines lutherischen Theologen, der mit seinen Studien zur Theologie Calvins in einer echten Weise die notwendige

Dogmatik an die Kirchliche Hochschule der Bekennenden Kirche in Wuppertal-Elberfeld berufen.[31] Dort unterrichtet er[32], nach dem offiziellen Verbot der Hochschule im Dezember 1936 illegal[33], bis 1947[34]. Gleichzeitig betreut er als Hilfsprediger eine Elberfelder Gemeinde lutherischen Bekenntnisses.[35] 1938 verfaßt er ein Gutachten, das den Führereid der Pfarrer verwirft, 1939 ein anderes, das die Möglichkeit des Kriegsdienstes für Christen begründet.[36] In einem Gutachten vom 22. November 1940, das von sieben weiteren Wuppertaler Dozenten unterschrieben ist, lehnt Brunner die Ordination der Frau zum Predigtamt und gemeindeleitenden Hirtenamt ab.[37] Auch die

theologische Auseinandersetzung zwischen der lutherischen und reformierten Lehre in Angriff genommen hat" (H. ASCHERMANN, Hochschule Wuppertal, 182).

[31] Die neue, umstrittene „Kirchliche Hochschule" wurde als Unterabteilung der bestehenden Theologischen Schule Elberfeld des Reformierten Bundes getarnt (H. ASCHERMANN, Hochschule Wuppertal, 115). Vgl. die von J. Beckmann unterzeichnete Bestallungsurkunde Brunners (a.a.O. 318–321). Vgl. BRUNNERs Bericht „Die Anfänge der Kirchlichen Hochschule Wuppertal", KiZ 10, 259f.

[32] H. ASCHERMANN (Hochschule Wuppertal, 211) stellt fest: „Peter Bruder ... hat als Persönlichkeit und als theologischer Lehrer bei den Studenten einen besonders tiefen Eindruck hinterlassen." Vgl. den Bericht eines Studenten (a.a.O. 210): „Peter Brunner steht vor dem großen Fenster im Eßsaal, gebeugt der große, kräftige Mann von den Schlägen im KZ, von denen wir wußten und von denen er nie sprach. Gebeugt nun über sein Konzept, aus dem er langsam, das Bedeutende durch Wortwahl oder Wiederholung gleichsam unterstreichend, vortrug. Der ganze Mann sprach, was er sagte, das war er selbst."

[33] Ein Brief Brunners vom 16.12.1936 schildert die Schließung der Hochschule (H. ASCHERMANN, Hochschule Wuppertal, 190f): „Am Montag kamen 6 Herren von der Gestapo in meine Vorlesung über Augustin und erklärten, die Theologische Schule Elberfeld sei aufgelöst, aufgehoben und geschlossen. Ich mußte den Unterricht sofort abbrechen. Darauf wurden die Unterrichtsräume mitsamt den Büchern, die größtenteils Stiftungen sind, verschlossen und versiegelt. Gründe konnten uns keine genannt werden. Das Kreuz der Gemeinde wächst von Tag zu Tag." Vgl. BRUNNER, KiZ 10, 259; nach Brunners Erinnerung konnte der Unterricht bis etwa ins Jahr 1940 fortgesetzt werden (a.a.O. 260).

[34] Nach K. FISCHER blieb Brunner bis 1949 in Wuppertal (Prota, 9; LM 34, 24), nach A. PETERS/J. THOBÖLL (LuJ 50, 10) und H. ASCHERMANN (Hochschule Wuppertal, 152) bis 1947. Für die zweite Variante spricht die Tatsache, daß Brunner am 7. September 1947 eine Abschiedspredigt in der Kreuzkirche zu Elberfeld gehalten hat (LBU 127–130). Nach der Mitteilung des Wuppertaler Dozenten O. Schmitz soll Brunner schon zum SoSe 1947 nach Heidelberg gewechselt haben (W. SCHNEIDER, Hochschule Wuppertal, 272). Brunners Name erscheint zwar nicht mehr in dem entsprechenden Wuppertaler Vorlesungsverzeichnis (SoSe 1947, o.S.), taucht aber erst in dem Heidelberger Vorlesungsverzeichnis zum WiSe 1947/48 (10) wieder auf.

[35] Nach A. PETERS/J. THOBÖLL (LuJ 50, 11) hat Brunner diesen Dienst 1937 aufgenommen. H. ASCHERMANNs Darstellung (Hochschule Wuppertal, 242) spricht eher für das Jahr 1938.

[36] K. FISCHER, LM 34, 24. Das Gutachten zur Eidesfrage findet sich in LBU 32–38.

[37] „Gutachten über die Frage, ob die Vikarin in das Predigtamt berufen und ordi-

Tannenhofer Erklärung vom 14. Mai 1946, in dem ein Konvent lutherischer Pastoren die konfessionelle Gliederung der rheinischen Kirche proklamiert, stammt im wesentlichen aus der Feder Brunners.[38]

(3) Zeit der Professur, 1947–1981: 1947 scheitert die Berufung zum Leiter des Predigerseminars der hessisch-nassauischen Kirche an Brunners Bedingung, daß Pfarramtskandidaten entweder entsprechend dem lutherischen oder dem reformierten Bekenntnis zu ordinieren seien.[39] Der Berufung auf den zweiten Lehrstuhl für systematische Theologie in Heidelberg dagegen steht nichts im Wege. Dieses Ordinariat, das ursprünglich der reformierten Theologie gewidmet ist, versieht der Lutheraner Brunner bis 1968. Im Wintersemester 1947/48 beginnt er mit einer Vorlesung über die „Grundlegung und Gliederung der theologischen Wissenschaften" und einem Seminar über Calvins Verständnis von Rechtfertigung und Heiligung.[40] Einundvierzig Semester später, unter denen sich nur ein Freisemester findet, beschließt der Professor für systematische Theologie seine akademische Lehrtätigkeit im Sommersemester 1968 mit einer Vorlesung über die „Grundlegung der Dogmatik" und einem Seminar zum Thema „Schrift und Tradition".[41]

Über den Zeitpunkt seiner Emeritierung hinaus engagiert sich Brunner in vielen kirchlichen Arbeitskreisen. In den vierziger Jahren beteiligt er sich an der Neugestaltung der rheinischen Kirchenagende.[42] Später läßt er sich mehrmals zum Mitglied der badischen Landessynode wählen.[43] Von 1947 bis 1981 gehört Brunner dem Ökumenischen Arbeitskreis evangelischer und katholischer Theologen an, dessen wissenschaftliche Leitung auf evangelischer Seite in den Händen seines Heidelberger Kollegen und Freundes Edmund Schlink (1903–1984) liegt.[44] Brunner nimmt am Abendmahlsgespräch teil, das

---

niert werden kann" vom 22. November 1940; in: D. HERBRECHT, Frauenordination, 117–131. Das Gutachten führte zur vorläufigen Einstellung von Frauenordinationen im Bereich der Bekennenden Kirche (a.a.O. 74–79).

[38] A. PETERS, KuD 29, 207. Der Text der Tannenhofer Erklärung findet sich in LBU 134f.
[39] K. FISCHER, LM 34, 24.
[40] Vorlesungsverzeichnis Heidelberg WiSe 1947/48, 24f. Titel des Seminars: „Rechtfertigung und Heiligung in Calvins Institutio".
[41] Vorlesungsverzeichnis Heidelberg SoSe 1968, 113.
[42] K. FISCHER, LM 34, 24. Brunners Beiträge zu Gottesdienstordnung, Kirchenjahr und Schriftlesung (Abk. Ordnung) finden sich in: Der Gottesdienst an Sonn- und Feiertagen. Untersuchungen zur Kirchenagende I,1 von J. BECKMANN, H. KULP, P. BRUNNER, W. REINDELL, Gütersloh 1949, 7–204.
[43] A. PETERS (RC 33, 178): „Als langjähriges Mitglied der Synode war er so etwas wie das geistliche Gewissen der badischen Landeskirche."
[44] B. SCHWAHN, ÖAK, 46.37. Die Untersuchung „Der Ökumenische Arbeitskreis evangelischer und katholischer Theologen von 1946 bis 1975" (Göttingen 1996) von B.SCHWAHN dokumentiert, wie zahlreich und inhaltsreich Brunners Beiträge zur Diskussion im ÖAK waren. Vgl. die Biographie E. Schlinks bei J. EBER

1957 zu den Arnoldshainer Abendmahlsthesen führt, und an den halboffiziellen Schauenburger Gesprächen 1963–1967 im Vorfeld des Leuenberger Konkordienwerks.[45] Als Mitglied der Theologischen Kommission des Lutherischen Weltbundes legt er einen Entwurf zum Thema Rechtfertigung vor, der bei der vierten Vollversammlung 1963 in Helsinki aufgrund seiner biblisch-eschatologischen Formung auf Ablehnung stößt.[46] Auch im Theologischen Ausschuß der VELKD und im Theologischen Konvent Augsburgischen Bekenntnisses arbeitet der Heidelberger Professor viele Jahre lang mit.

Gegen Lebensende verdichtet sich bei Brunner die Trauer über den Wertezerfall in Gesellschaft und Kirche zur Schwermut.[47] Das letzte Lebensjahr bringt die Einschränkung des sprachlichen Ausdrucksvermögens mit sich.[48] Am 24. Mai 1981 stirbt Peter Brunner. Er wird in seinem Wohnort Neckargemünd bestattet.

1.3 Das Lebenswerk Brunners

Brunner hat kein theologisches Lehrbuch und nur wenige Monographien verfaßt. Seine Veröffentlichungen sind in der Mehrzahl Vorträge, Aufsätze oder Gutachten zu Themen, die ihm von Pfarrern, kirchlichen Gremien oder auch Nichttheologen gestellt wurden.[49] Eine Zusammenstellung von einer Reihe dieser Einzelveröffentlichungen findet sich in folgenden vier Sammelbänden:

1.) Pro Ecclesia. Gesammelte Aufsätze zur dogmatischen Theologie, Bd. 1, 1962 (Abk. PE I).
2.) Lutherisches Bekenntnis in der Union, herausgegeben von Eugen Rose, 1965 (Abk. LBU).
3.) Pro Ecclesia. Gesammelte Aufsätze zur dogmatischen Theologie, Bd. 2, 1966 (Abk. PE II).
4.) Bemühungen um die einigende Wahrheit. Aufsätze, 1977 (Abk. BeW).

(Schlink, 18–50).
[45] A. PETERS, KuD 29, 208f.
[46] „Rechtfertigung heute". Versuch einer dogmatischen Paraklese; PE II, 122–140. Vgl. G. MARTENS, Die Frage der Rettung aus dem Gericht. Der Beitrag Peter Brunners zur Behandlung der Rechtfertigungsthematik vor und bei der IV. Vollversammlung des Lutherischen Weltbundes in Helsinki 1963, LuThK 13, 41–71.
[47] H.G. PÖHLMANN, ZEvKR 32, 2.
[48] A. PETERS, KuD 29, 219.
[49] BRUNNER (PE I, 6) meint, „daß sich die theologische Qualität eines Gedankenganges gerade in der Begegnung mit den konkreten Problemen des kirchlichen und außerkirchlichen Lebens erweisen" müsse und erwägt, ob die „Gelegenheitsschrift" nicht als „die literarische Grund- und Hauptgattung der theologischen Schriftstellerei" zu betrachten sei.

Ein Blick in diese Sammelbände zeigt, daß sich Brunner mit sehr vielen zentralen Fragestellungen der Dogmatik und Ethik befaßt hat. Diese Fragestellungen beziehen sich im engeren oder weiteren Sinne auf die christliche Kirche der Gegenwart. Offenkundig arbeitet Brunner „pro ecclesia", für die Kirche. Deshalb läßt sich sein Lebenswerk, insoweit es in Veröffentlichungen greifbar ist, unter folgenden fünf Stichworten zusammenfassen:

(1) Das Verhältnis der Kirche zu Staat und Gesellschaft. Wie in dem Vortrag von 1931 zum Problem des Nationalsozialismus spricht Brunner auch in den Referaten „Der Christ in den zwei Reichen" 1949 oder „Die Stellung des Christen in einer verantwortlichen Gesellschaft" 1958 einerseits von der Unabhängigkeit der Kirche, andererseits von ihrer politisch-gesellschaftlichen Verantwortlichkeit.[50] Die Auffassung, daß die zehn Gebote von entscheidender Bedeutung für die Verfassung der Kirche und der Gesellschaft sind, kommt in einer entsprechenden Predigtreihe des Wuppertaler Dozenten aus dem Schicksalsjahr 1945 zum Ausdruck.[51]

(2) Das Bekenntnis der Kirche. Brunners Interesse an der Theologie der Reformation zeigt sich bereits in seiner Dissertation über Calvin. In späteren Veröffentlichungen spiegelt sich die während des Kirchenkampfs gewonnene Überzeugung wieder, daß Verkündigung und Leben der Kirche durch die Erkenntnisse der Wittenberger Reformation bestimmt sein sollten, z.B. in dem Vortrag „Was bedeutet Bindung an das lutherische Bekenntnis heute?".[52] Mit der Frage nach der Verbindlichkeit des Bekenntnisses hängt die Frage nach der Verbindlichkeit der Bibel („Umrisse einer Lehre von der Autorität der Heiligen Schrift"[53]) und ihrer angemessenen Auslegung („Die großen Taten Gottes und die historisch-kritische Vernunft"[54]) unmittelbar zusammen.

(3) Die Botschaft der Kirche. Die Beschäftigung mit reformatorischer Theologie führt zur Rechtfertigungstheologie. In der Vorlage für Helsinki 1963, „‚Rechtfertigung' heute. Versuch einer dogmatischen Paraklese", arbeitet Brunner ihre biblisch-existentielle Bedeutung gegenüber ihrer existentialphilosophischen Mißdeutung heraus.[55] Das

---

[50] PE I, 360–374, und PE I, 375–388.
[51] LBU 54–98.
[52] 1957; PE I, 46–55.
[53] 1955; PE I, 40–45.
[54] 1962; PE I, 66–82. A. PETERS (KuD 29, 214) weist darauf hin, daß R. Bultmanns Thesen zur Entmythologisierung des NT bereits auf der Alpirsbacher Tagung auf den entschiedenen Widerspruch der anwesenden Dozenten P. Brunner und E. Schlink gestoßen sind.
[55] PE II, 122–140. A.a.O. 129: „Es besteht die Gefahr, den rechtfertigenden Glauben als ein Existential einer gläubigen Existenz zu begreifen, für die das, was geglaubt wird, keine entscheidende Bedeutung mehr hat, weil dieser Glaube letzten Endes identisch wird mit einem in Freiheit ergriffenen Selbstverständnis."

Rechtfertigungsgeschehen erscheint eingebettet in das Weltgeschehen vom Anfang bis zum Ende, in dem die Souveränität des sich in Gesetz und Evangelium offenbarenden dreieinigen Gottes ebenso zur Geltung kommt wie die Freiheit des Menschen.[56] Auf das Interesse an dem weitgespannten, heilsgeschichtlichen Horizont der Theologie weisen außer der Habilitationsschrift exemplarisch folgende Veröffentlichungen hin: „Gott, das Nichts und die Kreatur. Eine dogmatische Erwägung zum christlichen Schöpfungsglauben"[57], „Elemente einer dogmatischen Lehre von Gottes Basileia"[58] und „Eschata. Theologische Grundlinien und Andeutungen"[59]. Daß die Botschaft von dem Rechtfertigungsgeschehen im Rahmen der Heilsgeschichte von Brunner nicht nur theologisch durchdacht, sondern auch eindrücklich verkündet worden ist, läßt sich an seinen veröffentlichten Predigten und Predigthilfen ablesen.[60]

(4) Das Wesen und die Gestalt der Kirche. „Vom Wesen der Kirche" her hat Brunner die Lebensformen der gegenwärtigen Kirche verstanden, bedacht und gegebenfalls kritisiert.[61] Seine umfangreichste Untersuchung überhaupt ist dem Zentrum der Kirche gewidmet und trägt den Titel „Zur Lehre vom Gottesdienst der im Namen Jesu versammelten Gemeinde".[62] In dem Vortrag „Theologische Grundlagen von ‚Gottesdienste in neuer Gestalt'" werden die erarbeiteten Kriterien kritisch angewendet auf die Gottesdienstbewegung der sechziger Jahre.[63] Zum Verständnis des Gottesdienstes tragen auch detaillierte Studien zu liturgischen Formularen oder zur biblisch-reformatorischen Theologie der Sakramente bei, beispielsweise „Die Wormser Deutsche Messe"[64] oder „Aus der Kraft des Werkes Christi. Zur Lehre von der Heiligen Taufe und vom Heiligen Abendmahl"[65]. Der ekklesiologisch bedeutsamen Amtsfrage hat Brunner etliche Untersuchungen gewidmet, z.B. das Referat „Vom Amt des Bischofs"[66], den Vor-

---

[56] Gesetz und Evangelium. Versuch einer dogmatischen Paraphrase, 1967, BeW 74–96; Die Freiheit des Menschen in Gottes Heilsgeschichte, Gastvorlesung in Kopenhagen und Aarhus im März 1959, PE I, 108–125.
[57] 1960; PE II, 31–49.
[58] 1970; BeW 97–125.
[59] 1976; BeW 269–291.
[60] Beispiel: Eins ist not. Elf Predigten aus dem Heidelberger Universitätsgottesdienst, Göttingen 1965.
[61] 1963; PE II, 283–294.
[62] (Abk. LGG) In: K.F. MÜLLER/W. BLANKENBURG (Hg.), Leiturgia. Handbuch des evangelischen Gottesdienstes, Bd. 1: Geschichte und Lehre des evangelischen Gottesdienstes, Kassel 1954, 83–361.
[63] (Abk. Theol. Grundlagen) In: W. BLANKENBURG (Hg.), Kerygma und Melos, Kassel 1970, 103–114.
[64] 1953
[65] 1950
[66] 1955; PE I, 235–292.

trag „Das Hirtenamt und die Frau"[67] oder die Studie „Nikolaus von Amsdorf als Bischof von Naumburg"[68].

(5) Die Einheit der Kirche. Brunners Arbeiten lassen sich als „Bemühungen um die einigende Wahrheit" verstehen.[69] Seit den ökumenischen Erfahrungen des Kirchenkampfs ringt der Heidelberger Theologe um „Die Einheit der Kirche und die Verwirklichung der Kirchengemeinschaft".[70] Dies gilt erstens für den Bereich der evangelischen Kirchen. Außer an den Beiträgen zu den bereits erwähnten lutherisch-reformierten Einigungsgesprächen[71] läßt sich dies an Gutachten zur unierten Kirche[72], zum Status der EKD[73] und des Lutherischen Weltbundes[74] ablesen. Dies gilt zweitens für den Bereich der evangelisch-katholischen Ökumene. Auf der einen Seite sieht Brunner unter gewissen Bedingungen Verständigungsmöglichkeiten im Blick auf die Lehre von der Rechtfertigung[75], vom Amt[76] und von der Realpräsenz Christi im Abendmahl[77]. Auf der anderen Seite stellt der ökumenisch engagierte Brunner einen Graben zwischen römisch-katholischer und evangelischer Kirche fest, der bisher nicht überbrückt werden konnte.[78]

---

[67] 1959; PE I, 310–338.
[68] SVRG 179, Gütersloh 1961.
[69] So der Titel des oben an vierter Stelle angeführten Aufsatzbandes von BRUNNER.
[70] 1955; PE I, 225–234.
[71] Beispiele: Grundlegung des Abendmahlsgesprächs, Kassel 1954. – Die Leuenberger Konkordie und die lutherischen Kirchen Europas, in: U. ASENDORF u.a. (Hg.), Leuenberg – Konkordie oder Diskordie?, Düsseldorf 1974, 61–75.
[72] Das lutherische Bekenntnis in der Union. Ein grundsätzliches Wort zur Besinnung, zur Warnung und zur Geduld, Gütersloh 1952.
[73] Eisenach 1948, 1954; PE II, 195–224.
[74] Der Lutherische Weltbund als ekklesiologisches Problem, 1960; PE II, 232–252.
[75] Die Rechtfertigungslehre des Konzils von Trient, 1949; PE II, 141–169.
[76] Sacerdotium und Ministerium. Ein Diskussionsbeitrag in 9 Thesen, 1971; BeW 126–142.
[77] Realpräsenz und Transsubstantiation. Ist die Lehre von der eucharistischen Gegenwart Christi zwischen Katholiken und Lutheranern noch kirchentrennend?, 1972; BeW 143–162.
[78] Reform – Reformation. Einst – heute. Elemente eines ökumenischen Dialogs im 450. Gedächtnisjahr von Luthers Ablaßthesen, 1967; BeW 9–33; siehe 33. – Die ökumenische Bedeutung der Confessio Augustana, in: H. MEYER u.a. (Hg.), Katholische Anerkennung des Augsburger Bekenntnisses?, Frankfurt a.M. 1977, 116–131; siehe 131.

1.4 Bisherige Forschungsarbeiten zur Theologie Brunners

M.W. wurden bisher fünf wissenschaftliche Monographien veröffentlicht, die sich mit der Theologie Brunners befassen. Es handelt sich um folgende Werke:
(1) Ottfried Koch, Gegenwart oder Vergegenwärtigung Christi im Abendmahl? Zum Problem der Repraesentatio in der Theologie der Gegenwart, 1965. Koch untersucht in seiner Monographie zwar nicht nur die Theologie Brunners, hat aber Brunner als Hauptvertreter einer evangelischen Gottesdienstlehre im Blick, in welcher der Begriff der „repraesentatio" eine beherrschende Stellung einnimmt.[79] Diese Form der Repräsentationstheologie unterzieht Koch einer grundsätzlichen Kritik, weil sie seiner Ansicht nach das rechtfertigende Handeln Gottes am sündigen Menschen im Gottesdienst in einer dem lutherischen Bekenntnis nicht angemessenen Weise verbindet mit dem eucharistischen Handeln des gerechtfertigten Menschen vor Gott.[80]

(2) Michael Seemann, Heilsgeschehen und Gottesdienst. Die Lehre Peter Brunners in katholischer Sicht, 1966. Der Katholik Seemann vergleicht die Gottesdienstlehre Brunners (13–105) mit dem römisch-katholischen Gottesdienstverständnis (109–197). Er stellt fest, daß Brunners Entwurf eine „Nähe zu katholischer Eucharistielehre" aufweist.[81] Diese Feststellung bezieht sich darauf, daß Brunner z.B. die Heilsbedeutung des Gottesdienstes und die Bedeutung des Lobopfers der Gemeinde unterstreicht. Seemann erkennt aber auch eine ganze Reihe von bleibenden Unterschieden, die in der protestantischen Ablehnung des sakrifiziell-propitiatorischen Eucharistieverständnisses kulminieren.[82] In seinem Vorwort zu Seemanns Dissertation bestätigt Brunner dieses Ergebnis insofern, als er einerseits auf die Notwendigkeit des christlichen Lebensopfers hinweist und andererseits abhebt auf das reformatorische Kriterium der Rechtfertigung aufgrund der einmaligen Opfertat Christi, welche ein rechtfertigendes Opferhandeln der Kirche kategorisch ausschließt.[83]

(3) Alfred Klassen, Heilsgeschichte bei Peter Brunner, 1990. Klassen, Mitglied eine freikirchlich-baptistischen Gemeinde, versucht in seiner Dissertation, „das Konzept der Heilsgeschichte als das tragende Motiv" der Theologie Brunners aufzuweisen.[84] Der erste, umfangreichere Teil der Arbeit (10–183) besteht aus einer Darstellung der Heilsgeschichte in sieben Schritten gemäß Brunners Sichtweise. Im zweiten, kleineren Teil der Arbeit (184–264) wird ausgeführt, wie es

---

[79] A.a.O. 8.
[80] A.a.O. 110–113.
[81] A.a.O. 105.
[82] A.a.O. 196.
[83] A.a.O. XIII und XII.XVf.
[84] A.a.O. 9.

durch Wort und Sakrament zur Erkenntnis und zur gottesdienstlichen Verherrlichung des heilsgeschichtlich handelnden Gottes kommt. In diesem Zusammenhang berücksichtigt Klassen Brunners Kritik an Fehlern der neueren Theologie, die sich mit den Stichworten Transzendenzverlust, Existentialismus, „nihilistische Entleerung der Kreatürlichkeit" und Heilsuniversalismus andeuten lassen.[85]

(4) Tapani Nuutinen, Apostolinen evankeliumi. Peter Brunnerin ekumeeninen metodi (= Das apostolische Evangelium. Die ökumenische Methode von Peter Brunner), 1990. Weil von dieser finnischen Arbeit keine Übersetzung vorliegt, kann sie nicht berücksichtigt werden. Aus dem Inhaltsverzeichnis läßt sich ersehen, daß Nuutinen zunächst die Grundmotive und die Methode der Theologie Brunners erarbeitet, um sie dann fruchtbar zu machen für die Frage der Kircheneinheit.

(5) Konrad Fischer, Prota, Eschata, Existenz. Bemerkungen zur Theologie Peter Brunners, 1994. Fischer, der Arbeiten zu Bonaventura und Schleiermacher veröffentlicht hat, würdigt Brunners Ansatz als „Wort-Gottes-Theologie" und „konzentrierte Sprachermächigung des Glaubens".[86] In einem ersten Kapitel (9–98) versucht Fischer in vierzehn Schritten das Geschehen zwischen Gott und Mensch von vorzeitlicher Erwählung bis endzeitlicher Parusie im Sinne Brunners nachzuvollziehen unter der Überschrift: „Peter Brunners Lehre von der Kondeszendenz Gottes". Dabei liegt der Akzent der Interpretation auf der existentiellen Bedeutsamkeit geschichtstheologischer und insbesondere eschatologischer Aussagen, nicht auf ihrem Bezug zur weltzeitlichen Wirklichkeit.[87] In einem zweiten Kapitel (99–166) entwirft Fischer ein Bild von Brunners theologischer Methode. Es beruht im wesentlichen auf der Doppelthese, daß die kritische Erkenntnislehre

---

[85] A.a.O. 207.211.236.252.
[86] A.a.O. 180.184. Andere Veröffentlichungen: K. FISCHER, De Deo trino et uno. Das Verhältnis von productio und reductio in seiner Bedeutung für die Gotteslehre Bonaventuras, FSÖTh 38, Göttingen 1974. DERS., Gegenwart Christi und Gottesbewußtsein. Drei Studien zur Theologie Schleiermachers, TBT 55, Berlin/New York 1992.
[87] A.a.O. 93f: „Was aber die letzten Dinge angeht, die Wiederkunft des Herrn, den Jüngsten Tag und alle diese schönen Geschichten, so möcht' ich's gern mit Schleiermacher sehen und möchte mich der Logoslogik, die hier waltet, entschlagen und möchte das fröhlich auf meinen Christusglauben nehmen, daß es schon, wo der Herr doch seine Zeugen wählte, so auch sein möchte. Nur daß die Kräftigkeit des Evangeliums an solcher Lehre hängen sollte, das will ich nicht gerne mitgehen, denn die hängt, finde ich, einfach bloß an ihm, der mein Heiland und Erlöser ist." Vgl. FISCHERs Ablehnung protologischer und eschatologischer Aussagen von ontologischer Qualität (a.a.O. 122): „Das Denken, welches seinen eigenen Logos mit der Notwendigkeit eines ursprunggebenden wie finalen Vollendungshandelns belegt, muß denselben gegen seine eigene Voraussetzung ontologisieren und gewissermaßen quantifizieren und wird sich auf diese Weise gleichzeitig der Suffizienz seiner als des Erkenntnisprozesses selber begeben."

des Neukantianers Paul Natorp und der Gedanke der existentiell gewagten Entscheidung, wie er beim Religionsphilosophen William James anzutreffen ist, Brunners Denken beeinflußt hat.[88] In einem dritten Kapitel (167–89) handelt Fischer von der Bedeutung von Brunners Theologie für Homiletik, Seelsorge, Ethik und Dogmatik.

1.5 Die Konzeption der vorliegenden Arbeit

Das *Motiv* dieser Arbeit läßt sich am besten anhand von Brunners Vorwort zu seiner Dissertation über Calvin erläutern. Dort liest man folgendes:

„Wir wollen uns nicht deswegen mit Calvin beschäftigen, weil es interessant sein mag, dem Denken eines großen Mannes der Vergangenheit nachzuspüren. Uns soll bei unserer Untersuchung nicht ein historisches Interesse leiten, das lediglich wissen will, was gewesen ist, und das mit der Beantwortung dieser Frage erlischt, sondern ein systematisches, das auf die Klärung der inneren theologischen Lage der Gegenwart abzielt. Wenn man auch nur flüchtig in die theologische Literatur der letzten Jahre hineinblickt, so kann man sich des Eindrucks nicht erwehren, daß in unserem Denken über Gott, Welt und Mensch eine solche Verwirrung herrscht, daß man tief erschrecken muß. Das Durcheinander und Widereinander von Meinungen und Ansichten, das uns umgibt, legt ein Zeugnis davon ab, daß uns unter unseren *vielen* ‚Wahrheiten' *die eine* Wahrheit verloren gegangen ist. Aus dieser Lage heraus ergibt sich die Aufgabe, die Verwirrung zu entwirren, das Durcheinander zu klären. Dies kann allein durch nüchterne Besinnung geschehen. Es ist die Absicht dieser Untersuchung, zu solcher Besinnungs- und Klärungsarbeit einen Beitrag zu liefern."[89]

Auch die vorliegende Untersuchung ist nicht in erster Linie von einem Interesse an der Theologiegeschichte geleitet, sondern von einem Interesse an der theologischen Wahrheit. Dieses Interesse ist dort geweckt, wo jemand mitten im 20. Jahrhundert aus einem tiefen Erschrecken heraus nach der Wahrheit über Gott und Mensch fragt, wie dies im zitierten Vorwort zum Ausdruck kommt. Es dürfte zumindest einen Versuch wert sein, den Antworten Brunners auf die Wahrheitsfrage nachzudenken und auf diese Weise einen Beitrag zu leisten zu einer verantwortlichen Theologie in der Gegenwart.

Eine solche auf Brunners Werk bezogene Denkarbeit ist von den bisherigen Forschungsarbeiten in verschiedener Hinsicht geleistet worden. Allerdings wurde bisher noch nicht gezeigt, aufgrund welcher Vorgehensweise Brunner zu theologischen Ergebnissen gelangt und wie er diese Art der theologischen Orientierung in verschiedenen Themenbereichen zur Anwendung bringt. Die Ausführungen Fischers

---

[88] A.a.O. 141–143, 149–152, 160.
[89] BRUNNER, Glauben, III.

zur „theologische(n) Methode" Brunners beleuchten zwar das Wortverständnis und das Glaubensverständnis des Heidelberger Theologen samt seiner möglichen außertheologischen Vorbilder. Sie beinhalten aber keine ausführliche, geordnete Darstellung der Grundlegung der systematischen Theologie und ihres Verfahrens. Sowohl die systematische Theologie selbst mit ihren Teildisziplinen Dogmatik und Ethik als auch die Art und Weise ihrer Erkenntnisbemühung ist von Brunner als „dogmatische Theologie" bezeichnet und als „Angelpunkt der Theologie überhaupt" betrachtet worden.[90] Auf diesen „Angelpunkt" wird sich das Forschungsinteresse richten müssen, wenn es dem Interesse an einer nachvollziehbaren, der Wahrheit des Evangeliums verpflichteten Theologie entsprechen will. Für eine wissenschaftliche Bearbeitung gerade dieses Themas spricht auch die Tatsache, daß bisher unveröffentlichte Vorlesungen Brunners zur Prinzipienlehre, welche die Voraussetzungen und die Vorgehensweise der dogmatischen Theologie beschreiben, in den aufgeführten Forschungsarbeiten keine Berücksichtigung gefunden haben.

Nach der Ansicht Brunners kann die Untersuchung seines Theologieverständnisses kein abgeschlossenes theologisches System zutagefördern. Dagegen sperre sich das Fragmentarische seiner Beiträge, meint er im Vorwort zu seinem ersten Aufsatzband: „Wenn so etwas wie eine durchgehende dogmatische Grundposition in diesen Fragmenten spürbar werden sollte, was ich trotz allem zu hoffen wage, so wäre auch diese Grundposition nicht als der Angelpunkt eines Systems zu verstehen, sondern als eine mit dem Glauben notwendig sich aufdrängende Einsicht."[91] Diese Selbsteinschätzung Brunners spricht aber nicht gegen die Beschäftigung mit seinem Verständnis der dogmatischen Theologie. Denn erstens wurde schon von Peters beobachtet, daß sich die Disparatheit der Beiträge Brunners in engen Grenzen hält[92], und zweitens hat Brunner selbst seine dogmatische Grundposition ausdrücklich und wiederholt beschrieben. Die erwähnte Selbst-

---

[90] DP 2: „Sachlich ist die Ethik ein Glied der Dogmatik selbst. ... Brunner schlägt daher vor, dieser theologischen Disziplin die Bezeichnung ‚dogmatische Theologie' zu geben, um beides (Dogmatik im engeren Sinne und Ethik – aus- oder eingegliedert) unter einen gemeinsamen Namen zu bringen." Nach GDg 124 bildet die rechte Erkenntnis des Wortes Gottes sowohl den Angelpunkt der Theologie in allen ihren Disziplinen als auch die Hauptaufgabe der dogmatischen Theologie. Vgl. GDg III. – K. FISCHER (Prota, 133 Anm. 58) gibt zu verstehen, daß seine Studie keine ausführliche Darlegung der Prinzipienlehre bietet, wenn er schreibt: „Von hier aus wäre eine Darstellung der Lehre Peter Brunners von der Überlieferung als dem Oberbegriff einer material ausgeführten Prinzipienlehre zu entwerfen."
[91] PE I, 6.
[92] A. PETERS (KuD 29, 199): „Doch es bedarf kaum eines ‚freundschaftlichen Sinnes', um das von Brunner verkleinernd als Gedankensplitter oder Fragmente Apostrophierte zu beleben und zur Einheit zu runden."

einschätzung Brunners spricht jedoch dafür, die Anwendung der dogmatischen Theologie in verschiedenen Themenbereichen zu studieren. Auch das ist insbesondere im Bereich der evangelischen Theologie noch nicht ausführlicher geschehen. Dementsprechend besteht das *Ziel* dieser Arbeit darin, einerseits den Ansatz und andererseits die Anwendung der dogmatischen Theologie bei Peter Brunner zu erfassen, nachzuvollziehen und auch kritisch zu beurteilen.

Dieses Ziel versucht diese Untersuchung durch eine *Methode* zu erreichen, die dem methodischen Ansatz der Dissertation Brunners nahekommt. In dem bereits zitierten Vorwort heißt es nach der Feststellung des Arbeitszieles weiter: „Wie der Wanderer, der nach Klarheit über die Richtung seines Weges verlangt, im Rückwärtsschauen auf den Ausgangspunkt, von dem er herkommt, sich orientiert für sein Weiterschreiten, so soll die Erinnerung an den klassischen Ursprung unseres theologischen Denkens in der reformatorischen Bewegung unsere gegenwärtige Lage klären helfen."[93] Durch dasselbe Verfahren, nämlich durch eine Rückwärtspeilung oder – um bei der Sprache der Geodäsie zu bleiben – durch einen „Rückwärtseinschnitt"[94], versucht diese Arbeit zur Orientierung in der Gegenwart beizutragen.

Das soll in der Weise geschehen, daß in jedem Kapitel zunächst einmal Brunners Ausführungen zu einem bestimmten Themenbereich ins Auge gefaßt werden, und zwar so, daß sie in ihrem jeweiligen Zusammenhang und in ihrem logischen Argumentationsgang wiedergegeben und dann in einem Summarium zusammengefaßt werden. An diesen ersten, der Darstellung gewidmeten Kapitelabschnitt (A) schließt sich jeweils ein zweiter Kapitelabschnitt (B) an, welcher der Einordnung, der Interpretation und der Diskussion der Position Brunners gewidmet ist. Vergleiche mit klassischen Entwürfen der neueren Theologiegeschichte sollen dazu beitragen, das Proprium von Brunners Theologie zu erfassen. Demselben Ziel dient die Berücksichtigung von neueren Diskussionsbeiträgen, die gleichzeitig deutlich werden lassen, inwiefern Brunners Argumente für die Gegenwart von Bedeutung sind. Bei der Diskussion soll jedoch vor allem jener Orientierungshorizont Berücksichtigung finden, den Brunner selbst für seine Arbeit maßgeblich gehalten hat, nämlich derjenige der reformatorischen Theologie. Orientierung an der reformatorischen Theologie aber bedeutet Orientierung an den verbindlichen Urkunden und an der verbindlichen Arbeitsgrundlage dieser Theologie, d.h. an Bekenntnis und

---

[93] BRUNNER, Glauben, III.
[94] K. BEYSCHLAG benutzt diesen Begriff in der Prinzipienlehre seiner Dogmengeschichte (DG I, 56): „Sämtliche großen normativen Entscheidungen ... sind nicht im Vorwärtseinschnitt der laufenden dgl Entwicklung, sondern gerade umgekehrt im Rückwärtseinschnitt, d.h. als Durchbrüche zum geschichtlichen Ursprung des Christentums hin erfolgt. Die entscheidende Progression des Glaubens hat immer in der Regression auf Christus bestanden."

Schrift. Dementsprechend wird eine Untersuchung von Brunners theologischen Darlegungen zu bedenken haben, inwiefern sie der Vorgabe von Heiliger Schrift und reformatorischem Bekenntnis gerecht werden. Dabei kommt in erster Linie nicht etwa das Bekenntnis Calvins und der reformierten Theologie in Betracht, sondern das Bekenntnis Luthers und seiner theologischen Gefolgsleute. Denn anders als etwa Emil Brunner orientiert sich Peter Brunner schon seit den Anfängen des Kirchenkampfes mehr und mehr an der lutherischen Theologie.[95]

Aus diesen Überlegungen ergibt sich folgender *Aufbau* der vorliegenden Studie. In einem ersten Teil wird die Grundlegung der dogmatischen Theologie, wie Brunner sie vollzogen hat, behandelt (Teil I). In einem zweiten Teil wird die Durchführung der dogmatischen Theologie im Blick auf ausgewählte Themenbereiche beobachtet und kommentiert (Teil II).

Der erste Teil der Untersuchung gliedert sich in acht Kapitel. Am Anfang steht die Frage nach der Kirchlichkeit und nach der Wissenschaftlichkeit der Theologie (Kapitel 2). Die Beantwortung dieser Frage führt zur Beschreibung der Kirche als Ort der Theologie (Kapitel 3). Die Verkündigung des apostolischen Evangeliums als Wort Gottes, wie sie sich im Raum der Kirche ereignet, stellt nach Brunner nicht nur die Voraussetzung der dogmatischen Theologie dar, sondern bestimmt auch ihre Zielsetzung (Kapitel 4). Damit wird die Offenbarung des Wortes Gottes (Kapitel 5) sowie die Bezeugung des Evangeliums in der Heiligen Schrift (Kapitel 6) und in dem kirchlichen Bekenntnis (Kapitel 7) zum Gegenstand der dogmatischen Arbeit. Nachdem die Bezugnahme der dogmatischen Arbeit auf die genannten Grundelemente der Kirche bedacht ist, bleibt zu klären, in welchem Verhältnis die Erkenntnisweise der dogmatischen Theologie zu der Methode der historisch-philologischen Wissenschaft steht (Kapitel 8). Anschließend kann das Zwischenergebnis der Untersuchung beschrieben werden (Kapitel 9).

Der zweite Teil der Untersuchung umfaßt vier Kapitel, von denen die ersten drei den Themenbereichen Gottesdienst (Kapitel 10), Amt (Kapitel 11) und Kircheneinheit (Kapitel 12) gewidmet sind. Für die Auswahl gerade dieser Themen spricht erstens, daß sie zu den Kernthemen der theologischen Arbeit Brunners zu rechnen sind, zweitens, daß das erstgenannte noch nicht vollständig und die beiden letztgenannten noch gar nicht systematisch erschlossen wurden und drittens, daß sie für die gegenwärtige Diskussionslage von Interesse sind. Bei der Bearbeitung der entsprechenden Darlegungen Brunners soll nicht nur in einem formalen Sinne nach den Spuren und Auswirkungen einer dogmatischen Methode gefragt werden. Denn bei diesem Verfahren könnte nicht deutlich werden, zu welchen systematisch schlüssi-

---

[95] Vgl. A. PETERS, KuD 29, 203; DERS., RC 33, 178.

gen Ergebnissen Brunners dogmatische Arbeit führt. Vielmehr soll zunächst der materiale Inhalt des jeweiligen Themenbereichs zur Sprache kommen, bevor abschließend nach der Bewährung der dogmatischen Theologie im Blick auf diese kirchlichen Gestaltungsaufgaben gefragt wird (Kapitel 13). Hinter dieser Fragestellung steht die Arbeitshypothese, daß Brunner tatsächlich eine solche Form der dogmatischen Theologie in einer wissenschaftlich reflektierten Weise darlegt, die er selbst in einer wissenschaftlich reflektierten Weise zur Anwendung bringt.

Als *Quellen* für diese Untersuchung werden neben den Veröffentlichungen Brunners auch unveröffentlichte Texte aus Brunners Nachlaß[96] herangezogen. Zu den wichtigsten dieser Texte gehören die folgenden fünf Vorlesungen:

1.) Die Encyklopädie der Theologie. Grundlegung und Gliederung der theologischen Wissenschaft, Wintersemester 1947/48 (Abk. ETh).

2.) Grundlegung der Dogmatik im Ganzen der Theologie. Dogmatische Prinzipienlehre, Sommersemester 1959 (Abk. DP).

3.) Grundlegung der Dogmatik. Zugleich Einführung in das dogmatische Denken, Sommersemester 1966 und 1968 (Abk. GDg).

4.) Theologiegeschichte I. Die Geschichte der evangelischen Theologie von der Aufklärung bis Schleiermacher, Sommersemester 1948 (Abk. ThG I).

5.) Theologiegeschichte II. Die Geschichte der evangelischen Theologie von Schleiermacher bis Ritschl, Sommersemester 1949 (Abk. ThG II).

Bei den Titeln Nr. 1, 2, 4 und 5 handelt es sich um maschinengeschriebene Vorlesungsnachschriften, beim Titel Nr. 3 um ein maschinengeschriebenes, handschriftlich ergänztes Originalmanuskript. Der Autor der erstgenannten und der beiden letztgenannten Nachschriften, Herr Pfarrer Hellmut Feldmann, teilte auf mündliche Nachfrage mit, daß der Text deswegen als zuverlässig betrachtet werden könne, weil Brunner in seinen Vorlesungen sehr langsam gesprochen, teilweise auch diktiert habe, und zudem die Nachschrift von Brunner selbst eingesehen und ergänzt worden sei. Der Text Nr. 2 beinhaltet keine Autorenangabe. Er ist für eine Arbeitsgemeinschaft im Theologischen Studienhaus Heidelberg bestimmt und dürfte auf eine ähnliche Weise wie die Nachschriften Feldmanns zustandegekommen zu sein. Diese Annahme wird gestützt durch den im Manuskript erkennbaren, für Brunner typischen präzisen Sprachstil.[97]

---

[96] Dieser Nachlaß, ursprünglich in privater Hand, befindet sich jetzt im Archiv des Landeskirchenamts der evangelischen Kirche im Rheinland in Düsseldorf.
[97] Allerdings scheint der Autor der Vorlesungsnachschrift Nr. 2 stärker in die Formulierungen des Vorlesenden einzugreifen. Das zeigt sich an der Umwandlung der ersten Person in die dritte Person. Bsp. „Brunner schlägt daher vor ..." (DP 2), „Brunner sieht sich selbst ..." (DP 21).

Für die Darstellung dessen, was Brunner unter dogmatischer Theologie versteht, sind insbesondere die Vorlesungen Nr. 1 und Nr. 3 von Bedeutung, weil sie zeigen, welche Akzente Brunner am Anfang und am Ende seiner akademischen Tätigkeit in Heidelberg gesetzt hat.[98] Dadurch, daß diese beiden Vorlesungen besondere Berücksichtigung finden, wird gewissermaßen mit einem Griff die Grundrichtung der Überlegungen Brunners zur dogmatischen Theologie erfaßt. Aspekte, die für die Darstellung oder die Interpretation von Bedeutung sind, werden aus anderen veröffentlichten oder unveröffentlichten Texten ergänzt.

Sowohl die Texte Brunners als auch die Texte anderer Autoren werden in der Regel nach Kurztiteln zitiert, die im alphabetisch geordneten Literaturverzeichnis aufgeführt sind. Bei Veröffentlichungen in Periodica dient die Abkürzung des Periodicums mit Jahrgangsziffer als Kurztitel.

Bei der Darstellung und Zitierung von zusammenhängenden Texten wird eine allzu häufige Wiederholung des Kürzels „a.a.O." dadurch vermieden, daß die angegebene Seitenzahl auch für alle nachfolgenden Sätze gilt, sofern keine neue Seitenzahl vermerkt ist. Zitate ohne Anmerkung sind folglich durch die vorausgehende Anmerkung im Text aufzufinden.

---

[98] Die Vorlesung Nr. 1 hat BRUNNER in einer vermutlich ähnlichen Fassung schon im SoSe 1932 und SoSe 1934 vorgetragen: „Enzyklopädie der Theologie. Zugleich Einführung in das theologische Studium" (Vorlesungsverzeichnis Gießen SoSe 1932, 6; SoSe 1934, 6).

Teil I: Die Grundlegung der dogmatischen Theologie

Kapitel 2: Theologie als kirchliche Wissenschaft

A. Darstellung

An der Frage nach dem Verhältnis der Theologie zu der christlichen Kirche einerseits und zu dem Forum der Wissenschaften andererseits entscheidet sich, was überhaupt unter „Theologie" zu verstehen und wie sie zu betreiben ist. Brunner äußert sich zu diesem Fragenkreis nicht nur in seinen Vorlesungen zur Grundlegung der dogmatischen Theologie, sondern auch in dem Vortrag „Gebundenheit und Freiheit der theologischen Wissenschaft"[1] und in dem Zeitungsartikel „Theologie, Kirche und Wissenschaft"[2]. Der Schwerpunkt der vier vorgestellten Gedankenreihen liegt zunächst auf der nötigen Umorientierung der Theologie (2.1), dann auf ihrem eschatologischen (2.2), kirchlichen (2.3) und wissenschaftlichen (2.4) Charakter.

2.1 Die Entscheidung für eine im Worte Gottes gegründete Theologie

In der Vorlesung „Die Encyklopädie der Theologie" geht es Brunner nicht um eine Gesamtdarstellung des materialen Inhalts der Theologie im Sinne eines im Mittelalter greifbaren Enzyklopädiebegriffs.[3] Vielmehr verbindet sich mit dem Begriff „Encyklopädie" seit der idealistischen Philosophie des neunzehnten Jahrhunderts die Frage nach den „archai", nach den Prinzipien oder „tragenden Grundbegriffen" der Wissenschaft.[4] „Indem wir fragen: Was ist Theologie? fragen wir eben nach den letzten Prinzipien und Grundlagen, die die Theologie ermöglichen, die sie begründen und normativ auslösen."[5]

Bevor Brunner die eigene Sicht von den Prinzipien der Theologie darlegt, führt er drei Modelle aus der neueren Geschichte der evangelischen Theologie vor: a) „Das neuprotestantische Verständnis von Theologie (erläutert an Schleiermachers kurzer Darstellung des theologischen Studiums)"[6]; b) „Die neuprotestantische Selbstaufhebung

---

[1] PE I, 13–22; 1947.
[2] Untertitel: Eine Randbemerkung zur Lage der evangelischen Theologie in Deutschland. ELKZ 11 (1957), 249–253.
[3] ETh 1f.
[4] ETh 3.
[5] ETh 7.
[6] ETh § 2, 8–30.

der Theologie (erläutert an Ernst Troeltsch)"[7]; c) „Die Wiederentdeckung einer im Worte Gottes gegründeten Theologie (erläutert an Karl Barth)"[8].

Bei Schleiermacher und Troeltsch erfolgt die Grundlegung der Theologie in der Weise, „daß sie ihre Fundamente in dem allgemeinen abendländischen Wissenschaftsbegriff verankert, wie er sich auf die Antike gründet und herausgebildet hat, und auch in unserem Jahrhundert trotz aller Grundlagenkrisen mit ungebrochener Selbstverständlichkeit weiter wirksam ist. Hier bei dieser Linie wurde dieser allgemeine abendländische Wissenschaftsbegriff zum eigentlichen Kanon, den jede Aussage zu respektieren hat, selbst wo es um die Entfaltung eines wirklichen Bekenntnisses geht."[9] Brunners These ergibt sich aus einer eingehenden Analyse der erwähnten theologischen Ansätze.

(a) Bei *Schleiermacher* kommt es zu einer Umklammerung und Durchdringung des Theologiebegriffs durch den Wissenschaftsbegriff aufgrund folgender Definition der Theologie. Zum einen wird sie als positive Wissenschaft aufgefaßt, die auf die christliche Glaubensweise bezogen ist. Theologie besteht aus ursprünglich eigenständigen wissenschaftlichen Elementen, die sich aufgrund eines vorwissenschaftlich-existentiellen Interesses an christlicher Religion und eines nachwissenschaftlich-praktischen Interesses an der Förderung dieser Frömmigkeitsform – Schleiermacher spricht von „Kirchenleitung" – zur wissenschaftlichen Disziplin verbinden.[10] Zum anderen ist das Wesen der Theologie bestimmt durch die enge Verklammerung mit der Wissenschaft im eigentlichen Sinne, nämlich mit der spekulativen Philosophie.[11] Gerade der grundlegende Teil der Theologie, die „philosophische Theologie", baut auf zwei maßgeblich philosophisch geprägten Arbeitsformen auf, nämlich auf der „Ethik" und der „Religionsphilosophie". Die philosophische Analyse der Geistesgeschichte und der Vielfalt der Religionen liefert Einblick in die „allgemeinen ontologischen Strukturen des Gebildes Religion, samt der Erkenntnis der Möglichkeit und Notwendigkeit der Gegensätze". Aus der Zusammenschau dieser philosophischen Grunderkenntnisse mit der „empirisch geschichtlichen Wirklichkeit des Christentums" ergibt sich die Bestimmung des Wesens des Christentums als die oberste „Norm der theologisch grundsätzlichen und kirchlich praktischen Entscheidung".[12]

Brunner hält eine derartige Zuordnung von Theologie und Wissenschaft für unangemessen. Zum einen kann der konkrete Bezugspunkt

---

[7] ETh § 3, 30–65.
[8] ETh § 4, 66–79.
[9] ETh 80.
[10] ETh 8.11f.
[11] ETh 8.
[12] ETh 16.

der wissenschaftlichen Theologie nicht die christliche Glaubensweise sein. Eine Theologie, die nicht durchstößt zur glaubensbegründenden Offenbarung in Jesus Christus, steht in der Gefahr, „in den Kreis der innerweltlichen Gegebenheiten ein für alle Mal eingesperrt zu bleiben", mithin den Faktoren „Psychologismus" und „Historismus" ausgeliefert zu sein, welche die Offenbarungstheologie auflösen.[13] Zum anderen ist es nicht akzeptabel, daß „gerade dasjenige Element, das die Theologie befähigt, eine normative Entscheidung zu fällen", „das Ergebnis einer philosophischen Reflexion" ist.[14] So sehr Schleiermachers Absicht, den verbindlichen Charakter von theologischen Aussagen durch die Einbettung in ein „Gesamtsystem wissenschaftlicher Erkenntnis" zu wahren, Würdigung verdient, so klar muß erkannt werden, daß durch diese Einordnung eine verhängnisvolle Abhängigkeit der Theologie von der Religionsphilosophie entsteht.[15]

(b) Bei *Troeltsch* tritt die Abhängigkeit der Theologie von wissenschaftsimmanenten Prinzipien, die in das Wesen der Theologie eingreifen, noch deutlicher hervor. Die Voraussetzung und die Herausforderung für Troeltsch bildet die „prinzipielle Historisierung", in die das abendländische Denken des neunzehnten Jahrhunderts hineingeführt hat.[16] Sämtliche geistigen Werte und Maßstäbe sind in den Bannkreis historischer Relativierung geraten. Angesichts des „Zusammenbruch aller supranaturalen Autoritäten (Biblischer Kanon, Christusdogma)" sieht Troeltsch sich genötigt, Theologie grundsätzlich „in der wissenschaftlichen Erfassung des Phänomens Religion" zu begründen.[17] „Die Theologie ist hinsichtlich ihrer wissenschaftlichen Grundlage selbst Religionswissenschaft." So besteht der erste Teil des theologischen Systems von Troeltsch aus Religionsgeschichte und Religionswissenschaft als Psychologie, Erkenntnistheorie, Geschichtsphilosophie und Metaphysik der Religion. Erst der zweite Teil des Systems bezieht sich auf das Christentum: „Das Bekenntnis zur christlichen Lebens- und Ideenwelt / Praktische Theologie".[18] Da alles, was im zweiten Teil des Systems zur Sprache kommt, nämlich die Glaubenslehre und die Lehre von der kirchlichen Praxis, als Versuch zu interpretieren ist, einem persönlichen christlichen Bekenntnis auf dem Hintergrund religionswissenschaftlicher Erkenntnisse Ausdruck zu verleihen, kann dieser Aussagenkomplex nicht als wissenschaftlich gelten.

Brunner gibt zu bedenken, daß die von theologischen Normen unabhängige Religionswissenschaft keineswegs normfrei arbeitet. Sie

---

[13] ETh 12.
[14] ETh 16.
[15] ETh 17.
[16] ETh 44.
[17] ETh 46
[18] ETh 64

selbst trägt gewisse Maßstäbe und Wertungen in sich. Denn sie steht „innerhalb einer bestimmten Gesamtlage der Wissenschaft, wie die Wissenschaft ihrerseits innerhalb einer ganz bestimmten Gesamtlage der Kultur steht und ein ganz bestimmtes Wesen von Kultur, wie es sein soll, voraussetzt."[19] Die „axiomatischen Voraussetzungen und Wertbejahungen der wissenschaftlichen Forschung", speziell der religionswissenschaftlichen Forschung, wandeln sich mit der jeweils aktuellen „Kultursynthese". Die Bilder und Ideen von religiösen Grundformen, wie sie die Religionswissenschaft scheinbar empirisch-analytisch erhebt, sind in Wirklichkeit abhängig von der herrschenden Geschichts- und Kulturphilosophie.[20]

Auch im zweiten Teil des Systems von Troeltsch, der sich auf die religiöse Glaubensüberzeugung des einzelnen Forschers bezieht, besteht kein Freiraum für theologische Grundbestimmungen, die den Axiomen von Kultur und Wissenschaft zuwiderlaufen. Denn das, was „der Theologe als seine persönliche Glaubensüberzeugung nun entfaltet, das muß sich in den Gesamtrahmen einfügen, den die Religionswissenschaft gezogen hat".[21] „Bei Troeltsch ist die Religionswissenschaft der Kanon, der an die Stelle der von Troeltsch verworfenen supranaturalen Autoritäten tritt." Jeder Anspruch auf allgemeine Gültigkeit und Absolutheit christlicher Aussagen fällt dahin.

Brunner zieht das Fazit: Die Theorie von Troeltsch ist „der ehrliche, konsequente und tragische Ausdruck für die Selbstaufhebung der Theologie und der Kirche, die mit Notwendigkeit in dem Augenblick eintritt, in dem die in Theologie und Kirche entscheidende Autorität nicht mehr das Evangelium ist, das aus der in Jesus Christus geschenkten Offenbarung entsprungen ist, sondern die in einer personalistischen Religiosität sich manifestierenden Postulate des menschlichen Geistes".[22]

(c) Die Alternative zu Schleiermacher und Troeltsch ist in dem Ansatz von *Karl Barth* zu erblicken. Brunner ist der Meinung, daß die neuprotestantischen Erkenntnisbemühungen und das Vorgehen Barths „zwei Größen sind, die trotz des gemeinsamen Namens ‚Theologie' völlig verschiedene Wesen sind, weil sie aus verschiedenen Fundamenten hervorwachsen".[23]

Die theologische Wende, die sich an der Erscheinung des Römerbriefkommentar Barths 1919 und der Barmer Erklärung 1934 historisch verankern läßt, kann beschrieben werden „als eine Abkehr von den dogmatischen Prinzipien des neuprotestantischen Verständnisses von Theologie ... und als eine Hinkehr zur Erneuerung der Autorität

---

[19] ETh 52.
[20] ETh 51.
[21] ETh 52.
[22] ETh 65.
[23] ETh 80.

des aus dem Zeugnis der Apostel und Propheten auf uns zukommenden Wortes Gottes".[24] Die Leitfrage der neuprotestantischen Theologie war „die Frage nach der Einfügung der christlichen Glaubensweise in die geistige und kulturelle Lage". Bei Karl Barth dagegen wird die Theologie in der Kirche verortet: „Theologie ist eine Funktion der Kirche."[25] Voraussetzung der Theologie ist die der Kirche eigentümliche Rede von Gott. Aufgabe der Theologie ist die kritische Selbstprüfung der Kirche bezüglich der ihr eigentümlichen Rede.[26] Den Maßstab für die Prüfung des menschlichen Verkündigungswortes, in dem das Wort Gottes laut werden soll, bildet das Wort Gottes in schriftlicher Gestalt.[27] Aus der Bibel, dem Offenbarungszeugnis des fleischgewordenen Wortes Gottes, erhebt die Dogmatik den Sollgehalt der kirchlichen Verkündigung.[28]

Die Frage nach der Wissenschaftlichkeit einer solchen Theologie ist für Barth keine Lebensfrage der Theologie. Dennoch soll die Bezeichung „Wissenschaft" für die Theologie festgehalten werden, ohne daß die Theologie dadurch an Maßstäbe gebunden wird, die ihrem Gegenstand nicht entsprechen. Der Titel „Wissenschaft" soll zum Ausdruck bringen, daß es sich bei der Theologie um eine menschliche, ernsthafte, redliche Erkenntnisbemühung handelt, so wie auch in anderen Bereichen menschliche Erkenntnisbemühungen stattfinden. Außerdem meldet die Theologie durch ihre Verortung im Gebäude der allgemeinen Wissenschaft Protest an gegen den antiken Wissenschaftsbegriff und seine Implikationen.[29] Die letzte Wirklichkeit ist nicht „ein heidnisches Pantheon", sondern „die Vergebung der Sünden".[30]

Brunner sieht die evangelische Theologie angesichts der Modelle a), b) auf der einen und c) auf der anderen Seite in die Entscheidung gestellt. Die Theologie muß sich entscheiden, ob sie den abendländischen Wissenschaftsbegriff zum Kanon ihrer Entscheidungen macht oder ob sie sich in die Kirche eingliedert und der Autorität des Wortes Gottes unterstellt.[31]

In den sechs Bedingungen, die Heinrich Scholz in seinem Aufsatz „Wie ist eine evangelische Theologie als Wissenschaft möglich?" für die Wissenschaftlichkeit der Theologie aufstellt, sieht Brunner die Fundamente des aus der Antike hervorgegangenen Wissenschaftbegriffs deutlich hervortreten.[32] Mit dem „Kontrollierbarkeitspostulat"

---

[24] ETh 67.
[25] KD I/1,1.
[26] ETh 68.
[27] ETh 72.
[28] ETh 76.
[29] ETh 77.
[30] ETh 78.
[31] ETh 80f.
[32] ETh 81. H. SCHOLZ, ZZ 9 (1931), 8–35.

muß die Theologie unausweichlich in Konflikt kommen. Denn sie hat Aussagen über Gott, Welt und Mensch zu machen, „deren Wahrheitsanspruch von dem Hörer oder Leser nicht nachgeprüft werden kann".[33] In entscheidenden Passagen müßte die Dogmatik aus dem Rang einer Wissenschaft heraustreten. Auch das „Konkordanzpostulat" steckt der Theologie allzu enge Grenzen. So eine zentrale Aussage wie „Jesus ist von den Toten auferstanden" ist biologisch und physikalisch unmöglich und wäre deshalb als irrationale, unwissenschaftliche Aussage einzustufen. Eine Theologie, die sich in den modernen Wissenschaftsbegriff eingliedert, muß auf entscheidende Aussagen verzichten oder sie so entmythologisieren, „daß in der Tat eine in der Substanz verwandelte Botschaft übrig bleibt".[34]

Die Postulate der Wissenschaft, der „Kanon der Einfügbarkeit in das moderne wissenschaftliche Weltbild", die „moderne Geisteslage" oder die „kommende Kultursynthese" sind Autoritäten, die von der Theologie anerkannt zu werden beanspruchen. Da aber gleichzeitig die Autorität des Wortes Gottes auf dem Plan ist, die Anerkennung beansprucht, ist die Entscheidung in der Autoritätenfrage für die Theologie schon gefallen. Der Theologe, der dem Evangelium begegnet ist, hat keine freie Wahl. Er ist gebunden an „die in der Kirche und durch die Kirche begegnende Autorität des Evangeliums, und" – so folgert Brunner – „diese Autorität wird uns freimachen von der Bindung an geistige Mächte, die, wenn wir sie eingehen würden, eine Substanzverwandlung der biblischen Botschaft nach sich ziehen würde".[35]

Die Theologie ist also nur Theologie, wenn sie sich in dem Wirkungskreis des Evangeliums befindet. Theologie gründet in der Kirche. Sie steht am Ort des Credos. „Das ist der erste Satz, mit dem Theologie beginnt, in dem ihre Grundlegung vollzogen ist: Credo ut intelligam."[36]

2.2 Theologie nach der eschatologischen Wende

In dem Zeitungsartikel „Theologie, Kirche und Wissenschaft – Eine Randbemerkung zur Lage der evangelischen Theologie in Deutschland" von 1957 teilt Brunner die Beobachtung mit, daß die Diskussion über Grundlagen und Methoden zu dem „hervorstechenden Merkmal der evangelischen Theologie in Deutschland" gehört.[37] Seit der europäischen Aufklärung sind die Fragen nach der Wissenschaftlichkeit der Theologie, nach der normativen Autorität in der Theologie und

---

[33] ETh 82.
[34] ETh 84.
[35] ETh 85.
[36] Vgl. PE I, 21.
[37] ELKZ 11, 249.

nach dem Verhältnis von Vernunft und Offenbarung strittig.[38] Die entscheidende Klärung in der Grundlagenproblematik ist durch eine ausdrückliche und bewußte Standortbestimmung der Theologie zu erreichen. „Die Theologie wird ... nur dort zur Eigentlichkeit ihres Wesens zurückfinden, wo sie gerade ihre ‚wissenschaftliche' Aufgabe streng *innerhalb* des durch Wort und Geist ausgesonderten Bereiches der Ekklesia erblickt und den in diesem Bezirk geforderten Notwendigkeiten und geschenkten Möglichkeiten gerecht zu werden versucht."[39] So wie die Ekklesia von dem „in der Auferstehung Jesu erschienenen Ende dieser Welt" herkommt, so bestimmt sich das Selbstverständnis der Theologie von der eschatologischen Wende her. Infolge des Anbruchs des Reiches Gottes sind auch „die kategorialen Limitationen der Begriffe", mithin alle der Theologie fremden Festlegungen in prinzipieller und methodologischer Hinsicht aufgebrochen und durchbrochen.

Die Theologie bezieht sich auf ihren Ursprung, die Auferstehung Jesu Christi, zurück, indem sie auf der Grundlage des apostolischen Osterzeugnisses verkündigt und diese Verkündigung anhand der Norm der apostolischen Lehre immer wieder überprüft.

Brunner sieht sich im Jahr 1957 vor die Frage gestellt, „ob in Deutschland die evangelische Theologie, die von diesen Voraussetzungen aus ihre Arbeit zu treiben versucht, zwischen den Mühlsteinen des Historismus und des Existentialismus nicht mehr und mehr zermahlen wird".

2.3 Gebundenheit und Freiheit der theologischen Wissenschaft

In dem Vortrag „Gebundenheit und Freiheit der theologischen Wissenschaft", „gehalten bei der Eröffnung der Theologischen Schule (Kirchliche Hochschule) in Wuppertal am 31. Oktober 1945"[40], geht Brunner von der Frage aus, ob Theologie „frei forschend, aber kirchlich gebunden"[41] sein kann, wie es der Bruderrat der EKD in einem Wort an die Pfarrer vom August 1945 wünscht. Die Forderung nach einer freien Wissenschaft, wie sie seit der Aufklärung allgemein erhoben wird, widerspricht jedenfalls der konsequenten Bindung an das Wort Gottes und an das Dogma der Kirche.[42] Im Blick auf diesen neuzeitlich-säkularen Wissenschaftsbegriff gibt Brunner zu bedenken, daß die damit postulierte Freiheit selbst auf mancherlei Bindungen beruht, z.B. auf der Bindung an „nicht weiter begründbare Axiome des vernünftigen Denkens". Gerade die Vernunft steht jedoch immer wie-

---

[38] ELKZ 11, 249f.
[39] ELKZ 11, 252.
[40] PE I, 13 Anm. *.
[41] PE I, 13.
[42] PE I, 14.

der in der Gefahr, ihre Vernünftigkeit zu verlieren. Es ist nach Brunner eine Erfahrung des dritten Reichs, daß „eine Wissenschaft, die die Freiheit von irgendwelchen Vorurteilen zu ihren unaufgebbaren Grundsätzen erklärt hat, in einem bis dahin nie gekannten Ausmaß in die Abhängigkeit einer vernunftfremden, pseudo-philosophischen Weltanschauung geraten ist".[43] Von daher legt es sich nahe, den Sinn der Zusammenarbeit von „weltlicher" Wissenschaft und spezifisch gebundener Theologie gerade darin zu erblicken, daß die Wissenschaft vor ideologischer Überfremdung geschützt wird und sich in echter Weltlichkeit und Vernünftigkeit betätigen kann.[44]

Trotz mancher formaler Analogien ist die Theologie von allen anderen Wissenschaften durch ihren besonderen Gegenstand unterschieden, so lautet Brunners Grundthese. Gott selbst oder das Wort Gottes ist „ein qualitativ von allen anderen möglichen Gegenständen möglicher Wissenschaften unterschiedener Gegenstand". Erst der eigentümliche Vorgang, daß „die Botschaft von Jesus Christus als das rettende Wort Gottes verkündigt, gehört und geglaubt wird", macht Theologie möglich und notwendig.[45] Wie eine andere „positive Wissenschaft", z.B. die Medizin, konstituiert sich Theologie als Einheit verschiedenartiger Forschungsbemühungen durch ein praktisches Ziel. Dabei kommt der Theologie keine absolute Notwendigkeit, sprich Heilsnotwendigkeit zu, wie sie allein dem Evangelium zuzuschreiben ist, sondern lediglich eine „praktisch-kirchliche Notwendigkeit".[46] Die Aufgabe der Theologie besteht darin, der Kirche bei der Bewahrung des Evangeliums behilflich zu sein, indem Regel und Richtschnur für das Evangelium, nämlich Schrift und Bekenntnis, gegenwärtig gehalten werden.

Theologie ist damit an den Ort des Credos, an den Ort des verkündigten und geglaubten Evangeliums gestellt. Theologie als Wissenschaft ist gebunden an die Autorität eines in drei Gestalten gegenwärtigen Evangeliums: a) an „das Evangelium in der Gestalt der jetzt und hier ergehenden Verkündigung"; b) an „das Evangelium in der Gestalt der von der Kirche auf ihrem Wege durch die Zeit proklamierten Bekenntnisse" und c) an „das Evangelium in der Gestalt des uns schriftlich überlieferten apostolischen Zeugnisses samt seiner ihm eigentümlichen Beziehung auf das vorlaufende schriftlich fixierte Zeugnis der Propheten". „Nur dadurch, daß diese drei Gestalten des Evangeliums in ihrer substantiellen Identität im Glauben erkannt werden, wird Theologie als die der Kirche eigentümliche Wissenschaft möglich." Es ist zu beachten, daß sich in Brunners Sicht die Wissenschaftlichkeit der Theologie nicht durch den Gebrauch wissenschaftlicher Methoden

---

[43] PE I, 15.
[44] PE I, 16.
[45] PE I, 17.
[46] PE I, 20.

einstellt, sondern auf dem Erkenntnis des Evangeliums beruht. „In dem Maße, als die Theologie ihr Gebundensein an diese Autoritäten lockern würde, würde sie ihren Charakter als Wissenschaft in Frage stellen." Gerade die Bindung an die angeführten Autoritäten befreit die Theologie von der falschen Bindung an andere Autoritäten.[47] Brunner führt als Beispiele für der Theologie wesensfremde Autoritäten den „Historismus", die säkulare „Weltanschauung" und „den totalen Staat" an.

Die solchermaßen kirchlich gebundene Wissenschaft ist durchaus frei, „dieses oder jenes Hilfsmittel, das ihr von den Wissenschaften der Vernunft dargeboten wird", zu gebrauchen, z.B. eine bestimmte philosophische Begrifflichkeit oder eine philologische oder historische Methode. Ernsthaftes kritisches Forschen und das Beanspruchtsein durch das Evangelium schließen sich nach Brunner nicht gegenseitig aus. Zur Freiheit der Theologie gehört auch die Unabhängigkeit „von jeder zeitbedingten, konkreten Erscheinungsweise der Kirche". Nur die von der kirchenpolitischen Lage unbeeinflußte Theologie kann kirchliche Mißstände und Unzulänglichkeiten angemessen kritisieren.[48] In einer an das Wort Gottes gebundenen Theologie schattet sich „jenes grundsätzliche Gegenüber des Wortes Gottes selbst" zu der empirischen Kirche ab.

2.4 Ortsbestimmung der Theologie im Umkreis der Wissenschaften

„Ortsbestimmung der Theologie im Umkreis der Wissenschaften" lautet die Überschrift des ersten Kapitels der Vorlesung „Grundlegung der Dogmatik".[49] Brunner befaßt sich eingangs insbesondere mit der historisch-philologischen Wissenschaft, weil die Theologie in die Nähe dieses Wissenschaftszweigs gerückt und von ihm her verstanden wird. In beiden Disziplinen scheint es im wesentlichen um die Erforschung alter Texte zu gehen. „Es fällt auf, wie das Verständnis der Theologie in den letzten Jahrzehnten vorwiegend, wenn da und dort nicht gar ausschließlich, im Umkreis derjenigen Problematik gesucht wurde, die für die historisch-philologische Wissenschaft kennzeichnend ist".[50] In dieser Problemstellung erblickt Brunner „eine nicht ungefährliche Verkürzung". Denn als „die eigentlichen Nachbarn der Theologie im Gefüge der Wissenschaften" sind die Rechtswissenschaft und die Medizin zu betrachten. Diese Ansicht stützt sich auf die Beschreibung einer analogen Struktur bei den drei klassischen Haupt-Fakultäten, die sich allerdings in einer weniger profilierten Ausprägung auch bei den Naturwissenschaften und den historisch-philologi-

---

[47] PE I, 21.
[48] PE I, 22.
[49] GDg 3–48.
[50] GDg 14.

schen Wissenschaften, die aus den historischen artes liberales hervorgingen, greifen läßt.[51]

Zunächst wird die Medizin in den Blick genommen. Die verschiedenen Forschungsrichtungen dieses Fachbereichs verbinden sich zu einer Einheit durch die Hinordnung auf einen ganz bestimmten Zweck, nämlich die Heilung und Gesunderhaltung des Menschen.[52] Medizin ist eine „dienstbezogene Wissenschaft" oder „‚positive' Wissenschaft", weil sie „durch ein Gesetztes, ein positum hervorgerufen und zusammengehalten" wird.[53] Auch für die Jurisprudenz „ist ein sehr konkreter Lebensbezug konstitutiv: die Rechtsprechung, die Rechtfindung".[54] „Der von Unrecht bedrohte und Recht suchende Mensch ist der Kristallisationspunkt, auf den die Rechtswissenschaft dienstbezogen ist."[55] Der konkrete Bezugspunkt, der die „positive Wissenschaft" zu dem macht, was sie ist, kann sowohl für die Medizin als auch für die Rechtswissenschaft anschaulich gemacht werden in einem bestimmten Beruf: im „Arzt in der Gemeinschaft der von Krankheit und Tod bedrohten Menschen" bzw. im Richter „in der Gemeinschaft der Rechtsgenossen".[56] Brunner will sich mit diesen Überlegungen von einem „spekulativen Wissenschaftsbegriff" distanzieren, der aus apriorischen Vernunftgründen die konkrete wissenschaftliche Gestaltung ableitet, wenngleich in allen Wissenschaften vorgegebene vernünftige Grundsätze wirksam sind, so z.B. in der Medizin der Grundsatz: Du sollst nicht töten.[57] Doch konstitutiv sind für die beschriebenen Wissenschaften „‚gesetzte' Sachverhalte, Bedürfnisse, Notwendigkeiten, Zweckbestimmtheiten".

Auch für die historisch-philologische Wissenschaft läßt sich ein solcher „Sitz im Leben" angeben. Die fachliche Ausbildung dient dem „Pädagoge(n) inmitten derer, die der Bildung bedürfen".[58] Analog arbeitet die Naturwissenschaft dem „Konstrukteur inmitten einer technokratischen Weltgestaltung" zu. Die so ins Auge gefaßten Wissenschaften lassen sich also nicht aus Vernunftprinzipien deduktiv ableiten, sondern sind durch „einen besonderen, in dem geschichtlichen Lebensvollzug menschlichen Daseins vorgegebenen und in diesem Sinne ‚gesetzten' Sachverhalt bestimmt". Von diesem Ergebnissatz aus könnte Brunner direkt zu der Definition der Theologie als einer auf den geschichtlichen Lebensvollzug der Kirchengemeinschaft bezogenen Wissenschaft übergehen. Seine Argumentation greift jedoch weiter aus.

---

[51] GDg 5f.
[52] GDg 14.
[53] GDg 14f.
[54] GDg 15.
[55] GDg 16.
[56] GDg 15.16b.
[57] GDg 16b und 16b Einschub.
[58] GDg 17.

Darstellung

Brunner geht von der Arbeitshypothese aus, die Erkenntnisbemühung um jene Büchersammlung namens „Bibel" bilde die „tragende Mitte" der Theologie.[59] Die mittelalterliche Bezeichnung der Theologie als „sacra scriptura" bringt diese Konzentration zum Ausdruck. Damit stellt sich die Frage, ob „die Bibel als Heilige Schrift" heute noch „Prinzipium (sic!), Archē, auslösende Dynamis und gestaltende Energeia der Theologie im Ganzen und im Einzelnen" sein kann.

Zunächst scheint Theologie in ihrer Erkenntnisbemühung um vorgegebene Texte mit der historisch-philologischen Wissenschaft in eins zu fallen. Theologie tritt ein in den Fragenkreis der historisch-philologischen Wissenschaft. Es geht um Echtheitsfragen, Quellenkritik und historische Rekonstruktion.[60] Es geht um das richtige Verständnis der Spuren „vergangenen geschichtlichen Menschentums" und um das wahre Verstehen von Menschen anderer Zeiten und Kulturen.[61] „Daß wir trotz der Gespaltenheit der Menschheit in verschiedene Sprachen und gesellschaftliche Daseinsformen über die Zeiten und Kulturen hinweg in einer verständigen Weise miteinander reden können, ist ein Sachverhalt, der unaufgebbare Voraussetzung der historisch-philologischen Wissenschaft ist."[62] Historisch-philologische Wissenschaft setzt nicht nur voraus, daß fremde historische Texte zu echtem menschlichen Verstehen führen können, sondern daß solche Erkenntnis auch für andere Forscher, die in der gleichen Erkenntnisbemühung stehen, „nachvollziehbar ist und von ihnen tatsächlich mitvollzogen wird".[63] Es ergibt sich: „Gültigkeit historisch-philologischer Erkenntnis begründet Gemeinschaft im Verstehen von Geschichte bei dem Übergang geschichtlichen Daseins aus Vergangenheit in Zukunft hinein."[64]

Theologie scheint lediglich ein Spezialfall historisch-philologischer Wissenschaft zu sein. Wenn „also das Ziel der auf die Bibel gerichteten Erkenntnisbemühungen ein neues eigentümliches Selbstverständnis im Horizont unseres geschichtlichen Daseins an der entscheidungsschweren Schwelle zwischen Vergangenheit und Zukunft ist, dann haben wir den Umkreis der historisch-philologischen Wissenschaft nicht überschritten".[65] Theologie als Erforschung bestimmter heiliger Schriften ist nichts anderes als eine Unterabteilung der Religionswissenschaft.

Der entscheidende Unterschied tritt erst hervor, wenn historisch-philologische Wissenschaft folgendermaßen ins Auge gefaßt wird:

---

[59] GDg 18.
[60] GDg 7.
[61] GDg 8.
[62] GDg 12.
[63] GDg 10.
[64] GDg 11.
[65] GDg 19.

„Die historisch-philologische Wissenschaft ist ein Gespräch mit Toten, die durch ihre hinterlassenen Spuren in ihren innergeschichtlichen Nachwirkungen unter uns gegenwärtig sind."[66] Demgegenüber besteht die Einzigartigkeit der Bibel darin, daß in ihren Texten Zeugnis abgelegt wird von dem einen Menschen, der aus den Toten heraus auferweckt wurde und ewig lebt, ja, der jetzt gegenwärtig ist als „Herr des Todes"![67] Damit ist „die totale Umklammerung der Bibel durch die historisch-philologische Wissenschaft" gesprengt.[68] Denn durch Jesus Christus, der gestern, heute und in Ewigkeit derselbe ist, eröffnet sich „eine neue einzigartige Dimension zur Vergangenheit" hin.[69] „Weil Jesus lebt als Herr über den Tod, steht auch die Auslegung der Bibel in ihrer entscheidenden Spitze nicht mehr dort, wo nur Tote zu uns reden, sondern dort, wo der Herr selbst in, mit und unter dem Wort der Zeugen das Wort nimmt und aus seinem Heute heraus in unsere dem Tode entgegeneilende Zeit hinein selbst sein Wort sagt."[70] Insofern gründet Theologie in dem Ereignis der Auferstehung Jesu von den Toten.

Weil der auferstandene Herr das Schriftwort als sein eigenes wahres Wort erschließt, kann Theologie nicht in der Beschreibung von Gottesvorstellungen, Gottesbildern, Gottesbegriffen und Gotteswahrnehmungen bestehen.[71] Theologie beginnt erst dort, wo der Umschwung von religionsgeschichtlicher Wahrnehmung einer bestimmten Glaubensüberzeugung „zur Anerkenntnis der Gottestat selbst Ereignis wird"[72], wo von der Auferweckung Jesu aus den Toten her der Gott erkannt wird, der „in unserer Menschengeschichte gottheitlich handelt".[73] Das endzeitliche Heilshandeln Gottes wiederum konkretisiert sich in der Ekklesia Jesu Christi.[74] „Die in der Gemeinde *geöffnete* Bibel, die *in dieser Gemeinde* und durch sie als viva vox aus den geschriebenen Texten heraustretende Botschaft von Gottes großen Taten, ... das ist der sonst in der Welt nicht vorkommende Bereich, in welchem sich die von dem Inhalt der Bibel geforderte Auslegung ereignet."[75] Damit ist der „Sitz im Leben" der Theologie beschrieben.

Die Theologie ist also „positive Wissenschaft" in dem Sinne, daß sie auf die Kirche dienstbezogen ist. Ihre Dienstbezogenheit wird anschaulich im „Diener an Wort und Sakrament inmitten der zum Got-

---

[66] GDg 20.
[67] GDg 22f.
[68] GDg 23.
[69] GDg 24.
[70] GDg 25.
[71] GDg 26.
[72] GDg 28.
[73] GDg 29.
[74] GDg 32.
[75] GDg 35.

tesdienst versammelten Ekklesia".[76] Theologie ist durch und durch „‚praktische' Theologie".

Aufgrund dieser so vollzogenen Ortsbestimmung der Theologie erhebt sich die Frage, ob sie überhaupt als „Wissenschaft" zu bezeichnen ist. Die Beantwortung dieser Frage hängt davon ab, wie „Wissenschaft" definiert wird. Brunner arbeitet vier Merkmale einer „Wissenschaft" heraus[77]: (1) Sie muß erstens ein Ganzes sein, daß sich durch ein vorgegebenes Bezugsfeld konstituiert. (2) Sie muß zweitens Anspruch auf Gültigkeit erheben kraft Einsicht in einen nachprüfbaren Begründungszusammenhang. (3) Sie muß drittens ihre Aussagen im Dialog angesichts vorgegebener Normen der Wahrheit als gültig erweisen. (4) Viertens gilt: „Der Begründungszusammenhang einer wissenschaftlichen Aussage muß dem Felde entsprechen, in welchem das Was dieser Ausage angetroffen wird" („Sachgemäßheit", „Feldgemäßheit"). Brunner kommt zu dem Ergebnis, daß Theologie unter Voraussetzung der genannten Merkmale mit guten Gründen als „Wissenschaft" bezeichnet werden kann.

Allerdings ist zu beachten, daß das Bezugsfeld der Theologie auf einer anderen Ebene liegt als bei anderen Wissenschaften.[78] Es trägt nicht das Merkmal des „In-der-Welt-seins" (sic!). Das eschatologisch-apokalyptische Ereignis der Auferstehung Christi sprengt die Grenzen des Weltimmanenten und Vernunft-immanenten. Wenn die Wissenschaftlichkeit einer Aussage streng von einem innerweltlichen, dem vernünftig-geschichtlichen Dasein entsprechenden Begründungszusammenhang abhängig gemacht wird, ist „Theologie als solche eindeutig keine Wissenschaft".[79] Wenn aber das „Innerhalb" respektiert wird, das die Theologie begründet, nämlich der Raum des „durch Evangelium und Geist erzeugten Heilsglaubens", ist Theologie sehr wohl als „Wissenschaft" zu betrachten. „Weil es sich bei den theologischen Aussagen in ihrer Gesamtheit ... um Begründung unter dem Tatwort Gottes handelt und weil diese Aussagen darum einen consensus bei allen suchen, die im gleichen Ereignisfelde des Glaubens und darum unter der gleichen Norm der Wahrheit sich um die Erkenntnis dieses Heilswortes mühen, darum hat die Theologie die Struktur einer Wissenschaft, einer Wissenschaft freilich in dem besonderen Ereignisfelde der endzeitlichen Heilstaten und Heilsverwirklichung Gottes."[80]

---

[76] GDg 39.
[77] GDg 44.
[78] GDg 45.
[79] GDg 47.
[80] GDg 48.

2.5 Zusammenfassung

Die Frage nach dem Verhältnis der Theologie zu der christlichen Kirche einerseits und zu dem Forum der Wissenschaften andererseits wird von Brunner dahingehend entschieden, daß sich die Theologie unmittelbar auf die Kirche des Evangeliums bezieht und gerade deshalb als sachgemäße Erkenntnisbemühung im Sinne einer „Wissenschaft" gelten kann. Die christliche Theologie steht der Kirche nicht gegenüber wie eine Religionswissenschaft, die religiöse Phänomene beschreibt, sondern sie steht selbst am Ort der Kirche als dem Ort der Erkenntnis des Evangeliums. Diese Verortung ist grundlegend für Brunners Theologieverständnis. Denn mit der Entscheidung für die glaubende, erkennende und bekennende Kirche als „Sitz im Leben" der Theologie ist auch entschieden über die Voraussetzung, den Maßstab, die Erkenntnisweise, die Aufgabe und das Verhältnis der Theologie zu anderen Wissenschaften. Die Theologie dient der Kirche, indem sie das Wort Gottes als Gesetz und Evangelium auf der Grundlage von Schrift und Bekenntnis durchdenkt und zur Geltung bringt; notfalls auch gegen die Kirche. Indem sie das in einer gründlichen, begründeten und dialogfähigen Weise tut, erbringt sie eine wissenschaftliche Leistung.

Im folgenden wird die skizzierte Grundentscheidung Brunners zuerst vor dem Hintergrund ihrer theologiegeschichtlichen Situation erörtert (2.6), dann vor ihrem reformatorisch-biblischen Hintergrund (2.7) und schließlich hinsichtlich ihrer Auswirkung für den Wissenschaftsbegriff (2.8). Die Überlegungen zum Ort der Theologie werden im folgenden dritten Kapitel vertieft.

B. Diskussion

2.6 Zur Entscheidung zwischen Neuprotestantismus und erneuertem Protestantismus

Brunner selbst macht in seiner Vorlesung der Nachkriegsjahre deutlich, daß er sich mit seiner Konzeption zunächst einmal am Theologieverständnis Karl Barths orientiert. Brunner schätzt an Barth die entschiedene Wendung gegen den Neuprotestantismus. Diese Wendung kommt zum Ausdruck in ganz bestimmten Erkenntnissen: Die Grundlage der Kirche besteht nicht im frommen Gefühl, sondern im verkündigten Wort Gottes. Von der Erkenntnis dieses Wortes hat die Erkenntnisbemühung der Theologie auszugehen, nicht von den Erkenntnissen anderer Wissenschaften. Dabei orientiert sie sich weder an philosophischen Grundsätzen noch an den Erfordernissen der Frömmigkeitspraxis, sondern an dem geschriebenen Wort Gottes. So trägt sie dazu bei, daß sich die Verkündigung und das Leben der Kirche nicht den Denkschemata ihrer Zeit anpaßt, sondern dem offenbarten Wort Gottes entspricht. Eine solche theologische Arbeit ist nicht deswegen als „wissenschaftlich" zu bezeichnen, weil sie bestimmte wissenschaftliche Axiome und Methoden anerkennt, sondern weil sie einen folgerichtigen Erkenntnisweg beschreitet, über den sie sich Rechenschaft ablegt. Diese Entgegensetzungen stehen hinter der Grundthese Barths: „Dogmatik ist als theologische Disziplin die wissenschaftliche Selbstprüfung der christlichen Kirche hinsichtlich des Inhalts der ihr eigentümlichen Rede von Gott."[81]

In seiner Vorlesung am Ende der fünfziger Jahre würdigt Brunner an Barths Entwurf erstens die Verankerung der Theologie in der Kirche, zweitens den trinitätstheologischen Ansatz und drittens die „Aufdeckung der dynamischen Relationen" zwischen den drei Gestalten des Wortes Gottes.[82] Mit dieser Würdigung dürften die wichtigsten Verbindungslinien zwischen Barth und Brunner bezeichnet sein. Die Nähe der beiden Theologen kommt in diesem Zusammenhang auch dadurch zum Ausdruck, daß Brunner die Lage der Theologie im Jahr 1959 als Gegensatz zwischen der Wort-Gottes-Theologie einerseits und der existentialphilosophischen Kerygma-Theologie andererseits beschreibt.[83] Der Unterschied zwischen dem Basler und dem Heidelberger Systematiker deutet sich darin an, daß Brunner ausdrücklich die Erlanger Schule bis hin zu Paul Althaus als eine für ihn prägende Tradition bezeichnet und neben Barths Römerbriefkommentar von 1919 Karl Holls Aufsatzsammlung „Luther" von 1921 erwähnt.[84] Tatsächlich hat sich Brunner weder den Denkbewegungen der dialektischen Theologie noch ihrer Rezeption des reformierten Bekenntnisses angeschlossen. Vielmehr gewinnt für ihn die Wiederentdeckung des lutherischen Bekenntnisses im sogenannten „Jungluthertum" (Paul Althaus, Werner Elert) zwischen den Weltkriegen mehr und mehr an Bedeutung. Der Katholik Hans Jörg Urban rechnet Brunner in seiner Untersuchung zur evangelischen Theologie des zwanzigsten Jahrhunderts mit Recht zu jener Gruppe von lutherisch-konfessionellen Theologen, die nach dem zweiten Weltkrieg das Erbe des Jungluthertums antreten (Ernst Kinder, Walter Künneth, Edmund Schlink u.a.).[85] Das Charakteristikum ihres theologischen Ansatzes erblickt Urban in der engen Zusammenordnung von Offenbarung, kirchlicher Tradition, Schrift und Kirche.[86] Während Barth die Freiheit des ereignishaft hervortretenden Wortes Gottes gegenüber den Menschenworten der Kir-

---

[81] KD I/1,1.
[82] DP 21.
[83] DP 21f.
[84] DP 20f.
[85] H.J. URBAN, Bekenntnis, Kapitel VII, 276–376.
[86] A.a.O. 277.

che betont, heben die Lutheraner auf die verläßliche Anwesenheit des offenbarten Wortes Gottes in Verkündigung, Bekenntnis und Sakrament der Kirche ab.[85]

Die gegenüber Barth eigenständigen Akzentsetzungen Brunners kommen in den vorgestellten Texten an folgenden Stellen zum Ausdruck. Schon bei der Definition der Theologie argumentiert Brunner mit dem eschatologischen Charakter der Kirche, während Barth diesen Aspekt erst ganz am Ende seiner Prolegomena erwähnt.[86] Weil sich das Ereignisfeld der Endzeit von dem Ereignisfeld der Weltzeit unterscheidet wie eine vierte Dimension, kann die Theologie nicht prinzipiell festgelegt werden auf die Erkenntnismethoden der aktuellen Wissenschaft.

Auch die Gegenwart des Wortes Gottes in der Kirche beschreibt Brunner etwas anders als Barth. Neben das verkündigte und das geschriebene Wort Gottes tritt das im überlieferten kirchlichen Bekenntnis erkannte Wort Gottes. Barth hingegen erblickt in dem überlieferten Bekenntnis in erster Linie ein Menschenwort, das der kritischen Überprüfung bedarf.[87] Das Bekenntnis der Kirche ist im ersten Fall mit einem Ausrufezeichen, im zweiten Fall mit einem Fragezeichen versehen.

Ein weiterer Unterschied zwischen beiden Entwürfen besteht darin, daß Brunner nicht nur die Abhängigkeit des verkündigten vom geschriebenen Wort Gottes unterstreicht, wie Barth das tut, sondern auch umgekehrt der Erschließung des geschriebenen Wortes Gottes durch das verkündigte einen Wert für die theologische Erkenntnis beimißt.[88] Dieser Gedanke der rechten Erkenntnis der Heiligen Schrift in der Kirche und der Erschließung der Schrift durch die Kirche ist typisch für jene lutherische Gruppierung nach dem zweiten Weltkrieg.[89] Er hat insofern seine Berechtigung, als daß sich an Gottesdienst, Lobpreis, Gebet, Bekenntnis, Predigt, Sakrament, Zeugnis und Leben einer vom Wort Gottes geprägten Kirche der wesentliche Inhalt und die Wirksamkeit dieses Wortes ablesen läßt, welche keine andere Wirksamkeit ist als diejenige des Heiligen Geistes. Der besagte Gedanke

---

[85] A.a.O. 317.
[86] Siehe 2.2. Vgl. K. BARTH, KD I/1, 486f.
[87] Siehe 2.3. Vgl. K. BARTH (KD I/1, 281f): „In den Dogmen redet die Kirche der Vergangenheit – ehrwürdig, respektabel, maßgeblich, *non sine Deo*, wie es ihr zukommt – aber die *Kirche*: sie definiert, d.h. sie beschränkt in den Dogmen die offenbarte Wahrheit, das Wort Gottes. Und damit wird aus dem Wort Gottes Menschenwort, nicht unbeachtliches, sondern höchst beachtliches, aber *Menschen*wort. Das Wort Gottes ist über dem Dogma wie der Himmel über der Erde ist."
[88] Siehe 2.4. Vgl. K. BARTH (KD I/1, 106): „Apostolische Sukzession der Kirche muß heißen: daß sie sich richtet nach jenem Kanon, also nach dem Propheten- und Apostelwort als nach der notwendigen Regel alles in der Kirche geltenden Wortes."
[89] Vgl. H.J. URBAN, Bekenntnis, 278–288.

dürfte allerdings dann seine Berechtigung verlieren, wenn er umschlüge in die Behauptung, das geschriebene Wort Gottes sei ohne die aktuelle Predigt oder die Liturgie der Kirche prinzipiell unverständlich, unglaubwürdig oder unwirksam. Nicht umsonst weist Barth auf den Unterschied zwischen der möglichen Mangelhaftigkeit des Verkündigungswortes und der inhaltlichen Unversehrtheit des Schriftwortes aufmerksam. Das Wort der Kirche kann gerade und allein dadurch theologisch überprüft werden, daß „*in der Kirche die Bibel gelesen wird*", mithin das Lesewort der Schrift klar und kritisch zur Kirche spricht.[92] Auch Brunner hält den reformatorischen Grundsatz fest, daß die Heilige Schrift „die einzige Regel und Richtschnur" ist, „nach welcher alle Lehre und Lehrer in der Kirche Jesu Christi gerichtet und beurteilt werden sollen".[93] Der Gedanke der Erschließung der Schrift durch die Kirche soll also den Gedanken der Beurteilung der Kirche durch die Schrift keineswegs ausschließen.[94]

Einig sind sich Barth und Brunner jedenfalls in der Ablehnung des Theologieverständnisses von Schleiermacher. Barth wirft ihm „die störende bzw. zerstörende Auslieferung der Theologie an den allgemeinen Wissenschaftsbegriff" vor.[95] Auf dasselbe Urteil läuft Brunners Interpretation der „Kurzen Darstellung" hinaus.[96] In dem Bezug der Theologie zu Religion und Kirche erblickt Schleiermacher eine unwissenschaftliche Komponente, während die Einbeziehung historischer und philosophischer Erkenntnisverfahren in seiner Sicht die Wissenschaftlichkeit der Theologie garantiert. Damit aber ist die Erkenntnisbemühung der Theologie gerade nicht konsequent von ihrem besonderen Gegenstand her konzipiert. Denn die maßgebliche Norm für das Denken und Leben der Kirche wird nicht durch eine streng am Logos Gottes orientierte Theologie gewonnen, sondern durch eine an der Logik der Vernunft orientierte Philosophie, so Brunners berechtigte Kritik. Man muß wohl sagen, daß Schleiermachers Konzeption die Eigendynamik und die problematische Wirkung der eher verborgenen als offenkundigen normativen Setzungen der nichttheologischen Wissenschaften unterschätzt und verkennt. Das zeigt sich an seinen theologischen Ergebnissen.

Mit einer Auswahl dieser Ergebnisse befaßt sich Brunner im Rahmen seiner theologiegeschichtlichen Vorlesungen, wo er nicht nur die „Reden über die Religion" analysiert, sondern auch den philosophischen und theologischen Grundgedanken Schleiermachers darstellt.[97]

---

[92] K. BARTH, KD I/1, 280.
[93] PE I, 18.
[94] Vgl. zu dieser Verhältnisbestimmung 6.7 und 6.8.
[95] KD I/1, 9.
[96] Siehe 2.1.
[97] ThG I: § 14 Friedrich Schleiermacher (122f), § 15 Analyse von Schleiermachers „Reden über die Religion" (123–143). ThG II: § 18 Schleiermachers philosophischer Grundgedanke in Umrissen (16–40), § 19 Schleiermachers theologi-

Brunner würdigt Schleiermachers Versuch, die Unabhängigkeit der Theologie von jeglicher Philosophie der Metaphysik oder Moral zu sichern durch ihren Bezug zur gelebten Religion.[98] In der Hinordnung der Theologie auf die Wirklichkeit der Kirche liegt eine formale Parallele zwischen dem Theologieverständnis Schleiermachers und dem Theologieverständnis Barths und Brunners. Doch diese Parallele hebt den grundlegenden Unterschied nicht auf, der in dem Rückbezug auf das menschliche Bewußtsein einerseits und auf das Gesetztsein des Wortes Gottes andererseits besteht. Bei Schleiermacher bildet das menschliche Bewußtsein, in dem sich frommer Herzensgedanke und spekulativer Vernunftgedanke gegenseitig durchdringen, die Basis der Theologie.[99] Das führt zu einem konsequent weltimmanenten Verständnis der christlichen Botschaft.[100] Die Offenbarung aus dem Jenseits wird zum Offenbarwerden des Göttlichen im Diesseits[101], die von Gott trennende Sünde zur Bewußtseinshemmung[102], die Inkarnation zu einer einzigartigen Verwirklichung menschlicher Möglichkeiten[103], die Erlösung zur Bewußtseinsbildung, das Schriftwort zum mythologischen Symbol[104], das Gebet zum Wunsch des frommen Gefühls und die eschatologische Zukunft zur ethisch motivierenden Idee[105]. Abschließend bringt Brunner den Gegensatz zu Schleiermacher durch folgende Entscheidungsfrage und Antwort auf den Punkt:

„Worum geht es denn eigentlich im christlichen Glauben? Geht es wirklich darum, daß Gott und Mensch im Menschen sich berühren, daß es zu einem relativ eigenständigen Gotteserleben des frommen Menschen kommt, um die kulturellen Auswirkungen dieser Frömmigkeit in der Menschheitsgeschichte oder geht es nicht im christlichen Glauben um etwas ganz anderes? Im christlichen Glauben geht es darum, daß Gott mich, den er durch sein Gesetz richtend und verurteilend in die ewige Verdammnis wirft, durch seine mir in Wort und Sakrament zugeeignete Heilstat der Fleischwerdung, Kreuzigung und Auferstehung seines Sohnes Jesus Christus aus Tod und Verdammnis rettet, neu schafft, und den neuen Himmel und die neue Erde in der Welt der Auferstehung von den Toten mit Jesu Christi Wiederkunft herbeiführt."[106]

---

scher Grundgedanke in Umrissen (40–57), § 20 Schleiermacher als der Schöpfer der neuprotestantischen Theologie und die Entscheidungsfrage in der gegenwärtigen theologischen Situation (57–60).
[98] ThG I, 122.
[99] A.a.O.
[100] ThG I, 142.
[101] ThG II, 45.
[102] ThG II, 47.
[103] ThG II, 49.
[104] ThG II, 50f.
[105] ThG II, 53.
[106] ThG II, 60.

Im ersten Fall stellt sich der christliche Glaube als eine der Natur des Humanum eigentümliche Berührung mit dem letztlich unbeschreibbaren, unpersönlichen Divinum dar. Im zweiten Fall bedeutet christlicher Glaube so viel wie das lebensgeschichtliche, dynamische Ereignis der Begegnung zwischen der verdammten Menschenperson und der sehr konkreten Persönlichkeit Gottes, die in der Person Jesu Erlösung und ewiges Leben schenkt. Weil die Theologie Schleiermachers und andere neuprotestantische Theologieformen den Begegnungscharakter des christlichen Glauben verkennen, haben sie nach Ansicht Brunners ihren Charakter als christliche Theologie verloren.[107]

Angesichts dieses Befundes verbietet es sich, Brunners Theologie von Schleiermachers philosophisch-religiöser Weltanschauung her zu interpretieren.[108]

2.7 Zum reformatorischen Theologieverständnis und seinem biblischen Hintergrund

In gewisser Hinsicht läßt sich die theologische Wendung, die Brunner im Anschluß an Barth vollzieht, vergleichen mit der reformatorischen Wende. Denn auch Luther sieht sich mit einer Gestalt der Theologie konfrontiert, die aufgrund falscher Erkenntnisprinzipien zu falschen Ergebnissen gelangt. Die Problematik der scholastischen Theologie besteht in Luthers Sicht darin, daß sie den Logos Gottes der Logik der menschlichen Vernunft unterwirft und nicht umgekehrt das theologische Denken konsequent ausrichtet am Reden des Wortes Gottes. Dies kommt in Luthers „Thesen gegen die scholastische Theologie" von 1517 so zum Ausdruck, daß die Philosophie des Aristoteles als notwendige Voraussetzung der Theologie abgewiesen wird. In diesem Sinne heißt es in der 45. These: „Theologus non logicus est monstrosus haereticus, Est monstrosa et haeretica oratio."[109] Damit will Luther keineswegs die Notwendigkeit der intellektuellen Erkenntnisbemühung der Theologie bestreiten. Aber er drängt darauf, daß sich die fehlerhafte menschliche Vernunft nicht an ihrer eigenen Welterkenntnis, sondern an der in der Offenbarung beschlossenen Erkenntnis orientiert. Deshalb schreibt er in der 19. und 20. Conclusio der Heidel-

---

[107] A.a.O.
[108] K. FISCHER (Prota, 82.101.116) arbeitet den Gegensatz zu Schleiermacher so deutlich heraus, daß seine Vermutung, der Aspekt der Gewißheit im Glaubensbegriff Brunners sei Schleiermachers Einfluß zuzuschreiben (a.a.O. 116), eher fraglich erscheint.
[109] WA 1, 224–228 (Disputatio contra scholasticam theologiam, 1517); hier: 226,17f. In der ersten Satzhälfte wird die bisher gängige Lehre in der Form eines Zitats erwähnt, das im Text aber nicht als solches gekennzeichnet ist. Übersetzung W² XVIII, 23: „Zu sagen, ein Theologe, der kein Logiker ist, sei ein ungeheuerlicher Ketzer, ist eine ungeheuerliche und ketzerische Rede."

berger Disputationsthesen: „Non ille digne Theologus dicitur, qui invisibilia Dei per ea, quae facta sunt, intellecta conspicit ... Sed qui visibilia et posteriora Dei per passiones et crucem conspecta intelligit."[110]

Die Umformung der Theologie durch das Wissenschaftssystem der schola ist in Luthers Sicht so weit fortgeschritten, daß sie vollständig verwandelt worden ist in eine menschliche Philosophie. Sie verfügt deshalb über keine wahre Gotteserkenntnis, weil sie das Wort Gottes ignoriert.[111] Der vorhandene Schaden ist folglich dadurch zu beheben, daß die Theologie wieder auf die Erkenntnisgrundlage des Wortes Gottes gestellt wird. Genuin theologische Erkenntnis kommt nicht zustande durch philosophische Spekulation, wissenschaftliche Disputation, Vernunftbeweise oder Wahrscheinlichkeitsbeweise, sondern durch eine gründliche Kenntnis des Bibeltextes und eine Haltung des Gehorsams: „Sed in Theologia tantum est audiendum et credendum et statuendum in corde: Deus est verax, quantumcumque rationi videatur absurda, quae Deus in verbo suo dicit."[112] Aus dem Reden der göttlichen Weisheit ergibt sich die angemessene Anschauung von Gott, Welt und Mensch, nicht aus dem Konstruieren der menschlichen Vernunft. Deshalb hat die Theologie stets vom Offenbarungswort auszugehen und ihre Aussagen am Schrifttext zu überprüfen: „Sint ergo Christianorum prima principia non nisi verba divina, omnium autem hominum verba conclusiones hinc eductae et rursus illuc reducendae et probandae: illa primo omnium debent esse notissima cui-

---

[110] WA 1, 361,32f; 362,2f. Übersetzung von B. LOHSE (Luther, 51): „Nicht jener heißt mit Recht ein Theologe, der Gottes unsichtbares Wesen von dem, was geschaffen ist, her versteht und erblickt; sondern der heißt mit Recht ein Theologe, der das, was von Gottes Wesen sichtbar und der Welt zugewandt ist, als im Leiden und im Kreuz dargestellt begreift."

[111] WA 42, 349,37–40 (Genesis-Vorlesung, 1535-1545): „Sunt igitur huiusmodi absurda et blasphema dicta certum argumentum quod Theologia Scholastica plane degeneravit in Philosophiam quandam, quae nullam veram Dei cognitionem habet: Sed quia verbum ignorat, etiam Deum ignorat, et versatur in tenebris."

[112] WA 40 II, 593,34–36 (Praelectio in psalmum 45, 1532). Übersetzung W^2 V, 457(Die ersten beiden Buchstaben des Wortes „Gott" werden in der Walchschen Lutherausgabe stets groß geschrieben.): „Aber in der Theologie muß man nur hören, und glauben, und festhalten im Herzen: GOtt ist wahrhaftig, wie ungereimt das der Vernunft auch scheinen mag, was GOtt in seinem Worte sagt." Vgl. den diesem Zitat vorausgehenden Text WA 592,32–36: „Ergo vos, qui incumbitis sacris literis, ante omnia constituite, quid credatis in religione Christiana, ut habeatis articulos fidei munitos bonis textibus scripturae sanctae et bene meditatos. Deinde, quando tecum volunt disputare vel Satan vel eius instrumenta, haeretici, tun obiice eis illos textus et desere eos, dicens: cavillationes et speculaciones tuas audire nolo." WA 593,30–34: „Quare prima haec Theologi cura, ut sit *bonus textualis*, ut appellant, et teneat hoc principium primum, in sacris rebus non esse disputandum aut Philosophandam, Quia, si racionalibus et verisimilibus argumentis hic esset agendum, ego tam facile calumniari possem omnes articulos fidei quam Arius, Sacramentarii et Anabaptistae." (Hervorhebung T.E.)

libet, non autem per homines quaeri et disci, sed homines per ipsa iudicari."[113]

Sowohl bei der reformatorischen Wende als auch bei der theologiegeschichtlichen Wende im Gefolge Barths geht es um eine Reform der Theologie durch ihre Befreiung aus bestimmten Formen des zeitgemäßen Wissenschaftsverständnisses und durch ihre erneute Rückbindung an die Grundform des Wortes Gottes. Sowohl für Luther als auch für Brunner ist Theologie nur als Theologie des Wortes Gottes möglich. Ein Unterschied zwischen beiden Entwürfen dürfte darin zu erblicken sein, daß Luther doch sehr betont die Heilige Schrift als Fundort des Wortes Gottes hervorhebt, während Brunner auf den Verbund von Verkündigung, Sakrament, Bekenntnis und Schrift als Fundort des Wortes Gottes verweist.

Daß in der Sicht des Reformators wahre Theologie aufgrund der unmittelbaren Wirkung des Schriftwortes entsteht, wird deutlich in seiner Vorrede zur deutschen Schriftenausgabe von 1539, wo er in Anlehnung an Ps 119 unter den Leitworten „Oratio, Meditatio, Tentatio" drei Grundregeln des Theologiestudiums beschreibt.[114] Hier erscheint die Heilige Schrift als Quelle einer Erkenntnis, die sich durch keine andere Erkenntnisquelle erschließt: „Erstlich soltu wissen, das die heilige Schrifft ein solch Buch ist, das aller ander Bücher weisheit zur narrheit macht, weil keins vom ewigen leben Leret on dis allein."[115] Die Konzentration auf Wortlaut und Wirkung der Schrift ist selbstverständlich nicht gleichzusetzen mit einer Isolation der Theologie von der Kirche. Im Gegenteil. Denn ebenso, wie sich Theologie aufgrund der Bitte um den Heiligen Geist, der Wortmeditation und der widersprüchlichen Lebenserfahrung ausbildet, so lebt die Kirche in Gebet, Wort und Kreuz. Diese Parallele zur Abhandlung „Von Konziliis und Kirchen" arbeitet Bayer heraus und spricht deswegen von einem „ekklesiologischen Theologieverständnis" Luthers.[116]

---

[113] WA 7, 98,4–7 (Assertio omnium articulorum, 1520). Übersetzung E. WERNER (26): „Es sollen also die ersten Grundsätze der Christen nur die göttlichen Worte sein, die Worte der Menschen aber Schlußfolgerungen, die von jenen abgeleitet und wieder auf sie zurückgeführt werden und an ihnen geprüft werden müssen. Jene müssen zuallererst jedem völlig bekannt sein, nicht aber dürfen sie durch Menschen kritisch untersucht werden, sondern es müssen die Menschen durch sie beurteilt werden." O. BAYER (Theologie, 104 Anm. 346) interpretiert Luthers Verwendung des Begriffs „Prinzip" dahingehend, daß damit nicht die ewig gültigen Normen des aristotelischen Wissenschaftsbegriffs, sondern die geschichtlich offenbarte Norm des Wortes Gottes gemeint ist, und möchte deswegen von einer „Anknüpfung im Widerspruch" sprechen.
[114] WA 50, 658,29–661,8. O. BAYER (Theologie, 55–106) versteht diesen Text als Grundtext für das Theologieverständnis Luthers.
[115] WA 50, 659,5–7.
[116] O. BAYER, Theologie, 105f.

Der Begriff des ekklesiologischen Theologieverständnisses paßt ausgezeichnet auch zu Brunners Entwurf. Nur läuft bei ihm die Denkbewegung nicht von der Schrift zur Kirche, sondern von der Kirche zur Schrift. Das läßt sich daran ablesen, daß Brunner die Theologie an den Gottesdienst der Kirche verweist, wo durch Verkündigung, Lobpreis und Bekenntnis die Botschaft Gottes aus dem Schriftwort entbunden wird.[117] Offensichtlich setzt Brunner einen stärkeren Akzent auf das mündliche Zeugnis und die althergebrachte Erkenntnis der Kirche im Sinne einer Wirkung des Heiligen Geistes als der Reformator das tut. Diese Akzentsetzung kann verhindern, daß die Theologie die Bedeutung des glaubenstiftenden Kerygmas, des erkennenden Glaubens und des im Glauben erkannten Dogmas für ihre eigene Erkenntnisbemühung unterschätzt. Brunners Akzentsetzung darf aber keinen Augenblick die Einsicht Luthers verdrängen, daß sich Kerygma, Glaube und Dogma der Kirche nur von dem originalen, unverbildeten Wort Gottes der Heiligen Schrift her überprüfen und reformieren läßt.

Das Verhältnis zwischen der skriptologischen und der ekklesiologischen Schwerpunktsetzung im Blick auf das Theologieverständnis ist bis in die gegenwärtige Diskussion hinein umstritten. Das zeigt sich exemplarisch daran, daß Reinhard Hütter in seiner Erlanger Habilitationsschrift bei Bayer ein ekklesiologisches Defizit festzustellen glaubt, welchem er unter Berufung auf die ekklesiologische Fundierung der Theologie bei Brunner und innerhalb der ostkirchlichen Orthodoxie entgegenzuwirken versucht.[118] Einen schlechthin unvereinbaren Gegensatz zwischen dem Ansatz bei der Schrift und dem Ansatz bei der Kirche wird man nicht konstruieren dürfen. Allerdings kommt der reformatorischen Grundüberzeugung, daß sich die Kirche nach der Schrift zu richten hat und niemals umgekehrt die Schriftauslegung nach der Kirche, gerade angesichts des gegenwärtigen krisenhaften Zustandes der Kirche eine entscheidende Bedeutung zu.[119]

---

[117] GDg 35.
[118] R. HÜTTER, Theologie als kirchliche Praktik, 128f.150.154f. Das Werk des Nordamerikaners G.A. LINDBECK „Christliche Lehre als Grammatik des Glaubens. Religion und Theologie im postliberalen Zeitalter" (TB 90, Gütersloh 1994) läßt sich als Beleg dafür werten, daß sich das ekklesiologische Theologieverständnis gerade in einer Situation zunehmender Entchristlichung bewährt. H.G. ULRICH und R. HÜTTER weisen in ihrer Einführung zu diesem Buch auf „den Primat von ‚Kirche' als christlichen Lebens- und Denkzusammenhang" hin (13), der es ermöglicht, die Zusammenhänge zwischen christlichem Glauben, kirchlicher Lehre, ökumenischer und missionarischer Theologie zu erfassen.
[119] J. BAUR stellt in seiner Schrift „Das reformatorische Christentum in der Krise" (4) fest: „In allen seinen Teilmomenten – Protestantismus etc. – ist ‚das reformatorische Christentum' von einer *Veränderung* erfaßt, die auf eine *radikale Alternative* zielt, auf Bestand oder Vergehen." A.a.O. 5: „Das Geschehen ist *fundamental*, denn es betrifft nicht nur die abschmelzenden Ränder – kirchlich die Austrittserosion, theologisch die aufgewärmten Radikalkritizismen –, sondern das

Die reformatorische Entscheidung für eine aus dem Wort Gottes erneuerte Theologie und Kirche verweist auf entsprechende biblische Vorgaben. Der 1. Korintherbrief gibt zu verstehen, daß sich die für die Ekklesia Gottes maßgebliche Erkenntnis nicht aus den Denkbemühungen menschlicher Weltweisheit ergibt, sondern aus der scheinbar unvernünftigen apostolischen Botschaft von Kreuz und Auferstehung (1.Kor 1,18.21; 2,4f; 15,3f). Diese Botschaft, die über das tatsächliche Verhältnis zwischen Gott und Mensch aufklärt, kann der Mensch nicht von Natur aus, sondern nur durch den geistgewirkten Glauben wahrnehmen (2,10.14). Die Nachricht von Christus ist in der Verkündigung zu entfalten (12,8.10; 14,1) und zur Geltung zu bringen im Blick auf das alltägliche und das gottesdienstliche Leben der Gemeinde. Diese Aufgabe wird der Gemeinde selbst als theologische Aufgabe zugemutet. Insofern ist Theologie Wahrnehmung und Entfaltung des apostolischen Logos im Glauben hinsichtlich der ethischen, liturgischen und intellektuellen Herausforderungen im Lebensbereich der Kirche Jesu Christi.

Auch am Kolosserbrief läßt sich ablesen, daß die erkenntnisleitenden Prinzipien des christlichen Denkens nicht dieselben sein können wie jene des heidnischen Denkens. Das „Wort der Wahrheit" (Kol 1,5) kann durch andere Versuche der Annäherung an die Wahrheit offenbar so gefährdet werden, daß folgende Warnung unumgänglich ist: „Seht zu, daß euch niemand einfange durch Philosophie und leeren Trug, gegründet auf die Lehre von Menschen und auf die Mächte der Welt und nicht auf Christus" (2,8). Die offenkundigen und verborgenen Normsetzungen der Wissenschaften auf der Grundlage menschlicher Vernunft sind zu ersetzen durch die Orientierungsnorm Christus, „in welchem verborgen liegen alle Schätze der Weisheit und der Erkenntnis" (2,3). Die christliche Theologie hat folglich sorgfältig zu achten auf Denkgebote und Festlegungen von dogmatischem Charakter, die ihr fremd sind und auch fremd bleiben müssen.

Biblischen Vorgaben dieser Art versucht Brunner durch sein Programm einer in der Kirche verorteten Theologie gerecht zu werden.

2.8 Zum Wissenschaftsbegriff

Brunner plädiert nicht für eine „unwissenschaftliche" Theologie. Aber er bestreitet, daß die Theologie ihrem besonderen Erkenntnisgegenstand innerhalb seines besonderen Erkenntnisbereichs gerecht werden kann, wenn sie ihre Aufgabe aufgrund der Maßgaben eines vorgefaßten Wissenschaftsbegriffs in Angriff nimmt. Die Definition dessen, was man unter „Wissenschaft" zu verstehen hat, muß offen sein für

---

Selbstgefühl von Kirche und Theologie als ganzes. Das Zutrauen zur Tragkraft des spezifisch Eigenen, ‚der Botschaft', die auszurichten und einzubringen ist hin auf Gestaltung von Leben im Horizont von Zukunft, ist geschwächt."

den besonderen Erkenntnisgegenstand der Theologie. Brunner stellt eine solche Definition auf, deren vier Forderungen sich mit den Begriffen (1) Einheitlichkeit, (2) Nachprüfbarkeit, (3) Dialogfähigkeit und (4) Sachgemäßheit bezeichnen lassen.[120] Es läßt sich zeigen, daß die Theologie diesen vier Forderungen entspricht und deshalb auch als „Wissenschaft" bezeichnet werden kann:

(1) Alle theologischen Erkenntnisbemühungen stehen in einem inneren Zusammenhang, weil sie sich auf die Botschaft und das Leben der christlichen Kirche beziehen. Der Bezug zur Kirche als dem Ort der Rechtfertigung kann ebensowenig mit einer unwissenschaftlichen Einschränkung der Theologie gleichgesetzt werden wie der Bezug der Jurisprudenz zur Rechtsprechung oder der Bezug der Medizin zur Krankheitsbekämpfung. Die Konzentration auf das in der Kirche geglaubte Evangelium sorgt auch nicht für eine Verengung des Denkhorizontes, sondern für seine Aufweitung. Denn dieses Evangelium fordert dazu auf, die Welt und ihre Zeit im Licht von Schöpfung und Heilsgeschichte zu betrachten, mithin die Deutungen der Welt und ihrer Zeit durch die menschliche Vernunft kritisch zu begrenzen.[121]

(2) Alle theologischen Aussagen sind nachprüfbar auch für den Menschen, der einen neutralen Standpunkt einnimmt. Denn die Aussagen der Theologie lassen sich zurückführen auf die Aussagen der Verkündigung, des Bekenntnisses und der Schrift. Diese Argumentationsgrundlage stellt keine willkürliche, unwissenschaftliche Setzung dar, sondern die Voraussetzung angemessener Erkenntnis in Entsprechung zu den Erkenntnisquellen anderer Wissenschaften. Durch die Rückbindung an das Wort Gottes wird die Theologie auch keiner verkehrten Autoritätshörigkeit unterworfen, weil die Alternative zu der Orientierung an dieser Autorität in der Unterwerfung unter menschliche Autoritäten besteht. Brunner führt dafür folgende einschlägige Beispiele auf: die „vernunftfremde(n), pseudophilosophische(n) Weltanschauung" des totalen Staates[122], den „Kanon der Einfügbarkeit in das moderne wissenschaftliche Weltbild", die „moderne Geisteslage", die kommende „Kultursynthese"[123], das Denkschema des Historismus oder Existentialismus[124] oder die Normen der historisch-philologischen Forschung[125]. Der Absolutheitsanspruch dieser Autoritäten ist durch die Autorität des Wortes Gottes abgewiesen.

(3) Alle theologischen Aussagen sind darauf angelegt, gehört, verstanden und im Gespräch unter dem Vorzeichen der Wahrheitsfrage erörtert zu werden. Allerdings wird man in diesem Zusammenhang

---

[120] Siehe 2.4; GDg 44f.
[121] Siehe 2.3.
[122] PE I, 15.
[123] ETh 84.
[124] ELKZ 11, 252.
[125] GDg 23.

Diskussion 61

unterscheiden müssen zwischen dem Verstehen des Wortsinnes einerseits und dem wirklichen Begreifen des Wortgehaltes andererseits. Denn so wenig die Theologie darauf verzichten kann, verständlich so reden, so wenig kann sie damit rechnen, überall auf Verständnis zu stoßen. Dies zeigt sich bei der Areopagrede des Paulus, der als Verkündiger der Totenauferstehung sehr wohl verstanden wird, aber gerade deswegen verständnislose Reaktionen erntet (Apg 17,31f). Ebenso ist die Theologie durchaus in der Lage, sich mit ihrer Botschaft auf dem Forum der Wissenschaften zu artikulieren und die Diskussion aufzunehmen. Doch weil diese Botschaft einen besonderen, eschatologischen Charakter trägt, wird sie ohne den ihr entsprechenden Glauben weder recht wahrgenommen noch ernstgenommen werden.

(4) Alle theologischen Aussagen sind dann sachgemäß, wenn sie der Aussage des Wortes Gottes entsprechen. Weil dieses Wort beansprucht, als Wahrheit gehört zu werden, muß die Theologie diesen Wahrheitsanspruch auch zur Geltung bringen. So betrachtet liegt die Wurzel der Theologie nicht in einer irrationalen, der Wissenschaft unzugänglichen, subjektiven Glaubensgewißheit, sondern in objektiv vorhandenen Äußerungen und Texten, deren Aussagegehalt allerdings den Erwartungshorizont der säkularen Wissenschaft transzendiert. Doch nicht dieser Erwartungshorizont, sondern nur die Text- und Sachtreue kann das entscheidende Kriterium für die Theologie bilden. Denn andernfalls wird es nicht zu einer angemessenen Wahrnehmung des schlechthin fremdartigen, eschatologischen Horizontes des Evangeliums kommen.

Anerkennt man Brunners Definition des Wissenschaftsbegriffs, so gibt es in der Tat keinen Grund, der Theologie als in sich zusammenhängender, nachprüfbarer, dialogfähiger, sachgemäßer Erkenntnisbemühung den Charakter der Wissenschaftlichkeit abzusprechen. Sollte ihr dieser Charakter abgesprochen werden, so änderte dies nichts an ihrem besonderen Erkenntnisgegenstand und ihrem besonderen Erkenntnisweg. Denn die Theologie ist durch ihre Abhängigkeit von dem Evangelium der Kirche grundsätzlich unabhängig von wissenschaftlichen Institutionen.

Die Entscheidung über Wissenschaftlichkeit oder Unwissenschaftlichkeit wird stets verschieden ausfallen, weil der Wissenschaftsbegriff selbst keineswegs einheitlich definiert ist. Zudem kann gerade der gegenüber der Theologie verschlossene Wissenschaftsbegriff innere Widersprüche enthalten, die diese Verschlossenheit zutiefst in Frage stellen. Anton Kolb zeigt das am Beispiel des Kritischen Rationalismus auf, der einerseits alles rational erklären will, andererseits aber selbst auf einem irrationalen Glauben an die Vernunft beruht, wie Popper, der Begründer dieser Denkschule, klar erkennt.[126] Der Katho-

---

[126] A. KOLB, Grenzen, Gründe, Gefahren und Ziele der Wissenschaften. Ein Vergleich mit der Theologie als Wissenschaft, 244f.

lik Kolb meint, im Vergleich zu dieser Philosophie mit dem exklusiven Anspruch der Wissenschaftlichkeit habe die Theologie „gute, rationale, verantwortbare Gründe und Sicherheiten für ihre Wissenschaft, für ihren Glauben, der vernünftiger ist als der ‚Glaube an die Vernunft'".[127] Kolbs Diskussionsbeitrag zeigt jedenfalls, daß Brunners Sorge um die Vernünftigkeit der Vernunft gerade im Bereich der Wissenschaft ihre Berechtigung hat. Denn die Postmoderne tendiert nach Kolb zu einem Subjektivismus, der alles Objektive leugnet, dies aber in Form der objektiven, wissenschaftlichen These: „Wenn man die Wirklichkeit der Wirklichkeit, die prinzipielle Vernünftigkeit der Vernunft und die Wahrheitsbefähigung des Menschen in Frage stellt, dann bleibt im Endeffekt tatsächlich nur noch Skeptizismus, Irrationalismus, Libertinismus, Relativismus, Zynismus, Nihilismus, bestenfalls ein Eklektizismus."[128] Genau dieses will der Beitrag der im Sinne Brunners wissenschaftlichen Theologie verhindern.

---

[127] A.a.O. 247.
[128] A.a.O. 250.

Kapitel 3: Die Kirche als Ort der Theologie

A. Darstellung

Brunner versteht Theologie als Erkenntnisbemühung in der Kirche und für die Kirche. Dementsprechend nehmen seine Ausführungen zur Ekklesiologie breiten Raum ein. Aus der Fülle dieser Ausführungen werden im folgenden vier Veröffentlichungen ausgewählt und vorgestellt, an denen sich die Grundlinien der Ekklesiologie Brunners studieren lassen. Es handelt sich a) um den Heidelberger „Professorenvortrag" „Von der Sichtbarkeit der Kirche" aus dem Jahr 1948 (3.1)[1], b) um den bei einer ökumenischen Tagung der Akademie Tutzing 1962 gehaltenen Vortrag „Vom Wesen der Kirche" (3.2)[2], c) um die auf der 107. Flensburger Lutherischen Konferenz 1955 vorgetragene Thesenreihe „Der Geist und die Kirche (3.3)[3] und d) um das Referat „Das Wesen des kirchlichen Gottesdienstes", in welchem Brunner seine Studie „Zur Lehre vom Gottesdienst der im Namen Jesu versammelten Gemeinde" für die zweite Vollversammlung des Lutherischen Weltbundes in Hannover 1952 zusammengefaßt hat (3.4)[4]. Die vier Texte ergänzen sich insofern, als die Lehre von der Kirche erstens im Gegenüber zu einem neuzeitlichen Kirchenverständnis entfaltet wird, zweitens im Horizont der Heilsgeschichte, drittens im Zusammenhang mit der Lehre vom Heiligen Geist und viertens im Blick auf die zentrale kirchliche Lebensform des Gottesdienstes.

3.1 Von der Sichtbarkeit der Kirche

Brunner setzt ein mit der distanzierten Haltung der modernen Gesellschaft zur vorfindlichen, institutionellen Kirche: „Die Kirche in ihrer konkreten sichtbaren Gestalt steht als eine fremde, etwas merkwürdige, wenn nicht gar komische Größe am Rande des Horizontes des modernen Menschen."[5] Diese Haltung betrachtet Brunner als Ergebnis einer gesamtgesellschaftlichen Entwicklung, deren Wurzeln in der

---

[1] PE I, 205–212.
[2] PE II, 283–294.
[3] PE I, 220–224.
[4] PE I, 129–137. Vgl. J. STALMANN, Vorwort, IX Anm. 2.
[5] PE I, 205.

Aufklärung und teilweise im Pietismus liegen. Die Synthese zwischen einem „in der Aufklärung durchbrechenden Selbstverständnis des Menschen und dem christlichen Glauben" begründet eine bestimmte Perspektive, in der die sichtbare Kirche zu einer „großen Verlegenheit" wird. Die Kirche erscheint in dieser Perspektive als „Ausdruck eines religiös geprägten Kulturbewußtseins, als Inbegriff einer Gesinnungsgemeinschaft, die sich um bestimmte sittliche und religiöse Werte schart, oder als eine soziologisch notwendige, aber dann grundsätzlich gerade nicht notwendige Größe, der lediglich eine pragmatische Geltung zukommt".[6] Den inneren Beweggründen wird eine ungleich höhere Bedeutung beigemessen als der äußeren Gestaltungsform.

Diese Sichtweise wurzelt nach Brunner in einem „säkulare(n) Daseinsverständnis", das sowohl die Frömmigkeit als auch das Selbstverständnis der Kirche umgeformt hat.[7] Die Umformung der Frömmigkeit kommt exemplarisch in einer Formulierung von Ernst Troeltsch zum Ausdruck: „Wir fragen nicht, wie kriege ich einen gnädigen Gott? Wir fragen vielmehr, wie finde ich die Seele und die Liebe wieder?"[8] Der sich so artikulierende Wandel in der Frömmigkeit dürfte auf das engste mit dem Wandel des theologischen Selbstverständnisses der Kirche zusammenhängen. Die Antwort auf die Frage nach Glaube und Kirche, wie sie in der Theologie Schleiermachers und Ritschls gegeben wurde, läßt sich folgendermaßen auf den Nenner bringen: „Der christliche Glaube und auch die Kirche ist dazu da, dem Menschen zu helfen, daß er sich in diesem Leben zurechtfinden kann." Glaube und Kirche sind einer grundsätzlichen Verdiesseitigung unterworfen. Das eigentliche Ziel der Kirche müßte dementsprechend darin bestehen, ihre Aufgabe der Vergewisserung im Diesseits so umfassend zu lösen, daß sie sich selbst überflüssig macht. Tatsächlich spricht Richard Rothe von der Auflösung der Kirche in „eine einheitliche, vom Glauben durchseelte Organisation der sittlichen Vernunft und Kultur in einem Staatsorganismus" hinein.[9]

Die geistesgeschichtliche Entwicklung seit der Aufklärung führt also zu einer eigenartigen Subjektivierung und Verinnerlichung: „Die Sichtbarkeit der Kirche muß sich bei diesem Verständnis des christlichen Glaubens notwendig auflösen in die unsichtbare subjektive Innerlichkeit des Gläubigen, die ihrerseits das Prinzip für die Sichtbarkeit einer von innen her gestalteten, von der Seele und von der Liebe geprägten Lebens- und Gemeinschaftsform wird." Die sichtbare Kir-

---

[6] PE I, 205f.
[7] PE I, 206.
[8] E. TROELTSCH, Die Dogmatik der „religionsgeschichtlichen Schule", Gesammelte Schriften 2, 500–524, hier: 522.
[9] PE I, 207. Zitat nach H. STEPHAN, Art. Rothe, Richard, RGG² 4, 2117–2120; hier: 2118.

che wird umgeformt zu einer „Gemeinschaft der Humanität und ihrer kulturellen Lebensformen" in dem „von der sittlichen Vernunft durchdrungenen Staate".

Brunner betrachtet es als Ertrag der Theologie zwischen den Weltkriegen und der Theologie des Kirchenkampfes, daß die Kirche nicht mehr aus der Perspektive „dieses modernistischen Neuprotestantismus" betrachtet wird, der von ganz anderen Prinzipien als die Reformationskirchen bestimmt ist. Im direkten Gegensatz zu Troeltsch ist Brunner der Meinung, daß von neuem nach dem gnädigen Gott gefragt werden muß. Die Abblendung der Frage nach dem ewigen Heil und die Konzentration auf das diesseitige Leben seit der Epoche der Aufklärung und des Pietismus, mithin die „Abblendung des eschatologischen Horizontes menschlichen Daseins" ist als eine der „finstersten Verdunkelungen" zu betrachten, die über die Christenheit gekommen ist.[10] Denn es ist höchst fraglich, ob dort überhaupt noch von Gott geredet wird, wo man nicht mehr nach dem gnädigen Gott fragt. Zur tatsächlichen Begegnung mit „Gottes Wahrheit und Wirklichkeit" kommt es nicht in der Metaebene der Rede von Gottesbildern und Gottesideen, sondern in der „konkreten Anrede Gottes in seinem Wort". Das richtige Verständnis dieser Anrede führt zu einem völlig anderen Kirchenverständnis.

Das Wort Gottes ist zuerst ein den Menschen als Sünder entlarvendes Wort: „Wir würden im Wort nicht der Wahrheit und Wirklichkeit *Gottes*, unseres *Herrn und Schöpfers* begegnen, wenn sein Wort uns gegenüber nicht primär und grundlegend Gottes Forderung geltend machen und damit Gottes tötendes Gericht ausüben würde."[11] Der Mensch wird der fortwährenden Übertretung des Gebotes überführt und unter dem Zorn Gottes im ewigen Tod verschlossen. Aber: „Dieselbe Stimme der Apostel und Propheten bezeugt – o Wunder aller Wunder! – ein zweites Wort Gottes, das an uns, die Gerichteten, die Überführten, die Verlorenen ergeht."[12] Es ist das „gerecht machende(n) Wort des Evangeliums", „zusammengefaßt in dem einen Namen ‚Jesus Christus'". Das Wort Gottes als Gesetzeswort und als Evangeliumswort weist hin auf die Realität der Verlorenheit des Menschen und die Möglichkeit der Errettung des Menschen. Von der Rettung des Menschen her ist der Auftrag und die Bedeutung der Kirche zu verstehen.

Die Rettung des Menschen wird ermöglicht durch die Heilstat Jesu Christi. Entscheidend ist in diesem Zusammenhang die Erkenntnis, daß jenes in der „*historia* Jesu Christi" geschehene Heil nach dem Willen Gottes im gepredigten Evangelium und im gespendeten Sakrament jetzt und hier realiter vermittelt, gegenwärtig gesetzt, ausge-

---

[10] PE I, 208.
[11] PE I, 209.
[12] PE I, 210.

teilt und übereignet wird. Brunner geht es um die „*Erkenntnis von der heilsinstrumentalen Vollzugsgewalt der Evangeliumsverkündigung und der Sakramentsverwaltung*": „In Verbindung mit der uns stets richtenden Forderung Gottes erweist sich die apostolische Kunde von der *historia* Jesu Christi zusammen mit den von Christus eingesetzten Sakramenten in der Hand des dreieinigen Gottes als das greifbare, konkrete, leibhafte Mittel, durch das der dreieinige Gott selbst sein rettendes Werk an uns schafft."[13]

Wenn erstens die Heilsfrage als die schlechthinnige Schicksalsfrage des Menschen wieder ins Bewußtsein tritt und zweitens die heilsinstrumentale Vollzugsgewalt der Gnadenmittel Wort und Sakrament wieder als solche wahrgenommen wird, dann ist die Einsicht zu gewinnen, daß die Kirche gerade als sichtbare, vorfindliche Kirche Heilsbedeutung hat. Aufgrund der „heilsvermittelnden Vorgänge" der Evangeliumsverkündigung und Sakramentsspendung ist sie „die sichtbare Heilsanstalt des dreieinigen Gottes".

Allerdings wird die Kirche auch sichtbar in den „Gnadengaben des Heiligen Geistes", die sich im Gottesdienst, im gemeinschaftlichen oder einzelnen Leben äußern. Aber während alle diese Äußerungen unter Umständen „problematisch" werden können – d.h. wohl, daß sie aufgrund menschlicher Fehlerhaftigkeit und Schwäche nur in einer gewissen Ambivalenz und Inkonsistenz hervortreten, bleiben die Gnadenmittel „unproblematisch" – sprich, als einsetzungsgemäße Handlungen eindeutig und wirksam.[14] Deshalb können nur sie als notae ecclesiae gelten. Brunner verweist darauf, daß seine Ausführungen nichts anderes sind als eine Entfaltung der Artikel IV, V und VII der Confessio Augustana.

3.2 Vom Wesen der Kirche

In dem Vortrag „Vom Wesen der Kirche" entwickelt Brunner seine Sicht von Kirche nicht vor dem Hintergrund ihrer Fraglichkeit in der modernen Gesellschaft, sondern spannt gleich mit dem ersten Satz einen ganz anderen Verstehenshorizont aus: „Wenn wir erkennen wollen, was die Kirche ist, von der das Neue Testament spricht, müssen wir zurückgreifen auf das, was Gott vor Grundlegung der Welt in seinem ewigen Heilsratschluß bestimmt hat, und gleichzeitig müssen wir vorgreifen auf das, was nach Gottes Willen sein wird nach aller Zeit in Gottes ewigem Reich."[15] Nur in der weiten, protologisch-eschatologischen Perspektive erschließt sich das Wesen der Kirche.

„Das Woher der Kirche" besteht im freien Entschluß Gottes vor aller Zeit, einen Gemeinschaftsbund mit der Kreatur zu verwirklichen.

---

[13] PE I, 211.
[14] PE I, 212.
[15] PE II, 283.

Darstellung 67

Schon die Schöpfung ist auf die Verwirklichung des Bundes der Liebe und damit auf „das Wesen der Kirche in Raum und Zeit" hin angelegt. Im Mittelpunkt des Liebesbundes zwischen Gott und Kreatur stehen nicht die Engel, die auch in diesen Bund hineingehören, sondern die Menschen.[16] Der Mensch ist anders als der auf Gott hin geschaffene Engel befähigt und herausgefordert zur Antwort auf Gottes Liebe, nämlich zu einer Antwort „*der* Liebe, die das Wesen personaler Freiheit ist". In der ursprünglichen Schöpfung lebt der Mensch die Antwort der Liebe. Der Liebesbund verwirklicht sich. Deshalb ist von einer „protologischen Urwirklichkeit der Kirche" zu sprechen.

Die ursprüngliche Absicht Gottes, den Liebesbund mit der Kreatur durch eine Geschichte hindurch dem eschatologischen Endziel zuzuführen, nämlich der vollkommenen „Anteilhabe des Menschen an Gottes ewigem Leben", wird gestört durch den „Urbundesbruch des Menschen". Gott bleibt seiner „Heiligkeit" treu, indem er den Urbundesbruch mit dem Ausschluß des Menschen aus der Gemeinschaft mit sich selbst beantwortet.[17] Gott bleibt aber auch seiner „heiligen Liebe" treu, indem er den Bundesbruch überwindet durch das „Golgathaopfer Jesu Christi". Kraft des Opfers Jesu Christi kann der Mensch von Abels Zeit an in den Gnadenbund Gottes aufgenommen werden. Schon in der vorisraelitischen Menschheit gibt es Bundesverwirklichung und damit Kirche.

Israel ist als „der prämessianische Typos der Kirche Gottes" zu betrachten. Nach der messianischen Wende und der Ausgießung des Heiligen Geistes tritt die Kirche in ihrer „innergeschichtlichen Letztgestalt" hervor.[18] „Die Kirche ist die heilsgeschichtliche Endphase der innerweltlichen Bundesgeschichte Gottes, nach der nur noch die letzte Verwandlung der Auferstehung der Toten und die eschatologische Vollendung der Kirche im Reiche Gottes kommt."[19] Weil die Kirche vom Anbruch der letzten Dinge herkommt, ist sie selbst ein „apokalyptisches Zeichen".

An dieser Stelle entfaltet Brunner die Lehre von der sichtbaren vorfindlichen Kirche als Lehre von den vier Gnadenmitteln: „Die mündliche Verkündigung des Evangeliums als Heroldsruf in die Welt hinein und als Predigt in der Gemeinde, die Taufe als Scheidelinie zwischen Welt und Gemeinde, das Abendmahl als das spezifische Gnadenmittel der Gemeinde und die Absolution, das sind die rettenden Arme, mit denen das Christusgeschehen konkret geschichtlich nach dem einzelnen Menschen greift."[20] Der Zuspruch des Evangeliums in Form der Predigt, der Sakramente oder der Absolution ist von Christus einge-

---

[16] PE II, 284.
[17] PE II, 285.
[18] PE II, 285f.
[19] PE II, 286.
[20] PE II, 287.

setzt und den Aposteln anvertraut worden. Deshalb stellt nicht nur Christus selbst das Fundament der Kirche dar, sondern „mit ihm, von ihm her" gehören auch die Apostel samt den vier Gestalten des Evangeliums zu diesem Fundament.

Das apostolische Evangelium und die vier Formen seiner Zueignung gelangen in der Weise zum Menschen, daß ein berufener Amtsträger in der Nachfolge der Apostel Wort und Sakrament austeilt. In diesem Geschehen richtet der Heilige Geist sein eigentümliches Werk aus. So kreuzt sich in der Kirche die horizontale Linie der geschichtlichen Stiftungen Christi mit der vertikalen Linie des aktuellen Handelns des erhöhten Herrn. Die Kirche lebt davon, daß der erhöhte Herr im Heiligen Geist die geschichtlichen Stiftungen Christi in Dienst nimmt und durch sie Vergebung und erneuerte Bundesgemeinschaft schenkt.[21]

Weil der Mensch als Sünder an die Gnadenmittel gewiesen ist, wie sie nur in der Gemeinde Jesu Christi vorhanden sind, ist er hineingewiesen in die Gemeinde selbst.[22] Nur an jenem „ganz bestimmten innergeschichtlichen Ort menschlicher Gemeinschaft" ist die Begegnung mit dem Evangelium in seiner originalen worthaft-sakramentalen Vollgestalt möglich. Folglich führt der christliche Glaube mit einer inneren Notwendigkeit zur Mitgliedschaft in einer konkreten Kirche und zur Teilnahme an ihrem gottesdienstlichen Leben.

Begegnung mit dem Evangelium heißt Begegnung mit der Kirche, die das Evangelium überliefert. „Überlieferung des apostolischen Evangeliums in actu ist die Grundform der Existenzweise der Kirche in der Zeit."[23] Weil der Kirche die Gnadenmittel anvertraut sind, durch die der Heilige Geist neues Leben schafft, kann sie im Anschluß an Luthers Formulierung im Großen Katechismus als „Mutter, die uns gebiert", bezeichnet werden.[24] Die Kirche als Ort der geistlichen Wiedergeburt und als Gemeinschaft der Wiedergeborenen ist dem einzelnen Glaubenden stets vorgeordnet.

Diese Vorordnung ist darin begründet, daß in der Kirche des Evangeliums der Leib Christi lebt, in welchen der einzelne Mensch eingegliedert wird. Das geschieht grundlegend in der Taufe und erneuernd im Abendmahl.[25] Die Eingliederung in den Christusleib schafft nicht

---

[21] PE II, 287f.
[22] PE II, 288.
[23] PE II, 289.
[24] GrKat, Dritter Glaubensartikel, Abschnitte 37, 41, 42. BSLK 654,17–21: „Hoc est, primum nos ducit spiritus sanctus in sanctam communionem suam ponens in sinum ecclesiae, per quam nos docet et Christo adducit." BSLK 655,3–10 (Subjekt: Hl.Geist): „Primum enim singularem in mundo communionem obtinet, haec *mater* est, haec quemlibet christianum per verbum, quod revelat spiritus, alit ac parturit, quod praedicatum humana pectora illuminat et incendit, ut capiant, arripiant, illi adhaerescant inque eo perserverent." (Hervorhebung T.E.)
[25] PE II, 290.

nur Verbindung zum „Haupt" Christus, sondern auch Verbundenheit der Christen untereinander. Sie wird ermöglicht durch das Wirken des Heiligen Geistes, der seine Gaben in das Gemeinschaftsleben und das einzelne Christenleben hineinlegt.

Von der so beschriebenen Kirche kann man wenig sehen, weil weder der dreieinige Gott noch der Glaube der Heiligen in dieser Zeit sichtbar ist. Insofern existiert Kirche als „verborgene Größe".[26] Doch die sichtbaren Mittel der Gnade kennzeichnen denjenigen Ort, an dem die Kirche konkret lebt. Auch wenn bis zum Jüngsten Tage unklar bleibt, wer von den um Wort und Sakrament versammelten Menschen wirklich glaubt, steht fest, daß das Evangelium „wahrhaft Gläubige, lebendige Glieder am Leib Christi" hervorbringt.[27]

Abschließend geht Brunner auf die Bedeutung des Bekenntnisses der Kirche ein, das die Funktion erfüllt, die Übereinstimmung der aktuellen Verkündigung und Sakramentsverwaltung mit dem Stifterwillen Christi zu wahren.

3.3 Der Geist und die Kirche

In der ersten Gruppe seiner 1955 vorgetragenen Thesen weist Brunner auf das dogmatische Grundproblem des Verhältnisses zwischen dem rettenden Werk Jesu Christi und dem rettenden Werk des Heiligen Geistes hin.[28] Von der rechten Unterscheidung und Zuordnung dieser beiden Werke hängt offensichtlich das rechte Verständnis der Kirche ab. Das Handeln Jesu Christi und das Wirken des Heiligen Geistes kann aufgrund der Einheit des dreieinigen Gottes zwar nie auseinanderfallen. Aber es muß unterschieden werden zwischen der Heilsbegründung an Ostern und der Heilszueignung seit Pfingsten. Der ausgegossene Heilige Geist eignet das von Jesus Christus erworbene Heil dem einzelnen Menschen zu. Zu dieser Zueignung kommt es nicht durch einen zwingenden „königlichen Machtakt", sondern durch die geschichtliche Begegnung der Menschenperson mit Wort und Sakrament, welche die Möglichkeit der Annahme des Heils ebenso in sich schließt wie die Möglichkeit der definitiven Ablehnung.[29]

Die Annahme des Heils ist gleichbedeutend mit dem Empfang des Heiligen Geistes, so führt die zweite Thesengruppe aus. Jeder einzelne Christ wird durch Glaube und Taufe zum „Geistesträger". Die ganze Kirche Christi ist mit dem Heiligen Geist beschenkt im Sinne der Erfüllung der alttestamentlichen Verheißungen für die Endzeit. Damit ist ihr die Anteilhabe am schon gegenwärtigen und doch erst zukünftigen messianischen Gottesreich geschenkt.

---

[26] PE II, 291.
[27] PE II, 292.
[28] PE I, 220.
[29] PE I, 221.

Ein dritter Gedankenschritt verdeutlicht, daß der in der Kirche wirksame Geist nicht nur von der Göttlichkeit des erhöhten Herrn her zu verstehen ist, sondern auch von seiner Menschlichkeit her: „Die Quelle des über der Kirche ausgegossenen Geistes ist das wahrhafte Menschsein Jesu, das aus dem Heiligen Geist geboren, mit dem Heiligen Geist messianisch geeint und durch den Heiligen Geist zur gottheitlichen Herrlichkeit verklärt ist." Gerade dadurch, daß der Geist nicht nur die Gegenwart der Gottheit, sondern auch die Gegenwart der Menschheit Jesu Christi herbeiführt, sorgt er für die Gegenwart des Heilsgeschehens und die Möglichkeit der Heilsaneignung.[30] Als Mittel in der Hand des erhöhten Herrn wirkt der Geist christozentrische Heilserkenntnis.

Daraus folgt viertens: „Die Kirche ist Geschöpf des Geistes." Sie besteht aus Personen, die aufgrund des geisterzeugten Menschseins Jesu als geistlich neugeborene Menschen leben. Dieses Leben gewinnt die Kirche nicht aus sich selbst. Sie kann es immer nur von Christus empfangen, der als Haupt fundamental unterschieden bleibt von den Gliedern der Kirche.

Trotz dieser notwendigen Unterscheidung gilt fünftens: „Die Kirche ist geistgeschaffenes Gefäß des Geistes." Der Heilige Geist legt sich in die von ihm geschaffene neue Kreatur hinein, ohne sich mit ihr zu vermischen oder sich von ihr abzusondern. Damit wird das Geistgeschöpf der Kirche zum Wohnort Christi und Gottes selbst.[31] Es kommt zu einer wachsenden Gemeinschaft zwischen Gott und Mensch. Sie äußert sich in Glaube, Liebe, Gebet und anderen Geistesgaben.

Der abschließende Abschnitt wird mit dem Satz eröffnet: „Die Kirche ist werkzeugliche Spenderin des Geistes." Als Subjekt und Ursprung der fortwährenden Geistausgießung seit Pfingsten kommt niemand anders als Gott selbst in seinem Mittler Christus in Frage.[32] Doch nach der Anordnung Christi geschieht diese Geistausgießung durch den Dienst der Kirche mittels Wort und Sakrament. Die heilswirksamen Instrumente Wort und Sakrament können durch Ungehorsam zerstört werden, so daß die Ausgießung des Geistes aufhört. Wo sie aber stiftungsgemäß gebraucht werden, will Gott sie aktuell gebrauchen. Jeder einzelne Christ ist auf sie angewiesen, weil der grundlegende Empfang des Heiligen Geistes in der Taufe auf ein

---

[30] PE I, 222. Auch in seiner Vorlesung „Die Lehre vom Evangelium und dem Werk des Heiligen Geistes" hebt BRUNNER auf das Menschsein des Auferstandenen und Erhöhten ab, weil diese „eschatologische(n) Endgestalt des Menschseins" die Neuschöpfung des alten Menschen ermöglicht (Evangelium, 11). In Abgrenzung gegenüber Zwinglis und Calvins Ablehnung der Realpräsenz der Menschheit Christi im Sakrament lehrt Brunner (a.a.O. 13): „Die Rechte Gottes fällt zusammen mit dem Menschsein Jesu. Gottes Herrschaft geht über alle Räume und Zeiten und kategoriale Bindegewalten unserer Welt."
[31] PE I, 223.
[32] PE I, 224.

3.4 Vom Wesen des kirchlichen Gottesdienstes

In Anlehnung an die erste der fünfundneunzig Thesen Luthers zur Ablaßfrage formuliert Brunner am Anfang seiner Darlegungen: „Wenn die Heilige Schrift sagt: ‚Dienet dem Herrn', so will sie, daß unser ganzes Leben ein steter Gottesdienst sein soll."[33] Der umfassende Gottesdienst des Lebens hat sein „lebendiges Zentrum" im „Gottesdienst der im Namen Jesu versammelten Gemeinde".

Der Gottesdienst der Christen kommt her von dem Heilsgeschehen, das sich in Jesus Christus ereignet hat: „Jesu Kreuz und Auferstehung sind das Fundament des Gottesdienstes." Die sich an Ostern manifestierende „Wende der Aeonen" macht den Charakter des Gottesdienstes aus. Er ist eine „endzeitliche Erscheinung", denn in ihm „stehen wir an der letzten Schwelle der Geschichte in der Nähe der Parusie Christi".[34] Allerdings ist jene letzte Schwelle noch nicht überschritten.[35] „Noch stehen wir zwischen Christi Himmelfahrt und Wiederkunft. In diesem Interim steht unser Gottesdienst."

Dieses Interim hat nicht nur einen „heilsökonomischen Ort" „*zwischen* Himmelfahrt und Wiederkunft Christi", sondern auch einen „anthropologischen" und „kosmologischen Ort".[36] Der in Tod und Auferstehung Jesu hineingetaufte Mensch geht seinem leiblichen Tod und seiner himmlischen Vollendung entgegen.[37] Das bereits geschenkte Heil will bewährt werden im Sterben des alten Menschen und im Auferstehen des neuen. Immer neu bedarf es der Vergebung der Sünden, auf die alles „in der Christenheit auf Erden" „eingerichtet" ist, „auch der Gottesdienst".

Die anthropologische Perspektive wäre unvollständig ohne ihre Entgrenzung in die kosmologische und kreatürliche Dimension hinein. Der Gottesdienst der Menschen ist „umgeben von dem Gottesdienst der Engel im Himmel", in dem Gottes Tun gewissermaßen ungebrochen und unangefochten im Lobpreis bezeugt wird.[38] Die Existenzweise der Engel liegt „jenseits von Versuchung und Anfechtung". Die andere Wirklichkeit, die den sichtbaren Gottesdienst der Menschen umgibt, ist der „Gottesdienst der sogenannten stummen Kreatur". Die vom Schöpferwort geschaffene und getragene Kreatur lobt den Schöpfer. Allerdings mischt sich in dieses Lob auch das „Seufzen

---

[33] PE I, 129.
[34] PE I, 129f.
[35] PE I, 130.
[36] PE I, 131.
[37] PE I, 130.
[38] PE I, 131.

der Kreatur", „die sich sehnt nach der Freiheit der Kinder Gottes", also nach der eschatologischen „Verwandlung aller Dinge". Der Gottesdienst der Kirche ist geöffnet zum kosmologischen und kreatürlichen Gottesdienst hin. Alle drei Veranstaltungen eilen dem Telos Gottes zu, in dem sie zu einem einzigen Gottesdienst des Lobpreises zusammenfallen werden.

Der Gottesdienst der Kirche vollzieht sich in einem dreifachen „eschatologischen Transitus": a) „im Transitus von dieser vergehenden Welt zur Herrlichkeit des Reiches Gottes"; b) „im Transitus des versuchten, angefochtenen und gerechtfertigten Sünders zur letzten Vereinigung mit Christo in der Auferstehung der Toten"; c) „im Transitus, der den Kosmos zur Freiheit der Kinder Gottes befreit und die Kinder Gottes zu den Chören der himmlischen Heerscharen entrückt". In der Zeit des Übergangs begegnet der dreieinige Gott dem Menschen konkret im Gottesdienst. In, mit und unter menschlichkreatürlichen Worten und Handlungen redet und handelt Gott selbst. Darin besteht das Geheimnis des Gottesdienstes.[39]

Der Gottesdienst ist geprägt von jener Doppelstruktur, die Brunner offenbar in Anlehnung an die klassische Formulierung Luthers in der Predigt zur Einweihung der Torgauer Schloßkirche 1544 so faßt: „Gott redet mit uns durch sein heiliges Wort, und wir dürfen wiederum mit ihm reden durch Gebet und Lobgesang."[40] In Analogie dazu steht folgende auf Melanchthon zurückgehende Unterscheidung: „Gott dient uns: Der Gottesdienst ist *sacramentum*. Wir dürfen ihm dienen: Der Gottesdienst wird nach Gottes Wohlgefallen *sacrificium*."[41] Das gottesdienstliche Geschehen trägt den Charakter eines Lobopfers. Es ist durchgängig verwurzelt im Gebet.

In der „Wortverkündigung", die z.B. auch Schriftlesung und Lieder umfaßt, „tritt Jesus Christus als der gegenwärtige Herr unter seine Gemeinde". Dabei geschieht ein Dreifaches:

a) Die Gesetzmäßigkeiten der Weltzeit werden durchbrochen durch das Gegenwärtigwerden der „herrschaftlichen, eschatologischen Freiheit des Reiches Gottes". b) Der Kreuzessieg Jesu Christi wird gegenwärtig in Wort und Sakrament. Im Wort von der Versöhnung ist die Versöhnung greifbar und gewiß, jenseits allen dialektischen Zweifels.[42] c) Der Zuhörer wird in jene „endzeitliche Krisis" gestellt, „in der es sich entscheidet, ob wir die rettende Tat Jesu an uns geschehen lassen, indem wir sie im Glauben als für uns geschehen annehmen,

---

[39] PE I, 131f.
[40] PE I, 132. Vgl. LUTHER (WA 49, 588,15–18): „auff das dis newe Haus dahin gericht werde, das nicht anders darin geschehe, denn das unser lieber Herr selbs mit uns rede durch sein heiliges Wort, und wir widerumb mit jm reden durch Gebet und Lobgesang".
[41] Ap XXIV, 16–18. BSLK 353,34–354,19 (dT).
[42] PE I, 133.

oder ob wir in rätselhafter Verstockung das Werk des Geistes abweisen".
Auch wenn der Wortverkündigung, wie sie in der Predigt geschieht, eine grundlegende Bedeutung zukommt, gilt: „Das Eigentümlichste des Gottesdienstes wird erst im Abendmahl erkannt." Das Abendmahl ist „Verkündigung in Wort und Handlung".[43] „Die Vergebung der Sünden und das Leben der ewigen Seligkeit werden uns im Abendmahl so gegeben, daß diese Gabe eingeschlossen ist in den Opferleib Jesu Christi, der unter der eucharistischen Speise real präsent ist." Durch die Gabe des Abendmahles wird der Abendmahlsgast in den Horizont der heraufziehenden Vollendung mit dem königlichen Hochzeitsmahl Jesu gestellt.[44] Auch im Abendmahl ist der Mensch nicht aus der endzeitlichen Krisis entlassen. „Die Begegnung mit Christus bleibt auch in der Kommunion eine Begegnung zwischen Person und Person, die unsere Entscheidung verlangt und über uns die Entscheidung bringt."[45]

Der Gottesdienst zielt darauf ab, daß die dargereichte Heilsgabe im Glauben angenommen wird. Der Glaube äußert sich im neuen Gehorsam, in einer „Spontaneität, die allein der Heilige Geist wirkt". Die „grundlegende Gestalt" des menschlichen „Dienstes vor Gott" ist das Gebet in Bitte, Danksagung und Lob. Zum Gebet tritt das Bekenntnis als Sündenbekenntnis und Glaubenszeugnis hinzu.[46] Gebet und Bekenntnis sind hingeordnet auf „die Verherrlichung des dreieinigen Gottes", wie sie besonders im Gottesdienst geschieht. Sie ist „Akklamation" im Sinne einer Königshuldigung und deshalb auch gleichbedeutend mit einem politisch ernst zu nehmenden Widerspruch gegen die Vergottung irdischer Staatsmacht.[47] Im Hymnus – „das letzte Wort von Gott, das die Kirche zu Gott hin ausspricht" – ist das Ende des Kampfes zwischen Christus und Antichristus, mithin die Vollendung selbst vorweggenommen.

3.5 Zusammenfassung

Die christliche Kirche, die den „Sitz im Leben" der christlichen Theologie darstellt, läßt sich nach Brunner nicht von den Lebensfragen des modernen Menschen her deuten, sondern nur von der Heilsfrage her verstehen. Das Wesen der Kirche erschließt sich auch nicht aus der Beobachtung der Geistesgeschichte oder der Religionsgeschichte, sondern nur durch die Wahrnehmung der Heilsgeschichte. Aus dieser Wahrnehmung ergibt sich die Erkenntnis, daß die Kirche eine Aus-

---

[43] PE I, 134.
[44] PE I, 134f.
[45] PE I, 135.
[46] PE I, 136.
[47] PE I, 137.

wahl von Menschen ist, durch welche der dreieinige Gott seinen von Anfang an beschlossenen Gnadenbund in der Endzeit verwirklicht. Die Kirche ist eine „Arche des Heiles"[48], weil ihr von Jesus Christus und den Aposteln das Evangelium samt den Gestalten seiner Vermittlung anvertraut wurde, durch welche der Heilige Geist in der Gegenwart Heil schafft. Die Kirche ist eine Gemeinschaft des neuen Lebens durch und in dem Gott-Menschen Jesus Christus, die der Geist Christi schafft, belebt, bewohnt, beschenkt, befähigt und unter Voraussetzung des menschlichen Gehorsams auch für sein Werk gebraucht. Dies geschieht in grundlegender Weise im christlichen Gottesdienst, wo Gott dem Menschen dient durch sein Wort und sein Sakrament, aber auch der Mensch Gott dient durch seine Antwort und seinen Lobpreis.

Dieses Kirchenverständnis soll im folgenden sowohl mit dem Kirchenverständnis von Barth, Elert und Althaus als auch mit dem neuprotestantischen (3.6) und biblisch-reformatorischen Kirchenverständnis (3.7) verglichen werden, bevor die Bedeutung von Brunners Kirchenbegriff für den Theologiebegriff (3.8) erörtert wird. Zur Erläuterung dieser Bedeutung tragen auch Brunners eigene Ausführungen hinsichtlich der Voraussetzung und der Aufgabe der Theologie im vierten Kapitel bei.

B. Diskussion

3.6 Ekklesiologie zwischen Barth und Jungluthertum

Nicht nur im Blick auf das Theologieverständnis, sondern auch im Blick auf das Kirchenverständnis lassen sich einerseits Übereinstimmungen und andererseits Differenzen zwischen Brunner und Barth feststellen. Mit folgenden ekklesiologischen Grundbestimmungen des großen Basler Lehrers, die als Abgrenzungen gegenüber dem Katholizismus und dem Neuprotestantismus zu verstehen sind, dürfte der Heidelberger Theologe einig sein[49]: Die Wirklichkeit der Kirche erschließt sich nicht durch die Erkenntnismethoden der Soziologie, der Philosophie oder der Psychologie, sondern nur durch das im Glauben anerkannte Wort Gottes. Die Kirche ist insofern mehr als ein Produkt der Geschichte, als sie sich nur von dem ewigen Ratschluß Gottes her begreifen läßt. Kern und Stern der Kirche bildet nicht Jesus als Urbild des vollkommenen Gottesbewußtseins, sondern Jesus Christus als Versöhner des ganz anderen Gottes mit dem schuldigen Menschen. Durch die Versöhnungsbotschaft schafft Christus im Heiligen Geist

---

[48] PE II, 290.
[49] Die folgenden Sätze orientieren sich an U. KÜHNs Darstellung von Barths Ekklesiologie (U. KÜHN, Kirche, 102–118).

Diskussion

die irdisch-menschliche Kirche als Sammlung derer, die das Offenbarungswort anerkennen und ihm entsprechen in Wort und Tat. Die Sammlung, Erbauung und Sendung der Gemeinde vollzieht sich vor allem im Gottesdienst, wo Christus als das Wort Gottes durch das am Schriftzeugnis orientierte Menschenwort verkündigt wird. Diese Verkündigung sorgt für die Ausrichtung der Gemeinde auf das Telos der Parusie Christi.

In einer der Leitthesen, in der Barth wichtige Aspekte seines Kirchenverständnisses zusammenfaßt, deuten sich neben den Übereinstimmungen auch die Differenzen zu Brunner an. Dort heißt es von der Kirche: „Sie ist die Christenheit, d.h. die Versammlung der Gemeinde derer, die durch ihn allen Anderen zuvor jetzt schon zu einem Leben unter dem in seinem Tod vollzogenen und in seiner Auferweckung von den Toten offenbarten göttlichen Urteil willig und bereit gemacht sind. So ist sie die vorläufige Darstellung der ganzen in ihm gerechtfertigten Menschenwelt."[50]

In dieser Definition der Kirche als Ort, wo ein Teil der Menschheit die in Christus für die ganze Menschheit verwirklichte Versöhnung erkennt, wirkt sich Barths Erwählungslehre aus. Nach dieser Lehre schließt die Erwählung des Gott-Menschen Jesus Christus nicht nur die Erwählung der Menschen innerhalb der Gemeinde, sondern auch die Erwählung der Menschen außerhalb der Gemeinde ein.[51] Die Botschaft der Gemeinde an den Gottlosen kann deswegen nur in der Verheißung bestehen, daß auch er ein Erwählter sei.[52] Den Menschen des Unglaubens droht zwar die Verwerfung. Aber es gilt: „Ihre Sache kann ... *nicht* sein: das Erleiden der Ausführung dieser Drohung, das Erleiden der ewigen Verdammnis, das ewige Verlorengehen, das ihrer Gottlosigkeit entsprechen würde. Ihr Begehren und Unternehmen ist gegenstandslos, sofern es damit endigen müßte, sie zu Verworfenen zu machen."[53] Alles, was Menschenantlitz trägt, ist der Verwerfung und der Verlorenheit definitiv entronnen aufgrund der Verwerfung und Erwählung Christi. Das Hören, Glauben und Bezeugen dieser Botschaft macht für Barth das Wesen der Gemeinde Gottes aus.

---

[50] KD IV/1, 718.
[51] KD II/2, 215: „Die Gnadenwahl ist als Erwählung Jesu Christi zugleich die ewige Erwählung der einen Gemeinde Gottes, durch deren Existenz Jesus Christus der ganzen Welt bezeugt, die ganze Welt zum Glauben an Jesus Christus aufgerufen werden soll. Diese eine Gemeinde Gottes hat in ihrer Gestalt als Israel der Darstellung des göttlichen *Gerichtes*, in ihrer Gestalt als Kirche der Darstellung des göttlichen *Erbarmens* zu dienen." KD II/2, 336: „Das Zeugnis der Gemeinde Gottes an jeden einzelnen Menschen lautet dahin, daß diese Wahl des Gottlosen nichtig ist, daß er von Ewigkeit Jesus Christus angehört und also nicht verworfen, vielmehr in Jesus Christus von Gott erwählt ... ist."
[52] KD II/2, 350.
[53] A.a.O. 350f.

Brunner hat eine andere Auffassung von der Botschaft der Gemeinde und damit auch von dem Wesen der Gemeinde. Denn in seiner Sicht steht hart und unerbittlich neben dem Ja Gottes zum glaubenden Menschen das Nein Gottes zur glaubenslosen Menschheit. Der auf die Verwirklichung des Gnadenbundes abzielende, ewige Ratschluß Gottes schließt das Rätsel der Verwerfung in Ewigkeit nicht aus. Die Versöhnungstat Christi gilt zwar allen Menschen, kann aber ihre rettende Kraft dort nicht entfalten, wo sich der Mensch im Unglauben verschließt. Folglich geht es in der Kirche nicht um die Mitteilung des Evangeliums von der geschehenen Rechtfertigung der Menschenwelt, sondern um die Verkündigung des Evangeliums von der Rechtfertigung des einzelnen Menschenlebens, welche vor dem vernichtenden Rechtsurteil des Gesetzes rettet.

Brunner arbeitet den wohl gewichtigsten Unterschied zu Barth in seinem Aufsatz „Trennt die Rechtfertigungslehre die Konfessionen?"[54] heraus und bringt ihn so auf den Punkt: „In Barths Lehre von der Rechtfertigung fehlt völlig die *Vollstreckung* der Heilstat Gottes an dem konkreten einzelnen Sünder durch die exhibitiven Gnadenmittel des Wortes und des Sakramentes im Ereignis des Glaubens. Barth kennt nicht jene Unterscheidung, mit dessen Hilfe Luther Karlstadt und die Schwärmer abgewiesen hat, die Unterscheidung zwischen *Erwerbung* der Vergebung der Sünden in Jesu Kreuzestod und *Austeilung* der Vergebung im Evangelium, in der Taufe, in der Absolution und im Abendmahl."[55] Während bei Barth die Rechtfertigung des einzelnen Menschen mit der Tat Christi zusammenfällt, kommt es nach Brunner nur dort zur Rechtfertigung des einzelnen, wo der Mensch im Laufe seiner Lebensgeschichte dem Evangelium in Wort und Sakrament begegnet und seinen Zuspruch im Glauben annimmt. Infolgedessen kann die Kirche des Evangeliums nicht nur als ein Ort der Mitteilung des Heils betrachtet werden, sondern kommt als der Ort der Entscheidung zwischen Heil und Unheil in den Blick.

Auch die Art und Weise, wie innerhalb der Kirche das Evangelium zum Menschen kommt, beschreibt Brunner anders als Barth. Barth geht davon aus, daß das schwache Wort des Menschen das offenbare Wort des ewigen Gottes eigentlich nicht fassen und angemessen wiedergeben kann.[56] Deshalb hat die Theologie umschreibend-dialektisch

---

[54] PE II, 89–112.
[55] PE II, 110. Vgl. BRUNNER (Evangelium, 20): „Wer mit seiner dogmatischen Lehre das spezifisch soteriologische Werk des Heiligen Geistes dadurch ausschaltet, daß er außer dem rettenden Handeln Gottes in Christi Kreuz und Auferstehung kein anderes rettendes Handeln des dreieinigen Gottes anerkennt, durch das das in Christo erworbene Heil dem einzelnen zugeteilt wird, der entleert das Sitzen Christi zur Rechten Gottes (und gleichzeitig des Handelns des Heiligen Geistes)."
[56] Das kommt zum Ausdruck in den berühmten Sätzen des Vortrags „Das Wort Gottes als Aufgabe der Theologie" (199): „*Wir sollen als Theologen von Gott reden. Wir sind aber Menschen und können als solche nicht von Gott reden. Wie*

Diskussion 77

von Gott zu reden.[57] Auch im Rahmen der kirchlichen Verkündigung bleibt das Hervortreten der Rede Gottes aus der menschlichen Rede ein unverfügbares Ereignis.[58] Brunner dagegen betont, daß das Menschenwort, welches im Gottesdienst das Evangelium verkündet, tatsächlich das rettende Wort Jesu Christi „*ist*": „Hier ist kein Raum für einen dialektischen Zweifel."[59] Brunner tritt ein für das lutherische „est", demgegenüber Barth als Reformierter „eine gewisse letzte *Distanz*" wahren zu müssen meint.[60] Der Heidelberger Theologe denkt an dieser Stelle ähnlich wie der Lutheraner Erik Peterson, der schon 1925 gegen Barths dialektische Methode Einspruch erhoben hat.[61]

Der Gegensatz zwischen Barth und Brunner tritt auch hinsichtlich des Sakramentsverständnisses zutage. Barth unterstreicht, daß die Gemeinde weder durch die Verkündigung noch durch die Sakramente zum Leib Christi wird, weil sie dies durch Tod und Auferstehung Christi bereits geworden ist.[62] Die Vorstellung, daß sich die communio sanctorum durch das Sakrament konstituiere, hält Barth für einen bedenklichen Sakramentalismus, der das freie Handeln Christi verkennt und einschränkt.[63] Brunner hingegen legt Wert auf die Erkenntnis, daß sich die Rettung des Menschen und der Aufbau der Kirche durch die worthaft-sakramentale Einleibung des einzelnen in den Leib Christi vollzieht.[64]

Der Unterschied ist deutlich geworden. Barths Ekklesiologie steht unter dem Vorzeichen des Evangeliums von der universalen Erwählung. Brunners Ekklesiologie steht unter dem Vorzeichen des Evangeliums, das allein die Glaubenden vor dem Gesetzesurteil rettet. Im ersten Fall wird versucht, der Unterschiedenheit und Freiheit Jesu Christi von der menschlichen Kirche Rechnung zu tragen.[65] Im zwei-

---

sollen Beides, unser Sollen und unser Nicht-Können, *wissen und eben damit Gott die Ehre geben."*
[57] A.a.O. 212: „So bleibt nur übrig, ein grauenerregendes Schauspiel für alle nicht Schwindelfreien, beides, Position und Negation, *gegenseitig aufeinander* zu beziehen. Ja am Nein zu verdeutlichen und Nein am Ja, ohne länger als einen Moment in einem starren *Ja oder* Nein zu verharren."
[58] KD I/1, 95–97.
[59] PE I, 133.
[60] Das Wort Gottes als Aufgabe der Theologie, 218.
[61] E. PETERSON (Was ist Theologie?, 139.145) meint, durch das dialektische Reden werde nicht etwa Gott die Ehre gegeben, sondern nur eine Aporie zum Ausdruck gebracht. Er stellt die Gegenthese auf: „Theologie ist die in Formen konkreter Argumentation sich vollziehende Fortsetzung dessen, daß sich die Logos-Offenbarung ins Dogma hinein ausgeprägt hat." Vgl. O. BAYER, Theologie, 315.
[62] KD IV/1, 744f.
[63] KD IV/1, 777.
[64] Siehe 3.2 und 3.3.
[65] KD IV/1, 802: „Nein, wie Jesus Christus *freies Subjekt* ist, wenn es sich ereignet und geschieht, daß die Apostel zu Aposteln werden, so ist es wieder Ereignis

ten Fall liegt der Akzent auf der geist-leiblichen Anwesenheit Christi im kirchlichen Wort und Sakrament. Barth bezieht das „ubi et quando visum est Deo" von CA VIII[66] auf die stets fragliche Wirksamkeit der Gnadenmittel selbst, während Brunner diesen Passus als Hinweis auf die unfehlbare Wirkung der Gnadenmittel, nämlich Glaube oder Unglaube, versteht. Der Kirche des Zeugnisses von der Versöhnungstat, welche ganz unabhängig von der einzelnen Lebensgeschichte Gültigkeit besitzt, steht gegenüber die Kirche der Gnadenmittel, welche auf dem Wege der lebensgeschichtlichen Begegnung das eschatologische Heil schenken.[67]

Offenkundig kommt Brunners Lehre von der Kirche dem, was die Lutheraner Werner Elert und Paul Althaus vertreten, näher als dem, was Barth lehrt. Denn die beiden Erlanger Systematiker legen Wert auf die Unterscheidung von Gesetz und Evangelium, auf die verläßliche Wirksamkeit der Gnadenmittel und auf die in Bekenntnis und kirchlicher Lehre faßbare Wirkung des Heiligen Geistes. Allerdings läßt sich Brunners Entwurf mit keinem der beiden Erlanger Entwürfe einfach gleichsetzen.

Elerts Ausführungen in seiner Dogmatik „Der christliche Glaube" dürften insofern auf Brunners Zustimmung stoßen, als sie die Kirche pointiert vom „Realgrund" des Stifterwillens Christi her erläutern.[68] Dieser Stifterwille erklärt Wortverkündigung und Sakramentsverwaltung samt ministerium verbi zur „*obligatorische(n) Dauerordnung*", welche Kirche als „Gemeinschaft von glaubenden Sündern" und als „*coetus baptizatorum*" hervorbringt.[69] Mit den beiden letztgenannten Formeln ist bereits die Grenze der Übereinstimmung erreicht. In seiner Rezension von Elerts Dogmatik kritisiert Brunner das eindimensionale Verständnis der Kirche als Versammlung der Getauften von dem zweidimensionalen Kirchenbegriff der Apologie zu CA VII.VIII her: „Wo ist der Kampf zwischen Reich Christi und Teufelsreich *innerhalb* des coetus baptizatorum bei E. (= Elert; T.E.) geblieben? Er ist völlig verschwunden!"[70] Offensichtlich hat Elert der für die Kir-

---

und Geschichte, in welcher Jesus Christus freies Subjekt ist, in welcher sein Geist weht wie er will, wenn apostolische Gemeinde wird und als solche existiert."
[66] BSLK 58, 7f (lT).
[67] Der Begriff „Heilsmittel" oder „Gnadenmittel" erscheint nicht im Registerband der KD. Vgl. A. KLASSENs Beschreibung von BRUNNERs Kirchenbegriff (Heilsgeschichte, 187): „Kirche ist nur mit diesen Gnadenmitteln Kirche Gottes; Kirche existiert also in der Überlieferung dieser Mittel." Vgl. K. FISCHER (Prota, 86): „Die Kirche ist ... die Vollgestalt der kondeszendenten Gegenwart und Wirksamkeit Gottes."
[68] Erlangen (1940) ⁶1988 (Abk. CG), 400–403; hier: 403.
[69] CG 415.423.408.409.
[70] BRUNNER, Kritisches zu Elerts Dogmatik, VF 2 (1941), 47–60; hier: 59. Vgl. Ap VII.VIII, BSLK 237,41–47: „Si ecclesia, quae vere est regnum Christi, distinguitur a regno diaboli, necesse est impios, cum sint in regno diaboli, non esse ec-

chenmitgliedschaft konstitutiven Bedeutung des Glaubens in Brunners Sicht zu wenig Gewicht beigemessen. Außerdem vermißt Brunner bei Elert die Lehre vom neuen Gehorsam und vom tertius usus legis, welche in der Sicht des Heidelberger Theologen in einer lutherischen Dogmatik nicht fehlen darf.[71] Das erneuerte Leben der Kirchenmitglieder als Gabe des Geistes, welches Elert in seiner Ethik berücksichtigt, kommt in seiner Dogmatik aufgrund einer rein forensischen Rechtfertigungslehre nicht angemessen zur Geltung.[72]

Die Ekklesiologie der Dogmatik „Die christliche Wahrheit" von Althaus beinhaltet Akzentsetzungen, die wie eine notwendige Ergänzung und Korrektur an Elert wirken.[73] Mit einer Doppelthese bringt Althaus den elementaren Zusammenhang zwischen dem „objektiven" und dem „subjektiven" Moment im Kirchenbegriff zum Ausdruck: „Kirche ist ... das *Evangelium*, in Verkündigung und Sakrament dargeboten, im Glauben aufgenommen, bekannt, weitergetragen. Oder: Kirche ist die um das Evangelium, in Verkündigung und Sakrament gesammelte *Gemeinde* – und wären es zwei oder drei."[74] Die Ekklesia Christi muß zuerst als Werk des Heiligen Geistes in den Blick kommen, dann als sein Werkzeug.[75] Sie entsteht durch die Gnadenmittel, aber allein dort, wo die Gabe des Evangeliums im Glauben angenommen wird.[76] Ihr Kennzeichen ist nicht nur das besondere Amt, sondern vor allem das allgemeine Priestertum.[77] Sie existiert verborgen und doch erkennbar an den Früchten des Glaubens.[78] Sie lebt in einem verfaßten Kirchentum, kann aber mit diesem nicht einfach gleichgesetzt werden.[79]

Diesen Thesen von Althaus, die den institutionellen Aspekt der Kirche mit ihrem individuellen Aspekt kombinieren, trägt Brunner insofern Rechnung, als er die Kirche zuerst als „Geschöpf des Geistes" und danach als „werkzeugliche Spenderin des Geistes" betrachtet.[80] Obwohl den getauften Christen der Geist geschenkt ist, können sie die Gaben des Geistes abweisen.[81] Wo diese Gaben angenommen werden, wird auch etwas sichtbar von dem Dienst des allgemeinen Priester-

---

clesiam; quamquam in hac vita, quia nondum revelatum est regnum Christi, sint admixti ecclesiae et gerant officia in ecclesia."
[71] VF 2, 58.
[72] Vgl. U. KÜHN (Kirche, 84), der auf ELERTs Begriff des „objektiven Liebesethos" der Kirche in „Das christliche Ethos" hinweist.
[73] Gütersloh (1947) [8]1972; Abk. CW.
[74] CW 501.
[75] CW 500.
[76] CW 501.
[77] CW 510.
[78] CW 520f.
[79] CW 524f.
[80] Siehe 3.3.
[81] Siehe 3.3, 3.4.

tums, vor allem im Gottesdienst.[82] Obwohl der Umfang der wahren Kirche verborgen bleibt, läßt sie sich doch an dem stiftungsgemäßen, apostolischen Wort und Sakrament erkennen.[83]

Die Positionen von Althaus und Brunner liegen relativ nahe beieinander. Daß es sich nicht um deckungsgleiche Positionen handelt, wird beispielsweise bei der Lehre vom Predigtamt deutlich, das Althaus von den Erfordernissen des Gemeindelebens her und Brunner von der Stiftung Christi her begründet.[84] Auch im Blick auf das Sakramentsverständnis besteht insofern keine uneingeschränkte Übereinstimmung, als Althaus den Wortcharakter des Sakraments betont, während Brunner den besonderen Charakter der Leiblichkeit des Wortes hervorhebt.[85] An diesen Punkten tritt etwas von dem Unterschied zwischen der Generation der Jungluthitheraner und der Generation der Lutheraner nach dem zweiten Weltkrieg zutage. Dennoch erweist sich Brunners Hinweis auf seine Nähe zu Althaus und der Erlanger Tradition als richtiger Fingerzeig. Obwohl Brunner von Barths Rückbesinnung auf das reformatorische Erbe herkommt, sieht er sich zu gravierenden Korrekturen an Barths Theologie im Sinne der Lutherrenaissance genötigt. Diese Korrekturen schließen allerdings eine auswählende positive Anknüpfung nicht aus. So berücksichtigt Brunner den Bundesbegriff und das Thema Heilsgeschichte in aller Breite, was in der reformierten Tradition eine größere Rolle spielt als in der lutherischen.

Sowohl mit Barth als auch mit dem Jungluthertum verbindet Brunner die Zurückweisung des neuprotestantischen Kirchenbegriffs. Die Wurzel dieses Kirchenbegriffs liegt für Brunner in den geistigen Umwälzungen der Aufklärung. In seiner Theologiegeschichtsvorlesung arbeitet der Heidelberger Theologe zwei miteinander zusammenhängende Denkimpulse heraus, die den Kern der Aufklärung ausmachen, nämlich die Idee der menschlichen Autonomie und die Idee der Immanenz. Aufklärung läßt sich zum einen als eine Bewegung verstehen, „in der der Mensch aus eigener Entschlossenheit heraus alle Bindungen seines geistigen Wesens an leitende objektive Mächte sprengt, sich bewußt auf seine eigene Subjektivität stellt und aus dieser selbstergriffenen Subjektivität heraus eine von den Normen des Ich bestimmte Kulturform gestaltet".[86] Aufklärung läßt sich zum anderen als Versuch verstehen, „die Idee der Immanenz restlos und total zu durchdenken, das Universum in seiner Gesamtheit einschließlich der religiösen und sittlichen Phänomene total zu interpretieren auf Grund

---

[82] Siehe 3.3, 3.4. Das Priestertum aller Gläubigen erwähnt BRUNNER in 3.3 „Der Geist und die Kirche" (PE I, 221).
[83] Siehe 3.2.
[84] CW 508–510. Siehe 11.7.
[85] CW 542–545. Siehe 10.4.
[86] ThG I, 9.

der Immanenzidee, auf Grund der vernunftimmanenten Normen, ohne Zuhilfenahme irgendeiner die Sphäre der Immanenz übersteigenden Offenbarung".[87] Der Mensch betrachtet nicht mehr den transzendenten Gott und seine Offenbarung, sondern anthropologische Gegebenheiten als Erkenntnisgrundlage und Lebensbasis.

Diese Geisteshaltung wirkt sich auch in der Ekklesiologie aus, weil es zur „fragwürdige(n) Synthese" zwischen der Aufklärung und der Theologie kommt. In der Neologie führt diese Synthese zu folgendem Ergebnis: „Die biblische Lehre von den letzten Dingen, von der Auferstehung des Fleisches und vom apokalyptischem Kommen des Reiches Gottes werden umgedeutet. An die Stelle der christlichen Auferstehungshoffnung tritt ein ethisch oder metaphysisch begründeter Unsterblichkeitsglaube und an die Stelle der urchristlichen Reiches-Gottes-Hoffnung (sic!) tritt die in der Gegenwart zu realisierende Gemeinschaft der Menschen, die untereinander verbunden sind durch das gemeinsame Tugenderleben (sic!)."[88] Mit dem Verständnis für den eschatologischen Horizont der Kirchenlehre geht gleichzeitig auch das Verständnis für die um die sichtbaren, konkreten Gnadenmittel gesammelte Kirche verloren. Die Ekklesiologie gründet nicht mehr in der Transzendenz und Kondeszendenz Gottes, sondern in der Innerlichkeit des Menschen, welcher eine vernünftige, moralische oder religiöse Qualität zugeschrieben wird.

Der von der Idee der Autonomie und der Immanenz bestimmte Denkansatz wird in der Sicht Brunners auch von der Philosophie Immanuel Kants nicht überwunden, obwohl Kant ihn zu überwinden sucht durch den Nachweis, daß sich das Erkenntnisvermögen der theoretischen Vernunft auf die immanente Erscheinungswelt beschränkt, während sich das Erkenntnisvermögen der praktischen Vernunft auf eine transzendente Welt der Freiheit, der Unsterblichkeit und der Gottheit erstreckt.[89] Brunners Interpretation zufolge wird diese sogenannte praktische Vernunft bei Kant zum unabhängigen, kritischen Maßstab der Offenbarungserkenntnis. Denn die auf das menschliche Handeln bezogene Vernunft orientiert sich nicht primär am offenbarten Gebot, sondern an dem der menschlichen Natur eingestifteten kategorischen Imperativ: „Auf diesem Felsen fußend unternimmt nun die Vernunft Grenzbestimmung(en) zwischen sich und der Offenbarung und zwar aus eigener Vollmacht. Von Bestimmung der Vernunft durch die Offenbarung kann keine Rede sein."[90] Kant biegt den positiven Kirchen-

---

[87] ThG I, 10.
[88] ThG I, 62. Das letzte Wort des Zitats dürfte eine Verschreibung von „Tugendleben" darstellen.
[89] BRUNNER legt in ThG I (88–116) eine eingehende Analyse von Grundlinien der Philosophie KANTs vor.
[90] ThG I, 116f.

glauben durchgehend um zum moralischen Vernunftglauben.[91] Exegetische und dogmatische Texte werden zum Symbol für die Ideen der sittlichen Vernunft.[92] Das Christentum erfährt eine „völlige(n) Enthistorisierung".[93]

Was es für die Ekklesiologie bedeutet, wenn der Philosoph danach fragt, wie „das kirchliche System der Dogmatik nach reiner (theor. und prakt.) Vernunft möglich" sei[94], läßt sich exemplarisch ablesen an Kants Aussage über den Gottesdienst:

„Das *Kirchengehen*, als feierlicher *äußerer Gottesdienst überhaupt* in einer Kirche gedacht, ist, in Betracht, daß es eine sinnliche Darstellung der Gemeinschaft der Gläubigen ist, nicht allein ein für jeden *einzelnen* zu seiner *Erbauung* anzupreisendes Mittel, sondern auch ihnen, als Bürgern eines hier auf Erden vorzustellenden göttlichen Staats, für das *Ganze* unmittelbar obliegende Pflicht; vorausgesetzt, daß diese Kirche nicht Förmlichkeiten enthalte, die auf Idolatrie führen, und so das Gewissen belästigen können, z.B. gewisse Anbetungen Gottes in der Persönlichkeit seiner unendlichen Güte unter dem Namen eines Menschen, da die sinnliche Darstellung desselben dem Vernunftgebote: ‚*Du sollst dir kein Bildnis machen, u.s.w.*' zuwider ist. Aber es an sich als *Gnadenmittel* brauchen zu wollen, gleich als ob dadurch Gott unmittelbar gedient, und mit der Zelebrierung dieser Feierlichkeit (einer bloß sinnlichen Vorstellung der *Allgemeinheit* der Religion) Gott besondere Gnaden verbunden habe, ist ein Wahn, der zwar mit der Denkungsart eines *guten Bürgers* in einem *politischen gemeinen Wesen* und der äußern Anständigkeit gar wohl zusammen stimmt, zur Qualität desselben aber, als *Bürger im Reiche Gottes* nicht allein nichts beiträgt, sondern diese vielmehr verfälscht, und den schlechten moralischen Gehalt seiner Gesinnung den Augen anderer, und selbst seinen eigenen, durch einen betrüglichen Anstrich zu verdecken dient."[95]

Vergleicht man diesen Text mit den Ausführungen Brunners zum Gottesdienst, so tritt der Kontrast zwischen Aufklärungsphilosophie und Theologie deutlich hervor. Der Versammlung im Namen Jesu steht die Versammlung im Namen der moralischen Idee gegenüber, der Förderung des Christusglaubens die Förderung der sittlichen Überzeugung, dem sinnlichen Gnadenmittel Gottes die äußerliche Ausdrucksform menschlichen Pflichtbewußtseins, dem Dienst vor Gott der Dienst für die Allgemeinheit und der Einstiftung des Glaubenden in Christi Leib die Eingliederung des Bürgers in die sittliche

---

[91] ThG I, 117.
[92] ThG I, 118f.
[93] ThG I, 120.
[94] I. KANT, Die Religion innerhalb der Grenzen der bloßen Vernunft (Vorrede 2.A.), 660.
[95] A.a.O., (Viertes Stück. Allgemeine Anmerkung, 2.) 874–876.

Diskussion 83

Gesellschaft. Brunner verkennt nicht, daß Kant durch seine Philosophie die Eigenständigkeit und Angemessenheit der schriftgebundenen Theologie keineswegs bestreiten, sondern gerade bestätigen wollte. Doch die Wirkung seiner Philosophie bestand in der Sicht des Heidelberger Theologen darin, daß eine auf die Denknorm der praktischen Vernunft bezogene, rationalistische, aufklärerische Theologie gefördert wurde.[96]

Auch Schleiermacher gelingt es nicht, die Idee der Autonomie und der Immanenz wirklich zu überwinden. Die Kirche versteht er nach Brunner als „das Miteinander der Einzelnen, die durch den von Christus ausgehenden Impuls getroffen sind und dadurch Anteil haben an dem neuen Gesamtleben des höheren geistigen Lebens".[97] Der Geist dieser Gemeinschaft, ein durch den Christus-Impuls erhöhter Menschengeist, fällt zusammen mit dem Heiligen Geist. Die Versammlung der Christen lebt nicht von der Anrede durch Gottes Wort, sondern von der Selbstmitteilung derer, „die einen besonders großen Anteil haben an dem von Christus ausgehenden höheren Gesamtleben". Die Eschatologie entfällt, weil das fromme Bewußtsein mit der Parusie Christi, der Auferstehung der Toten und dem Jüngsten Gericht nichts anzufangen weiß.[98]

Brunners theologiegeschichtliche Studien führen zu dem Ergebnis, daß in der Konzentration auf die Innerlichkeit des Menschen und die Immanenz der Welt seit der Aufklärung der eigentliche Grund dafür liegt, daß die konkrete Kirche der sichtbaren Gnadenmittel in der Endphase der Heilsgeschichte nicht mehr als solche verstanden wird. Dieses Unverständnis kann nur durch die neue Wahrnehmung der Predigt, der Absolution und des Sakraments als Anrede und rettender Griff des gegenwärtigen Christus überwunden werden.

Wenn Brunner bei der Beschreibung jener geistesgeschichtlichen Strömungen, die zur Entleerung oder Umdeutung des Kirchenbegriffs führen, den Pietismus in einem Atemzug mit der Aufklärung nennt, so wird dies dem tiefen, historisch und systematisch erkennbaren Gegensatz zwischen beiden Bewegungen nicht gerecht. Erstens hat sich der Pietismus gerade nicht an der Idee der Immanenz orientiert, sondern sich stets intensiv mit der biblischen Eschatologie beschäftigt. Das Gesangbuchlied „Kommt, Kinder, laßt uns gehen" von Gerhard Tersteegen illustriert exemplarisch diesen Sachverhalt.[99] Zweitens hat zumindest der kirchliche Pietimus der Gründerväter Spener, Francke und Zinzendorf die Bedeutung des äußeren Wortes der Schrift, der Predigt und des Sakramentes nicht relativiert, sondern als Werkzeug

---

[96] ThG I, 121.
[97] ThG II, 51.
[98] ThG II, 53.
[99] EG 393. Nach der Auskunft von K. BEYSCHLAG (Die Erlanger Theologie, 288) gehörte es zu den Lieblingsliedern von P. ALTHAUS.

des Heiligen Geistes neu proklamiert und im kirchlichen Leben zur Geltung gebracht. Dies zeigt sich exemplarisch an Speners Schrift „Der Klagen über das verdorbene Christentum Mißbrauch und rechter Gebrauch" von 1685, in welcher der Senior des Frankfurter Predigtministeriums dafür eintritt, daß die vorfindliche Kirche aufgrund der in ihr aufbewahrten Gnadenmittel als wahre Kirche verstanden und deswegen von den Separatisten nicht verächtlich gemacht und verlassen werden darf:

„Es ist aber hierauff zu mercken daß die warheit solcher kirche bestehe/ in der beybehaltung des göttlichen worts und dessen warheit/ so dann der Heil. Sacramenten und Gottesdienstes/ die wir præsuponiren/ daß sie in der sache selbst ohne änderung sich in der kirche finden. Darauß dann folget/ weil Gottes geist allezeit bey dem wort und heiligen gnaden=mitteln ist/ dadurch zu wircken/ d(a)ß bey einer solchen kirche der H.Geist allezeit seye/ und sofern in der versamlung regiere/ als demselben platz gegeben wird."[100] Als lutherischer Theologe verwahrt sich Spener gegen eine schwärmerische Relativierung der schriftgemäßen Gnadenmittel und damit gegen ein Relativierung der sichtbaren Kirche. Dieser Grundzug des kirchlichen, lutherischen Pietismus sollte bei seiner theologiegeschichtlichen Einordnung beachtet werden.

3.7 Zum reformatorischen und biblischen Kirchenverständnis

Am Ende seines Vortrags „Von der Sichtbarkeit der Kirche" weist Brunner auf den unmittelbaren Anschluß seiner Ausführungen an die Artikel IV, V und VII der Confessio Augustana hin[101]: Erstens ist der Mensch nicht anders zu retten als durch den Glauben an Christi Gerechtigkeit (CA IV). Zweitens wird dieser Glaube erlangt durch das vom Predigtamt verkündete Evangelium und gespendete Sakrament (CA V). Drittens kann es bis zum Ende dieser Weltzeit nicht anders sein, als daß sich um das Evangeliumswort und das Evangeliumssakrament eine Gemeinschaft der Glaubenden sammelt. Das ist die heilige christliche Kirche (CA VII).

Dieses reformatorische Grundgerüst der Ekklesiologie läßt sich in Brunners Theologie auf Schritt und Tritt wiederfinden. Von der reformatorischen Ekklesiologie her versucht Brunner auf die Problemstellungen der Neuzeit einzugehen. Deshalb beantwortet er die Frage nach dem Sinn der Kirche mit der Frage nach dem ewigen Heil, die Frage nach der Wirkung der Kirche mit dem Hinweis auf die Wirksamkeit der Gnadenmittel, die Frage nach der geistigen Kraft der Kirche mit der Lehre vom Heiligen Geist und die Frage nach dem Nutzen des Gottesdienstes mit der Verheißung, die auf der Versammlung im

---

[100] PH.J. SPENER, Schriften Bd. IV, 103–398; hier: 169f.
[101] PE I, 212. Siehe 3.1. Vgl. BSLK 56.58.61.

Diskussion 85

Namen Jesu liegt. Brunner berücksichtigt außerdem, daß der Heilige Geist nach CA V nicht ohne das leiblich-äußerliche Wort gegeben wird, daß dieser Geist nach CA VI nicht ohne erkennbare Wirkung im Leben der Kirchenmitglieder bleibt, daß die Kirche nach CA VII nicht ohne einen Lehrkonsens bezüglich der reinen Lehre des Evangeliums Bestand haben kann, daß die Christenheit nach CA VIII faktisch nicht ohne falsche Christen existiert und daß das kirchliche Amt der Predigt und der Lehre nach CA XIV nicht ohne ordentliche Berufung ausgeübt werden soll.[102] Deshalb kann man von einem sehr exakten reformatorischen Profil der Ekklesiologie Brunners sprechen.

Diese Einschätzung läßt sich am dritten Teil von Luthers Kirchenschrift überprüfen.[103] Luther hebt dort in Abgrenzung gegenüber Antinomismus und Katholizismus hervor, daß die Heiligkeit der Kirche im heiligen Glauben und Leben der Christen gemäß beider Gesetzestafeln besteht.[104] Dem entspricht Brunners Überzeugung, daß sich der Heilige Geist in den Geistesgaben und in dem neuen Gehorsam der Glaubenden manifestiert.[105] Luther weist auf die Erhaltung der Christenheit bis zum Weltende hin.[106] Dem entspricht der heilsgeschichtlich-eschatologische Horizont von Brunners Ekklesiologie.[107] Als das „hohe heubtheiligthum" der Kirche bezeichnet Luther das Wort Gottes in der Form mündlicher Rede und in der Form der Heiligen Schrift: „Wo du nu solch wort hörest odder siehest predigen, gleuben, bekennen und darnach thun, da habe keinen zweivel, das gewislich daselbs sein mus ein rechte Ecclesia Sancta Catholica."[108] Dem entspricht Brunners Ansatz bei der Anrede des Wortes Gottes, die nur im Glauben als solche erkannt wird. Zu den Kennzeichen der Kirche rechnet Luther ferner die Taufe, das Altarsakrament, die Schlüsselvollmacht und das Amt des Kirchendieners, welche aufgrund von Gottes Gebot, Stiftung und Ordnung als Gottes eigenes (!) „Wort, Tauffe, Sacrament oder Vergebung, Ampt" zu betrachten sind.[109] Dem entsprechen die vier Gnadenmittel und das Amt bei Brunner.[110] Auch an dem öffentlichen Beten, Loben, Singen und Lehren kann die Kirche nach Luther erkannt werden.[111] Dem entspricht bei Brunner die zentrale Stellung der Gottesdienstlehre. Luthers Erkenntnis, daß die Kirche mit dem „Heilthum des heiligen Kreuzes" belastet und beschenkt ist, spiegelt

---

[102] BSLK 58.60.61.62.69.
[103] Von den Konziliis und Kirchen, 1539, 3. Teil; WA 50, 624–653.
[104] WA 50, 625,3 – 628,15.
[105] Siehe 3.3. Vgl. BRUNNER, Die Notwendigkeit des neuen Gehorsams nach dem Augsburgischen Bekenntnis, 1961; PE II, 170–179.
[106] WA 50, 628,16–28.
[107] Siehe 3.2.
[108] WA 50, 629,3; 630,14f; 629,28–30.
[109] WA 50, 630,21 – 634,33; 647,8–11.
[110] Siehe 3.2, 11.7.
[111] WA 50, 641,20–34.

sich in Brunners Gottesdienstlehre darin wieder, daß sie dem einzelnen Christen ebenso wie der Gesamtkirche den Ort des Übergangs zwischen irdischer Anfechtung und himmlischer Herrlichkeit zuweist.[112] Folglich läßt sich bestätigen, daß Brunners Lehre von der Kirche zentrale Inhalte der reformatorischen Lehre aufnimmt, um sie in einer veränderten theologiegeschichtlichen Situation neu zur Geltung zu bringen.

Dies geschieht im Rückbezug auf die ekklesiologischen Aussagen der Heiligen Schrift. Dabei geht Brunner davon aus, daß sich diese Aussagen trotz ihrer Mannigfaltigkeit aufgrund ihrer Herkunft von den Aposteln und dem Geist des *einen* Herrn der Kirche nicht grundsätzlich widersprechen, sondern ergänzen.[113] Interessanterweise ist auch Jürgen Roloff als Vertreter einer historisch-kritischen Exegese, welche im Neuen Testament eine Vielzahl von teilweise widersprüchlichen Ekklesiologien erblickt, der Meinung, daß man unter den verschiedenen Konzeptionen nicht wie unter „den Angeboten eines Supermarktes" auswählen kann, sondern sich vielmehr „auf das Ganze des neutestamentlichen Zeugnisses" zu besinnen hat, um „Verkürzungen, Einseitigkeiten und Defizite" des Kirchenverständnisses zu vermeiden.[114]

Gerade an demjenigen Brief, der nach Klaus Berger „die am meisten entfaltete Ekklesiologie des Neuen Testaments aufweist"[115], nämlich am Epheserbrief, läßt sich die Nähe Brunners zur biblischen Theologie nachweisen. Denn diesem apostolischen Schreiben zufolge hat die Kirche ihren Ursprung in der vorzeitlichen Erwählung, ihren Grund in der Erlösung zur erfüllten Zeit und ihr Ziel in der zukünftigen Vollendung (Eph 1,4.7.10.14.21). Die Kirche besteht aus Menschen, die dem Tod unter dem Zorn Gottes entronnen sind durch den Zusammenschluß mit dem Sohn Gottes, der nach seinem leiblich-blutigen Versöhnungstod auferstanden und in den Himmel zurückgekehrt ist (2,3.4.8). Was sie miteinander verbindet, ist das eine aposto-

---

[112] WA 50, 641,35 – 643,5. Siehe 3.4.
[113] Im Rahmen der Gottesdienststudie legt BRUNNER seine Grundanschauung von der Einheit der Schrift hinsichtlich der Lehre vom Abendmahl dar (LGG 223): „Dieser Nachweis, daß im Neuen Testament sich gegenseitig ausschließende Lehren über das Evangelium überhaupt und über das Abendmahl im besonderen vorliegen, ist zwar wiederholt versucht worden und wird gewiß auch in unseren Tagen mit erneuter Energie unternommen. Aber eine *überführende Beweiskraft* hat dieser Versuch selbst auf der Ebene historischkritischer Forschung nicht an den Tag legen können und wird sie nicht an den Tag legen können, wenn Jesus Christus der Herr ist, der in der Vollmacht des erhöhten Gottmenschen das seine Kirche tragende Apostolat gestiftet und durch den von ihm ausgegossenen Geist in Funktion gesetzt hat." Die *„Lehre der Kirche"* (LGG 222) hat „die Mannigfaltigkeit der neutestamentlichen Akzente und Gehalte in ihr Abendmahlsverständnis aufzunehmen und als Bezeugung der gegliederten Sinnfülle aufzufassen" (LGG 223).
[114] J. ROLOFF, Die Kirche im Neuen Testament, 310f.
[115] K. BERGER, Art. Kirche II. Neues Testament, TRE 18, 201–218; hier: 206.

lische Evangelium, der eine Glaube, die eine Taufe und der eine Geist, der sie vereint zum Leib Christi (1,13; 2,20; 4,4f.12). Diese Gemeinschaft unter Christus wird gefördert durch amtliche Dienste und gottesdienstliche Vollzüge, sodaß die Christen das Evangelium immer besser verstehen und immer eindeutiger leben (4,11f; 5,19f; 6,18; 4,13.23f).

An diesen Grundriß der biblischen Ekklesiologie knüpft Brunner an, wenn er von der Heilsnotwendigkeit und der geistlichen Qualität der Kirche und ihres Gottesdienstes spricht.

3.8 Die Bedeutung des Kirchenbegriffs für den Theologiebegriff

Nachdem der Kirchenbegriff Brunners behandelt worden ist, soll nun seine Bedeutung für den Theologiebegriff bedacht werden. Dieser Gedankengang hat deshalb seine Berechtigung, weil Brunner, wie in Kapitel 2 dargestellt, die Theologie unmittelbar auf die Kirche bezieht.

Jene Verortung der Theologie in der Kirche ergibt sich für Brunner aus der Tatsache, daß die Theologie aufgrund des in der Kirche geglaubten Evangeliums entsteht und nicht umgekehrt die Kirche samt dem Evangelium aufgrund der Theologie. Dadurch, daß Brunner die Theologie in der glaubenden und bekennenden Kirche verortet, will er verhindern, daß die subjektive Innerlichkeit oder die scheinbar objektive, profane Wissenschaft zur Quelle und Norm theologischer Erkenntnis wird. Als Orientierungspunkt kommt nicht das Postulat der Religiosität oder der Wissenschaft in Frage, sondern nur das im Glauben erkannte Wort. Weil Brunner der Meinung ist, daß die glaubende Anerkenntnis dieses Wortes im Leben des Theologen zum Ereignis werden muß[116], bekommt seine Theologie einen existentiellen, aber keinen existentialistischen Zug. Sie ist subjektbezogen, aber nicht subjektivistisch. Sie ist objektbezogen, aber nicht objektivistisch im Sinne einer Bestimmtheit durch profanwissenschaftliche Postulate.

Wolfgang Greive kommt in seiner Untersuchung „Die Kirche als Ort der Wahrheit" zum Ergebnis, daß Karl Barth in ganz ähnlicher Weise „die Kirche als die Gemeinde der Brüder und Schwestern herausstellt, die durch gegenständliches Denken und analoges Handeln der objektiven Wahrheit in ihrer Selbstoffenbarung gerecht werden".[117] Im Lebensraum der Gemeinde läßt sich erfahren, erkennen und erlernen, daß Gottes Wort ein Wort der Wahrheit und ein Wort des Lebens ist. Auch Ulrich Kühn äußert in seiner Antrittsvorlesung 1984 die Meinung, daß die Theologie bezogen sein muß auf das „Erfahrungsfeld" der Gemeinde, mithin auf die Grundlage und das Kriterium allen kirchlichen Lebens, nämlich Schrift und Bekenntnis.[118]

---

[116] Siehe 4.2.
[117] W. GREIVE, Die Kirche als Ort der Wahrheit, 372f.
[118] U. KÜHN, Die Kirche als Ort der Theologie, 52.

Gleichzeitig warnt Kühn vor dem naheliegenden Mißverständnis des kirchlichen Bezuges der Theologie, als könne die kirchliche Tradition oder das kirchliche Lehramt zur Quelle theologischer Erkenntnis werden.[119] Die Heilige Schrift als ursprüngliche Quelle der Wahrheit darf nach reformatorischer Erkenntnis auf keinen Fall in eins gesetzt werden mit der Kirche als Wirkungs- und Erfahrungsfeld dieser Wahrheit.[120] Dieser Erkenntnis kommt um so mehr Bedeutung zu, als sich die vorfindliche Kirche von der Wahrheit des Evangeliums entfernt.[121]

Brunner geht bei seinen Überlegungen von der Kirche des Evangeliums aus, wie sie im Neuen Testament vorgestellt, in der Reformation wiederentdeckt und auch innerhalb der Kirchentümer der Gegenwart vor Ort erfahren werden kann. Bezieht sich die Theologie auf diese Kirche, so wird sie sich der Bindung an die aufklärerischen Ideen der Autonomie und der Immanenz entledigen. Sie wird nicht ansetzen bei den vernünftigen Anschauungen, den ethischen Überzeugungen oder den religiösen Vorstellungen der Menschheit, sondern bei der Offenbarung des dreieinigen Gottes im alt- oder neutestamentlichen Botenwort und im fleischgewordenen Wort. Den geistlichen und damit sachgemäßen Zugang zu diesem Wort wird sie sich trotz unverzichtbarer philologischer und historischer Forschungen nicht historisch-kritisch erarbeiten können, sondern schenken lassen müssen durch seine vom Heiligen Geist getragene Gegenwart in Predigt, Sakrament und Absolution. Die Theologie am Ort der von Brunner dargestellten evangelischen Kirche wird gezeichnet sein von einem tiefen, letzten Ernst, weil sie Mitverantwortung trägt für jenen Ort der geschichtlich-personalen Begegnung zwischen Gott und Mensch, an dem die Entscheidung fällt über eschatologisches Heil oder Unheil. Sie wird selbst den Charakter einer Antwort auf Gottes Wort tragen, die in der Nähe jener gottesdienstlichen Antwort der Gemeinde in Gebet, Bekenntnis, Zeugnis und Lobpreis steht.

Für eine Theologie, die sich an den Sprachhandlungen des Gottesdienstes orientiert, ist in der neueren Diskussion der Systematiker Bayer eingetreten.[122] Bayers Ansatz stimmt insofern mit Brunners Ansatz überein, als in beiden Fällen der Theoretisierung, Existentiali-

---

[119] A.a.O. 42–44.
[120] MELANCHTHON wehrt sich in seinen „Loci praecipui theologici" von 1559 gegen die römisch-katholische Bindung der theologischen Lehre ans kirchliche Lehramt, weil die Lehre letztlich nur an die Schrift gebunden sein kann, tritt aber gleichzeitig für die Orientierung am kirchlichen Bekenntnis ein, weil in diesem Bekenntnis wahre Erkenntnis aufbewahrt ist (StA II,2, 481,24–27): „Ipsum verbum Dei est iudex, et accedit confessio verae Ecclesiae. Semper enim sequuntur verbum tanquam iudicem aliqui pii, et confessione firmiorum adiuvantur infirmi." Vgl. StA II,2, 482,31–33: „Quare audienda est Ecclesia ut doctrix, sed fides et invocatio nituntur verbo Dei, non humana auctoritate."
[121] A.a.O. 53–55.
[122] O. BAYER, Theologie, 403–407.

sierung oder Ethisierung der Theologie gewehrt wird durch ihre Rückbindung an das gegenwärtige Gotteswort. Doch es gibt auch Unterschiede. Bayer fragt genauer als Brunner nach der Sprachform des gottesdienstlichen Wortes und leitet aus der Form der Klage eine Theologie der Anfechtung ab.[123] Brunner fragt nachdrücklicher als Bayer nach dem Inhalt des gottesdienstlichen Wortes, welcher wie die Aussagen der Theologie selbst dem Inhalt von Schrift und Bekenntnis entsprechen muß. Gerade dieser Frage aber wird man ihre Berechtigung angesichts des heutigen Hiatus zwischen Schrift und Bekenntnis einerseits und Gottesdienst und Theologie andererseits nicht absprechen können.

---

[123] A.a.O. 406.

Kapitel 4: Das Evangelium als Vorgabe und Aufgabe der Theologie

A. Darstellung

Die Kirche des Evangeliums stellt in Brunners Sicht denjenigen Lebensbereich dar, der die Erkenntnisbemühung der Theologie möglich und nötig macht. Damit entsteht ein unmittelbarer Zusammenhang zwischen Evangelium und Theologie. Wie dieses Evangelium in seinem Gegenüber zum Gesetz zu verstehen ist, bedenkt Brunner in der „dogmatischen Paraphrase" „Gesetz und Evangelium" von 1967 (4.1).[1] Inwiefern die Heilsbotschaft des Evangeliums als Voraussetzung (4.2) und Gegenstand (4.3) der Theologie aufzufassen ist, legt Brunner in seiner Enzyklopädievorlesung dar.[2]

4.1 Gesetz und Evangelium

Was mit dem formelhaft gebrauchten und deshalb Mißdeutungen ausgesetzten Doppelbegriff „Gesetz und Evangelium" eigentlich gemeint ist, läßt sich nach Brunners Überzeugung nur richtig verstehen, wenn man einsetzt mit dem Ratschluß Gottes vor aller Zeit.[3] Dieser Ratschluß beinhaltet den göttlichen Willen, einen Liebesbund mit dem kreatürlichen Menschen als freier Person und einwilligendem Partner zu verwirklichen.[4] Schon durch seine Erschaffung ist der Mensch am Ursprung der Menschheitsgeschichte betroffen von dem einen, ewigen Liebeswillen Gottes, der in diesem Zusammenhang als „protologische Gestalt des ewigen Gesetzes Gottes" bezeichnet werden kann.[5] Weil der Mensch beim Sündenfall Gottes Liebe dadurch zurückweist, daß er Gottes Gebot übertritt, schlägt die auf Liebe und Gehorsam abzielende Forderung Gottes um in die „lex accusans".[6] Das den Bundesbruch aufdeckende Gesetz verschließt Adam mit der gesamten Menschheit im ewigen Tod. Dieses anklagende Gesetz will und kann Gott nicht einfach aufheben, weil er sich auf den Inhalt und die Wir-

---

[1] BeW 74–96.
[2] ETh 85–104 und ETh 105–114.
[3] BeW 75.
[4] BeW 75f.
[5] BeW 77.
[6] BeW 79–81.

kung seiner Forderung von unbedingter Bundestreue definitiv festgelegt hat.[7] Gott wäre sich selbst untreu, wenn er das Todesgericht unbegründet und grundsätzlich außer Kraft setzen würde. Gottes Selbsttreue verlangt aber gleichzeitig, daß der ursprüngliche Wille zum Liebesbund zur Geltung kommt. Aus diesem spannungsvollen Sachverhalt ergibt sich die Antwort auf die Frage „Cur Deus homo?": „Die Weise, wie Gott Gott ist, verlangt, daß Gott das Todesgericht der lex accusans als auf dem Menschen liegend dennoch auf sich nimmt."[8] Durch den Gott-Menschen Jesus bejaht und überwindet Gott das anklagende Gesetz.[9] In der Gestalt Christi tritt das zweite Wort Gottes neben sein erstes Wort. Mit Jesus Christus wird der Unheilsmacht des Gesetzes die Heilsmacht des Evangeliums entgegengesetzt. Obwohl Gesetz und Evangelium streng zu unterscheiden sind, gründen doch beide in dem einen, ewigen Liebeswillen Gottes. Insofern läßt sich die Formel „Gesetz und Evangelium" als „Umschreibung des Gottsein Gottes" verstehen.

Dem gefallenen Menschen erschließt sich der Wille Gottes in der Weise, daß aus den Schöpfungswerken Gottes Göttlichkeit spricht und aus den sittlichen „Befehlsinstanzen in den Herzen aller Menschen" die Forderung nach Güte und Mitmenschlichkeit.[10] Diese lex naturae wird für die Gott verleugnende Menschheit zur tötenden lex accusans.

Für Israel erschließt sich der Wille Gottes durch die Offenbarung der Tora.[11] Die Anordnungen der Tora sind eigentlich nicht als gesetzliche Bedingungen für das Zustandekommen des Bundes zwischen Gott und Mensch zu verstehen, sondern als konkrete Lebensformen, die jenem von Gott gesetzten Bund der Verheißung und der voraussetzungslosen Gnade entsprechen im Sinne eines „usus practicus promissionis". Weil aber die Tora „aus der Dimension der auf Christus hinweisenden Verheißung" herausgelöst und zu einem „für sich bestehenden Heilsweg" gemacht wird, schlägt auch ihre Forderung des ungeteilten Gottvertrauens als verurteilendes Gesetz auf den Menschen zurück.[12]

Rettung vor dem anklagenden Gesetz in seiner urgeschichtlichen, naturhaften und heilsgeschichtlichen Gestalt[13] gibt es nur aufgrund des stellvertretenden Todes Christi unter dem Fluch des Gesetzes.[14]

---

[7] BeW 82.
[8] BeW 82f.
[9] BeW 83.
[10] BeW 84f.
[11] BeW 86f.
[12] BeW 88.
[13] In seiner Vorlesung „Die Lehre vom Gesetz und der Erlösung" beschreibt BRUNNER dementsprechend „drei Urformen der Schuld" (Gesetz, 5): „1) Die vorgeschichtliche Schuld der Erbsünde, 2) Die urgeschichtliche Schuld des Heide-Seins, 3) Die heilsgeschichtliche Schuld des Jude-Seins."
[14] BeW 92.

Gerettet ist derjenige Mensch, der im Glauben das Verdammungsurteil des Gesetzes über sein Leben anerkennt und sich hineinnehmen läßt in Jesus Christus, der den Freispruch des Evangeliums erwirkt hat.[15] Diese Hineinnahme bedeutet Eintritt in den neuen Bund, in welchem der Bundeswille Gottes neu zur Geltung kommt und zur Erfüllung des Bundesgebotes der Liebe führt im Sinne eines „usus evangelii practicus".[16] Der Glaube kann niemals ohne die Liebe sein, die Gottes Gebot befolgt und Gottes Willen lebt.[17] Sie ist als „conditio sine qua non für die Wahrheit, Wirklichkeit und Echtheit des Glaubens" zu betrachten.[18]

Allerdings bleiben die Werke der Liebe unvollkommen, weil im Menschen dieser Weltzeit Fleisch und Geist gegeneinander kämpfen.[19] Die Paraklese und Paränese im neuen Bund deckt als lex accusans die Mangelhaftigkeit des christlichen Lebens auf, warnt eindringlich vor dem Beharren in widergöttlichen Lastern und weist neu ein in das am Gebot Gottes orientierte Leben im Sinne des usus evangelii practicus.[20] Auch dieses vom Heiligen Geist getragene Lebenswerk bleibt insgesamt deutlich zurück hinter dem ewigen Willen Gottes.[21] Deshalb kann der Mensch im Jüngsten Gericht nicht aufgrund seiner Werke, sondern allein aufgrund seines Glaubens gerettet werden.

Dementsprechend besteht das geistliche Leben des Christen in der Flucht von der stets neu treffenden lex accusans zum Vergebungszuspruch des Evangeliums. Auch auf diese Bewegung läßt sich der Doppelbegriff „Gesetz und Evangelium" anwenden. Die Fluchtbewegung des Glaubens hört dort auf, wo auch die Zweiheit von Gesetz und Evangelium aufhört, nämlich im vollendeten Gottesreich. Dort hat das anklagende Gesetz keinen Raum mehr, weil der eine, ewige Liebeswille Gottes im Sein der Geretteten „für alle Ewigkeit unverbrüchliche Wirklichkeit" ist.[22]

4.2 Das verkündigte und geglaubte Evangelium als Voraussetzung der Theologie

In der Enzyklopädievorlesung bezeichnet Brunner mit dem Begriff „Evangelium" nicht das zweite Wort Gottes neben dem ersten Wort des Gesetzes, sondern die christliche Heilsbotschaft insgesamt, welche über das von Gesetz und Evangelium bestimmte Verhältnis zwischen

---

[15] BeW 92.
[16] BeW 90f.
[17] BeW 91.
[18] BeW 94.
[19] BeW 92f.
[20] BeW 93f.
[21] BeW 95.
[22] BeW 96.

Gott und Mensch aufklärt. Die christliche Heilsbotschaft ist der Theologie durch die Kirche vorgegeben. Diese Vorgabe unterscheidet sich von den Voraussetzungen anderer Wissenschaften dadurch, daß sich jene „innerhalb der Grenzen der Möglichkeiten halten, die dem Menschen als einem vernünftigen Wesen gezogen sind", diese aber den Rahmen der vernunftimmanenten Voraussetzungen sprengt.[23] Denn das Evangelium beinhaltet „Erkenntnisse, die als solche der vernünftigen Erkenntniskraft des Menschen, wie er ist, verschlossen sind".[24] Es handelt sich um „Heilserkenntnisse", die Einblick geben in die ewige Verlorenheit und die ewige Errettung des Menschen.[25] Um zu solchen Erkenntnissen zu gelangen, müßte die menschliche Vernunft einen „Standort außerhalb ihrer selbst" einnehmen, um von dort aus das eigene Dasein als Existenz unter dem Vorzeichen des totalen Unheils oder des ewigen Heils wahrzunehmen.[26] Doch die Vernunft hat nicht die Möglichkeit, ihre geschöpfliche Grenze zu durchbrechen und an jenen Ort letzter und entscheidender Erkenntnis zu treten, der dem „esse sicut Deus" entspricht. Der Mensch erkennt sich nicht, wie Gott ihn erkennt.

Die Heilsbotschaften außerchristlicher Religionen implizieren die Überschreitung der geschöpflichen Grenzen der Vernunft.[27] Offenbar stellt diese Überschreitung eine „diabolische Möglichkeit" des Menschen dar, hinter der sich eine Macht verbirgt, die das „esse sicut Deus" zu ihrer Existenzbasis gemacht hat.

Die Heilsbotschaft, die der Theologie vorgegeben ist, gründet nicht im „esse sicut Deus" des Menschen, sondern im „esse sicut homo" Gottes.[28] Durch die Menschwerdung Gottes ist es möglich geworden, daß in der Menschenwelt eine legitime Heilsbotschaft verkündigt wird. Weil das Evangelium den Anspruch erhebt, die eine, zutreffende Auskunft zu geben hinsichtlich des Heils des Menschen, muß es auch Anspruch auf „Gültigkeit", „Einzigkeit" und „Absolutheit" erheben.[29] Wenn dieser Absolutheitsanspruch durch historische und psychologische Argumentationen relativiert wird, ist das Evangelium als Heilsbotschaft verkannt.

Die Theologie kann sich nicht außerhalb der Frage halten, ob irgendeine der verschiedenen Heilsbotschaften „mit Recht den Anspruch erhebt, das Heil zu enthalten oder nicht".[30] Die Wahrheitsfrage ist entschieden, „ehe der erste theologische Satz gesagt werden kann",

---

[23] ETh 86f.
[24] ETh 87.
[25] ETh 87f.
[26] ETh 88.
[27] ETh 89.
[28] ETh 90.
[29] ETh 91.
[30] ETh 91f.

„und zwar ohne und vor aller Theologie".[31] Denn Theologie wird erst möglich aufgrund einer Schar von Menschen, „an denen sich das Evangelium als solches erwiesen und bekannt gemacht hat". „Ohne die vorausgegangene Selbstentschleierung des Evangeliums als Botschaft vom ewigen Heil ist Theologie unmöglich." Zu dieser Selbstentschleierung kommt es in vollem Umfang erst dort, wo das Evangelium mündlich und leiblich dargereicht wird.[32] Deshalb hat der Träger der theologischen Erkenntnisbemühung selbst an dem Ort des Selbsterweises des Evangeliums zu stehen: „Alles, was wir über Theologie, über ihre Grundlegung, Aufgabe und Norm sagen, bleibt letzten Endes in der Luft schweben, wenn wir die theologische Erkenntnisbemühung nicht verankern in jenem lebendigen Stehen ihrer Träger im Gottesdienst der Kirche."[33]

Das im Gottesdienst zugesprochene Evangelium kann nicht in neutraler Distanz wahrgenommen werden.[34] Es wird erst dann zur unentbehrlichen Basis der Theologie, „wenn es im Glauben ergriffen, bejaht und angenommen ist". Denn eine neutrale Haltung gegenüber dem Evangelium, welche die Wahrheitsfrage offen läßt, muß als faktische Ablehnung gewertet werden. Das Heil wäre in diesem Fall gerade nicht erkannt. Der entscheidende Inhalt der Theologie, die Heilserkenntnis, würde dahinfallen. Allenfalls eine Religionswissenschaft könnte von einer neutralen Haltung her betrieben werden, nicht die christliche Theologie.

Neben einer neutralen Haltung kommt auch eine das Evangelium klar ablehnende Haltung in Betracht. Von dieser Basis aus wäre nur „der bewußte Angriff auf das Christliche" möglich, „vorgetragen in der Form einer ausgeführten Lehre". Damit stünde eine wissenschaftliche Lehre in der Nähe des Antichristlichen.[35]

Die Voraussetzung christlicher Theologie besteht also nicht nur im verkündigten Evangelium, sondern im verkündigten und geglaubten Evangelium. „Nicht mit der Entschleierung seiner selbst ist das Evangelium schon am Ziel, sondern erst mit dem Ja des Menschen, erst mit dem Glauben des Menschen, dem das Evangelium verkündigt worden ist."

Dieser Evangeliumsglaube läßt sich nicht rational begründen oder erläutern als „Entscheidung meines vernünftigen Ich", weil er durch das Evangelium vom dreieinigen Gott im Menschen gewirkt wird. Er ist Geschenk des Heiligen Geistes. „Alles, was ich zu tun habe in dieser Entscheidung, ist lediglich dies, daß ich diese über mich ergangene Entscheidung gelten lasse, daß ich mich nicht gegen die von Gott her

---

[31] ETh 92.
[32] ETh 94.
[33] ETh 95.
[34] ETh 101.
[35] ETh 102.

über mich gefallene Entscheidung auflehne und in die antichristliche Linie einschwenke."[36]

Der christliche Glaube, der den Menschen in den Anbruch des Reiches Gottes hineinnimmt, bildet zwar die Voraussetzung der Theologie, ist aber nicht identisch mit der Theologie selbst: „Glaube und Theologie dürfen nicht vermischt werden in dem Sinne, daß die theologische Erkenntnisbemühung selbst zum Glaubensakt wird."[37] Die theologische Erkenntnisbemühung soll ebenso selbständig bleiben wie der erkennende Glaube. Glaube und Theologie dürfen aber auch nicht in der Weise getrennt werden, als vollzögen sich beide Erkenntnisweisen in getrennten Räumen. Beides gehört zusammen wie Fundament und Bau: „Indem der Glaube Voraussetzung der Theologie ist, wirft die im Glauben sich vollziehende Erleuchtung durch den Heiligen Geist ihr Licht auch in die Erkenntnisbemühung der Theologie hinein." In diesem Sinne kann Ps 36,10b auf das Verhältnis zwischen Glaubenserkenntnis und theologischer Erkenntnis angewendet werden: „In deinem Lichte sehen wir das Licht."

4.3 Das zu verkündigende Evangelium als Gegenstand der Theologie

Die Aufgabe der Theologie ergibt sich in einem mittelbaren Sinne aus der Aufgabe der Kirche, das Evangelium in aktueller Verkündigung weiterzugeben.[38] Der Auftrag zur Weitergabe der Evangeliums liegt in der „Stiftung des österlichen Apostolats" beschlossen, d.h. „in dem Auftrag des Auferstandenen an die Jünger, das Evangelium aller Welt zu verkündigen". Weil das verkündigte Evangelium eine in Christus begründete und durch ihn autorisierte Heilsbotschaft ist, die den einzelnen Menschen an seinem konkreten Lebensort erreichen und retten will, ist auch die Weitergabe des Evangeliums selbst heilsnotwendig. Sie geschieht „kraft göttlichen Befehls und Rechts".

Wo das Evangelium im Glauben als Heilsbotschaft erkannt wird, dort wird auch die Notwendigkeit seiner Weitergabe unmittelbar einsichtig. Der Verkündigungsauftrag Christi verpflichtet jedes Glied der Kirche, das Evangelium zum einen durch das persönliche Zeugnis weiterzugeben und zum anderen auch Sorge zu tragen für seine öffentliche Verkündigung. An der öffentlichen Verkündigung beteiligt sich das einzelne Gemeindeglied in der Form, daß es zusammen mit der Gesamtgemeinde das Evangelium durch die Liturgie des Gottesdienstes und die Handlung der Abendmahlsfeier bezeugt.[39] Da der bürgerliche Beruf dem Verkündigungsdienst des Gemeindegliedes enge Grenzen zieht, ist es darüber hinaus notwendig, daß einzelne

---

[36] ETh 103.
[37] ETh 104.
[38] ETh 107.
[39] ETh 108.

Christen zum öffentlichen Dienst an Wort und Sakrament berufen und ordiniert werden. „Sowohl das persönliche Zeugnis des Einzelnen als auch die Berufung einzelner zum öffentlichen Dienst an Wort und Sakrament folgt unmittelbar aus der Annahme des verkündigten Evangeliums."[40]

Die vom Glauben getragene Weitergabe des Evangeliums durch den Dienst nicht-ordinierter und ordinierter Gemeindeglieder ist grundsätzlich möglich ohne die wissenschaftliche Theologie. Denn der Glaube schließt eine vollkommene und hinreichende Heilserkenntnis in sich, die nicht etwa auf eine Vervollkommnung durch theologische Erkenntnis angewiesen ist.[41] Die Pistis bedarf keiner „Ergänzung oder Überhöhung durch eine theologische Gnosis".[42] Deswegen gehört die Theologie auch nicht zu den konstitutiven Kennzeichen der Kirche.[43] Es muß folglich „sehr bescheiden" von der Rolle der Theologie geredet werden.[44] Dies empfiehlt sich um so mehr, als die Theologie der Vergangenheit und der Gegenwart das Evangelium allzu oft nicht aufgehellt, sondern verdunkelt hat.[45] Dennoch kann die Kirche auf eine „echte Theologie", die zu einer Reform der Kirche beizutragen vermag, nicht verzichten.[46] Das hängt mit folgendem Sachverhalt zusammen.

Der Übergang vom vernommenen zum verkündigten Evangelium ist insofern ein „kritischer Punkt", „als bei dieser Weitergabe des Evangeliums das Evangelium verdeckt werden könnte, und am Ende gar im Akt der Weitergabe uns aus den Händen gleiten und uns verlorengehen könnte". Da die Weitergabe des Evangeliums durch das Menschenwort geschieht, stellt sich die Frage, welchen Inhalt das Menschenwort haben muß, damit es „Gefäß für das Evangelium" sein kann. Bei der Umformung und Neuformung des Evangeliumsinhaltes zur viva vox muß die Verformung und Deformierung des Evangeliums unter allen Umständen vermieden werden.[47] Die „substantielle Identität des Inhaltes des Evangeliums" muß „im Akt seiner Weitergabe" gewahrt bleiben. Weil bei diesem Akt der Weitergabe der Inhalt des Evangeliums durch menschliche Fehlsamkeit, Schwachheit und Eigenmächtigkeit gefährdet ist, wird die Theologie „als Hilfsdienst" eingeschaltet.[48]

Diesen Hilfsdienst kann nur eine „echte Theologie" leisten, d.h. eine solche Erkenntnisbemühung, „die als ihre tragende Voraussetzung

---
[40] ETh 109.
[41] ETh 105f.
[42] ETh 106.
[43] ETh 109.
[44] ETh 106.
[45] ETh 109.
[46] ETh 111.
[47] ETh 112.
[48] ETh 112.110.

das verkündigte und geglaubte Evangelium hat".[49] Eine solche Theologie hilft der Kirche insofern, als daß sie eine „Bemühung" darstellt, „an jenem kritischen Punkt der Weitergabe des Evangeliums Sorge zu tragen für die Wahrung der substantiellen Identität seines Inhalts".[50] Der Verkündiger selbst muß in diesem Sinne Theologie treiben, daß er die eigene Verkündigung kritisch überprüft hinsichtlich ihrer Übereinstimmung mit dem Evangeliumszeugnis der Brüder, der Väter und der Heiligen Schrift. Die ganze Kirche hat zu prüfen, ob das in ihr verkündigte Evangelium das von Christus offenbarte Evangelium ist.[51] Die wissenschaftliche Theologie soll dazu beitragen, daß diese Aufgabe der Prüfung sachgemäß gelöst wird.

Theologie ist also praktisch notwendig, weil das Evangelium faktisch stets durch die Häresie bedroht ist. Brunner definiert: „Theologie ist diejenige Erkenntnisbemühung, in der die Kirche getragen von der pneumatischen Realität des Glaubens an das vernommene Evangelium sich im Blick auf die ihr aufgetragene Verkündigung des Evangeliums um die kritische ‚katharsis' ihrer Botschaft und ihrer Sakramentsverwaltung bemüht."

Damit stellt sich die Frage nach den Kriterien für eine Überprüfung der aktuellen Verkündigung. Der Maßstab, welcher der Theologie ebenso wie der Kirche für diese Aufgabe an die Hand gegeben ist, besteht in der als Autorität anerkannten Heiligen Schrift und im Bekenntnis der Kirche.[52]

4.4 Zusammenfassung

Das Evangelium, mit dem die christliche Theologie steht und fällt, läßt sich in Brunners Sicht in eins setzen mit der Person Jesus Christus. Die Person Jesus Christus ist der einzige Ort, an dem der vom Sündenfall gezeichnete Mensch nicht tödlich getroffen wird von dem anklagenden Gesetz, in welchem sich nichts anderes manifestiert als der eine, ewige, auf konkret gelebte Gemeinschaft abzielende Wille Gottes. Der Mensch wird diesem Willen gerecht allein durch den Glauben an den rechtfertigenden Christus, wobei sich die Echtheit des Glaubens darin erweist, daß der Glaubende Gottes Gebot fragmentarisch verwirklicht im Sinne eines usus evangelii practicus und zeitlebens flieht vom anklagenden Gesetz zum freisprechenden Evangelium. Die Realität von Gesetz und Evangelium ist dort zu erkennen und zu erfahren, wo das Evangelium als Heilsbotschaft mündlich verkündigt, leiblich dargereicht und persönlich geglaubt wird. Die Erkenntnisbemühung der Theologie muß folglich getragen sein von der Er-

---

[49] ETh 109.
[50] ETh 112.
[51] ETh 113.
[52] ETh 114.

kenntnis des gottesdienstlich verwurzelten Glaubens. Die Theologie hilft der Kirche, bei der Weitergabe des Evangeliums seinen originalen Inhalt unverkürzt zu bewahren. In den folgenden drei Abschnitten wird Brunners Evangeliumsverständnis (4.5), seine Verhältnisbestimmung von Glaube und Theologie (4.6) sowie seine Definition der theologischen Aufgabe (4.7) diskutiert. Von dem Verständnis der Offenbarung, welche die Erkenntnis des Evangeliums ermöglicht, handelt das fünfte Kapitel.

B. Diskussion

4.5 Zum Verständnis des Evangeliums

Das Verhältnis zwischen Gesetz und Evangelium bestimmt Brunner deutlich anders als Karl Barth. In seinem Vortrag „Evangelium und Gesetz" setzt Barth ganz bewußt bei dem offenbarten Wort Gottes ein, das er grundsätzlich als ein gnadenhaftes Wort von Jesus Christus und von seiner Versöhnung versteht.[53] In das Wort des Evangeliums ist das Wort des Gesetzes eingeschlossen und hineinverflochten, in welchem der Wille Gottes als Gehorsamsforderung zum Ausdruck kommt.[54] Das Gesetz liegt im Evangelium wie die Tafeln vom Sinai in der Bundeslade.[55] Es soll aber gerade nicht als Inhalt des Evangeliums verstanden werden, wie es dieses Gleichnis nahelegen könnte, sondern als Form des Evangeliumsinhaltes. Dem entspricht ein Glaube an das Evangelium, der das Gesetzesgebot gehorsam erfüllt.[56] Zwar wird das Wort des Evangeliums in der Form des Gesetzes vom Sünder mißbraucht und verdorben.[57] Doch die Christustat, in der Gericht und Rechtfertigung zusammenfällt, verhindert die Verdammung des Sünders und sorgt für die tatsächliche Umsetzung des „Gesetz(es) des Geistes des Lebens".[58]

Allerdings hält es Brunner für richtig, von dem offenbarten Wort Gottes auszugehen und den Zusammenhang zwischen dem Zuspruch Jesu Christi und seinem Anspruch auf gelebten Gehorsam nicht zu übersehen. Doch das Gesetz betrachtet Brunner keineswegs als ein grundsätzlich vom Evangelium umgriffenes und deshalb auch nicht verdammendes Gesetz, sondern in erster Linie als das fordernde, anklagende und tötende Gesetz, welches vom schenkenden, freisprechenden und lebendigmachenden Evangelium streng zu unterscheiden

---

[53] K. BARTH, Evangelium und Gesetz, 1–5.
[54] A.a.O. 6–8.
[55] A.a.O. 9.
[56] A.a.O. 13.
[57] A.a.O. 18–20.
[58] A.a.O. 25.27f.

ist. Auf diesen Unterschied hebt das offenbarte Wort Gottes ab, wenn es einerseits von der Verlorenheit des Sünders angesichts der Gesetzesforderung und andererseits von der Rettung des Glaubenden durch Jesus Christus spricht.[59] So gewiß sich der Glaubende um die Verwirklichung des Bundesgebotes zu mühen hat, so gewiß muß er bis ins Jüngste Gericht hinein vor der überführenden Forderung Gottes zum Freispruch Gottes hin fliehen. Dieses dramatische Geschehen im Spannungsfeld von Gesetz und Evangelium kommt bei Barth in dieser Form nicht vor, weil für ihn die Vorherrschaft des Evangeliums und damit auch die Verwirklichung des Gesetzeswillens Gottes beim Menschen von der Erwählung her bis hin zu der Vollendung feststeht.

Ein besonders ausgeprägtes Verständnis für die Notwendigkeit der Unterscheidung von Gesetz und Evangelium beobachtet Brunner bei Werner Elert.[60] Brunner ist aber weder mit dem Gesetzesbegriff noch mit dem Evangeliumsbegriff Elerts einverstanden. Denn Elert scheint ihm nicht angemessen zu berücksichtigen, daß die Offenbarung des Gesetzes in den Schöpfungswerken beim gefallenen Menschen faktisch nicht zu einer angemessenen Erkenntnis von Gottes Willen und Gottes Zorn führt.[61] Im Blick auf die neutestamentliche Heilsbotschaft unterscheidet Elert nach Brunners Urteil nicht präzise genug zwischen der Verkündigung des erschreckenden Gesetzes und des tröstenden Evangeliums.[62] Am deutlichsten kommt der Unterschied zwischen beiden Entwürfen wohl in der Kritik Brunners am Verzicht Elerts auf die Lehre vom neuen Gehorsam und vom tertius usus legis zum Ausdruck.[63] Eine solche Lehre darf nach Brunners Meinung gerade in einer lutherischen Dogmatik nicht fehlen, wobei an die Stelle des miß-

---

[59] BRUNNER kann es als die „Entscheidungsfrage" der Lehre von Gesetz und Evangelium bezeichnen, ob der Mensch sich in der Begegnung mit dem Wort Gottes als einen in Christus immer schon geretteten Menschen erkennt, wie Barth meint, oder ob er sich in dieser Begegnung zunächst einmal als einen Menschen „unter dem Zorn Gottes" erkennt, der „für die ewige Verdammnis reif ist" (Gesetz, 17f). Brunner entscheidet sich gegen Barth für letzteres (Gesetz, 19): „Die Verbindung von Gesetz und Evangelium in der Unterscheidung von Gesetz und Evangelium macht deutlich, daß Gott in dem verkündigten Wort an den Menschen durch sein Gesetz jetzt und hier richtet, tötet, verdammt und handelt, um aus diesem Gericht, diesem Tod, dieser Verdammnis herauszuführen."
[60] VF 2, 53.
[61] VF 2, 54f. In seinem Aufsatz „Allgemeine und besondere Offenbarung in Calvins Institutio", der als Beitrag zur Klärung des Streits zwischen Karl Barth und Emil Brunner um die Offenbarung Gottes außerhalb seiner Wortoffenbarung gedacht war, entfaltet P. BRUNNER die These, daß Gott als Schöpfer und Erhalter aufgrund seiner Urbezeugungen am Menschen, in der Natur und in der Geschichte prinzipiell jederzeit erkennbar ist, aufgrund der Unterdrückung dieser Erkenntnis durch den verstockten Menschen faktisch aber nicht erkannt wird (1934; PE II, 13–30; vgl. PE II, 5).
[62] VF 2, 55f.
[63] VF 2, 58.

Diskussion 101

verständlichen Begriffs „tertius usus legis" etwa der Begriff des „usus Evangelii practicus" treten kann.[64]

Diese Position vertritt auch Paul Althaus, der die gemeinte Sache mit folgendem Satz umschreibt: „der Heilige Geist leitet zur Erkenntnis des Willens Gottes auch durch die sittliche Weisung und Wirklichkeit in der Schrift und in der Christenheit".[65] Überhaupt kommt die Perspektive von Althaus derjenigen von Brunner sehr nahe. Denn Althaus unterscheidet zwischen dem infralapsarischen Gebot, dem supralapsarischem Gesetz, dem Evangelium als Ende des Gesetzes und dem Evangelium als Aufrichtung des Gebots.[66] So kommt zum Ausdruck, daß Gottes Forderung eine ursprünglich gute, bleibend sinnvolle Forderung ist, die erst durch die Sünde zur unerfüllbaren, tödlichen Anforderung geworden ist. Allerdings arbeitet Brunner deutlicher als Althaus heraus, daß auch die neutestamentliche Paraklese aufgrund der Sünde des Christen umschlägt in die lex accusans, der bis zum Jüngsten Tag nur durch die Zuflucht zur promissio evangelii beizukommen ist. Brunners Lehre, die die Geschichte zwischen Paradies und himmlischem Jerusalem von Gottes ewigem, liebenden Willen zur Gemeinschaft mit dem Menschen her durchdenkt, vermag sowohl den Gegensatz als auch den Zusammenhang zwischen Gesetz und Evangelium einleuchtend zu erklären. Sie vermeidet sowohl die Ineinssetzung beider Worte Gottes, die zur Verharmlosung des tötenden Gesetzes oder zum Legalismus führt, als auch die radikale Scheidung beider Worte, die zur Verkennung des positiven Gesetzesinhalts und zum Antinomismus führt.[67]

Diesen Weg haben auch die Reformatoren eingeschlagen, die sich sowohl gegen die Gesetzlichkeit als auch gegen die Gesetzlosigkeit im Papsttum und im Schwärmertum zur Wehr setzten. In den Schmalkaldischen Artikeln erklärt Luther das Gesetz als Strafandrohung und

---

[64] A. PETERS (Gesetz und Evangelium, 184f.187) weist darauf hin, daß Elert mit seiner Lehre von den Gnadenimperativen des Evangeliums zu verstehen gibt, daß das christliche Leben kein vom Willen Gottes losgelöstes Leben sein kann. Doch der Gnadenimperativ wird nicht deutlich in Verbindung gebracht mit dem Inhalt des Dekalogs oder der Bergpredigt.
[65] P. ALTHAUS, Gebot und Gesetz, 238.
[66] A.a.O. 206–209.209–217.218–220.220–238.
[67] Im Rahmen seiner Analyse der Artikel I bis VI der Konkordienformel stellt BRUNNER folgende Thesen auf (FAB 3, 349): „11.) Das Miteinander und Nebeneinander der Gesetzespredigt und der Evangeliumspredigt gründet darin, daß Christus selbst das Gesetz in seine Hände nimmt und geistlich auslegt. Darum richtet der Geist Christi nicht allein die Evangeliumspredigt aus, sondern auch die Gesetzespredigt. 12.) Nur dann, wenn Gesetz und Evangelium in ungeschiedener Verbundenheit, aber in unterschiedlicher Zweiheit gepredigt werden, wird die Ehre Christi nicht verdunkelt, selbstsichere Vermessenheit und hoffnungslose Verzweiflung des Menschen in gleicher Weise ausgeschlossen und der Trost der betrübten Gewissen auch in den höchsten Anfechtungen rein erhalten." (Hervorhebung T.E.)

Gnadenangebot Gottes, welches die Verdorbenheit der menschlichen Natur aufdeckt, das Evangelium hingegen als Gnadenverheißung, welches dem verurteilten und glaubenden Sünder die Sündenvergebung zusagt.[68] Der Evangeliumsglaube läßt sich erkennen an guten Werken.[69] Bei diesen Werken handelt es sich nicht um selbsterdachte fromme Werke wie Opfermesse, Heiligenanrufung oder Ablaßkauf, sondern nach der Auskunft der beiden Katechismen um das, was die zehn Gebote vorschreiben: Gott „verheiße... Gnade und alles Guts allen, die solche Gebot halten, darumb sollen wir ihn auch lieben und vertrauen und gerne tun nach seinen Geboten".[70] So energisch Luther das Gesetz vom Evangelium unterscheidet, so energisch verwahrt er sich gegen die antinomistische Scheidung von Gesetz und Evangelium, wie der Schluß der zweiten Reihe der Antinomerthesen zeigt: „Lex enim ut fuit ante Christum, nos quidem accusans, sub Christo autem per remissionem peccatorum placata, et deinceps spiritu implenda. Ita post Christum in futura vita manebit impleta facta tunc ipsa, quod interim exegit, creatura nova. Quare lex nunquam in aeterna tollitur, sed manebit vel implenda in damnatis, vel impleta in beatis."[71] Diese Thesen lassen sich als Grundgerüst einer heilsgeschichtlichen Sicht von Gesetz und Evangelium verstehen, wie sie von Brunner entfaltet wird. Weil bei dieser Entfaltung das Motiv des Bundes deutlich hervortritt, kann man vermuten, daß Brunner auch an Calvins Institutio anknüpft.[72]

Brunners Vorlesung über den Römerbrief zeigt, daß er seine theologische Lehre über das Gesetz und das Evangelium von exegetischen Einsichten her aufzubauen versucht. In dieser Vorlesung bezeichnet Brunner das Evangelium zunächst als „Gottes Verurteilung des Men-

---

[68] BSLK 435,18–22; 436,5–8; 437,2–4.11–13.19–21.
[69] BSLK 460,13–19; 461,4–6.
[70] KlKat 22, BSLK 510,18–21.
[71] These 45 bis 47. WA 39 I, 349,39 – 350,4. Übersetzung W² XX, 1635: „Denn wie das Gesetz vor Christo war, hat es uns freilich verklagt; unter Christo aber ist es durch Vergebung der Sünden gestillt, und nun hinfort durch den Geist zu erfüllen: Also wird es nach Christo in dem künftigen Leben erfüllt bleiben, weil alsdann die Creatur (wie solches das Gesetz mittlerweile erforderte) neu geworden ist. Darum wird das Gesetz nimmermehr in Ewigkeit aufgehoben, sondern wird bleiben, daß es entweder bei den Verdammten erfüllt werden muß, oder bei den Seligen erfüllt worden ist." BRUNNER versteht auch die Ausführungen der Konkordienformel dahingehend, daß das Gesetz nicht nur eine anklagende, sondern auch eine anweisende Funktion hat (FAB 3, 350f): „Obwohl die Gerechtfertigten und Wiedergeborenen Gottes Willen in der Freiwilligkeit des Geistes tun, bedürfen sie dennoch des Gesetzes, um den konkreten materialen Inhalt des Willens Gottes zu erkennen. So schützt sie das Gesetz gegen selbstdichtete Einfälle. ... So sind die Gerechtfertigten und Wiedergeborenen nicht mehr unter dem Gesetz, sondern unter der Gnade, aber gleichzeitig im Gesetz und in diesem Leben niemals ohne das Gesetz." Vgl. SD VI, BSLK 967,14f.33–35; 968,5–11.29–31. Vgl. 1.Kor 9,20f.
[72] Vgl. A. PETERS, Gesetz und Evangelium, 87–89.99.

schen" (Rö 1,18 f.3,20), weil die apostolische Botschaft die Unterdrückung der Offenbarung Gottes in den Schöpfungswerken und den Mißbrauch der Offenbarung Gottes vom Sinai entlarvt.[73] Anschließend kommt das Evangelium als „göttliche Gerechtsprechung der Glaubenden" (3,22–4,25) und als „Versöhnung des Menschen mit Gott" (5,1–21) in den Blick.[74] Das Evangelium ist auch als „des Menschen Heiligung" aufzufassen, weil es den Menschen hineinversetzt in ein neues Sein (6,1–14) und ihn befähigt zu einem Dienst des Glaubensgehorsams (6,15–23).[75] Einerseits will die gute Nachricht als „des Menschen Befreiung" (7,1–25) verstanden werden, nämlich als Befreiung von dem „Gesetz der Sünde und des Todes", welches in jedem Menschenleben, gerade auch in jenem des Christen, die tiefe Kluft zwischen Wollen und Vollbringen und damit die Todesverfallenheit dieses Lebens feststellt.[76] Andererseits aber ist die gute Nachricht als „die Aufrichtung des Gesetzes Gottes" (8,1–39) zu begreifen, weil der Wille Gottes bei dem neuen Menschen in Christus kraft des Geistes tatsächlich zum Ziel kommt.[77] Demnach hängt der Gegensatz zwischen Gesetz und Evangelium mit der Unfähigkeit des alten Menschen zum ungebrochenen Lieben und Gehorchen zusammen, der aber überwunden wird durch die Neuschöpfung des Menschen zum vollendeten Lieben und Gehorchen.

4.6 Zum Verhältnis von Glaube und Theologie

Die These, daß die christliche Theologie die Bejahung und die Wahrnehmung der neutestamentlichen Heilsbotschaft, wie sie ausschließlich der christliche Glaube vollzieht, voraussetzt, verbindet Brunner mit Barth und Althaus. Für Barth ist Dogmatik nur denkbar als „Glaubensakt", weil es der Glaube ist, der das Wort Gottes rückhaltlos anerkennt und gerade so wirklich erkennt.[78] Auch Althaus lehrt, daß die

---

[73] Römerbrief, Teil I, 8–16.
[74] A.a.O. 17–23, 23–27.
[75] A.a.O. 28–32.
[76] Römerbrief, Teil II, 1–7. A.a.O. 7: „Auch und gerade das christliche ‚Ich' muß und wird sich, wie der merkwürdige V.25 zeigt, indem es sich dort zu Jesus Christus als dem Befreier bekennt, zu seiner eigenen Gefangenschaft, zu jener Zerissenheit in aller Form bekennen. ... Ich bin und lebe im Fleische und bin und bleibe in diesem Sein und Leben (V.1!) dem Gesetz der Sünde und des Todes unterworfen." In seiner Ethikvorlesung (Ethik I, 29f) betont BRUNNER, daß die Herrschaft der Sünde im Sinne des „non posse non peccare" für den Christen gebrochen ist, hält aber gleichzeitig fest: „Sünde bleibt auch bei dem Gerechtfertigten und Wiedergeborenen in der Gestalt des aus der Sterblichkeit meines leiblichen Daseins entspringenden Begehrens."
[77] A.a.O. 7–18.
[78] KD I/1, 16–23, 194–261. Auf Seite 239 findet sich der Grundsatz: „Der Glaube ... ist die in der wirklichen Erkenntnis des Wortes Gottes stattfindende Ermöglichung dieser Erkenntnis."

Dogmatik angewiesen ist auf den Glauben, weil sich die Wahrheit der Offenbarung nur dem Glauben erschließt.[79] Beide Theologen erklären damit nicht etwa das glaubende Bewußtsein, sondern das erkannte Offenbarsein des Wortes Gottes zur Voraussetzung der Theologie. Dieselbe Auffassung vertritt Brunner. In seiner Vorlesung zur dogmatischen Prinzipienlehre bezeichnet er im Anschluß an Luthers drei Grundregeln des Theologiestudiums die „Widerfahrnis des Rechtfertigungsglaubens" als Ermöglichungsgrund theologischer Erkenntnis.[80] Diese Bestimmung will er ausdrücklich nicht so verstanden wissen, als müsse die Theologie auf Lehraussagen über objektive Lehrinhalte verzichten und habe sich auf deskriptive Aussagen über subjektive Bewußtseinsinhalte zu beschränken. Brunner meint, daß auch der Erlanger Johann C.K. von Hofmann der Glaubenserfahrung als solcher ein allzu starkes Gewicht beigemessen habe, so daß der Rückbezug der Theologie auf den Offenbarungsinhalt selbst nicht deutlich genug hervortrete. Im Sinne der Reformatoren soll festgehalten werden: „Christus ist das ‚Subjekt' der Theologie und als solches Inhalt der Theologie, der adäquate Bezugspunkt der Theologie." Zum Bezugspunkt der Theologie wird Christus dadurch, daß sie ihn dort erfaßt, wo er sich als der kondeszendente Gott fassen läßt, nämlich in Wort und Sakrament.[81] An dieser Stelle wird einerseits eine Abgrenzung von der Erlanger Theologie des 19. Jahrhunderts erkennbar. Brunner will jegliche Subjektivierung der Theologie strikt vermeiden. Anderseits zeigt sich einmal mehr eine Abgrenzung von der Theologie Barths, die dem Sakrament keine Bedeutung für die Offenbarung und für die Erkenntnis Gottes beimißt.

In der zitierten Vorlesung bedenkt Brunner auch die naheliegende Frage nach der Möglichkeit der „theologia irregenitorum".[82] Diese Frage wird von Brunner geradezu provoziert, wenn er feststellt, daß sich theologische Begründungen auch von Nichtchristen philologisch überprüfen und logisch nachvollziehen lassen.[83] Tatsächlich ist es nach der Aussage von CA VIII möglich, daß pseudochristliche Amtsträger das rettende Evangelium verkündigen.[84] Der Sinn dieser Aussage besteht nach Brunners Interpretation jedoch nicht darin, dem Unglauben der Amtsträger Vorschub zu leisten, sondern das angefochtene Vertrauen in die Heilswirksamkeit der Gnadenmittel zu stärken. Diese Heilswirksamkeit aber steht und fällt mit der Unversehrtheit des Evangeliums. Deshalb stellt Apologie VII den Grundsatz auf, daß falsch lehrende Pfarrer als falsche Propheten eines anderen Evangeli-

---

[79] CW 238.243.
[80] DP 74.
[81] DP 75.
[82] DP 38.
[83] Siehe 2.8.
[84] BSLK 62.

ums zu meiden sind.[85] Die angemessene Bezeugung des apostolischen Evangeliums in der Kraft des Heiligen Geistes aber setzt die Anerkennung dieses Evangeliums im Glauben voraus. Nur wenn die apostolische Heilsbotschaft für den Pfarrer zur persönlichen Glaubenserfahrung geworden ist, kann er diese Botschaft so weitergeben, wie sie gemeint ist, nämlich als Zeugnis „vom Glauben her zum Glauben hin" (Rö 1,16).[86] Dasselbe gilt für den Theologen. Folglich ist der Einspruch gegen die „theologia regenitorum", der bezeichnenderweise schon von Johann Salomo Semler erhoben wurde[87], zurückzuweisen.

Brunners Verknüpfung von Glaube und Theologie wirft auch die Frage nach dem Verhältnis von Glaube und Vernunft auf. Diese Frage wird dahingehend beantwortet, daß einerseits scharf getrennt werden muß zwischen der Glaubenserkenntnis und der Vernunfterkenntnis, weil die „scientia verbi Dei" und die „prudentia rationis" voneinander geschieden sind „wie Himmel und Erde"[88], daß aber andererseits Glaube und Vernunft insofern zusammengehören, als „die Theologie die vom Geist erleuchtete und das Wort vernehmende Vernunft zur meditativen Entfaltung des Glaubensinhaltes" in Anspruch nimmt[89]. Die Theologie wird nicht getragen von der autonomen Vernunft, sondern von dem im Glauben erkannten Wort Gottes, dem sie mit Hilfe der Vernunft nachdenkt. Ebenso wie Barth erblickt Brunner in Anselm von Canterbury einen vorbildlichen Vertreter dieses Theologieverständnisses. In seiner Rezension der Anselm-Studie Barths schreibt Brunner, durch Barths Schrift könne jeder von Anselm lernen, „was es heißt, den Gedanken der Offenbarung zu denken und von der Voraussetzung der geglaubten Offenbarung aus Theologie zu treiben", auch wenn Anselms Vorgehen nicht einfach zu kopieren sei.[90]

Im Unterschied zu Brunner sieht Bayer einen unüberbrückbaren Gegensatz zwischen Luthers und Anselms theologischem Erkenntnisweg. Luther sei nicht an der „Fides quaerens intellectum" interessiert,

---

[85] DP 39. Ap VII, 47f; BSLK 246, 19–21: „Impii doctores deserendi sunt, quia hi iam non funguntur persona Christi, sed sunt Antichristi."
[86] Nach BRUNNER wird nur der Glaube dem Wahrheitsanspruch des Evangeliums gerecht (KuD 14, 82): „Entweder Jesus von Nazareth wird aufgrund des apostolischen Zeugnisses von uns im Glauben ergriffen als der, der von Gott in dem Ereignis jenes dritten Tages aus den Toten auferweckt ist. Dann und nur dann haben wir in ihm die Wahrheit, die uns frei macht, das eine große, umfassende Heil Gottes. Oder diesem apostolischen Zeugnis wird der Glaubensgehorsam verweigert. Dann hätten wir nichts mehr, keinen Herrn über Leben und Tod, keine Vergebung unserer Schuld vor Gott, keine Geschichte des Heiles, keinen Gott."
[87] J.S. SEMLER erhob diesen Einspruch in der Schrift „Versuch einer Anleitung zur Gottesgelersamkeit" von 1758, die auf Luthers „oratio, meditatio, tentatio" Bezug nimmt. Ihr ausführlicher Titel ist bei O. BAYER (Theologie, 57 Anm. 105) dokumentiert.
[88] DP 75.
[89] DP 77.
[90] In: Theologische Literaturbeilage RKZ 1932, 1–3; hier: 3.

sondern am „Tentatus quaerens certitudinem", meint Bayer.[91] Luthers Programm der „oratio, meditatio und tentatio" ersetze das kontemplative Denken durch das passive Erfahren, das intellektuelle durch das existentielle Wahrnehmen, das rechtfertigende Wissen durch die rechte Gewißheit, das reine Erkennen durch das leiblich-sinnlich-zeitliche Erkennen und das Spekulieren durch das Erleiden.[92] Auch für Brunner ist die Theologie nicht denkbar ohne die existentielle Widerfahrnis des leiblichen Gotteswortes an einem bestimmten lebensgeschichtlichen Standort. Doch diese Widerfahrnis entbindet in seiner Sicht notwendigerweise einen Erkenntnisakt, in dem der menschlichen Vernunft keine konstitutive, aber doch eine regulative Funktion zukommt. Mit dieser Auffassung, nach der die Rolle der Vernunft im spezifisch christlichen Erkenntnisvorgang nicht nur kritisch zu begrenzen, sondern auch positiv zu bestimmen ist, sieht sich Brunner in einer Linie mit Anselm und Luther. Tatsächlich kennt Luther nicht nur die verkehrte, blinde Vernunft, die Gott leugnet, sondern auch die rechte, durch den Heiligen Geist erleuchtete Vernunft, die im Glaubenden zu einem „optimum instrumentum" wird.[93] Wenn sich Brunner für den Gebrauch dieses Instruments ausspricht, geht es ihm wohl darum, daß die Theologie eine auf begründete, nachvollziehbare Ergebnisse ausgerichtete Erkenntnisbemühung bleibt, ohne in einen subjektiven Erfahrungsvorgang umzuschlagen, der zu unbegründeten, schwer nachvollziehbaren Ergebnissen führt.

Am Gottesdienstkapitel 1.Korinther 14 läßt sich studieren, daß Brunners Verhältnisbestimmung von Glaube, Vernunft und Theologie anknüpft an apostolisches Gedankengut. Denn nach 1.Kor 14,24f erkennt der Mensch die Wirklichkeit Gottes erst dann, wenn er den Raum der Ekklesia betreten hat und überführt worden ist vom Zeugnis der Christen. Nach 1.Kor 14,19f lebt die Ekklesia von der Bezeugung des Evangeliums mit Sinn und Verstand, so daß es verstanden werden kann.[94] Nach 1.Kor 14,29 ermöglicht dieses verstandene Evangelium die kritische Überprüfung aktueller Verlautbarungen im Raum der Ekklesia. Betrachtet man dieses gottesdienstliche Verkündigen, Hören

---

[91] O. BAYER, Theologie, 79 Anm. 212.
[92] A.a.O. 78f, 81, 82f, 101.
[93] WA TR 3, 105,12–15.16f (Nr. 2938b): „Doctor interrogatus, cum in articulis fidei rationem nobis claudendam esse oportet, an etiam illa in christianis aliquid valeat? respondit rationem ante fidem et cognitionem Dei esse tenebras, sed in credentibus optimum instrumentum. ... Tunc fides promovetur ratione, facundia et lingua, quae prius ante fidem tantum impediebant." B. LOHSE (Luther, 222f) führt außer diesem Zitat weitere Äußerungen Luthers an, denen zufolge die Vernunft der Theologie einen wertvollen Dienst leistet.
[94] J. BEHM (Art. „noys", ThWNT IV, 957) definiert den Begriff „noys" u.a. als „intellektuelles Organ", als „zuständliches oder tätiges Erkennnisvermögen", im Blick auf 1.Kor 14 als „eine Funktion des Menschen, der ‚bei Sinnen' ist" und als den „klare Gedanken in verständlichen Worten hervorbringende(n) Verstand".

Diskussion 107

und Beurteilen als Grundformen der Theologie, bei denen Glaubensakt und Erkenntnisakt zusammenfallen, so wird man Verständnis dafür aufbringen können, daß Brunner einerseits für die Selbständigkeit dieser Grundformen der Theologie und andererseits für die darauf bezogene Abhängigkeit der entwickelten, wissenschaftlichen Form der Theologie eintritt.

4.7 Zum Verständnis der theologischen Aufgabe

Die Aufgabe der Theologie versteht Brunner als die Aufgabe der Bewahrung des apostolischen Evangeliums im Akt seiner kirchlichen Tradierung und Aktualisierung. Mit dieser Bestimmung nimmt Brunner einen biblisch-reformatorischen Grundgedanken auf. Der Apostel Paulus kämpfte um die Bewahrung des Evangeliums in der Ekklesia Christi (Gal 1,6f) und die Reformatoren rangen um die Reinheit der Lehre, ohne die die Wahrheit des Evangeliums und die Wirksamkeit des Sakraments nicht erhalten werden kann.[95] Wie Brunner sind auch Barth und Althaus der Meinung, daß sich die Notwendigkeit der Dogmatik aus der Möglichkeit der Häresie ergibt.[96]

Diese bewahrende Aufgabe bezieht Brunner zwar ganz konkret auf gottesdienstliche Vollzüge, aber er schränkt sie darauf nicht ein. Das wird deutlich in seiner Vorlesung der fünfziger Jahre, wo er anders als in der Vorlesung der vierziger Jahre von einer dreifachen Ausrichtung der theologischen Aufgabe spricht.[97] Diese besteht erstens in der Bemühung um den Inhalt der kirchlichen Verkündigung, nämlich um das Zeugnis von den Taten Gottes.[98] Sie besteht zweitens in der Pflege der Liturgie und der Doxologie, welche die Gottheit Gottes bezeugt.[99] Sie besteht drittens in dem Versuch, die Welt der Kreaturen Gottes immer besser zu verstehen und so den Dienst der Kirche an der Welt zu fördern.[100] Innerhalb des dritten Forschungsbereichs der Theologie, der insbesondere für die Ethik von Bedeutung ist, sollen die Erkenntnisse empirischer Wissenschaften zwar berücksichtigt, aber von der Erkenntnis des Wortes Gottes her ergänzt und durchdrungen werden. Nicht nur die Philosophie und die natürliche Vernunft, sondern auch die Theologie und die von Wort und Geist erleuchtete Vernunft sieht Brunner vor die Aufgabe gestellt, eine Lehre von Ehe, Familie, Beruf, Staat, Wissenschaft und Kunst zu erarbeiten.[101] Neben die philosophische Ontologie tritt im Interesse der dienenden Liebe eine theologi-

---

[95] Vgl. CA V und CA VII; BSLK 58.61.
[96] K. BARTH, KD I/1, 1.30–34. P. ALTHAUS, CW 251.
[97] III. Kapitel, 3. Unterabschnitt (DP 82–88): „Die Erkenntnis des Wortes Gottes als die eine Aufgabe der Theologie in einer dreifachen Ausrichtung".
[98] DP 85.
[99] DP 85f.
[100] DP 87.
[101] DP 87f.

sche „Sophiologie". Man kann also nicht sagen, daß Brunners Konzentration auf die Bewahrung des Evangeliums als grundlegende Aufgabe zu einer Beschränkung des Gesichtskreises der Theologie führt. Ein Beispiel dafür, wie weit Brunner über den Kreis der im engeren Sinne kirchlich-theologischen Fragen hinaus vordringt, bieten seine 1961 veröffentlichten „Martin-Luther-Lectures" zu den Themenbereichen Geschichte, Krieg und Zivilisation.[102] Brunner macht sich im Rahmen dieser Vorlesungen u.a. Gedanken über den Zusammenhang von Weltgeschichte und Reichs-Gottes-Geschichte, über die Verfahrensweise der Vereinten Nationen oder über die moderne Gefährdung der menschlichen Persönlichkeit.[103] Überlegungen dieser Art, die nach dem Vorbild biblischer Weisheit die Lebensbedingungen der Kreatur bedenken, würde Brunner wohl als „Sophiologie" bezeichnen.[104] Als theologisch orientierte Weltbetrachtung stellt sie die Antwort der Theologie auf säkulare Weltanschauungen dar und schließt insofern ein apologetisches Moment in sich.

Eine apologetische Ausrichtung der Theologie im Sinne der Konzeptionen von Elert oder Tillich lehnt Brunner indessen ab. Gegen Elert wendet er ein, das Hauptproblem der Kirche bestehe nicht in dem Unvermögen, heute noch „den Menschen der Gegenwart" anzusprechen, sondern in der Uneinigkeit darüber, „was sie dem Menschen der Gegenwart überhaupt zu sagen" habe.[105] Die Einsicht Tillichs, daß sich die Heilsoffenbarung „auf die konkrete Situation des existentiell fragwürdig gewordenen Menschen" bezieht, hält Brunner zwar für richtig.[106] Doch die daraus abgeleitete Korrelationsmethode hält er für untragbar, weil die Theologie mehr ist als eine Antwort auf die philosophisch analysierte Situation des Menschen.[107] Die Theologie handelt von einer Infragestellung des Menschen und einer Offenbarung an den Menschen im eschatologischen Horizont, der den anthropologischen Horizont weit übersteigt. Sie hat sich nicht zu verantworten vor menschlichen Fragen, sondern sie stellt Fragen, die den Menschen zur Verantwortung rufen.[108]

Neben der ähnlichen Charakterisierung der theologischen Aufgabe, die weniger eine apologetische als vielmehr eine prüfende und verge-

---

[102] P. BRUNNER, Luther und die Welt des 20. Jahrhunderts, Göttingen 1961.
[103] A.a.O. 22f, 45–47, 72f.
[104] Ein anderes Beispiel, auf das BRUNNER selbst hinweist (DP 3), stellt seine Abhandlung über das Wesen der Kunst im Rahmen der Gottesdienststudie dar (LGG 291–332).
[105] VF 2, 49.
[106] DP 4.
[107] DP 4f.
[108] BRUNNER sagt (DP 2): „Es besteht kein Streit darüber, daß die Apologetik ‚alten Stils' nicht Aufgabe der dogmatischen Theologie sein kann, d.h. es kann nicht ihre Aufgabe sein, die Überzeugung des christlichen Glaubens vor dem Richtstuhl eines säkularen Weltanschauungsdenkens zu verantworten."

Diskussion

wissernde Aufgabe sein soll, fällt in diesem Zusammenhang noch eine andere Parallele zwischen Brunner und Barth auf. Der Heidelberger Theologe unterscheidet ähnlich wie der Basler Theologe im Blick auf die Verkündigung des Evangeliums zwischen dem Menschenwort als dem Gefäß der Botschaft und dem Evangelium bzw. dem Gotteswort als dem Inhalt der Botschaft.[109] Diese Unterscheidung und Zuordnung wird im folgenden fünften Kapitel zu bedenken sein.

---

[109] K. BARTH formuliert (KD I/2, 874): „Die Dogmatik prüft die kirchliche Rede von Gott daraufhin, ob sie als Menschenwort zum Dienste des Wortes Gottes geeignet sei." (Hervorhebung T.E.) Vgl. 4.3.

Kapitel 5: Die Offenbarung des Wortes Gottes als Kondeszendenz

A. Darstellung

Die Heilsbotschaft, welche die Theologie zu bedenken und zur Geltung zu bringen hat, ist ihr vorgegeben durch das offenbarte Wort Gottes. Im fünften Kapitel der Vorlesung „Grundlegung der Dogmatik" von 1966/68 stellt sich Brunner der Frage nach der Möglichkeit der Offenbarung des Wortes Gottes im Menschenwort (5.1) und beantwortet sie durch Überlegungen zur Wortoffenbarung in der Schöpfung (5.2), in der Bundesgeschichte (5.3) und in Jesus Christus (5.4).[1]

5.1 Die Offenbarung des Wortes Gottes als Problem und als Tatsache

Im Rahmen seiner letzten Vorlesung zur Prinzipienlehre definiert Brunner die Voraussetzung der Theologie folgendermaßen: Theologie wird dadurch zur Theologie, „daß sie den ein für allemal gesetzten Inhalt jenes Wortes Gottes erkennt, das als Gottes Botschaft zu hören und zu verkündigen ist".[2] Das Wort Gottes ist demnach als ein vernehmbares Wort mit einem genau bestimmbaren Inhalt aufzufassen. Diese Grundthese entfaltet Brunner, indem er zunächst den Begriff des Wortes Gottes erläutert.

„Wort Gottes" heißt: Gott hat geredet oder redet. Angesichts dieser Feststellung erhebt sich sofort die Frage, ob der Mensch sowohl die Art und Weise als auch den Inhalt der Rede Gottes adäquat erfassen kann. Denn das Geschöpf und seine Sprache ist streng zu unterscheiden von dem Schöpfer und seiner Sprache. Folglich steht jede menschliche Aussage über Gott „unter dem Vorbehalt, daß alle menschliche Rede von Gott als solche der Gottheit unangemessen ist". Aus der Unterschiedlichkeit von Gott und Mensch ergibt sich für Brunner die Mittelbarkeit der Verständigung zwischen Gott und Mensch: „Gottes Reden kann für uns Menschen in diesem irdischen Leben nie als solches direkt gegeben sein. Gottes Wort begegnet uns in diesem irdischen Leben stets vermittelt und in diesem Sinne in einer indirekten und verhüllten Weise." Zwar hat es in der Prophetie

---

[1] GDg 149b–170a. Originaltitel des Kapitels V: „Der Inhalt des Wortes Gottes als ein ein für allemal gesetzter".
[2] GDg 150.

einen unmittelbaren Empfang des Gotteswortes gegeben, den es „in gewisser Hinsicht auch jetzt noch geben kann".[3] Doch auch solche unmittelbar ergehende Rede Gottes bleibt insofern indirekte Rede, als Gott „sein Wort in dem Mittel des empfangenden Menschengeistes und seiner Sprache" spricht.

Weil Gottes Wort nur vermittelt durch Menschengeist und Menschensprache zugänglich ist, bleibt es in dieser Weltzeit anfechtbar und umstritten.[4] Erst „im Ende aller Dinge, wenn die Stimme des Weltrichters Tote und Lebendige vor seinen Thron stellt", ergeht Gottes Wort „in unverhüllter Direktheit".

Wenn aber Gottes Reden zum Menschen in dieser Weltzeit immer nur ein durch das Menschenwort vermitteltes Reden ist, erhebt sich die Frage, ob solch ein innergeschichtliches Wort überhaupt als „Wort Gottes" bezeichnet werden darf. Brunner fragt nach der Möglichkeit einer „reale(n) Einheit von Gottes Wort und Menschenwort" in dem Sinne, daß „Gottes Wort in Menschenwort eingehen kann, ohne aufzuhören, Gottes Wort zu sein" und gleichzeitig „Menschenwort wirklich Träger des Wortes Gottes sein kann, ohne aufzuhören, geschichtliches Menschenwort zu sein". Die Verneinung dieser Frage hätte zur Folge, daß mit dem Begriff „Wort Gottes" lediglich „eine erbauliche Floskel ohne substantiellen Gehalt" oder „eine rein bildliche" und beliebig interpretierbare „Rede" gemeint sein könnte. Damit wäre einer auf den vorgängig gesetzten und präzise bestimmbaren Inhalt des Wortes Gottes bezogenen theologischen Erkenntnisbemühung die Grundlage entzogen.

Bei der Beantwortung der gestellten Frage geht Brunner davon aus, „daß es tatsächlich geschieht, daß Menschenwort von uns als Gotteswort gehört worden ist". Ausgangspunkt und tragender Grund aller weiteren Überlegungen kann und soll nicht „der in Geschichte und Gegenwart aufweisbare *Anspruch* sein, daß Menschenwort Gottes Wort sein soll, auch nicht das in Geschichte und Gegenwart feststellbare Zeugnis *anderer*, daß ihnen in Menschenwort ... Gottes Wort begegnet sei".[5] Es ist vielmehr anzusetzen bei der „Tatsache", „daß wir *selbst als Glaubende* uns einbezogen wissen in den Kreis derer, an denen es geschehen ist, daß sie durch Menschenwort vor die Wirklichkeit Gottes gestellt wurden und durch Menschenwort die ihnen geltende Gottesbotschaft selbst vernommen haben". Die folgende Begründung für die Möglichkeit einer realen Einheit von Gottes Wort und Menschenwort kann also nur der Glaubende mitvollziehen, dem sich die Erkenntnis dieser Einheit im Widerfahrnis des Glaubens eröffnet hat.

---

[3] GDg 151.
[4] GDg 152.
[5] GDg 153.

Darstellung 113

5.2 Die Wortoffenbarung in der Schöpfung

Wenn Brunner zunächst den tiefgreifenden Unterschied zwischen dem Schöpfer und seinem Geschöpf betont hatte, so stellt er jetzt die Entsprechung zwischen beiden heraus: „Gott ist Person in seinem gottheitlichen Wesen. Der Mensch ist durch die Erschaffung in den Schranken seines kreatürlich-irdischen Wesens Person." So wird eine „personale Relation" zwischen Gott und Mensch möglich. Diese Relation verwirklicht sich wie alle personalen Relationen „worthaft", und zwar in der Weise, daß das Wort Gottes in geschichtliches Menschenwort eingeht und dadurch dem Menschen vernehmlich wird. Dieser Vorgang wird im folgenden zuerst von der Gotteslehre und dann von der Schöpfungslehre her beleuchtet.

Die Selbstoffenbarung Gottes enthüllt den unaufhebbaren Zusammenhang zwischen Person und Wort.[6] Gott bestimmt sich selbst durch sein ewiges „ICH BIN". Gott hat in sich Wort, ist selbst Wort und kann sich deshalb auch durchs Wort äußern. So offenbart er sich als Person. Allerdings als „Person in gottheitlicher Weise", die darum auch „des Wortes mächtig ist in absoluter Weise". Insbesondere die Trinitätslehre enthüllt nach Brunner „die wesenhafte Worthaftigkeit Gottes": „Gott, der sich selbst Aussagende, Gott, der von Gott Ausgesagte, Gott, in dem der Aussagende und der Ausgesagte sich in gottheitlicher Weise vereinen, dieser Gott in dieser dreifach inneren Selbstunterscheidung und in dieser unaufhebbaren Einheit des Wesens, er ist allein und in Wahrheit Gott." Diese Betrachtung des innertrinitarischen Wesens Gottes läßt die „Ur- und Grundgestalt" des Wortes Gottes erkennbar werden, nämlich „dasjenige Wort Gottes, das Gott von Ewigkeit zu Ewigkeit in sich selbst spricht und das er selbst ist, sein ewiges Wort, das wir trinitätstheologisch Gott den Sohn nennen" oder auch den „Logos im Sinne von Joh 1,1".[7]

Von der Ur- und Grundgestalt des Wortes Gottes her muß das Menschenwort verstanden werden. Das Menschenwort gründet in dieser Urgestalt, ohne mit ihr identisch zu sein: „Was wir als Menschenwort kennen, ist in seinem letzten Grunde nur der kreatürliche Abglanz jenes innergöttlichen gottheitlichen Selbstwortes, das Gott der Sohn ist." Das Wort Gottes ist in einem ursprünglichen, eigentlichen Sinn als „Wort" zu betrachten, das Menschenwort lediglich in einem abgeleiteten Sinne. Der vollendeten Wortmächtigkeit Gottes steht die Wortmächtigkeit des Menschen in einer „unerhörten kreatürlichen Abschwächung" gegenüber.[8]

Trotz dieses Qualitätsunterschiedes bleibt festzuhalten, daß der Mensch als geschaffenes kreatürliches Ebenbild Gottes „des Wortes

---

[6] GDg 154.
[7] GDg 155.
[8] GDg 156.

mächtig" ist, „auch in der personalen Relation zu Gott hin". Das zu Gott hin ausgesprochene Menschenwort „wird von Gott in seinem Aussagegehalt gehört, verstanden, aufgenommen, angenommen, erhört". Dem kreatürlichen Menschenwort eignet aufgrund Gottes Schöpfermacht die Mächtigkeit, „die Kluft zwischen Geschöpf und Schöpfer vom Menschen aus zu Gott hin zu überbrücken". Menschenwort vermag „Träger der personalen Gemeinschaft" mit Gott zu sein. Dann muß erst recht das Umgekehrte gelten, „daß Gottes Wort *als solches* Menschen vernehmbar wird *durch Menschenwort*".[9]

Dieser Befund läßt sich vom Schöpfungsgeschehen her in zweifacher Hinsicht erklären:

a) Zum einen schafft Gott durch sein Wort die gesamte außermenschliche Kreatur. Der Mensch nimmt diese Weltschöpfung wahr und gestaltet seine Weltbeziehung durch das menschliche Benennen und Reden.[10] Weil sich im Menschenwort die erkennende Weltbeziehung des Menschen widerspiegelt und in den welthaften Dingen wiederum das Schöpferwort Gottes, deshalb wird das Menschenwort zum wahrheitsfähigen Widerhall des Gotteswortes.

b) Zum anderen ist der Mensch selbst durch das Schöpferwort geschaffen: „Die Erschaffung des Menschen ist der worthafte Akt des Schöpfers, durch den der Mensch unmittelbar in die personale und darum worthafte Gemeinschaft mit Gott versetzt wird."[11] Die Liebesbotschaft Gottes, die im Schöpfungsakt beschlossen liegt, wird vom Menschen vernommen.[12] „Vernehmen" aber bedeutet: den Wortgehalt denken und in innerer Sprache nachvollziehen. In der Satzsprache des menschlichen „Nous" wird die in der Erschaffung beschlossene Anrede Gottes tatsächlich adäquat aufgefaßt. Im Bereich des Menschenwortes ist das Gotteswort so anwesend, daß es verstanden und beantwortet werden kann.

In der ursprünglichen Schöpfung geschieht also ein Doppeltes: erstens entsteht die menschliche Sprache und zweitens geht das Wort Gottes in diese Menschensprache ein.[13] Gottes Wort verleiblicht sich so im Menschenwort, daß der Inhalt der Gottesrede dem Menschen in seiner eigenen Sprache „vollmächtig gegenwärtig" ist. Gottes Wort überwindet den Abstand zwischen Schöpfer und Geschöpf. Dabei gibt das Gotteswort seine „Doxa-Gestalt" auf, „in der es aus Gottes Munde hervorgeht", und „nimmt die Knechtsgestalt eines Menschenwortes an, indem es sich dazu herabläßt, von einer menschlichen Zunge im menschlichen Nous durch Menschenworte ausgesagt zu werden". „Diese Bewegung des Wortes Gottes aus seiner Doxa-Gestalt heraus

---

[9] GDg 157.
[10] GDg 158.
[11] GDg 159.
[12] GDg 160.
[13] GDg 161.

in die Niedrigkeit des Menschenwortes hinein ist der Spiegel derjenigen göttlichen Selbstbewegung, in der Gott sich selbst in die personalworthafte Relation der Urbundesgemeinschaft mit dem Menschen hineinbegibt." Das Wort Gottes hat teil an der Kondeszendenz Gottes und verwirklicht „ein entscheidendes Moment" der Kondeszendenz. Der theologische Begriff der „Kondeszendenz", den Brunner in dem dargestellten Vorlesungskapitel nur an dieser Stelle verwendet, dürfte besonders geeignet sein, Brunners Anschauung von der Offenbarung des Wortes Gottes zu kennzeichnen. Gottes Wortoffenbarung steht unter dem Vorzeichen der Kondeszendenz.[14]

Als Ergebnis des Gedankengangs hält Brunner fest: Das Menschenwort kann tatsächlich vollgültiges Gotteswort sein.[15] Der Grund dafür liegt in der Entstehung der menschlichen Sprache als Widerhall des Wortes Gottes sowie in der Kondeszendenz Gottes, die eine „personal-worthafte(n) Gemeinschaftsbeziehung" stiftet. „Das Finitum des kreatürlichen Menschenworts ist capax infiniti; denn es ist capax verbi divini" aufgrund der Kondeszendenz des Gotteswortes. Die Kondeszendenz des Gotteswortes in der Schöpfung weist voraus auf die Kondeszendenz des Logos in der Mitte der Zeit. Die Möglichkeit der Einheit von Gottes Wort und Menschenwort „hat ihren letzten und ihren tiefsten Grund in jener Einheit von Gott und Mensch, die durch inkarnatorisches Geschehen in Jesus Christus Wirklichkeit wurde".

5.3 Die Wortoffenbarung in der Bundesgeschichte

Der kondeszendente, inkarnatorische Charakter der Wortoffenbarung läßt sich auch in der Geschichte des Bundes erkennen, sofern die enge Zusammengehörigkeit von Wort und Tat beachtet wird: „Die Taten Gottes ... sind gleichsam eine zweidimensionale Einheit von Wort und Tat", wobei als „entscheidend" anzusehen ist, „daß das Worthafte in den Taten Gottes je und je in Menschenwort eingeht".[16]

Das mit der Tat Gottes elementar verklammerte Wort kann entweder als vorauslaufende Ankündigung in der Gestalt der Verheißung bzw. der Gerichtsankündigung erscheinen oder als nachfolgende kerygmatische Bezeugung des Handelns Gottes in konkreten geschichtlichen Vorgängen. In dem vorauslaufenden und nachfolgenden bezeugenden Wort ist die Tat Gottes „in einer eigentümlichen Weise je mit gegenwärtig" als eine „die Gegenwart gestaltende Macht".[17] Es läßt

---

[14] Dies wird auch von K. FISCHER herausgearbeitet: „Im schöpferischen Herniederstieg Gottes nimmt das göttliche Wort selbst menschliche Sprachgestalt an" (Prota, 106). „Es gibt kraft der Kondeszendenz Gottes keinen anderen Zugang zum Sinn des göttlichen Worts als allein das menschliche Wort" (Prota, 107).
[15] GDg 162.
[16] GDg 163.
[17] GDg 164.

sich feststellen: „In der Durchführung der Bundesgeschichte Gottes mit den Menschen erscheint das Wort Gottes in der Dreifaltigkeit von tat-ankündigendem Wort, durch Wort ausgelöster geschichtlicher Tat und von tat-bezeugendem Wort". Dabei geht das Wort Gottes in zweifacher Hinsicht in den Bereich des Menschlichen ein:

(a) Zum einen vollzieht sich Gottes rettende Tat „in dem irdischen Feld leibhafter Menschengeschichte". In, mit und unter einem scheinbar rein innergeschichtlichen Vorgang handelt der Bundesgott. (b) Zum anderen erscheint jenes der rettenden Tat vorauseilende oder nachfolgende tätigschaffende Wort „im Geist von Menschen und in der Satzsprache des menschlichen Nous". Es wird vermittelt durch den Menschengeist und die Menschensprache der Propheten und Apostel. Auch die Botschaft des Kosmos (Ps 19,2–5) wird „als das worthafte Zeugnis der Ktisis vom Menschengeist als ein Noumenon geschaut, erkannt und so im Nous des Menschen zur Aussage gebracht" (Rö 1,20).[18] Diese Aussage in Menschensprache hat ihre in der Schöpfung begründete Eignung, „leibliches Gefäß für das Bundeswort Gottes" zu sein, grundsätzlich nicht verloren und kann deshalb von Gott dort, wo er will, zu dieser Funktion ermächtigt werden.[19]

Im Ergebnis ist ein Doppeltes festzuhalten: Zum einen verleiblicht sich das Wort Gottes als Ankündigung, Vollzug und Bezeugung der Tat in „menschlich-geschichtlichem Sprachgeschehen" und „in menschlich-geschichtlichen Ereignissen". Zum anderen bleibt es gerade in solcher Verleiblichung „ungebrochen und in Wahrheit Gottes schaffendes, richtendes und rettendes Wort".

5.4 Die Wortoffenbarung in Jesus Christus

Die Verleiblichung des Wortes Gottes ereignet sich in vollendeter Weise in „der letzten redenden Tat Gottes innerhalb seiner Bundesgeschichte": „In der Tat Gottes, die den Namen Jesus Christus trägt, hat Gott sich selbst im Ende der Zeiten für uns Menschen abschließend, definitiv und in schlechthinniger Fülle ausgesagt." Die innertrinitarische Selbstaussage, welche das Wesen Gottes beschreibt, tritt in die irdische Menschlichkeit hinein.[20]

Die vorläufig letzte redende Tat Gottes umfaßt das Reden, das Verhalten und das Geschick Jesu. Sie ist nicht nur in einzelnen messianischen Weissagungen angekündigt, sondern in der gesamten vorauslaufenden Bundesgeschichte Gottes mit Israel, die auf eine zu erwartende Heilszukunft hin geöffnet ist: „Das Jesusgeschehen redet so, wie es redet, in der Kraft seines heilsgeschichtlichen Zusammenhanges mit

---

[18] GDg 164f.
[19] GDg 165.
[20] GDg 166.

Israel."[21] Ebenso eng, wie das Jesusgeschehen mit der vorauseilenden Ankündigung durch Israels Geschichte zusammenhängt, ist es mit seiner nachfolgenden kerygmatischen Bezeugung verbunden. Gott bewirkt diese Bezeugung durch zwei spezifische Heilsveranstaltungen: a) durch die Apostel und b) durch den Heiligen Geist.

Ad a): „Unter einem Apostel im dogmatischen Sinne des Wortes verstehen wir einen Augenzeugen des Auferstandenen, der in der Begegnung mit dem Auferstandenen den Auftrag und die Vollmacht erhalten hat, Jesus Christus als sein Zeuge zu verkündigen." Zwar wird das Zeugnis von Jesus und seiner Heilsbedeutung schon vor Ostern in die Welt hineingetragen durch einen großen Kreis auch unberufener Zeugen.[22] Entscheidend ist jedoch die Einsicht, daß Jesus Christus, der auferstandene Herr selbst, „durch die Beauftragung und Bevollmächtigung von Augenzeugen seiner österlichen Erscheinung für die *grundlegende* und *maßgebliche* kerygmatische Bezeugung der in seiner Person geschehenen rettenden Tat Gottes" sorgt.

Ad b): Die Auferstehungszeugen sind für ihren Zeugendienst auf die Bevollmächtigung durch den in endzeitlich neuer Weise hervortretenden Heiligen Geist angewiesen.[23] „Die Heilstat der Geistausgießung umgreift und übergreift das Mandat Christi" in dem Sinne, daß der Gehorsam gegenüber diesem Mandat im Wirkungsbereich des Heiligen Geistes liegt. Der Heilige Geist öffnet den Aposteln und anderen Gläubigen den Mund zum Christuszeugnis. Die Ausgießung des Heiligen Geistes ist also „die entscheidende Tat Gottes, durch die das Christuszeugnis seine kerygmatische Bezeugung erhält".

So wie das Christusgeschehen selbst auf das Ende der Weltzeit in der Wiederkunft Christi vorausweist, so trägt die Geistausgießung und die Christusbezeugung endzeitlichen und endgültigen Charakter. Durch das Wirken der Apostel kommt die „Endgestalt des Wortes Gottes" zustande, nämlich „das apostolisch-pneumatische Christuszeugnis".[24] Damit ist ein bestimmter Inhalt des Wortes Gottes definiert. Denn die Ursprungszeit des in der Erdengeschichte und in dem Menschenwort hervortretenden Wortes Gottes ist mit Christusereignis und seiner apostolischen Bezeugung abgeschlossen: „Seit der apostolisch-pneumatischen Bezeugung kann es rettendes Wort Gottes für die Menschheit nur geben in der unverkürzten und unvermischten Weitergabe jenes apostolisch-pneumatischen Christuszeugnisses."[25] Bei dieser Weitergabe darf der Inhalt des Wortes Gottes nicht verändert oder erweitert werden, weil er bestimmt und begrenzt ist durch die Heilssetzung Gottes in Jesus Christus.

---

[21] GDg 167.
[22] GDg 168.
[23] GDg 169.
[24] GDg 170a.
[25] GDg 171.

5.5 Zusammenfassung

Eine Theologie des Wortes Gottes setzt die Offenbarung des Wortes Gottes voraus. Brunner geht bei seinen Überlegungen zum Verständnis dieser Offenbarung von der realen Differenz zwischen Schöpfer und Geschöpf aus, in die qualitative Differenz zwischen Schöpferwort und Menschenwort ihren Grund hat. Die Kluft zwischen beiden Sprachebenen wird dadurch überwunden, daß Gott sein Wort in die Knechtsgestalt des Menschenwortes hineintreten läßt. Dieses Wort, das die Bewegung der Kondeszendenz Gottes vollzieht, kann der Mensch als Gottes Anrede tatsächlich verstehen und beantworten. Er begegnet dieser Anrede im Wort der Propheten, das Gottes Taten bezeugt, und im Wort der Apostel, das die Inkarnation des innertrinitarischen Wortes Gottes selbst beschreibt. Aufgrund der Endgültigkeit der Christusoffenbarung ist der Inhalt des Wortes Gottes ein für allemal festgesetzt und vorgegeben.

Die von Brunner vorgetragene Verhältnisbestimmung zwischen Gotteswort und Menschenwort fordert zum Vergleichen und Überprüfen heraus (5.6). An die Überlegungen zur geschichtlichen und mündlichen Gestalt der Wortoffenbarung schließen sich im sechsten Kapitel Überlegungen zu seiner schriftlichen Gestalt an.

B. Diskussion

5.6 Zum Verhältnis von Gottes Wort und Menschenwort

Brunner geht bei seiner Lehre von der Wortoffenbarung von derselben Problemstellung aus wie Karl Barth. Die Verständigung zwischen Gott und Mensch erscheint als ein Problem, das bedingt ist durch die Unterschiedlichkeit von Gott und Mensch.

Barth sieht sich mit der grundsätzlichen Schwierigkeit konfrontiert, daß Menschen „*als solche (!) nicht von Gott reden*" können, weshalb die Theologen zu einem umschreibenden, indirekten Reden von Gott gezwungen sind.[26] Umgekehrt kann Gott nur so zum Menschen reden, daß er ihm sein Wort „im Gewande geschöpflicher Wirklichkeit" beggegnen läßt, welche die Wirklichkeit „des gefallenen Menschen" ist.[27] Folglich erscheint dieses Wort stets in einer „*doppelten Indirektheit*", die bedingt ist durch die Kreatürlichkeit und die Sündigkeit der Menschenwelt.[28] Allerdings kommt es aufgrund der Wirkung des Wortes Gottes dazu, daß der kreatürlich beschränkte Mensch als „*peccator non capax verbi divini*"

---

[26] Das Wort Gottes als Aufgabe der Theologie, 206.212.
[27] KD I/1, 172.
[28] KD I/1, 174.

Diskussion 119

durch die Analogie des Glaubens doch zur Erkenntnis der Offenbarungsbotschaft gelangt.[29]

Auch Brunner ist der Ansicht, daß jenes im Ursprung der Schöpfung vom sprechenden Geschöpf hervorgebrachte Wort das Wort des Schöpfers und sein Wesen nicht unmittelbar und uneingeschränkt zu erfassen vermag. Gotteswort und Menschenwort sind von vorneherein voneinander geschieden wie Himmel und Erde, Urbild und Abbild oder Gotteswerk und Menschenwerk. Allerdings schätzt Brunner die Eignung des Menschenwortes, „Träger" und „Gefäß" des Gotteswortes zu sein, positiver ein als Barth. Die Entsprechung zwischen beiden Sprachebenen nimmt zwar allein der Glaube richtig wahr, aber sie wird durch den Glauben nicht geschaffen. Vielmehr entsteht sie durch das ursprüngliche Nachdenken, Benennen und Antworten des Menschen im Raum der wortförmigen Schöpfung. Die Analogie des Glaubens wird zurückbezogen auf eine ursprüngliche Analogie zwischen der Botschaft der Schöpfung und der Sprache des Geschöpfs.[30]

Brunners Lösung des Problems der zwei Sprachebenen schließt sich insofern an Barth an, als ein gewissermaßen inkarnatorisches Eingehen des Gotteswortes ins Menschenwort als unabdingbare Voraussetzung der Verständigung zwischen Gott und Mensch angesehen wird. Diese Vorstellung führt bei beiden Theologen zu der Konsequenz, daß der konkreten *Gestalt* des im Menschenwort erscheinenden Gotteswortes eine relative, sekundäre Bedeutung beigemessen wird, während dem durch Glaube und Geist erschlossenen *Gehalt* des Wortes Gottes eine primäre, bleibende Bedeutung zukommt.[31] Allerdings unterstreicht Brunner nicht wie Barth die Verborgenheit des Gotteswortes im Menschenwort, sondern seine Erkennbarkeit.[32] Brunner hebt nicht ab auf die Transzendenz der göttlichen Botschaft im Bereich der Immanenz, sondern auf die tiefe Kondeszendenz des Gotteswortes und die Transparenz der menschlichen Rede für die göttliche Rede.

Das Stichwort „Kondeszendenz" verweist auf eine von Johann Georg Hamann inspirierte theologische Tradition, die im Lebenswerk des Lutheraners Hermann Bezzel (1861–1917) eine besonders markante Ausformung erfahren hat. Bezzel versteht die Offenbarung des Wortes

---

[29] KD I/1, 250f.257.260.
[30] Auch in seinem Vortrag zur Schöpfungslehre spricht BRUNNER von einer „unzerstörbaren Urrelation" zwischen der Wirklichkeit der Schöpfung und der Wirklichkeit des Wortes (PE II, 39). Vgl. K. FISCHER, Prota, 106f.
[31] K. BARTH sagt vom Wort Gottes (KD I/1, 171f): „Wir haben es immer in einer Gestalt, die als solche *nicht* das Wort Gottes ist und als solche auch nicht verrät, daß sie *Gestalt* gerade des Wortes Gottes ist." Diesem Zug zur Abstraktion von der Wortgestalt entspricht bei Brunner die Konzentration auf den *Inhalt* des apostolischen Christuszeugnisses; siehe 5.4.
[32] K. BARTH (KD I/1, 182): „Beide Male geht es darum, das ganze, das wirkliche Wort Gottes zu hören, also sowohl die *Enthüllung* Gottes in seiner Verhüllung, als auch die *Verhüllung* Gottes in seiner Enthüllung."

grundsätzlich von der Offenbarung des Christus her, der sich hineinbegeben hat in die „durchsündete Wirklichkeit" des Menschen.[33] Ebenso hat sich der Heilige Geist heruntergelassen zu der ärmlichen, gebrechlichen, beschränkten Menschensprache, sodaß eine unauflösliche Synthese zwischen dem fehlerlosen göttlichen Wort und dem fehlsamen menschlichen Wort zustandekam.[34] Bezzel erblickt nicht nur einen qualitativen Unterschied zwischen der Sprache Gottes und der Sprache des Menschen wie Brunner, sondern, ähnlich wie Barth, einen radikalen Gegensatz. Was Brunner mit Bezzel verbindet, ist die Vorstellung von dem Eingehen der Reingestalt des Gotteswortes in eine menschliche Knechtsgestalt des Wortes.

Manfred Seitz weist in seiner Bezzel-Studie darauf hin, daß die besagte These von der Inkarnation des Wortes bei Luther selbst in dieser Form nicht anzutreffen ist.[35] Der Reformator hat wohl nur von der Inkarnation des Christus gesprochen. Wenn diese Beobachtung stimmt, dann drängt sich die Frage auf, ob hinter der Sprachregelung Luthers nicht eine theologische Erkenntnis steht, die jene für die neuere Theologie offenbar typische Vorstellung von einem Kompositum aus Gottes Wort und Menschenwort fraglich macht. Das Problem dieser Vorstellung liegt in der Sicht Reinhard Slenczkas darin, daß sie sich in aller Regel verbindet mit einer Betrachtungsweise, die die Erkenntnis der Klarheit und Verständlichkeit des Wortes Gottes ersetzt durch die fortwährende Reflexion auf die Geschichtlichkeit und Interpretationsbedürftigkeit seiner konkreten Begegnungsgestalt.[36] Der entscheidende Aufschluß wird dann nicht mehr von dem Geist des Offenbarungswortes, sondern von dem Geist des menschlichen Interpreten erwartet. Damit aber ist die schwärmerische Trennung zwischen Buchstabe und Geist vollzogen. Luthers Ablehnung dieser Trennung kommt exemplarisch zum Ausdruck in einer von Slenczka angeführten Tischrede vom 10. Mai 1538.[37]

In dieser Tischrede verwahrt sich Luther gegen die von Bullinger vertretene Unterscheidung zwischen dem Reden des Menschen und dem Wirken Gottes, die dazu führt, daß die göttliche Qualität des äußerlichen Menschenwortes abhängig gemacht wird vom verständigen Geist des auslegenden Predigers oder von seiner positiven Wirkung beim verstehenden Hörer.[38] Wenn das verkündigte Wort als Menschenwort betrachtet wird, welches allein durch das Werk des im

---

[33] Zitiert nach M. SEITZ, Hermann Bezzel, 141.
[34] A.a.O. 174–178.
[35] A.a.O. 77.
[36] R. SLENCZKA, Kirchliche Entscheidung, 116.
[37] WA TR 3, 669,37–672,15 = 672,17–674,29; Nr. 3868.
[38] WA TR 3, 673,3–6: „Definirn und achten also das Wort nicht nach Gott, der es redet, sondern nach dem Menschen, der es annimmet und empfähet; wollen nur, daß solches Gottes Wort sei, das da reinige und bringe Friede und Leben, weil es aber in Gottlosen nicht wirket, so sei es nicht Gottes Wort."

Diskussion

Menschen anwesenden Geistes zum Wort Gottes zu werden vermag, dann kann sich der Gottlose immer damit entschuldigen, daß er in Ermangelung des offenbarenden Geistes keinem echten, klaren Wort Gottes begegnet sei.[39] Luther verwirft die „metaphysische und philosophische Distinction und Unterscheid, so aus der Vernunft gesponnen ist", welche die menschliche Offenbarungsgestalt von dem göttlichen Offenbarungsgehalt und dem offenbarenden Geist sondert.[40] An ihre Stelle setzt er das schlichte, eindeutige Urteil des Glaubens im Sinne von 2. Petr 1,21, daß das Reden und Tun des Propheten, Apostels oder Predigers Gottes eigenes Reden und Tun sei.[41] Das schriftgemäße Wort im Menschenmund ist nichts anderes als das originale Wort aus Gottes Mund.[42]

Demnach berücksichtigt Luther, daß Gottes Wort auf dem Wege menschlicher Vermittlung zum Menschen kommt. Doch dabei verbindet sich das Gotteswort gerade nicht mit einem qualitativ minderwertigen Menschenwort, sondern wird als echtes Wort Gottes von menschlichen Werkzeugen, Mitarbeitern und Gehilfen übermittelt.[43] Luther weiß wohl, daß Gottes Wort dem Menschen in einer gewissermaßen indirekten Art und Weise begegnet, weil die unmittelbare Begegnung für den Menschen unerträglich wäre.[44] Doch dabei wird das Gotteswort nicht transformiert in eine interpretationsbedürftige Knechtsgestalt, sondern erscheint in seiner verstehbaren Kommunikationsgestalt, die den Direktkontakt des Schöpfers zum Geschöpf er-

---

[39] WA TR 3, 673,23–26: „Und eben das Wort, es bringe nu Frucht oder nicht, so ist es Gottes Kraft, die da selig machet alle, die daran gläuben; wiederum, wird es auch die Gottlosen richten und verdammen, Joannis am fünften Capitel. Sonst hätten sie eine gute Entschüldigung für Gott, daß man sie nicht könnte, noch sollte verdammen, denn sie hätten kein Wort Gottes gehabt, das sie hätten können annehmen." Vgl. Joh 5,29.
[40] WA TR 3, 673,31f.
[41] WA TR 3, 673,44–50: „Da soll Gott und Mensch nicht von einander gesondert, noch gescheiden werden nach dem Verstande und Urtheil menschlicher Vernunft; sondern man soll stracks sagen: Dieser Mensch, Prophet, Apostel oder rechtschaffene Prediger und Lehrer was er *aus Gottes Befehl und Wort* redet und thut, das redet und thut *Gott selber*, denn er ist Gottes Mundstücke oder Werkzeug. Da sollen die Zuhörer schließen und sagen: Jtzt höre ich nicht Paulum, Petrum oder einen Menschen, sondern *Gott selber* reden, täufen absolviren, strafen, bannen und das Abendmahl reichen." (Hervorhebung T.E.)
[42] WA TR 3, 674,1–3: „Lieber Gott, welch einen großen Trost könnt ein arm, schwach und betrübt Gewissen von einem solchen Prediger nehmen, wenn es gläubte, daß solch Wort und Trost wäre Gottes Wort, Trost und ernste Meinung!"
[43] WA TR 3, 673,29f: „Wir sind nur allein die Werkzeuge, Mitarbeiter oder Gehülfen Gottes, durch welche Gott wirket und sein Werk ausrichtet."
[44] In der Schrift „Von den Konziliis und Kirchen" erinnert Luther an das Erschrecken der Israeliten bei der Gottesrede am Sinai, das im neuen Bund nicht mehr nötig ist, weil Gott dem Menschen durch „liebliche mittel" und „liebliche formen" begegnet (WA 50, 647,15.18.21).

möglicht.[45] Luther empfindet, wie vernünftig es erscheint, zwischen den menschlichen Formulierungen des Botschafters und der eigentlichen Botschaft des Heiligen Geistes zu unterscheiden. Doch genau diese Unterscheidung führt zu einer unevangelischen Ungewißheit im Blick auf die Qualität des Zuspruchs und den Inhalt des Evangeliums. Luther will die Theologie zurückführen zu der gewissen Erkenntnis des Glaubens, daß das Apostelwort und das daran orientierte Predigtwort „simpliciter" als Gottes Wort zu hören ist.[46] So gesehen läßt sich Luthers Verständnis des Offenbarungswortes nicht mit der Formel „Gotteswort im Menschenwort" kennzeichnen. Man müßte eher von dem Wort Gottes als Botenwort sprechen, das die notwendige, scharfe Unterscheidung zwischen Gottes Wort und Menschenworten, die lediglich menschliche Botschaften transportieren, ermöglicht nach grammatischer Form und Textinhalt. Es spricht manches dafür, daß dieser reformatorische Leitgedanke der authentischen Präsenz des Wortes Gottes und seiner strikten Independenz von Menschengeist und Menschengedanken dem biblischen Offenbarungsverständnis besser gerecht wird als der später hervortretende Leitgedanke der Kondeszendenz.

Nach der prophetischen Aussage der Genesis über den Anfang wird der Mensch von Gott nicht nur durch die Schöpfungswerke und den Schöpfungsakt angesprochen, sondern auch durch verstehbare Worte. Bevor der Mensch die Sprache in Gebrauch nimmt und sie dadurch auch weiterentwickelt (Gen 2,19f), teilt sich Gott dem Menschen in einer gemeinschaftstiftenden Sprache mit, die offensichtlich nicht vom Menschen hervorgebracht wurde (Gen 1,28–30; 2,16f). Das Kommunikationsproblem zwischen Gott und Mensch entsteht nicht durch zwei grundsätzlich voneinander getrennte Sprachebenen, sondern durch die Schlange, die Gottes klare Aussage grammatikalisch und inhaltlich entstellt (Gen 3,1). Demnach hat die Theologie nicht zu unterscheiden zwischen einer transzendenten und einer immanenten Sprachwelt, die schwer miteinander zu vermitteln sind, sondern zwischen dem Wort Gottes, das Erkenntnisse von göttlicher Qualität erschließt, und dem Menschenwort, das begrenzte menschliche Erkenntnisse, Einbildungen oder Lügen beinhalten kann.

Auch die biblischen Aussagen über den Wortempfang und die Wortverkündigung der Propheten legen es nicht nahe, von dem Eingehen des Wortes Gottes in eine Knechtsgestalt des Wortes zu sprechen, sondern von seinem Hervortreten in einer autoritativen Gestalt, die durch ihren Widerspruch zu menschlichen Gedanken ihre Unabhängigkeit unter Beweis stellt. Der weissagende Bileam zum Beispiel

---

[45] CA V bezeichnet diese Kommunikationsgestalt als „verbum externum", durch das der Heilige Geist gegeben und der Glaube geschaffen wird (BSLK 58,16.6f).
[46] WA TR 3, 671,23–25: „Ergo simpliciter concludimus: Deus operatur per verbum aut nihil; quod est vehiculum et instrumentum in corde."

Diskussion 123

ist sich im klaren darüber, daß er keinen Einfluß auf das von ihm zu verkündigende Offenbarungswort hat (Num 22,38b): „Nur die Worte, die der HERR mir in den Mund legt, die werde ich kundtun."[47] Dieser Anschauung von dem vorgegebenen und eingegebenen göttlichen Wort entspricht die Aussage von 2.Petr 1,21, daß die echte prophetische Botschaft zwar durch Menschen ausgerichtet, aber nicht von Menschen hervorgebracht wird. Diese Unterscheidung und Zuordnung von Gott, der formuliert, redet, wirkt, und Mensch, der hört, nachdenkt, ausrichtet, wird durch die Menschwerdung Gottes nicht aufgehoben, sondern bestätigt.

Gewiß ist im Anschluß an Joh 1,14 zur Geltung zu bringen, daß Gottes Wort in der Person Jesu Christi die Bewegung der Kondeszendenz vollzieht und sich mit der Knechtsgestalt eines Menschenleibes verbindet. Doch das Inkarnationsereignis ist nicht gleichzusetzen mit einer Einbettung und Einformung des unmißverständlichen Wortes Gottes in ein mißverständliches Menschenwort. Die Menschwerdung des Logos führt vielmehr dazu, daß das „Wort des Lebens" in sichtbarer Gestalt noch nachdrücklicher und eindringlicher an den Menschen herantritt als bisher (1.Joh 1,1–3).[48] Jesus versteht seine Äußerungen nicht als göttliche Botschaften in menschlichen Sprachhüllen, sondern er erhebt den Anspruch, die vom Vater gegebenen Worte weiterzugeben, welche im Unterschied zu Menschenworten „Geist" und „Leben" sind (Joh 17,8; 6,63). Dementsprechend legt der Apostel Paulus Wert darauf, daß sein Predigtwort nicht als „Wort von Menschen" aufgefaßt wird, sondern als das, was es „in Wahrheit" „ist", nämlich „Wort von Gott" (1.Thess 2,13).

Diese Beobachtungen führen zu einer zweifachen Feststellung im Blick auf Brunners Offenbarungslehre.

Zum einen ist zu würdigen, daß Brunner die enge Beziehung zwischen Gott und Wort, Schöpfung und Wort, Person und Wort, Tat und Wort, Jesus Christus und Propheten- bzw. Apostelwort in einer relativ genauen Orientierung an biblischen Texten herausarbeitet. Brunner dürfte diesen Texten besser gerecht werden als Barth oder Bezzel, weil er die im Ursprung begründete Möglichkeit des Geschöpfs, seinen Schöpfer zu verstehen, ungleich positiver einschätzt und in aller Deutlichkeit festhält, daß jenes in der Menschenwelt hervortretende Offenbarungswort „ungebrochen und in Wahrheit Gottes schaffendes, richtendes und rettendes Wort" ist.[49]

---

[47] Übersetzung der Menge-Bibel.
[48] Vgl. R. SLENCZKA (Kirchliche Entscheidung, 116): „Die Inkarnation ist nach dem Zeugnis der Schrift immer nur personal auf Jesus Christus bezogen, niemals aber in einer Entsprechung übertragen auf die Schrift, die das bezeugt. Menschwerdung ist das Kommen des Sohnes Gottes in diese Welt als Mensch, ... ist nicht ontologisch mit der Verbindung von Transzendenz und Immanenz zu verwechseln."
[49] GDg 165.

Damit stellt Brunner die Theologie des Wortes Gottes auf eine tragfähige Grundlage.

Zum anderen ist zu fragen, ob mit der durchgängigen Reflexion auf das Ineinandertreten von Gottes Wort und Menschenwort nicht ein Element in die Theologie hineingetragen wird, das ihr im Grunde wesensfremd ist. Die biblischen Zeugen sprechen nirgends von einer Synthese der Wortformen, sondern ständig von der Differenz der Inhalte von Gottes Wort und Menschenwort. Das Wort aus der Ewigkeit verwandelt sich nicht in ein zeitbedingtes Wort, sondern es tritt in der Zeit den zeitbedingten Worten entgegen. Eine Kondeszendenz, Verleiblichung und Verwandlung des Wortes Gottes muß man nur dann für unabdingbar halten, wenn man annimmt, daß die transzendente Sprachwelt und die immanente Sprachwelt durch eine Grenze voneinander geschieden sind, die das Wort Gottes nicht wirklich durchbrechen, sondern nur durch eine Transformation zum göttlich-menschlichen Wort überwinden kann. Die Wort Gottes scheint nur in seinem kreatürlichen Spiegel des Menschenwortes zugänglich zu sein. Die scharfe Trennung zweier Welten, das Verständnis des Wortes als eines Mittlers, der an beiden Welten Anteil hat, und der Begriff des Spiegels erinnern an die Philosophie Platons. Dementsprechend bezeichnet Slenczka Betrachtungsweisen, die auf die „Geschichtlichkeit und Menschlichkeit des Wortes Gottes in dem gebrochenen Verhältnis von Transzendenz und Immanenz" abheben, als „platonisierende(n) Vorstellungen".[50] Weil Brunner unterstreicht, daß das Wort Gottes nicht unmittelbar verständlich und nur im Spiegel des Menschenwortes zugänglich sei, ist in Erwägung zu ziehen, ob sich an dieser Stelle nicht ein Einfluß des Platonismus in der Theologie des 20. Jahrhunderts bemerkbar macht. Auch Brunners Zuordnung von Wort und Tat, die im Grunde eine Differenzierung und keine biblische Ineinssetzung darstellt, weist in diese Richtung.[51]

Bei Barth jedenfalls lassen sich nach dem Urteil Bayers platonisierende Denkformen nachweisen.[52] Sie beruhen auf der Grundthese, daß sich die Kluft zwischen dem göttlichen Lebensraum und dem kreatürlichen Lebensraum nur durch behelfsmäßige, kreatürliche Zeichen und Hinweise auf das Göttliche überbrücken läßt. Zwar versteht Brunner das Menschenwort nicht nur als hinweisendes Zeichen, sondern als Inkarnationsgestalt des Wortes Gottes, behält aber durch seine Unterscheidung von zwei Elementen des Offenbarungswortes die Scheidung zwischen Kreator und Kreatur auf der Ebene des Wortes bei. Zu dieser Anschauung ist Brunner vermutlich durch die Beschäftigung mit der Theologie Calvins und Barths gelangt. In seiner Dissertation über Calvin macht der Gießener Doktorand deutlich, daß er das offen-

---

[50] R. SLENCZKA, Kirchliche Entscheidung, 43.
[51] Siehe 5.3.
[52] O. BAYER, Theologie, 364.

barende Wort nicht etwa so versteht wie den Schnee, der vom Himmel zur Erde fällt (Ps 147,14–19), sondern wie einen irdischen Spiegel, in dem sich die Konturen des Himmels abzeichnen.[53] Im Rahmen der Enzyklopädievorlesung referiert Brunner die Schriftlehre Karl Barths und schärft dabei ein, daß die „Menschlichkeit des biblischen Wortes" „in voller Breite" zur Geltung kommen muß.[54] Das Menschenwort der Bibel soll als „Zeugnis der Offenbarung Gottes in seinem fleischgewordenen Wort" aufgefaßt werden, welches sich nur im unverfügbaren Ereignis als ein für das Wort Gottes transparentes Menschenwort erweist.[55] Es ist nicht zu übersehen, daß Brunner sich mit dem Motiv der Kondeszendenz von Barth entfernt und einer lutherischen Tradition angenähert hat. Doch aufgrund der Textbefunde muß zur Diskussion gestellt werden, ob das inkarnatorische Wortverständnis tatsächlich der Meinung der biblischen Autoren und der Meinung Luthers entspricht, oder ob jenes andere Verständnis, nach dem das Offenbarungswort eine durch Inspiration vermittelte Information aus Gottes Mund darstellt, ihren Aussagen nicht viel besser Rechnung trägt.

---

[53] BRUNNER (Glauben, 93): „Der Vergleich des Wortes mit einem Spiegel bringt die doppelte Tendenz des Offenbarungsgedankens deutlich zum Ausdruck: der Spiegel stellt in seinem Bild etwas dar, er macht etwas deutlich, aber dieses Spiegelbild ist nicht die Sache selbst." Vgl. a.a.O. 100: „Einer der wichtigsten Grundgedanken Calvins ... ist ja der, ,daß das Wort ... einem Spiegel gleich ist, in dem der Glaube Gott erblickt'."
[54] ETh 72.
[55] ETh 73.

Kapitel 6: Die Bedeutung der Heiligen Schrift für die Theologie

A. Darstellung

Bei der Bezeugung jener Heilsbotschaft, die von den Propheten und den Aposteln als das Wort Gottes verkündet wurde, bezieht sich die Kirche auf die Heilige Schrift. Folglich hat sich eine Theologie, die sich der Heilsbotschaft des Evangeliums verpflichtet weiß, die Bedeutung der Schrift zu verdeutlichen. Brunner entfaltet seine Schriftlehre am ausführlichsten in der Enzyklopädievorlesung, die deswegen als Grundlage der folgenden Darstellung herangezogen werden soll.[1] Brunner handelt dort zunächst von der Autorität des apostolischen Wortes (6.1), danach von der Autorität des alttestamentlichen Kanons (6.2), von der Bedeutung der mündlichen Überlieferung des apostolischen Wortes (6.3) und schließlich von der Autorität des neutestamentlichen Kanons (6.4). Die anschließende Diskussion des Entwurfs berücksichtigt auch andere Ausführungen Brunner, die ergänzende Aspekte zum Thema beitragen.[2]

6.1 Die Autorität des apostolischen Wortes

Brunner geht bei seinen Überlegungen zur Schriftlehre von der „Selbstentschleierung des Evangeliums" aus, wie sie sich im christlichen Gottesdienst ereignet.[3] Dieses gottesdienstliche Ereignis setzt voraus, daß die Heilige Schrift verlesen und eine Predigt über einen Schrifttext gehalten wird. Dabei tritt „ein eigentümlicher normativer Bezug zwischen der aktuellen Verkündigung jetzt und hier und dem schriftlichen Zeugnis der Propheten und Apostel dort" in Erscheinung.[4] Wie begründet sich dieser normative Bezug?

Zunächst grenzt sich Brunner von einer Schriftlehre nach altprotestantischem Vorbild ab: „Ausgangspunkt darf keine abstrakte Inspira-

---

[1] ETh 114–151.
[2] Schrift und Tradition, 1951, PE I, 23–39; Umrisse einer Lehre von der Heiligen Schrift, 1955, PE I, 40–45; Die Sammlung prophetischer und apostolischer Schriften zum Kanon, DP 47–57; Die heilige Schrift als Norm für Verkündigung und Lehre der Kirche, GDg 170–180.
[3] ETh 114.
[4] ETh 115.

tionslehre sein, sondern der dreieinige Gott hat sich zu unserem Heil in der Menschwerdung des Sohnes Gottes, Jesus Christus, geoffenbart und nicht im Buchstaben der Schrift."[5] Die Bibel soll nicht in Parallele zum Koran des Islam als „ein vom Himmel herabgefallenes Buch" betrachtet werden, „das kraft eines göttlichen Diktates die Offenbarung Gottes enthielte". Weil Gottes Wort in Jesus Christus „fleischgeworden" ist, kann die Autorität der Heiligen Schrift im Unterschied zu der Autorität der Offenbarung in Christus nur eine „vermittelte", „abgeleitete Autorität" sein. Die Autorität der Heiligen Schrift ist auch insofern begrenzt, als daß sie sich lediglich auf „den Inhalt der Heilsbotschaft" und auf die „Verwaltung der Sakramente" erstreckt, nicht aber auf „naturwissenschaftliche Erkenntnisse und weltgeschichtliche Fragen".[6] Damit soll der Schriftaussage aber nicht grundsätzlich die Kompetenz für Auskünfte über bestimmte geschichtliche Fakten abgesprochen werden.

Als originäre „Quelle des Evangeliums" ist die Person, die Botschaft und das Werk Jesu Christi zu betrachten. Insofern das Evangelium von Jesus Christus herkommt, steht ihm eine „undiskutierbare Autorität" zu, weil gemäß des unaufgebbaren Bestandes der christlichen Glaubensüberzeugung „Gottes ewiges Wort" in Christus Mensch geworden ist. Die Schriftlehre gründet im christologischen Dogma vom Gottmenschen Jesus in dem Sinne, daß mit dem Gottmenschen Jesus Gott selbst als unhinterfragbare Autorität und letzte Instanz im Blick auf die Heilsfrage auf dem Plan ist.

Zu dem Evangelium, das von Jesus Christus herkommt, gehören in der Sicht Brunners als wesentliches Element die Sakramente hinzu. Der Glaube an das Evangelium beschließt die Gewißheit bezüglich des historischen Faktums der Einsetzung der Sakramente durch Christus in sich.[7] Denn die „Wirkungskraft des Sakramentes" hängt „entscheidend an seiner Einsetzung und damit an der Autorisierung durch Christus". Die Stiftung Christi bildet die Norm für die Sakramentsverwaltung in der Kirche. Konstitutiv im Sinne dieser Norm sind für die Taufe „der sinnliche Vorgang des Taufvollzuges" sowie „ein bestimmtes Wort der Anrufung Gottes", für das Abendmahl „1. die Elemente von Brot und Wein, 2. die stiftenden Worte Christi, eine Bezugnahme darauf, 3. die Handlung des Essens und Trinkens".

Der Herr Jesus Christus selbst ist „die in Vollmacht bestimmende Autorität für Evangelium und Sakramente", weil beides von ihm herkommt. Diese Autorität des Stifters begegnet „in der Vollmacht und in der Autorität der Apostel". Auch die Stiftung des Apostolats durch Christus gehört in „die Ökonomie des Heiles" mit hinein und wird als eine „Heilstatsache" „mit dem Glauben an das verkündigte Evangeli-

---

[5] ETh 116.
[6] ETh 117.
[7] ETh 118.

um unmittelbar erkannt". Das Apostolat ist deswegen heilsnotwendig, weil die Heilsbotschaft Jesu als rettendes Wort für heute zugänglich gemacht und die in Tod und Auferstehung Jesu Christi beschlossene Heilstat als solche für alle Menschen erschlossen werden muß.[8] An dieser Stelle entfaltet Brunner wiederum eine regelrechte „Lehre vom Apostolat", um die grundlegende Bedeutung und die Autorität des Apostelworts zu verdeutlichen.

Ein Apostel läßt sich definieren als „derjenige Jünger Jesu Christi, der a) den Auferstandenen gesehen hat, b) in einer solchen Begegnung mit dem Auferstandenen von ihm einen Sendungsbefehl erhalten hat, durch den er als bevollmächtigter Zeuge Christi eingesetzt ist".[9] Durch sein Mandat schafft Jesus Christus die „Quelle des Evangeliums", weil die Apostel in angemessener Weise Zeugnis von ihm ablegen werden. Eine Ausnahme von der aufgestellten dogmatischen Regel des Apostolats bildet Paulus, weil er dem Auferstandenen erst nach der Himmelfahrt begegnet und einen besonderen Auftrag erhält. Dennoch sind auch in seinem Fall die Kriterien des Apostolats erfüllt. Die besondere Stellung des Paulus dürfte mit dem heilsgeschichtlich bedeutsamen Überschritt vom Volk Gottes zu den Heidenvölkern zusammenhängen.[10]

Die Apostel können ihren Auftrag nur ausführen durch die Kraft des an Pfingsten ausgegossenen Heiligen Geistes. Aufgrund seines Wirkens entsteht tatsächlich eine „Quelle des Evangeliums": „Das Wort, das der Apostel im Gehorsam gegen den bevollmächtigenden Sendungsbefehl Christi unter besonderer Einwirkung des Heiligen Geistes spricht, ist Evangelium von Jesus Christus undiskutierbar, weil es die Quelle des Evangeliums selbst ist. Dieses Wort ist das rettende Wort, durch das der Schatz des Heils, der in der historia Jesus Christi eingeschlossen ist, erschlossen und ausgeteilt wird." In Gestalt der apostolischen viva vox ist das Evangelium in der Welt anwesend und zugänglich. Entsprechend dem alttestamentlich-jüdischen Botenrecht begegnet im Apostelwort Christus selbst: sein Wort, seine Autorität, seine Vollmacht.

Brunner faßt zusammen: „Das Evangelium kommt also in einem dreifachen Sinn von Christus her: a) insofern das rettende Wort von Christus in seiner Wirksamkeit auf Erden bis zu seiner Himmelfahrt gesprochen und in seiner historia geschehen ist. Insofern ist Christus der Ursprung des Evangeliums; b) insofern Christus der Auferstande-

---

[8] ETh 119. BRUNNER verweist auf LUTHERs Erklärung des 3. Glaubensartikels, GrKat 38, BSLK 654,22–42 (dT).
[9] ETh 120. Verweis auf: Mt 28,19f; Mk 16,15–18; Lk 24,46–49; Joh 17,18 und 20,21–23.
[10] ETh 121.

ne die bevollmächtigten Worte (sic!)[11] seiner Worte und Taten durch sein Sendungswort geschaffen hat und damit die Quelle des Evangeliums; c) insofern als Christus der Erhöhte in dem Menschenwort seiner bevollmächtigten Zeugen nun selbst das Heilswort, das Evangelium, sagt. Christus bleibt der auctor evangelii gerade im Ereignis der Verkündigung des Evangeliums durch seine bevollmächtigten Zeugen."

Das Heilswort und die Heilstat Christi sind nicht anders zugänglich als in dem Wort der bevollmächtigten Zeugen.[12] Allein dieser Zugang entspricht dem Willen des auferstandenen Herrn. Daraus ergibt sich für Brunner die Folgerung, daß ein profanwissenschaftlich-historisches Verfahren, das an dem apostolischen Zeugenwort vorbei die eigentliche Verkündigung und die eigentliche historia Jesu Christi rekonstruiert, insofern kritisch zu bewerten ist, als die dabei gewonnenen Resultate keine normative Geltung für das Leben und die Verkündigung der Kirche beanspruchen können. Denn die Kirche ist im Blick auf Lehre, Verkündigung und Sakramente allein an die Norm des apostolischen Zeugenwortes gebunden. Brunner erblickt die Besonderheit der apostolischen Überlieferung darin, daß sie nicht den Charakter eines unveränderlichen Lehrgesetzes trägt, das in aller Detailliertheit auf den Religionsstifter zurückzuführen ist.[13] Ihr Charakteristikum ergibt sich aus dem Auftrag des Auferstandenen und aus dem Wirken des Heiligen Geistes, wodurch das Evangelium und das Sakrament erzeugt wird und als Gnadenmittel in Erscheinung tritt. Was die Apostel als Evangelium von Jesus Christus verkünden, „ist" Evangelium „im vollen Sinn des Wortes". Im Apostelwort ist das Evangelium „völlig unproblematisch, undialektisch" gegeben.[14] Deshalb zählen die Apostel zum Fundament der Kirche (Eph 2,20).

6.2 Die Autorität des alttestamentlichen Kanons

Das apostolische Wort bezieht sich „von vorn herein in einer ganz eigenartigen Weise" „auf ein anderes Wort", „nämlich auf das prophetische Zeugnis von Christus, wie es in der ‚Schrift', im Alten Testament, vorliegt".[15] Was das prophetische und das apostolische Wort verbindet, ist die Ausrichtung auf den Begriff des Messias. Die Apostel proklamieren den Anbruch jener messianisch-eschatologischen Heilszeit, die in der prophetischen Verkündigung verheißen ist.

Die prophetische Verheißung ist „in einer ganz konkreten Größe" gegeben, nämlich „in einer Sammlung von heiligen Schriften". Auch

---

[11] Gemeint ist hier wohl das bevollmächtigte Wortzeugnis der Apostel von Wort und Tat Christi.
[12] ETh 122.
[13] ETh 123.
[14] ETh 124.
[15] A.a.O.

wenn der alttestamentliche Kanon zur Zeit des Neuen Testamentes noch nicht abgeschlossen ist, so steht doch das „Prinzip eines Kanons, also das Prinzip einer abgegrenzten Sammlung von heiligen Schriften von unbedingt gültiger Autorität" bereits fest.[16] Das apostolische Zeugnis anerkennt den alttestamentlichen Kanon als Heilige Schrift und enthüllt an dieser Schriftensammlung konkret „das Merkmal des Prophetischen", d.h. es bezeugt die alttestamentliche Prophetie als eine im erschienenen Messias erfüllte Prophetie.[17]

Daß dieses prophetische Wort in schriftlicher Gestalt vorliegt, hängt mit seiner Bezeugung des kommenden Messias zusammen: „Durch die schriftliche Gestalt ... ist dieses prophetische Zeugnis in die messianische Erfüllung als gegenwärtig hineingehalten." Die Schriftgestalt des Alten Testamentes entspricht seiner prophetischen Vorwärtsgewandtheit. Nicht nur die explizite messianische Prophetie, sondern auch das Zeugnis von den geschehenen Taten Gottes weist über sich hinaus „auf die kommende Erfüllung des Heiles im Messias". Das ganze Geschehen im Rahmen des alten Bundes will als „verbürgender Hinweis in großer Mannigfaltigkeit auf die kommende Erfüllung der messianischen Heilszeit" verstanden sein. Brunner hält diese Einsicht für grundlegend im Blick auf die exegetische Arbeit am Alten Testament: „Jede Auslegung des Alten Testaments und der Geschichte Israels, insbesondere der Geschehnisse, von denen das prophetische Zeugnis uns Kunde gibt, wird an dem Nerv der Dinge vorbeigehen müssen, wenn sie nicht auf Grund dieser prophetischen Bezeugungen diesen teleologischen Hinweis, den messianischen Bezug erkennt."

Die Angemessenheit eines solchen messianisch-teleologischen Verständnisses des Alten Testaments erweist sich in der Zeit des Neuen Testaments.[18] Indem das apostolische Zeugnis prophetisches Zeugnis und messianische Erfüllung verklammert, macht es folgendes deutlich: „Was geschrieben steht, läßt aufleuchten den messianischen und eschatologischen Heilscharakter dessen, was in und bei Christus geschieht und umgekehrt. Durch das, was bei Christus und mit Christus geschieht, wird überhaupt erst verständlich, was dort in den Schriften geschrieben steht." Deshalb kann man das Christusgeschehen als „die von Gott gegebene Auslegung des Alten Testaments" bezeichnen. Diese Erkenntnis führt zur Anerkennung des alttestamentlichen Kanons. Weil die Apostel diese Anerkennung vollziehen, ist das Alte Testament kanonisch für die Kirche Jesu Christi. Allerdings kommt dem Alten Testament in der Kirche keine selbständige, von der Autorität Christi gelöste Autorität zu.[19]

---

[16] ETh 124f.
[17] ETh 125.
[18] ETh 126.
[19] ETh 127.

Dementsprechend ist für die apostolische Kirche jenes der Apostelzeit entsprechende Geschehen konstitutiv, daß erstens „das Alte Testament als geschriebener Text aufgeschlagen wird" und daß zweitens „das Christusgeschehen in der apostolischen Bezeugung als die von Gott gewirkte Auslegung jener geschriebenen Texte mündlich verkündigt wird". Im Anschluß an Luthers Auslegung von Mt 2,1–12 in der Kirchenpostille[20] unterstreicht Brunner, daß das geschriebene Wort wesensmäßig der prophetischen Verkündigung entspricht, das mündliche Wort hingegen der apostolischen Verkündigung. Zur Zeit des Neuen Bundes sollte eigentlich nicht geschrieben, sondern das lebendige Wort gepredigt werden.[21] Erst das Eindringen von Häresien in die Kirche zwang dazu, das mündliche apostolische Zeugnis schriftlich niederzulegen. Das geschriebene Neue Testament stellt in Brunners Sicht einen „Notstand" dar, „der mit dem Wesen des Neuen Testaments und dem Wesen der Heilszeit eigentlich nichts zu tun hat, sondern in Widerspruch dagegen steht". Deshalb ist der mündlichen Gestalt der apostolischen Verkündigung ein Vorrang zuzuerkennen. Die Autorität des Apostelwortes in schriftlicher Gestalt leitet sich von der Autorität dieses Wortes in mündlicher Gestalt ab.

6.3 Die mündliche Überlieferung des apostolischen Wortes[22]

Wo die Verkündigung des Evangeliums und die Verwaltung des Sakraments durch den Apostel selbst oder unter seiner Aufsicht erfolgt, ist die Übereinstimmung solcher Verkündigung und Sakramentsverwaltung mit der Stiftung Christi gewährleistet.[23] Diese Gewähr ist nicht mehr gegeben, wo diese Aufgaben von Personen außerhalb des Apostelkreises wahrgenommen werden. So geschieht es schon zur Lebenszeit der Apostel und erst recht nach ihrem Ableben.[24] In der nachapostolischen Zeit muß die Erhaltung des apostolischen Evangeliums zu einem bedrängenden Problem werden.[25] Denn das Evangelium ist in der Kirche Jesu Christi von Anfang an durch Irrlehre bedroht.

Zunächst geht Brunner der Überlegung nach, ob nicht das Verkündigungsamt, welches mit der Stiftung des Apostolats gestiftet, von der Person des Apostels aber ablösbar ist, als dasjenige Mittel in Frage kommt, durch welches Gott das Evangelium in der nachapostolischen

---

[20] WA 10 I/1, 625,12–628,8.
[21] ETh 128.
[22] Unter dieser Überschrift werden zwei Abschnitte der Vorlesung zusammengefaßt, von denen der erste die Überschrift „Die Weitergabe des apostolischen Wortes als Problem" trägt, der zweite die Überschrift „Die Weitergabe des apostolischen Wortes durch das Mittel der mündlichen Verkündigung".
[23] ETh 128.
[24] ETh 128f.
[25] ETh 129.

Zeit erhalten will. Das Verkündigungsamt untergliedert sich in zwei Arten von Ämtern. (a) Zum einen in jene Art von Ämtern und Diensten, „die in Funktion treten auf Grund einer unmittelbaren Begabung durch den Heiligen Geist".[26] (b) Zum anderen in Ämter und Dienste, „die so in Funktion treten, daß die Kirche durch ihre Organe bestimmte Glieder beauftragt und ihnen diesen Dienst in einer bestimmten Handlung auferlegt".

Im ersten Fall handelt es sich um „das Amt der Prophetie". Es fragt sich, ob in einer Verkündigung, die sich als Betätigung eines prophetischen Charismas unter Einwirkung des Heiligen Geistes vollzieht, die Bewahrung des apostolischen Evangeliums nicht selbstverständlich garantiert ist. Doch schon im neutestamentlichen Gottesdienst läßt sich beobachten, daß die prophetische Rede der Prüfung und Bestätigung durch die Gemeinde bedarf (1.Kor 14,16). Der Prophet könnte auch ein Irrlehrer sein. Der Inhalt seiner Verkündigung muß einer kritischen Norm unterworfen werden.

Im zweiten Fall handelt es sich um das durch Berufung und Ordination übertragene Amt. Obwohl der Amtsträger nach 1.Tim 4,14 und 2.Tim 1,6 mit einem besonderen Amtscharisma ausgestattet wird, ist auch in seiner Amtsausübung das Evangelium durch menschlichen Irrtum und Willkür gefährdet. Entgegen der römisch-katholischen Auffassung von der Erhaltung der Lehre durch Amtssukzession ist festzuhalten, daß es keine Fortsetzung der apostolischen Funktion gibt, „Quelle des Evangeliums" zu sein.[27] Die Reinheit der Gnadenmittel kann weder durch das prophetische Amt der Gemeinde noch durch das ordinierte Amt gesichert werden, sondern ist einzig und allein abhängig von der sachlichen Übereinstimmung mit dem Inhalt der apostolischen Verkündigung. Diese Übereinstimmung kann nur überprüft und hergestellt werden, wenn außer dem alttestamentlichen Kanon auch die apostolische Verkündigung selbst in bestimmter Weise weitergegeben und für die Gemeinden ohne Apostel zugänglich gemacht wird.

In der ersten Zeit der Kirche geschieht diese Weitergabe durch mündliche Überlieferung.[28] Der breite Strom der Überlieferungsstoffe läßt sich nach Brunners Urteil in drei unterschiedliche Stoffgruppen einteilen:

1.) Die breite, „mündliche Überlieferung über den Herrn, über seine Worte und Taten".

2.) Zusammenfassende Formulierungen, die diese Überlieferung in bekenntnisartigen Kernsätzen konzentrieren. Es handelt sich um Vorformen der regula fidei, wie sie in 1.Kor 11,23a–25 oder 1.Kor 15,3 vorliegen. Anhand solcher Zusammenfassungen kann kontrolliert wer-

---

[26] ETh 130.
[27] ETh 131.
[28] ETh 132.

den, ob der übrige Überlieferungsstoff dem apostolischen Ursprung entspricht oder nicht. Im Prozeß der mündlichen Überlieferung ist die Bewahrung des apostolischen Evangeliums also nicht dem Zufall überlassen.[29] Vielmehr kommt eine regelrechte Technik des Tradierens zum Zuge, wie sie im Judentum bereits ausgebildet war. Brunner hält es für denkbar, daß die katechismusartigen Überlieferungen auf die Jerusalemer Urgemeinde zurückgehen und eventuell von den Aposteln selbst mitgeprägt wurden. Entscheidend ist jedoch nicht die lokale oder personale Herkunft jener Lehrkonzentrate, sondern die inhaltliche Übereinstimmung mit der ersten Stoffgruppe, der apostolischen Überlieferung, in ihrer ganzen Breite. Weil sich die katechismusartigen Überlieferungen von der ersten Stoffgruppe herleiten und ihr sachlich untergeordnet sind, deshalb bilden sie für alle übrige Verkündigung und Überlieferung in der Kirche den übergeordneten kritischen Maßstab.

3.) Die dritte Stoffgruppe umfaßt „Richtlinien für die Ordnung des Gemeindelebens" wie zum Beispiel Weisungen für das Familienleben, den Gottesdienstablauf oder die Form des Betens. Die Eigenart der dritten Stoffgruppe ist darin zu erblicken, „daß ihre Inhalte wohl in Einklang mit den Inhalten der ersten beiden Stoffgruppen stehen müssen, daß sie aber je nach Zeit und Umständen wandelbar sein müssen und sein können". Eine Gottesdienstordnung oder Kirchenordnung muß die im Neuen Testament erkennbare Ordnung nicht kopieren, sondern soll auf ihre Weise dem unveränderten Ziel dienen, das Evangelium zu erhalten.[30] Brunner betont an dieser Stelle die Einsicht, daß das apostolische Zeugnis „zeitbedingte Inhalte" in sich schließt, die für die Kirche der Gegenwart nicht mehr verbindlich sind.[31] Nicht jedes apostolische Wort kann per se bindende Autorität beanspruchen, sondern nur dann, wenn es Quelle des Evangeliums ist.[32] Die Unterscheidung zwischen dem unmittelbar auf das Evangelium bezogenen und deshalb für alle Zeiten verbindlichen Apostelwort und der lediglich auf bestimmte Umstände bezogenen und deshalb wandelbaren apostolischen Weisung wird in Brunners Sicht ermöglicht durch die Richtschnur der katechismusartigen Überlieferungen der zweiten Stoffgruppe.

Gal 1,7–9 dient als Beispiel dafür, daß der Gemeinde von dem Apostel eine solche Zusammenfassung der Lehre übergeben wurde, die ihr die kritische Prüfung der neu aufkommenden Lehren erlaubte. Genauer betrachtet sind es vier Elemente, die der Gemeinde der frühen apostolischen Zeit für die Aufgabe der Lehrbeurteilung an die Hand gegeben sind:

---

[29] ETh 133.
[30] ETh 134.
[31] ETh 133.
[32] ETh 134.

Darstellung 135

„1. Die Quellgestalt des Evangeliums, wie es in der viva vox der Apostel vorliegt. 2. In Verbindung damit der Kanon der Heiligen Schriften des alten Bundes, wobei wir uns die eigenartige Bezogenheit dieser Größen aufeinander ständig vor Augen halten müssen. 3. Bekenntnisse und katechismusartige Stücke der Überlieferung, die das Evangelium, wie es aus dem Mund der Apostel hervorgegangen ist, verbindlich zusammenfassen. 4. Das von Nichtaposteln weitergegebene Evangelium, das durch die drei genannten Stücke normiert ist, und dadurch in sachlicher Übereinstimmung mit der Quellgestalt des Evangeliums steht und damit apostolisch ist."[33] Erst von dieser Betrachtung des mündlichen Überlieferungsvorganges her ist nach Brunners Meinung ein adäquates Verständnis des neutestamentlichen Kanons und seiner Autorität möglich.

6.4 Die Autorität des neutestamentlichen Kanons

Eigentlich hätten jene vier soeben aufgezählten Instrumente genügen müssen, um in der Kirche das Evangelium unverfälscht zu erhalten. Daß es dennoch zu einem Kanon von apostolischen Schriften kam, hängt zum einen mit der Gefährdung der Kirche durch falsche Lehre zusammen, zum anderen mit der Entstehung von schriftlichen Aufzeichnungen aus gewissermaßen zufälligen, praktischen Anlässen. Die apostolischen Schriften wurden nicht in der Absicht verfaßt, neben dem apostolischen Wort „ein zweites Prinzip der Autorität" zu schaffen, sondern sie entstanden aufgrund bestimmter Situationen.[34] Ihr Ursprung ist kontingent. Allerdings steht nach 2.Thess 2,15 die schriftliche Gestalt des apostolischen Wortes gleichberechtigt neben seiner mündlichen Gestalt. Beide Gestalten bilden gemeinsam das Ganze der apostolischen Überlieferung.

Die apostolische Schrift vertritt das apostolische Wort und soll darum auch wieder zu einem mündlichen Wort werden. Diese Ansicht wird gestützt durch die Tatsache, daß ein erheblicher Teil der apostolischen Verkündigung in Briefform vorliegt. Der Brief vertritt gleichsam als Notbehelf das gesprochene Wort und überbrückt die räumliche Trennung zwischen dem Redenden und dem Hörenden. Dementsprechend ist der neutestamentliche Brief als „ein notgedrungener Ersatz für die leibliche Abwesenheit des redenden Apostels" zu betrachten und als „Durchgangsstation für das lebendige Wort".[35] Dasselbe gilt für die Evangelien. Brunner hebt auf den „sekundären Charakter" des Geschriebenen ab, der in Spannung steht zu dem Charakteristikum der apostolischen Zeugenschaft, nämlich der mündlichen, lebendigen Wortverkündigung. Eine Ausnahme bildet in dieser Hinsicht das Buch

---

[33] ETh 135.
[34] ETh 136.
[35] ETh 137.

der Offenbarung. Denn dieses Buch legt in besonderer Weise Wert darauf, als geschriebener Text wahrgenommen und unverändert erhalten zu werden. So, wie die alttestamentliche Prophetenschrift das prophetische Zeugnis in die Zeit der messianischen Erfüllung hineinhält, so hält die Apokalypse das prophetische Zeugnis von der Parusie Christi in die kommende Zeit der Erfüllung hinein.[36]

Obwohl Brunner dem geschriebenen Wort einen „sekundären Charakter" attestiert, stellt er nunmehr fest, daß die Autorität des mündlichen apostolischen Wortes unverkürzt auf das stellvertretende schriftliche Wort übergeht. Das Schriftwort hat seine Autorität „1. von Christus her, 2. von den Aposteln her, 3. vom apostolischen Wort her". Die Autorität des Schriftwortes kommt in dem Augenblick in besonderer Weise zur Geltung, in dem der letzte Apostel gestorben ist und die Kirche vor der Aufgabe steht, das Evangelium im Überlieferungsprozeß gegen entstellende Irrlehren in Schutz zu nehmen.[37] Die apostolischen Schriften werden unentbehrlich als „normativer Maßstab" der aktuellen Verkündigung.[38] Im Blick auf diesen Sachverhalt will Brunner zwar nicht von einer „heilsökonomische(n) Notwendigkeit", aber von einer „gnadenhaften providentiellen Fügung des dreieinigen Gottes" zu sprechen: „Gott hat im Voraus (sic!) dafür gesorgt, daß die Kirche auch während der Zeit, in der weder Christus bei ihr leibhaftig gegenwärtig ist, noch die Apostel leibhaftig in ihr gegenwärtig sind, die Kirche doch nicht ohne die originale Stimme der Apostel[39] Jesu Christi ist." „In einer analogen, aber nicht derselben Weise" wie das in die Zukunft hineingehaltene schriftliche Prophetenwort erfüllt das schriftliche Apostelwort die Funktion, das authentische Christuszeugnis in die Gegenwart der Kirche hineinzuhalten. Das schriftliche Wort überbrückt nicht nur den räumlichen Abstand zwischen Schreiber und Leser, sondern auch jeden beliebigen zeitlichen Abstand.[40] Die Autorität des Apostelwortes ist in der Gegenwart der Kirche in der Weise präsent, daß die Kirche das apostolische Christuszeugnis in seiner umrissenen, umgrenzten schriftlichen Gestalt anerkennt.

Damit ist die Frage nach der Begründung des Urteils der Alten Kirche aufgeworfen, daß gerade in dieser bestimmten Auswahl von Schriften das „apostolische Zeugnis von Jesus Christus in seiner normativen Quellgestalt" vorliegt. Obwohl bei dieser Entscheidung das Kriterium der apostolischen Verfasserschaft offensichtlich „eine ernsthafte Rolle" gespielt hat, kann es nicht als das einzige, ausschlaggebende Kriterium betrachtet werden. Denn beispielsweise das lukanische Doppelwerk stammt nicht von einem Apostel. Dasselbe gilt

---

[36] ETh 138.
[37] ETh 138f.
[38] ETh 139.
[39] Der Singular des Originals „des Ap." dürfte ein Schreibfehler sein.
[40] ETh 140.

Darstellung

wahrscheinlich für den Hebräerbrief und für die eventuell unter einem Pseudonym veröffentlichten neutestamentlichen Schriften.[41] Es läßt sich zunächst nur so viel feststellen, daß die Aufnahme einer Schrift in das Verzeichnis der kanonischen Bücher „eine Entscheidung der Kirche" ist.[42] Wo, wie und nach welchen Kriterien diese Entscheidungen gefallen sind, läßt sich aufgrund historischer Untersuchungen kaum aufhellen. Offenkundig ist nur das Ergebnis der Geschichte der Kanonwerdung, nämlich der zum größten Teil einheitlich definierte Kanon.[43] Brunner interpretiert diesen Vorgang im Sinne eines Selbsterweises der Apostolizität der in Frage kommenden Schriften. Das Ereignis der Kanonwerdung läßt sich so beschreiben, „daß diese Schriften sich im geistlichen Leben der Kirche selbst als solches autoritatives apostolisches Zeugnis erweisen und durchsetzen, so daß also der aktiv Handelnde hier diese Schriften selbst sind, und die Kirche bei ihren Entscheidungen tatsächlich der passive Teil".

Für erwiesen hält Brunner, daß das Merkmal des Kanonischen zur Zeit der Alten Kirche darin zum Ausdruck kam, daß eine Schrift „in dem liturgischen Akt der gottesdienstlichen Schriftlesung als apostolisches Wort verlesen werden konnte". Folglich ist der Gottesdienst der Gemeinde als der „Ort der Entstehung des Kanons" und auch als das „Mittel für seine Entstehung" zu betrachten: „In dem pneumatischen gottesdienstlichen Geschehen erweist sich die apostolische Autorität einer Schrift dadurch, daß sie sich der Kirche als eine Urkunde auferlegt, aus der sie bei der gottesdienstlichen Versammlung das bevollmächtigte apostolische Zeugnis in seiner Quellgestalt vernimmt."[44]

Daß die Kirche im Blick auf den Rand des Kanons über Jahrhunderte hinweg in ihrer Entscheidung schwankt, scheint Brunner „gerade für die Echtheit des pneumatischen Charakters der Kanonsbildung zu sprechen". Der Kanon kommt nicht zustande durch das „mechanische(s) Funktionieren einer autoritären Instanz", sondern durch „ein wirklich geistliches Urteil, das deswegen, weil es hier in diesem Aeon sich vollzieht, auch ein Moment der Fraglichkeit in sich schließt".

Der Prozeß der Kanonisierung ist in einem gewissen Sinne als ein bis heute unabgeschlossener Prozeß zu betrachten, da zwischen den Kirchen noch kein völliger Konsens über den Kanon erreicht wurde. Speziell in der lutherischen Kirche ist die Kanonfrage insofern offen, als es in ihren Bekenntnisschriften kein Kanonverzeichnis gibt.[45] Das bedeutet aber auch, daß die Entscheidung Luthers, dem Hebräerbrief, dem Jakobusbrief, dem Judasbrief und der Johannesoffenbarung „den kanonischen Charakter im strengen Sinn des Wortes" abzusprechen,

---

[41] ETh 140f.
[42] ETh 141.
[43] ETh 142.
[44] ETh 143.
[45] ETh 144.

weder als verbindlich noch als vorbildlich angesehen werden kann. Die Entscheidung Luthers ist von der lutherischen Kirche dadurch stillschweigend korrigiert worden, daß die genannten Schriften nicht als Anhang, sondern als Bestandteil des Neuen Testaments aufgeführt und gebraucht werden.

Die Anerkennung des Kanons zur Zeit der Alten Kirche stellt für die folgenden Generationen eine Anweisung dar mit folgendem Inhalt: „Hier in diesen Schriften sollst du die viva vox der Apostel vernehmen, hier sollst du die Quellgestalt des Evangeliums zu Ohren bekommen." Durch die Kirche der früheren Zeit wird der Kirche der späteren Zeit der Kanon übergeben. Es genügt aber nicht, daß die Kirche von heute den Kanon aufgrund eines fremden Urteils bzw. einer fremden Autorität akzeptiert.[46] Brunner betont, daß es zu einer „Bejahung" des Kanons kommen muß, die der „eigenen pneumatischen Einsicht der jetzt und hier lebenden Kirche" entspringt. Die einmal vollzogene Kanonisierung muß aktualisiert werden durch ein Bekenntnis, das etwa so lautet: „Wir haben selbst gehört und selber erkannt, daß hier an dieser Stelle der bevollmächtigte Stellvertreter Jesu Christi in legitimer Weise zu uns spricht." Diese aktualisierte Anerkenntnis des Kanons ist nicht denkbar, ohne daß sich von neuem „der pneumatische Selbsterweis der Gültigkeit des apostolischen Zeugnisses in der gottesdienstlich versammelten Gemeinde" ereignet.[47] Der Kanon muß sich der Kirche von neuem imponieren.

Damit ist die schwierige Frage aufgeworfen, ob diese Aktualisierung der Kanonsentscheidung zu einer Verengerung oder Erweiterung der Kanonsgrenzen führen könnte.[48] Brunner sieht sich zu einer grundsätzlichen Bejahung dieser Frage genötigt. Im dem Fall, daß beispielsweise der Laodizäerbrief aufgefunden werden sollte, der von Paulus zur Verlesung in der Gemeinde bestimmt ist (Kol 4,16), müßte er in den Kanon aufgenommen werden. Während dieser oder ein entsprechender Fall jedoch nur mit einer sehr geringen Wahrscheinlichkeit eintreten dürfte, wäre die Ausscheidung einer Schrift aus dem Kanon ohne weiteres praktisch durchführbar. Doch gerade an dieser Stelle mahnt Brunner zu äußerster Zurückhaltung und Vorsicht. Solche neutestamentliche Schriften, die bereits „an den Rand des Kanons" gerückt waren und ihren „kanonischen Charakter" zu verlieren drohten, bewährten sich trotzdem als kirchliche Vorlesungsstücke. In der Kirchengeschichte läßt sich so etwas „wie eine Bewegung im Kanon von Kanonsmitte zu Kanonrand und umgekehrt" beobachten. In verschiedenen geschichtlichen Situationen vernimmt die Kirche „die Quellgestalt des prophetisch-apostolischen Christuszeugnisses" schwerpunktmäßig jeweils in verschiedenen Schriften. Für die Kirche

---

[46] ETh 145.
[47] ETh 145f.
[48] ETh 147.

Darstellung 139

der Reformation begann der Römerbrief ganz neu zu sprechen, während für die heutige Kirche eventuell der Epheserbrief eine besondere, wegweisende Bedeutung gewinnen könnte. Aus der Sicht des heutigen Bibellesers und Schriftforschers enthält die heilige Schrift „schweigende Stellen" oder schweigende Schriften, die aber aufgrund dieser punktuellen Wahrnehmung nicht aus dem Kanon ausgeschieden werden dürfen.[49] Denn im Horizont des „lebendigen pneumatischen Handelns Gottes an seiner Kirche" ist damit zu rechnen, daß auch eine Schrift, die einer bestimmten kirchlichen Generation im Blick auf das apostolische Evangelium zu schweigen scheint, wieder sehr deutlich zu sprechen beginnt.[50] Dem Vertrauen in die Entscheidung und die verheißungsvolle Anweisung der Alten Kirche ist also der Vorrang zu geben vor einer vorschnellen Kanonkritik. Bei dieser Überlegung bezieht sich Brunner ausdrücklich auf die Kritik an den Pastoralbriefen und am Jakobusbrief.[51]

Allerdings bleibt die Möglichkeit eines Ausschlusses aus dem Kanon bestehen unter der Voraussetzung, daß die entsprechende Schrift durch einen plausiblen Nachweis als „pseudoapostolisches und pseudoprophetisches Produkt" entlarvt wird, welches das Evangelium in Häresie verkehrt.[52] Es müßte „eine Vertretung der gesamten Kirche" sein, die in diesem Fall ein entsprechend reduziertes Kanonsbekenntnis ausspricht und damit eine neue Konfession entstehen läßt neben den Konfessionen, die an der bisherigen Kanonsentscheidung festhalten.

Entscheidend für die Frage nach der Geltung der Autorität der Heiligen Schrift ist allerdings nicht das „Problem vom Rand des Kanons, sondern entscheidend ist die Tatsache, daß im geistlichen Leben der Kirche der überlieferte Kanon in seinem Kern je und je zu einem aktuell bejahten Kanon geworden ist und wird".[53]

Brunner formuliert als Summe der Überlegungen zur Autorität der Heiligen Schrift: „Durch die Anerkenntnis des Kanons ist das urkundliche Zeugnis von der apostolischen Quellgestalt des Evangeliums in der ihm eigentümlichen Verbindung mit dem prophetischen Zeugnis des Alten Testament als oberster Richter für alle Verkündigung in jede Gegenwart der Kirche hineingehalten."[54] Eine Verkündigung oder Lehre, die diesem Maßstab nicht entspricht, muß von der Kirche verworfen werden.[55] Die Kirche muß den Fluch von Gal 1,8f aussprechen können. Denn von der entschiedenen Ausgrenzung einer fal-

---

[49] ETh 147f.
[50] ETh 148.
[51] ETh 147f.
[52] ETh 149.
[53] ETh 150.
[54] ETh 150f.
[55] ETh 151.

schen Lehre, so darf wohl im Sinne Brunners ergänzt werden, hängt das Fortbestehen der Kirche Jesu Christi auf ihrem apostolischen Fundament ab.

Brunner vergleicht den Kanon der Heiligen Schrift mit einem Filter, „durch den der Strom der Verkündigung jeweils im Akt der Weitergabe des Evangeliums notwendig hindurchgehen muß, damit fremde Elemente, die sich einschleichen wollen, durch diesen Filter ausgeschieden werden". Dementsprechend läßt sich die Theologie als „Filtrierstation der Kirche" betrachten, die für die Reinheit der gegenwärtigen Verkündigung und Sakramentsverwaltung im Sinne der apostolischen Quellgestalt des Evangeliums sorgt.

6.5 Zusammenfassung

Ein Schriftverständnis, das sich auf die Erkenntnis der Heiligen Schrift als inspirierte Schrift konzentriert und beschränkt, lehnt Brunner ab. Er will vielmehr ausgehen von dem christlichen Gottesdienst, in dem die autoritative, normative Bedeutung der Heiligen Schrift für die kirchliche Verkündigung und damit auch für die theologische Lehre in der Gegenwart erkennbar wird. Die Bibel vom Gottesdienst her verstehen heißt für Brunner, sie von der Menschwerdung Christi, dem Verkündigungsamt der Apostel und dem damit verbundenen Wirken des Heiligen Geistes her verstehen. Die Autorität der Schrift leitet sich von der Autorität Christi ab. Jesus Christus, das Evangelium in Person, ermächtigt die Apostel zur grundlegenden Bezeugung des reinen Evangeliums. Weil sich das apostolische Zeugnis auf die als messianische Prophetie verstandenen heiligen Schriften Israels bezieht, gehört der alttestamentliche Kanon zur christlichen Bibel. Dort, wo sich das apostolische Zeugnis nicht unmittelbar auf das Evangelium bezieht, stellt es keine bis ins einzelne festlegende Norm für die Kirche der Gegenwart dar. Weil die apostolische Schrift die apostolische viva vox evangelii behelfsweise vertritt, repräsentiert der neutestamentliche Kanon die Autorität der Apostel in der Kirche. Die so verstandene Heilige Schrift stellt das entscheidende Richtmaß für alle kirchliche Verkündigung und jede theologische Lehre dar.

Es folgt zunächst ein Kommentar zu Brunners Einschätzung der alttestamentlichen Schriften (6.6), bevor seine Verhältnisbestimmung von apostolischem Wort und apostolischer Schrift (6.7), von Geist und Schrift (6.8) sowie seine Aussagen über den christlichen Schriftenkanon bedacht werden (6.9). Das siebte Kapitel befaßt sich mit dem Bekenntnis der Kirche, in dem die Anerkennung der Schrift zum Ausdruck kommt.

B. Diskussion

6.6 Zur Bedeutung der alttestamentlichen Schriften

Brunners Zugang zum Alten Testament ist nicht der Zugang einer alttestamentlichen Wissenschaft, die ganz bewußt vom Neuen Testament absieht, um das vorchristliche, ursprüngliche Selbstverständnis der verschiedenen Schriften mittels des historisch-kritischen Zugriffs auf die Texte in ihrem religionsgeschichtlichen Kontext herauszuarbeiten. Vielmehr setzt Brunner ganz bewußt beim Neuen Testament ein, welches auf das Alte Testament zurückverweist und damit die Kirche des neuen Bundes an die Schriften des alten Bundes bindet. Weil Jesus und seine apostolischen Zeugen die alttestamentliche Prophetie und die gesamte alttestamentliche Geschichte auf den Zielpunkt Christus beziehen, deshalb ist das Alte Testament teleologisch und messianisch zu verstehen.[56] Mit dieser These widerspricht Brunner einer Hauptthese der historischen Kritik, derzufolge die völlig unterschiedlichen Texte im alttestamentlichen Kanon nicht mit einem einheitlichen Bezugspunkt in Verbindung zu bringen und deshalb auch nicht als Ganzheit zu begreifen sind.[57]

Dieser Widerspruch verbindet Brunner mit Barth, der ausdrücklich Kritik übt an einer alttestamentlichen Exegese, welche die „Einheit der *Offenbarung*" in den unterschiedlichen Testamenten übersieht.[58] Beide Theologen erkennen eine durchgängige messianische Linie im alttestamentlichen Kanon, die im Licht der Christusoffenbarung als Grundlinie des göttlichen Heilsplans aufleuchtet. Allerdings spricht Brunner nicht wie Barth von einer alttestamentlichen „Zeit des Zeugnisses der *Erwartung* der Offenbarung"[59], sondern von einer Zeit der prophetischen Verheißung und der vorausweisenden Geschehnisse. Die unterschiedliche Begrifflichkeit dürfte auf einen Unterschied im Offenbarungsverständnis selbst hinweisen. Brunner versteht die Offenbarung nicht als ein Ereignis „jenseits des eigenen Bestandes und

---

[56] In seiner Christologie-Vorlesung betont BRUNNER, daß Jesu Person und Werk in dem „von Gott selbst gestifteten Zusammenhang mit Israel" zu sehen und zu verstehen ist (Gesetz, 39). Deshalb wird in dieser Vorlesung die christologische Bedeutung der Erwählung Israels, der Hoffnung Israels auf Gottes Kommen, der alttestamentlichen Institutionen Wortgabe, Sühnopfer und Königtum, der alttestamentlichen Formen der Selbstvergegenwärtigung Gottes und der speziellen messianischen Weissagungen erläutert (Gesetz, 43–52).
[57] Im Blick auf den Gesamtkanon spricht J. BAUR (Sola Scriptura, 107f) davon, daß die historische Kritik erstens den „um das *Ganze* geschlagene(n)" „Bogen" bestreitet und zweitens „die *Zentralisation* auf Singuläres, die Erwählung Israels und insbesondere die Konzentration der Heilsgegenwart Gottes in der Person und dem Geschick Jesu Christi".
[58] KD I/2, 87.
[59] KD I/2, 77.

Gehaltes des Alten Testamentes" wie Barth[60], sondern erblickt unmittelbar in den Ereignissen und Reden der alttestamentlichen Geschichte Offenbarung, die auf den Messias hinweist und hinführt. Die Offenbarung ereignet sich nicht über und hinter der geschichtlichen Ebene, sondern ist in der geschichtlichen Tat und in dem geschichtlichen Wort faßbar.

Allerdings steht Brunner mit der These von der Christusprophetie des ganzen Alten Testaments wohl näher bei Barth als bei Althaus. Denn Althaus weist die „*christologische*" Auslegung im Sinne der Barth-Schule zurück, welche im Alten Testament schon die Bezeugung des Messias erkennt, und hält nur eine „*christusbezogene*" Auslegung für legitim, welche im Alten Testament eher die Frage nach dem Messias erblickt.[61] Althaus will ein mögliche Fehlinterpretation des Evangeliums aufgrund alttestamentlicher Aussagen vermeiden und betont, daß die Weissagungen des Alten Testaments „ebensosehr nicht erfüllt wie erfüllt" worden seien.[62] Eine solcher kritischer Vorbehalt gegenüber den alttestamentlichen Aussagen findet sich bei Brunner zumindest im Zusammenhang der Schriftlehre nicht. Hier geht es ihm darum, die Anerkennung der alttestamentlichen Schriften in der christlichen Kirche von ihrer neutestamentlichen Auslegung her einsichtig und plausibel zu machen. Aufgrund der Aussagen des Neuen Testaments kritisiert Brunner Elerts Einschätzung des Alten Testaments als ein Buch, das für die Offenbarung des Gesetzes nicht nötig wäre und für die Bezeugung des Evangeliums nicht in Frage kommt.[63] Elert scheint zu verkennen, daß die Botschaft des Neuen Testaments ohne die Botschaft des Alten nicht angemessen erfaßt werden kann.

Eine derartige, wertende Unterscheidung zwischen beiden Testamenten wäre für Melanchthon jedenfalls undenkbar. In der Apologie beschreibt er die Schrift als Ganzheit, deren Aussagen sich entweder als „lex" oder als „promissio" bezeichnen lassen.[64] Schon das Alte Testament bietet jene Gnade an, die der kommende Christus bringt.[65] Auch Luther sieht beide Testamente aufgrund ihres Christuszeugnisses in einem engen Zusammenhang. In seiner Vorrede zum Alten Testament warnt er vor einer Geringschätzung dieser Schriften, die dem Mißverständnis entspringt, es handle sich lediglich um Bücher für das jüdische Volk oder um Berichte über die Vergangenheit.[66] Diesem

---

[60] KD I/2, 78.
[61] CW 206. P. ALTHAUS grenzt sich ausdrücklich von WILHELM VISCHER ab.
[62] CW 202.209.
[63] VF 2, 56.
[64] BSLK 159,30–32 (lT).
[65] BSLK 159,36–40 (dT). A.WENZ (Das Wort Gottes, 48) kommt bei seiner Auswertung der Bekenntnisschriften zum Ergebnis, daß vom Christusereignis her „die Schrift als in ‚Altes' und ‚Neues' gegliederte Einheit" erkennbar wird.
[66] WA DB 8, 11,1–3 (Vorrede 1545).

partikularistischen und historistischen Mißverständnis wird die Anweisung von Jesus und den Aposteln entgegengesetzt, in der „Schrift" Christus und das Evangelium zu suchen.[67] Die Aussagen des Alten Testaments sollen fleißig studiert werden, „weil sie selbs das newe Testament so mechtiglich gründen".[68] Luther will sie verstanden wissen als „eitel Wort, Werck, Gericht und Geschicht der hohen göttlichen Maiestet, macht und weisheit".[69] Sie stellen sich dar als „Schlecht und geringe Windel" und „Krippen", in der aber nicht weniger als Christus selbst zu finden ist.[70] Die alttestamentliche Schrift beinhaltet als „Gotteswort"[71] nicht nur das anweisende und anklagende Gesetz, sondern „etliche Verheissung und Gnadensprüche da mit die heiligen Veter und Propheten unter dem Gesetz im glauben Christi, wie wir, erhalten sind".[72]

Angesichts solcher Lehrsätze kann man wohl mit Recht sagen, daß Brunner die evangelische Theologie zu ihrem reformatorischen Ursprung zurückzuführen versucht. Allerdings fragt Brunner nicht nur nach der vom Gesetz zu unterscheidenden Verheißung, wie das die Reformatoren vorrangig tun, sondern auch nach den heilsgeschichtlichen Zusammenhängen zwischen den Testamenten, weil die theologische Berechtigung des Alten Testament immer wieder in Frage gestellt wird. Im Blick auf diese Frage unterstreicht Brunner die Erkenntnis, daß alttestamentliche Schrift und neutestamentliches Christusereignis aufzufassen sind als Offenbarungen ein und desselben Gottes, die sich gegenseitig auslegen.

Eine neutestamentliche Schrift, die als Zeuge für diese Auffassung dienen kann, ist der Hebräerbrief. Er setzt ein mit der Gegenüberstellung der früheren Rede Gottes durch die Propheten und der eschatologischen Rede Gottes durch seinen Sohn, welche durch die Hörer und Zeugen Jesu zugänglich gemacht wurde (Hebr 1,1.2; 2,4). Anschließend wird der Zusammenhang zwischen beiden Offenbarungsweisen verdeutlicht. Die älteren Anordnungen Gottes werfen ein Licht auf seine endgültige Heilsordnung und sind in ihr aufgehoben. Die Christen, die ebenso glauben wie die Glaubensväter (11,1.2.6), haben einen „Hohenpriester, der da sitzt zur Rechten des Thrones der Majestät im Himmel und ist ein Diener am Heiligtum und an der wahren Stiftshütte" (8,1f). Auf diese Weise kommt der alte Bund im neuen Bund zu seinem Ende und Ziel. Gerade deshalb hört die Gemeinde des neuen Bundes auch auf das alte, prophetische Wort.

---

[67] WA DB 8, 11,7–12. Es wird verwiesen oder angespielt auf Joh 5,39; 1.Tim 4,13; Rö 1,2; 1.Kor 15,3; 2.Petr 1,19; 3,15; Apg 17,11 (Z. 17).
[68] WA DB 8, 11,14f.
[69] WA DB 8, 11,27f.
[70] WA DB 8, 13,6f.
[71] WA DB 8, 17,13.
[72] WA DB 8, 13,17f.

Aufgrund dieses Zusammenhangs hält Brunner am alttestamentlichen Kanon fest. Eine grundsätzliche Relativierung dieses Schriftenkanons oder die Loslösung der christlichen Theologie von ihm wie im Neuprotestantismus kommt für ihn nicht in Frage. Denn damit wäre die Einheit der Offenbarung verkannt, die ihren Grund hat in der Einheit des dreieinigen Gottes, der sich zu erkennen gibt als Schöpfer, Erlöser und endzeitlicher Richter der Welt.

6.7 Zum Verhältnis von apostolischer Verkündigung und apostolischer Schrift

Auch die theologische Bedeutung des Neuen Testaments erschließt sich für Brunner nicht durch eine rein historische Betrachtungsweise. Rein historisch betrachtet wäre es wohl nachvollziehbar, daß Anhänger eines Religionsstifters die Botschaft ihres Meisters einigermaßen adäquat wiedergeben und bekannt machen. Es bliebe aber unverständlich, wie die Verkündigung der Apostel als Tat des Heiligen Geistes und deshalb als Quelle der von Christus selbst autorisierten Heilsbotschaft betrachtet werden kann. Zu dieser Betrachtungsweise gelangt nur derjenige, der den theologischen Anspruch dieser Botschaft ernst nimmt und ihn im Glauben anerkennt.

Über jenen interesssanten Übergang von der apostolischen Verkündigung zur apostolischen Schrift enthält das Neue Testament weniger direkte Informationen, als man sich wünscht. Allerdings erhebt die Mehrzahl der neutestamentlichen Schriften ausdrücklich den Anspruch, entweder von einem Apostel oder von einem Apostelbegleiter geschrieben worden zu sein. Brunner geht nicht von diesem Anspruch aus, sondern bezieht die Auskünfte der historisch-kritischen Forschung zur Frage der Verfasserschaft in seine Überlegungen ein. In seiner letzten Dogmatikvorlesung meint er, daß „mit geschichtswissenschaftlicher Gewissheit" von keinem einzigen Apostel außer von dem erst nach Ostern hinzugekommenen Apostel Paulus schriftliche Zeugnisse überliefert seien.[73] Diese Ansicht steht in einer gewissen Spannung zu seinem früheren Postulat, daß auch im Fall von Schriften, die nicht von Aposteln verfaßt wurden, „eine konkrete geschichtliche Beziehung ihres Verfassers zu einem bevollmächtigten Zeugen der Auferstehung bestand, auch wenn diese geschichtliche Beziehung uns nicht mehr greifbar ist".[74] Die Hypothese von der späten Entstehung oder von der Pseudonymität vieler neutestamentlicher Schriften, die im Hintergrund von Brunners Erörterung stehen dürfte, wirft das Problem auf, daß mit einem räumlichen und zeitlichen Abstand zwischen der apostolischen „Quelle des Evangeliums" und der schriftlichen Bezeugung des Evangeliums gerechnet werden muß. Brunner

---
[73] GDg 173f.
[74] PE I, 35 Anm. 12.

löst dieses Problem durch den Hinweis auf den geordneten, mündlichen Überlieferungsprozeß im Urchristentum, welchen er nicht im Sinne der „Entstellung und Verzeichnung" des Evangeliums, sondern im Sinne der „Entfaltung und Aktualisierung" des Evangeliums verstehen will.[75] Das entfaltete Evangelium, welches schließlich in schriftlicher Form festgehalten wird, ist in der Sicht Brunners gleichzusetzen mit dem originalen Evangelium. Indem die Kirche auch solche Schriften als kanonische Schriften verwendet, bei denen die Beziehung zwischen Apostel und Verfasser im unklaren bleibt[76], anerkennt sie ihre apostolische Qualität.

Dieser Gedankengang, der für eine Schriftlehre des zwanzigsten Jahrhunderts gewiß nicht ungewöhnlich ist, beinhaltet ein theologisches Problem. Zunächst wäre hinzuweisen auf die Umstrittenheit der Spätdatierungen, welche zum Teil mit dem theologisch fragwürdigen Axiom des vaticinium ex eventu zusammenhängen. Man muß auch fragen, ob es wirklich beweiskräftige Gründe dafür gibt, mit einer Vielzahl von Pseudepigraphen im Neuen Testament zu rechnen, da solche Schriften offenkundig bekämpft werden (2.Thess 2,2; 3,17). Die eigentliche Schwierigkeit der Annahme eines längeren Traditionsprozesses zwischen apostolischem Ursprung und möglicherweise pseudonymer Niederschrift besteht indessen darin, daß nicht mehr der von Christus beauftragte Apostel selbst bzw. der vom Apostel instruierte Apostelschüler über den originalen Inhalt der apostolischen Botschaft Auskunft gibt, sondern ein anonymer Tradent mit Informationen aus zweiter Hand. Dieser Sachverhalt läßt sich schlecht vereinbaren mit Brunners These, daß allein die Apostel als Osterzeugen und Sonderbeauftragte Christi die „Quelle des Evangeliums" bilden. Wenn man annimmt, daß das Evangelium im mündlichen Überlieferungsprozeß nicht nur einfach weitergegeben, sondern entfaltet, aktualisiert und sogar durch „Gemeindebildung"[77] ergänzt wurde, wie Brunner das tut, dann stellt in strengem Sinne nicht mehr das Apostolat, sondern die Gemeinde die „Quelle des Evangeliums" dar. In der angeblich apostolischen Schrift kann nicht mehr sauber unterschieden werden zwischen dem, was der Apostel selbst sagt oder als christusgemäße Tradition anerkennt, und dem, was die Kirche sagt. Damit aber ist das in der Stiftung des Apostolats implizierte Gegenüber von Apostel und Kirche aufgehoben, in dem sich sowohl das Gegenüber von Christus und seiner Kirche als auch das Gegenüber von Gottes Wort und Menschenwort widerspiegelt. Brunner selbst schärft ein, daß dieses Gegenüber nicht aufgehoben werden darf.[78] Nach dem Abschluß des Kanons geschieht das in der Weise, daß theologische Entscheidungen

---

[75] GDg 175.
[76] GDg 174.
[77] DP 52.
[78] PE I, 36f.

aufgrund des Schriftwortes gefällt werden und nicht aufgrund der Äußerungen eines inspirierten Lehrers oder des kirchlichen Lehramts.[79] Die Berechtigung dieses Grundsatzes hängt aber daran, daß in der Schrift nicht ein sekundäres Gemeindewort, sondern das primäre Apostelwort oder eine solche Äußerung, die durch die Apostel autorisiert wurde, zu vernehmen ist. Sonst steht die Kirche nicht auf dem Fundament des Apostolats, sondern auf der unsicheren Grundlage eines kirchlichen Traditionsprozesses.

Doch nicht nur in dieser Hinsicht geben Brunners Ausführungen Anlaß zu kritischen Rückfragen. Auch für die auffällige Unterordnung des schriftlichen Apostelwortes unter seine mündliche Form, die schon einer Abwertung gleichkommt, gibt es m.E. keine stichhaltigen Gründe. Brunner beobachtet richtig, daß die Apostel keinen Auftrag zum Schreiben, sondern einen Auftrag zum Reden bekommen haben, daß der Glaube durch die mündliche Predigt entsteht (Rö 10,17) und daß die neutestamentlichen Schriften situationsbedingt entstanden sind. Aus Beobachtungen dieser Art zieht der Heidelberger Theologe den Schluß, daß der Charakter des schriftlichen Wortes in Spannung steht zum Charakter des neuen Bundes. Mit der Einsicht in die Notwendigkeit der Schrift verbindet sich der Vorbehalt gegen die Schriftlichkeit als solche: „Allerdings erkennen wir in der Schriftlichkeit des NT die ‚providentia Dei', obwohl sie nicht dem Geist angemessen ist."[80] Dieser Satz enthält genau genommen einen inneren Widerspruch. Denn wenn es Gott ist, der für die notwendige schriftliche Form der apostolischen Botschaft sorgt, kann sie seinem eigenen Geist schwerlich unangemessen sein. Gewiß darf man nicht übersehen, daß Brunners Vorbehalt gegenüber dem schriftlichen Wort keineswegs zu einer Geringschätzung der Heiligen Schrift führt, weil anerkannt wird, daß ihre Texte die originale Stimme der Apostel repräsentieren. Und dennoch drängt sich die Frage auf, ob mit der Reserve gegenüber der Schriftlichkeit als solcher nicht ein Impuls in die evangelische Theologie einfließt, der zu einem Vorbehalt gegenüber dem Anredecharakter, der Klarheit, der Wirksamkeit und der Aktualität des Wortes der Heiligen Schrift führt.

Der Gedanke der prinzipiellen Priorität des mündlichen Wortes findet sich auch bei Althaus, der die neutestamentliche Schrift als „Niederschlag" des apostolischen Zeugnisses bezeichnet[81], während Elert davon ausgeht, daß zwischem dem mündlichen und schriftlichen

---

[79] A.a.O.
[80] DP 50.
[81] CW 153. B. ROTHEN (Die Klarheit der Schrift, 71) kritisiert den Begriff des „Niederschlages", weil dieser den Eindruck erweckt, „daß die Verschriftung von ‚Zeugnis', ‚Geschichte' oder ‚erleuchteter Vernunft' ein mechanisches und unpersönliches Geschehen ist, ein Prozeß, der jenseits von allem menschlichen und göttlichen Wollen und Schaffen steht". BRUNNER benutzt den Begriff z.B. in GDg 176.

Diskussion

Zeugnis „kein Rangunterschied" besteht[82]. Kennzeichnend und bestimmend für Barths Schriftlehre ist weniger die Differenzierung zwischen mündlichem und schriftlichem Wort als vielmehr die Differenzierung zwischen Gottes Offenbarungswort und menschlichem Zeugenwort, welche zur Folge hat, daß die Bibel lediglich als „Repräsentant des Wortes Gottes"[83] und mitnichten als ein „Organ direkter Mitteilung"[84] betrachtet werden kann.

Es dürfte kein Zufall sein, daß sich gerade die lutherischen Theologen mit dem Verhältnis von Mündlichkeit und Schriftlichkeit befassen. Denn Luther wird auch von Brunner als Kronzeuge für den Vorrang des mündlichen Wortes angeführt. Studiert man den häufig zitierten Abschnitt aus der Auslegung von Mt 2,1–12[85] isoliert von seinem Kontext, so kann man tatsächlich den Eindruck gewinnen, als bestehe für Luther ein echter Gegensatz zwischen der viva vox evangelii und dem Medium der Schrift. Doch je länger man darauf achtet, wie selbstverständlich Luther die neutestamentliche Botschaft und die neutestamentliche Schrift miteinander in Verbindung bringt, desto mehr verschwindet der erwähnte Eindruck. Interessanterweise steht innerhalb des angeführten Textabschnitts neben dem Plädoyer für die mündliche Predigt das Plädoyer für die Sammlung der Kirche um „die blosse lautter schrifft oder Bibie", womit neben der alttestamentlichen wahrscheinlich auch die neutestamentliche Schrift gemeint ist, weil kurz zuvor von dem Lukasevangelium und den Paulusepisteln gesprochen wird.[86] Luther spielt Predigt und neutestamentliche Schrift nicht gegeneinander aus, sondern votiert angesichts einer Kirche ohne Evangeliumspredigt für eine Kirche, in der Christus gepredigt wird aufgrund alttestamentlicher Texte nach apostolischer Anleitung.[87] Diese apostolische Anleitung, die entscheidet über das rechte, christologische Verständnis des Alten Testament, ist jedoch durch nichts anderes zugänglich als durch die neutestamentliche Schrift. Luther zitiert wenige Seiten später „den reychen text Pauli" 2.Tim 3,1–9, anhand dessen Buchstaben und Einzelworten er die Verstöße des Papsttums gegen das Wort Gottes aufweist.[88] Darauf folgt eine Reihe von Abschnitten, die eingeleitet werden mit der Formel „Das Euangelium

---

[82] CG 175.
[83] KD I/1, 112.
[84] KD I/2, 562.
[85] WA 10 I/1, 625,12–628,8.
[86] WA 10 I/1, 627,18.
[87] WA 10 I/1, 626,16–19.
[88] WA 10 I/1, 634,7–20 (2.Tim 3,1–9); 635,6 („den reychen text Pauli"). LUTHER geht von der Klarheit, Verständlichkeit und Anwendbarkeit der Schrift aus (635,1f): „Ist doch keyn buchstab hie gesetzt, den nitt yderman sihet offentlich ym geystlichen stand weldigen." („weldigen" bedeutet nach 635 Anm. 1 „gewaltig sein"; W² XI, 352 übersetzt „walten".) Die Auslegung des Paulustextes endet 667,24.

leret" oder „das Euangelium sagt" und die dann das Neue Testament paraphrasieren oder zitieren.[89] Nach der hundertdreiundsiebzig Seiten umfassenden Auslegung des Matthäustextes schließt der erste Teil der Kirchenpostille mit Luthers Wunsch, daß die Christen sich nicht an seine Auslegung, sondern an „die blosse schrifft und lautter gottis wortt" halten möchten.[90]

Es spricht vieles dafür, daß Luthers Hochschätzung der Mündlichkeit nicht etwa eine relative Geringschätzung der Schriftlichkeit korrespondiert, sondern eben dieselbe Hochachtung vor dem Wort Gottes.[91] Bernhard Rothen weist darauf hin, daß es schon zur Reformationszeit jene „gewisse(n) Mode in der Theologie" gab, die Schriftlichkeit im Vergleich zur Mündlichkeit abzuwerten[92], was Luther jedoch als schwärmerische Verachtung der von Gott erwählten Mittel des Heils abweist[93]. Von diesem Votum her gesehen verbietet sich jegliche Kritik an der Schriftgestalt als solcher, weil sie den Gehorsam und

---

[89] WA 10 I/1, 668,24–669,13; 669,14–670,4; 670,5–670,22; 671,1–671,7; 671,8–671,17; 671,18–672,6; 672,7–672,10; 672,11–673,3.
[90] WA 10 I/1, 728,10.
[91] Zwei weitere Beispiele dafür: a) Der Doppelbegriff „Gottes wort und die heilige Schrifft", welcher darauf hinweist, daß das schriftliche Wort ebenso wie das mündliche Wort als Gottes Wort verstanden wird, durch welches die Kirche geschaffen, aufgebaut und erhalten wird (WA 50, 630,14f; vgl. 629,17f; 630,18). b) Die Schrift „Vom Schem Hamphoras und vom Geschlecht Christi" von 1545, in der LUTHER die Ankunft des Messias und die Entstehung des Neuen Testaments vom Alten Testament her erläutert (WA 53, 616,8–17): „Nu, wenn derselbige komet, So wird er nicht stum noch lam sein, sondern wird reden und thun... Aus solcher rede und thun wird ein Buch werden, Denn er wirds schreiben lassen, gleich wie Moses seine Predigt und thun geschrieben hat, Isaias seine, Und so fort an. Dies Buch Messia mus nu viel besser, heiliger und herrlicher sein, denn Moses und das gantz alt Testament... Dem nach mus sein Buch auch das aller heiligst uber alle heilige Bücher jnn der Biblia sein." – A. BEUTEL (ZThK 89, 310–312) kommt zu dem Ergebnis, daß „die Kategorie der Mündlichkeit" „für Luthers Verständnis des Evangeliums schlechthin konstitutiv" ist, zeigt aber gleichzeitig auf, daß das Evangelium in der Sicht des Reformators nur in schriftlicher Gestalt zu bewahren und durch Lektüre anzueignen ist. Der Begriff „scriptura" bezeichnet für LUTHER „das nicht etwa nur als ein historisches Dokument vorliegende, vielmehr aktuell an dich und mich ergehende Gotteswort" (a.a.O. 307). Vgl. das Untersuchungsergebnis von A. BUCHHOLZ (Schrift Gottes, 69): „Nach Luther spricht eine Schrift selbst schon mit jedem ihrer Worte und will in ihrer Schriftlichkeit gehört werden; das gilt sowohl für die scriptura Dei, als auch für die Schriften Luthers und des Erasmus. Bei Luther ist das Sprechen und Hören einer scriptura nämlich nicht darin begründet, daß sie Sprache *wird*, sondern gerade darin, daß sie Sprache *ist*."
[92] B. ROTHEN, Die Klarheit der Schrift, 53. Vgl. ROTHENs Kritik an dieser „Mode" (38–40.54).
[93] In der Kirchenschrift erwähnt LUTHER die Kritik der Spiritualisten an der Äußerlichkeit von Taufe, Predigt, Abendmahl und der Schrift, „ein eusserlicher buchstabe von tinten gemacht", und antwortet darauf, daß Gott diese Formen der Vermittlung des Heils erwählt hat und daß sie deshalb auch zu achten sind (WA 50, 646,29f; 647,6–11; 648,30f).

das Vertrauen gegenüber der grundlegenden Kommunikationsgestalt des Wortes Gottes beeinträchtigen würde.

Diese positive Einschätzung der Schriftgestalt der Offenbarung ist von den Schrifttexten selbst her gefordert. So hat Mose „alle Wort des HERRN" aufzuschreiben, damit diese Worte dem Volk aus dem „Buch des Bundes" vorgelesen und immer wieder vorgehalten werden können als die verbindliche, unveränderliche, klare Kundgabe des Willens Gottes (Ex 24,4.7). Die Steintafeln in der Bundeslade, in die Gottes Finger lesbare Schriftzeichen eingegraben hat, erinnern Israel ständig an die Gegenwart Gottes in seinem Wort (Ex 31,18). Dementsprechend kann der Gottesdienst schon zur Zeit des alten Bundes darin bestehen, daß die von Gott autorisierte Schrift verlesen und ausgelegt wird (Neh 8,3.8). Von diesem alttestamentlichen Hintergrund her betrachtet gibt es für Menschen, die davon überzeugt sind, daß Jesus als der Messias die endzeitliche Tora verkündet (Mi 4,2), nichts Naheliegenderes, als seine Worte schriftlich festzuhalten (Lk 1,1–4; Joh 20,31).[94] Daß die schriftlichen Worte mindestens ebenso lebendig und treffend sprechen wie die mündlichen Worte, läßt sich besonders gut an Paulus studieren, dessen briefliche Äußerungen überzeugender wirken als seine Predigten (2.Kor 10,10). Das Schriftwort des Apostels greift als tatkräftiges Wort unmittelbar in das Leben der Gemeinde ein (1.Kor 5,3–5).[95]

Aus Beobachtungen dieser Art ist zu folgern, daß jeder Vorbehalt gegenüber der Schriftgestalt des Wortes Gottes als solcher aufgegeben werden muß. Es empfiehlt sich nicht, jenem Satz beizupflichten, den Brunner geschrieben hat: „Eine neutestamentliche Schrift ist eigentlich eine *contradictio in adjecto*."[96] Denn hinter diesem Satz steht die Vorstellung, daß die lebendige Rede in einen unlebendigen Text eingeschlossen werde, um später aus diesem starren Textgehäuse wieder als lebendige Stimme „entbunden" zu werden.[97] Diese Vorstellung, die zu unterscheiden ist von der richtigen Einsicht, daß die Kirche auf das mündlich und leiblich dargebotene Wort nicht verzichten kann, stimmt nicht mit der reformatorischen und biblischen Theologie überein. Vielmehr erinnert sie ganz von ferne an jenes fragwürdige Wort Schleiermachers, jede heilige Schrift sei „ein Mausoleum der Religion".[98]

---

[94] R. RIESNER schreibt (Jesus als Lehrer, 352): „Wenn Jesus von sich als messianischem Weisheitslehrer sprach ... und infolgedessen seinen Worten höchste Autorität zuschrieb ..., so lag darin zumindest für den engsten Jüngerkreis, darüberhinaus auch für alle, die seinen – wenn auch verhüllten – Hoheitsanspruch ernstnahmen, ein außerordentliches Tradierungsmotiv."
[95] Vgl. die Ausführungen von R. SLENCZKA zum Charakter der Heiligen Schrift (Kirchliche Entscheidung, 4447).
[96] PE I, 43.
[97] PE I, 44.
[98] F.D.E. SCHLEIERMACHER, Über das Wesen der Religion, 68.

Daß die viva vox evangelii der Heiligen Schrift nicht etwa überzuordnen ist, sondern in ihr enthalten ist als lebendiges Wort, zeigt sich besonders deutlich beim Ereignis der Reformation. Brunner beschreibt es folgendermaßen: „Das Besondere, vielleicht darf man sogar sagen: das Exzeptionelle derjenigen Enthüllung, die Luther zuteil ward, lag darin, daß ihn an seinem geschichtlichen Ort das durch viva vox enthüllte Evangelium nicht erreichte ... , so daß die ihm zuteil gewordene Enthüllung in unmittelbarer Konfrontation mit der heiligen Schrift Ereignis wurde."[99] In dieser Formulierung kommt einerseits die zutreffende Erkenntnis zum Ausdruck, daß es einzig und allein das Wort Gottes der Heiligen Schrift war, das Luther den Zugang zum ursprünglichen Evangelium verschaffte. Andererseits weisen die Begriffe „exzeptionell", „viva vox", „Enthüllung" und „Ereignis" darauf hin, daß Brunner erstens davon ausgeht, daß das Evangelium stets von neuem aus seiner Schriftgestalt „enthüllt" werden muß, und zweitens, daß dies in der Regel nur durch die mündliche Predigt geschieht.[100] Luther selbst kennt diese Art von Enthüllung nicht. Er geht vielmehr davon aus, daß auch das gelesene Wort stets ein lebendiges, fruchtbares Wort ist: „Lecto (!) verbo adest Spiritus Sanctus et sic impossibile est vel audire vel legere Scripturas sine fructu."[101] Ohne die Berücksichtigung der vom Reformator klar ausgesprochenen Überzeugung, daß die Schrift selbst „die Stimme des Heiligen Geistes" ist, so macht Martin Nicol in seiner Untersuchung zur Meditationspraxis Luthers deutlich, ließe sich weder Luthers ständig geübter Umgang mit der Heiligen Schrift noch sein sogenanntes „Turmerlebnis" angemessen verstehen.[102]

Einen überzeugenden Beweis dafür, daß die Verschriftlichung des Wortes seiner Lebendigkeit keinen Abbruch tut, so kann man „cum grano salis sagen, liefert Brunner selbst mit seinem Predigtband „Eins ist not". In dem Vorwort zu diesem schmalen Band beschäftigt sich der Heidelberger Universitätsprediger mit dem Problem, daß gedruckte Predigten einer Verfremdung unterliegen.[103] Als Lösung dieses Problems empfiehlt er, beim Lesen der gedruckten Worte zu versuchen, mündliche Rede zu hören, so daß „unter dem Wort des Predigers das Wort der Heiligen Schrift selbst anfängt zu reden und im

---

[99] BeW 17f.
[100] Vgl. PE I, 37: „Weil der Kanon der Heiligen Schrift von vornherein und an jedem Zeitpunkt der Kirche in Relation zu einer kontinuierlichen mündlichen Evangeliumsverkündigung steht, ist die Schrift kein versiegeltes Buch (!), sondern eine redende Stimme."
[101] WA 20, 790,26f (Vorlesung über den 1. Johannesbrief, 1527; zu 1.Joh 5,13). Übersetzung W^2 IX, 1515: „Wenn man das Wort liest, so ist der Heilige Geist da, und solchergestalt ist es unmöglich, daß man die Schrift ohne Nutzen höre oder lese."
[102] M. NICOL, Meditation bei Luther, 47. Vgl. a.a.O. 177.181.
[103] Eins ist not, 5.

Diskussion 151

Menschenwort jene Stimme uns anspricht, die aus dem Munde Gottes selbst kommt".[104] Liest man die folgenden Texte, so gewinnt man nicht den Eindruck, verfremdeten Predigten zu begegnen, sondern sehr lebendigen Predigten, die anreden, aufdecken, warnen, rufen, proklamieren, verheißen, trösten und bestärken. Brunner selbst spricht ihr Geheimnis aus: „Wir haben Gottes Wort unter uns! Das stößt niemand um."[105] Die Zugänglichkeit und Unumstößlichkeit dieses lebendigen Wortes aber ist verbürgt durch die Heilige Schrift.

Die kritische Auseinandersetzung mit Brunners Verhältnisbestimmung von Rede und Schrift macht auf einen anderen Aspekt der Schriftlehre aufmerksam, der mit erstgenannten eng zusammenhängt, nämlich auf die Verhältnisbestimmung von Geist und Schrift, welche im folgenden Abschnitt behandelt wird.

6.8 Zum Verhältnis von Geist und Schrift

Geradezu kennzeichnend für Brunners Theologie ist die Rede von der Wirklichkeit und der Wirkung des Heiligen Geistes. Auch innerhalb der Schriftlehre wird das Wirken des Geistes Gottes ausdrücklich und mehrfach erwähnt. Dies geschieht erstens im Zusammenhang mit der apostolischen Bezeugung des Evangeliums, zweitens im Zusammenhang mit der mündlichen Überlieferung und Entfaltung des Evangeliums, drittens in Verbindung mit der kasuell bedingten Entstehung neutestamentlicher Schriften, viertens in Verbindung mit der Kanonisierung dieser Schriften, fünftens beim erneuten Selbstweis des Kanons in der Kirche und sechstens bei seinem kirchlichen Gebrauch.[106] Die Entstehung und die Anwendung der Heiligen Schrift sieht Brunner umgeben und getragen von dem Handeln des Heiligen Geistes.

Diese Sichtweise kommt der Perspektive der altprotestantischen Inspirationslehre zwar relativ nahe, ist aber keineswegs identisch mit ihr. Dies signalisiert Brunners energische Absage an eine „abstrakte Inspirationslehre".[107] Hinter dieser Absage dürfte die Ablehnung der These stehen, daß die biblischen Schriften durch das besondere Wirken des Heiligen Geistes entstanden sind, welches sich in seiner Präzision und Effektivität mit dem Diktieren eines Textes vergleichen läßt. Diese These ist es, die jedenfalls von Althaus und Elert scharf kritisiert wird, weil sie die Mitwirkung des menschlichen Schriftstellers an seinem geschichtlichen Ort auszuschließen und ihn zu einem willenlosen, unbeteiligten, schreibenden „Medium" zu degradieren scheint.[108]

---

[104] A.a.O.
[105] A.a.O., 43.
[106] Siehe 6.1; GDg 174; GDg 175; 6.4; 6.4; PE I, 44.
[107] ETh 116.
[108] P. ALTHAUS, CW 183f. W. ELERT, CG 171. K. BARTH (KD I/2, 583) nennt die altprotestantische Inspirationslehre eine „Irrlehre", weil sie behaupte, das Wort

Eben diese Kritik versucht Brunner bei seiner „Interpretation dessen, was die Väter Inspiration der Schrift nannten", zu berücksichtigen.[109] Diese Interpretation verknüpft den Vorgang der Formulierung und der Tradierung der Schrift innerhalb eines von verschiedensten Faktoren beeinflußten Entstehungsprozesses vorsichtig und behutsam mit dem Wirken des Geistes. Das Ergebnis dieses Wirkens bezeichnet Brunner jedoch auffallenderweise nicht als „inspirierte Schrift" oder „geistgewirkte Schrift", sondern als „das apostolische Christuszeugnis" in seiner „schriftlichen Gestalt"[110] oder als „die vollgültige Vertretung des in der Kirche wirksamen mündlichen Urevangeliums"[111]. Die Schrift wird in der Regel nicht direkt als Werk des Geistes bezeichnet, sondern erscheint eher als ein Menschenwerk, das der Heilige Geist als behelfsmäßiges Werkzeug benutzt, um das geistgewirkte, lebendige Apostelwort aufzubewahren. An dieser Stelle scheint sich wiederum der Vorbehalt Brunners gegen die Schriftlichkeit des Wortes auszuwirken. Da für Brunner „die Schriftlichkeit des Neuen Testaments" „dem Geist" (!) „nicht" „angemessen" ist[112], tut er sich schwer damit, von der Inspiration oder von der Theopneustie der Schrift zu sprechen. Eine erstrangige geistliche Qualität will er wohl nur dem mündlichen Wort zuerkennen, nicht aber dem schriftlichen.

Luther hingegen liegt eine solche graduelle Herabsetzung des Schriftwortes fern, und zwar deshalb, weil er die Heilige Schrift in einem unmittelbaren Sinne als Werk des Heiligen Geistes versteht. Der Reformator kann die Bibel als das „Buch des heiligen Geists"[113] bezeichnen und den Heiligen Geist als den „aller eynfeltigst schreyber und rether"[114]. Die Schrifttexte sollen möglichst genau ausgelegt werden, denn „der Heilige geist ist kein narr noch truncken bold, der ein tüttel, schweige ein wort solt vergeblich reden".[115] Die geistliche Qualität der Schrift ist verkannt, wenn der Buchstabe als „res ... mortua in papyro" betrachtet wird, jedoch recht erkannt, wenn das Schriftwort als Gottes Wort und „vehiculum Spiritus Sancti" vernommen wird.[116] Ganz konsequent hält Luther an der Autorschaft des Heiligen Geistes fest. Dies hindert ihn keineswegs daran, einen tiefen Eindruck von der Menschlich-

---

Gottes sei in der Schrift so selbstverständlich und direkt zugänglich wie geschriebene Menschenworte.
[109] DP 52.
[110] ETh 140.
[111] DP 52.
[112] DP 50.
[113] WA 53, 253,9f (Exempel, einen rechten christlichen Bischof zu weihen, 1542).
[114] WA 7, 650,21 (Antwort auf Emser, 1521). Vgl. A. BUCHHOLZ, Schrift Gottes, 16f.
[115] WA 54, 39,12–14 (Von den letzten Worten Davids, 1543).
[116] WA 20, 789,31; 790,25.

keit und der Eigenart der verschiedenen biblischen Schriftsteller zu vermitteln.[117]

Die unmittelbare Verbindung von Geist und Schrift, wie sie bei Luther zu beobachten ist, entspricht den Aussagen der Heiligen Schrift selbst. Die Aussage 2.Tim 3,16 läßt keinen Zweifel daran, daß der Schrifttext als ein Werk und deshalb auch als ein wirksames Werkzeug des Heiligen Geistes zu betrachten ist: „Jede von Gottes Geist eingegebene Schrift ist auch förderlich zur Belehrung und zur Überführung, zur Besserung und zur Erziehung in der Gerechtigkeit."[118] Dieser Satz bezieht sich wohlgemerkt auf alttestamentliche, kanonische Texte von sehr unterschiedlichem Charakter. Wenn schon den alttestamentlichen Schriften eine solch hohe geistliche Qualität zukommt, dann gilt dies um so mehr für jene Schriften, die nach der Ausgießung des Geistes in der Gemeinde entstanden sind. Sie beinhalten Worte, die „Geist" und „Leben" sind (Joh 6,63), „die der Geist lehrt" (1.Kor 2,13) und die „der Geist den Gemeinden sagt" (Offb 2,7). Nach 2.Kor 3,1–4,6 handelt es sich dabei nicht etwa um tote, leere Worte auf dem Papier, sondern um tötende Worte, sofern sie die Anklage des Gesetzes einschärfen, und um lebendigmachende Worte, sofern sie den Zuspruch des Evangeliums verkünden.[119]

Diesem biblisch-reformatorischen Aussagen wird Brunner nicht gerecht, wenn er behauptet, die Schriftlichkeit des Neuen Testamentes sei dem Geist nicht angemessen, und gleichzeitig darauf verzichtet, von der Theopneustie der Schrift zu sprechen. Allerdings tut dieses Defizit in der Schriftlehre Brunners der Autorität der Schrift keinen Abbruch. Denn die Schrift wird als das Mittel betrachtet, das die Vergegenwärtigung der autoritativen Stimme der Apostel in der Kirche ermöglicht.[120] Das beschriebene Defizit steht aber in einem inneren Zusammenhang mit Brunners Lehre von der Wirksamkeit der Schrift, die sich durch eine fast unmerkliche Akzentverschiebung von der Lehre der Reformatoren unterscheidet.

---

[117] Vgl. B. ROTHEN, Die Klarheit der Schrift, 64.
[118] Übersetzung der Menge-Bibel. G. HOLTZ (Die Pastoralbriefe, 183) übersetzt: „Jede Bibelstelle ist von Gottes Geist eingegeben." Übersetzung der Lutherbibel 1984: „alle Schrift, von Gott eingegeben".
[119] Vgl. B. ROTHEN, Die Klarheit der Schrift, 52. R. SLENCZKA kommentiert 2.Kor 3 folgendermaßen (VZ III, 112): „Alter und Neuer Bund stehen einander gegenüber in der Anklage mit dem Todesurteil nach dem Buchstaben des Gesetzes und mit dem lebendigmachenden Geist, der aus dem Gericht rettet." Schon AUGUSTIN arbeitet in „De spiritu et littera" heraus, daß der Heilige Geist durch den Buchstaben der Heiligen Schrift richtet und rettet (a.a.O. 119f). Zur biblischen Begründung der Schriftinspiration vgl. R. SLENCZKA, Kirchliche Entscheidung, 47–53.

[120] PE I, 34f.

Brunner betrachtet die Bibel als eine Schriftensammlung, die allein deshalb „kein versiegeltes Buch, sondern eine redende Stimme" darstellt, weil sie „von vornherein und an jedem Zeitpunkt der Kirche in Relation zu einer kontinuierlichen mündlichen Evangeliumsverkündigung steht".[121] Demnach entfaltet die Heilige Schrift nur dort ihre Wirkung, wo Menschen, die mit dem Geist begabt sind und deswegen auch zu Werkzeugen des Geistes werden, das Evangelium in der Schrift erkennen und durch ihr Bezeugen, Auslegen und Predigen aus der Schrift entbergen. Die geistbegabte Kirche durchstößt die Hülle der Schrift und setzt damit die geistlich wirksame Stimme der Apostel frei. Weil das Evangelium und der Geist Christi nur durch den Dienst der Kirche freigesetzt werden, kann Brunner auch nicht sagen, daß jene fortwährende Geistausgießung seit Pfingsten unmittelbar durch das Wort der Heiligen Schrift geschieht, sondern er stellt folgerichtig fest, daß sie sich allein durch die Wortverkündigung und die Sakramentsspendung der Kirche vollzieht.[122]

Gewiß ist weder die Entstehung der Heiligen Schrift noch ihre richtige Anwendung ohne ein vom Heiligen Geist getragenes Handeln der Kirche denkbar. Gleichzeitig aber gilt es zu erkennen, daß sich dieses kirchliche Handeln in der Kraft des Geistes grundsätzlich den geistlichen Anweisungen der Apostel verdankt, die nach wenigen Generationen der frühen Christenheit nur noch in schriftlicher Form zugänglich sind. Es ist nicht diese grundlegende Bewegungsrichtung von der schriftlichen Quelle des Geistes zum kirchlichen Wirkungsfeld des Geistes, das Brunner in den Mittelpunkt seiner Überlegungen stellt, sondern ein Anschauungsmodell, das die Schrift als verschlossene Quellfassung einordnet in die geistbegabte Kirche, wo sie erst zur geöffneten Quelle des Geistes werden kann. Es fragt sich, ob dieses Anschauungsmodell nicht die Erkenntnis verdunkelt, daß die Kirche ohne das Schriftwort vom Geist verlassen ist und daß es allein das aus sich selbst verständliche, lebendige Schriftwort ist, das den Geist Christi mit sich bringt und die Kirche geistlich belebt. Luther und seine geistigen Erben haben dieser Erkenntnis jedenfalls ein großes Gewicht beigemessen, weil sie ausschließt, daß die geistliche Qualität und Effektivität der Schrift verkannt und die Schrift durch den möglicherweise irrenden Geist der Kirche ausgelegt und verfremdet wird.

So läßt sich das Ereignis der Reformation selbst geistlich gesehen wohl nicht anders verstehen als die Wiederentdeckung des Geistes des

---

[121] PE I, 37.
[122] PE I, 224. K. FISCHER (Prota, 111–121) entfaltet den Zusammenhang zwischen dem Sprachakt Gottes und dem Sprachakt der Verkündigung unter den Überschriften „Das Pneuma", „Überlieferung", „Akt" und „Die Mechanik des Logischen und die eschatologische Aporie", wozu zu bemerken ist, daß die Eschatologie für BRUNNER keine Aporie darstellt, sondern einen Grundzug des Evangeliums, der unbedingt zu erfassen und zu glauben ist, wenn das ganze Evangelium nicht mißverstanden werden soll.

Diskussion 155

Evangeliums in der Schrift, der dem Geist der kirchlichen Tradition radikal widerspricht und sich gegen ihn durchsetzt. Das römisch-katholische Postulat, die Schrift könne und dürfe nur im Geiste der kirchlichen Auslegungstradition interpretiert werden, weist Luther energisch zurück, weil diese Interpretationsweise die Wahrheit Gottes mit den Irrtümern der Menschen vermischt und die Erkenntnis unterdrückt, „scripturas non nisi eo spiritu intelligendas esse, quo scriptae sunt, qui spiritus nusquam praesentius et vivacius quam in ipsis sacris suis, quas scripsit, literis inveniri potest".[123]

Dieser Grundsatz, der Geist und Schrift aufs engste miteinander verbindet, läßt sich schwerlich vereinbaren mit jener Meinung, die der Danziger Pfarrer Hermann Rahtmann ein Jahrhundert später vertritt, daß der Geist jeweils neu gewissermaßen von außen her zur Schrift treten müsse, um das Schriftwort im Inneren des Menschen zur Wirkung zu bringen.[124] Dieser Meinung setzt Johann Gerhard die Erkenntnis entgegen, daß das Schriftwort nicht erst durch den von außen hinzutretenden Geist zum dynamischen Lebenswort wird, sondern aufgrund des ihm innewohnenden Geistes von vorneherein ein solches Wort Gottes ist: „Wie die H. Schrifft vor vnserm lesen und (m)editiren ist Scriptura ‚theopneustos' eine von Gott eingegebene (s)chrifft 2.Tim 3.v.16. also ist sie auch *vor* unserm lesen und meditiren (ein)e Krafft Gottes, die da kan selig machen wen sie wirdt (ge)lesen, betrachtet, vndt mitt gleuben angenommen. Rom. 1.v.16."[125] Die Schrift

---

[123] WA 7, 97,1–3 (Vorrede, Assertio omnium articulorum, 1520). Übersetzung T.E.: „daß die (heiligen) Schriften nur mit demjenigen Geist verstanden werden können, mit dem sie geschrieben sind, einem Geist, der nirgends gegenwärtiger und lebendiger gefunden werden kann als gerade in seinen heiligen Schriften, die er geschrieben hat". Das Schriftverständnis, das in diesem locus classicus zum Ausdruck kommt, beschreibt R. SLENCZKA folgendermaßen (VZ III, 122): „Der Geist wirkt also ausschließlich in der Schrift; die Schrift aber ist die Grundlage für die Identität im Wirken des Geistes durch die Geschichte hindurch in der Kirche. Daraus folgt der Gegensatz, daß alles, was nicht der Schrift gemäß ist oder was sich an die Stelle der Schrift setzt oder ihr vorgeordnet wird, keinen Anspruch auf Autorität und Wahrheit erheben kann und darf, wenn er nicht durch die Schrift selbst begründet ist."
[124] J.A. STEIGER zitiert in seiner Darstellung des Rahtmannschen Streites folgenden Satz aus einer Schrift RAHTMANNs von 1621 (ZThK 95, 338–365; hier: 347 Anm. 40): „Nun aber kompt die H: Schrifft/ so ferne sie im Buchstaben verfasset vnd verzeichnet ist/ nicht in die Seele/ sondern bleibet in jhren Tafeln/ aber die Erleuchtung vnd der Geist der ereugnet sich in der Seelen. Darumb die Schrifft/ so ferne sie im Buchstaben verfasset ist/ die Seele vnnd den Menschen nicht fasset vnd wandelt zur Bekehrung/ Heiligung/ Beseeligung."
[125] Zitiert nach J.A. STEIGER (ZThK 95, 343), wobei ‚theopneustos' ursprünglich in griechischen Buchstaben gesetzt ist; Hervorhebung T.E. Das Zitat stammt aus J. GERHARDs Schrift „Von der Natur, Krafft vndt Wirkung des geoffenbarten vndt geschriebenen Wortes Gottes" von 1628. R. SLENCZKA (VZ III, 127) erklärt, daß der Sinn der Inspirationslehre der nachreformatorischen Orthodoxie darin liegt, die Ansicht zurückzuweisen, die Schrift müsse durch das kirchliche Lehramt

braucht nicht erst in Kraft gesetzt zu werden, weil sie die Kraft des Geistes in sich birgt. Die von Gerhard angeführten loci classici weisen darauf hin, daß auch der Apostel Paulus das Wort der Apostel und Propheten als ein Wort versteht, welches den Heiligen Geist mit sich bringt. Wie schnell es in der Kirche zu geistlichen Fehlentwicklungen kommen kann, wenn die Kirche das ihr gegebene Wort Gottes im Geiste menschlicher Religiosität uminterpretiert, läßt sich an den Paulusbriefen nach Galatien und nach Korinth ablesen. Die Galater müssen daran erinnert werden, daß der Geist, der aus der apostolischen Predigt und aus der alttestamentlichen Schrift spricht, nicht zu vereinbaren ist mit dem Geist des Nomismus (Gal 3,2.13.16). Die Korinther müssen dahingehend belehrt werden, daß der Geist des apostolischen Wortes, welches sowohl in mündlicher als auch in schriftlicher Form zur Gemeinde gelangt, nicht zu verwechseln ist mit dem Geist des Enthusiasmus und Antinomismus, der sich erhebt „über das hinaus, was geschrieben steht" (1.Kor 2,4; 4,6; 6,9f).

Brunner sieht sehr wohl die Gefahr des Enthusiasmus, die er als eine grundsätzliche Loslösung der Kirche von der Autorität des in der Schrift enthaltenen apostolischen Wortes beschreibt.[126] Doch man vermißt bei Brunner jenen entschiedenen Griff der Reformatoren, der diese Gefahr restlos bannt, nämlich die auf die Schrift selbst zurückgreifende These von der grundsätzlichen Zusammengehörigkeit von Geist und Schrift. Diese These entspricht zwar dem Buchstaben nach ganz exakt der Forderung Brunners, daß „die Pneumatologie in die Schrift (sic!) einzubeziehen sei", aber sie entspricht trotzdem nicht dem Sinn dieser Forderung.[127] Brunners Formulierung zielt nämlich darauf ab, daß die Schrift nicht mehr ohne die Kirche ins Auge gefaßt werden soll, sondern nur noch in Verbindung mit der Kirche. Das Wirken des Geistes erklärt sich dann aus der Wechselwirkung zwischen Kirche und Schrift, und zwar insofern, als die Kirche die apostolische Stimme aus der Schrift entbindet und diese aus dem Schrifttext entbundene Stimme ihrerseits die Kirche geistlich fördert. Geht man jedoch erstens davon aus, daß die Schrift auch abgesehen von ihrem kirchlichen Gebrauch ein lebendiges Wort der Anrede darstellt und insofern keineswegs angewiesen ist auf einen Akt der Freisetzung ihrer lebendigen Stimme, und zweitens davon, daß die Kirche selbst weder die Klarheit noch die Wirksamkeit der Schrift verbürgen kann und muß, dann wird man Verständnis dafür aufbringen, daß die Reformatoren

---

oder durch subjektive geistliche Fähigkeiten zur Wirkung gebracht werden, und demgegenüber die Erkenntnis festzuhalten, „daß der Heilige Geist in seiner Wirkung nicht in die Schrift, sondern aus der Schrift kommt".
[126] PE I, 37.
[127] DP 52. Vielleicht wurde hier in der Vorlesungsnachschrift „Schriftlehre" zu „Schrift" verkürzt.

Diskussion 157

die Heilige Schrift der Kirche gerade nicht einordnen, sondern ihr vorordnen und überordnen als reine Quelle jenes Geistes, der das Feld der Kirche stets neu zu beleben vermag in der Auseinandersetzung mit allen möglichen Geistesströmungen.

Diese Vorordnung, die verhindert, daß die Autorität der Schrift beeinträchtigt wird durch die Autorität der Kirche und ihrer Tradition, ist Urbans Darstellung zufolge in der lutherischen Theologie vor dem zweiten Weltkrieg klarer herausgearbeitet worden als in der lutherischen Theologie nach dem zweiten Weltkrieg.[128] Es ist schon bedenklich, wenn der Katholik Urban Brunner dahingehend interpretieren kann, daß er die Kirche als ein „konstitutives Element für die Schrift" betrachte, und deshalb auch die Frage stellt, „ob hier nicht genau das vollzogen ist, was katholische Theologie unter dem hermeneutischen Zirkel von Schrift und Kirche versteht".[129] Urban selbst gibt zu, daß diese Frage nicht einfach bejaht werden kann, wenn er feststellt, daß Brunner letztendlich doch an dem reformatorischen „sola scriptura" festhält.[130] Aber allein diese Fragestellung macht aufmerksam auf den Sinn und die Notwendigkeit der reformatorischen Unterordnung der Ekklesiologie unter die Skriptologie und die Pneumatologie. Entweder wird die Kirche bestimmt und belebt durch das Wort der Schrift und den Geist der Schrift oder aber sie gerät unter den Einfluß von Menschenwort und Menschengeist, was entsprechende geistliche Schäden zur Folge hat.

6.9 Zum Verständnis des Kanons der Heiligen Schrift

Die Entstehung des neutestamentlichen Kanons versteht Brunner im Sinne einer kirchlichen Entscheidung, die nicht durch das Dekret einer Kirchenführung mit lehramtlicher Vollmacht zustandegekommen ist, sondern durch die Anerkennung bestimmter Schriften als Texte von genuin apostolischer Qualität und Dignität im Gemeindegottesdienst.[131] Dabei dürfte das Vorbild des alttestamentlichen Kanons, der in diesem Gottesdienst verwendet wurde, eine nicht unerhebliche Rolle gespielt haben.[132] Brunner betrachtet den Kanon als „offenen" Kanon, weil die lutherischen Bekenntnisschriften kein Kanonverzeichnis beinhalten und eine Veränderung des Kanonumfangs aufgrund der geistlichen Erkenntnis der Kirche prinzipiell jederzeit möglich ist.[133] Gleichzeitig aber muß man feststellen, daß er den Kanon doch als einen praktisch und faktisch „geschlossenen" Kanon behan-

---

[128] H.J. URBAN, Bekenntnis, 64, 72f, 82, 278–288.
[129] A.a.O. 284.
[130] A.a.O. 296.
[131] Siehe 6.4.
[132] Siehe 6.2.
[133] Siehe 6.4.

delt, wenn er fordert, daß die heutige Kirche die Entscheidung der Alten Kirche nachzuvollziehen habe, und davor warnt, den heute umstrittenen Schriften ihren kanonischen Charakter abzusprechen. Wesentlich nachdrücklicher als Brunner vertritt Althaus die Lehrmeinung, daß der biblische Kanon als unabgeschlossener, stets neu zu überprüfender Kanon zu betrachten sei. Althaus grenzt sich ab gegenüber dem reformierten Bekenntnissatz, daß das Zeugnis des Heiligen Geistes die Kanonizität der biblischen Bücher bestätige, und stellt im Anschluß an Luthers kritische Äußerungen in seinen Vorreden zur deutschen Bibel von 1522 die These auf, daß der ganze Schriftkanon aufgrund des Kriteriums des in ihm enthaltenen Evangeliums der theologischen Kritik zu unterziehen sei: „*Scriptura sacra sui ipsius critica.*"[134]

Dieser Sichtweise, die heute zur opinio communis geworden ist, schließt sich Brunner deshalb nicht an, weil er die ökumenische Verwendung und Anerkennung der neutestamentlichen Schriften durch die Kirche aller Jahrhunderte, in der sich das Wirken des Heiligen Geistes manifestiert, für vertrauenswürdiger hält als etwa die Ansätze zur Kanonkritik in der Reformationszeit oder die zum Teil massive Kanonkritik seit der Zeit der Aufklärung. Tatsächlich ist die altkirchliche Entscheidung im Blick auf den neutestamentlichen Kanon von keiner Kirche der Ökumene jemals offiziell revidiert worden durch die Ausscheidung eines Buches aus der Heiligen Schrift. Für Brunners Ansicht spricht außerdem, daß es erstens fraglich ist, ob sich die neuere Theologie für ihre Auffassung der Schriftkritik zurecht auf Luther beruft, und zweitens, ob mit Luthers kritischen Äußerungen das letzte Wort zu den umstrittenen Schriften gesagt ist.

Zu der Diskussion um den reformatorischen Umgang mit der Heiligen Schrift hat Rothen den Hinweis beigesteuert, daß Kanonkritik eigentlich nicht gleichgesetzt werden kann mit Schriftkritik.[135] Denn die grundsätzliche Kritik an einem biblischen Buch zielt ja darauf ab, die Anzahl jener Schriften, welche ohne Abstriche als Gottes Wort zu hören und deshalb als heilige, kanonische Schriften zu betrachten sind, neu zu bestimmen, und nicht etwa darauf, den gesamten Kanon zu einer grundsätzlich kritikbedürftigen Textsammlung zu erklären. In der Tat setzt Luthers theologische Argumentation stets voraus, daß es einen unumstrittenen Kanon von heiligen Schriften gibt, in dem das Wort Gottes als offenbartes, autoritatives, maßgebliches Wort schwarz

---

[134] P. ALTHAUS, CW 159f.163f., Zitat CW 164. Auch W.ELERT verweist auf LUTHERs Diktum, die Schriften müßten „Christum treiben", arbeitet aber gleichzeitig heraus, daß die altkirchliche Überlieferung diesem Kriterium im wesentlichen standhält und tatsächlich zurückführt zum apostolischen Ursprung der Kirche (CG 178–183). Nach der Darstellung von P. ALTHAUS (CW 163) betont K. BARTH sowohl die Relativität der menschlichen Kanonsentscheidung als auch die Verbindlichkeit des kanonischen Offenbarungszeugnisses (KD I/2, 527.525).
[135] B. ROTHEN, Die Klarheit der Schrift, 46f.

Diskussion 159

auf weiß nachzulesen ist. In der Auseinandersetzung mit Jacobus Latomus zum Beispiel beruft sich der Reformator auf die Worte der „scriptura dei", die so gewiß als „pia et fidelia et sancta" „spiritus verba" zu betrachten sind, so gewiß sie „in sacro Canone" aufzufinden sind.[136] In aller Regel befaßt sich Luther nicht damit, den „prufesteyn", „ob sie Christum treyben"[137], auf die biblischen Bücher anzuwenden, sondern vielmehr damit, „die" Schrift, die nichts anderes enthält als die christusgemäße Lehre, zur Geltung zu bringen in der Auseinandersetzung mit der Menschenlehre[138]. Diese typisch refomatorische Auseinandersetzung, die anhand der Schrift unterscheidet zwischen Gottes Wort und Menschenwort, ist dann nicht mehr möglich, wenn die kanonischen Schriften selbst mit einer Schriftkritik überzogen werden, die die Vertrauenswürdigkeit und die Autorität dieser Schriften unausgesetzt in Frage stellt.

Brunner knüpft nicht nur dort an die Theologie der Reformatoren an, wo er die Autorität des Schriftkanons erläutert, sondern ein Stück weit auch dort, wo er für die Kanonizität umstrittener Schriften eintritt. Über den Jakobusbrief etwa sagt er, daß man ihn wohl nicht „unter dem Gesichtspunkt einer strohernen Epistel an die äußerste Grenze des Kanons" zu setzen, sondern „seine Intention gegenüber einem falsch verstandenen Paulinismus auch positiv zu begreifen" habe.[139] Schon Melanchthon hat den Inhalt des Jakobusbriefes „positiv" verstanden als Lehre von den Werken des Glaubens, die untrüglich anzeigen, ob der Glaube „tot" oder vielmehr „lebendig, kräftig, schäftig und tätig im Herzen" sei.[140] Dieses Votum, das eine Übereinstimmung zwischen Jakobus und Paulus konstatiert, stellt einen Bestandteil der lutherischen Bekenntnisschriften dar, nicht etwa das kritische

---

[136] WA 8, 72,19; 61,19–21 (Rationis Latomianae confutatio, 1521). Auf dieses Zitat weist A. BUCHHOLZ hin (Schrift Gottes, 17); dort weitere Belege für LUTHERs Gegenüberstellung von kanonischem Wort Gottes und außerkanonischem Menschenwort.
[137] WA DB 7, 384,26f (Vorrede Jakobusbrief, 1522). Der Satz, der dem berühmten Zitat folgt, bringt zum Ausdruck, daß LUTHER von einem fest umrissenen Kanon ausgeht (WA DB 7, 384,28): „Syntemal alle schrifft Christum zeyget Ro. 3."
[138] WA 7, 662,28–30 (Antwort auf Emser, 1521): „Und hie Colo. 2. ‚Was nit nach Christus geleret wirt, da hütt euch fur'. Hie wil yhe S. Paulus, das ausser der schrifft nichts soll gelert werden." Vgl. Kol 2,6–8. Man beachte die Parallelisierung von christusgemäßer Lehre und schriftgemäßer Lehre. LUTHER ist der Auffassung, daß die ganze kanonische Schrift Christus entspricht und von Christus spricht (WA 24, 16,1f): „TOta (sic!) scriptura eo tendit, ut Christum nobis proponat cognoscendum, hic universae Scripturae scopus est." Vgl. J.BAUR, Sola Scriptura, 70.
[139] GDg 176. Bekanntlich hat bereits LUTHER diese Intention erkannt, ihre Durchführung aber als reine Gesetzespredigt verstanden und deshalb verworfen (WA DB 7, 386,13–17).
[140] BSLK 208, 27f. Das Thema „Jakobusbrief" wird im Abschnitt Ap IV, 244–253, behandelt.

Urteil Luthers.[141] Zu der Entscheidung Brunners, sich eher an Melanchthons Verständnis des Jakobusbriefes zu orientieren, könnte auch der Kommentar Adolf Schlatters von 1932 beigetragen haben, der darauf hinweist, daß sich Paulus und der Herrenbruder Jakobus gegenseitig gekannt und als Apostel Christi anerkannt haben.[142] Ferner ist es denkbar, daß Brunner bei seiner Behandlung der Kanonfrage an Bekenntnisaussagen des Kirchenkampfs denkt, wie z.B. an jene des Betheler Bekenntnisses von 1933: „Luthers Satz, daß die Heilige Schrift Gottes Wort sei, wo sie Christum treibet, gibt keineswegs einem willkürlichen Wählen in der Schrift Raum. Die ganze Schrift, wie sie im Kanon zusammengefaßt ist, treibt Christum."[143]

Brunner erinnert daran, daß die Bedeutung der im Gottesdienst gebrauchten Heiligen Schrift keineswegs richtig erfaßt ist, wenn man im Kanon eine kritisch zu bearbeitende Textsammlung erblickt, die nur nach sorgfältiger Selektion und wissenschaftlicher Interpretation in Gebrauch genommen werden darf. Vielmehr stellt der Kanon eine exklusive Auswahl von kirchengründenden Schriften dar, die dazu dient, andere schriftliche oder mündliche Äußerungen im Bereich von Kirche und Gesellschaft kritisch zu bewerten. Die Veränderung seines Umfangs oder seines Inhalts würde eine Veränderung der Kirche nach sich ziehen.[144] Mit dieser Beschreibung erfaßt Brunner einen Grundzug des reformatorischen Schriftverständnisses. Allerdings geben manche Aussagen des Heidelberger Theologen Anlaß zu der Rückfrage, ob sie der reformatorischen Lehre und dem Anspruch der Schrift selbst ganz gerecht werden. Dies sei im folgenden an drei Beispielen vorgeführt.

(1) Obwohl Brunner davon ausgeht, daß die Kirche der Gegenwart das Bekenntnis zum Kanon aktuell erneuert und insofern den Umfang der Heiligen Schrift exakt angeben kann, spricht er von einer Mitte und von einem Rand des Kanons. In der frühen Enzyklopädievorlesung wird deutlich, daß er mithilfe dieses Begriffspaars die unterschiedliche Wertschätzung und Bedeutung einer biblischen Schrift in unterschiedlichen Epochen der Kirchengeschichte erläutern will.[145] Letztendlich geht es um die Geschlossenheit und um die Qualität des Kanons. Solche Texte, die zeitweilig nur am Rande interessieren, erweisen ihre Kanonizität dadurch, daß sie zu anderer Zeit in den Mit-

---

[141] LUTHER lehnt MELANCHTHONs Interpretation ab (WA TR 3, 253,25f; Nr. 3292 a; 1533).
[142] A. SCHLATTER, Der Brief des Jakobus, 59f.
[143] In: K.D. SCHMIDT, Die Bekenntnisse 1933, 111. Auf dieses Zitat weist R. SLENCZKA (ThR 60, 107) hin.
[144] Siehe 6.4. Vgl. LUTHER (WA 53, 252,32–35): „Die heilige Schrift ist das Buch von Gott, dem heiligen Geist, seiner Kirchen gegeben, darin sie lernen mus, Was sie (die Kirche) sey, was sie thun, was sie leiden, wo sie bleiben solle. Wo das Buch endet, da endet die Kirche."
[145] Siehe 6.4.

Diskussion 161

telpunkt des Interesses rücken. In der späten Dogmatikvorlesung beschreibt Brunner denselben Sachverhalt folgendermaßen: „Der Kanon der heiligen Schriften hat einen Rand, an dem das Kanonische im Begriffe ist, zu verdämmern, und er hat andererseits zentrale Bereiche, in denen das Kanonische mit besonderer Strahlkraft leuchtet."[146] Isoliert von seinem Kontext läßt sich dieser Satz kaum anders verstehen als im Sinne einer definitiven, kritischen Bewertung des Kanons, die qualitative Unterschiede innerhalb des biblischen Textkorpus feststellt. Indem Brunner jedoch unmittelbar nach diesem Satz davon spricht, daß dem Epheserbrief, dem Jakobusbrief und der Johannesoffenbarung heute eine größere Bedeutung als früher zukommt, gibt er zu verstehen, daß er im Blick auf einzelne Schriften eindeutige Zuordnungen zur hellen Mitte oder zum dunklen Rand des Kanons keineswegs für möglich und für notwendig hält.

An dieser Stelle ist Brunners Redeweise mißverständlich und irreführend, weil die zeitweilige kirchliche Bewertung einer Schrift in eins gesetzt wird mit einem wechselnden Rang innerhalb des Kanons und einer dementsprechenden variablen Wertigkeit des Textes. Zwar wird man stets mit graduell unterschiedlichen Einschätzungen verschiedener biblischer Bücher zu rechnen haben. Doch der Begriff des Kanonischen impliziert gerade nicht eine Unterscheidung innerhalb des Kanons zwischen erstrangiger „Mitte" und zweitrangigem „Rand", sondern die Unterscheidung zwischen dem erstrangigen kanonischen Wort und dem zweitrangigen außerkanonischen Wort. Ein „Kanon" wird dadurch zum brauchbaren Maßstab, daß er an die Stelle von fließenden Übergängen zwischen apostolischen und kirchlichen Texten verschiedenster Qualität eine klare Grenzziehung setzt, welche die Unterscheidung von apostolischem Fundament und darauf aufbauender Kirche ermöglicht. Der von Brunner verwendete Begriff des „Deuterokanonischen"[147], streng genommen ein Widerspruch in sich selbst, verdunkelt diesen Sachverhalt.

Dazu kommt, daß sich die Einteilung des Kanons in eine Textgruppe der hellen Mitte und in eine Textgruppe des dunklen, verdämmernden Randes schlecht vereinbaren läßt mit der reformatorischen These von der Klarheit der Schrift. Luther geht davon aus, daß den kanonischen Texten und ihren Textaussagen, wie sie in der Heiligen Schrift vorliegen und in der Verkündigung bezeugt werden, nichts Dunkles oder Ambivalentes anhaftet: „Si de externa (claritate) dixeris, Nihil prorsus relictum est obscurum aut ambiguum, sed omnia sunt per verbum in lucem producta certissimam et declarata toto orbi quaecunque sunt in scripturis."[148] Dunkel und zweifelhaft erscheint die Schrift nur

---

[146] GDg 176.
[147] PE I, 43.
[148] WA 18, 609,12–14. Übersetzung W² XVIII, 1684: „Wenn du von der äußeren (Klarheit) sprichst, so ist durchaus nichts dunkel oder zweifelhaft geblieben, son-

dem Menschen, der ohne den Heiligen Geist kein angemessenes Verständnis aufbringen kann für die Botschaft der Schrift.[149] Die Klarheit der Schrift ist nicht zu verwechseln mit der Verdunkelung des menschlichen Herzens und einer dementsprechend verdunkelten Sichtweise.[150] Wenn man dieser Verwechslung keinen Vorschub leisten will, sollte man es vermeiden, von der hellen Mitte und den dunklen Rändern des Kanons zu sprechen oder von den „hellsten", auf das Bekenntnis und das Sakrament bezogenen „Stellen"[151], die möglicherweise deutlicher sprechen sollen als andere Stellen. Betrachtet man die Schrift unter der Voraussetzung, das sie als ganze Gabe und Werkzeug des Heiligen Geistes ist, so wird man vielmehr erkennen und als Grundsatz der Schriftlehre festhalten, daß der eine Kanon in der Mannigfaltigkeit seiner Texte trotz mancher noch unverstandener Textpassagen in großer Klarheit und Eindeutigkeit die eine Heilsbotschaft von der Rettung aus dem Gericht durch Jesus Christus bezeugt, was Brunner auf seine Weise auch versucht hat.

(2) Dort, wo Brunner über die apostolischen Überlieferungen zur Ordnung des Gemeindelebens spricht, unterscheidet er zwischen dem Apostelwort von bindender Autorität, das sich auf das Evangelium bezieht, und dem heute unverbindlichen Apostelwort, das sich auf situationsbedingte Gemeindeordnungen bezieht.[152] Mit dieser Unterscheidung beabsichtigt er wohl dem berechtigten Anliegen der lutherischen Reformatoren Rechnung zu tragen, daß das Evangelium nicht von unnötigen Kirchenordnungen umgeben und durch verkehrte Menschensatzungen verdorben wird. Zur Begründung dieses Anliegens kann auch Melanchthon auf apostolische Anordnungen hinweisen, die nicht mehr befolgt zu werden brauchen, wie z.B. das Apostoldekret Apg 15,20.[153] Nur läßt sich Brunners Gegenüberstellung von situationsunabhängigem Evangelium und situationsbedingter Gemeindeordnung leicht dahingehend mißverstehen, als sei jedes apostolische Wort, das sich auf das konkrete Leben der Gemeinde bezieht, als unverbindlich zu betrachten. Mit dieser Betrachtungsweise würde man

---

dern alles ist durch das Wort an das hellste Licht hervorgebracht und in der ganzen Welt kund gethan, was auch immer in der Schrift enthalten ist." Nach A. BUCHHOLZ (Schrift Gottes, 76 Anm. 104) ist Luther so zu verstehen, daß die Klarheit der Schrift nicht erst hervorgebracht werden muß durch die kirchliche Verkündigung, sondern eine Eigenschaft der Schrift selbst darstellt, die ihrerseits die Voraussetzung der Verkündigung bildet. Die Information des zweiten Abschnitts der Anmerkungen WA 18, 609, unterstützt diese Interpretation.

[149] WA 18, 609,5–7: „Si de interna claritate dixeris, nullus homo unum iota in scripturis videt, nisi qui spiritum Dei habet."
[150] WA 18, 607,16f: „Desinant ergo miseri homines, tenebras et obscuritatem cordis sui blasphema perversitate scripturis Dei clarissimis imputare."
[151] PE I, 44.
[152] Siehe 6.3.
[153] BSLK 131,15–25 (dT). Vgl. 129,10–130,6; 400,36–401,17.

den apostolischen Schreiben deshalb nicht gerecht werden, weil sie liturgische und ethische Weisungen direkt aus dem Evangelium ableiten und ihnen damit einen zeitübergreifenden, normativen Charakter verleihen.[154] In seinen systematischen Abhandlungen und in seinen Predigten stellt Brunner die bleibende Bedeutung dieser Weisungen auch keineswegs in Frage. Deshalb sollte im Rahmen der Schriftlehre deutlicher zum Ausdruck kommen, daß das apostolische Wort nicht nur dort, wo es sich unmittelbar auf das Evangelium bezieht, ein Wort von bindender Autorität ist, sondern auch dort, wo es Richtlinien aufstellt für das Leben der Gemeinde.

(3) In seinem 1955 gehaltenen Vortrag zur Schriftlehre äußert Brunner die Ansicht, daß sich nicht nur die die Gemeindeordnungen im Laufe der Zeit verändern, sondern daß auch das Evangelium selbst bei seiner Weitergabe „stets neue Verkörperungen" erfährt und trotz gleichbleibendem Inhalt „seine konkrete Gestalt" „wandelt".[155] Zu dieser Ansicht gelangt Brunner offenbar dadurch, daß er seinen Blick auf das gepredigte Evangelium konzentriert und dann die Unterschiedlichkeit der Predigten im Laufe der Zeit beobachtet. Ohne Zweifel variiert die sprachliche und inhaltliche Gestaltung der Kanzelrede oder des persönlichen Zeugnisses je nach Person und Situation. Die Beobachtung der Variabilität der Evangeliumsverkündigung kann jedoch sehr schnell die theologisch entscheidende Erkenntnis verdecken, daß die Identität des Evangeliums in der Kirche nicht durch unterschiedliche Beschreibungen derselben Inhalte gewahrt werden kann, sondern nur durch die unausgesetzte Bezugnahme auf die schriftlich vorliegende Wortgestalt des Evangeliums. Offenkundig ist Paulus der Meinung, daß die Relativierung oder der Verlust der konkreten Gestalt des apostolischen Wortes zur Uminterpretation und zum Verlust des Evangeliums selbst führt. Sonst müßte er die Christen von Korinth nicht vermahnen, das Evangelium in demjenigen „Wort(laut)", in welchem es durch den Apostel verkündigt wurde, festzuhalten, wenn sie ihren Glauben nicht ernsthaft gefährden wollen (1.Kor 15,2).[156] Auf derselben Linie liegt Luthers Warnung vor der Loslösung der Theologie von der Sprache der Schrift: „Denn es gar ferlich ist von Gottis sachen anders reden odder mit andern worten, denn Gott selbs braucht."[157]

Brunner will die Bezugnahme der Verkündigung oder der Theologie auf den Text der Heiligen Schrift nicht in Frage stellen. Aber sein Interesse an der Mündlichkeit des Evangeliums führt dazu, daß er die Bindung des Evangeliumsgehaltes an seine schriftliche Wortgestalt

---

[154] Beispiele: Rö 12; 1.Kor 11,17–34; Eph 5,21–6,9.
[155] PE I, 42.
[156] Übersetzung C. WOLFF, 1.Korintherbrief, 351. Die Lutherbibel 1984 übersetzt „logos" mit „Gestalt".
[157] WA 15, 43,12f (An die Ratherren, 1524).

lockert und die Bedeutung des Schriftwortes, das als aktuelles, maßstäbliches Wort die Kirche erhält, unterschätzt. Als Indiz für diese Unterschätzung kann auch Brunners Aussage gewertet werden, daß nur der in der Kirche wirksame Heilige Geist vor einem „gesetzlichen Buchstabendienst" bewahren kann[158], weil diese Aussage nicht ergänzt wird durch die Erläuterung, daß dieser Geist nur durch den Buchstaben der Schrift zugänglich ist und insofern die Schrift selbst in ihren rechten Gebrauch einzuweisen vermag.

Trotz der vorgetragenen Anfragen stellt Brunners Lehre von der Heiligen Schrift einen beachtenswerten Beitrag zur Theologie des 20. Jahrhunderts dar. Ihre Eigenart besteht darin, daß sie besonders ausdrücklich aufmerksam macht auf die Bedeutung des Apostolats und des Heiligen Geistes für die Bezeugung und Bewahrung des Evangeliums. Sie erinnert nachdrücklich daran, daß die Aussagen der Verkündigung und der Theologie aus dem Fundus der biblischen Schriften zu schöpfen und vor dem Forum dieser Schriften auch zu verantworten sind. Die Heilige Schrift erscheint als verbindliche Norm und wird durch Fischers Begriff der „*schwebenden Norm*" wohl kaum zutreffend charakterisiert.[159] In der Sicht Brunners ist es im Grunde Christus selbst, der seiner Kirche den aussagekräftigen, anwendbaren Maßstab der Bibel an die Hand gibt und sie dadurch auffordert, zu unterscheiden zwischen der christlichen und der pseudo-christlichen Lehre. Die kirchliche Theologie ist dazu da, diese Unterscheidung zu fördern. In dem Augenblick, wo innerhalb der Theologie die Offenbarungsqualität, die Autorität oder die Klarheit des Wortes Gottes der Heiligen Schrift nachhaltig in Zweifel gezogen wird, kann speziell eine auf reformatorische Erkenntnisse zurückgreifende Theologie ihre genuine Aufgabe nicht mehr erfüllen. Deshalb entscheidet sich die Möglichkeit einer evangelischen Theologie an der Lehre von der Heiligen Schrift.

---

[158] PE I, 44.
[159] K. FISCHER, Prota, 170.179.188.

Kapitel 7: Die Bedeutung des kirchlichen Bekenntnisses für die Theologie

A. Darstellung

Die Kirche bezeugt die christliche Heilsbotschaft, indem sie ein Glaubensbekenntnis ausspricht, das ganz bestimmte Inhalte umfaßt. Eine Theologie, die ihre Aufgabe in der Förderung der Bezeugung des Evangeliums erblickt, wird sich Klarheit verschaffen müssen über die Bedeutung dieses Bekenntnisses. Die Bedeutung des Bekenntnisses für die Kirche erläutert Brunner in dem 1962 gehaltenen Vortrag „Bekenntnisstand und Bekenntnisbindung" (7.1).[1] Über den Zusammenhang zwischen Bekenntnis und theologischer Aufgabe äußert er sich in einer Rezension von Edmund Schlinks Buch „Theologie der lutherischen Bekenntnisschriften"[2], ferner in dem unter Gliederungspunkt 2.3 dargestellten Wuppertaler Vortrag und in der Enzyklopädievorlesung (7.2). Das Referat „Was bedeutet Bindung an das lutherische Bekenntnis heute?" zeigt, welche Folgerungen sich aus der Bekenntnisbindung im Blick auf die aktuelle Gesprächslage ergeben (7.3).[3]

7.1 Bekenntnisstand und Bekenntnisbindung

In dem so überschriebenen Vortrag vor Mitarbeitern der Zeitschrift für evangelisches Kirchenrecht stellt Brunner eingangs fest, daß der Bekenntnisstand ein Zustand ist, der aus dem geschichtlichen Ereignis der Bekenntnisbindung folgt.[4] Der Begriff „Bekenntnisbindung" läßt sich in einem dreifachen Sinne verstehen: (1) Erstens als das Ereignis des Gebundenwerdens an das Bekenntnis des Glaubens; (2) zweitens als der Zustand des Gebundenseins; (3) drittens als „das aktive tätige Verhalten", das durch die Bekenntnisbindung ausgelöst wird. Zum ersten: Die Bindung an das Bekenntnis wird niemals durch einen Menschen herbeigeführt, sondern ist immer Tat des dreieinigen Gottes durch das Mittel des verkündigten Evangeliums. Zum zweiten: Die

---

[1] PE II, 295–304.
[2] VF 1 (1941), 45–54.
[3] PE I, 46–55; 1956. BRUNNERs gehaltvoller Aufsatz „Wesen und Funktion von Glaubensbekenntnissen" (in: ders. u.a., Veraltetes Glaubensbekenntnis?, Regensburg 1968, 7–64) wird zur Ergänzung herangezogen.
[4] PE II, 295.

actio des Bekennens gründet in der passio des Gebundenwerdens durch das Handeln des Heiligen Geistes.[5] Zum dritten: Diese „pneumatische passio" beinhaltet einen Anspruch an das konkrete Verhalten, dem der Christ durch seinen Lebenswandel zu entsprechen versuchen wird, wenn er seine Bindung an das Bekenntnis nicht gefährden oder auflösen will. Diese drei Aspekte bezeichnet Brunner als „Dreieinheit", die das Wesen der Bekenntnisbindung ausmacht.

Am Neuen Testament läßt sich ablesen, daß der Glaube an das Evangelium Bindung an das Bekenntnis einschließt. Nach Rö 10,8ff wird die Heilsbotschaft durch den Glauben des Herzens und das mündliche Bekennen ergriffen.[6] Der Inhalt des Bekenntnisses ist durch den Inhalt des Kerygmas vorgegeben. Da Rö 10,8ff als Taufbekenntnis zu interpretieren ist, weist diese Stelle auch darauf hin, daß sich der einzelne Christ durch sein Bekenntnis dem Credo der Ekklesia anschließt. Seine Zustimmung zum Evangelium stimmt mit dem „consensus" in der Kirche Gottes überein.

Im Taufsymbol wird die „ursprunghafte(n) Bekenntnisgebundenheit der Kirche Gottes" sichtbar, die „als pneumatische Dynamis und Energeia das konkrete Leben der Kirche und ihrer Glieder prägt".[7] Sie wirkt sich so aus, daß sich Kirchenmitglieder durch ihr Zeugnis und ihren Lebensvollzug zum Credo der Kirche bekennen. Daran erinnert die „Credoparänese" des Hebräerbriefs.

Im Rahmen seiner Gottesdienstlehre weist Brunner darauf hin, daß jenes Bekennen im Gottesdienst des Lebens seinen Ursprung in der gottesdienstlichen Versammlung hat. Das gottesdienstliche Bekenntnis stellt den „unmittelbaren Reflex der Tatsache" dar, daß die Kirche „dem lebendigen Gott in seinem offenbarten Wort tatsächlich begegnet ist".[8] Es erscheint a) in der Gestalt des Schuldbekenntnisses, das die Realität der Sünde benennt, b) in der Gestalt des Glaubensbekenntnisses, das „gleichsam ein entfaltetes Amen der Gemeinde zu dem prophetisch-apostolischen Wort" darstellt und sich gleichzeitig als ein ultimatives Zeugnis an die Welt begreifen läßt, und c) in der Gestalt des Dank- und Lobbekenntnisses, das ähnlich wie der Hymnus Gott lobpreisend verkündigt.[9]

Von Anfang an weiß sich die Kirche gebunden an das von den Aposteln herstammende „urkundliche Bekenntnis", das als „festgefügter Logos" (1.Kor 15,3ff) zunächst in mündlicher Form, später auch in schriftlicher Form überliefert wird.[10] „Die schriftliche Fixierung unterstreicht die bleibende Unveränderlichkeit und die öffentlich

---

[5] PE II, 296.
[6] PE II, 297.
[7] PE II, 298.
[8] LGG 259. Vgl. PE I, 136.
[9] LGG 260f.
[10] PE II, 298.

bindende Gewalt des Bekenntnisses." Insbesondere die von der Kirche berufenen und eingesetzten Amtsträger sind diesem urkundlichen Bekenntnis verpflichtet. Wenn die Kirche künftige Amtsträger ordiniert, erlegt sie im Grunde nicht selbst Bindung an das Bekenntnis auf, sondern sie prüft, ob bei dem künftigen Amtsträger „das Gebundensein an das Bekenntnis durch das Wirken des Heiligen Geistes tatsächlich Ereignis geworden ist". Dieses persönliche Gebundensein läßt sich ebensowenig wie der Glaube selbst auf eine befristete Dauer eingrenzen.[11]

Es ist zu beachten, daß das Ordinationsgelübde „ausschließlich an die apostolische Heilsbotschaft bindet, wie sie in den heiligen Schriften des Alten Bundes durch das prophetische Wort im voraus bezeugt und in den kanonischen Schriften des Neuen Testamentes konkret greifbar geworden ist". An das „corpus doctrinae der Bekenntnisschriften" ist der Ordinierte nur insofern gebunden, als es das von den Propheten und Aposteln Gesetzte anerkennt und bestätigt. Die Urkunden des Bekenntnisses der Kirche können nur insofern Gültigkeit beanspruchen, als sie dem Evangelium und der Heiligen Schrift entsprechen, welche beide zusammen als einziger und oberster „Richter" über die Legitimität des kirchlichen Bekenntnisses entscheiden.

Brunner ist sich wohl bewußt, daß die Notwendigkeit der Kenntnis und der Anerkenntnis des kirchlichen Bekenntnisses in der Gegenwart weithin nicht mehr gesehen und gefördert wird.[12] Um so nachdrücklicher weist er darum auf die Zeit des Kirchenkampfes hin, in der erfahren und erkannt wurde, daß „die Ordnung der Kirche in allen Stücken der Verkündigung des Evangeliums und der Verwaltung der Sakramente dienen muß und daher auch im ganzen vom Bekenntnis bestimmt sein muß".[13] Die Bekenntnisbindung erstreckt sich grundsätzlich auf alle Gebiete kirchlicher Ordnung, auch wenn sie nicht alle Bereiche in derselben Intensität betrifft.

Abschließend versucht Brunner den Begriff „Bekenntnisstand" in dreifacher Hinsicht zu definieren:

(a) Er bezieht sich auf eine örtlich umgrenzte Kirche.[14] „Der Bekenntnisstand einer Kirche ist der Niederschlag der Tatsache, daß bestimmte urkundliche Bekenntnisse einmal in der Vergangenheit echte geistliche Bekenntnisbindung ... gewirkt haben." Diese urkundlichen Bekenntnisse, welche den Bekenntnisstand einer Kirche ausmachen, sollen in einer durch die Verkündigung des Evangeliums und das Handeln des Heiligen Geistes gewirkten aktuellen Bekenntnisbindung neu als wahr erkannt und bestätigt werden. Das Ereignis der Bekenntnisbindung kann allerdings nicht planmäßig herbeigeführt werden. Die Bestimmungen des Bekenntnisstandes abstrahieren von der tat-

---

[11] PE II, 299.
[12] PE II, 300.
[13] PE II, 301.
[14] PE II, 303.

sächlichen kirchlichen Situation insofern, als sie Gültigkeit beanspruchen, ohne die Differenz zwischen überkommenem Bekenntnis und aktuell ergriffenem Bekenntnis zu berücksichtigen. Die Kirche ist dazu herausgefordert, diese Differenz zu überwinden durch eine aktuelle Bekenntnisbindung, obgleich ihr dieses Ereignis nur als ein Geschenk zuteil werden kann.

(b) Durch den Bekenntnisstand wird die „Dieselbigkeit" der betreffenden Kirche gewahrt. Die festgeschriebenen Bekenntnisse bilden die Konstante in den Wechselfällen der Geschichte. Sie sichern der am Bekenntnis orientierten Verkündigung ein Heimatrecht in der Kirche zu und bilden die Basis für die Abgrenzung von evangeliumswidrigen Verkündigungsinhalten und jeglicher Häresie.[15]

(c) Der Bekenntnisstand kann streng genommen nicht verändert werden, weil er nicht der kirchlichen Gesetzgebung unterliegt.[16] Dieser Grundsatz steht in Spannung zu der jeweils neu eintretenden Bekenntnisbindung, die mit einer aktualisierenden Interpretation des Bekenntnisstandes und der urkundlichen Bekenntnisse selbst einhergeht. Brunner ist der Meinung, daß gerade echte geistliche Bekenntnisbindung zu einer solchen Interpretation des Bekenntnisstandes führt, die die geistliche Erkenntnis der Glaubensväter bewahrt und gleichzeitig das Evangelium „tiefer, völliger und darum die ökumenische Einheit der Christenheit auferbauender" hervortreten läßt.

7.2 Das Bekenntnis und die theologische Aufgabe

7.2.1 Theologie der Bekenntnisschriften als Prolegomena zur Dogmatik

Ein Jahr nach seiner Veröffentlichung 1940 bespricht Brunner Edmund Schlinks Buch „Theologie der lutherischen Bekenntnisschriften" und stellt dabei grundsätzliche Überlegungen zum Verhältnis zwischen dem kirchlichen Bekenntnis und der theologischen Arbeit an. Schlink versteht sein Werk als „Zusammenfassung und getreue Wiedergabe der Bekenntnisschriften in systematischer Ordnung".[17] Die Bekenntnisschriften werden als „Summa der Heiligen Schrift" aufgefaßt. Daher können sie nur von der „Mitte" der Schrift her, nämlich „von der Unterscheidung von Gesetz und Evangelium" her richtig ausgelegt werden. Eine „Theologie der Bekenntnisschriften", so betont Brunner, kann nicht nur in der konkordanzmäßigen Aneinanderreihung von Aussagen der Bekenntnisschriften bestehen, sondern soll ein „vergegenwärtigendes Verstehen" und „sachlich ordnendes Interpretieren" leisten, wie Schlinks Buch es tut.[18] Schlink bezeichnet seine

---

[15] PE II, 303f.
[16] PE II, 304.
[17] VF 1, 45.
[18] VF 1, 46.

Theologie der Bekenntnisschriften als „Prolegomena zur Dogmatik", weil er der Überzeugung ist, „daß jeder dogmatischen Arbeit eine Beschäftigung mit den Bekenntnisschriften vorausgehen muß".[19] Diese Ansicht wird folgendermaßen begründet.

Alle theologische Arbeit dient der Verkündigung des in der Heiligen Schrift bezeugten und vom Gesetz stets zu unterscheidenden Evangeliums. Die Aufgabe der Theologie besteht nicht darin, originelle, religiöse Anschauungen hervorzubringen, sondern die Kirche über die „doctrina evangelii" zu belehren.[20] Diese Aufgabe kann sie nur dadurch erfüllen, daß sie das vom Gesetz zu unterscheidende Evangelium „allein aus der Heiligen Schrift" erhebt. Dabei will allerdings beachtet sein, daß über die Unterscheidung von Gesetz und Evangelium nicht wie über „ein Prinzip der Erkenntnis" verfügt werden kann. Vielmehr gilt: „Die Unterscheidung von Gesetz und Evangelium vollzieht sich als Geschenk des Heiligen Geistes, der durch das Evangelium selbst in Wort und Sakrament dem hörenden Menschen gegeben wird." Der „Angelpunkt, an dem die Möglichkeit dogmatischer Arbeit überhaupt hängt", besteht folglich in der Gegenwart des verkündigten und geglaubten Evangeliums. Die Dogmatik kommt stets von dem Hervortreten des Evangeliums in der Verkündigung her. Deswegen ist sie auch den Bekenntnisschriften verpflichtet, in denen „die Kirche als Ganze im Consensus der Väter und Brüder" die zuvor ergangene Predigt des Evangeliums verpflichtend zusammengefaßt hat.

Die Verpflichtung gegenüber den Bekenntnisschriften darf nicht als Errichtung einer zweiten Autorität „neben der Autorität der Heiligen Schrift" mißverstanden werden.[21] Die Bekenntnisschriften haben nur insoweit verpflichtende Kraft, als sie eine zutreffende Auslegung der Schrift beinhalten.[22] Sie stellen auch keine Festlegung auf eine vorbildliche Gestalt der Lehre dar, sondern eine Festlegung allein auf das Evangelium gemäß der Heiligen Schrift. Wenn das Bekenntnis als „kritischer Maßstab" an die aktuelle Verkündigung angelegt wird, so handelt es sich „um ein abgekürztes Verfahren", „das nur möglich ist auf Grund der klaren Einsicht von der Schriftgemäßheit der im Bekenntnis vorliegenden Bezeugung des Evangeliums". Mit den Worten Schlinks ausgedrückt: „Bindung an das Bekenntnis ist recht verstanden Bindung an das vom Bekenntnis bezeugte Evangelium und damit Befreiung durch das Evangelium vom tötenden Buchstaben des göttlichen Gesetzes". Diese Bindung an den Inhalt des Bekenntnisses soll aber die Bindung an seinen Wortlaut nicht ausschließen.

---

[19] VF 1, 47.
[20] VF 1, 48.
[21] VF 1, 48f.
[22] VF 1, 49.

Wenn das kirchliche Bekenntnis auf nichts anderes hinweist als auf das schriftgemäße Evangelium, dann stellt sich die Frage, warum die Dogmatik das Evangelium nicht direkt aus der Schrift erheben soll unter Absehung von seiner Bezeugung im Bekenntnis der Kirche. Diese Frage beantwortet Brunner zusammen mit Schlink durch den Hinweis auf die Voraussetzung der dogmatischen Arbeit, nämlich das Hören des in der Kirche verkündigten Evangeliums: „In dieser vorausgegangenen Evangeliumspredigt ist ... das Bekenntnis der Kirche stets gegenwärtig wirksam."[23] Die Dogmatik steht an dem Ort der Kirche, die das Evangelium gehört, erkannt und bekannt hat. Die von Generationen von Christen getragene Erkenntnis des Evangeliums, der ein größeres Gewicht zukommt als der Meinung einzelner Lehrer und Theologen, gibt die Kirche in Form der Bekenntnisschriften weiter an den, „der es unternimmt, die Kirche über die doctrina evangelii zu belehren".

Wenn die Bekenntnisschriften die Erkenntnis des Evangeliums in verdichteter Form enthalten, kann es nicht genügen, sie als historisches Dokument zur Kenntnis zu nehmen. Eine „theologische Kenntnisnahme" besteht in der „Bejahung oder Verneinung ihres Anspruchs". Zu dieser Bejahung oder Verneinung kommt es durch die Beurteilung der Schriftgemäßheit der Bekenntnisaussagen. Deswegen besteht die wesentliche und entscheidende Aufgabe der Dogmatik nach Schlink darin, daß immer wieder neu „die Schriftauslegung der Bekenntnisschriften in dem biblisch-exegetischen Nachvollzug an der Heiligen Schrift" gemessen und „die Lehre der Kirche im Akt der Schriftauslegung" gelehrt wird.[24] Brunner stellt zustimmend fest: „Das Gespräch zwischen Schrift und Bekenntnis ist nach Schlink das wahrhaft dogmatische Gespräch." Die Theologie der Bekenntnisschriften bereitet dieses Gespräch vor und kann deshalb als „Prolegomena der Dogmatik" betrachtet werden.

An dieser Stelle erhebt sich die schwierige Frage, welche Instanz in dem Gespräch zwischen Schrift und Bekenntnis die strittigen Fragen entscheidet. Weder die subjektiven Einsichten des Dogmatikers noch die „sich immer wieder widersprechende Exegese der alt- und neutestamentlichen Kommentare" können ausschlaggebend sein, wenn ein für die ganze Kirche verbindliches Ergebnis erzielt werden soll. Brunner interpretiert Schlinks Formulierung „biblisch-exegetischer Nachvollzug der Schriftauslegung" im Sinne eines Verfahrens, das mehr ist als eine Sammlung einzelner exegetischer Ansichten: „Schlink rechnet ... damit, daß über die in Kommentaren geschehende Interpretation der Schrift hinaus eine Auslegung der Schrift möglich wird, in der die Mitte und die Summa der Schrift in den einzelnen Schriftworten und Schriftabschnitten erkennbar wird und von Menschenmund mit Men-

---

[23] VF 1, 50.
[24] VF 1, 51.

Darstellung 171

schenworten nachgesprochen werden kann."[25] Das bedeutet aber, daß „die in der Dogmatik geschehende Auslegung der Heiligen Schrift von ihrer Mitte aus und auf ihre Mitte hin" darüber entscheiden muß, „was rechte und falsche Exegese in der bibelwissenschaftlichen Forschung ist". Dabei wird der Dogmatiker sein Urteil „gewiß nicht an den Stimmen der bibelwissenschaftlichen Forschung vorbei" sprechen, jedoch „alle diese Stimmen an dem Evangelium selber prüfen", wie es in Schrift, Verkündigung und Sakrament gegenwärtig ist. Denn „das geduldige Hinnehmen der Kluft zwischen dem Wirrwarr exegetischer Meinungen auf der einen Seite und dem ‚unangetasteten' Bekenntnisstand einer Kirche auf der anderen Seite" hebt den lutherischen Bekenntnisbegriff auf.[26] Brunner stimmt dieser Aussage Schlinks zu und stellt fest: „Eine Kirche kann also nur dann ihr Bekenntnis wirklich *besitzen*, wenn sie imstande ist zu zeigen, daß das Bekenntnis tatsächlich rechte Auslegung der Schrift ist."[27]

Abschließend weist Brunner darauf hin, daß „jenes Gespräch zwischen Schrift und Bekenntnis in diesem Leben keinen Abschluß finden kann, der nicht zugleich eine neue Eröffnung dieses Gesprächs bedeutet". Nur in der immer neuen Auslieferung der Lehre an die Regel und Richtschnur der Schrift „besitzt" die Kirche „nach lutherischen Verständnis" ihr Bekenntnis. In diesem immer neuen Prüfen, das erst eschatologisch beendet sein wird, liegt die Chance zur Erneuerung der Kirche durch die Überwindung der widersprüchlichen dogmatischen Meinungen und durch die Erneuerung der kirchlichen Lehre „aus der Kraft des einen Evangeliums".[28]

7.2.2 Das Bekenntnis als Gestalt des Evangeliums
In dem bereits angeführten Vortrag „Gebundenheit und Freiheit der theologischen Wissenschaft"[29] stellt Brunner den Zusammenhang zwischen Bekenntnis und Theologie folgendermaßen dar. Die theologische Wissenschaft ist aufgrund der Widerfahrnis der Heilsbotschaft an den Ort der Ekklesia Jesu Christi gestellt.[30] An diesem Ort ist das Evangelium in den drei Gestalten a) der aktuellen Verkündigung, b) der traditionellen, gültigen Bekenntnisse und c) des überlieferten apostolischen und prophetischen Zeugnisses der Schrift enthüllt. Brunner nennt diese drei Gestalten „Autoritäten", die Theologie ermöglichen und begründen. Von Anfang an standen neben dem apostolischen Christuszeugnis die „Bekenntnisse oder Dogmen" der Kirche, die ebenso wie die Heilige Schrift dazu dienen, die Substanz der Heilsbot-

---
[25] VF 1, 52.
[26] VF 1, 52f.
[27] VF 1, 53.
[28] VF 1, 53f.
[29] Siehe 2.3.
[30] PE I, 20.

schaft im Laufe der Kirchengeschichte zu erhalten.[31] Als ein Beispiel dafür, daß die frühesten Bekenntnisse nicht ausreichten, um das Evangelium gegenüber subtiler Irrlehre in Schutz zu nehmen, nennt Brunner an anderer Stelle den arianischen Streit. Damals mußte eine Formulierung gewählt werden, „an der die Sache, um die es ging, so scharf und unzweideutig hervortrat, daß es sich an diesem Wort entscheiden mußte, ob einer auf dem Boden des alten Bekenntnisses oder ob er bei Arius stand".[32] Das dadurch zustandekommende Nicänum[33] wurde zum Taufbekenntnis und gottesdienstlichen Credo, im Unterschied zu der Formel von Chalcedon, die nur als Lehrformel dient. In dieser Weise unterscheidet sich auch das Apostolikum von dem Athanasianum.

Die kirchlichen Bekenntnisse oder Dogmen stellen „eine maßgebende Zusammenfassung des apostolischen Christuszeugnisses" dar.[34] Deshalb kommt ihnen eine von der Autorität des apostolischen Zeugnisses abgeleitete Autorität zu. Diese Autorität ist abhängig von der inhaltlichen Übereinstimmung mit dem in den heiligen Schriften verfaßten Christuszeugnis. „Die heiligen Schriften bleiben also – auf die richtende Gewalt gesehen – tatsächlich die einzige Regel und Richtschnur." Die Bekenntnisse bringen die Schrift als Norm zur Geltung, indem sie die kirchliche Verkündigung auf bestimmte Grundlinien der evangeliumsgemäßen Lehre festlegen. Wenn sich im Streitfall sowohl der Irrlehrer als auch der rechte Lehrer auf die Schrift berufen, läßt sich mithilfe des Bekenntnisses über die Schriftgemäßheit und Rechtmäßigkeit der verschiedenen Positionen entscheiden. So übt die Schrift ihre richtende Funktion „durch das Mittel des Bekenntnisses" aus.

Die theologische Aufgabe bezieht sich insofern gleichzeitig auf Schrift und Bekenntnis, als die Theologie „die in Schrift und Bekenntnis normativ festgelegte Bezeugung des Evangeliums in einer zusammengefaßten Erkenntnis" darzustellen und „auf Grund dieser Erkenntnis die jeweils sich vollziehende Verkündigung" zu überprüfen hat.[35]

7.2.3 Das Bekenntnis als verbindliche Schriftauslegung

Im letzten Abschnitt der Enzyklopädievorlesung sagt Brunner, daß der Schriftkanon, der über die Echtheit der apostolischen Überlieferung entscheidet, „nicht stumm bleibt, sondern seine Stimme in verbindli-

---

[31] PE I, 19.
[32] Wesen und Funktion von Glaubensbekenntnissen, 58.
[33] Nach K. BEYSCHLAG (DG I, 28.298f) beziehen sich die lutherischen Bekenntnisschriften nicht auf das originale Nicänum, sondern auf das sogenannte Nicänoconstantinopolitanum. Vgl. BSLK 50 Anm. 1.
[34] PE I, 19.
[35] PE I, 20.

Darstellung 173

cher Form in der Kirche entfaltet".[36] Es ist nicht so, daß die Schrift selbst nur zu einer Vielzahl widersprüchlicher Meinungen führt, wie die katholischen Gegner des evangelischen Schriftverständnisses behaupten.

Schon bevor der Schriftkanon vorhanden ist, werden in der Kirche Zusammenfassungen der apostolischen Verkündigung tradiert, die das Evangelium in seinen wesentlichen Grundlinien festhalten.[37] Diese Vorformen der regula fidei üben die Funktion eines Dogmas oder eines Bekenntnisses aus. Folglich kann man sagen, „daß die Funktion des Dogmas in der Kirche eher da war, als die des Kanons". Brunner interpretiert diesen Sachverhalt dahingehend, daß die Schrift von vornehrein „in einer bestimmten Weise aufgeschlossen" ist durch die „verbindliche(n) Auslegung" des Dogmas oder des Bekenntnisses, welches dadurch seine eigentliche Funktion erfüllt. Das Dogma oder das Bekenntnis ist nicht deswegen verbindlich, weil es von der Kirche ausgesprochen wurde, sondern weil es die Grundsätze einer schriftgemäßen Verkündigung beinhaltet.

Das Bekenntnis, das die Schrift aufschließt, „wird nur da möglich, wo die Schrift sich selbst erschlossen hat in einer lebendigen Verkündigung, die geschieht". Das Bekenntnis ist nicht als „ein Kompendium einer biblischen Theologie des Alten Testaments und des Neuen Testaments" zu verstehen, sondern als „ein abstrakter Auszug, eine Verdichtung der lebendigen Verkündigung der Kirche". Der dogmatischen Theologie kommt die Aufgabe zu, „zu zeigen, daß der Text des als Bekenntnis anerkannten Dogmas tatsächlich in Einklang steht mit der vox apostolorum, die im Kanon in unsere Gegenwart hineingehalten ist".

Brunner will sich mit seinen Überlegungen nach zwei Seiten hin abgrenzen: „1. Gegen die katholische Lehre von der Tradition, die die Möglichkeit vorsieht, daß ein Dogma inhaltlich selbständig neben die Autorität des Kanons treten kann. 2. Gegen einen formalen Biblizismus, der meint, daß es eine Weitergabe des Evangeliums gäbe, ohne daß diese verbindliche Entscheidung der Kirche über das, was recht verstanden, schriftgemäßes Evangelium ist, anerkannt werden könnte." Es soll darauf geachtet werden, daß das Bekenntnis seine Autorität gegenüber der kirchlichen Verkündigung auch wirklich entfaltet, die sich aus seiner Übereinstimmung mit der „Urautorität der Kirche", nämlich der „Quellgestalt des Evangeliums im apostolischen Wort" ableitet.[38] Dementsprechend hat die Theologie Schrift und Bekenntnis als ihre „dogmatischen Maßstäbe" anzuerkennen.[39]

---

[36] ETh 153.
[37] ETh 154.
[38] ETh 154f.
[39] ETh 155.

Was diese Bestimmung für die theologische Arbeit konkret bedeutet, geht aus Brunners Erläuterung des enzyklopädischen Gefüges der theologischen Wissenschaft hervor. Der exegetischen Theologie fällt die Aufgabe zu, „zu hören, was als prophetisches und apostolisches Zeugnis von Christus in dem Kanon der Heiligen Schrift geschrieben steht". Die kirchengeschichtliche Theologie hat sich „den Weg zu vergegenwärtigen, den das Evangelium durch die Zeiten hindurch gegangen ist" und herauszuarbeiten, „was als verbindliche Auslegung der Heiligen Schrift von der Kirche proklamiert worden ist". Die Aufgabe der dogmatischen Theologie besteht darin, „im Lichte dessen, was wir aus Schrift und Bekenntnis vernommen haben, nun die Grundsätze zu formulieren, die eingehalten werden müssen, wenn bei der jetzt folgenden uns aufgegebenen Verkündigung diese Verkündigung sachlich identisch sein soll mit dem ursprünglichen apostolischen Wort selbst". Die praktische Theologie hat zu klären, in welcher Weise die so erarbeiteten Verkündigungsinhalte in Unterweisung, Predigt, Gottesdienst, Seelsorge und Missionsarbeit weitergegeben werden sollen.[40]

7.3 Die Bedeutung des lutherischen Bekenntnisses für heute

Brunner eröffnet seinen Vortrag über das lutherische Bekenntnis mit folgendem Grundsatz: „Das lutherische Bekenntnis bindet die Gemeinde, ihre Hirten und Lehrer ausschließlich an das apostolische Evangelium."[41] Nur solche Inhalte des Glaubens, die „durch Gottes Offenbarung in Gottes Wort" vorgegeben sind, können dem lutherischen Bekenntnis zufolge im Dogma der Kirche als verbindliche Lehrinhalte festgehalten werden. Lehren, „die nicht in Gottes Wort gegründet sind", dürfen in der Kirche keine Geltung beanspruchen.

Bindung an das apostolische Evangelium bedeutet zum einen Bindung an das Alte Testament im Sinne des Rückbezuges der apostolischen Verkündigung auf das Alte Testament. Die Ablösung des Herrseins Jesu von seinem Messias-sein würde die Apostolizität der Evangeliums auflösen.[42] Bindung an das apostolische Evangelium bedeutet zum anderen Bindung an das Neue Testament als Sammlung jener Schriften, „in denen uns das apostolische Evangelium, das aus dem Munde der bevollmächtigten Augenzeugen des Auferstandenen hervorgegangen ist, als die einzige letztbestimmende Norm für die Weitergabe dieses Evangeliums gegeben ist".[43] An dieser Stelle spricht Brunner die „Tatsache" an, „daß auch in unserer Kirche, in der in unserer Kirche gelehrten Theologie, die konkrete Autorität der heiligen

---

[40] ETh 155.158.
[41] PE I, 46.
[42] PE I, 46f.
[43] PE I, 47f.

Schrift weithin zerfallen ist".⁴⁴ Für den Inhalt der Evangeliumsverkündigung ist allzu oft nicht mehr die Heilige Schrift maßgeblich, sondern „eine bestimmte fromme Erfahrung", „ein bestimmtes Existenzverständnis", „eine modernistische Fassung der iustificatio impiorum" oder „eine minimalistische Reduzierung des in der Schrift gegebenen Evangeliums auf eine willkürliche Festsetzung dessen, ‚was Christum treibet'". Die konkrete Autorität der Schrift für die Verkündigung wird untergraben durch eine „Sachkritik", die große Teile des Neuen Testaments als fragwürdig erscheinen läßt, oder durch die Auffassung, der neutestamentliche Kanon sei gezeichnet von einer „widersprüchliche(n) Gegensätzlichkeit". „Wenn aber das Neue Testament nicht mehr zusammenklingt, wenn in den kanonischen Schriften nicht mehr ein Consensus hinsichtlich des zu verkündigenden Evangeliums vernommen wird, dann ist eine Bekenntnisbindung grundsätzlich unmöglich geworden." Hier zeigt sich der enge Zusammenhang zwischen der Einheit des Schriftkanons und der Einheit der Kirche, wie sie sich im gemeinsamen Bekenntnis manifestiert. Mit der Autorität des Schriftkanons geht gleichzeitig „der verbindliche(n) Consensus im Blick auf den Inhalt der Evangeliumsverkündigung" verloren. An die Stelle der Bekenntnisbindung tritt die Bindung an die theologische Schulmeinung, welche „nun notwendig selbst mit der exklusiven Autorität eines Dogmas auftreten muß". Man bestreitet die Möglichkeit einer Orientierung an der Schrift selbst und stellt eine bestimmte Interpretation von ausgewählten Teilen der Schrift als einzig möglichen Orientierungshorizont dar. Wie eine Regel läßt es sich festhalten: „Wo die Autorität der Schrift verlorengeht, tritt an die Stelle der Confessio die Hairesis der Schule."

Brunner ist der Meinung, daß die notwendige Bindung an das Bekenntnis nur dadurch zurückgewonnen werden kann, daß die konkrete Autorität der kanonischen Schriften neu zur Geltung kommt.⁴⁵ Dies kann nur geschehen durch das „Vernehmen der redenden Bibel, das Hören der einhellig zusammenklingenden Stimmen der Schriftzeugnisse". Die Initiative muß gewissermaßen von der Schrift selbst ausgehen. „Redet die Schrift nicht mehr aus ihrer kanonischen Mitte heraus auch in ihrer kanonischen Breite zu den Gemeinden, ihren Hirten und Lehrern als lebendiges Wort Gottes, dann ist jede Bindung an jedes Bekenntnis innerlich ausgehöhlt und bedeutungslos geworden."

Das Reden der Schrift in ihrer kanonischen Breite würde nach Brunners Prognose den unauflöslichen Zusammenhang zwischen dem reformatorischlutherischen Bekenntnis und dem altkirchlichen Bekenntnis wieder deutlich hervortreten lassen. Die Aussagen über Jesu Gottessohnschaft, seine Präexistenz, seine Geburt durch die Jungfrau, seine Auferstehung und seine Wiederkunft zum Gericht stünden nicht

---

⁴⁴ PE I, 48.
⁴⁵ PE I, 49.

länger als interpretationsbedürftige Vorstellungsformen der alten Welt zur Debatte, sondern nähmen selbstverständlich den Rang von dogmatisch gültigen Aussagen ein.[46] Bindung an das lutherische Bekenntnis schließt die Einsicht in den theologisch notwendigen Zusammenhang zwischen der christologischen Aussage des altkirchlichen Dogmas und der soteriologischen Aussage des reformatorischen Dogmas in sich. Überhaupt will das lutherische Bekenntnis „in keinem Punkt ein neues Dogma aufrichten". Es läßt sich vielmehr charakterisieren als „ein die Brüder suchendes Bekenntnis, ein in oekumenischer Verantwortung formuliertes und in diesem Sinn katholisches Bekenntnis".[47]

Aus dem ökumenischen Anspruch ergeben sich aber auch notwendige Abgrenzungen. Beispiele dafür sind das Nein zur Papstkirche, das nach der Dogmatisierung der assumptio Mariae virginis zu wiederholen ist; das Nein zu einer schwärmerischen Geringschätzung des verbum externum und des Sakramentes[48]; das Nein zum Hinterfangen „der konkreten Gestalt des Schriftzeugnisses selbst" durch einen „dogmatisierende(n) Historismus" der Exegese; das Nein zur reformierten Lehre, Jesus sei nur für die Erwählten gestorben; das Nein zur Bestreitung der lutherischen Ubiquitätslehre im Heidelberger Katechismus[49]; das Nein zu einer reformierten Ämterlehre; das Nein zu einer ökumenischen Bewegung, die eine „protestantische Synthese" herbeizuführen versucht, ohne die Wahrheitsfrage wirklich zu klären.

Eine erneute Bekenntnisbindung in der lutherischen Kirche kann nicht durch einen „sacrificium intellectus", nicht durch „ein knechtisches Sichbeugen unter ein Lehrgesetz" oder durch einen formaljuristischen Akt hergestellt werden. Diese erneute Bindung kann der Kirche nur als Geschenk des Heiligen Geistes zuteil werden. Sie läßt sich beschreiben als „pneumatische Einsicht" in den „Zusammenklang" von Schrift und Bekenntnis. Sollte sich in der Kirche diese Einsicht einstellen, so würde die Lähmung von Theologie und Predigt durch den Historismus seit etwa zweihundert Jahren überwunden werden, meint Brunner.[50] Auf jeden Fall bedürfte es einer aktualisierenden Auslegung und Anwendung des Bekenntnisses, weil Klarheit darüber bestehen müßte, was das lutherische Bekenntnis im Blick auf die verschiedenen theologischen Strömungen seit der Reformationszeit bedeutet. Dem ordinierten Amtsträger sollte deutlich sein, welche theologischen Entscheidungen sein Ja zum lutherischen Bekenntnis impliziert. Brunner schlägt die Erstellung „einer Epitome der lutheri-

---

[46] PE I, 50.
[47] PE I, 51.
[48] PE I, 52.
[49] PE I, 53. Vgl. die 47. und 48. Frage und Antwort des Heidelberger Katechismus, wo die Präsenz der Menschheit Christi auf Erden abgelehnt wird.
[50] PE I, 54.

Darstellung 177

schen Bekenntnisschriften vor, „welche die biblischen Einsichten der Väter gleichzeitig auf unsere Lage anwendet und gegenüber den in unserer Gegenwart wirksamen häretischen Irrtümern das apostolische Evangelium bezeugt und bewahrt". Die Verwirklichung einer solchen Epitome muß in der Sicht des Heidelberger Theologen angesichts mancher Problembarrieren in der Kirche von dem Heiligen Geist erbeten werden.[51]

7.4 Zusammenfassung

Wer an die Botschaft von Jesus Christus als dem Kyrios glaubt, der erkennt, anerkennt und bekennt das Evangelium. Brunner betont, daß es allein durch das Handeln des dreieinigen Gottes sowohl beim einzelnen Menschen als auch bei der Bekenntnisgemeinschaft der Ekklesia zu einer festen, andauernden Bindung an das Bekenntnis zum Evangelium kommt. In der Kirche Jesu Christi erneuert sich die Bindung an das Credo in jeder Generation, so daß der in den Bekenntnisschriften dokumentierte Bekenntnisstand im Grunde keiner Veränderung unterworfen ist, sondern durch die aktuelle Interpretation und Anwendung der Bekenntnisse als typisches Profil der Kirche jeweils neu bestätigt wird. Die Theologie, welche die Kirche über die doctrina evangelii zu belehren hat, kann nicht absehen von der Erkenntnis des Evangeliums in der Kirche, wie sie sich im gottesdienstlichen Verkündigen und Bekennen manifestiert und wie sie in schriftlichen Bekenntnissen festgehalten ist. Allerdings können die überlieferten Bekenntnisse nur insofern als Lehrnorm dienen, als sie dem in der Heiligen Schrift bezeugten apostolischen Evangelium entsprechen. Deshalb hat die Theologie die Schriftgemäßheit der Bekenntnisse nachzuweisen durch eine Schriftauslegung, in der die Einheit und die Ganzheit der Schrift erfaßt wird. Eine solche Schriftauslegung bringt sowohl die Autorität der Schrift als auch die Autorität des Bekenntnisses neu zur Geltung. Letzere kommt nicht nur in der Zustimmung zum Evangelium zum Ausdruck, sondern gleichzeitig in notwendigen Abgrenzungen gegenüber älteren oder neueren evangeliumswidrigen Lehrmeinungen und Dogmen.

Diese Zuordnung von kirchlichem Bekenntnis und kirchlicher Theologie wird im folgenden mit entsprechenden Grundsätzen der neueren Theologie (7.5) sowie der reformatorischen und biblischen Theologie (7.6) verglichen. Daran schließen sich einige Hinweise zu dem unter Gliederungspunkt 1.1 zitierten Bekenntnis Brunners an (7.7). Im achten Kapitel wird die Frage behandelt, auf welche Weise die Theologie mit den Texten der Heiligen Schrift umzugehen hat, wenn sie dazu bestimmt ist, als dogmatische Theologie die Evangeliumserkenntnis der Kirche zu fördern.

---

[51] PE I, 55.

B. Diskussion

7.5 Zur Bedeutung des Bekenntnisses für die neuere Theologie

Brunner ist der Überzeugung, daß die grundsätzlichen Vorbehalte des Neuprotestantismus gegenüber dem überlieferten, verbindlichen Bekenntnis der Kirche aufgegeben werden müssen. In dieser Überzeugung sieht sich Brunner bestärkt durch Karl Barth, der in seiner Kirchlichen Dogmatik auf die orientierende Kraft des Bekenntnisses aufmerksam macht. Im Rahmen seiner Enzyklopädievorlesung faßt Brunner die Paragraphen 20 und 21 in KD I/2 zusammen, wo Barth das Bekenntnis als Bezeugung des gemeinsamen Hörens auf das autoritative Schriftzeugnis beschreibt.[52] Der Theologe hat als Glied der Kirche Christi auf die Auslegung und Anerkennung des Schriftwortes zu hören, wie sie im „consensus fratrum" und im „consensus patrum" zum Ausdruck kommt.[53] Brunner hebt bei seinem Referat weniger auf die vorgegebene Kanonsentscheidung und die vorbildliche Lehre der Kirchenväter ab[54] als vielmehr auf die aktuelle kirchliche Konfession, die Barth folgendermaßen definiert: *„eine auf Grund gemeinsamer Beratung und Entschließung zustande gekommene Formulierung und Proklamation der der Kirche in bestimmtem Umkreise gegebene Einsicht in die von der Schrift bezeugte Offenbarung".*[55] Dieses aktuelle, gültige Bekenntnis ist als erstrangiger Kommentar zur Heiligen Schrift zur Kenntnis zu nehmen.[56] Die kirchliche Theologie hat „in Verantwortung vor der Konfession" auszulegen und zu lehren, wiewohl sie aufgrund der Bindung an die Heilige Schrift frei ist von der Bindung an die Lehre der Brüder und der Väter.

Trotz dieser grundsätzlichen Übereinstimmung gibt es einen Unterschied zwischen Barth und Brunner im Verständnis dessen, was als „Bekenntnis" und als „Dogma" der Kirche zu bezeichnen ist. Dieser Unterschied besteht nicht nur darin, daß Barth vom Bekenntnis der reformierten Kirche und Brunner vom Bekenntnis der lutherischen Kirche ausgeht.[57] Er läßt sich an Barths Vortrag „Das Bekenntnis der Reformation und unser Bekennen" von 1935 ablesen, in dem Barth vor Pfarrern der Schweizer Kirche, welche jegliche Bindung an das Bekenntnis formal aufgegeben hat, für die Notwendigkeit auch von schriftlichen Bekenntnissen eintritt.[58] In diesem Zusammenhang kriti-

---

[52] KD I/2, 598–830. ETh 74.78f.
[53] ETh 74.
[54] KD I/2, 666–673, 673–693.
[55] KD I/2, 693. ETh 78.
[56] ETh 79.
[57] KD I/2, 927: „Wir meinen in dieser Darstellung der Dogmatik, wenn wir von der evangelischen Kirche und also von der Kirche überhaupt reden, die evangelisch-*reformierte* Kirche."
[58] K. BARTH, Das Bekenntnis, 18.

siert Barth den Begriff des „Bekenntnisstand(es)" und der „Unantastbarkeit" des Bekenntnisses, weil seiner Meinung nach nicht die Kirche das Bekenntnis „hat", sondern das Bekenntnis die Kirche.[59] Das Bekenntnis will er verstanden wissen als „die Kirche im Akt einer Entscheidung". Seine verpflichtende Kraft lasse sich nicht „grundsätzlich, systematisch" „umschreiben" oder „postulieren", sondern könne nur im Ereignis des Bekennens als solche erfahren werden, meint Barth.[60]

Offenbar empfindet es Barth als problematisch, das Bekenntnis als Lehrentscheidung in der Vergangenheit zu betrachten, aufgrund deren Bestätigung sich die Kirche tatsächlich festlegen läßt auf bestimmte theologische Grundsätze. Das Bekenntnis wird nur als Akt anerkannt, nicht als Status. Diese Differenzierung findet sich bei Brunner nicht. Zwar weist Brunner nachdrücklich darauf hin, daß überlieferte Bekenntnisse nur als aktuell geprüfte und anerkannte Bekenntnisse ihre Funktion erfüllen. Doch die Notwendigkeit einer erneuten Aneignung ändert nichts daran, daß einmal ausgesprochene und angenommene Bekenntnisse den „Bekenntnisstand" einer Kirche definieren, der einen festen Orientierungsrahmen und einen verbindlichen Maßstab für alle auch zukünftig geäußerten Lehrmeinungen innerhalb dieser Kirche abgibt.[61] Gerade in der schnellen Abfolge der aktuellen Akte kirchlichen Lebens sorgt die Konstante des Bekenntnisses für die Beibehaltung der evangeliumsgemäßen theologischen Position.

Die unterschiedlichen Akzentsetzungen, die sich auf die Aktualität und auf die Kontinuität des Bekenntnisses beziehen, spiegeln sich auch in der Definition des Dogmenbegriffs wieder. Unter dem „Dogma" versteht Barth den Inbegriff aller einzelnen Dogmen, die die Offenbarungswahrheit nicht wirklich erfassen können, sondern nur zu ihr hinstreben.[62] Das Dogma als Inbegriff des Offenbarungszeugnisses der Kirche läßt sich eigentlich gar nicht feststellen, weil es nur in der Beziehung zwischen Bibel und Verkündigung aktuell erscheint.[63] Deshalb kann die Theologie das Dogma auch nicht „wissen" oder „haben", sondern nur Fragen stellen „hin und her zwischen dem, was die Kirche zu verkündigen, und dem, was die Bibel verkündigt wissen zu wollen scheint".[64]

Brunner ist sich dessen wohl bewußt, daß im Rahmen einer theologia viatorum keine endgültige, vollkommene kirchliche Lehre erarbeitet werden kann.[65] Das bedeutet aber nicht, daß sich die Wahrheit des Evangeliums im Grunde nicht adäquat erfassen, festhalten und

---

[59] A.a.O. 6f.
[60] A.a.O. 13.
[61] Siehe 7.1.
[62] KD I/1, 283.
[63] A.a.O.: *„Man kann also das Dogma definieren als die kirchliche Verkündigung, sofern sie mit der Bibel als dem Worte Gottes wirklich übereinstimmt."*
[64] KD I/1, 284.
[65] Siehe 7.2.1.

beschreiben läßt. Dies belegen für Brunner die „Bekenntnisse oder Dogmen" der Kirche, die als zutreffende Zusammenfassungen der Predigt des apostolischen Evangeliums selbst eine „Gestalt" des Evangeliums darstellen.[66] Wo sie als regula fidei angewendet werden, üben sie die Funktion eines Dogmas aus.[67] Durch das Vergleichen von kirchlichen Bekenntnissen und der Heiligen Schrift sollte die Theologie nach Brunners Auffassung nicht nur zu Fragen, sondern zu begründeten Antworten kommen, die den kirchlichen Lehrkonsens, also das Dogma der Kirche, im Normalfall bestätigen oder im Einzelfall korrigieren. Das Dogma wird von Brunner nicht aktualistisch im Ereignis des Kerygmas verortet und darauf beschränkt, sondern als Wahrheit des Evangeliums verstanden, die von der Kirche im wesentlichen immer schon erkannt, bekannt, festgehalten und überliefert wurde.[68]

Diese Einschätzung verbindet Brunner eher mit Althaus und Elert als mit Barth. Denn auch Althaus beschreibt das christliche Dogma als „Inbegriff der in Gottes Offenbarung sich erschließenden Glaubens-Erkenntnis der Kirche", welche die Dogmatik im ständigen Bezug auf Schrift und Bekenntnis darstellen soll und trotz aller Mängel auch darstellen kann.[69] Ebenso ist Elert der Ansicht, daß das kirchliche Dogma als Bekenntnis zum Evangelium klar beschrieben werden kann und muß, damit künftige Amtsträger auf das Dogma als „Sollgehalt" des Kerygmas verpflichtet werden können.[70] Das kirchliche Dogma existiert nicht nur im kerygmatischen Ereignis, sondern es läßt sich festhalten und inhaltlich abgrenzen von falschen Dogmen durch eine bestimmte Auswahl von theologischen Texten.

Allerdings würde Brunner Elert zustimmen, wenn dieser fordert, daß sich die dogmatische Theologie auf das kirchliche Kerygma zu beziehen hat.[71] An dieser Bezugnahme kann man sich verdeutlichen, daß es sich bei Dogmen nicht einfach um theologische, wissenschaftliche Lehrmeinungen, sondern um Glaubensüberzeugungen handelt, die den Gottesdienst und das Leben der Gemeinde prägen. Doch Brunner würde Elert gewiß widersprechen, wenn dieser eine direkte Auseinandersetzung der dogmatischen Theologie mit den Bekenntnissen und ihren Formulierungen zugunsten der Bezugnahme auf das Ke-

---

[66] Siehe 7.2.2.
[67] Siehe 7.2.3.
[68] K. BEYSCHLAG (DG I, 42f) meint, der Dogmenbegriff werde von K. Barth „derart stark ‚aktualisiert', daß sein Zusammenhang mit der tatsächlichen, auf inhaltliche Norm und Kontinuität gestellten DG (= Dogmengeschichte; T.E.) problematisch wird"; eine Tendenz, die W.Elert korrigiert.
[69] P. ALTHAUS, CW 242.247.
[70] W. ELERT, CG 32.37.39.
[71] CG 51.

rygma selbst ablehnt.[72] Diesen Widerspruch hat Brunner in seiner Elert-Rezension tatsächlich auch angemeldet.[73] Elert versucht ihn zu entkräften durch den Hinweis auf seine Morphologie des Luthertums[74], was aber nichts daran ändert, daß seine Dogmatik nicht klarstellt, inwieweit und inwiefern sie den überlieferten Bekenntnissen folgt. Dies aber sollte eine Dogmatik nach Brunners Auffassung leisten. Brunner erläutert auch unmißverständlicher als Elert, daß die Bindung an die kirchliche Lehre im Grunde nicht durch eine amtliche Verordnung und Verpflichtung erzwungen werden kann, sondern sich nur als Ergebnis des Handelns des Heiligen Geistes am einzelnen Christen anläßlich der Taufe oder der Ordination feststellen läßt.

Trotz der beschriebenen Differenzen sind sich Brunner, Barth, Althaus und Elert darin einig, daß das kirchliche Bekenntnis und Dogma auf der Offenbarung des Wortes Gottes beruht und nicht als Äußerung des frommen Selbstbewußtseins gedeutet werden darf, in dem sich der transzendente Seinsgrund manifestiert, wie Schleiermacher das tut. An die Stelle von gültigen Bekenntnissen und Dogmen, in denen die Wahrheit der offenbarten Heilsbotschaft bezeugt wird, treten bei Schleiermacher „Glaubenssätze", die „die gegenwärtig mögliche Ausdrucksweise des frommen Selbstbewußtseins" beschreiben.[75] Weil sich dieses Bewußtsein nicht in Übereinstimmung bringen läßt mit den Lehren von der Weltschöpfung am Anfang, von der Auferstehung, der Himmelfahrt und der Wiederkunft Christi zum Gericht, sind diese aus der kirchlichen Lehre auszuscheiden.[76] Das christlich religiöse Bewußtsein der Gegenwart wird also zur Basis der Neuinterpretation und der kritischen Beurteilung des überlieferten und angenommenen kirchlichen Dogmas.

Dieser Ansatz stellt nicht einfach eine legitime Weiterentwicklung der bisherigen christlichen Glaubensüberzeugungen dar. Vielmehr beinhaltet er ein neuartiges Dogma, das gekennzeichnet ist durch die Anerkennung des zeitgebundenen, christlichen Selbstbewußtseins als letztbegründende Norm der Theologie. Eine Theologie, die von der Verkündigung des Wortes Gottes und vom Bekenntnis zum Evangelium herkommt, kann diese anthropologische Norm nicht anerkennen, weil sie sich gebunden weiß an die Autorität des Wortes Gottes, welches die kirchliche Lehre im Sinne des Apostolikums und anderer schriftgemäßer Bekenntnisse bestätigt.

---

[72] CG 49f. Vgl. CG 51: „Die Dogmatik geht nicht von einer bestimmten Formulierung des kerygmatischen Sollgehaltes aus, sondern sie sucht ihn selbst zu entwickeln. Zu diesem Zweck muß sie das Kerygma selbst zum Reden bringen."
[73] VF 2, 48.
[74] CG 7.
[75] ThG II, 50.
[76] A.a.O.

7.6 Zur Bedeutung des Bekenntnisses für die reformatorische und die biblische Theologie

Brunner erklärt, daß sein Interesse am kirchlichen Bekenntnis nicht zuletzt durch die Zeit des Kirchenkampfes geweckt wurde.[77] Die Krise der christlichen Kirche führte zu der Einsicht, daß die Kirche nur dann einer Überfremdung und Umwandlung widerstehen kann, wenn sie geordnet und bestimmt ist durch das ausdrückliche Bekenntnis zur Heilsbotschaft der Bibel. Zu dieser Einsicht sind auch die Reformatoren in der Situation der spätmittelalterlichen Kirchenkrise gelangt. Im folgenden soll gezeigt werden, daß sich Brunners Aussagen über die Funktion und den Wert des Bekenntnisses im wesentlichen zurückführen lassen auf die Aussagen der Reformatoren, wobei insbesondere die lutherischen Bekenntnisschriften als Textgrundlage herangezogen werden.

(1) Der Glaube bleibt nicht ohne Glaubensbekenntnis. Melanchthon muß zwar dem Mißverständnis wehren, als rechtfertige das Bekenntnis „ex opere operato" und nicht der Glaube, betont aber gleichzeitig, daß nur die „firma et efficax fides" rechtfertigt, die sich auch im Bekenntnis äußert.[78] Der Glaube und seine Auswirkungen, zu denen das Glaubensbekenntnis zur Ehre Gottes gehört[79], sind nach der Erklärung des 3. Glaubensartikels im Kleinen Katechismus als Werk des Heiligen Geistes aufzufassen.[80] Hier erscheint das von Brunner hervorgehobene passive Moment: der Mensch wird angesprochen, ergriffen, überzeugt und hingeführt zum eigenen Bekennen.

(2) Das Bekenntnis des einzelnen führt zur Bekenntnisgemeinschaft der Kirche. Das in Luthers Taufbüchlein vorgesehene, stellvertretende Glaubensbekenntnis der Paten bringt zum Ausdruck, daß der Zugang zur Kirche gebunden ist an das Bekenntnis zum dreieinigen Gott.[81] Die Kirche definiert Melanchthon als „den Haufen und die Versammlung, welche ein Evangelium bekennen, gleich ein Erkenntnis Christi haben, einen Geist haben".[82] Die Kirche „stehet" „auf denjenigen, in welchen ist ein recht Erkenntnis Christi, eine rechte Confession und Bekenntnis des Glaubens und der Wahrheit".[83] Das Wort Jesu an den bekennenden Petrus (Mt 16,18) erklärt nicht einen Menschen zur tragenden Grundlage der Kirche, sondern „den Glauben Petri", den „Fels des Bekenntnus" und „das Ampt, welchs die Bekenntnus fueret".[84] Eine Kirche ist also nicht Kirche ohne das apostolische Credo.

---

[77] Siehe 7.1.
[78] Ap IV, 385f. BSLK 232,17–21.
[79] GrKat 69. BSLK 578,1–3.
[80] BSLK 512,2–5.
[81] BSLK 540,28–40.
[82] Ap VII, 8. BSLK 235,40f.
[83] Ap VII, 22. BSLK 239,29f.
[84] Tract 25–29. BSLK 480,12.18; 479,17f.

(3) Das Bekenntnis der Kirche umfaßt einen Kanon von Glaubensartikeln. Zwar ist das christliche Bekenntnis nach Mt 16,16 nichts anderes als ein Christusbekenntnis. Doch als solches beschließt es eine ganze Reihe von Glaubensüberzeugungen in sich, die in der Kirche des Evangeliums „magno consensu" gepredigt und unterrichtet werden.[85] Sie lassen sich zusammenfassen zu einer „Summa der Lehre", „in heiliger Schrift klar gegrundet", und öffentlich vorlegen als „Confessio fidei", sodaß sich die theologische Position der bekennenden Kirche jederzeit feststellen und überprüfen läßt.[86] Insofern kann man tatsächlich von einem „Bekenntnisstand" der Kirche sprechen. Dabei steht das offizielle Bekenntnis keineswegs im Gegensatz zum „privaten" Bekenntnis. In einem Grundriß der Theologie von der Art der Schmalkaldischen Artikel fällt das, was der Christ persönlich glaubt, und das, was zum unaufgebbaren Kernbestand evangelischer Lehre gehört gemäß dem Wort Gottes der Heiligen Schrift, zusammen.[87]

(4) Das Bekenntnis der Kirche bedarf der erneuten Aneignung und Entfaltung. Die Reformatoren müssen feststellen, daß die alten Bekenntnisse und Dogmen wie Apostolikum, Nicänum oder Chalcedonense[88] nicht ausreichen, um die soteriologische Frage zu klären. Deshalb wird das Bekenntnis zu Christus dahingehend präzisiert, daß allein der Glaube an Christus und sein Versöhnungswerk zur Rechtfertigung des Menschen führt.[89] Ein Vorgehen dieser Art beschreibt Brunner als aktualisierende Interpretation des Bekenntnisses bei gleichzeitiger Wahrung des Bekenntnisstandes.[90] Die Begriffe „Aktualisierung" und „Interpretation" können zu dem Mißverständnis führen, als sei der christliche Glaube nach Brunners Meinung einer fortschreitenden Entwicklung und substantiellen Umwandlung gemäß den Impulsen der Geistesgeschichte unterworfen. Dieses Mißverständnis, das Brunners These von der Bewahrung der Erkenntnis der Glaubensväter nicht gerecht wird, kann vermieden werden, wenn man von der erneuten Aneignung und Entfaltung des Bekenntnisses spricht. Die Pointe des reformatorischen Bekenntnisses besteht tatsächlich darin, daß es nicht den Anspruch erhebt, eine legitime Weiterentwicklung der kirchlichen Lehre aufgrund neuer Einsichten darzustellen, sondern die Rückkehr zum apostolischen Evangelium zu beschreiben angesichts seiner später aufgekommenen Entstellungen. So will die Confessio Augustana gehört werden als Einspruch gegen „neue und gottlose Lehre", die sich mit dem Urteil „der heiligen Schrift oder gemei-

---

[85] CA I, 1; BSLK 50,3. Vgl. CA V, 2f.
[86] BSLK 83c,7; 83d,1; 31.
[87] BSLK 409,20; 462,5f; 413,19; 415,21–416,6; 421,23–25; 460,4.
[88] CA I erwähnt ausdrücklich das Nicäno-Constantinopolitanum (BSLK 50,4f). CA III erwähnt das Apostolikum (BSLK 54,26) und greift offenkundig auf die Zwei-Naturen-Lehre des Chalcedonense zurück.
[89] CA IV. BSLK 56.
[90] Siehe 7.1.

ner christlichen Kirchen", also mit der Glaubensüberzeugung der wahrhaft katholischen Kirche, nicht vereinbaren läßt.[91]

(5) Das Bekenntnis der Kirche ist von der Theologie als Orientierungshilfe zu beachten. Die Reformatoren sehen bei ihrer theologischen Arbeit nicht vom kirchlichen Credo ab, sondern bestätigen die alten, wahren Bekenntnisse und verwerfen neue, falsche Dogmen. So veröffentlicht Luther in seiner Schrift „Die drei Symbola oder Bekenntnis des Glaubens Christi" von 1538 den Text des Apostolikums, des Athanasianums, des Tedeums und des Nicänums in der Absicht, „Damit ich abermal zeuge, das ichs mit der rechten Christlichen Kirchen halte, die solche Symbola oder bekentnis bis daher hat behalten".[92] Melanchthon fordert in den Loci von 1559 dazu auf, die Kirche als „doctrix" und „custos verbi Dei" zu hören, weil dadurch irrtümliche Menschenmeinungen vermieden werden können.[93] Dabei muß klar bleiben, daß die kirchliche Verkündigung und Lehrtradition an dem Wort Gottes zu messen ist: „Ipsum verbum Dei est iudex, et accedit confessio verae ecclesiae."[94] Eine ekklesiologische Theologie ist demnach auch eine bekenntnisorientierte Theologie.

Brunners Lehre von der Autorität des Bekenntnisses läßt sich in Übereinstimmung bringen mit der reformatorischen Lehre. Eine Ausnahme davon bildet m.E. Brunners Grundgedanke, daß die Schrift prinzipiell der Erschließung durch die Verkündigung und das in ihr zum Ausdruck kommende Bekenntnis bedarf.[95] Weil das vom Gesetz zu unterscheidende Evangelium nur in der Verkündigung erscheint, so wird argumentiert, hat die Theologie auf das Verkündigungszeugnis der Bekenntnisse zurückzugreifen.[96] Diese Argumentation wirkt deshalb nicht überzeugend, weil anschließend zurecht gefordert wird, daß das Evangelium der Verkündigung und des Bekenntnisses durch die Auslegung der Schrift zu verifizieren ist.[97]

Genau dieser Ansatz bei der Schrift und nicht etwa der Ansatz beim Kerygma ist typisch und entscheidend für die Argumentation der Reformatoren. Dies belegen Luthers Thesen „wider die ganze Satansschule" von 1530: „Die Christliche kirch hat kein macht, einigen ar-

---

[91] BSLK 134,28.23f.
[92] WA 50, 262–283. Zitat 262,8–10.
[93] StA II,2, 482,31; 483,17f; 483,8–10.
[94] StA II,2, 481,24f. Übersetzung T.E.: „Das Wort Gottes selbst ist Richter, und dazu kommt das Bekenntnis der wahren Kirche." A. WENZ (Das Wort Gottes, 55–80; hier: 73.55.64) zeigt, daß die Bekenntnisschriften nicht nur mit der Schriftgemäßheit der reformatorischen Lehre, sondern auch mit ihrer „Katholizität" argumentieren, gleichzeitig jedoch alle Gestalten der Tradition dem Urteil der klaren Schrift unterwerfen.
[95] Siehe 7.2.1, 7.2.3. Vgl. die Diskussion 6.7.
[96] Siehe 7.2.1. BRUNNER referiert offenbar zustimmend E. Schlinks Argumentation (VF 1, 48).
[97] Siehe 7.2.1, 7.2.3.

tickel des glaubens zu setzen, hats auch noch nie gethan, wirds auch nimmer mehr thun. ... Alle artickel des glaubens sind gnugsam in der heyligen schrifft gesetzt, das man keinen mehr darff setzen."[98] Das, was man glauben darf und zu bekennen hat, ist in der Schrift beschlossen und läßt sich der Schrift direkt entnehmen. Deswegen kann Luther in den Schmalkaldischen Artikeln „des Bapsts Lehre" unmittelbar konfrontieren mit „der heiligen Schrift" bzw. mit der „Predigt der Schrift" und eine ganze Reihe der römisch-katholischen Lehren als „Menschenwort" verwerfen.[99] Die Berufung auf die Schrift wird nicht deshalb gelegentlich ergänzt durch die Berufung auf überlieferte und liturgisch verwendete Bekenntnisse, weil diese als Verkündigungszeugnisse die Schrift erst erschließen müßten, sondern deshalb, weil die Bekenntnisse bezeugen, daß die Kirche aller Zeiten die von der Schrift gesetzten Glaubensartikel im wesentlichen erkannt und festgehalten hat. Der Wert des Bekenntnisses ergibt sich nicht daraus, daß es als Niederschlag des mündlichen Wortes das Schriftwort aufzuschließen vermag, sondern vielmehr daraus, daß es die alte und in harten Kämpfen bewährte Schrifterkenntnis der Kirche mitteilt. Dies wird von Brunner nicht klar genug unterschieden und herausgearbeitet.

Eine andere Aussage Brunners, die sich leicht in einer Weise interpretieren läßt, die der reformatorischen Theologie nicht gerecht werden dürfte, ist die Aussage, daß das Bekenntnis ausschließlich an das Evangelium binde.[100] Diese Aussage hat ihre Berechtigung. Durch das Einstimmen in das Credo der Kirche verpflichten sich Gemeindeglieder und Amtsträger zu nichts, was sich mit der Botschaft Jesu und der Apostel nicht vereinbaren ließe. Die zitierte Aussage läßt sich jedoch dahingehend deuten, daß das Evangelium ein Kriterium darstellt, welches sachkritische Unterscheidungen im Schriftkanon möglich und nötig macht. Diese Deutung wäre nicht im Sinne der Reformatoren und auch nicht im Sinne Brunners, der auf das Evangeliumszeugnis des ganzen Schriftkanons hinweist.[101]

Die lutherische Konzentration auf das Evangelium wird in der neueren Diskussion so interpretiert, daß jeder normative Anspruch des Bekenntnisses als seine problematische „gesetzliche" Funktion erscheint.[102] Diese Interpretation entspricht nicht Brunners Lehre von der notwendigen Autorität und der verpflichtenden Kraft des Bekenntnisses, die zurückverweist auf die Haltung der Reformatoren. In der Tat läßt sich beobachten, daß die Theologen im Gefolge der Re-

---

[98] WA 30 II, 424,9f.15f. Vgl. WA 30 II, 420,6.12f.
[99] BSLK 431,14f; 455,3; 421,10.
[100] Siehe 7.2.1, 7.3.
[101] Siehe 7.3.
[102] W. SPARN (EvTh 40, 502) unterscheidet zwischen der „evangelischen" Bedeutung des Bekenntnisses, „die Einheit des gelebten Glaubens frei zum Ausdruck zu bringen", und seiner „gesetzliche(n)" Bedeutung, „die fortgehende Lehre des Glaubens zu normieren".

formation keine Schwierigkeiten haben mit der Schriftlichkeit, der Normativität oder der Situationsbedingtheit der Bekenntnisse, wie sie in der neueren Diskussion immer wieder zum Ausdruck kommen[103], sondern dankbar zurückgreifen auf Grundsätze, in denen gemäß der Überzeugung der Gemeinschaft der Glaubenden die „reine(n) Lehr göttlichs Worts"[104] festgehalten ist. Dies läßt sich beispielsweise am ersten Abschnitt der Solida Declaratio der Konkordienformel studieren, wo sich Theologen aus ganz Deutschland zu der Heiligen Schrift sowie zu älteren und neueren Bekenntnistexten bekennen mit dem Ziel, „eine einhellige, gewisse, allgemeine Form der Lehre" zu proklamieren, „aus und nach welcher, weil sie aus Gottes Wort genommen, alle andere Schriften, wiefern sie zu probieren und anzunehmen, geurteilt und reguliert werden sollen".[105] Brunner erinnert an diese Theologie des Bekenntnisses.[106] Man kann wohl sagen, daß bei ihm an die Stelle der aufklärerischen, „postularischen Verabschiedung der Bekenntnisse" „ein neuer und produktiver Umgang mit altkirchlichem Dogma und lutherischem Bekenntnis" tritt, wie Baur es in seinem Aufsatz „Kirchliches Bekenntnis und neuzeitliches Bewußtsein" fordert.[107]

An dem Referat „Wesen und Funktion von Glaubensbekenntnissen" läßt sich am deutlichsten ablesen, daß sich Brunner um einen möglichst engen Anschluß an die Aussagen der Heiligen Schrift bemüht.

---

[103] Nach G. MÜLLER (EKL³ 1, 415) führte die Verschriftlichung des Bekenntnisses zu einer „Relativierung", „die die Wahrheit ins Unerkennbare entschwinden zu lassen drohte". H.G. ULRICH (EKL³ 1, 410f) beschreibt das Bekenntnis als notwendige Lehrnorm, warnt aber gleichzeitig davor, es „im konfessionalistischen Sinn (z.B. als Statut)" mißzuverstehen. O. BAYER (Theologie, 114) hält die „schriftliche, lehrmäßige Fixierung" der Konkordienformel für einen problematischen Versuch, „in Formen universitärer Disputationskultur klar urteilend über einen Vorgang zu reden, der sich in seiner Lebendigkeit einem verfügbar Gewußtwerden entzieht". W.SPARN (EvTh 40, 505.514) unterstreicht die „*geschichtliche(n) Bestimmtheit und Begrenztheit*" des Bekenntnisses, dessen dogmatischer Gehalt sich nur durch eine „historisch-funktionale Hermeneutik" erschließt, die danach fragt, „wie die Zeugnisse einer vergangenen Zeit heute verstanden werden können".
[104] BSLK 834,7.
[105] BSLK 838,7f.10–14; 833,28; 834,16 – 836,35.
[106] BRUNNER lehnt mit Recht eine starre Festlegung der Dogmatik auf die Formulierungen der Bekenntnisse ab (VF 1, 49). Aber vielleicht beachtet er zu wenig den Anspruch der lutherischen Bekenntnisschriften, „Summa und Fürbild der Lehre" zu sein (BSLK 836,38f): ein Hinweis darauf, daß sich der *Inhalt* des Evangeliums nicht ohne eine angemessene *Form* der Lehre bewahren läßt. R. SLENCZKA (KuD 26, 248f) weist darauf hin, daß dieser Zusammenhang nicht durch die idealistische Unterscheidung von Idee und Erscheinung aufgelöst werden darf und daß die Lehrentscheidung für ein und denselben apostolischen Glauben nicht mißzuverstehen ist im Sinne einer fortschreitenden Entwicklung des Glaubens und der Lehre, wie im Neuprotestantismus und im Neukonfessionalismus geschehen.
[107] J. BAUR, Kirchliches Bekenntnis, 269.287.

Diskussion

Zu diesem Referat und zu anderen, einschlägigen Schriftaussagen folgende Hinweise:

(1) Brunner versteht das Bekenntnis zu Jesus als dem Christus als Antwort des Glaubens auf die von Jesus selbst gestellte Entscheidungsfrage hinsichtlich seiner Person (Mk 8,29 parr).[108] Das heilsnotwendige Bekenntnis (Mk 8,39; Mt 10,33) verdankt sich dem Handeln des dreieinigen Gottes am Menschen (Mt 16,17; 1.Kor 12,3).

(2) Brunner zieht die Taufbekenntnisse des Kämmerers aus Äthiopien (Apg 8,37) und des Timotheus (1.Tim 6,12) als Beispiele dafür heran, daß der Zutritt zur Kirche mit der ausdrücklichen, öffentlichen Bejahung des Evangeliums verbunden ist.[109] Die einigende Mitte der Kirche, „ein Herr, ein Glaube, eine Taufe" (Eph 4,5), ermöglicht das einmütige Loben (Rö 15,6) und Leben (Phil 2,5) der Gemeinde.

(3) 1.Kor 15,1–3 wertet Brunner als Beleg dafür, daß das Bekennen und Lehren der Kirche von Anfang festgelegt war auf ganz bestimmte Glaubensinhalte.[110] Tatsächlich ist die Loslösung des Christusbekenntnisses vom Alten Testament für die ersten Christen ebenso undenkbar (Rö 1,2f; 3,25f; 15,4) wie seine Loslösung von der geprägten Gestalt der apostolischen Lehre (Rö 6,17; vgl. Apg 2,42; Hebr 6,1f).

(4) Das Neue Testament spricht nicht von einer Aktualisierung oder Weiterentwicklung des Credos, sondern von dem unverzichtbaren Festhalten „an dem Bekenntnis der Hoffnung" (Hebr 10,23; 4,14), womit durchaus auch seine erneute Aneigung und Anwendung gemeint sein dürfte. Dieses Festhalten ermöglicht das Unterscheiden zwischen dem christlichen und dem antichristlichen Geist (1.Joh 4,1–3), mithin das Bleiben in dem wahren Gott (1.Joh 4,15).[111]

(5) Die Abschiedsrede des Paulus in Milet läßt sich als ein Vorbild verstehen für die These, daß die von verantwortlichen Mitarbeitern der Kirche betriebene Theologie das im Bekenntnis verdichtete apostolische Erbe sorgfältig zu durchdenken und zu bewahren hat. Paulus ermahnt dazu, das Wesentliche des Evangeliums, nämlich „die Umkehr zu Gott und den Glauben an unsern Herrn Jesus" (Apg 20,21), ebenso wie das Umfassende der Heilsoffenbarung, nämlich „den ganzen Ratschluß Gottes" (Apg 20,27), gegen zukünftige Irrlehrer zu verteidigen und in der Gemeinde als lebendiges Wissen zu erhalten, damit es zur eschatologischen Rettung kommt (Apg 20,30–32).

Gerade an die zuletzt erwähnte forensisch-eschatologische Dimension des Bekenntnisses hat Brunner nachdrücklich erinnert.

---

[108] BRUNNER, Wesen und Funktion von Glaubensbekenntnissen, 29.
[109] A.a.O. 52f.
[110] A.a.O. 34f.38.40.
[111] Vgl. BRUNNER, a.a.O. 54.57f.

7.7 Brunners Bekenntnis

Bei dem eingangs dieser Untersuchung vorgestellten Brunner-Text „Die ganze Theologie auf einem Bogen Papier"[112] handelt es sich nach Form und Inhalt um ein Glaubensbekenntnis. In diesem Text tritt an die Stelle des Sprechens über das Bekenntnis das Aussprechen eines Bekenntnisses. Die Theologie geht über in die Homologie und Doxologie. Auf drei Aspekte dieses Bekenntnisses sei an dieser Stelle hingewiesen.

Es handelt sich (1) erstens um ein persönliches Bekenntnis. Brunner sieht sich im tiefsten Grunde seiner Person von der Wahrheit der vorgelegten bekenntnishaften Sätze überführt und überzeugt. Er steht mit seiner Person für die Wahrheit dieser Sätze ein. Es geht um eine letzte Wahrheit „auf Leben und Tod", die von dem Wort Gottes zugesprochen worden und für den hörenden Glaubenden zur Gewißheit geworden ist. Es handelt sich (2) zweitens um ein kirchliches Bekenntnis. Der Anschluß an den Grundriß des Apostolikums zeigt, daß Brunner dem Credo der einen, heiligen, apostolischen, katholischen Kirche zustimmt. Von einer Kluft zwischen dem zeitbedingten Bekenntnis der Vergangenheit und dem höherentwickelten Glaubensverständnis der Gegenwart, die sich nur durch eine kritische Neuinterpretation überbrücken ließe, ist hier nichts zu spüren. Man muß es wohl dem Wirken des sich selbst treu bleibenden Heiligen Geistes zuschreiben, daß ein sehr selbständiges Glauben und Nachdenken einmündet in das gemeinsame Bekennen der Christenheit aller Zeiten. Brunner könnte sein Bekenntnis mit derselben Zeile unterschreiben wie Luther sein Bekenntnis von 1528: „Das ist mein glaube, denn also gleuben alle rechte Christen, Und also leret uns die heilige schrifft."[113]

Es handelt sich (3) drittens um ein öffentliches Bekenntnis. Brunner vollzieht als Theologe das, was Jesus Christus von jedem seiner Nachfolger verlangt. Er spricht vor Menschen das aus, was in Verantwortung vor Gott zu bezeugen ist. Damit stellt er sich auf einen genau bestimmten Standpunkt innerhalb des weiten Spektrums der religiösen und säkularen Meinungen. Dieser Standpunkt macht den Christen erkennbar und angreifbar. Er erlaubt die Unterscheidung zwischen dem christusgemäßen Bekenntnis und dem depravierten, pervertierten oder antichristlichen Bekenntnis. Das öffentliche Bekenntnis fordert auf jeden Fall heraus zum Überprüfen, Widersprechen oder Zustimmen.

---

[112] Siehe 1.1.
[113] WA 26, 499–509 (Vom Abendmahl Christi. Bekenntnis); hier: 509,19f. Auch LUTHER setzt ein mit dem Bekenntnis zum dreieinigen Gott und unterstreicht die Bedeutung der Lehre von der Erbsünde, vom erlösenden Tod Christi, von den äußerlichen Gnadenmitteln und der Scheidung zwischen Frommen und Bösen im Jüngsten Gericht (WA 26, 500,27–32; 503,25–34; 502,18–21.31–34; 506,4–6.10–12; 509,13–18).

Kapitel 8: Historisch-philologische Wissenschaft und dogmatische Theologie

A. Darstellung

Die Theologie kann ihre Aufgabe, für eine angemessene Bezeugung der apostolischen Heilsbotschaft in der Verkündigung und in dem Bekenntnis der heutigen Kirche zu sorgen, nicht anders lösen als durch die Auslegung der Heiligen Schrift. Die Frage, in welcher Weise diese Auslegung zu geschehen hat, behandelt Brunner am ausführlichsten in der Vorlesung „Grundlegung der Dogmatik", welche die Grundlage der folgenden Darstellung abgibt. Brunner befaßt sich dort in den Kapiteln II bis IV und VI[1] zunächst mit der Bedeutung der Geschichtswissenschaft für die Schriftauslegung (8.1) und danach mit der Bedeutung der historisch-philologischen Wissenschaft (8.2), welcher er die Geschichtswissenschaft als speziellen Teilbereich unterordnet. Anschließend legt er sein Verständnis der dogmatischen Theologie als „Angelpunkt" der Theologie dar (8.3). Diese Ausführungen werden ergänzt durch den Aufsatz „Die großen Taten Gottes und die historisch-kritische Vernunft" aus dem Jahr 1962.[2]

8.1 Vom Recht und von der Grenze der Geschichtswissenschaft in der Theologie

Brunner geht davon aus, daß es Theologie legitimerweise nur als eine Wissenschaft sui generis geben kann, nämlich als eine Wissenschaft, die letztlich nicht einem „menschheitlich-universalen Horizont des geschichtlich-vernünftigen Menschseins" verpflichtet ist, sondern nur im „Horizont des endzeitlichen Heilshandelns Gottes" betrieben werden kann.[3] Die grundsätzliche Unterschiedenheit der Theologie von anderen Wissenschaften ist konkret aber kaum feststellbar, da die

---

[1] Kapitel II: Recht und Grenze der historisch-philologischen Wissenschaft in der Theologie. A: Recht und Grenze der Geschichtswissenschaft in der exegetischen Theologie (GDg 49–75); Kapitel III: Fortsetzung. B: Vom Recht der philologischen Auslegung in der Theologie (GDg 76–101); Kapitel IV: Jenseits der Grenze einer philologischen Auslegung der Bibel: Die Notwendigkeit der dogmatischen Theologie (GDg 102–149a); Kapitel VI: Die heilige Schrift als Norm für Verkündigung und Lehre der Kirche (GDg 170–180).
[2] PE I, 66–82. Untertitel: „Ein Fragment aus der Grundlegung der Theologie."
[3] GDg 49.

theologische Forschung in der Mitte des zwanzigsten Jahrhunderts zu einem großen Teil „als eine Ausprägung der historisch-philologischen Wissenschaft" begegnet.[4] Die Entwicklung der Theologie zu dieser Ausprägung hin hat ihre geschichtliche Ursachen zum Teil in der Reformation, weil damals die Frage nach dem Literalsinn der Schrift und die Frage nach bestimmten kirchenhistorischen Sachverhalten eine wichtige Rolle spielten. Allerdings stellt sich die Theologie jener Zeit noch als „einheitliche(n) Ganzheit" dar, die anschaulich wird in dem akademischen Lehrer, der die exegetisch-philologische Erschließung des Schrifttextes direkt mit seiner dogmatischen Interpretation und seiner praktischen Anwendung verbindet; so vorgeschrieben in der Tübinger Universitätsordnung von 1557.[5] Erst das ausgehende achzehnte und das neunzehnte Jahrhundert bringt die Differenzierung der Fachgebiete und den „Siegeszug der historisch-philologischen Wissenschaft".[6] Die gegenwärtige Gestalt der Theologie muß als „Ausdruck einer bestimmten geschichtlichen Situation" gesehen werden und ist „sicher" korrekturbedürftig, meint Brunner.[7]

Die Durchführung einer möglichen Korrektur setzt die Klärung der Frage voraus, ob es einen theologisch legitimen Grund dafür gibt, daß die historisch-philologische Wissenschaft in der Theologie zur Anwendung kommt. Brunner teilt diese Klärung in zwei Argumentationsreihen auf, von denen die erste den Bereich der Geschichtswissenschaft (8.1) und die zweite die historisch-philologische Wissenschaft im allgemeinen betrifft (8.2). Die erste Argumentationsreihe setzt ein mit der Feststellung, daß zur Beschreibung der Heilstaten Gottes folgende zwei Aspekte gehören:

(a) Zum einen finden Gottes Heilstaten mitten in der irdischen Menschenwelt mit ihren empirischen Gegebenheiten und geschichtlichen Ereignissen statt.[8] Die Taten Gottes haben „einen innerweltlichen geschichtlichen Leib", dessen Erforschung in den Aufgabenbereich der historischen Wissenschaft fällt. Zwar können die Erkenntnisse der historisch-kritisch forschenden Vernunft bezüglich dieses geschichtlichen Leibes minimal sein. Es ist jedoch grundsätzlich damit zu rechnen, daß etwas von jenem tatsächlichen Geschehen in Zeit und Raum auf geschichtswissenschaftlichem Wege erschlossen werden kann.[9] Ein solcher Zugang ist deswegen als theologisch sinnvoll und legitim zu erachten, weil er den antimythischen, antidoketischen und antignostischen Charakter des Heilshandelns Gottes aufweist.[10]

---

[4] GDg 50.
[5] GDg 51.
[6] GDg 52.
[7] GDg 53.
[8] GDg 54.
[9] GDg 55.
[10] GDg 60.

(b) Zum anderen besteht das Wesen jener Heilstaten darin, daß der dreieinige Gott als tätiges Subjekt „in, mit und unter bestimmten *weltgeschichtlichen* Ereignissen" das Heil der Menschen schafft durch konkrete eschatologisch ausgerichtete Heilssetzungen.[11] Die Realität der Heilstat als solcher kann aber von der geschichtswissenschaftlichen Forschung nicht erkannt werden.[12] Hier liegt ihre Grenze.

Brunner betrachtet die Anwendung der historisch-kritischen Forschung innerhalb der Theologie als ein „Experiment", das die „Leibhaftigkeit des Heilshandelns Gottes" erkennbar werden läßt.[13] Dieses Experiment führt keineswegs zu einem wissenschaftlichen Konsens beispielsweise im Blick auf die geschichtliche Person Jesu und ihre Wirkung.[14] Denn ebenso wie die Zeitgenossen Jesu sein Reden und Handeln in einem äußerlichen Sinne wahrnehmen konnten, vieles davon aber keineswegs zu verstehen oder nachzuvollziehen vermochten, so stößt die historisch-kritische Forschung, die Jesus von Nazareth zu ihrem Forschungsgegenstand macht, auf Phänomene, die ihren Erwartungshorizont übersteigen und die im Ergebnis zu äußerst uneinheitlichen, hypothetischen und aporetischen Aussagen führen.[15] Brunner hält nun gerade den Dissens und die Aporie im geschichtswissenschaftlichen Resultat in doppelter Weise für bedeutsam: Zum einen in wissenschaftstheoretischer Hinsicht, insofern in der zurückhaltenden, die Begrenztheit des eigenen Erkennens berücksichtigenden Auskunft des historischen Forschers die „echte Vernünftigkeit der historisch-kritischen Vernunft" zum Ausdruck kommt.[16] Zum anderen in theologischer Hinsicht, insofern bei der Erforschung der Geschichte deutlich wird, daß Gottes endzeitliche Heilstaten den menschlich-vernünftigen Erwartungshorizont stets übersteigen.[17]

In dem erwähnten Aufsatz begründet Brunner die Anwendung der historisch-kritischen Forschung innerhalb der Theologie mit folgenden zwei Argumenten: (1) Zum ersten „setzt der Glaube selbst die Vernunft in das Recht ein, ein ihren Prinzipien entsprechendes Bild von den Ereignissen, in denen Gott zu unser aller Heil gehandelt hat, vor uns hinzustellen."[18] Die auf die Wirklichkeit bezogene Vernunft soll die geschichtliche Wirklichkeit der Heilstat herausarbeiten. (2) Zum zweiten nimmt die christliche Gemeinde durch die Integration der historisch-kritischen Forschung in die Theologie Verantwortung wahr für „die Bewahrung, Konkretisierung und Entfaltung der Ver-

---

[11] GDg 54.
[12] GDg 55.
[13] GDg 56.
[14] GDg 57.
[15] GDg 57–59.
[16] GDg 59.
[17] GDg 58.60.
[18] PE I, 74.

nünftigkeit der Vernunft".[19] Die Zusammenarbeit des forschenden Theologen mit dem Religionswissenschaftler und dem Profanhistoriker soll dafür sorgen, daß sich die in ihren geschichtlichen Wandlungen stets von Unvernunft bedrohte Vernunft „im Rahmen wahrhaft vernünftiger Aussagen" hält.[20]

Brunner weist nachdrücklich sowohl auf das Recht als auch auf die Grenze der Geschichtswissenschaft innerhalb der Theologie hin. Diese Grenze betrachtet er nicht als eine Grenze quantitativer Art. Die ganze Geschichte des Heilshandelns Gottes „ist rückhaltlos jenem Experiment auszusetzen, das darin besteht, daß die historische Wissenschaft die innerweltliche empirisch-geschichtliche Faktizität dieser Ereignisse zum Gegenstand ihrer Erkenntnisbemühungen macht".[21] Es handelt sich vielmehr um eine Grenze qualitativer Art. Sie ist dadurch gegeben, daß der handelnde und sich selbst offenbarende Gott zwar in dem Feld der Geschichte anwesend ist, als solcher von der historisch-kritischen Vernunft jedoch grundsätzlich nicht erkannt wird.[22] Die historische Wissenschaft kann Gott in der Geschichte nicht entdecken, weil sie prinzipiell an das „Innerhalb" der wissenschaftlichen Weltwahrnehmung gebunden ist, das sie nicht überschreiten kann.

Diese Feststellung wird einsichtig, wenn man Brunners Verständnis der Geschichtswissenschaft in Betracht zieht, wie er es in dem Aufsatz von 1962 in fünf Abschnitten skizziert:

(1) Erstens wird geschichtswissenschaftliche Erkenntnis als eine universale Möglichkeit betrachtet, die jeder menschlichen Vernunft offensteht.[23] (2) Zweitens setzt geschichtswissenschaftliche Erkenntnis „eine in der Geschichte der Menschheit unveränderliche Wesenskonstante" voraus, nämlich „das schlechthin Menschliche selbst". Ohne diese Wesenskonstante würde sich eine Menschheitsgeschichte in anderen Zeiten und Kulturen jeglichem adäquaten Wahrnehmen und Verstehen in der Gegenwart entziehen. (3) Drittens beruht jedes Verstehen vergangener Geschichte auf dem Postulat „von der analogischen Struktur alles geschichtlichen Geschehens". Die heutige Geschichtserfahrung gibt den Maßstab dafür ab, „was überhaupt als Geschichte erfahrbar sein kann". (4) Viertens rechnet die Geschichtswissenschaft mit einem „in sich geschlossenen, immanenten Wirkungszusammenhang", der das menschlich-geschichtliche Geschehen nicht determiniert, aber abschließt „gegenüber Einflüssen aus einem außerirdischen, übermenschlichen Bereich". „Die oberste Grenze dieses Wirkungszusammenhanges ist der Mensch selbst, der Mensch in seiner Bedingtheit und in seiner Freiheit, in seiner Wandelbarkeit und in

---

[19] PE I, 75.
[20] PE I, 76.
[21] GDg 60f.
[22] GDg 61.
[23] PE I, 72.

Darstellung 193

der Konstanz seines Wesens."[24] (5) Fünftens muß die Geschichtswissenschaft notwendigerweise kritisch prüfend und korrigierend arbeiten, um zu einer „der Tatsächlichkeit vergangener Ereignisse" entsprechenden Auffassung zu gelangen.[25]

Die Thesen drei bis fünf interpretieren offenbar die klassischen Kriterien historischer Forschung nach Ernst Troeltsch: Analogie, Korrelation und Kritik.

Wenn der in der Geschichte handelnde Mensch den letzten Verstehenshorizont des Erkennens bildet, dann ist die Erkenntnis des in der Geschichte handelnden Gottes ausgeschlossen. Hier liegt die Grenze der oben definierten historischen Wissenschaft im Raum der Theologie. Brunner bestimmt diese Grenze aber auch von einer anderen Seite her.

Die historische Wissenschaft kann keinesfalls in der Weise in die theologische Wissenschaft integriert werden, daß die Ergebnisse historisch-kritischer Forschung die normative Grundlage abgeben für Aussagen über das Heilshandeln Gottes in der Geschichte, weil die theologische Aussage nicht einfach auf dem historisch-wissenschaftlich Verifizierbaren oder Wahrscheinlichen basiert.[26] Christen haben „Gewißheiten über Taten Gottes", „die sich jeder historischen Feststellbarkeit radikal entziehen", so gibt Brunner zu bedenken.[27] Das beste Beispiel dafür stellt die Auferstehung Jesu von den Toten dar, die historisch nicht feststellbar ist, dem Glauben jedoch als endzeitliche Tat Gottes feststeht.[28]

Zu dieser Gewißheit des Glaubens kommt es durch die Bezeugung der Heilstaten Gottes im Wort der Heiligen Schrift und der darauf beruhenden mündlichen Verkündigung.[29] Die Heilsbotschaft enthält Auskünfte über innerweltlich-geschichtliche Vorgänge. Der Glaube, der aus dem Hören des Evangeliums kommt, ergreift zusammen mit der Heilsbotschaft die Kunde von bestimmten geschichtlichen Ereignissen, ohne diese Kundgebung wissenschaftlich zu reflektieren.[30] Der Glaube wäre in seinem Wesen verkannt, falls ihm eine solche Reflexion zur Auflage gemacht werden würde. Denn darin besteht das Wesen des Glaubens, daß er am Wort hängt und in der Begegnung mit dem Wort „Faktum und Heil" zugleich ergreift. So, wie in der Verkündigung der Heilsbotschaft „die geistliche Linie des Zuspruchs der Rettung und des Heils von der Faktizität des extra me ohne Bruch und Neuansatz hin zu der kerygmatischen Spitze des pro me" verläuft, so

---

[24] PE I, 72f.
[25] PE I, 73.
[26] GDg 61f.
[27] GDg 62.
[28] GDg 63.
[29] GDg 64.
[30] GDg 65. Vgl. 69.

verläuft umgekehrt beim Glaubensereignis „die geistliche Linie der Annahme der Botschaft von dem Betroffensein durch das pro me ohne Bruch und Neuansatz hin zu dem Grund der kerygmatischen Spitze in der Faktizität des extra me".[31] Durch das „extra me" und das „pro me" sind gewissermaßen „die ‚zwei Naturen' des Heilsgeschehens und des Inhalts der Heilsbotschaft" gekennzeichnet, die als „unio hypostatica" unauflöslich zusammengehören, wobei „das Geschehensein des extra me" den „tragende(n) Wirklichkeitsgrund für die Gültigkeit des in diesem Geschehensein beschlossenen pro me" bildet.[32] Aufgrund dieser Verknüpfung ist die Gewißheit des Glaubens allerdings auch begrenzt auf solche geschichtliche Ereignisse, die den Glauben als Heilsereignisse im Sinne des „pro me" betreffen.[33]

In dem Aufsatz über die historisch-kritische Arbeitsweise beschreibt Brunner die konkrete Reichweite der geschichtlichen Erkenntnis des Glaubens. Er betont dort, daß nicht alle historische Einzelheiten des Lebens Jesu, nicht „die Historizität jedes einzelnen Zuges und jeder einzelnen Begebenheit" der Evangelien dem Glauben unmittelbar gewiß sind, ebensowenig wie der historische Ablauf der Heilsereignisse des Alten Testaments.[34] Die kerygmatische Formung der Texte macht die exakte historische Rekonstruktion teilweise unmöglich. Diejenigen Ereignisse, „deren Geschehensein dem Glauben *unmittelbar* und *mit Notwendigkeit gewiß*" sind, können mit folgenden Stichworten bezeichnet werden: „Jesu Geburt als Jude, sein messianisches Wirken und Leiden, seine Stiftung des Abendmahles bei seinem Gang in den Tod, seine Kreuzigung, seine Auferstehung am dritten Tage, seine Erscheinung vor den Jüngern mit der Stiftung des apostolischen Zeugendienstes und der Taufe."

Brunner wehrt sich dagegen, daß die historische Wissenschaft zur Norm der Theologie wird, wie seit der Aufklärung immer wieder geschehen.[35] Er skizziert ein für seine Situation aktuelles Modell von Theologie, in dem eben dieses wieder geschieht.

Jenes Modell entsteht im Gefolge der Überzeugung, Glaubenswahrheit könne es für den redlich denkenden Menschen „nicht anders geben als im Felde historisch-verifizierbarer Wahrheit". Das bedeutet für die Struktur der wissenschaftlichen Theologie: „Die erste spezifisch theologische Aufgabe fällt... mit der Aufgabe der historisch-kritischen Wissenschaft als solcher zusammen." Der Theologe hat sich zunächst einmal ganz und gar als „objektiv feststellender Historiker" zu verhalten, der aus kerygmatisch geformten Texten den historischen Kern des tatsächlichen Geschehens herausarbeitet und diesen sorgfäl-

---

[31] GDg 66.
[32] GDg 68.
[33] GDg 69.
[34] PE I, 77.
[35] GDg 70.

tig von späteren Gemeindebildungen abhebt.[36] In einem zweiten Schritt soll es dann zu einem Verstehen biblischer Inhalte kommen in der Weise, daß jenes historisch Festgestellte in eine Begegnungssituation mit dem Textbearbeiter eintritt, zur Anrede an ihn wird und ihm eine Entscheidung als Antwort abverlangt. Die theologische Aufgabe besteht dann darin, eine solche immer neu entstehende „existentielle(n) Begegnungssituation" zu reflektieren.[37]

Brunner weist auf die Vorteile des so skizzierten Theologiemodells hin: Es wird den Ansprüchen der historischen Wissenschaft gerecht. Es überwindet eine bloß historisch-positivistische Wahrnehmung durch die existentielle Wahrnehmung. Es fügt sich ein in das moderne Wissenschaftsverständnis. Dieser Würdigung schließt sich allerdings ein großes „Aber" an: „Aber der hier eingeschlagene Erkenntnisweg und die Ganzheit der Aussagen, die er hervorruft, liegen nicht mehr im Felde der Theologie."[38] Das geschilderte Verfahren gehört vielmehr vollständig in den Bereich „philologisch-historischer Wissenschaft", weil es lediglich „eine Art von Kerygmatisierung der auf die Bibel bezogenen historischen Wissenschaft und ihrer Erkenntnisse" darstellt, die möglich ist ohne jede spezifisch theologische Vorgabe.[39] Das Ergebnis läßt sich bezeichnen als „Glaube auf dem Grunde der historisch-kritischen Vernunft innerhalb der Grenzen der Geschichtlichkeit menschlichen Daseins".[40]

Dieser Glaube aber führt nicht notwendig in die congregatio sanctorum, wo das Evangelium in der Verkündigung und in den Sakramenten als Heilsbotschaft begegnet.[41] So entsteht ein theologisch nicht zu verantwortender Widerspruch zu „der durch den auferstandenen Herrn Jesus Christus und darum durch Gott selbst gesetzten kontingenten Vermittlung zwischen dem Heilsgeschehen damals dort und dem Heilsempfang jetzt hier". Die von Gott gestiftete Vermittlungsgestalt des Evangeliums darf nicht ersetzt werden „durch eine von uns zu vollziehende Rekerygmatisierung historischer Erkenntnisse" und der christliche Glaube durch etwas, was sich als „theonomer Humanismus" charakterisieren läßt, urteilt Brunner.[42] Folglich kann die Geschichtswissenschaft im Raum der Theologie nicht den Rang der grundlegenden, maßgeblichen Wissenschaft einnehmen.

---

[36] GDg 71.
[37] GDg 72.
[38] GDg 73.
[39] GDg 72f.
[40] GDg 73.
[41] GDg 74.
[42] GDg 75.

8.2 Vom Recht und von der Grenze der historisch-philologischen Wissenschaft in der Theologie

Die Geschichtswissenschaft betrachtet Brunner als einen Teilbereich der historisch-philologischen Wissenschaft, welcher der folgende Gedankengang gewidmet ist.[43] Während die Geschichtswissenschaft durch die vorliegenden Texte hindurch zur Erkenntnis des tatsächlichen historischen *Geschehens* vorzudringen versucht, ist der philologischen Wissenschaft die Aufgabe gestellt, Quellentexte zu interpretieren im Blick auf das *Verständnis* von historischen Ereignissen oder anderen Sachverhalten, welches die Verfasser der Texte zum Ausdruck bringen.[44] Die historische Rückfrage tritt zurück zugunsten der Frage nach der Textintention.

Das Recht der philologischen Wissenschaft innerhalb der theologischen Wissenschaft begründet sich wie folgt. Der Theologie geht davon aus, daß Gott sein Wort „durch die Bibel nur in dem Wort von Menschen" gegeben hat, „die in je bestimmten geschichtlichen Situationen geredet haben".[45] „Dieses Menschenwort ist unbeschadet seiner gottgewollten heilsvermittelnden Kraft als menschliche Sprache in den Verstehenshorizont aller menschlichen Rede eingebettet." Trotz der zeitlichen und der kulturellen Distanz zum Text ist damit zu rechnen, daß der wesentliche Aussagegehalt der übersetzten Bibel dem heutigen Bibelleser aufgrund allgemein-menschlicher Verständigungsmöglichkeiten verstehbar ist.[46] Durch das Hören auf verständliche Satzsprache kommt es zum Verstehen und Glauben, weshalb Paulus in 1.Kor 14 Wert legt auf verständliche Sprache im Gottesdienst. Weil es ein unmittelbares Verstehen des wesentlichen biblischen Aussagegehaltes gibt, kann die philologische Textinterpretation nicht als „heilsnotwendig" betrachtet werden.[47] Für den Amtsträger aber ist der Umgang mit biblischen Texten im Sinne der philologischen Wissenschaft als der „methodisch geschulte(n) Weg" des Verstehens notwendig, weil nur so die besondere Verantwortung für die in den Texten bezeugte Heilsbotschaft wahrgenommen werden kann.[48] Es gilt, kein Interpretationsmittel außer acht zu lassen, das hilft, „den gegebenen Text in seinem ‚ursprünglichen' Aussagegehalt zu hören", wobei Brunner an die Endgestalt des Textes denkt.[49] Folglich ist die philologische Wissenschaft noch viel unentbehrlicher für die Theologie als die Geschichtswissenschaft.[50]

---

[43] GDg 76.
[44] GDg 76f.
[45] GDg 81.
[46] GDg 82.
[47] GDg 83.
[48] GDg 81.83.
[49] GDg 83f.
[50] GDg 80.

Darstellung

Die methodisch genaue Interpretation biblischer Texte mit philologischen Mitteln kann von dem Nichtchristen ebenso gut wie von dem Christen vorgenommen werden.[51] Allerdings führt eine solche philologische Interpretation grundsätzlich nicht zu spezifisch theologischen Aussagen. Sie kann nur über den Glauben historischer Personen referieren und Auffassungen von historischen Autoren darstellen, aber nichts aussagen über Gottes Handeln in der Geschichte und über die Wahrheit seiner Heilsbotschaft.[52] Hier zeichnet sich die Grenze der philologisch-historischen Wissenschaft ab.[53]

An dieser Stelle reflektiert Brunner das hermeneutische Problem, das mit der philologischen Erschließung historischer Texte stets gegeben ist. Einerseits ist damit zu rechnen, daß die philologische Interpretation zu einem reativ adäquaten Verstehen des Textautors an seinem geschichtlichen Ort führt, weil „das damals dort gegebene Hapax umgriffen ist von einer allgemeinen, menschliches Wesen als solches konstituierenden menschlichen Wirklichkeit", dem „Verstehenshorizont des Nous".[54] Der zeitliche und kulturelle Abstand kann zumindest ein Stück weit überbrückt werden.[55] Andererseits wird dieses Verstehen in stärkerem oder geringerem Maße Einschränkungen unterliegen aufgrund der geschichtlichen Individualität und den spezifischen Verstehensvoraussetzungen des Interpreten.[56] Ein perfektes Verstehen kann nicht durch die perfekte Anwendung einer Methode herbeigeführt werden, weil es sich letztlich „um ein unverfügbares Ereignis" handelt, „das in der Offenheit der Begegnungssituation zwischen der Person des im Text Redenden und der Person des Auslegers eintritt".[57] „Absolut adäquates Verstehen ist dem Bereiche geschichtlichen Daseins entzogen", konstatiert Brunner.[58]

Dieser zweite Aspekt sollte aber nicht im Sinne einer radikalen Skepsis verabsolutiert werden, die jedes objektive Ergebnis der Auslegung mit dem Hinweis auf die Subjektivität des Auslegers außer

---

[51] GDg 85.
[52] GDg 86.
[53] Auch in seinem Vortrag „Der Wahrheitsanspruch des apostolischen Evangeliums" (KuD 14, 71–82; hier: 77f) arbeitet BRUNNER heraus, daß sich die Berechtigung dieses Wahrheitsanspruches letztlich nicht durch die geschichtswissenschaftliche Forschung erfassen und bestätigen läßt, sondern nur durch den Glauben, der sein Zentrum hat im Glauben an die leibliche Auferstehung Jesu Christi (KuD 14, 82): „Indem wir über den Wahrheitsanspruch des apostolischen Evangeliums nachgedacht haben, hat sich herausgestellt, daß wir durch dieses Evangelium selbst letzten Endes vor ein Entweder-Oder gestellt werden, ein Entweder-Oder, das sich gewiß in den Zeiten, denen wir entgegengehen, immer deutlicher herauskristallisieren wird."
[54] GDg 86.
[55] GDg 87.
[56] GDg 88.
[57] GDg 89.
[58] GDg 89f.

Kraft setzt.[59] Gerade in der Auslegung, die sich ihrer Relativität bewußt ist, geht es um „*die gültige Wahrheit* im Verstehen" und um die „Wahrung der substantiellen Identität des Aussagegehaltes des Textes in der auslegenden Sprache der Interpretation".[60] Der verantwortliche Exeget entscheidet sich für eine Textintpretation, die er als textgemäße Interpretation vernünftig begründen kann, auch wenn er eventuell selbst dem Aussagegehalt des Textes nicht zuzustimmen vermag.[61]

Nach dieser hermeneutischen Überlegung folgt die Beschreibung des philologischen Verfahrens innerhalb der Theologie. Die „historisch-kritische-philologische" Auslegung der Schrift ist zwar nicht die einzige Art der Schriftauslegung im Raum der Kirche, weil die Schrift beispielsweise auch durch eine Predigt ausgelegt wird.[62] Aber sie ist „*unmittelbar als solche theologisch* gefordert", weil „die sprachliche Aussage biblischer Texte" „zunächst im Verstehenshorizont von menschlicher Sprache überhaupt vernommen werden" muß und das „möglichst genaue, zutreffende, tiefgreifende Hören, Vernehmen und Verstehen menschlicher Sprachvernunft" eben durch die philologische Wissenschaft geleistet wird.[63] „In, mit und unter solchem Hören und Verstehen" kann „das geistgewirkte Ereignis des rettenden Glaubens" eintreten.[64]

Die philologische Interpretation biblischer Texte sollte alle Arbeitsschritte umfassen, die dem Ziel möglichst adäquaten Verstehens dienen: Textkritik, Worterklärung, Feststellung der Textform, Rekonstruktion der Traditionsgeschichte etc. Dabei kommt es darauf an, daß die Auslegung nicht bei einem dieser Arbeitsschritte stehenbleibt, sondern ihren Zielpunkt erreicht: „Der Ausleger soll in einem Akte geistig-erkennenden Nachvollzuges den reinen Aussagegehalt des Textes nach der Intention der in ihnen redenden Menschen unter Wahrung der substantiellen Identität des damals dort Ausgesagten jetzt hier in seiner Auslegung zur Sprache bringen."[65] Der Erreichung dieses Zielpunktes dient auch die Betrachtung des zu bearbeitenden Textes in seinem Kontext und zwar dergestalt, daß von der kleinsten abgrenzbaren Texteinheit aus der Blickwinkel immer weiter ausgedehnt wird bis hin zum Gesamtkontext aller biblischen Texte.[66] Die Betrachtung der Bibel als „Ganzheit" und die typologische Exegese alttestamentlicher Texte „liegt als Möglichkeit auch im Bereiche der historisch-kritischen philologischen Interpretation", meint Brunner.

---

[59] GDg 90.
[60] GDg 91.
[61] GDg 92f.
[62] GDg 94.
[63] GDg 95.
[64] GDg 96.
[65] GDg 97.
[66] GDg 98.

Das Ergebnis der auf einem philologischen Verfahren basierenden Exegese ist von der hermeneutischen Problematik berührt, weil es an die „Konkretheit personal-geschichtlicher Existenz" gebunden bleibt und daher keine absolute Gültigkeit für sich in Anspruch nehmen kann.[67] Im „offenen Horizont der dialogischen Begegnung" soll und muß sich das exegetische Ergebnis bewähren.[68] Der Glaube zählt nicht zu seinen unabdingbaren Voraussetzungen.[69] Allerdings bedeutet der Glaube auch kein Hindernis, sondern wird vielmehr „eine Öffnung für das Verstehen der Tiefen" biblischer Aussagen zur Folge haben. Das exegetische Ergebnis kann aber nicht durch den Inhalt des eigenen Heilsglaubens begründet werden, sondern nur durch philologische Argumente.[70]

Weil die philologische Interpretation über den Wahrheitsanspruch der interpretierten Texte nicht entscheiden kann, ist sie selbst als „historisch" einzustufen. Als historisches Verfahren hat sie eine theologische Grenze. Brunner veranschaulicht diese Grenze an dem Übergang von der Exegese zur Verkündigung. Er betont, daß von der historisch-philologischen Schriftauslegung kein direkter Weg zur Schriftauslegung der Predigt führt.[71] So, wie der Prediger zwischen historisch-kritische Textbearbeitung und Predigtausarbeitung eine Reflexion der Textaussage im Horizont einer „Gesamtkonzeption von Auftrag und Inhalt der ihm aufgetragenen Verkündigung" einzuschalten hat, ebenso ist in der Theologie der Zwischenschritt der dogmatischen Reflexion unabdingbar. Folgende Überlegungen beschreiben seine Bedeutung.

Die historisch-philologische Interpretation der biblischen Texte vermag zu erkennen, daß diese Texte ihrer eigenen Intention zufolge erneut lebendig verkündigte Gottesbotschaft für den heutigen Menschen werden wollen.[72] Die philologische Interpretation kann diesen aus den Texten selbst hervorgehenden Auftrag aber nicht erfüllen, weil sie über die Wahrnehmung der historischen Aussage nicht hinausgelangt. Die biblischen Texte können nur dann erneut zur Botschaft für heute werden, wenn sie als gültige Gottesbotschaft für den Ausleger und alle Menschen anerkannt sind. Diese Anerkenntnis scheint nur ein geringfügiger Schritt über die philologische Texterschließung hinaus zu sein, stellt in Wirklichkeit aber „einen ungeheuren Sprung" dar.[73] Denn der Ausleger ist dadurch hinausgeführt über „den allgemeinen menschlichen Verstehenshorizont" und hineinver-

---

[67] GDg 98f.
[68] GDg 99.
[69] GDg 100.
[70] GDg 101.
[71] GDg 102.
[72] GDg 103.
[73] GDg 104.

setzt in „einen endzeitlich neuen Verstehenshorizont", „der durch das Wort ‚Glaube' bezeichnet wird". Die Ebene der menschlichen Sprachvernunft wird geschnitten durch die Ebene des eschatologischen Heilshandelns Gottes. Zu einer dementsprechenden Horizonterweiterung kommt es beim Ausleger auf die Weise, daß er durch das Wirken des Heiligen Geistes zum Credo geführt wird.

Diejenige Textwahrnehmung, die auf dem Credo des Auslegers beruht, unterscheidet sich von der historisch-philologischen Wahrnehmung dadurch, daß ihr folgende Aussage möglich ist: „Gott ist und die in biblischen Texten redenden Menschen haben tatsächlich von diesem einen wahren Gott geredet."[74] Die interpretierende Aussage wird überboten durch „die Assertio des Glaubens". Es geht nicht mehr allein darum, was der Autor des biblischen Textes sagt, sondern darum, daß sich der Ausleger gemeinsam mit anderen Christen zur Wahrheit der betreffenden biblischen Aussage bekennt.[75] Dementsprechend muß es in der Theologie eine „dogmatische(n) Interpretation der Heiligen Schrift" geben.

Die Schwierigkeit einer solchen dogmatischen Interpretation erblickt Brunner in dem Umstand, daß kein geradliniger Weg von der philologischen Interpretation zur dogmatischen führt.[76] Die Ergebnisse der philologischen Exegese lassen sich nicht direkt überführen in dogmatische Assertionen. Diese These untermauert Brunner durch ein gedankliches Experiment, in dem ausgelotet wird, zu welchen Ergebnissen die philologische Interpretation in den Grenzen der menschlichen Sprachvernunft gelangen kann.

Diese Ergebnisse sind beachtlich. Die philologische Interpretation kann zu einer gewissen Gotteserkenntnis führen und zu einem neuen Verständnis der eigenen und der fremden Existenz „von Gott her und auf Gott hin".[77] Die philologische Interpretation vermag sogar ihre historische Begrenztheit zu durchbrechen in der Entscheidung für eine Wahrheit, „die sich auf Grund der hermeneutischen Relation zwischen Text und Ausleger... im Horizont menschlicher Sprachvernunft ins Licht stellt". Aus der philologischen Interpretation entspringt möglicherweise ein „philosophischer Glaube", der den „transzendente(n) Grund eines personalen Daseins in Geschichtlichkeit" enthüllt und die „Erfahrung von unzerstörbarer Sinnhaftigkeit" vermittelt.[78] Allerdings ist die Entstehung eines solchen Glaubens nicht an die Begegnung mit biblischen Texten gebunden. In aller Deutlichkeit muß erkannt werden, daß dieser Glaube lediglich „*innerhalb* der Daseinsstrukturen, welche die Geschichtlichkeit im Verstehenshorizont menschlicher

---

[74] GDg 105.
[75] GDg 106.
[76] GDg 107.
[77] GDg 109.
[78] GDg 110f.

Darstellung 201

Sprachvernunft ausmachen", „heilt", jedoch nicht für die „*Heilung*" der verlorenen Existenz coram deo sorgen kann.[79] Der „Verstehen schaffende Nous" des Menschen bleibt die letzte Norm der Wahrheit.[80] Es kommt lediglich zu einer Art Kerygmatisierung historisch-philologischer Ergebnisse, nicht aber zum Glaubensgehorsam gegenüber der biblischen Heilsbotschaft.[81]

Der Glaubensgehorsam jedoch „sprengt auch den Bereich der Glaubens- und Wahrheitsüberzeugungen, die aus den Grundlagen der Verstehensmöglichkeiten im Horizont menschlicher Sprachvernunft entspringen". Er ermöglicht die dogmatische Auslegung der Bibel, die den Aussagegehalt biblischer Texte als Wort Gottes zur Sprache bringt. Die dogmatische Auslegung setzt zwar die philologische Interpretation voraus und gründet auch „in gewisser Hinsicht" in ihr. Aber sie ist nicht strikt an die hermeneutischen Prinzipien der Philologie gebunden. Wenn die Grenzlinie zwischen beiden Verfahren nicht sorgfältig beachtet wird, kommt es zur Eintragung von dogmatischen Urteilen in die philologische Auslegung, mithin zu einer „latent dogmatisierende(n) Interpretation", die als historisch-kritische Exegese ausgegeben wird.

Das Verhältnis von philologischer und dogmatischer Schriftauslegung beschreibt Brunner mit dem „chalcedonensischen" Denkmodell. Beide Auslegungsweisen sollen „in rechter Weise *unterschieden* werden und *unvermischt*" bleiben, aber auch „nicht *auseinandergerissen* und voneinander *abgetrennt*" werden.[82] Als geschichtliche Beispiele für die vorbildliche Verknüpfung von philologischer und dogmatischer Interpretation der Heiligen Schrift können in Brunners Sicht Luthers exegetische Vorlesungen, Calvins Bibelkommentare oder Karl Barths neutestamentliche Vorlesungen dienen.[83]

Die Theologie kann und darf sich nicht auf die philologische Bearbeitung der Schrifttexte beschränken, weil die spezifisch theologische Auslegung die Erkenntnis des redenden Gottes und die Anerkenntnis seines Offenbarungswortes voraussetzt.[84] Diese „dogmatische Auslegung" hat ihren systematischen Ort zwischen der historisch-philologischen und der kerygmatisch-homiletischen Auslegung. Die historisch-philologische Auslegung erfaßt den Text im Horizont menschlicher Sprachvernunft. Die dogmatische Auslegung erfaßt den Text im Horizont des Glaubens. Sie kann definiert werden als „verantwortliche Besinnung des Glaubens auf den uns geltenden und von uns weiter zu gebenden Inhalt der Gottesbotschaft, der in den biblischen Texten zur

---

[79] GDg 111f.
[80] GDg 112.
[81] GDg 113.
[82] GDg 114.
[83] GDg 114f.
[84] Zu GDg 115f, Blatt 1.

Sprache kam". Die kerygmatisch-homiletische Auslegung vollzieht die Weitergabe der Botschaft im Akt aktueller Verkündigung. Von der philologischen Auslegung her gesehen stellt die dogmatische Auslegung zweifellos eine „metabasis eis allo genos" dar. Dennoch vollzieht sich die dogmatische Auslegung nicht losgelöst von philologischer Auslegung, sondern bezieht sich auf ihre Ergebnisse in der „verantwortliche(n) Besinnung des Glaubens". Eine solche Besinnung schließt die Kritik und die Ablehnung des philologischen Auslegungsergebnisses als Möglichkeit in sich, wobei sich die Kritik der dogmatischen Theologie philologischer Argumente bedienen sollte.[85] Denn die dogmatische Theologie geschieht „in Verantwortung vor dem im Horizont menschheitlicher Sprachvernunft feststellbaren Aussagegehalt biblischer Texte", obwohl sie keineswegs gebunden ist an vorgegebene Resultate der historisch-philologischen Schriftauslegung.[86]

8.3 Dogmatische Theologie als Angelpunkt der Theologie

Nachdem Brunner die Notwendigkeit der dogmatischen Schriftauslegung unterstrichen hat, fragt er nach der Möglichkeit und nach der Voraussetzung einer solchen Auslegung. Das Ziel der dogmatischen Schriftauslegung muß darin bestehen, das „Wort Gottes als die uns jetzt hier geltende Gottesbotschaft" aufzuweisen.[87] Gibt es in der geschichtlichen Menschenwelt ein solches Wort Gottes?

Die Antwort auf diese Frage läßt sich nicht auf empirischem Wege finden. Die Kirchen- und Theologiegeschichte kann nur beobachten, daß die Phänomene Verkündigung, Gottesdienst, Bekenntnis und Theologie im Laufe der Geschichte in ihrer je eigentümlichen Gestalt erscheinen.[88] Bei dieser Beobachtung werden die Erkenntnismethoden der historisch-philologischen Wissenschaft angewendet, die stets das hermeneutische Problem im Gefolge haben.[89] Da sich die Aufgabe der Geschichtsschreibung im Raum der Theologie aber nicht auf die Beschreibung des geschichtlichen Phänomens der Evangeliumsverkündigung beschränken darf, sondern eine kritische Beurteilung einschließen sollte, die feststellt, wo und wann das Evangelium als Gottesbotschaft „lauter und rein" verkündigt wurde, bedarf die Theologiegeschichte eines kritischen Maßstabes, „an dem gemessen werden kann, was gültiges Wort Gottes ist".[90] Dieser Maßstab kann aber nicht allein auf der Grundlage der historisch-philologischen Wissenschaft

---

[85] Zu GDg 115f, Blatt 2.
[86] Zu GDg 115f, Blatt 3.
[87] GDg 116.
[88] GDg 116f.
[89] GDg 118.
[90] GDg 119.

Darstellung

ermittelt werden, wenn es ein genuin theologischer Maßstab sein soll.[91] Eine theologisch qualifizierte Kirchengeschichtsschreibung ist deshalb auf die Zusammenarbeit mit der Dogmatik angewiesen, von der her sie diesen Maßstab empfängt.[92]

Nicht nur die Kirchengeschichte, sondern alle Disziplinen der Theologie haben sich zu beziehen auf die tatsächliche Erkenntnis der apostolischen Heilsbotschaft, meint Brunner.[93] Der „Angelpunkt" der Theologie besteht demnach in der „rechte(n) Erkenntnis des ein für allemal gesetzten und in dem geschichtlichen Sprachgeschehen aller Zeiten in substantieller Identität zu wahrenden Inhaltes des Wortes Gottes, das als Gottesbotschaft zu hören und zu verkündigen ist". Der dogmatischen Theologie fällt nicht etwa die Aufgabe zu, diese Erkenntnis erst zu erarbeiten, sondern diese vorausgesetzte Erkenntnis neu zur Geltung zur bringen, d.h. sie „in einem gegenwärtig-geschichtlichen Sprachgeschehen theologisch begründend auszusagen derart, daß dadurch Gottes Wort in der uns aufgetragenen Verkündigung weder verkürzt noch mit fremden Zusätzen vermischt, sondern in Reinheit zur Sprache kommt".

Die Erkenntnis des Wortes Gottes läßt sich nicht herbeiführen durch ein theologisches Arbeitsverfahren, weil diese Erkenntnis nur durch Gottes Tat zustandekommt.[94] Zwar ist in dem Menschenwort der Bibel, das sich philologisch erschließen läßt, Gottes Wort tatsächlich gegeben, doch es ist in der Sicht Brunners nicht für jeden Leser und Hörer „wie eine feststellbare Gegebenheit" vorhanden.[95] Es läßt sich keine zuverlässige Methode angeben, durch welche „aus der Bibel" „Gottes Wort" herausgeholt und als solches erkannt werden könnte. Nur im Ereignis des Glaubens, das Gott herbeiführt und schenkt, gibt sich das Wort Gottes als solches zu erkennen und wird als Wort Gottes erkannt. Die theologische Erkenntnisbemühung und die theologische Aussage setzen voraus, daß sich das Wort Gottes dem Theologen gezeigt hat und im Glauben angenommen worden ist.[96] Diese Aussage hält Brunner für „die theologische Grundthese kat' exochen".

Damit wird ein biographisches Element in die Ebene der Grundlagen der Theologie eingeführt.[97] Die Arbeit des Theologen ist nur möglich, wenn es im Verlauf der persönlichen Lebensgeschichte zum tatsächlichen Vernehmen der Anrede Gottes gekommen ist. Dabei denkt Brunner weniger an ein einzelnes Ereignis als an einen Ereig-

---

[91] GDg 119–122.
[92] GDg 122.
[93] GDg 124.
[94] GDg 125.
[95] GDg 124.
[96] GDg 125.
[97] GDg 126.

niszusammenhang. Er warnt vor einem „Erlebnisschematismus", wie er in pietistischen Erweckungsbewegungen vorkommt, weil Gottes Wege, die zum persönlichen Glauben führen, „mannigfaltig" sind.[98]

Brunner betont, daß der einzelne Glaubende nicht als isoliertes Individuum existiert, sondern „stets von der Gemeinde Jesu Christi umgriffen" ist.[99] Selbst der einzelne Bibelleser außerhalb der Kirche ist auf die Überlieferung der Schrift durch die Kirche angewiesen. Der Glaube, der nach der Taufe verlangt, führt auf jeden Fall in die Gemeinde hinein.[100] Dort läßt sich die viva vox des Evangeliums vernehmen, die die rechte Erkenntnis des Wortes Gottes zur Folge hat.[101] Allerdings wird dieser Erkenntnisvorgang schwierig oder unmöglich, wenn die Verkündigung der Kirche das Wort Gottes verdunkelt. Brunner hält auch in solch einer schwierigen Situation eine Reformation für möglich als „Enthüllung des apostolischen Evangeliums aus der Schrift heraus", die zustandekommt durch das Zusammenwirken von zwei Faktoren, nämlich erstens durch „gewisse Urelemente des lebendigen Gotteswortes" in der kirchlichen Liturgie und den Sakramenten und zweitens durch den Umgang mit der Bibel.[102]

Nur in der Gemeinde findet sich das Evangelium „in einer konkretgeschichtlichen Gestalt", die die Erkenntnis des Wortes Gottes ermöglicht. Deshalb ist es für den Theologen von existentieller Bedeutung, seinen lebensgeschichtlichen Standort in der Gemeinde zu haben.[103] Diese Standortbestimmung darf keinen formal-äußerlichen Charakter tragen, sondern sie will verwirklicht sein in Umkehr, Sündenbekenntnis und dem bewußten Verzicht auf Maximen, die das Hören des Wortes Gottes erschweren oder unmöglich machen.[104] Sowohl die Voraussetzung der Theologie als auch die Verwirklichung der Theologie liegt im Bereich des Gebets, das um die Gabe der Erkenntnis des Wortes Gottes bittet.[105]

Das Verfahren der dogmatischen Theologie beschreibt Brunner mit folgendem Grundsatz: „Die spezifisch theologische Erkenntnis des Wortes Gottes schreitet von dem im Glauben erkannten Wort Gottes hin zu dem in geistlicher Einsicht zu erkennenden Wort Gottes." Dogmatische Theologie vollzieht sich als „intellectus fidei", d.h. als „Bemühen um die geistliche Einsicht des Glaubens in das Geglaubte". Diese Bemühung muß dem Neuen Testament zufolge als „ein Strukturmoment des echten Glaubens" verstanden werden.[106] Die Pistis

---

[98] GDg 126f.
[99] GDg 127.
[100] GDg 128.
[101] GDg 129.
[102] GDg 130.
[103] GDg 132.
[104] GDg 132–134.
[105] GDg 134.
[106] GDg 135. Zitat: R. BULTMANN, Art. „pisteuo", ThWNT VI, 229,33.

strebt zu immer reicherer Gnosis (Eph 4,13; Kol 2,2). In analoger Weise bewegt sich die dogmatische Theologie von einem Anfangspunkt her zu einem Zielpunkt hin.[107] Das im Glauben vernommene Wort Gottes bildet den Ausgangspunkt und stellt gleichzeitig „das inhaltliche hermeneutische Prinzip dieses Erkenntnisvollzuges" dar. Der Erkenntnisweg läßt sich beschreiben als „Prüfung des Anspruches eines geschichtlich gegebenen Menschenwortes, Gottes Wort zu sein". Der Zielpunkt besteht in dem geistlich erkannten Wort Gottes. In den Zielpunkt kann nichts anderes eingehen als das, was schon im Ausgangspunkt beschlossen liegt. Ausgangspunkt und Zielpunkt dieser Denkbewegung unterscheiden sich nicht material, sondern formal. Die geistliche Einsicht in das Wort Gottes führt zu unterschiedlichen Formen der Theologie, die sich so voneinander unterscheiden wie etwa die paulinische und die johanneische Theologie.[108]

Zu jener geistlichen Einsicht in das Wort Gottes kommt es durch einen „Akt reflektierenden Denkens, in welchem das Geglaubte als Wahrheit gedacht wird".[109] Dabei darf der Glaubensinhalt nicht in einen Vernunftinhalt transformiert werden. Der Glaube hat sich nicht vor der Vernunft zu rechtfertigen.[110] Vielmehr soll sich der glaubende Mensch als denkender Mensch Rechenschaft ablegen über die Bedeutung der Glaubensinhalte. So ist es beispielsweise sinnvoll und notwendig, den systematischen Zusammenhang zwischen der Lehre von der Rechtfertigung des Sünders und der Lehre von den zwei Naturen Christi oder von seiner Parusie denkerisch zu erfassen.[111] Eine andere wesentliche dogmatische Erkenntnis betrifft „die Einheit des göttlichen Wesens selbst, die sich in der Mannigfaltigkeit seines Heilshandelns bezeugt".[112] Diese Einheit begründet den inneren Zusammenhang der Bundesgeschichte, die Einheit der Kirche aus Juden und Heiden und die Einheit der Schrift.[113]

Dogmatische Erkenntnisse dieser Art werden gewonnen auf dem Wege des Nachdenkens über das im Glauben vernommene Wort Gottes. Diese Erkenntnisweise läßt sich in dreifacher Weise beschreiben: a) als meditatio, als „Denken im Hinten-nach-Schauen des an uns in seinem Wort vorübergegangenen Gottes" (Ex 33,22f); b) als contemplatio, als ein anbetendes „Innewerden der unerforschlichen Wege Gotte in der Tiefe ihrer Weisheit und in dem Reichtum seines Erbarmens" (Rö 11,33ff); c) als Doxologie.[114] Ein solches Erkennen läßt sich nicht vollziehen ohne das Gebet. Denn geistlich-theologische Er-

---

[107] GDg 136.
[108] GDg 137.
[109] GDg 138.
[110] GDg 139.
[111] GDg 140f.
[112] GDg 144.
[113] GDg 142.144.
[114] GDg 145.

kenntnis kommt nicht zustande ohne das Wirken des Heiligen Geistes, der das nötige pneumatische Charisma schenkt (1.Kor 12,8). Infolgedessen ist Theologie mehr als scientia, nämlich „sapientia als intellectus fidei". Weil sie den Zusammenhang der Glaubensinhalte im Rahmen der Bundesgeschichte bedenkt, läßt sie sich als „zusammenstellende", „*systematische*" Theologie bezeichnen.[115]

Brunner weist darauf hin, daß die im Vollzug der dogmatischen Theologie gewonnene geistliche Einsicht notwendig eine unabgeschlossene Einsicht sein muß. In der irdischen Zeit kann Gottes Heilshandeln „nur im Spiegel des bezeugenden kerygmatischen Wortes und darum nur gebrochen in einem menschlichen Sprachgeschehen" erkannt werden, was von der vollkommenen Erkenntnis nach 1.Kor 13,12 scharf zu unterscheiden ist.[116] Trotz ihres vorläufigen Charakters vermag die geistlich-theologische Erkenntnis doch eine Wahrheit zu ergreifen, „die ewig Gültiges in sich hat" entsprechend dem ewig bestehenden Wort Gottes.[117]

In dieser Überlegung deutet sich das an, was Brunner „die Grundproblematik der dogmatischen Arbeit" nennt und unter dieser Überschrift am Ende der Dogmatikvorlesung noch einmal erörtert. So gewiß für eine kirchliche Theologie feststeht, daß durch Gottes Reden und Handeln in der Bundesgeschichte ein ganz bestimmter Inhalt des gültigen Heilswortes gesetzt und vorgegeben ist, so schwierig gestaltet sich die Lösung der Aufgabe, diesen Inhalt des Heilswortes „in dem biblischen Zeugnis zu erkennen und auszusagen".[118] Denn das biblische Zeugnis liegt in Form eines „geschichtlich bedingten Sprachgeschehen(s)" vor, „das keineswegs von uns an unserem geschichtlichen Ort lediglich durch Rezitation wiederholt oder auf andere Weise durch einen bestimmten Sprachgebrauch imitiert werden könnte". Der Inhalt des Heilswortes ist eingebettet in die sprachlichen Ausdrucksmöglichkeiten und in die Denk- und Anschauungsmittel einer vergangenen Zeit.[119] Da sich Sprache und Ausdrucksweise im Laufe der Zeit wandeln, kann der gleichbleibende Inhalt des Heilswortes in der Gegenwart nur in einer neuen Sprachgestalt ausgesagt werden, wenn er richtig verstanden werden soll.

Brunner grenzt sich dezidiert nach zwei Seiten hin ab. Erstens will er unter allen Umständen einen „Fundamentalismus" vermeiden, der den ein für allemal gesetzten Inhalt des Heilswortes „mit der Sprache der biblischen Texte geradezu identifiziert". Zweitens soll ebensowenig das geschehen, was seit der Aufklärung immer wieder geschehen ist, daß nämlich im Zuge der Erhebung des gültigen Inhalts des Evan-

---

[115] GDg 146.
[116] GDg 147.
[117] GDg 149a.
[118] GDg 177.
[119] GDg 178.

geliums dieses Inhalt so stark in Mitleidenschaft gezogen wird, daß von der Bezeugung des wahren rettenden Evangeliums nicht mehr die Rede sein kann.

Im Blick auf letzteren Abweg wird zu bedenken gegeben, daß die Bedeutung des geschichtlich-wandelbaren Sprachgeschehens „der in dem Namen Jesu Christi mitgesetzten sprachlichen Konstanz" nicht prinzipiell übergeordnet werden darf.[120] Die Sprache der dogmatischen Theologie kann sich von bestimmten sprachlichen Konstanten wie „Gott, Schöpfer, Geschöpf, Sünde, Erlösung, Gerechtigkeit, Gnade, Vergebung, Gericht, aber auch Tod, Auferstehung, ewiges Leben" nicht lossagen, ohne daß die Bewahrung der rettenden Heilsbotschaft „gefährdet oder gar unmöglich" wird.[121]

Der Schlußsatz des Vorlesungsmanuskripts bringt konzentriert die Aufgabe und die Schwierigkeit der dogmatischen Theologie zum Ausdruck: „In der dogmatischen Arbeit vollzieht sich das Ringen um die Bewahrung des ein für allemal gesetzten Inhaltes des Wortes Gottes in, mit und unter der Geschichtlichkeit eines je gegenwärtigen Sprachgeschehens".[122]

8.4 Zusammenfassung

Brunner will mit seinen Überlegungen zeigen, daß die Theologie zwar nicht verzichten kann auf die Erkenntnismethoden der historisch-philologischen Wissenschaft, daß ihre einseitige Prägung durch diese Wissenschaft jedoch der Korrektur bedarf.

Die geschichtswissenschaftliche Forschung kommt deswegen legitimerweise innerhalb der Theologie zur Anwendung, weil sie a) die tatsächliche Geschichtlichkeit des Heilshandelns Gottes deutlich werden läßt und weil b) die sich in ihr betätigende geschichtliche, historisch-kritische Vernunft bei der Zusammenarbeit mit der Theologie an ihre Grenzen erinnert wird. Die Grenze der Geschichtswissenschaft im Raum der Theologie liegt zum einen darin, daß sie den in der Geschichte handelnden Gott nicht erkennen kann, und zum anderen darin, daß dem Glauben bestimmte Heilstaten Gottes als historische Ereignisse unmittelbar gewiß sind. Der Ansatz beim Kerygma von den großen Taten Gottes darf nicht ersetzt werden durch eine „Kerygmatisierung der Historie", die zustandekommt durch die Kombination von historisch-kritischer Rekonstruktion und existentieller Interpretation.

Die historisch-philologische Wissenschaft, die eine relativ adäquate Interpretation eines historischen Textes im Horizont der menschlichen Sprachvernunft ermöglicht, stellt für die Theologie ein unverzichtba-

---

[120] GDg 179.
[121] GDg 179f.
[122] GDg 180.

res Hilfsmittel dar, weil das Wort Gottes in dem historischen Menschenwort der Bibel gegeben ist. Allerdings führt nicht das philologische Verfahren, sondern nur das Ereignis des Glaubens zur tatsächlichen Erkenntnis des Wortes Gottes. Deswegen ist die philologische Schriftauslegung zu ergänzen und auch zu korrigieren durch eine dogmatische Schriftauslegung, die die Inhalte des im Glauben erkannten Wortes Gottes durchdenkt und systematisch aufeinander bezieht. Diese dogmatische Theologie stellt den Angelpunkt der Theologie dar.

Den drei darstellenden Abschnitten dieses Kapitels (8.1–3) entsprechen die drei folgenden Abschnitte der Diskussion (8.5–7).

B. Diskussion

8.5 Zum Verhältnis von Geschichtswissenschaft und Theologie

Brunners Beurteilung des historisch-kritischen Interpretationsansatzes läßt sich theologiegeschichtlich einordnen in jene Bewegung, die Gerhard Ebeling im Rahmen seines 1950 veröffentlichten Vortrags über die Bedeutung der historisch-kritischen Methode als „Konzentrationsbewegung in Theologie und Kirche" seit dem ersten Weltkrieg beschrieben hat.[123] Sie wurde „eingeleitet durch die Neubesinnung der Theologie auf das Zentrum des christlichen Kerygma und verstärkt durch die Zeit der Anfechtung im Kirchenkampf".[124] Die Gefahr dieser Konzentrationsbewegung erblickt Ebeling u.a. in einer „Flucht vor der Auseinandersetzung" und in einem theologischen „Dogmatismus", der vor allem darin zum Ausdruck kommt, daß die Ergebnisse der historisch-kritischen Methode zwar zur Kenntnis genommen, aber nicht konsequent zur Geltung gebracht werden.[125]

Ebelings Kritik an allen neueren Versuchen, die erstrangige Bedeutung der historisch-kritischen Exegese und ihrer Aussagen kritisch zu hinterfragen, dürfte nicht zuletzt auf Karl Barth gemünzt sein. In dem Vorwort zu seiner 1924 veröffentlichten Vorlesung über 1.Kor 15 macht Barth deutlich, daß er einerseits die Ergebnisse der historisch interessierten Exegese respektieren will und daß er andererseits eine speziell theologische Exegese „als notwendiges *Korrektiv*" zur üblichen Kommentierung des Neuen Testaments für unabdingbar hält.[126] Hier zeichnet sich eine Sichtweise ab, die sich in zwei entscheidenden Aspekten mit derjenigen Brunners deckt: Erstens soll auch weiterhin historisch-kritisch geforscht werden. Zweitens soll die historische

---

[123] G. EBELING, Historisch-kritische Methode, 49.
[124] A.a.O.
[125] A.a.O.
[126] K. BARTH, Die Auferstehung, III.

Schriftinterpretation zukünftig mit einer theologischen Schriftauslegung verbunden werden, die historische Deutungen kritisch überdenkt und theologische Aussagen begründet. Barth leitet aus dieser Sichtweise jedoch nicht wie Brunner ein gewissermaßen zweigleisiges Verfahren ab, das sich aus der Kombination von einer historischen und einer theologischen Exegese ergibt, die sich je einzeln beschreiben lassen. In der Kirchlichen Dogmatik tritt Barth vielmehr für eine der menschlich-historischen Gestalt der Bibel angemessene Auslegung ein, welche das menschliche Wort der Schrift nicht allein von seinem historischen Kontext her, sondern *gleichzeitig* von dem in ihm bezeugten Wort Gottes her versteht.[127] Es soll theologisch gerungen werden um die „eine Wahrheit"[128] des historisch zu erklärenden Textes. Im Zuge dieses Ringens setzt sich Barth mit einer alttestamentlichen Exegese auseinander, die die Einheit der Offenbarung übersieht, mit dem „Historismus", der nur die aus den Texten zu rekonstruierenden Tatsachen als „Offenbarung" verstehen will, oder mit der „entmythologisierenden" Interpretation des Osterereignisses.[129] Auch für Brunner sind mit derartigen exegetischen Ansätzen Fragen aufgeworfen, die er in einer ähnlichen Weise beantwortet wie Barth. Doch Brunner versteht seine Antworten als Ausdruck eines bestimmten theologischen Verfahrens, das die historische und die theologische Dimension des Bibeltextes zunächst einmal jeweils für sich berücksichtigt. Wahrscheinlich läßt sich ein Proprium der Theologie Brunners darin erblicken, daß er ein solches Verfahren ausführlich bedenkt und beschreibt. Barth, Elert und Althaus stellen in ihren Dogmatik-Lehrbüchern jedenfalls keine vergleichbar detaillierten Überlegungen an.[130]

Brunners Lehre von einer angemessenen Schriftauslegung erwächst aus der Auseinandersetzung mit der historistischen Schriftinterpretation des 19. Jahrhunderts und der Exegese Rudolf Bultmanns. Schon in der Vorlesung von 1959 zur dogmatischen Prinzipienlehre beschreibt Brunner den „Historismus" als eine Methode, die zuerst ein historisch-kritisches Bild von den neutestamentlichen Geschehnissen erarbeitet, um danach von dieser Grundlage aus den Gehalt des kirchlichen Kerygmas zu bestimmen.[131] Brunner lehnt diese Methode nicht nur deshalb ab, weil der Glaube durch die Vernunft und ihre historischen Wahrscheinlichkeitsurteile nicht abgesichert werden kann, sondern

---

[127] K. BARTH, KD I/2, 516.522.
[128] KD I/2, 520.
[129] KD I/2, 86f; KD I/2, 545f; KD III/2, 531–537.
[130] W. ELERT (CG 51) stimmt mit Brunner darin überein, daß die „historisch-exegetische Besinnung" nicht in eins gesetzt werden kann mit der dogmatischen Besinnung. P. ALTHAUS (CW 174–180.254f) betont stärker als Brunner das in seiner Sicht unverzichtbare schriftkritische Moment einer evangeliumsgemäßen Schriftauslegung.
[131] DP 53.

vor allem deshalb, weil die Wahrheit über Jesus und seine Heilsbotschaft nach seinem eigenen Willen und seiner Stiftung nicht durch das vernünftig-kritische Rekonstruieren des vorösterlichen Jesus erfahren werden kann, sondern nur durch das gehorsame Hören auf das Wort der berufenen und bevollmächtigten Zeugen des Auferstandenen.[132] Die Forderung nach dem Rückgang auf das angeblich tatsächliche vorösterliche Geschehen stellt ein „neues Dogma" dar, das sich mit dem dogmatischen Begriff des Apostolats nicht vereinbaren läßt.[133]

Auch bei Bultmann sieht Brunner einen starken Einfluß des Historismus, weil er das Neue Testament als historische Quelle der Geschichte des sich wandelnden, urchristlichen Kerygmas betrachtet.[134] Bultmann kommt es nicht auf die uneinheitlichen Lehrgehalte der urchristlichen Glaubenszeugnisse an, sondern auf das darin ausgedrückte neue Selbstverständnis des Glaubens, welches der heutige Mensch im Glaubensakt zu erkennen und nachzuvollziehen vermag.[135] Wie bei Schleiermacher kann „nur das Inhalt des christlichen Glaubens sein, was im unmittelbaren Selbstbewußtsein mitgesetzt ist".[136] Brunner lehnt diese Auffassung radikal ab mit der Begründung, daß der Inhalt des Evangeliums nicht abhängt von dem gegenwärtigen Glaubensakt des Menschen, sondern vielmehr definiert ist durch das apostolische Christuszeugnis, wie es die neutestamentlichen Schriften repräsentieren.[137] Es ist unzulässig und unmöglich, vom Standpunkt eines modernen Glaubensverständnisses her aus der Schale der neutestamentlichen Kerygmata den Kern des eigentlichen, heute vermittelbaren Kerygma herauszuschälen. Der Glaube entscheidet nicht über das Kerygma, sondern er entsteht durch das apostolische Kerygma, das entscheidet über Glaube oder Unglaube.

In seiner Vorlesung von 1966 beschreibt Brunner unter dem Stichwort „Kerygmatisierung der Historie" ein systematisches Grundmodell, das er offenbar aus seiner Analyse des Historismus und der Theologie Bultmanns ableitet. Dieses Modell setzt sich aus den beiden Stufen der historisch-kritischen Analyse und der existentiellen Interpretation zusammen. Es dürfte zutreffend erläutern, wie in der neueren oder neuesten Theologie häufig verfahren und gedacht wird. Die theologische Aussage kommt zustande durch eine Interpretation der historisch-kritischen Hypothese von dem Selbstverständnis des heuti-

---

[132] DP 54f.
[133] DP 53.
[134] DP 56.
[135] A.a.O.
[136] A.a.O.
[137] DP 57. Der Unterschied zwischen beiden Positionen zeigt sich exemplarisch darin, daß BRUNNER (Evangelium, 4) Bultmanns Ansicht ablehnt, der Auferstehungsglaube sei der Glaube an die Gegenwart Christi im Kerygma von der Auferstehung, mit der Begründung, daß das Kerygma auf ein Ereignis zurückverweist, „das damals an dem Gekreuzigten und Begrabenen geschehen ist".

gen Menschen her auf dieses Selbstverständnis hin. Brunner hält die auf diese Weise erarbeitete theologische Aussage für eine pseudotheologische Aussage, weil sie nicht durch das Wahrnehmen des Wortes Gottes des apostolischen Kerygmas entsteht.

Es ist klar, daß das beschriebene Verfahren zu einer fast unbegrenzten Variationsbreite von teilweise widersprüchlichen theologischen Aussagen führt. Denn sowohl das historisch-kritische Geschichtsbild als auch das Bild, das man von dem Selbstverständnis des heutigen Menschen entwerfen kann, ist stets Schwankungen unterworfen, die sich in einer aktualisierenden Interpretation historischer Texte niederschlagen werden. Auch jene Interpretation des Osterereignisses, die Gerd Lüdemann in seinem Buch „Die Auferstehung Jesu" vorgetragen hat, entspricht dem Zweitakt von historisch-kritischer Textbearbeitung und gegenwartsbezogener Textdeutung. Das wird deutlich in dem Fazit, das Lüdemann nach seiner Bestreitung der leiblichen Auferstehung Jesu zieht: „Hier am historischen Jesus, wie er mir durch die Texte vorgegeben ist und durch historische Rekonstruktion als Person begegnet, fällt also die Entscheidung des Glaubens, nicht am auferstandenen Christus, wie ich ihn mir erwünscht habe oder wie er z.B. als Symbol des Selbst archetypisch allen Menschen zugänglich ist. Allerdings *glaube* ich, daß dieser Jesus durch den Tod nicht der Vernichtung anheimgegeben wurde, und die Gedanken seines Seins bei Gott, seiner Erhöhung, seiner Auferstehung und seines Lebens ergeben sich aus unserer Gemeinschaft mit Gott wie von selbst – aber in ständiger Bezogenheit auf Jesu Menschsein –, ohne daß freilich Aussagen über die Art seines gegenwärtigen Seins möglich sind."[138] Lüdemann kombiniert einen angeblich neutralen, historisch-kritischen Zugang zu dem historischen, längst verstorbenen Jesus mit einem Zugang des Glaubens zum Gedanken seines Weiterlebens, worin ein psychologisch verständlicher Wunsch zum Ausdruck kommt, der aber keinen Anhalt an einer verläßlichen Mitteilung des Wortes Gottes hat.[139]

An dem vorgeführten Beispiel kann man sich verdeutlichen, daß die „Kerygmatisierung der Historie" kein angemessenes Verfahren ist für eine Theologie, die von der Erkenntnis des Wortes Gottes herkommt und ihr verpflichtet ist. Diese Erkenntnis ergibt sich nach Brunners Überzeugung nur aus „derjenigen Verkündigungsgestalt der großen Taten Gottes, wie sie in der Bibel vorgegeben ist und durch die viva

---

[138] G. LÜDEMANN, Die Auferstehung Jesu, NA 1994, 201.
[139] R. SLENCZKA (KuD 40, 170–181; hier: 179f) arbeitet in seiner Besprechung von Lüdemanns Buch heraus, daß für jede Theologie, die die Heilige Schrift nicht als Wort Gottes anerkennt, Gottes Sein und menschliches Gottesbewußtsein zusammenfällt, sodaß in einer Art Gnosis „die personale Gegenwart des dreieinigen Gottes in seinem Wort in bloße Bewußtseinsvorgänge" aufgelöst wird.

vox des ministerium ecclesiasticum je und je aus ihr heraustritt".[140] In dieser Formulierung kommt die für Brunner typische Zusammenschau des Verkündigungszeugnisses der Schrift und des Verkündigungsamtes der Kirche zum Ausdruck. Diese Zusammenschau ist sinnvoll, insofern sie auf die notwendige Schriftgemäßheit der kirchlichen Verkündigung hinweist. Sie ist aber wenig sinnvoll als Absicherung und Argument gegen die sogenannte „Kerygmatisierung der Historie", weil auch die gegenwärtige Verkündigung und Liturgie der Kirche von diesem Verfahren bestimmt sein können, so daß in Predigt und Sakramentsfeier nur noch ein verkürztes Evangelium mitgeteilt wird. Diese Verkürzung kann nur durch die Orientierung an dem Kerygma der Propheten und Apostel verhindert werden, wie es die Heilige Schrift mitteilt.[141]

Wenn Brunner dem gängigen Modell der Schriftauslegung und Schriftanwendung im Gefolge der historisch-kritischen Forschung ein eigenes Modell gegenüberstellt, bringt er damit zum Ausdruck, daß er es für unmöglich hält, historisch-kritische Interpretationsverfahren unbesehen und unreflektiert zu integrieren in das Verfahren der Theologie. Brunner würde Ebeling wohl zustimmen, wenn dieser sagt: „Es führt nur zur Verschleierung der Problemlage, wenn man die historisch-kritische Methode für eine rein formale, voraussetzungslose wissenschaftliche Technik hält, deren Anwendung auf die historischen Gegenstände im Bereich der Theologie keine Konflikte hervorruft und das Gefüge der Dogmatik nicht antastet."[142] Brunner hat nicht von vornehrein „die ruhige Zuversicht" Wolfhart Pannenbergs, „daß keine historische Kritik die Wahrheit der Offenbarung Gottes zerstören kann".[143]

Deswegen schlägt er ein Verfahren vor, daß die historisch-kritische Forschung zwar zum Zuge kommen läßt, ihre Ergebnisse aber einer kritischen Überprüfung unterwirft und so verhindert, daß der historisch-kritische Zugang zur Schrift zur Norm der theologischen Arbeit wird. Die Fixierung auf diese Norm verstellt den Blick dafür, daß die eigentliche Norm der Theologie in dem autoritativen Wort Gottes besteht, das die Propheten und Apostel verkünden und das der Glaube als solches wahrnimmt. Von dieser Norm her bestimmt Brunner die doppelte Grenze, auf die speziell die geschichtswissenschaftliche Forschungsbemühung im Bereich der Theologie stoßen muß. Sie besteht

---

[140] GDg 74.
[141] Es ist interessant, daß G. LÜDEMANN in einem neueren Buch (Das Unheilige in der Heiligen Schrift, 23f) Anstoß nimmt an der Gleichsetzung von Heiliger Schrift und Gottes Wort, wie sie R. Slenczka voraussetzt (Kirchliche Entscheidung, 38.59), die Rede vom „Wort Gottes im Menschenwort", wie sie auch bei P. Brunner vorkommt, hingegen in Anspruch nehmen kann für seine Sicht, daß in der Bibel nur menschliche Deutungen religiösen Erlebens zum Ausdruck kommen.
[142] G. EBELING, Historisch-kritische Methode, 28.
[143] W. PANNENBERG, Systematische Theologie 3, 176.

Diskussion 213

erstens in der Unmöglichkeit, historische Fakten mit geschichtswissenschaftlichen Methoden als Taten Gottes zu erweisen und zweitens in der Unzulässigkeit, die verkündigten Heilstatsachen als ungeschichtliche Fiktionen zu interpretieren. Diese Sichtweise beinhaltet einen Widerspruch gegen die These Pannenbergs, das geschichtliche Ereignis könne ohne seine Deutung durch das Offenbarungswort von jedem Menschen, „der Augen hat zu sehen", als Heilsereignis wahrgenommen werden.[144] Das Heilsereignis erschließt sich nicht einfach durch die Beobachtung der Geschichte, sondern nur in der Begegnung mit dem Wort Gottes. Aus dieser Erkenntnis zieht Brunner die Folgerung, geschichtswissenschaftliche Forschungen zu berücksichtigen, aber auch die Grenze ihrer Kompetenz aufzuzeigen. Ein ähnliches Bemühen um die Integration und die gleichzeitige Limitation von modernen wissenschaftlichen Methoden läßt sich auch bei Bayer erkennen.[145] Bayer nimmt aber keine Gegenüberstellung des historischen und des theologischen Zugangs zur Heiligen Schrift vor wie Brunner.

Brunners Verhältnisbestimmung von Geschichtswissenschaft und Theologie versucht sowohl dem berechtigten Interesse an der wirklichen Geschichte gerecht zu werden als auch dem Anspruch des Wortes Gottes, zumindest Ausschnitte dieser Geschichte wirklich zu erschließen. Sein Ansatz könnte dazu beitragen, die problematische Prägung der neueren Theologie durch die beherrschenden Fragestellungen und die wechselnden Antworten der historisch-kritischen Forschung zu überwinden. Es ist m.E. zu würdigen, daß Brunner das Gewicht der angesprochenen Problematik ermessen hat und ihr mit einem durchdachten Lösungsvorschlag begegnet ist. Allerdings wirft sein Lösungsvorschlag auch Fragen auf. Bevor sie genannt werden, soll zunächst ein Blick auf den biblischen und theologiegeschichtlichen Hintergrund der Frage nach der biblischen Geschichte geworfen werden.

Brunner hat recht, wenn er feststellt, daß sich die Gewißheit des Glaubens nicht nur auf eine Heilsbotschaft, sondern auch auf bestimmte, geschichtliche Heilsereignisse bezieht. Als Gott die ägypti-

---

[144] W. PANNENBERG, Systematische Theologie 1, 272. BRUNNER wendet sich ausdrücklich gegen PANNENBERGs Ansatz (GDg 61): „Das Stichwort ‚Offenbarung als Geschichte' oder ‚Heil als Geschichte' sagt zweifellos einen zutreffenden Tatbestand aus, man kann aber daraus nicht folgern, daß deswegen, weil Offenbarung als Geschichte geschieht, die historische Erkenntnis dieser Geschichte das Offenbarungsgeschehen in dieser Geschichte aufdeckt."
[145] O. BAYER (Theologie, 500): „*Was theologische Wissenschaft zur Wissenschaft macht, ist ihr Vollzug in den wissenschaftlichen Methoden ihrer Zeit, die Sache der Theologie nicht legitimieren oder konstituieren, wohl aber den nicht zuletzt zur Verarbeitung der Häresie notwendigen reflektierten und reflektierenden Umgang mit dieser Sache regulieren.*" Weil die in jeder Methode liegende Sachentscheidung mit der Sache der Theologie in Konflikt geraten kann, muß nach BAYER auch „die Grenze der Methode" bestimmt werden (a.a.O. 495).

sche Streitmacht im Schilfmeer vernichtet, beginnt das Volk Israel zu glauben (Ex 14,31). Es handelt sich um einen Glauben an den, der sich vorstellt als „der HERR, dein Gott, der ich dich aus Ägyptenland, aus der Knechtschaft, geführt habe" (Ex 20,1). Der Glaubende bekennt sich aber nicht nur zu einem punktuellen Geschichtsereignis, sondern zu einer ganzen Reihe von Heilstaten oder Gerichtstaten, in denen er Gottes Wesen und Wirken erkennt (Dtn 26,5–9; Ps 105.106; Ez 20). Auf die Verkündigung der Apostel und anderer Augenzeugen hin glaubt die neutestamentliche Gemeinde an den Tod, das Begräbnis und die Auferstehung Jesu Christi „nach der Schrift" (1.Kor 15,3f.11). Es handelt sich um einen Glauben an „Jesus Christus und Gott, den Vater, der ihn auferweckt hat von den Toten" (Gal 1,1). Auch dieser Glaube bezieht sich nicht nur auf ein isoliertes Geschichtsfaktum, sondern auf die ganze Geschichte von Jesus, dem Messias, soweit sie die Apostel und ihre Mitarbeiter mitteilen (Lk 1,1–4; Joh 20,30f; Phil 2,6–11; 1.Tim 3,16).

Die Reformatoren sind davon überzeugt, daß der Zusammenhang zwischen Schriftwort, Geschichte und Glaube nicht aufgelöst werden kann, ohne daß das Evangelium aufgegeben wird. Diese Überzeugung kommt in Luthers Predigten über 1.Kor 15 zum Ausdruck. Luther betont dort, daß die Auferstehung Christi und die zukünftige Auferstehung der Toten für den natürlichen Menschen nicht zu fassen ist, denn „menschen weisheit und vernunfft kan nicht höher noch weiter komen denn richten und schliessen, wie sie fur augen sihet und fület odder mit sinnen begreiffet, Aber der glaube mus uber und wider solch fülen und verstehen schliessen und hafften an dem, das jm fürgetragen wird durchs Wort".[146]

Dieses Wort, das die Mitte und den Sinn der Heilsgeschichte erschließt, ist „das leiblich odder schrifftliche wort, jnn buchstaben gefasset", ohne welches „kein bestand ist unser lere und glauben zu erhalten".[147] Als „das rechte Gottes wort" lehrt es, „das Christus aufferstanden ist von den todten, welchs ist das heubtstück Christlicher lere, das niemand leugnen kan, wer anders ein Christ odder ein prediger des Evangelij sein wil".[148] Der Glaube hängt an der im Wort offenbarten Geschichte. Luther kann zwar die eine oder andere geschichtliche Information der Schrift anzweifeln[149] und auch Sachkritik üben an Büchern, die seiner Meinung nach nicht in den Kanon gehören. Dies hebt aber sein grundsätzliches Vertrauen in die geschichtliche Zuverlässigkeit des Bibelwortes nicht auf, welches sich in der Vorrede zur „Supputatio annorum mundi" darin zeigt, daß der Reformator die Angaben der Geschichtsschreiber an

---

[146] WA 36, 493,4–7 (1532).
[147] WA 36, 500,29f.
[148] WA 36, 527,20; 524,31–34.
[149] Vgl. B. ROTHEN, Die Klarheit der Schrift, 67f.

Diskussion 215

den Aussagen der Schrift messen will, weil nur in ihr der wahrhaftige Gott redet.[150]

Die Beziehung zwischen Schriftwort, Geschichte und Glaube wird erst in einer späteren theologiegeschichtlichen Phase zum Problem, die Ebeling als „geistesgeschichtliche Wende zur Neuzeit" bezeichnet.[151] Ihr Kennzeichen ist die historische Kritik, die das biblische Geschichtsbild grundsätzlich in Zweifel zieht. Ebeling behauptet zwar, daß die Entscheidung für die historisch-kritische Methode als ein Festhalten an der reformatorischen Entscheidung zu verstehen sei und „in einem tiefen inneren Sachzusammenhang mit der reformatorischen Rechtfertigungslehre" stehe, macht aber gleichzeitig deutlich, daß sie gleichbedeutend ist mit einer Entscheidung für neuartige Denkvoraussetzungen, die sich nicht vereinbaren lassen mit der schlichten Berufung der Reformatoren auf die Schrift.[152] Nach Brunners theologiegeschichtlicher Analyse gehören zu diesen Denkvoraussetzungen die Idee der Immanenz und die Idee der autonomen Vernunft.[153] Brunner zeigt auf, daß diese Ideen in der Neologie zu einer neuen Weise der Schriftauslegung führen. Die Schrift gilt nicht mehr wie bei den Reformatoren als der „redende Mund Gottes", sondern erscheint als „ein historisches Dokument, das mit historisch-kritischen Mitteln bearbeitet und interpretiert werden muß, damit dadurch der ewige Gehalt herausgestellt werden kann, der dort in der Schrift in zeitgeschichtlichen Hüllen verborgen ist".[154] „Dieser ewige Gehalt wird dann nachträglich auch von der Vernunft bestätigt werden. Denn, wenn man zusieht, dann ist es eben die Vernunft selbst, die diesen ewigen Gehalt zuvor in die Schrift hineingelesen hat."[155] Im Laufe der beiden folgenden Jahrhunderte wandeln sich die Ausprägungen der historisch-kritischen Schriftauslegung. Zu dem, was sich durchhält, gehört u.a. die Annah-

---

[150] WA 53, 27: *„Haec causa me movit, ut Historicos non quidem in totum contemptos haberem, Sed sacram scripturam illis praeferem. Utor illis ita, ut non cogar scripturis contradicere. Quia credo in scripturis deum veracem loqui, In historijs homines optimos suam, quam potuerunt, diligentiam et fidem (sed ut homines) praestare, aut saltem transcriptores eorum potuisse errare."*
[151] G. EBELING, Historisch-kritische Methode, 29f.
[152] A.a.O. 41.43f.29.26. H.J. KRAUS stellt in seiner „Geschichte der historisch-kritischen Erforschung des Alten Testaments" (111) fest, daß man mit der Trennung von Heiliger Schrift und Wort Gottes einer „reformatorischen Grunderkenntnis" den Abschied gibt: „Von hieraus gesehen ist es gewiß nicht richtig, zu behaupten, daß die historisch-kritische Forschung das Erbe der Reformation übernommen habe." Auch K. SCHOLDER (Bibelkritik, 171f) arbeitet eine tiefe Zäsur zwischen der reformatorischen Theologie des 16. Jahrhunderts und der Bibelkritik des 17. Jahrhunderts heraus: „Die aufkommende Kritik erschütterte das selbstverständliche Vertrauen in die buchstäbliche Wahrheit der Bibel und beraubte sie damit wesentlicher Stützen ihrer Autorität."
[153] ThG I, 10.
[154] ThG I, 58.
[155] A.a.O.

me, daß wesentliche Züge des teilweise fiktiven biblischen Geschichtsbildes korrigiert werden müssen und aufgrund zuverlässiger geschichtswissenschaftlicher Erkenntnisse auch korrigiert werden können.

Vor diesem Hintergrund ergeben sich im Blick auf Brunners Plädoyer für eine kontrollierte Integration der Geschichtswissenschaft in die theologische Wissenschaft folgende Rückfragen.

(a) Muß „die" „Geschichtswissenschaft", für die es sicher nicht nur *eine* Definition gibt, in strengem Sinne bestimmt sein von den Prinzipien der Analogie, der Korrelation und der Kritik, wie von Brunner dargestellt? Hat nicht auch der Forscher, der sich mit der außerbiblischen Geschichte befaßt, mit analogielosen Geschichtsereignissen zu rechnen, die sich nicht eindeutig als Ergebnis innergeschichtlicher Faktoren erklären lassen, oder mit solchen geschichtlichen Nachrichten, die aufgrund der beschränkten Quellenlage keiner begründeten Kritik unterzogen werden können?

(b) Ist es sinnvoll, eine als in sich geschlossenes System definierte Geschichtswissenschaft in die Theologie einzuführen, wenn es die Theologie mit einer analogielosen Geschichte zu tun hat, die sich nicht aus dem Zusammenspiel von innergeschichtlichen Faktoren erklären läßt und sich nur durch das Wort Gottes erschließt, das gerade nicht verstanden sein will als ein Geschichtsbericht in den Grenzen menschlicher Geschichtswahrnehmung und Geschichtsdeutung?

(c) Kann im Ernst damit gerechnet werden, daß sich die sogenannte „historisch-kritische Vernunft" im Rahmen der Zusammenarbeit mit der Theologie in ihrem kritischen Urteil selbst begrenzt oder begrenzen läßt, etwa durch den Hinweis auf die Gewißheit des Glaubens? Hat die kritische Erforschung der biblischen Geschichte tatsächlich beigetragen zur „Bewahrung der Vernünftigkeit der Vernunft" oder nicht vielmehr zur Stärkung der Autorität der autonomen Vernunft?

(d) Hat die historisch-kritische Bearbeitung der biblischen Texte den Erweis erbracht, daß die Rede von Gottes Heilshandeln kein Mythos ist, oder hat sie nicht vielmehr dazu geführt, daß geschichtliche Wirklichkeit und biblische Darstellung weithin auseinanderfallen, so daß die Textaussage je nachdem als Mythos, als Sage, als Legende, als Gemeindebildung, als Fiktion oder als religiöse Vision gedeutet werden kann?

Müßte nicht klarer ins Auge gefaßt werden, daß die geschichtswissenschaftliche Exegese den Geschichtsbezug der Theologie zutiefst relativiert und problematisiert hat, was darin zum Ausdruck kommt, daß ein Alttestamentler von der „methodisch unerlaubte(n) Annahme der Möglichkeit" spricht, „etwas könne sich so zugetragen haben, wie es berichtet wird"[156], oder ein Neutestamentler die

---

[156] H. DONNER, Geschichte des Volkes Israel, 26.

biblische Darstellung der Apostelzeit als „Geschichts*theorie*" bezeichnet[157]?

(e) Kann man sagen, daß sich die Gewißheit des Glaubens, die durch die Heilsbotschaft und ihre Mitteilungen über geschehene Geschichte entsteht, lediglich auf einzelne geschichtliche Ereignisse des Jesusgeschehens bezieht[158], oder bezieht sie sich nicht darüber hinaus auf den geschichtlichen, antimythischen, ungnostischen Charakter der ganzen biblischen Heilsgeschichte? Weist das Wort der Propheten und Apostel selbst etwa unmißverständlich darauf hin, daß seine geschichtliche Mitteilung im einen Fall als historisch zuverlässiges Zeugnis und im anderen Fall als symbolische Legende verstanden sein will?

(f) Muß ein theologisches Verfahren, das die Bibel zunächst einmal als tendenziöses Geschichtswerk betrachtet und dementsprechend bearbeitet, anschließend aber die Bibel als Bezeugung des verkündigten Wortes Gottes in den Blick nimmt und die historischen Ergebnisse teilweise revidiert, nicht zu einer Verselbständigung der theologischen Fachbereiche und zu einer inneren Gespaltenheit des Theologen führen? Gibt es unwiderlegliche Gründe für die Behauptung, daß eine Schriftauslegung, die nach dem Vorbild der Reformatoren grammatische, historische, dogmatische und praktische Aspekte der Exegese organisch miteinander verbindet, heute prinzipiell nicht mehr möglich ist?

Die letzte Frage deutet an, in welcher Richtung Brunners Lösungsvorschlag zum Problem der Schriftinterpretation m.E. weiterentwickelt werden müßte. Gerade Brunners Einordnung der Theologie in die Kirche, in der das Wort Gottes verkündigt und geglaubt wird, legt es nahe, auch bei der Schriftauslegung von dem Anspruch dieses Wortes, Gottes offenbarendes Wort an den Menschen zu sein, auszugehen. Dieser Ausgangspunkt stellt kein unsachgemäßes Vorurteil dar, sondern bringt ein sachgemäßes Verständnis für die Besonderheit der Heiligen Schrift zum Ausdruck. Im Vergleich dazu muß die Denkvoraussetzung, die Schrift stelle ein gewöhnliches Geschichtsdokument mit einem ungewöhnlichen Hang zur geschichtlichen Fiktion dar, als unsachgemäß bezeichnet werden. An dieser Stelle stößt nicht etwa eine realistische, „undogmatische" Sichtweise auf eine unrealistische, dogmatistische Sichtweise, sondern das historische Dogma der Neuzeit auf das theologische Dogma der Kirche. Orientiert man sich bei der Entscheidung in diesem Dogmenkonflikt an der Schrift selbst, so wird man sich mit den Aposteln dafür zu entscheiden haben, das prophetische und apostolische Wort als ein von Gott autorisiertes Wort aufzufassen, das sich auf reale geschichtliche Vorgänge bezieht (1.Thess 2,13; 1.Kor 15,3f; 1.Petr 1,21). Diese Entscheidung schließt

---

[157] H. CONZELMANN, Geschichte des Urchristentums, 6.
[158] BRUNNER, PE I, 77.

geschichtswissenschaftliche Nachforschungen nicht aus, sondern fordert sie im Gegenteil geradezu heraus, weil sich die echte geschichtliche Nachricht zumindest teilweise nachprüfen läßt. Aus dieser Entscheidung müßte m.E. aber die Folgerung gezogen werden, daß es im Raum der Theologie keine Geschichtswissenschaft geben kann, die absolut gebunden ist an die Prinzipien der Analogie, der Korrelation und der Kritik, weil diese dem Erkenntnishorizont und der Qualität des Schriftwortes nicht gerecht werden. Es müßte ferner die Folgerung gezogen werden, daß die autonome Vernunft der Vernunftkritik des Wortes Gottes zu unterwerfen ist, die „Gedanken und alles Hohe, das sich erhebt gegen die Erkenntnis Gottes" zerstört und „alles Denken in den Gehorsam gegen Christus" gefangennimmt (2.Kor 10,5), wodurch eben die Vernünftigkeit der Vernunft gewahrt wird.

Die beiden letztgenannten Folgerungen werden von Brunner nicht gezogen, weil er die Geschichtswissenschaft als ein in sich geschlossenes System betrachtet, das von der Theologie nur benutzt, aber nicht selbst verändert werden kann. Geht man jedoch mit dem Exegeten Martin Hengel davon aus, daß gerade die historische Forschung ein offenes, je nach Forschungsgegenstand zu veränderndes System darstellt[159], so ergibt sich die Forderung wie von selbst, diese Forschung dem besonderen Erkenntnisgegenstand des Wortes Gottes anzupassen. Ein theologisches Verfahren, das geschichtliche Forschungen unter theologischem Vorzeichen fördert und ihre Ergebnisse in die Schriftauslegung einbezieht, wird so manche bleibenden Spannungen zwischen historischen und theologischen Fragestellungen nicht auflösen können. Aber es könnte zu jenem Ziel beitragen, das Brunner vor Augen stellt und auf seine Weise anstrebt, nämlich die Unterwerfung der Theologie unter die Autorität der historisch-kritischen Wissenschaft zu überwinden und die Loslösung der Heilsbotschaft von der realen Geschichte der Taten Gottes zu unterbinden.

8.6 Zum Verhältnis von historisch-philologischer Wissenschaft und Theologie

Brunners Überlegungen zur Bedeutung der historisch-philologischen Wissenschaft weisen dieselbe Argumentationsstruktur auf wie jene zur Bedeutung der Geschichtswissenschaft. Zuerst wird begründet, warum die historisch-philologische Interpretationsweise innerhalb der Theologie angewendet werden muß und dann wird gezeigt, warum sie durch eine spezifisch theologische Interpretationsweise zu ergänzen ist, die die Ergebnisse der historischen Interpretation zwar aufnimmt, aber nicht unkritisch übernimmt. Brunners Argumentation zielt auch

---

[159] M. HENGEL (KuD 19, 85): „Die historische Forschung muß immer offenbleiben zur Erprobung neuer Methoden. Neu entdeckte Phänomene erfordern u.U. die Anwendung neuer Methoden."

in diesem zweiten Gedankengang darauf ab, die einseitige historische Orientierung der theologischen Wissenschaft abzulösen durch eine angemessene theologische Orientierung. Brunner ist der Meinung, daß eine gegenwartsbezogene Interpretation von historisch-philologischen Forschungsergebnissen im Verstehenshorizont menschlicher Sprachvernunft nicht länger verwechselt werden sollte mit einer echten Theologie des Wortes Gottes. Offenbar geht er davon aus, daß eine solche Verwechslung im Bereich der Theologie nicht selten vorkommt. Insofern stellen seine Ausführungen eine deutliche Kritik an einem gängigen Theologieverständnis dar. Doch es handelt sich um eine konstruktive Kritik, die die Notwendigkeit und den Wert der historisch-philologischen Arbeit keineswegs verkennt, sondern unterstreicht. Allerdings tritt Brunner der Verselbständigung dieses Arbeitsverfahrens und der Umwandlung der Theologie in eine Art Philosophie auf der Grundlage der historischen Philologie entschieden entgegen.

Wiederum fällt auf, daß Brunner die historisch-philologische Forschung als ein in sich geschlossenes wissenschaftliches System versteht, das nur als geschlossenes System inklusive seiner Denkvoraussetzungen in die wissenschaftliche Theologie übernommen werden kann. Im folgenden soll gezeigt werden, daß es Gründe dafür gibt, diese Betrachtungsweise, die innerhalb des Hauses der theologischen Wissenschaft zwei völlig unterschiedliche Ebenen des Forschens und Denkens erblickt, zu hinterfragen.

(a) Brunner geht davon aus, daß Gott sein Wort „in dem Wort von Menschen" kundtut[160] und folgert daraus, daß das Offenbarungswort in einem ersten Schritt als Menschenwort philologisch und in einem zweiten Schritt als Gottes Wort theologisch erschlossen werden muß. Ohne Zweifel setzt die Erarbeitung von theologischen Erkenntnissen philologische Kenntnisse voraus. Doch aus der Tatsache, daß es Gott ist, der sein Wort in menschlicher Sprache mitteilt, kann man auch die Folgerung ziehen, daß dieses Wort kaum richtig verstanden wird, wenn die philologische Erklärung nicht von vorneherein den theologischen Charakter dieses Wortes berücksichtigt, ebenso wie sie den besonderen Charakter jedes Textes und die Eigenart seines Autors zu berücksichtigen hat. Der Wortwechsel zwischen Jesus und seinen jüdischen Gesprächspartnern in Joh 8 deutet darauf hin, daß es zwischen Gott und Mensch zu keiner echten Verständigung kommt, solange das Wort Gottes für Menschenwort gehalten wird. Jesus stellt Leuten, die dieselbe Sprache sprechen wie er, die Frage: „Wie geht es nun zu, daß ihr meine Art zu reden nicht versteht?" (Joh 8,43)[161]. Des Rätsels

---

[160] Hinter dieser Formulierung verbirgt sich die Unterscheidung von zwei eigenständigen Sprachebenen und Wort-Kategorien, die im Rahmen dieser Untersuchung bereits diskutiert und für problematisch befunden wurde. Siehe 5.6.
[161] Übersetzung der Menge-Bibel.

Lösung liegt in der Erkenntnis, daß der Mensch, der nicht mit Gott verbunden ist, sondern mit dem Teufel, Gottes Wort verkennen und mißverstehen muß (Joh 8,43f.47). Eine Perikope wie 1.Kor 10,1–13 läßt sich als Hinweis darauf verstehen, daß eines dieser Mißverständnisse darin besteht, das überlieferte Wort Gottes als ein Wort zu betrachten, das sich lediglich auf historische Vorgänge, nicht aber auf die Gegenwart der Gemeinde bezieht. Folglich dürfte eine Schriftauslegung, welche die zu interpretierenden Texte zunächst einmal als historisch bedingte Menschenworte ins Auge faßt und bearbeitet, aufgrund ihres bewußt eingeschränkten Verstehenshorizontes zu einer mangelhaften oder fehlerhaften Interpretation führen, die zu vermeiden wäre durch die Offenheit für einen im Sinne des Glaubens erweiterten Verstehenshorizont.

(b) Ähnliches ist im Blick auf Brunners Feststellung zu sagen, daß die philologisch-historische Interpretation der Heiligen Schrift ebensogut von einem Nichtchristen wie von einem Christen durchgeführt werden könne. Selbstverständlich ist es jedem philologisch gebildeten Menschen aufgrund seiner Fachkenntnisse möglich, biblische Texte zu übersetzen und ihren Textinhalt darzulegen. Doch mit einer derartigen Interpretation im Horizont menschlicher Sprachvernunft, so sagt Brunner selbst, sind diese Texte noch nicht wirklich verstanden. Der Bericht über die Emmausjünger Lk 24,13–35 führt vor Augen, daß sich der eigentliche Sinn der Schrift nicht durch die grammatische Kenntnis und die hermeneutische Kunstfertigkeit des Menschen erschließt, sondern allein durch Christus, der zugleich der „Hermeneut" der Schrift und der Zielpunkt aller ihrer Textaussagen ist. Das bedeutet, daß der Ausleger zumindest offen dafür sein muß, sich von dem Wort Christi und der Apostel einweisen zu lassen in eine der Schrift angemessene Schriftauslegung. Luther sagt in einer Predigt über die angeführte Perikope, daß die Schrift ein solches Buch sei, „dazu nicht allein das Lesen, sondern auch der rechte Ausleger und Offenbarer, nämlich der Heilige Geist gehört".[162] Die Schrift darf gerade nicht als ein Buch betrachtet werden, „das aus der Vernunft oder aus Menschenweisheit herfließt": „Wer sich deshalb untersteht, Mose und die Propheten mit der Vernunft zu begreifen und die Schrift zu messen und nachzurechnen, wie sichs mit der Vernunft reime, der geht ganz in die Irre."[163] In einer Tischrede weist Luther darauf hin, daß grammatische Kenntnisse keineswegs ausreichen, um den Sinn der Schrift zu erfassen: „Res sunt praeceptores. Qui non intelligit res, non potest ex verbis sensum elicere. ... Ego plures locos explicavi per cognitionem

---

[162] LD 8, 190–196; hier: 192. Diese Predigt findet sich nicht in der Weimarer Lutherausgabe.
[163] LD 8, 193.

rerum quam reliqua cognitione grammatices."[164] Folglich empfiehlt es sich nicht, den Sinn der Schrift durch eine strikt vernunftgemäße, grammatische Auslegung unter dem nichtchristlichen Vorzeichen des „etsi Deus non daretur" erschließen zu wollen.

(c) Brunner sieht völlig richtig, daß es stets fraglich bleibt, ob die Interpretation eines historischen Textes die eigentliche Textintention und den ganzen Textgehalt erfaßt. Das Interpretationsergebnis kann zwar verifiziert, aber nicht mit einer letzten Sicherheit als vollkommen zutreffendes Verständnis bestätigt werden. So richtig diese Überlegung im Bereich der Philologie ist, so wenig läßt sie sich auf den Erkenntnisvorgang im Bereich der Theologie anwenden. Brunner berücksichtigt den Unterschied zwischen der philologischen, bloß relativen Erkenntnis der Sprachvernunft und der theologischen, gewissen Erkenntnis des Glaubens. Doch er arbeitet vielleicht nicht deutlich genug heraus, daß die Erkenntnis des Glaubens dadurch zustandekommt, daß der dreieinige Gott als Subjekt des Erkenntnisvorgangs durch das Mittel seines Wortes und seines damit verbundenen Geistes beim Menschen Einsicht, Verständnis, Glauben und Gewißheit schafft, wie Lk 24,13–35 veranschaulicht. Paulus, der darauf besteht, daß die prophetische Rede in verständlicher Sprache zu ergehen hat (1.Kor 14,9–12.19), macht auch klar, daß das Hervorbringen und das Verstehen dieser Rede auf dem Wirken des Heiligen Geistes beruht (1.Kor 14,1.29; 2,12f). Es ist das gelesene und ausgelegte Wort Gottes selbst, das bei seinem hörenden und glaubenden Empfänger einen „Reichtum an Gewißheit und Verständnis" hervorbringt (Kol 2,2). Diese Einsicht wird allzu leicht verdrängt durch die Reflexion auf die Relativität menschlichen Verstehens, welche die Möglichkeit einer gewissen theologischen Aussage grundsätzlich in Zweifel zieht.

Brunner versucht diesem Zweifel zu wehren, indem er auf die Wahrheitsfähigkeit der Sprachvernunft hinweist und an der überlegenen Wahrheitsgewißheit des Glaubens festhält. Doch er stellt zumindest in diesem Textzusammenhang nicht klar, daß diese Gewißheit nur aus dem unmittelbaren Umgang mit den biblischen Texten erwachsen kann. Dies dürfte mit seiner Unterscheidung zwischen dem vorfindlichen, interpretierbaren Menschenwort und dem unverfügbaren, gewißmachenden Wort Gottes zusammenhängen. Luther kennt diese Unterscheidung wohl nicht. Sonst könnte er den Christen kaum als einen Menschen definieren, der den heiligen Schriften beständig,

---

[164] WA TR 5, 26,11–14; Nr. 5246. Diese Tischrede wird von R. SLENCZKA angeführt (Kirchliche Entscheidung, 111f) und in vollem Umfang folgendermaßen übersetzt: „Von der Auslegung. Die Dinge sind die Lehrmeister. Wer die Dinge nicht begreift, kann aus den bloßen Wörtern keinen Sinn herausholen. Daher irrt (der Hebraist Sebastian) Munster des öfteren, da er die Dinge nicht begreift. Ich habe mehr Stellen durch die Erforschung der Dinge als durch andere grammatische Forschung ausgelegt. Wenn die Juristen nicht die Dinge (um die es geht) begriffen, würde niemand die Worte verstehen. Also das Studium der Dinge, das tut's."

überall und in allen Teilen anhängt und ihre Aussagen fest behauptet.[165] Der Christ ist nach der Meinung des Reformators im Unterschied zu den Skeptikern und Akademikern als ein „assertor" zu bezeichnen, denn: „Spiritus sanctus noch est Scepticus, nec dubia aut opiniones in cordibus nostris scripsit, sed assertiones ipsa vita et omni experientia certiores et firmiores."[166] Es könnte sein, daß das Verständnis für diesen Zusammenhang zwischen Schriftwort und Glaubensgewißheit erschwert wird, wenn man die Schriftauslegung zunächst einmal als die Interpretation eines Menschenwortes in den Grenzen menschlicher Verstehensmöglichkeiten ins Auge faßt.

(d) Dabei ist zu beachten, daß die Interpretationsmethode, wie sie sich innerhalb der Theologie seit der Aufklärung herausgebildet hat, ganz wesentlich vom Prinzip des Zweifels und der Sachkritik bestimmt ist. In einem gängigen Arbeitsbuch zum Neuen Testament liest man: „Ausgangspunkt der neuzeitlichen exegetischen Arbeit am Neuen Testament war (und ist) der wissenschaftliche Zweifel, der die altkirchliche Tradition über die Schriften der Bibel in Frage stellt."[167] Dieser Zweifel bezieht sich jedoch keinswegs nur auf die altkirchliche Tradition, sondern auf die Authentizität und Zuverlässigkeit der neutestamentlichen Schriften selbst.[168] Die historisch-kritische Methode ist „wesenhaft verbunden mit Sachkritik", sagt Ebeling.[169] Brunner hebt nicht auf das Moment des Zweifels und der Sachkritik im historisch-philologischen Verfahren ab, sondern auf die mit ihm gegebene Möglichkeit, einen Text relativ genau zu verstehen. Dementsprechend erwähnt er auch nur solche Arbeitsschritte, in denen der sachkritische Impuls der historischen Methode in geringerem Maße zum Tragen kommt. Von der literarkritischen, überlieferungsgeschichtlichen und redaktionsgeschichtlichen Fragestellung ist bei ihm nicht die Rede. In Brunners Forderung, daß die Texterforschung bei keinem Arbeitsschritt stehenbleiben dürfe und die Endgestalt des Textes zur Geltung zu bringen habe, kommt eine unüberhörbare Kritik an den Akzentsetzungen der neueren Exegese zum Ausdruck. Offenbar hat der Heidel-

---

[165] WA 18, 604,29–33 (De servo arbitrio, 1525): „Sic potius dicet Christianus, Adeo non delector scepticorum sententia, ut ubicunque per infirmitatem carnis liceret, non modo sacris literis constanter ubique in omnibusque partibus adhererem et assererem, sed etiam optem in non necessariis et extra scripturam positis rebus, esse quam certissimus. Quid enim incertitudine miserius?"
[166] WA 18, 605,30.32–34. Übersetzung W² XVIII, 1680: „Der Heilige Geist aber ist nicht ein Skeptiker und hat in unsere Herzen nicht Zweifelhaftes und Meinungen geschrieben, sondern feste Behauptungen, die gewisser und fester sind als selbst das Leben und alle Erfahrung."
[167] H. CONZELMANN/A. LINDEMANN, Arbeitsbuch, 45.
[168] Vgl. die zwei Fragen, die dem zitierten Satz folgen (a.a.O.). K. SCHOLDER (Bibelkritik, 133) meint, daß sich „das Prinzip des universalen Zweifels" aufgrund der Philosophie Descartes' allgemein durchgesetzt habe.
[169] G. EBELING, Historisch-kritische Methode, 29.

berger Theologe den Eindruck, daß das Interesse an der Aussageintention und dem theologischen Sinn des Textganzen im Kontext der Schrift allzu oft zurückzutreten scheint hinter ein Interesse an der redaktionsgeschichtlichen Funktion rekonstruierter, früherer Textschichten im Kontext der Traditionsgeschichte und der vorderorientalischen Religionsgeschichte.

Gewiß kann man diese Erscheinung kontrovers diskutieren. Es fragt sich nur, ob damit schon die Wurzel des Problems erfaßt ist. Sie liegt m.E. im Prinzip des Zweifels und der Sachkritik. Diese Prinzipien führen im Endeffekt dazu, daß das Schriftwort nicht mehr als das von Gott offenbarte Wort aufgefaßt wird, sondern als das von den anonymen Gestaltungskräften der menschlichen Traditionsgeschichte hervorgebrachte Wort. So kommt es zu einem Subjektwechsel[170] im Offenbarungsvorgang, der die theologische Legitimität der Berufung auf die Heilige Schrift in Frage stellt, weil sie nichts anderes ist als eine Berufung auf zeitbedingte menschliche Erfahrungen und Meinungsäußerungen. Der Ausweg aus diesem Dilemma dürfte für eine Theologie, die nach Brunner ihren Ort in der Kirche des Wortes Gottes hat, darin liegen, bei der Exegese, die sehr wohl philologisch und historisch exakt verfahren sollte, von einem anderen Grundsatz als dem oben genannten auszugehen. Er könnte folgendermaßen lauten: „Der Ausgangspunkt der exegetischen Arbeit an der Heiligen Schrift ist der Glaube der christlichen Kirche, daß sich in dem Wort dieser kanonischen Bücher der dreieinige Gott mitteilt in einer verständlichen, präzisen und vertrauenswürdigen Redeweise."[171]

(f) Eine weitere Schwierigkeit von Brunners Vorschlag, zwei Auslegungsverfahren mit völlig unterschiedlichen Denkvoraussetzungen miteinander zu kombinieren, liegt darin, daß das, was im ersten Auslegungsschritt historisch-philologisch erarbeitet wurde, im zweiten Auslegungsschritt unter theologischen Gesichtspunkten überprüft und mit philologischen Argumenten korrigiert werden soll. Doch erstens dürfte die historisch-kritische Exegese, die sich einmal festgelegt hat auf das Prinzip des methodischen Zweifels und der vernunftgemäßen Sachkritik, eine Korrektur ihrer Ergebnisse aus theologischen Gründen strikt ablehnen.

Und zweitens muß man doch fragen, warum diese theologischen Gesichtspunkte, die eine solche Überprüfung überhaupt erforderlich machen, nicht von vornherein in das Auslegungsverfahren einbezo-

---

[170] Dieser Ausdruck und der dahinter stehende Gedanke stammt von R. SLENCZKA (Kirchliche Entscheidung, 105).
[171] Vgl. R. SLENCZKAs Grundthese (Kirchliche Entscheidung, 262): „Die Heiligen Schriften Alten und Neuen Testaments sind das Wort des dreieinigen Gottes, das er spricht, in dem er sich selbst zu erkennen gibt und durch das er wirkt; weil sie das Wort Gottes sind, sind sie die Heiligen Schriften der christlichen Gemeinde."

gen werden, zumal sie sich aus philologisch zu erfassenden Textbefunden ergeben. Trotz der dargestellten Einwände bleibt es Brunners Verdienst, ein gravierendes Problem der neueren Theologie, das letztlich nicht auf einer methodischen, sondern auf einer dogmatischen Ebene angesiedelt ist[172], genau gesehen zu haben und ihm begegnet zu sein mit einer solchen Anleitung für die Schriftauslegung, die den Schwerpunkt eindeutig auf das Vernehmen des Wortes Gottes setzt.

8.7 Zum Verständnis der dogmatischen Theologie

Brunner trennt nicht scharf zwischen dogmatischer Schriftauslegung und dogmatischer Theologie. In beiden Fällen geht es um das „Wort Gottes als die uns jetzt hier geltende Gottesbotschaft". Der Begriff „dogmatische Schriftauslegung" weist darauf hin, daß sich die Darstellung der „geltenden Gottesbotschaft" an der Schrift zu orientieren und zu bewähren hat. Die Begriffe „dogmatische Theologie" oder „systematische Theologie" deuten an, daß die „geltende Gottesbotschaft" in ihrem inneren Zusammenhang zu bedenken und als Lehre von dogmatischem Rang darzustellen ist.

Im Verlauf des entsprechenden Vorlesungskapitels konzentriert sich Brunner sehr schnell auf die Rede von der dogmatischen Theologie und spricht nicht mehr von der dogmatischen Schriftauslegung. Das dürfte damit zusammenhängen, daß er unter „dogmatischer Schriftauslegung" eben keine besondere Weise der Textbearbeitung versteht, sondern „eine verantwortliche Besinnung des Glaubens" auf die in den Texten zur Sprache gekommenen Gottesbotschaft.[173] Trotzdem wäre es denkbar, noch konkreter zu beschreiben, in welcher Weise im Rahmen dieser Besinnung auf Schrift, Bekenntnis oder Kirche der Gegenwart Bezug zu nehmen ist. Eine solche Beschreibung könnte den Unterschied zwischen historisch-philologischer und dogmatischer Schriftauslegung noch deutlicher hervortreten lassen und zu einer besseren Kommunizierbarkeit, Überprüfbarkeit und Erlernbarkeit dieses Verfahrens beitragen.

Die dogmatische Theologie stellt Brunner als einen Erkenntnisweg (b) zwischen dem Ausgangspunkt des erkannten Wortes Gottes (a) und dem Zielpunkt des durchdachten und neu dargelegten Wort Gottes (c) dar.

(a) Im Blick auf den Ausgangspunkt dieses Erkenntnisweges betont er erstens, daß sich die Erkenntnis des Wortes Gottes nicht durch eine Methode der Schriftauslegung herbeiführen läßt und zweitens, daß sie

---

[172] R. SLENCZKA schreibt (Kirchliche Entscheidung, 94): „Dieser Methodenstreit ist indes lediglich Symptom einer wesentlich weiter reichenden Auseinandersetzung um Geltung und Anerkennung des Schriftprinzips."
[173] GDg 155f, Blatt 1.

ermöglicht wird durch die viva vox evangelii in der Gemeinde. Tatsächlich kennt nur derjenige Mensch das Wort Gottes als Gottes Anrede und Heilsbotschaft, der aufgrund des Wirkens des Heiligen Geistes zum Glauben gekommen ist. Dieses glaubenschaffende Wirken des Geistes läßt sich nicht durch eine Methode auslösen, aber es ist gebunden an das offenbarte Wort. Das bedeutet, daß es keinen anderen Weg gibt, zum Glauben zu finden, als die Begegnung mit diesem Wort. Brunner konzentriert sich auch an dieser Stelle in einer einseitigen Weise auf die mündliche und sakramentale Gestalt des Offenbarungswortes. Gewiß ist es in der Regel das mündliche Wort, das zum Glauben führt und den Glauben erhält. Gewiß ist es das Wort des Sakraments, das den Menschen eingliedert in den Leib Christi. Aber diese beiden Wortgestalten sind abhängig von dem schriftlichen Wort, das mindestens dieselbe geistliche Qualität und Kraft besitzt wie Predigt und Sakrament. Es darf nicht übersehen werden, daß die Schrift selbst die authentische Verkündigung des offenbarten Wortes Gottes ist, welches Glauben schafft und Leben schenkt.

Dieser Sachverhalt kommt in einem Kommentar Luthers zu Joh 5,39 zum Ausdruck: „Gott hat die heilige schrifft gegeben uns armen sundigen menschen, das wir sie sollen nicht allein lesen, Sondern auch (wie der HERR hie sagt) forschen oder nach denken oder betrachten. So wird man drinnen finden das ewige Leben."[174] Die Erkenntnis der Heilsbotschaft ergibt sich demnach unmittelbar aus dem Studium der Schrift.[175] Über diese Erkenntnisweise predigt der Reformator auch im Anschluß an Rö 15,4, wo Paulus den Christen „eyn buch" „tzu leßen unnd tzu studirn furlegt, nemlich alleyn die heyligen schrifft, und spricht, das unßer lere drynnen sey".[176] Alle Christen „sollten ditz buch teglich ym brauch haben", denn es „vorkundigt nichts denn das heylige creutz" zum Trost der Angefochtenen.[177]

Wenn nun die Heilige Schrift selbst zum Heilsglauben führt und die Lehre vom Heil des Kreuzes einprägt, ist der Theologe bei der Erhebung des gültigen Inhalts der Heilsbotschaft nicht unbedingt angewiesen auf die Bezeugung und Vermittlung dieser Botschaft durch die Kirche, auch wenn er als Christ nicht anders als in der Gemeinde leben kann. Er braucht keine Methode, aber auch keine vermittelnde Kirche, um „aus der Bibel" „Wort Gottes" „herauszuholen"[178], weil er dieses Wort als lesbares, verstehbares, philologisch erschließbares Wort vor Augen hat. Dieses Wort muß nicht zum Sprechen gebracht

---

[174] WA 48, 141,4–7 (Bucheinzeichnung, 1541).
[175] Vgl. WA 12, 274,16–19 (Auslegung 1.Petrusbrief, 1523; zu 1.Petr 1,10–12): „Denn die ganze schrifft ist dahyn gericht, das sie uns von unßern werken reysse und zum glauben bringe. Und ist nott, das wyr ynn der schrifft wol studieren, auff das wyr des glawbens gewiss werden."
[176] WA 10 I/2, 73,25–27 (Adventspostille, 1522).
[177] WA 10 I/2, 73,29f; 75,18.21.
[178] BRUNNER, GDg 124.

werden, denn es spricht für sich. Es bedarf keiner Transformation in eine neue „konkret-geschichtliche Gestalt", damit es als das Wort Gottes erkannt werden kann, weil es in seiner vorliegenden konkret-geschichtlichen Gestalt die Voraussetzung der angemessenen Schrifterkenntnis, nämlich den Glauben, selbst schaffen kann. Das beste Beispiel für diesen Vorgang ist der Beginn der Reformation, bei dem die Schrift selbst die Erkenntnis des Evangeliums und den Glauben an das Evangelium hervorgerufen hat. Es wirkt gekünstelt, wenn Brunner dieses Ereignis zumindest teilweise von den „Urelementen des lebendigen Gotteswortes" in Liturgie und Sakrament abzuleiten versucht. Als eines unter den vielen weiteren Beispielen, welche die perspicuitas und die efficacia der Schrift erkennbar werden lassen, sei der Lebensweg des Stuttgarter Gymnasialdirektors Dr. Hermann Menge (1841–1939) erwähnt, der nach eigenem Bekunden durch die jahrelange Arbeit an einer philologisch exakten Übersetzung der ganzen Bibel „eine gewaltige, nicht plötzliche, sondern allmählich erfolgte Umwandlung" seines ursprünglich rationalistischen Glaubens in einen Glauben an Gottes Heilsplan und die Einzigartigkeit des rettenden Namens „Jesus Christus" erlebte.[179]

Brunners Rückbindung der dogmatischen Theologie an die Kirche ist insofern berechtigt, als die dogmatische Theologie von keinem anderen Evangelium als von dem in der apostolischen Kirche aller Zeiten verkündigten und geglaubten Evangelium auszugehen hat. Doch es müßte wohl deutlicher erkannt und ausgesprochen werden, daß die Erkenntnisgrundlage der Theologie nicht in der durch die Verkündigung zu erschließenden Schrift zu erblicken ist, sondern in der sich selbst erschließenden Schrift.

(b) Das Erkenntnisverfahren der dogmatischen Theologie beschreibt Brunner als „intellectus fidei", worunter er ein auf das Wort Gottes bezogenes Nach-Denken und ein ordnendes Durchdenken seiner Aussagen versteht. Diese Denkbemühung wird von Brunner gleichgesetzt mit der kritischen Überprüfung „des Anspruchs eines geschichtlich gegebenen Menschenwortes, Gottes Wort zu sein", wobei aus dem Kontext nicht ganz klar hervorgeht, ob sich der Begriff „Menschenwort" nur auf die Äußerungen der Kirche oder nicht auch auf den biblischen Text bezieht.[180] Brunner kann den Bibeltext durchaus als Menschenwort bezeichnen, spricht aber sonst nicht ausdrücklich von einer kritischen Überprüfung der Schrift, sondern betont die Autorität und die Stimmigkeit der Schrift in ihrer kanonischen Breite. Der Gedanke einer kritischen Überprüfung der Schrift ist deshalb problematisch, weil das Wort der Schrift nicht etwa dazu anleitet, seinen Anspruch, Gottes Wort zu sein, in Frage zu stellen oder zu begründen,

---

[179] H. MENGE, Wie ich zur Übersetzung der Heiligen Schrift gekommen bin, Anhang der Menge-Bibel, 13.16.
[180] GDg 136.

sondern dazu, die Menschenworte außerhalb der Schrift anhand des Wortes Gottes der Schrift kritisch zu prüfen.

Das Verständnis der Theologie als „intellectus fidei" hat Bayer in seinem Theologiebuch einer grundsätzlichen Kritik unterzogen. Bayer bemängelt erstens, daß das Programm der „fides quaerens intellectum", wie es von Augustin über Anselm von Canterbury bis Hegel und Barth leitend ist, der tentatio „keine fundamentale und konstitutive Bedeutung" einräumt, mithin „der Geschichtlichkeit der theologischen Existenz" nicht gerecht wird[181], zweitens, daß es eine anthropologische, rationale Erschließung des Evangeliums bei gleichzeitiger Vernachlässigung des Umgangs mit dem Bibeltext ermöglicht[182], und drittens, daß es einem spekulativen, theoretischen, „rechtfertigenden" Denken Vorschub leistet, welches die passive Widerfahrnis der Wahrheit Gottes verdrängt[183].

Brunner hat Luthers Regel für das theologische Studieren „oratio, meditatio, tentatio", an der sich Bayer orientiert, durchaus beachtet, sie aber nicht als Gegensatz zur Denkbewegung des intellectus fidei verstanden. In der Vorlesung von 1959 interpretiert Brunner die „tentatio" im Sinne der folgenden Frage, die aus der Begegnung mit dem Wort Gottes resultiert und als Frage durchlebt sein will: „Lebe ich vor Gott oder bin ich tot vor Gott?"[184] Brunner weist auch darauf hin, daß die Bedrängnisse des Kirchenkampfs seine eigene theologische Erkenntnis mitbestimmt haben: „Ohne im Kampf zu stehen um die Wahrheit des Evangeliums gibt es keine wahre Theologie."[185] So gesehen ist das intellektuelle Moment in Brunners Theologieverständnis mit einem sehr existentiellen Moment verknüpft.

Allerdings stellt Brunner in dem zitierten Vorlesungsabschnitt auch das Theologieverständnis der alexandrinischen Kirchenväter vor, durch welches das abendländische Theologieverständnis seiner Meinung nach ergänzt werden sollte.[186] Den Unterschied zwischen dem reformatorischen und dem altkirchlichen Ansatz erblickt er darin, daß sich die Theologie im ersten Fall auf den Menschen in der Widerfahrnis von lex und promissio konzentriert, während sie im zweiten Fall auf den Menschen ausgerichtet ist, der sich in einer auf Gott hin gerichteten Bewegung befindet, die „über die ‚praxis pietatis' zur Schau, zur liebend einenden Erkenntnis Gottes in einem mystisch pneumatischen Erfahren" führt.[187] Während der Glaube im ersten Fall das A und das O der Theologie darstellt, wird er im zweiten Fall als Aus-

---

[181] O. BAYER, Theologie, 58.
[182] A.a.O. 58f.
[183] A.a.O. 75–83.
[184] DP 73.
[185] DP 74.
[186] DP 68–73.79.
[187] DP 78.

gangspunkt für die Erkenntnis des dreieinigen Gottes in seiner Herrlichkeit betrachtet. Brunner unterstreicht, daß die Theologie in beiden Fällen nicht von rational bestimmten Profanwissenschaften abhängig ist, sondern vielmehr zusammenhängt mit einer bestimmten geistlichen Erfahrung und dem gottesdienstlichen Leben.[188] Aufgrund dieser Äußerungen kann man vermuten, daß in dem kontemplativen, doxologischen Zug der Theologie Brunners der Einfluß der altkirchlichen Orthodoxie zum Tragen kommt.

Gleichwohl will der Heidelberger Theologe an dem reformatorischen Ansatz bei der Widerfahrnis des Wortes Gottes festhalten. Das Bedenken dieses Wortes soll nicht umschlagen in ein kritisches Bewerten nach der Maßgabe der menschlichen Vernunft. Die Betrachtung dieses Wortes darf nicht zu einer Relativierung seines Offenbarungsinhaltes durch die überbietende, mystische Schau führen. Insofern ist das Programm der „fides quaerens intellectum" für Brunner nicht gleichbedeutend mit einem rechtfertigenden Denken oder spekulativen Erkennen jenseits der Aussagen des Wortes Gottes. Was als Aufgabe der dogmatischen Theologie beschrieben wird, ist vielmehr eine intellektuell redliche und verantwortliche Rechenschaftsablage über die Inhalte und inneren Zusammenhänge der offenbarten Heilsbotschaft unter dem Vorzeichen des Glaubens. Zweifellos hat sich eine Kirche, die das Evangelium verkündet, und eine Theologie, die das Evangelium lehrt, dieser Aufgabe stets neu zu stellen.

(c) Das Ziel der dogmatischen Arbeit besteht für Brunner in einer Theologie, welche das Wort Gottes als geistlich erkannte, systematisch durchdachte Gottesbotschaft zur Geltung bringt, die in der Kirche anzuerkennen und von der Kirche weiterzugeben ist. In seinem Wahrheitsanspruch und seinem Geltungsanspruch läßt sich dieses Ergebnis der theologischen Erkenntnisbemühung vergleichen mit dem, was was Elert den „Sollgehalt" des kirchlichen Kerygmas nennt.[189]

Allerdings versieht Brunner diese Zielvorgabe im Schlußabschnitt seiner Vorlesung mit einem großen Fragezeichen. Die Feststellung und Darlegung des Wortes Gottes „als die uns jetzt hier geltende Gottesbotschaft" erscheint auf einmal als ein schwerwiegendes Problem, weil der gleichbleibende Inhalt dieser Botschaft stets neu aus geschichtlich bedingten Sprach- und Denkformen zu entbergen und in solchen Formen auszusagen ist. Der Gehalt des Evangeliums wird von seiner biblischen Sprachgestalt sehr deutlich unterschieden. Deshalb stellt sich die hermeneutische Frage in voller Schärfe. Wenn man, wie Brunner an dieser Stelle, davon ausgeht, daß sich die Sprach- und Anschauungsformen mit jeder geschichtlichen Epoche grundsätzlich verändern, dann wird die dogmatische Aufgabe zu einer äußerst schwierigen, wenn nicht unlösbaren Aufgabe, die in der richtigen Entschlüs-

---

[188] A.a.O.
[189] W. ELERT, CG 32.

selung, Übertragung und Versprachlichung des Inhaltes der Heilsbotschaft besteht. Zwar hält Brunner diese Aufgabe für lösbar, nicht zuletzt deswegen, weil seiner Meinung nach eine ganze Reihe von biblischen Begriffen auch im Sprachgeschehen der Gegenwart als sachgemäße Begriffe zu verwenden sind. Die dogmatische Theologie kann bei der Lösung ihrer hermeneutischen Aufgabe auf bleibend tragfähige sprachliche Mittel zurückgreifen. Doch hinter der Lockerung der Bindung der biblischen Botschaft an den biblischen Text, wie sie sich bei Brunner hier beobachten läßt, verbirgt sich ein grundsätzliches theologisches Problem. Es besteht darin, daß die eindeutige Unterscheidung zwischen dem Wort Gottes der Schrift und den Menschenworten außerhalb der Schrift anhand der grammatischen Formen der Schrifttexte im Grunde unmöglich wird und stattdessen innerhalb der Menschenworte der Schrift oder der Verkündigung unterschieden werden soll zwischen Gottes Wort und zeitbedingten Sprachformen aufgrund einer vorausgesetzten, zeitunabhängigen Erkenntnis dieses Wortes, die sich nicht unmittelbar aus den Schrifttexten ergibt. Gottes Wort aber läßt sich nicht anders erkennen als durch das Wahrnehmen des schriftlich niedergelegten, grammatikalisch definierten Wortes der Propheten und Apostel selbst, das in jede Zeit und Kultur hineinspricht und Gottes eindeutige Botschaft an den Menschen ausrichtet.

Brunners Unterscheidung zwischen dem Gehalt des Heilswortes und seiner menschlichen Sprachgestalt erinnert an Barths Unterscheidung zwischen dem Wort und den Wörtern. Bayer interpretiert Barths Zurückgehen hinter die Offenbarungsurkunde zur Sache der Offenbarung und das eigenständige Bedenken dieser Sache als „Anamnesis und Konstruktion" in der philosophischen Tradition Platons und Kants.[190] Bayers Warnung vor dem Hinterfangen und Vernachlässigen des Textes, das sich im Gefolge dieser Denktradition allzu leicht einstellt, muß wohl auch auf Brunners Überlegungen zur Grundproblematik der dogmatischen Arbeit bezogen werden. Gegenüber der Auffassung, daß die Theologie die Mitteilung Gottes an den Menschen aus geschichtlich bedingten und heute überholten Texten herauszuholen und in ganz anderen Sprach- und Denkformen auszudrücken hat, ist mit Bayer zu betonen, daß die Theologie „ihren Ort ‚vor' dem Text" hat, dessen Botschaft sie als „Grammatik zur Sprache der heiligen Schrift" wahrnehmen und durch eine genaue Orientierung an seinen Sprachformen neu zur Geltung bringen soll.[191]

---

[190] O. BAYER, Theologie, 332–335.
[191] A.a.O. 486. Vgl. die Ausführungen von A.WENZ über das „Bleiben vor dem Text", zu denen auch folgender Satz gehört (Das Wort Gottes, 258–265; hier: 259): „Rückkehr zur Schrift als Eifer zum Buchstaben impliziert ferner den Verzicht auf ein ungeduldiges Hintergehen des Textes und Herbeischaffen seiner Wirkungen auf dem Weg der hermeneutischen Vermittlung und Vergegenwärtigung."

Für diese Auffassung kann man sich mit gutem Grund auf Luther berufen, der seine Theologie durch den Umgang mit biblischen Texten gewinnt. Bayer zitiert einen Satz des Reformators, der die bleibende Abhängigkeit der Theologie von der Sprache der Schrift unterstreicht: „Praescribuntur enim ibi nobis a Spiritu sancto formulae; in illa nube ambulemus."[192] Eine Theologie, die den Sprachraum der Schrift verläßt, verliert ihre Befähigung, das offenbarte Wort angemessen nachzusprechen und zu bedenken. Die genaue Orientierung am Text dagegen ermöglicht die Erarbeitung einer profilierten, fundierten christlichen Lehre.[193] In seinem Galaterbriefkommentar betont Luther, daß alle theologischen Traditionen der „Regina" namens „scriptura sacra" zu unterwerfen sind, weil in der Kirche nur eine solche Lehre akzeptabel ist, die dem reinen Wort Gottes entspricht.[194] Die Lehre ergibt sich tatsächlich unmittelbar aus der Schrift: „Sed doctrina nostra, Dei gratia, pura est, omnes articulos fidei solidos et fundatos in sacris literis habemus."[195] Melanchthon begründet diese Rückbindung an das biblische Wort mit der These, daß das, was der Geist sagt, nur aus der Heiligen Schrift rein geschöpft werden kann.[196] Deswegen gilt für seine Loci praecipui theologici der Leitsatz: „haec doctrina Ecclesiae non ex demonstrationibus sumitur, sed ex dic-

---

H. ASSEL vertritt in seiner Untersuchung zur Lutherrenaissance (15) die These, daß „die in den zwanziger Jahren dieses Jahrhunderts einsetzende und bis heute nicht abgeschlossene Neubesinnung auf den reformatorischen Rechtfertigungsglauben nur dann Aussicht auf eine sach- und zeitgemäße Durchführung hat, wenn sie die Einsicht in die *prinzipielle und genuine Sprachlichkeit* des Rechtfertigungsgeschehen zu ihrem Ausgangspunkt macht". Assel stellt dar, wie der Theologe Rudolf Hermann (1887–1962) entdeckt, daß die Theologie nicht beim religiösen Gefühl, das im Wort zum Ausdruck kommt, sondern beim Wort selbst anzusetzen hat. R. HERMANN schreibt (a.a.O. 351): „Wiederum setzt beides, *die Sünde wie die Erlösung*, inhaltlich die *Selbstoffenbarung Gottes* in erwählter *Geschichte* voraus, in der Gott durch Tat und Wort gesagt hat, wer er ist – und wer wir sind –, und in der er selbst seine Gegenwart gibt. ‚Offenbarung' darf dann gerade nicht mit S(chleiermacher) vornehmlich als ‚geschichtliche Urtatsache' eines ‚Individualgebildes' der Religion ... verstanden werden, – was mehr auf die psychologische Gestalt des Offenbarungsglaubens führt."
[192] A.a.O. 124. WA 39 II, 104,18f (Disputatio de divinitate et humanitate Christi, 1540). Übersetzung O. BAYER (a.a.O. 124 Anm. 438): „Dort werden uns nämlich vom heiligen Geist Formeln vorgeschrieben; in jener Wolke wollen wir wandeln."
[193] Vgl. A. BEUTEL (ZThK 89, 329): „Für ein Leben aus Glauben ist es schlechterdings unentbehrlich, daß es, wie Luther in ungezählter Wiederholung einschärft, den modus loquendi scripturae erlernt, ihn einübt und sich an ihn gewöhnt."
[194] WA 40 I, 120,20f.24 (Galaterbriefkommentar, 1535).
[195] WA 40 II, 52,22f. Übersetzung W² IX, 650: „Aber unsere Lehre ist durch GOttes Gnade rein; wir haben alle Artikel des Glaubens fest und wohl gegründet in der heiligen Schrift."
[196] StA II/1, 163,18f (Loci communes, 1521): „quod doctrina spiritus pure nisi e scripturis hauriri non posset". Vgl. O. BAYER, Theologie, 134f.

tis".¹⁹⁷ Es zählt nicht der empirische oder rationale Beweis, sondern nur der Nachweis der Schriftgemäßheit.

Daß dieses Festhalten am Schrifttext und Hören auf das Schriftwort biblisch geboten ist, läßt sich an Moses Mahnung ablesen, „alle Worte dieses Gesetzes" zu Herzen zu nehmen, zu halten und zu tun (Dtn 32,46f): „Denn es ist nicht ein leeres Wort an euch, sondern es ist euer Leben." Auch Jesus geht davon aus, daß die offenbarte Wahrheit nicht ohne das offenbarte Wort aufbewahrt und gelernt werden kann, wenn er sagt (Joh 8,31f): „Wenn ihr bleiben werdet an meinem Wort, so seid ihr wahrhaftig meine Jünger und werdet die Wahrheit erkennen und die Wahrheit wird euch frei machen." Auf derselben Linie liegt die Aufforderung des Paulus an die Thessalonicher, seine eigenen Worte als Worte des Trostes in Verkündigung und Seelsorge zu benützen (1.Thess 4,18) sowie an der Lehre festzuhalten, „in der ihr durch uns unterwiesen worden seid, es sei durch Wort oder Brief von uns" (2.Thess 2,15).

Die in diesen Sätzen beschlossene Erkenntnis, daß der Inhalt der geoffenbarten Botschaft Gottes gerade im Laufe der Zeiten und während der Wandlungsprozesse der menschlichen Sprache nicht losgelöst von ihrer authentischen Sprachgestalt aufbewahrt und nicht ohne den engen Rückbezug auf diese Sprachgestalt neu entfaltet werden kann, hat Brunner zumindest im Schlußabschnitt seiner „Einführung in das dogmatische Denken" nicht angemessen berücksichtigt. Diese Erkenntnis ist keineswegs gleichbedeutend mit der Behauptung, daß die ständigen Bemühungen um sprachlich treffende Bibelübersetzungen oder um die Erläuterung und Entfaltung des Evangeliums mittels wissenschaftlicher Begriffe oder neuerer sprachlicher Wendungen überflüssig seien. Die besagte Erkenntnis läßt sich aber nicht vereinbaren mit der vor allem im Neuprotestantismus vertretenen Meinung, daß das Wort der Schrift ohne sekundäre Erläuterungen, Entfaltungen oder Übertragungen gewissermaßen stumm bliebe und Gottes Nachricht von der Rettung aus dem Gericht in einer Zeit mit gewandelten Vorstellungen nicht mehr angemessen und verständlich mitteilen könne.

Wenn man die Ablehnung dieser Meinung als „Fundamentalismus" bezeichnen und für indiskutabel erklären wollte, so sollte man wissen, was man tut. Man würde sich verabschieden von der schriftgemäßen Einsicht der Reformatoren in die Klarheit und Wirksamkeit des Wortes Gottes der Heiligen Schrift, die sich bis in die gegenwärtige Situation hinein darin bewährt, daß innerhalb der Kirche an diesem Wort die Entscheidung fällt zwischen Glaube und Unglaube und innerhalb der Theologie anhand dieses Wortes die Schriftgemäßheit oder

---

¹⁹⁷ StA II/1, 168,11f. Übersetzung T.E.: „Diese Lehre der Kirche ist nicht aus Beweisführungen gewonnen, sondern aus vorgegebenen Aussprüchen." Vgl. O. BAYER, Theologie, 148.

Schriftwidrigkeit von neueren theologischen Entwürfen nachgewiesen werden kann.

Brunners abschließende Reflexion auf die Geschichtlichkeit und Wandelbarkeit menschlichen Sprachgeschehens steht übrigens in Spannung zu seiner eigenen Predigtarbeit. Denn Brunners Predigtaussagen beziehen sich sehr genau auf die Sprache, die Gedanken und Anschauungen des auszulegenden Predigttextes. Bei der Auslegung von 1.Thess 5,1–10 zeigt Brunner auf, daß sich die Vorstellung eines zyklischen, unendlichen Zeitlaufs nicht vereinbaren läßt mit dem Gedanken der Heilsgeschichte, welche unumkehrbar zuläuft auf die Erscheinung und das Gericht Christi.[198] Weil sich die Sprache der Schrift als eine aussagekräftige Sprache erweist, kann sich die Sprache der Predigt in entscheidenden Passagen wie in folgendem Schlußabschnitt direkt an sie anlehnen: „Gott hat uns nicht gesetzt zum Zorn, sondern das Heil zu gewinnen durch unseren Herrn Jesus Christus, der für uns gestorben ist, auf daß wir in jedem Falle, tot oder lebendig, mit ihm zusammen leben sollen. *Das ist entschieden!* So laßt uns nun nicht schlafen wie die anderen! *Vigilemus!* Lasset uns wachen und nüchtern sein!"[199]

Dieses Beispiel weist darauf hin, daß Brunners grundsätzliche Problematisierung der Bezugnahme auf die Sprache und die Vorstellungen der Schrift bei ihm selbst keineswegs zu einer Distanz zu dem Wort der Schrift führt. Vielmehr ist es dieses Wort, das seine Verkündigung und seine Theologie sprachfähig und aussagekräftig macht.

---

[198] Eins ist not, 8–10.
[199] A.a.O. 13.

Kapitel 9: Zwischenergebnis

Brunner bezeichnet jene theologische Disziplin, die man heute in der Regel „systematische Theologie" nennt, bevorzugt als „dogmatische Theologie". Der Begriff „systematische Theologie" wird von ihm nicht abgelehnt, aber eher selten gebraucht, was nach seiner eigenen Aussage zusammenhängt mit dem Anklang an einen philosophischen Systembegriff, der auf die Theologie nicht angewendet werden sollte.[1] Der Begriff „dogmatische Theologie" dagegen erinnert an das Dogma der Kirche, d.h. an das, was in der Gemeinde Jesu Christi verkündigt, geglaubt, bekannt und gelehrt wird. Die dogmatische Theologie befaßt sich mit der apostolischen Heilsbotschaft, die in jenen Vollzügen bezeugt wird. Zur Disziplin der dogmatischen Theologie rechnet Brunner in erster Linie die Dogmatik und die Ethik, hält aber auch die Arbeitsrichtungen der „*Eristik*", der „dogmatische(n) *Symbolik*" oder der „*Sophiologie*", einer theologischen Lehre von der Schöpfung und der Kultur, innerhalb dieses Fachbereichs für sinnvoll.[2]

Bei der Beschreibung der dogmatischen Theologie hat Brunner jedoch nicht nur eine Teildisziplin im Blick, sondern stets das Ganze der Theologie. Die dogmatische Theologie kann er deshalb als „Angelpunkt" der Theologie bezeichnen, weil es seiner Meinung nach in allen theologischen Disziplinen im Grunde darum geht, das Wort Gottes als aktuelle Gottesbotschaft wahrzunehmen und zur Geltung zu bringen, welches die dogmatische Theologie aufgrund einer der Schrift angemessenen Schriftauslegung zu erheben und im Zusammenhang darzustellen hat. Der Begriff „dogmatische Theologie" weist auf eine bestimmte Orientierung und eine bestimmte Arbeitsweise aller Disziplinen hin. Insofern beziehen sich die folgenden Resultate auf die Theologie insgesamt.

Beim Studium der Texte Brunners stellt sich heraus, daß Brunners Theologie ein Zentrum hat, auf das sich letztlich alle Überlegungen beziehen. Dieses Zentrum besteht nicht in der Gotteslehre oder in der Rechtfertigungslehre, nicht im Offenbarungsakt oder im Glaubensakt, und auch nicht in der Heiligen Schrift oder dem kirchlichen Bekenntnis, wiewohl Brunner alle diese Elemente der christlichen Lehre bedenkt und berücksichtigt. Im Mittelpunkt aller Gedankengänge stehen

---

[1] DP 1f.
[2] DP 2.5f.

vielmehr die kirchlichen Handlungen der Verkündigung, der Taufe, des Abendmahls und der Absolution, in denen das Wort Gottes als gegenwärtiges, lebendiges, vollmächtiges Wort begegnet, welches dem Glaubenden das eschatologische Heil auf dem Wege mündlicher und leiblicher Kommunikation mitteilt. Es spricht vieles dafür, daß diese Perspektive das Proprium der Theologie Brunners erfaßt. Die Theologie Brunners läßt sich mit gutem Grund als eine *Theologie der Gnadenmittel* bezeichnen. Man könnte auch von einer *Theologie des pneumatisch gewirkten Kerygma* sprechen, welches sich dem in der Schrift bezeugten apostolischen Kerygma verdankt und im Dogma des kirchlichen Bekenntnisses widerspiegelt.

Was diese Schwerpunktsetzung für die Grundlegung der dogmatischen Theologie und das Ganze der Theologie bedeutet, ist in den Kapiteln 2 bis 8 erarbeitet worden und soll an dieser Stelle rekapituliert werden, so daß der innere Zusammenhang dieses theologischen Entwurfs erkennbar wird.

(Kapitel 2) Wenn Gott sich dem Menschen der Gegenwart nur in jenen von Christus gestifteten kirchlichen Handlungen mitteilt, dann ist ein angemessenes Reden und Denken über Gott nur in jenem bestimmten Bereich von Verkündigung und Glaube möglich. Außerhalb dieses Bereichs läßt sich Religionsphänomenologie und Religionsphilosophie betreiben, innerhalb dieses Bereichs genuine Theologie. Die Theologie unterstützt die Kirche in ihrem ständigen Bemühen, im Vollzug der Verkündigung und der Sakramentsverwaltung die Heilsbotschaft Gottes an den Menschen unverkürzt und rein zu übermitteln, so daß Menschen durch die Gnade Gottes gerettet werden vor dem Zorn Gottes. Die auf diesen Vorgang bezogenen Erkenntnisbemühungen dürfen durch keinen vorgefaßten, philosophischen Wissenschaftsbegriff definiert und normiert werden, haben aber als geordnete, sachgemäße und begründete Erkenntnisbemühungen durchaus den Titel einer „Wissenschaft" verdient.

(Kapitel 3) Dieses Theologieverständnis setzt ein Kirchenverständnis voraus, das sich auf den gottesdienstlichen Vollzug der Verkündigung und der Sakramentsverwaltung konzentriert, weil die Entstehung und Erhaltung der Gemeinde Jesu Christi von der stiftungsgemäßen Mitteilung seines Evangeliums abhängt. Diese Mitteilung ruft die messianische Gemeinde des eschatologischen Bundes ins Leben.

(Kapitel 4) Das Evangelium, das in Wort und Sakrament mitzuteilen und von der Theologie stets neu zur Geltung zu bringen ist, muß von dem Gesetz streng unterschieden werden, darf aber keinesfalls herausgelöst werden aus seinem eigentümlichen Zusammenhang mit dem Gesetz. Denn im Gesetz manifestiert sich nichts anderes als der auf eine konkret gelebte Bundesgemeinschaft abzielende, ewige Wille des dreieinigen Gottes, der aufgrund des Bundesbruchs umschlägt in die tötende lex accusans. Dem Todesgericht der lex accusans entgeht

Zwischenergebnis 235

nur derjenige Mensch, der daran glaubt, daß Jesus Christus dieses Todesgericht an seiner Stelle getragen hat, und der diesen Glauben durch einen neuen, wenn auch mangelhaften Gehorsam gegenüber dem Bundesgebot bezeugt. Bei der Mitteilung des Wortes Gottes geht es folglich um nicht weniger als um die Entscheidung zwischen ewigem Heil und ewigem Unheil.

(Kapitel 5) Das Wort, das dem Menschen den Anspruch des Gesetzes und den Freispruch des Evangeliums mitteilt, betrachtet Brunner einerseits als ein ganz und gar menschliches Wort, das eindeutig der Ebene der kreatürlichen Sprache zuzuordnen ist, die von der Ebene der Sprache des Schöpfers weit entfernt ist. Andererseits betrachtet Brunner dieses Wort als ein ganz und gar göttliches Wort, weil es inhaltlich übereinstimmt mit den Worten der Propheten und Apostel, die als Menschenworte zu geeigneten Trägern des Wortes Gottes wurden, als Gottes Wort im Offenbarungsereignis durch eine Bewegung der Kondeszendenz die Distanz zwischen Schöpfer und Geschöpf überwand.

(Kapitel 6) Die ursprünglich mündlichen Worte der Propheten und Apostel, die das offenbarte Wort Gottes bezeugen, sind aufbewahrt in den kanonischen Texten der Heiligen Schrift. Die Form der Schrift entspricht in Brunners Sicht zwar der alttestamentlichen messianischen Weissagung, die sich erst später erfüllt, widerspricht aber der viva vox der apostolischen Predigt, die den angekommenen Messias verkündigt. Deshalb erschließt sich das Evangelium, wie es die dazu ermächtigten Apostel verkündigt haben, erst in der kirchlichen Verkündigung, wo der Inhalt des schriftlichen Wortes umgesetzt wird in ein neues mündliches, lebendiges Wort. Diese Erschließung des Schriftwortes in der Gemeinde ermöglicht es, daß die Schrift aufgrund der in Christus begründeten Autorität ihrer Botschaft als entscheidender Maßstab der kirchlichen Verkündigung und der Theologie herangezogen wird.

(Kapitel 7) Die Theologie hat sich aber nicht nur an der Heiligen Schrift, sondern auch an den Bekenntnisschriften der Kirche zu orientieren, weil sich in ihnen jene Evangeliumserkenntnis der verkündigenden und bekennenden Kirche niedergeschlagen hat, welche die Grundlage der bestehenden Kirchengemeinschaft darstellt und dementsprechend die gottesdienstlichen Vollzüge bestimmt. Die gültigen Bekenntnisse sollen nicht nur ausgewertet, sondern anhand der Schrift überprüft und in Beziehung gesetzt werden zu aktuellen theologischen Strömungen. Auf diese Weise entfaltet das kirchliche Bekenntnis seine orientierende, abgrenzende und verbindende Kraft.

(Kapitel 8) Die Verkündigung, die Sakramente und das Credo der Kirche erschließen das apostolische Evangelium und gewähren insofern einen Zugang zur Heiligen Schrift. Dieser Zugang des gepredigten, verleiblichten und bezeugten Wortes, der zum Glauben an das

Evangelium führt, stellt für Brunner den eigentlichen, erstrangigen Zugang zur Schrift dar. Neben diesem spezifisch theologischen Zugang hat auch der Zugang der historisch-philologischen Wissenschaft sein Recht, weil die historisch-philologische Textinterpretation die Textaussage erschließt und den geschichtlichen Texthintergrund aufhellt. Allerdings führt die historisch-philologische Schriftauslegung nur zu historisch, philologisch oder existentiell begründeten Interpretationsaussagen, nicht zur theologischen Aussage von assertorischer Qualität. Deshalb stellt diese Interpretationsweise nur eine Vorstufe der sogenannten dogmatischen Schriftauslegung dar, die das Wort Gottes als Anrede Gottes erkennt, die Inhalte dieser Anrede ordnet und sie in verständlichen, zeitgemäßen Wortformen zur Sprache bringt. Die spezifisch theologische Schriftauslegung kommt von der Erschließung der Schrift durch die gegenwärtige Verkündigung des Wortes Gottes her und führt zu der erneuten Verkündigung dieses Wortes hin.

Es läßt sich also zeigen, daß Brunners theologische Überlegungen tatsächlich stets von der Gegenwart des lebendigen Wortes Gottes im Vollzug des Wort- und Sakramentsgottesdienstes ausgehen und auf diesen Vollzug abzielen. Der Vergleich mit der biblischen und reformatorischen Theologie führte einerseits zu dem Ergebnis, daß diese Ausrichtung der Theologie eine begründete, berechtigte und sinnvolle Ausrichtung darstellt. Andererseits aber kristallisierten sich eine ganze Reihe von Bedenken heraus, welche sich im wesentlichen auf Brunners Lehre von der Heiligen Schrift beziehen, die sich nicht vollständig zur Deckung bringen läßt mit der reformatorischen Lehre und den Aussagen der Schrift und die dadurch ein grundsätzliches Problem in Brunners Theologie hineinträgt. Sowohl die Stärke als auch die Schwäche von Brunners theologischem Ansatz hängt mit der beeindruckenden Konzentration auf das mündliche und leibliche Wort Gottes im Gottesdienst zusammen.

Die Stärke dieses Ansatzes liegt darin, daß die Theologie zurückgeführt wird auf dasjenige Wort, das sich der Mensch nicht selbst sagen oder erdenken kann, nämlich auf das Wort von Gott, wie es ihm in Predigt, Zeugnis, Lied, Taufe, Abendmahl oder Absolution zugesprochen und zugeeignet wird. Durch die Bindung an dieses Wort ist die Theologie auch seinem gottesdienstlichen „Sitz im Leben" verbunden und gerade dadurch befreit von problematischen Bindungen an ein von der Kirche gelöstes Wissenschaftssystem. Dem Trend zur Historisierung, Spezialisierung und Theoretisierung der Theologie wird die praktische Aufgabe der Förderung des Evangeliums entgegengesetzt, durch welches der Heilige Geist das endzeitliche Volk Gottes in der modernen Gesellschaft sammelt. Um dieser Sammlung willen ist das verkündigte Evangelium sorgfältig abzugleichen mit der Verkündigung der Apostel und dem Bekenntnis der Kirche. Zur Lösung diese originär kirchlichen Aufgabe soll die Theologie nicht nur durch die historisch-philologisch-kritische Forschung beitragen, deren Ergebnisse gerne in einer unkritischen Weise gleichgesetzt werden mit der normativen Grundlage der dogmatischen Lehre, sondern vor allem durch die Besinnung auf den Zusammenhang zwischen dem Einzelnen und dem Ganzen der heute zu verkündigenden christlichen Heilsbotschaft. Diese Akzentsetzungen Brunners, die auf eine Reform der Theologie abzielen, stellen zweifellos eine ungewöhnliche, aber bedenkenswerte Herausforderung für die Theologie der Gegenwart dar.

Die besonders in den späteren Vorlesungen hervortretende Schwachstelle von Brunners Prolegomena besteht in der Unterscheidung zwischen den Menschenworten der Schrift und dem Wort Gottes als gültige Heilsbotschaft, das sich angeblich allein im Vollzug der gottesdienstlichen Verkündigung und Sakramentsdarreichung erschließt. Diese Unterscheidung problematisiert die Begründung der theologischen Aussage durch den Rekurs auf die grammatikalisch erschließbare Schriftaussage. Eine solche Problematisierung wird dem Anspruch des Schriftwortes, Gottes eigenes Wort mitzuteilen, nicht gerecht. Die Reformatoren nehmen diesen Anspruch ganz ernst und sehen deswegen auch keinen prinzipiellen Unterschied zwischen dem Wort Gottes, wie es auf der Kanzel verkündigt und wie es in der Schrift verkündigt wird.[3] Sie verwahren sich nicht nur gegen die schwärmerische Verachtung des Wortes der Predigt oder des Sakraments, sondern auch gegen die Betrachtung des Schriftwortes als ein totes Wort ohne Geist und Leben.

Wenn aber das Schriftwort kein totes Wort ist, sondern Gottes tötendes und lebendigmachendes Wort, dann stellt die Schrift selbst ein Mittel der Kommunikation zwischen Gott und Mensch dar. Wegen der Verläßlichkeit und Überprüfbarkeit ihres Textes ist die Heilige Schrift nicht nur als eines der Gnadenmittel, sondern als das hervorragendste Gnadenmittel überhaupt zu bezeichnen. Genau dies ist von Brunner

---

[3] Vgl. Confessio Virtembergica von 1551, Artikel 27 (178): „Hierauf glauben und bekennen wir, daß diese Schrift seie ein wahrhaftige, gwisse Predig des heiligen Geists, welche mit himmelischen Zeugnussen dieser Gstalt bestätiget ist, daß wann ein Engel vom Himmel ein anders prediget, soll er verflucht sein. Darum verwerfen wir alle Lehr, Gottsdienst und Religion, die dieser Schrift widerwärtig seind." – Bemerkenswerterweise führt BRUNNER in seiner Dissertation solche CALVIN-Zitate an, die deutlich werden lassen, daß CALVIN die Schrift als „die lebendige Stimme Gottes" versteht, deren Autorität man sich zu unterwerfen und deren Lehre man ehrfürchtig anzunehmen hat (Glauben, 94.112). Interpretiert CALVIN aber so, als behaupte er, die Stimme Gottes in der Schrift sei ohne die Menschenstimme des Predigers nicht zu vernehmen (a.a.O. 106): „Wir sahen, daß es keinen Glauben gibt ohne Hören des Wortes Gottes. Dieses ‚Hören' ist ganz wörtlich zu nehmen. Gottes Wort muß durch Menschenmund verkündigt werden. Der Glaube hängt an dem gepredigten Wort, an der Stimme (!) des Menschen (!), der Gottes Wort sagt."

nicht klar genug gesehen worden, der die Schrift den eigentlichen Gnadenmitteln als Hilfsmittel für die kirchlich-theologische Arbeit der Überprüfung des Gottesdienstes unterordnet. Weil die Kirche von ihm nicht nur als der Ort betrachtet wird, an dem die Wirkung des Schriftwortes erkannt werden kann, sondern vielmehr als unentbehrliche Instanz, die diese Wirkung erst entbinden muß, deshalb entsteht die Gefahr, daß der Geist, der aus der Schrift spricht, verdrängt und ersetzt wird durch den allzu leicht irrenden Geist der Kirche. Diese Gefahr ist dort gebannt, wo man erkennt, daß die Kirche als creatura verbi vollständig abhängig ist vom Schriftwort, das Schriftwort als klares und wirksames Wort jedoch keineswegs abhängig ist von der Kirche. Dieser Sachverhalt kommt nicht nur in der gottesdienstlichen Schriftlesung, sondern in der Orientierung des ganzen Gottesdienstes an Sprache und Inhalt der Schrift deutlich zum Ausdruck. Das bedeutet aber, daß die Redeweise und die Ausdrucksweise der Schrift keineswegs grundsätzlich zu transformieren ist in Sprachformen der Gegenwart, sondern daß vielmehr die gegenwärtigen Formen der Sprache in Beziehung zu setzen und zu orientieren sind an dem unveränderten Original der Rede Gottes an sein Volk einschließlich der Gegenrede dieses Volkes.

Das von Brunner favorisierte Denkmodell, das in dem von der kirchlichen Verkündigung geweckten Glauben den Schlüssel zur Schrift erblickt, ist auch deswegen problematisch, weil dieser Glaube aufgrund der Mangelhaftigkeit der Verkündigung ein mangelhafter Glaube sein kann, der zu einer mangelhaften Schriftinterpretation führen müßte, wenn er nicht selbst korrigiert werden würde durch das Wort der Schrift. Es ist also nicht das von außen her zu erschließende Schriftwort, sondern das sich selbst erschließende Wort der Schrift, welches das glaubenschaffende, apostolische Evangelium angesichts seiner Entstellungen im Glauben, im Gottesdienst und im Leben der Gemeinde stets neu zur Geltung bringt. Ohne dieses eindeutige, unumkehrbare Gefälle von der Schrift zur Kirche wäre weder die Reform noch die Erhaltung der Kirche des Evangeliums denkbar. Eine solche Überordnung der Schrift über die Kirche spricht übrigens keineswegs gegen die Berücksichtigung der kirchlichen Bekenntnisse in der Theologie, weil gerade diese Bekenntnissse zeigen, wie sich die Aussagen der Schrift gegen die zeitgemäßen, aber nicht evangeliumsgemäßen Vorstellungen in Kirche und Theologie durchsetzen.

Es ist nun allerdings nicht zu erwarten, daß die geschilderte Problematik der Schriftlehre Brunners die kritische und konstruktive Kraft seiner Theologie wesentlich beeinträchtigt. Denn auch wenn die Schrift prinzipiell gebunden wird an das Ereignis ihres Aufschlusses im Gottesdienst, so kann Theologie dennoch nicht anders betrieben werden als eine Erkenntnisbemühung in Verantwortung vor den vorliegenden, auszulegenden Texten von Schrift und Bekenntnis. Es ist den Ausführungen Brunners anzumerken, daß er sich dieser Verantwortung in einem hohen Maße bewußt ist, weil es sich seiner Meinung nach um eine Verantwortung für den Inhalt der dem heutigen Menschen geltenden Heilsbotschaft Gottes handelt, mithin um eine Verantwortung gegenüber dem Herrn der Kirche selbst.

Im zweiten Teil dieser Untersuchung soll innerhalb von drei ausgewählten Themenfeldern beobachtet werden, wie sich Brunner bei der Durchführung der von ihm beschriebenen dogmatischen Theologie auf Schrift und Bekenntnis bezieht und wie er Grundsätze von dogmatischem Rang für die Verkündigung und die Gestaltung der evangelischen Kirche erarbeitet.

Teil II: Die Durchführung der dogmatischen Theologie

Kapitel 10: Der Gottesdienst der Kirche

Innerhalb des wissenschaftlichen Lebenswerkes von Peter Brunner spielt das Thema „evangelischer Gottesdienst" eine bedeutende Rolle. Albrecht Peters kann sagen, Brunners Studie „Zur Lehre vom Gottesdienst der im Namen Jesu versammelten Gemeinde" von 1954[1] markiere das „alles verbindende und ineinanderfügende Zentrum" seiner Theologie.[2] Diese Studie, vermutlich die umfassendste systematische Erklärung des evangelischen Gottesdienstes überhaupt, hat in der Theologie ein mannigfaches, unterschiedliches Echo ausgelöst. Während Karl Barth sie eine „durch ihre Weiträumigkeit wie durch ihren Tiefsinn gleich ausgezeichnete Arbeit" nennt[3] oder Joachim Beckmann von einer „Grundlegung evangelischer Liturgik" spricht, an der die Gottesdienstforschung zukünftig nicht vorbeikommt[4], verleiht Joachim Stalmann seinem Befremden mit der Bezeichnung „lutherischer Byzantinismus" Ausdruck[5] oder fordert Gert Otto den notwendigen Durchbruch durch „dogmatische Verkrustungen" im Gefolge der Gottesdienstlehre Brunners[6]. Sowohl in den zustimmenden als auch in den ablehnenden Voten spiegelt sich der Eindruck wieder, daß es sich bei Brunners Studie um eine ungewöhnliche Arbeit handelt. Im Rahmen dieser Untersuchung soll versucht werden, einerseits Verständnis aufzubringen für teilweise ungewohnte theologische Gedankengänge und die Argumente, die für sie sprechen, anderseits aber die Berechtigung dieser Gedankengänge sorgfältig zu überprüfen und auch kritische Stellungnahmen wie etwa jene von Ernst Bizer oder Ottfried Koch zu berücksichtigen.[7]

---

[1] In: K.F. MÜLLER/W. BLANKENBURG (Hg.), Leiturgia. Handbuch des evangelischen Gottesdienstes, Bd. 1: Geschichte und Lehre des evangelischen Gottesdienstes, Kassel 1954, 83–364. Im folgenden wird zitiert nach: Leiturgia. Neue Folge, Bd. 2, Hannover 1993; Abk. LGG. Vgl. die in 3.4 dargestellte Kurzfassung nach PE I, 129–137.
[2] A. PETERS, KuD 29, 199.
[3] K. BARTH, KD IV/2, 722.
[4] J. BECKMANN, ThLZ 79, 689.
[5] J. STALMANN, Vorwort, VIII.XXI.
[6] G. OTTO, Praktische Theologie 2, 320.
[7] E. BIZER, Lutherische Abendmahlslehre?, EvTh 16 (1956), 1–18. O. KOCH, Gegenwart oder Vergegenwärtigung im Abendmahl? Zum Problem der Repräsentatio in der Theologie der Gegenwart, München 1965.

Brunner, der sich nach eigener Aussage die meisten theologischen Themen nicht selbst ausgesucht hat[8], wird auch zur Beschäftigung mit dem Gottesdienst durch bestimmte kirchliche Erfahrungen veranlaßt. Slenczka erläutert dazu: „Als Frucht aus der liturgischen Bewegung in der evangelischen Kirche seit den zwanziger Jahren und als Erfahrung aus dem Kirchenkampf war die Einsicht erwachsen, daß die Entscheidungen über Wahrheit und Einheit der Kirche im Gottesdienst fallen, wie umgekehrt auch beim Gottesdienst der Zerfall der Kirche und ihrer Einheit beginnt. Als ‚Lutheraner in der Union' hat Brunner nach 1945 in mehreren liturgischen Kommissionen an der Agendenreform mitgearbeitet und dafür sehr viel Zeit und Kraft investiert."[9] Von den Beweggründen, theologische Verantwortung für den Gottesdienst und seine liturgische Gestalt zu übernehmen, von der dazu dienlichen liturgiewissenschaftlichen Forschung und von der theologischen Gesprächslage am Anfang der fünfziger Jahre soll in einem ersten einführenden Abschnitt die Rede sein (10.1). Darauf folgen fünf Abschnitte zur Gottesdienst-Studie, in denen jeweils die Grundlinien des Entwurfs aufgezeigt und sein Recht bzw. seine Grenzen diskutiert werden (10.2–10.6). Anschließend soll auf die Gottesdienstexperimente der sechziger Jahre eingegangen werden (10.7), denen Brunner eine Kritik von grundsätzlicher Bedeutung entgegenzusetzen hat (10.8).

10.1 Theologische Verantwortung für den Gottesdienst

10.1.1 Die Verantwortung in der kirchengeschichtlichen Situation

In einer Darstellung der neueren Gottesdienstgeschichte unterscheidet Peter Cornehl vier Gruppen, die sich seit den zwanziger Jahren des zwanzigsten Jahrhunderts um die Überwindung einer neuprotestantischen Theologie des Gottesdienstes bemühten: a) Rudolf Otto, der die Liturgie als kultische Begegnung mit dem Heiligen interpretierte, b) den Berneuchener Kreis, der den Gottesdienst vor allem als durchscheinendes Gleichnis für Offenbarung verstand, c) die Lutheraner unter Führung von Paul Althaus, die auf die Übereinstimmung des Gottesdienstes mit dem lutherisch-reformatorischen Bekenntnis, vor allem der Rechtfertigungslehre, drängten und d) die Theologen um Karl Barth, die für den Ansatz bei Gott und seinem Offenbarungswort im Anschluß an die reformierte Tradition eintraten.[10] Interessanterweise lassen sich in Brunners Theologie Verbindungslinien zu allen vier Gruppen beobachten.

---

[8] PE I, 5f.
[9] R. SLENCZKA, Einführung PE I, 4. und 5. Seite.
[10] P. CORNEHL, TRE 14, 71–73.

Nach Cornehl war es im Kirchenkampf „das Verdienst Karl Barths, seiner Schüler und Freunde", daß der evangelische Gottesdienst vor einer totalen Überfremdung durch deutsch-christliche Pseudo-Theologie bewahrt werden konnte.[11] Die liturgische Reformarbeit nach 1945 nahm die Erfahrung der Bekennenden Kirche auf, daß gerade die biblisch-reformatorisch geprägte Liturgie widerständig genug ist, um die Kirche vor pseudochristlichen Tendenzen zu schützen. Cornehl beschreibt diese Reformbemühungen folgendermaßen: „Das Agendenwerk der VELKD und der EKU, das in den Jahren nach 1945 erarbeitet worden ist ..., war die umfassendste liturgische Restauration, die es in der Geschichte des evangelischen Gottesdienstes in Deutschland je gegeben hat."[12] Der Begriff „Restauration" weist einerseits sachlich zutreffend auf den bewußten Rückgriff der Fachleute im Umkreis der Lutherischen Liturgischen Konferenz auf biblisch-reformatorisch geprägte Liturgieelemente hin[13], andererseits signalisiert er Kritik an einer „restaurativen", rückwärtsgewandten Agendenreform.

Brunner hat als Beteiligter an Kirchenkampf und Liturgiereform diese Kritik einmal mit folgenden Formulierungen zurückgewiesen: „Was wiederherzustellen versucht wurde, war ein Ursprüngliches, das freilich durch Geschichte vermittelt ist. Alle wahrhaft geistliche *renovatio* ist eine *restauratio* von ursprünglich Gegebenem in einer neuen Situation. Mit *restaurare* ist sachlich gleichbedeutend *instaurare*. *Omnia instaurare in Christo* ist ein apostolisches Grundwort![14] Eine solche ‚Wiederherstellung' ist gemessen am empirischen Dasein der Kirche gerade als *restauratio* ein Wurf in die Zukunft!"[15] Die Bemühungen um eine neue, einheitliche Agende waren demnach mehr als ein Ausdruck der „restaurativen Gesamttendenz des kirchlichen Wiederaufbaus"[16], nämlich Ausdruck eines geschärften theologischen Verantwortungsbewußtseins im Blick auf die Liturgie.

Das wird deutlich in der Untersuchung zur Agendenreform „Die Ordnung des Gottesdienstes an Sonn- und Feiertagen" aus dem Jahr 1949, wo Brunner die Neuordnung des Gottesdienstes folgendermaßen begründet: Zum einen hat die theologische Arbeit seit dem ersten Weltkrieg den Neuprotestantismus widerlegt, der folglich nicht länger

---

[11] A.a.O. 75.
[12] A.a.O. 77.
[13] C. MAHRENHOLZ (Kompendium der Liturgik, 22f) begründet den Rückgriff auf ältere Formen der Liturgie zum einen damit, daß sich die zeitgemäßen Liturgiegestaltungen der Aufklärung nicht bewährten und schnell veralteten. Zum anderen lassen sich „neue gottesdienstliche Formen nicht am grünen Tisch machen", sondern sollen als in der Gemeinde bewährte Formen in die Agende übernommen werden.
[14] Vulgatatext Eph 1,10b: „instaurare omnia in Christo".
[15] BRUNNER, Theol. Grundlagen, 105.
[16] P. CORNEHL, TRE 14, 77.

die Basis der Homiletik und der Liturgik bilden kann.[17] Zum anderen ist den kirchlichen Entscheidungen von Barmen Rechnung zu tragen, die Verkündigung und Ordnung der Kirche gegen die deutsch-christliche Irrlehre in Schutz nahmen. Es muß darum gerungen werden, daß die Liturgie das bleibt, was sie ist: „umfassende Proklamation der Heilsbotschaft von dem Kyrios Jesus Christus".[18] Diese Proklamation entspricht der aktuellen Glaubenserkenntnis der Kirche. Insofern will Liturgie als „Aktualisierung des Bekenntnisses" und „gebetetes und bezeugtes Dogma" verstanden sein.[19] Bei Brunner verbindet sich also das Interesse an der Offenbarungsgemäßheit, das die dialektische Theologie kennzeichnete, mit dem Interesse an der Bekenntnisgemäßheit, wie es bei den Lutheranern schon vor dem Kirchenkampf deutlich hervorgetreten war.

Brunner erinnert an Beispiele aus der Kirchengeschichte, die den Zusammenhang zwischen dogmatischer Entscheidung und liturgischer Gestaltung klar hervortreten lassen: Die theologisch begründete Kritik der Reformatoren an der Messe zog die Kirchentrennung nach sich. Auch die Auseinandersetzung zwischen Aufklärungstheologie und konfessioneller Theologie bezog sich wesentlich auf die Gestalt eines dem Evangelium angemessenen Gottesdienstes.[20] Bezeichnenderweise trat der Widerstand der Bekennenden Kirche in dem Augenblick besonders deutlich hervor, als bekenntniswidrige Textveränderungen am Ordinationsformular vorgenommen wurden.[21] Eine veränderte Theologie führt zu einer veränderten Liturgie. Eine veränderte Liturgie verändert den Glauben der Gemeinde.

Brunner setzt sich dafür ein, daß die Liturgie einschließlich der Verkündigung einen begründeten theologischen Standpunkt widerspiegelt, der sich mit dem Konsens der Kirche bezüglich des Evangeliums deckt. Nur so ist gewährleistet, daß die in der Liturgie beheimatete Gottesdienstgemeinde im Sinne der rechten Erkenntnis des Evangeliums bestärkt wird. Von daher erklärt sich die Bemühung, die verbreitete Willkür im Umgang mit der Agenda[22] ebenso wie den Trend von „bekenntnismäßig geprägten" Formularen zu „ungeprägten, abgeschliffenen, erweichten Formularen"[23] zu überwinden.

Die Zielsetzung, das evangelische Bekenntnis und damit das biblisch-reformatorische Evangelium selbst als bestimmende Autorität und gestaltende Kraft des Gottesdienstes wieder neu zur Geltung zu bringen, ist in Brunners Sicht nicht einzulösen durch eine Rückkehr zu

---

[17] BRUNNER, Ordnung, 9.
[18] A.a.O. 9f.
[19] A.a.O. 10.
[20] A.a.O. 10f.
[21] A.a.O. 11.
[22] A.a.O.
[23] A.a.O. 13.

Gottesdienstordnungen des neunzehnten oder sechzehnten Jahrhunderts.[24] Insofern soll die Liturgiereform also nicht einfach „restaurativ" angelegt sein. Vielmehr bedarf in Brunners Sicht ebenso wie die durch Aufklärung und Bekenntnisunionsbestrebungen geprägte liturgische Überlieferung auch die reformatorische und die ihr zugrundeliegende vorreformatorische Liturgietradition einer kritischen Sichtung. Die Bemühung um die Gottesdienstreform soll auch nicht zu einer „,ideale(n)' Ordnung" führen, die den Gemeinden dann als knechtendes „Joch" auferlegt wird.[25] Vielmehr hat die Liturgiereform das Ziel, den Gemeinden eine solche Gottesdienstordnung nahezubringen, in der „in Anknüpfung an das Vorhandene und Wiedererstehende" „nach unserer Erkenntnis ein Höchstmaß von Bekenntnisbestimmtheit und Angemessenheit, von Liebe zu den Brüdern und von Demut vor der Überlieferung verwirklicht wird". Der Gottesdienst ist für Brunner dann theologisch verantwortlich gestaltet, wenn er in allen seinen Teilen das biblisch-reformatorische Evangelium proklamiert innerhalb einer bestimmten kirchengeschichtlichen Situation und dabei kritisch geprüfte, in der Kirchengemeinschaft bewährte, akzeptierte Tradition berücksichtigt.

10.1.2 Die Verantwortung im Blick auf die liturgische Tradition

Theologische Wissenschaft, die Verantwortung übernimmt für ein bestimmte Gestalt des Gottesdienstes, kommt nach Brunners Auffassung nicht umhin, die Korrelation von Theologieform und Liturgieform zu beobachten und zu erforschen. Anhand von historischen Agenden läßt sich ein für die Gegenwart nützliches Urteilsvermögen ausbilden. Brunner selbst hat sich intensiv um die Wahrnehmung von geschichtlichen Gestalten der Liturgie bemüht. Ein Beispiel dafür stellt die minutiöse liturgiewissenschaftliche Studie „Das gottesdienstliche Abendmahlszeugnis in den badischen Landen vor der Union" aus dem Jahr 1971 dar, die im folgenden gewissermaßen stellvertretend für die vielfältigen Forschungen Brunners auf diesem Gebiet zur Darstellung kommen soll.[26] Darin werden drei Gottesdienstordnungen aus dem achtzehnten Jahrhundert vorgestellt, die drei unterschiedliche theologische Profile repräsentieren.

(a) Die *Kirchenagende für Baden-Durlach*, herausgegeben anno 1775, behält inmitten der aufklärerischen „Sturmfluten der liturgischen Auflösung und inmitten der sie begleitenden liturgischen Experimente" die Gottesdienstordnung der badischen Kirchenordnung von 1556 bis in die Formulierungen der Spendeformel des Abendmahls

---

[24] A.a.O. 15f.
[25] A.a.O. 23.
[26] In: H. ERBACHER (Hg.), Vereinigte Evangelische Landeskirche in Baden 1821–1971, Karlsruhe 1971, 170–266.

hinein bei, die ihrerseits eine Übernahme der württembergischen Kirchen- und Gottesdienstordnung 1553 des Johannes Brenz darstellt.[27] Die Abendmahlslehre des Formulars läßt sich als „frühe lutherische" bezeichnen, „vermittelt durch Osiander und Brenz und eigentümlich getönt durch Einflüsse Melanchthons und Bucers".[28] Im Sinne Luthers bezeugen Vermahnung, Spendeformel und Dankgebet die eucharistische Realpräsenz von Leib und Blut Christi, wodurch mündliche Nießung und geistliche Nießung zusammenfallen.[29] Die Betonung der communio mit Christus repräsentiert allerdings ein Anliegen der Abendmahlstheologie von Melanchthon, Bucer und Calvin, „ohne daß dabei ein innerer Widerspruch oder ein Riß in dieses Abendmahlszeugnis hineingekommen wäre".[30]

(b) Die *kurpfälzische Kirchenordnung von 1724* fußt auf der Lehr-, Kirchen- und Gottesdienstordnung von 1563, in welcher sich die Hinwendung des Kurfürsten Friedrich III. zu einer calvinischen Abendmahlslehre widerspiegelt.[31] Die Ersetzung der Hostie durch Brot, das vor aller Augen gebrochen wird, deutet darauf hin, daß das Abendmahlsgabe nicht mehr von der Realpräsenz des Leibes und Blutes Christi in den Elementen her verstanden werden soll, sondern vielmehr als ein erinnerndes, versicherndes Zeichen für den Gläubigen.[32] In dieselbe Richtung weist die Zitierung von 1.Kor 10,16, dem Wort von der Gemeinschaft des Blutes und Leibes Christi, bei der Austeilung der Abendmahlsgaben[33], das Melanchthon der lutherischen praedicatio identica, also der Gleichsetzung von Brot/Wein und Leib/Blut durch das Wort „ist", vorzieht[34]. Dadurch rückt der melanchthonisch-calvinische Koinoia-Gedanke in den Mittelpunkt der Mahlfeier, der besagt, daß die äußerlichen Vorgänge Darreichen, Essen und Trinken die Verwirklichung der innerlich-geistlichen Gemeinschaft der Glaubenden mit dem erhöhten Herrn verbürgen, sie aber nicht im Sinne einer unmittelbaren Verklammerung von leiblicher und geistlicher Dimension realisieren.[35]

---

[27] Gottesdienstl. Abendmahlszeugnis, 171–176; Zitat 173.
[28] A.a.O. 199.
[29] A.a.O. 201.
[30] A.a.O. 204.
[31] A.a.O. 207.
[32] A.a.O. 226f.
[33] A.a.O. 226–232.
[34] Nach BRUNNER hat Melanchthon die praedicatio identica zunächst geduldet (a.a.O. 208), sie in einem Gutachten zum Heidelberger Abendmahlsstreit für Kurfürst Friedrich III. 1559 aber verworfen durch den Ausschluß des Satzes: „panem esse vere corpus Christi" (a.a.O. 212 Anm. 131).
[35] A.a.O. 231. Vgl. a.a.O. 236: Brot und Wein „sind nicht Träger der geistlichen Speise, sie sind für sich nicht einmal Unterpfand für die Gegenwart der geistlichen Speise". „Dieses Unterpfand ist vielmehr der *Ritus als ganzer in seinem Vollzug*. Aber *nur* Pfand, Brief, Siegel ist der Ritus, nicht Bewirker der Gegenwart der geistlichen Speise."

(c) An der *Agende für evangelisch-lutherische Gemeinden* in der mehrheitlich reformierten *Kurpfalz* von 1783 läßt sich der Einfluß der Aufklärung ablesen.[36] „Nur durch eine Anpassung der gottesdienstlichen Sprache und ihres geistlichen Gehaltes an ‚unsere Zeitbedürfnisse' glaubte man der zunehmenden Entfremdung vom Christlichen und der um sich greifenden Entkirchlichung der Gemeinden wehren zu können."[37] Von einem zeitgemäßen Gottesdienst wird eine vernünftige Christlichkeit gefordert, Überkonfessionalität, Betonung von Sittenlehre und Pflichten, „Empfindung und Wärme", Erbaulichkeit, Feierlichkeit und mehr Abwechslung.[38] Der Versuch, eine Synthese zu finden, die dem Pluralismus der Positionen Rechnung trägt[39], schlägt sich nieder in einer Agende, die lutherisch-orthodoxe, aufklärerische und pietistisch-erweckliche Elemente miteinander verbindet.[40] Die Agendentexte lassen typische zeitbedingte Tendenzen erkennen. Die allgemeine Vaterliebe Gottes tritt in den Vordergrund ebenso wie das tugendhafte Leben Jesu als Vorbild für die Glaubenden, während von der Menschwerdung und der Wiederkunft Christi nicht die Rede ist. Als Vorbedingung und Ziel des Abendmahls wird der Entschluß zur sittlichen Lebensbesserung herausgestellt.[41] Die Offenheit des Formulars für verschiedene Interpretationen von Zwingli bis Luther zeigt sich bei der Spendeformel, die die Gabeworte als Worte Jesu referiert und damit eine genaue Verhältnisbestimmung zwischen Brot/Wein und Leib/Blut Christi im gegenwärtig gefeierten Gottesdienst vermeidet.[42] Brunner kritisiert einen „liturgischen Biblizismus, der zwar jenem Pluralismus Raum gewähren kann, aber die Wahrheit im Dunkeln läßt".[43] Aufgrund ihrer inhaltlichen Unbestimmtheit eignet sich die sogenannte lutherische Agende der Kurpfalz von 1783, die gerade die lutherische differentia specifica der manducatio indignorum und der manducatio oralis ausschließt, auch für den Gebrauch in Gemeinden reformierten Bekenntnisstandes.[44]

Die drei vorgestellten Agenden lassen unterschiedliche Theologien des Abendmahls erkennbar werden. Die lutherische Theologie, die mit einer äußerlich-leibhaften Übermittlung der Heilsgabe rechnet, formt Sprache und Inhalt des Sakramentsgottesdienstes anders als die reformierte Theologie, welche das eigentliche, rein geistlich-innerliche Heilsgeschehen nicht in unmittelbare Verbindung mit den sinnlichen

---

[36] A.a.O. 239f.
[37] A.a.O. 242.
[38] A.a.O. 242f.
[39] A.a.O. 244.
[40] A.a.O. 249.
[41] A.a.O. 252.
[42] A.a.O. 256f.
[43] A.a.O. 257.
[44] A.a.O. 260f.

Elementen und äußerlichen Vollzügen der Mahlfeier bringen will.[45] Wiederum für eine andere Liturgieform sorgt eine Theologie, die sich dem neuzeitlich-vernünftigen Denken verpflichtet fühlt. Kennzeichnend für sie scheint der Abendmahls-Studie zufolge die Sympathie für das reformierte Abendmahlszeugnis[46] und die Vorliebe für weiträumige, nicht eindeutige Formulierungen zu sein.

Exemplarisch zeigt sich der Nutzen der liturgiewissenschaftlichen Forschung: Der Blick für die gegenwärtige Entwicklung der Gottesdienstform und der darin wirksamen Theologieform wird geschärft.

10.1.3 Die Verantwortung im Spannungsfeld der theologischen Diskussion

In einem Forschungsbericht aus dem Jahr 1952 beschreibt Karl Ferdinand Müller die theologische Gesprächslage am Beginn der fünfziger Jahre. Dabei stellt er vor allem die einflußreichen Positionen von Karl Barth (a) und Wilhelm Stählin (b) vor.[47] Der erste Name repräsentiert die dialektische Theologie, die sich im Kirchenkampf um die Bewahrung des evangelischen Gottesdienstes verdient gemacht hat.[48] Der zweite Name repräsentiert die Berneuchener als wichtigste Gruppe der vielgestaltigen liturgischen Bewegung nach 1918.[49]

(a) *Barth* betont, daß der Gottesdienst im weiteren und engeren Sinne des Begriffs streng als Werk Gottes zu betrachten ist: „Der kirchliche Gottesdienst ist zuerst, er ist primär, ursprünglich, substantiell ein göttliches – er ist dann erst sekundär, abgeleitet, akzidentiell ein menschliches Handeln."[50] Dem primären Grund, der Gegenwart und dem Handeln Jesu Christi, entspricht der primäre Inhalt, nämlich der Vollzug seines Willens zur Stiftung und Erhaltung der Kirche. Der sekundäre Grund besteht in dem dienenden, hörenden und gehorchenden Handeln des Menschen, das als „sekundäre Form" auf seine Offenbarungsgemäßheit hin kritisch zu prüfen ist.[51] Die Offenbarung Gottes in seinem Wort ist es, die den Gottesdienst begründet und trägt. Verkündigungswort und Schriftwort gehören zwar ursprünglich zur geschöpflichen Welt, werden kraft des Offenbarungshandelns Gottes jedoch zu Zeichen, die das eigentliche, originale Offenbarungswort

---

[45] A.a.O. 263.
[46] A.a.O.
[47] K.F. MÜLLER, Die Neuordnung des Gottesdienstes in Theologie und Kirche. Ein Beitrag zur Frage nach den theologischen Grundlagen des Gottesdienstes und der liturgiegeschichtlichen Entwicklung in der Gegenwart.
[48] Vgl. P.CORNEHL, TRE 14, 73.75.
[49] Vgl. a.a.O. 71f.
[50] K.F. MÜLLER (Neuordnung, 234) zitiert K. BARTH, Gotteserkenntnis und Gottesdienst nach reformatorischer Lehre. 20 Vorlesungen über das Schottische Bekenntnis von 1560, Zürich 1938, hier: 185.
[51] K.F. MÜLLER, Neuordnung, 235f.

Jesus Christus bezeugen.[52] Der Weisung der Offenbarung zufolge soll das Wort Gottes, welches im Gottesdienst als Verkündigungswort und Schriftwort erscheint, begleitet sein von dem Sakrament als „verbum visibile" oder „Zeichen im elementum".[53] Das Sakrament bezeugt als symbolische Handlung „geistig und leibhaftig" zugleich die Rechtfertigung und Heiligung des Menschen. Die Kirche soll nach Barths Meinung eine Kirche des Wortes, aber keine Kirche ohne Sakrament sein.[54]

(b) Auch in der Sicht *Stählins* beruht der Gottesdienst ganz auf dem Handeln Gottes in Jesus Christus.[55] Der Akzent liegt jedoch auf dem Geheimnis der realen Gegenwart Christi im Gottesdienst. Im Wort gleichermaßen wie im Sakrament ereignet sich das Mysterium der Realpräsenz und schafft leibhaftig Heil und Leben.[56] Stählin betont, daß Gottes Heilshandeln ein antwortendes, menschliches Handeln herausfordert, das auf Gott hin orientiert ist.[57] Die Stiftungsworte des Abendmahls gebieten ein liturgisches Tun des Menschen, welches zur „repraesentatio", zur Vergegenwärtigung des Heilsereignisses, führt.[58] Nicht nur das christliche Leben, sondern auch der christliche Gottesdienst soll als ein „Opfer" verstanden werden. Stählin kann sagen: „In diesem Sinne ist jeder christliche Gottesdienst ein ‚Opfer', nämlich das Opfer unseres Lobes und Dankes, mit dem wir das einmalige und vollkommene Opfer, das Christus für uns vollbracht hat, vor Gott bringen."[59] Stählins Entwurf hebt insbesondere den eucharistisch-sakrifiziellen Aspekt und den eschatologischen Aspekt des Gottesdienstes hervor.[60]

Müller spricht von einem reformierten (a) und einem ökumenischen (b) Lehrtypus.[61] Zwischen diesen beiden Modellen läßt sich in seiner Sicht ein lutherischer Lehrtypus (c) einordnen, der beispielsweise durch Hans Asmussen repräsentiert wird. Für Müller steht Asmussen „in der Betonung der Gestaltung und der Verleiblichung näher bei Stählin, aber in der Frage des theologischen Vorzeichens, das der Ge-

---

[52] A.a.O. 225f.
[53] A.a.O. 226.
[54] Vgl. a.a.O. 234 Anm. 65; K. BARTH (Gotteserkenntnis und Gottesdienst, 184): „Es dürfte in der Tat so sein, daß man das Problem des kirchlichen Gottesdienstes gar nicht besser als eben unter diesem Gesichtspunkt: dem Gesichtspunkt des Sakraments, in Angriff nehmen kann."
[55] K.F. MÜLLER, Neuordnung, 229.
[56] A.a.O.
[57] A.a.O. 240.
[58] A.a.O. 241.
[59] A.a.O. 243. Zitiert wird W. STÄHLIN, Liturgische Erneuerung als ökumenische Frage und Aufgabe, 494.
[60] A.a.O. 244f.
[61] A.a.O. 260.

stalt zukommt, näher bei Barth".[62] Asmussen will vermeiden, daß „den Formen und Gestalten im christlichen Gottesdienst ein Gewicht beigemessen" wird, „gemäß dem sie nicht über sich selbst hinausweisen", weil dabei die „Heilsschaffung" mit der „Heilsvermittlung" vertauscht und das Christliche in das Kultische verwandelt wird.[63] Diesem lutherischen Lehrtypus, in dem „das Anliegen des Chalcedonense mit dem der lutherischen Sakramentsformel möglicherweise am stärksten ausgewogen und verknüpft ist", wird von Müller auch Peter Brunner zugeordnet, allerdings noch vor der Veröffentlichung seiner Gottesdienstlehre.[64] Wenn Ulrich Kühn 1985 feststellt, daß Brunners Konzeption aus der liturgischen Bewegung erwachsen ist, so läßt sich das als Hinweis darauf verstehen, daß Brunner Stählins Ansatz doch enger verbunden ist, als dies Müllers Darstellung vermuten läßt.[65]

10.2 Der Gegenstand und die Aufgabe der Lehre vom Gottesdienst

Brunner stellt seiner Studie „Zur Lehre vom Gottesdienst der im Namen Jesu versammelten Gemeinde" eine ausführliche, fünfzehnseitige „Einführung in die Literatur" voran.[66] Sie läßt erkennen, daß Forschungsergebnisse aus sämtlichen theologischen Disziplinen berücksichtigt werden, nicht zuletzt die Ergebnisse der Exegese. Für Brunner steht fest, „daß wir vor allem auf das zu achten haben, was uns die heilige Schrift selbst über den Gottesdienst lehrt".[67]

In einem ersten Abschnitt A der Gottesdienst-Studie erläutert Brunner den Gegenstand und die Aufgabe seiner Untersuchung. Dies wird im folgenden beschrieben und besprochen (A. Darstellung: 10.2.1, 10.2.2; B. Diskussion: 10.2.3, 10.2.4).

A. Darstellung

10.2.1 Der Gegenstand der Gottesdienstlehre
Die exegetische Untersuchung des Neuen Testament ergibt folgenden Befund: Diejenigen griechischen Begriffe, die den Kultus des Alten Bundes und den Kultus der Heidenvölker im Sinne einer vorgeschriebenen, rituellen Gottesverehrung bezeichnen (latreia, threskeia, sebasma, leiturgia), werden zwar in einem übertragenen Sinne auf den Lebensgottesdienst der Christen angewendet (Lk 1,74; Rö 12,1; Hebr

---

[62] A.a.O. 255f. K.F. MÜLLER bezieht sich auf H. ASMUSSEN, Die Lehre vom Gottesdienst, München 1937.
[63] A.a.O. 256.
[64] A.a.O. 259f.
[65] U. KÜHN, Sakramente, 262.
[66] LGG 84–98.
[67] LGG 84.

9,14), nicht aber auf die gottesdienstliche, christliche Versammlung.[68] „Gott durch *latreia* dienen"[69] heißt im Neuen Bund nicht so viel wie „vorgeschriebene Zeremonien vollziehen", sondern bezieht sich auf „das ganze praktische Leben der Christen"[70], den neuen „priesterlichen Dienst". Der Gottesdienst im engeren Sinne des Wortes wird mit „unkultischen" Begriffen bezeichnet als das „Versammelt-Sein im Namen Jesu" (Mt 18,20), das „Zusammenkommen in der Ekklesia" (1.Kor 11,18), die „Versammlung" (Jak 2,2) oder das „Brotbrechen" (Apg 2,42).[71] Dies bedeutet, daß der christliche Gottesdienst von israelischem und heidnischem Kult „absolut verschieden" ist.[72] Er ist streng geschieden von dem, was das in der Welt der Religionen gebrauchte Wort „*cultus*" impliziert: ein Handeln zwischen Mensch und Gottheit, das einen lebenserhaltenden Kraftstrom entbindet.[73]

Gleichwohl wird der Gottesdienst im Bereich des Christentums nicht einfach „*in den ethischen Gehorsam und das glaubende Handeln aufgelöst*"[74], sondern muß als der „tragende Mittelpunkt" des Christenlebens[75] und „die zentrale Erscheinungsweise der Kirche auf Erden"[76] erkannt werden. Wenn die Reformatoren sowohl das Leben der Christen, das in rechtem Glauben und im Dienst am Nächsten besteht, als auch die Versammlung der Christen, die Predigt, Gebet und Lobgesang beinhaltet, als „Gottesdienst" bezeichnen, wird zum Ausdruck gebracht, daß beide Bereiche miteinander verbunden sind und gleicherweise das Wort Gottes zum Maßstab haben, vor allem das erste Gebot.[77]

10.2.2 Die Aufgabe der Gottesdienstlehre
Weil sich im Gottesdienst Gott und Mensch begegnen, gilt für jeden Gottesdienst die Grundforderung: „Gott muß zu dem, was da geschieht, ja sagen können; es muß für ihn akzeptabel sein."[78] Gott gefallen kann aber nur das, was seinem offenbarten Willen entspricht. Folglich muß eine sachgemäße Betrachtung und Beurteilung die Auslieferung des Gottesdienstes „an die *geschehene* Offenbarung, die durch den Mund der Propheten und Apostel uns bezeugt und erschlos-

---

[68] LGG 99–104.
[69] LGG 99.
[70] LGG 100.
[71] LGG 105–107. In den letzten beiden Sätzen bezeichnen Anführungszeichen ausnahmsweise nicht nur direkte Zitate, sondern auch sinngemäß wiedergegebene Begriffsbestimmungen.
[72] LGG 105.
[73] LGG 109 Anm. 33.
[74] LGG 105; Zitat aus W. HAHN, Gottesdienst und Opfer Christi, 29.
[75] LGG 105.
[76] LGG 106.
[77] LGG 112.
[78] LGG 113.

sen ist", einschließen. Die Bindung an das „Wort der Offenbarung" macht die wissenschaftliche Aufgabe zur dogmatischen Aufgabe „im strengen Sinne des Wortes".[79] Damit ist ausgeschlossen, daß andere Wahrnehmungen des Gottesdienstes, seien sie empirisch-deskriptiv, erfahrungsbezogen, psychologisch oder anthropologisch orientiert, zur Norm der Gottesdienstlehre erhoben werden. Auch eine mehr oder weniger zufällige Auswahl aus der Lehrtradition ist als Grundlage der dogmatischen Lehre nicht zulässig. Den einzig legitimen Orientierungspunkt stellt das „lebendige(n) Wort Gottes" dar. Dieses Wort findet sich in der Kirche Jesu Christi, „wo die geschehene Offenbarung erkannt, anerkannt, bezeugt und im wiederholenden Wort des Bekenntnisses ausgesprochen ist". Daraus folgt, daß die dogmatische Aufgabe nur „in jenem Umkreis" gelöst kann, „in dem ein Consensus über das, was die der Offenbarung gemäße Evangeliumsverkündigung und Sakramentsverwaltung ist, Ereignis geworden ist". Die dogmatische Lehre weiß sich einer konkreten Kirche und ihrer offenbarungsgemäßen Konfession verpflichtet. Damit sind jedoch mögliche Lehrdifferenzen und eine kritisch wertende Lehrdiskussion nicht ausgeschlossen.[80]

Die Gottesdienstlehre ist bezogen auf den konkreten Gottesdienst der Kirche.[81] Sie „liefert den Herzpunkt des kirchlichen Lebens dem Gericht des apostolischen Wortes aus". „Nur die Anerkenntnis dieses Gerichtes rettet die Kirche vor einem Verderben, aus dem es keine Rettung mehr gibt."

B. Diskussion

10.2.3 Zum Verständnis des Begriffs „Gottesdienst"
Brunner schließt seine Überlegungen zum Gottesdienstbegriff damit ab, daß er den Versammlungsgottesdienst der Christen einerseits in einen engen Zusammenhang bringt mit ihrem Lebensgottesdienst: „Der ganze Dienst Gottes ist auch in dieser Erdenzeit für den Christen bereits eine innere Einheit".[82] Andererseits hebt er den Versammlungsgottesdienst von dem alltäglichen Dienst ab, indem er auf seine Affinität zu dem „ewig bleibenden Dienst vor Gott in der Endvollendung" hinweist. Zu den Belegen für diese Zuordnung und Unterscheidung zählen Rö 12,1, wo das christliche Leben als „vernünftiger Gottesdienst" bezeichnet wird, und Offb 7,15, wo von dem Dienst der Erlösten vor Gottes Thron die Rede ist.[83] Der Vergleich zwischen dem Gottesdienst in der Vollendung und dem Gottesdienst in der Gegen-

---

[79] LGG 114.
[80] LGG 114f.
[81] LGG 115.
[82] LGG 112.
[83] LGG 99f.

wart macht deutlich, daß sich nicht nur im christlichen Leben, sondern speziell auch in der christlichen Versammlung ein eschatologisch neuer Gottesdienst ereignet, der sich grundsätzlich unterscheidet von der Götterverehrung der Heiden und dem Gottesdienst Israels. Aus dieser Erkenntnis zieht Brunner den Schluß, daß weder der außerchristliche Kultusbegriff noch die alttestamentlichen Begriffe „leiturgia" und „latreia" auf den christlichen Gottesdienst angewendet werden dürfen.[84]

Dies bedeutet, daß jenes „Gottdienen" in der christlichen Versammlung, von dem Brunner spricht, anders zu verstehen ist, als der religiös-kultische Dienst im allgemeinen verstanden wird. Weil Brunner auf diesen Unterschied nur knapp eingeht, sei hingewiesen auf das Anschauungsbeispiel Apg 17,24f, wo der heidnische Götterdienst folgendermaßen charakterisiert und kritisiert wird: „Der Gott, der die Welt und alles, was in ihr ist, geschaffen hat, er, der Herr des Himmels und der Erde, wohnt nicht in Tempeln, die von Menschenhand erbaut sind, läßt sich auch nicht von Menschenhänden bedienen (!), als ob er etwas bedürfte, während er doch selbst allen Wesen Leben und Odem und alles andere gibt."[85] Demnach besteht der Irrtum der heidnischen Religion darin, daß man sich Gott als eine dem Irdischen verhaftete Hoheit vorstellt, die auf das menschliche Handeln, Bedienen, Huldigen und Opfern tatsächlich angewiesen ist. Dementsprechend gilt der religiöse Dienst als wertvolles, religiöses Verdienst. Daß auch der durch Gottes Selbstoffenbarung gestiftete Gottesdienst mißverstanden werden kann im Sinne eines verdienstlichen, menschlichen Handelns vor Gott, zeigt das Beispiel Israels. Jesus kann auf das jüdische „Gottdienen" das Gottesurteil von Jes 29,13 anwenden (Mt 15,9): „Vergeblich dienen sie mir."

Vor diesem Hintergrund wäre zu erwägen, ob die auffällige Zurückhaltung neutestamentlicher Autoren, die christliche Versammlung als „Dienst für Gott" zu bezeichnen, nicht mit der Gefahr eines falschen Verständnisses und einer verkehrten Überbewertung des menschlichen Dienstes speziell in der aus dem Alltag herausgehobenen Situation der Gottesbegegnung zusammenhängt. Ein Text wie Lk 10,38–42, der sich mit seinem Vergleich zwischen der dienenden Marta und der hörenden Maria als Einweisung in den christusgemäßen Gottesdienst verstehen läßt, setzt den Akzent jedenfalls eindeutig auf den Dienst Gottes am Menschen. Von daher gesehen können wohl weder die ostkirchliche Bezeichnung „*leiturgia*" noch der abendländische Name „*servitium dei*" im Sinne von „*officium ecclesiasticum*" als ideale Bezeichnungen der christlichen Versammlung betrachtet werden.[86] Auch den deutschen Begriff „Gottesdienst" könnte man eventu-

---

[84] LGG 108f.112.
[85] Übersetzung der Menge-Bibel.
[86] LGG 108.110.

ell so verstehen, als ginge es in der christlichen Versammlung in erster Linie darum, daß Menschen Gott einen Dienst erweisen. Allerdings hat die Reformation das Mißverständnis, der Gottesdienst stelle vor allem eine auf Gott gerichtete Aktivität des Menschen dar, überwunden. Vilmos Vajta faßt Luthers diesbezügliche Ansicht in den Satz: „Der Mensch empfängt Christi Werk durch Wort und Sakrament, und damit ist er Diener Gottes in einem ‚passiven' Sinne, nämlich durch Christi Werk."[87] Demnach stehen insbesondere die gottesdienstlichen Handlungen des Christen unter dem Vorzeichen einer Passivität, in der die Aktivität Gottes zur Geltung kommt.[88]

Brunner versucht der Problematik des Gottesdienstbegriffs dadurch Rechnung zu tragen, daß er im Titel seiner Untersuchung von dem „Gottesdienst der im Namen Jesu versammelten Gemeinde" spricht. Darin kommt zum Ausdruck, daß der Herr der Gemeinde im Mittelpunkt des Gottesdienstes steht und ihn durch sein Handeln in Wort und Sakrament zum christlichen Gottesdienst macht.

10.2.4 Zur Orientierung der Gottesdienstlehre am Wort Gottes
Brunner geht davon aus, daß sich im Gottesdienst Gott und Mensch begegnen. Dieser Ausgangspunkt ergibt sich aus der Grundentscheidung, nicht die empirisch, psychologisch oder anthropologisch analysierte Gottesdienst-"Wirklichkeit" zum Ausgangspunkt theologischer Überlegungen zu machen, sondern die Wirklichkeit des Gottesdienstes aus dem Wort Gottes zu erschließen und an diesem Wort auszurichten. 1.Kor 14,25 bietet ein schönes Beispiel dafür, wie die empirische Wahrnehmung des Gottesdienstes vom Standpunkt des Unglaubens her aufgrund des prophetischen Wortes der Gemeinde überführt wird in die theologische Wahrnehmung des Glaubens, „daß Gott wahrhaftig (ontos) unter euch ist". Dasselbe Wirklichkeitsverständnis wird erkennbar in Luthers Folgerung, „wo Gottes Wort ist, da ist Christus".[89] Eine Theologie, die voraussetzt, daß im Gottesdienst der dreieinige Gott anwesend ist, der den Versammelten sein kritisches und kreatives Wort zusagt, überbietet und korrigiert solche Gottesdiensttheorien, die menschliche Worte und Handlungen im Gottesdienst aufgrund menschlicher Erkenntnismöglichkeiten deuten und auf diese Weise den

---

[87] V. VAJTA, Gottesdienst, 231.
[88] Vgl. O. HERLYN (Gottesdienstgestaltung, 37f): „‚Gottesdienst', menschlicher Dienst an Gott kann – wenn der primäre Sinn des Wortes nun nicht wieder synergistisch in Frage gestellt sein soll – dann nur noch so begriffen werden, daß die gottesdienstliche Gemeinde gerade darauf *verzichtet*, dem Dienst Gottes einen eigenen Dienst, ein – etwa kultisches – ‚Werk' entgegenzusetzen, sozusagen eine Gegenleistung zu erbringen, daß sie statt dessen nicht mehr ‚tut', als sich jenen Dienst Gottes schlicht – gefallen zu lassen. So, nur so dient sie Gott, daß sie der Herrschaft seines Dienstes möglichst weiten Raum läßt."
[89] WA 17 II, 132,33f (Fastenpostille 1525; zu 1.Kor 10,4). Vgl. V. VAJTA (Gottesdienst, 168): „Das Wort ist der Inbegriff der Gegenwart Christi."

Menschen allzu leicht in seiner Blindheit für die Erkenntnis der erschütternden und erneuernden Gegenwart Gottes festhalten.

Zu jenen Gottesdienstlehren, die den Kern der Sache eher verhüllen als bloßlegen, rechnet Joachim Beckmann in seiner Thesenreihe „Die Aufgabe einer Theologie des Gottesdienstes" von 1954 den Ansatz Schleiermachers: „Liturgik wird in diesem System zu einer Lehre religiöser Ausdrucksformen des Christentums, eine Beschreibung kultischer Gestaltung religiösen Lebens der Kirche. Sie ist dann keine theologische Disziplin mehr."[90] Aufgrund dieser Einschätzung warnt Beckmann davor, „die Liturgik auf eine *Ekklesiologie* zu gründen": „Es käme auf eine Neufassung des Schleiermacherschen Ansatzes hinaus."[91] Nach reformatorischem Ansatz ist der Gottesdienst nicht als Hervorbringung der gläubigen Kirche, sondern wie die Kirche selbst als „creatura verbi" zu verstehen, sagt Beckmann: „So gewiß er Gottesdienst der Kirche ist, so gewiß ist er nicht primär der von ihr geschaffene Gottesdienst, sondern der die Kirche schaffende, tragende, erhaltende Gottesdienst."[92] Gerade bei Brunner sieht Beckmann diesen reformatorischen Ansatz verwirklicht: „Hier ist der echte theologische Ausgangspunkt gewonnen, und an dem Verständnis des Wortes Gottes entscheidet sich die Lehre vom christlichen Gottesdienst."

Beckmanns Einschätzung, daß Brunner die Liturgik nicht an den religiösen Vorstellungen der kirchlichen Gemeinschaft, sondern an dem offenbarten Wort Gottes orientieren will, deckt sich mit dem Textbefund. Allerdings ist nicht zu übersehen, daß im Eingangsabschnitt A.II (10.2.2) jenes ekklesiologische Schriftverständnis Brunners zum Ausdruck kommt, das in dieser Untersuchung bereits herausgearbeitet und kritisch diskutiert wurde.[93] Seine Eigenart läßt sich an folgender Äußerung Brunners im Rahmen der ökumenischen Diskussion um die Sakramente ablesen: „Trägt die Kirche als Subjekt das Wort Gottes und die Sakramente oder wird sie von ihnen getragen? Natürlich kennt die evangelische Kirche die Kirche auch als eine Trägerin von Wort und Sakrament. Aber das ist die Kirche doch nur deswegen, weil und insofern sie selbst durch das Wort Gottes und die von Christus gestifteten Sakramente ihr Dasein hat."[94] In diesen Sätzen wird deutlich, daß Brunner die Abhängigkeit der Kirche vom Wort Gottes und der Stiftung Christi unbedingt und gründlich festhalten will. Dadurch aber, daß er im selben Atemzug von der Kirche als „Trägerin von Wort und Sakrament" spricht, gerät die klare Intention doch in eine eigenartige Schwebelage hinein.

---

[90] ThLZ 79, 519–526; hier: 521.
[91] A.a.O. 522.
[92] A.a.O. 523.
[93] Siehe Kapitel 6 und 9.
[94] ThLZ 88, 176.

Dasselbe Phänomen läßt sich im Abschnitt A.II beobachten. Die dogmatische Lehre vom Gottesdienst soll gebunden sein an das „lebendige(n) Wort Gottes", das aber ausschließlich in der konkret erscheinenden Kirche, wo „die geschehene Offenbarung erkannt, anerkannt, bezeugt und im wiederholenden Wort des Bekenntnisses ausgesprochen" wird, zugänglich ist und nicht etwa unmittelbar in der Schrift.[95] Durch diese Definition entsteht eine gewisse Unklarheit darüber, ob sich die Lehre, die in der Kirche zurecht Gültigkeit beansprucht, auf ein Wort bezieht, das der Kirche als Offenbarungswort in strenger Distinktion gegenübersteht und vorgegeben ist oder von einem Wort, das gewissermaßen in die Kirche eingegangen ist und seine aktuelle Autorität der Erkenntnis und dem Bekenntnis der Kirche verdankt. Wenn das Wort der Heiligen Schrift selbst nicht als lebendiges Wort Gottes und klare Offenbarung des Willens Gottes gilt, dann rückt die Kirche ein die Funktion der Wort-Mittlerin und Offenbarungs-Mittlerin, die kraft ihrer Erkenntnis die Offenbarung erschließt. Damit aber gerät die evangelische Theologie in einer bestimmten Hinsicht in die Nähe des römisch-katholischen Offenbarungsverständnisses, weil die Lebendigkeit des Wortes von der Lebendigkeit der Kirche abhängt.[96] Allerdings wird man Brunner nicht vorwerfen können, daß er mit dieser Vorstellung die Gültigkeit oder Verbindlichkeit der Schriftaussagen in Frage stelle. Denn bei der Durchführung der Gottesdienstlehre werden die Schriftaussagen in der theologischen Argumentation vielfach unmittelbar als die entscheidenden Begründungen zur Geltung gebracht.[97]

Mit der beschriebenen ekklesiologischen Definition des Wortes Gottes hängt auch die Kritik des Rezensenten Manfred Mezger zusammen, der Brunner eine „unkritische Gleichsetzung von Schrift und Dogma, d.h. die unterlassene beständige Prüfung des letzteren an der ersteren" und sogar die „Auslieferung der Hl.Schrift an das Bekenntnis" vorwirft.[98] Dieser Vorwurf kommt wohl deshalb zustande, weil Brunner die Offenbarung der Schrift und die gegenwärtige Erkenntnis der Kirche in eins setzt, ohne die kritische Rückfrage zu thematisieren, ob sich Schriftaussagen, Bekenntnisaussagen und gegenwärtige kirchliche Verkündigungsaussagen tatsächlich inhaltlich decken. Allerdings ist diese Deckungsgleichheit gegeben für den Theologen, der sehr bewußt in der Linie einer biblisch-reformatorischen Theologie

---

[95] LGG 114.
[96] M. SEEMANN (Heilsgeschehen, 114) erläutert das katholische Offenbarungsverständnis so: „Wir gehen nur insofern über evangelisches Bekenntnis hinaus, als wir nicht nur die Schrift als Kriterium des Evangeliums und damit des Glaubens annehmen ..., sondern ein Kriterium für die Auslegung der Schrift selbst: das heutige lebendige (!) Lehramt und die schon geschehene Auslegung (Tradition) der Kirche."
[97] Gen 2,1–3; LGG 122. Joh 2,19–22 parr; LGG 146. 1.Kor 11,25; LGG 233.
[98] M. MEZGER, FAB 8, 169.

glaubt, denkt und lehrt. Eben dieser Linie wird Brunner auch dadurch gerecht, daß er deutlich unterscheidet zwischen der primären „*geschehene(n)* Offenbarung", wie sie in der Schrift bezeugt wird, und der demgegenüber sekundären „*gegenwärtige(n)* Bezeugung dieser Offenbarung" im Bekenntnis der Kirche.[99] Außerdem zeigt sich in der Gottesdienststudie, daß Brunner zwar von der Aussage des Bekenntnisses ausgeht, diese Aussage aber mit einer sehr eigenständigen, systematisch reflektierten und keineswegs sklavisch an die Bekenntnisformel gebundenen Interpretation verbindet.[100] Deshalb ist Mezgers Kritik nicht berechtigt.

Brunners Entschluß, den Gottesdienst „dem Gericht des apostolischen Wortes" auszuliefern, stellt eine Herausforderung für die Lehre und die Praxis der Gegenwart dar. Diesem Grundsatz zufolge ist allein die heilsame Kritik und Weisung des Wortes Gottes in der Lage, aus dem verfehlten den erneuerten Gottesdienst zu schaffen.

10.3 Der dreifach bestimmte Ort des Gottesdienstes

A. Darstellung

Eingangs des Abschnitts B der Gottesdienststudie erläutert Brunner sein weiteres Vorgehen. Die Orientierung der Lehraussage an dem Wort der Offenbarung und nicht etwa an der „Existentialanalyse des menschlichen Daseins" oder der religionswissenschaftlich-phänomenologischen Analyse des Kultus soll derart verwirklicht werden, daß aus dem Gesamtzusammenhang der Heiligen Schrift ein zutreffendes Verständnis des Gottesdienstes gewonnen wird.[101] Brunner geht davon aus, daß sich so, wie das Wesen jedes Erkenntnisgegenstandes nur von seinem Ort „in dem Gefüge des wirklich Seienden" her recht erkannt werden kann, auch das Wesen des Gottesdienstes nur von seinem Ort innerhalb der biblischen Heilsgeschichte her zutreffend bestimmen läßt. Die Wahrnehmung des Gottesdienstes im „Schnittpunkt aller Heilsveranstaltungen und Heilsstiftungen Gottes" zwischen Schöpfung und Vollendung ergibt seine „grundlegende dogmatische ‚Definition'".[102] Dieser heilsökonomischen Ortsbestimmung und Definition des Gottesdienstes (10.3.1) sind beigeordnet die anthropologische Ortsbestimmung (10.3.2), die die einzelne Lebensgeschichte in ihrem Verhältnis zur umfassenden Heilsgeschichte betrifft, und die kosmologische Ortsbestimmung (10.3.3), die von der

---

[99] LGG 114.
[100] Das läßt sich z.B. an der Erläuterung des zweiten Glaubensartikels studieren; LGG 141–151.
[101] LGG 116.
[102] LGG 116f.

Beziehung des menschlichen Gottesdienstes zum Gottesdienst der außermenschlichen Kreatur handelt.[103]

10.3.1 Der heilsökonomische Ort des Gottesdienstes

Die Erkenntnis der Heilsgeschichte zwischen Proton und Eschaton ergibt sich aus der Erkenntnis des Heilshandelns Gottes in Jesus Christus.[104] Die „Mitte der Heilsökonomie", Menschwerdung, Kreuz und Auferstehung Christi, stellt Anfang und Ziel der Heilsökonomie, nämlich Menschenschöpfung, Fall, Erlösung und Vollendung, ins Licht. Nur von diesem Grundsatz her läßt sich verstehen, daß zunächst von einem „Gottesdienst des Ersterschaffenen" (a) die Rede sein kann und muß. Das an Adam ergehende Wort Gottes (Gen 2,16f) erheischt die Antwort des Glaubens, die sich nicht nur in einem innerlichen Gedanken, sondern in einem äußerlichen, besonderen, leibhaft-sinnlichen Akt, dem „*cultus*" der damit gestifteten „*ekklesia*" verwirklicht.[105] Der Glaubensgehorsam erweist sich in der gottesdienstlichen Erinnerung an das Wort Gottes und der Respektierung der von diesem Wort gezogenen Grenze.[106] So beginnt der Gottesdienst als eine aus dem Alltag herausgehobene Betätigung des Geschöpfes, in der es seinen Schöpfer verherrlicht.

Mit dem Sündenfall verkehrt sich der Gottesdienst des gottebenbildlichen Menschen in den Götzendienst der Teufelssklaven (c).[107] Die apostolische „Existentialanalyse" Römer 1,18–32 enthüllt die Tatsache, daß auch der gottentfremdete Mensch Gott erkennt, diese Erkenntnis aber regelrecht „mordet" und statt des Schöpfers das Geschöpfliche verehrt.[108] Der heidnische Kultus entpuppt sich als „pervertierte Bezogenheit des Menschen auf Gott", mithin als Lüge, die von der Wahrheit christlicher Gotteserkenntnis und Gottesverehrung im Sinne von 2.Kor 6,14–18 radikal geschieden ist.[109]

Mit der Auslöschung des gottgemäßen Gottesdienstes des Menschen fällt der Anfang des Gottesdienstes des Gott-Menschen Jesus Christus zusammen (b).[110] Dieser neue Gottesdienst besteht darin, daß Jesus stellvertretend für den Sünder den rechtmäßig verhängten Gerichtstod erleidet.[111] Nur von derjenigen Perspektive aus, die diesen

---

[103] LGG 117f.
[104] LGG 119.
[105] LGG 123f. BRUNNER bezieht sich auf LUTHERs Genesisauslegung WA 42, 41–87.
[106] LGG 124.
[107] LGG 125.
[108] LGG 128–130.
[109] LGG 131f. BRUNNER kann sagen (Predigthilfe 2.Kor 6,14–7,1, 100): „Wo die Entscheidung des Glaubens an Jesus Christus gefallen ist, wird ein Abgrund zwischen *zwei Welten* aufgerissen, die nie miteinander vermischt werden dürfen."
[110] LGG 126f.
[111] LGG 127.

"sub Pontio Pilato" in der Erdengeschichte ausgeführten Dienst als einen vor Gott schon zum Zeitpunkt des Sündenfalls manifesten, gültigen Dienst erblickt, erklärt sich nach Brunner die Tatsache, daß die Menschheit überhaupt noch weiterbesteht und Adam lediglich einen auf den Gerichtstod hinweisenden „Gleichnistod" sterben muß.[112] Allein von dem immer schon heilswirksamen Versöhnungsdienst Christi her wird ferner begreiflich, daß im Alten Bund aufgrund göttlicher Weisung ein Gottesdienst (d) stattfinden kann, der in seiner Mitte Opferdienst zur Beschwichtigung des Zornes Gottes darstellt und sich trotzdem von heidnischem Kultus grundsätzlich unterscheidet: „Um des einen Opfers Jesu Christi willen und aus der Kraft seines Opfers geschieht in Israel und zumal in seinem Opferdienst Sühne, Versöhnung, Stillung des Zornes Gottes, wenn auch in anhebender, vorlaufender, schattenhaft verheißender Weise."[113]

Der Gottesdienst der Kirche Jesu Christi schließt sich nicht unmittelbar an den alttestamentlichgesetzlichen Gottesdienst an, weil er begründet und getragen wird von der „pneumatischen Kraft" des eschatologisch neuen Handelns Gottes in Jesus Christus (e).[114] Im Anschluß an Luthers Katechismustext zum zweiten Glaubensartikel und das darin bestätigte altkirchlich-christologische Dogma läßt sich feststellen, daß Gottes Dienst für den Menschen wegen der Einmaligkeit der Person Jesu Christi ein heilsamer Dienst ist: „Nur auf Grund des wahren Gottseins und des wahren Menschseins in dem einen Jesus Christus ist Rettung und Heilsvollendung für uns Menschen Wirklichkeit."[115] Das Charakteristische der heilsgeschichtlichen Wende wird in folgendem Jesuswort sichtbar: „Ich werde diesen Tempel abbrechen und ihn (einen anderen) aufbauen in drei Tagen" (Mt 26,61; 27,40; Mk 14,58; 15,29; Joh 2,19–22; Apg 6,14).[116] Weil sich dieses Logion auf die drei Größen eschatologischer Tempel, christliche Gemeinde und Leib Jesu beziehen läßt, die in der endzeitlichen Heilsvollendung in eins fallen, spiegelt es die umfassende Dimension der Tat Gottes in Christus wieder: Das leibliche Opfer auf Golgatha löst das Tempelopfer ab und begründet den neuen Tempel, nämlich die eschatologische Heilsgemeinde als Leib Christi.[117] Unter der Bezeichnung „Gottesdienst des Neuen Bundes" läßt sich alles zusammenfassen, was den

---

[112] LGG 126.
[113] LGG 136.
[114] LGG 141.
[115] LGG 143. In der Christologie-Vorlesung, wo das Geheimnis der Inkarnation und des Personseins Christi eingehend bedacht wird, sagt BRUNNER einmal (Gesetz, 39): „Gott will das Gefängnis unserer Verlorenheit nicht von außen her durch einen souveränen Akt seiner Macht auflösen, sondern er will dies von innen her bewirken. Das Handeln Jesu rettet uns nur dadurch aus unserer Verlorenheit, daß es auf dem Fundamente der Inkarnation liegt."
[116] LGG 146.
[117] LGG 146f.

heilschaffenden Dienst Gottes in seinem Sohn ausmacht: die Sendung des Sohnes, sein Sühnopfer zur Stillung des Gotteszornes und der dadurch ausgelöste Anbruch der letzten Dinge bis hin zur Manifestation der von dem geopferten Christusleib umfangenen und deshalb erlösten Menschen in der Ekklesia.[118]

Der sogenannte „Gottesdienst des Neuen Bundes" schließt auch einen himmlischen Gottesdienst ein, weil seit der Erhöhung Christi sein erlösendes Opfer vor Gottes Thron gegenwärtig gesetzt und damit auch die durch dieses Opfer konstituierte Kirche im Himmel repräsentiert ist.[119] Die Kirche existiert einerseits gewissermaßen übergeschichtlich und proleptisch als die Summe aller in Christi Opferleib eingezeichneten Menschenleben, andererseits realisiert sie sich irdisch-geschichtlich durch die konkrete Eingliederung von Menschen in den Leib Christi.[120] Mittels des gottesdienstlichen Handelns der Kirche handelt Gott „mit jedem Menschen persönlich und personhaft mit dem Ziel, das virtuelle In-Sein der menschlichen Existenz im Leibe Jesu mitten in der Geschichtlichkeit des einzelnen Menschendaseins zu einem ontisch-realen In-Sein zu aktualisieren". Die irdische Kirche und ihr gottesdienstliches Handeln erweist sich als das „Instrument", „durch das Gott den Leib Jesu baut und so sein Reich im All verwirklicht".[121]

Im heilsökonomischen Horizont betrachtet wird der christliche Gottesdienst (f) erkennbar als der Ort, wo Jesus Christus in der Zeit zwischen Himmelfahrt und Wiederkunft in besonderer Weise selbst leibhaft gegenwärtig wird durch die Mittel von Wort und Sakrament kraft des Pneumas, um sich aufs neue mit den in ihn hineingetauften Menschen zu verbinden und sie zu bestärken in der Erwartung der endgültigen Manifestation der Christus-Gemeinde.[122] Der Gottesdienst der Kirche trägt insofern die Vergangenheit der Heilsökonomie in sich, als der alttestamentliche Gottesdienst im Opfer Christi „aufgehoben" und seine „gesetzlich-rituelle Gestalt" überwunden ist, was sich beispielsweise darin zeigt, daß alle Gemeindeglieder an der Amtsvollmacht des Propheten, Priesters und Königs teilhaben.[123] Auch die Zukunft der Heilsökonomie ist in die Versammlung der Christen gewissermaßen schon hereingeholt, weil der Geist Christi die Heilswirklichkeit des vollendeten Reiches Gottes „im voraus" vergegenwärtigt.[124] Gleichwohl steht der Gottesdienst im Zeichen des heilsökonomischen „Noch-Nicht": Durch die noch ausstehende Voll-

---

[118] LGG 151.
[119] LGG 152.
[120] LGG 153.
[121] LGG 154.
[122] LGG 157f.
[123] LGG 158.
[124] LGG 159.

Der dreifach bestimmte Ort des Gottesdienstes 263

endung und den anhaltenden Kampf zwischen Fleisch und Geist bedingt ist jeder Gottesdienstbesucher vor die kritische Frage gestellt, ob er angesichts seiner „faktischen aktuellen Sündigkeit" bereit ist, die Rückkehr zur Taufe im Glauben an die Sündenvergebung mitzuvollziehen.[125] Der Gottesdienst selbst ist stets der kritischen Frage ausgesetzt, ob er seiner Bestimmung entspricht oder sie verfehlt.[126]

10.3.2 Der anthropologische Ort des Gottesdienstes

Im Horizont des einzelnen Menschenlebens betrachtet erscheint der Gottesdienst als eine mit dem persönlichen Erschaffensein gegebene Bestimmung und Aufgabe.[127] Allerdings gibt die Geburt auch Anteil am Sündenfall und macht den Menschen „gottesdienstunfähig". Deshalb ist jeder Mensch angewiesen auf den einzig möglichen Zugang zum gottgewollten Gottesdienst der Ekklesia Jesu Christi, nämlich auf den Bußglauben und die Taufe, welche den Gerichtstod und die Auferweckung zum Leben in Christus beschlossen zueignet.[128] Erst das eigene Bekenntnis zu dieser Heilsgabe, welches getaufte Kinder bei ihrer Konfirmation aussprechen, läßt den Getauften zum bevollmächtigten „Träger des Gottesdienstes" und damit auch zum Teilnehmer am Abendmahl werden.[129]

Das im Taufsakrament tatsächlich zugeeignete Heil vollendet sich erst zukünftig.[130] In der konkreten Lebensgeschichte ist es durch die Sünde bis hin zum „definitiven Abfall" (Hebr 6,4–8) gefährdet.[131] So kommt der Gottesdienst für den Christen im „Interim" „zwischen Tauftod und faktischem leiblichem Tod, zwischen Tauferweckung und faktischer leiblicher Erweckung" zu stehen.[132] Dieser zweifach strukturierten heilsgeschichtlichen Situation des Menschen entsprechen die zwei „Wirklichkeitsseiten" des Gottesdienstes: Zum einen bietet er dem „in der Taufe Geretteten stets von neuem die Mittel der Errettung" dar, mithin die Vergebung der Sünden. Zum anderen findet in ihm die „Verherrlichung Gottes durch den beschenkten Menschen"[133] statt. So kommen im Gottesdienstgeschehen zeitliche „Pilgrimschaft" und ewige „Himmelsbürgerschaft" des Christen gleichermaßen zum Tragen.[134]

---

[125] LGG 159f.
[126] LGG 160.
[127] LGG 161.
[128] LGG 161.163.
[129] LGG 163.165.
[130] LGG 165.
[131] LGG 165f.
[132] LGG 166.
[133] LGG 167.
[134] LGG 168.

10.3.3 Der kosmologische Ort des Gottesdienstes

Der Charakter des christlichen Gottesdienstes ist nach Brunners Meinung noch nicht vollständig erfaßt, solange der „doppelte(n) Rand" der heilbringenden Geschichte zwischen Gott und Mensch unbeachtet bleibt: nämlich der „untere Rand" der „außermenschlichen irdischen Kreaturen" (b) und der „obere" der Geschöpfe Gottes „in seinem himmlischen Reich" (a).[135] Beide Bereiche der Schöpfung „sind an dem Heilsgeschehen selbst mitbeteiligt" und stehen deshalb in einer „dynamischen Beziehung" zum Gottesdienst der Kirche.

(a) Nach Hiob 38,7 sind Engel Kreaturen, die von Anfang an den Kreator wegen seiner Taten loben.[136] „Die Darbringung des Lobes Gottes durch die Engel ist der himmlische Gottesdienst", wie in Jes 6 oder Offb 4 beschrieben. Im Mittelpunkt des himmlischen Gottesdienstes steht gemäß Hebr 12,22–24 ebenso wie im irdischen Gottesdienst „Jesus, der Mittler des Neuen Bundes, und das Blut der Besprengung".[137] Aufgrund des gemeinsamen Mittelpunkts findet eine „reale(n) Kommunikation" zwischen beiden Gottesdiensten statt, wenngleich der Gottesdienst der Engel dem der Kirche „hinsichtlich seiner Intensität, seiner Reinheit und seiner Fülle" überlegen bleibt bis zur Vereinigung beider Gottesdienste im Eschaton.[138]

(b) Apokalyptische Texte wie Jes 49,13 oder Offb 5,13 bezeugen das Einstimmen aller Kreatur zwischen Himmelshöhe und Meerestiefe in den eschatologischen Jubilus.[139] Doch bereits in der Gegenwart spiegeln die Schöpfungswerke die Glorie des Schöpfers wieder und manifestieren seinen Ruhm, wie Ps 19 und Ps 148 besonders eindrücklich belegen.[140] Diese Art des Gotteslobes ist als „Gottesdienst der außermenschlichen, irdischen Kreaturen" anzusprechen.[141] Der Gottesdienst der Kirche ist zu diesem Gottesdienst der sogenannten stummen Natur hin geöffnet und erhöht ihn insofern, als daß das in einem Wesensgesetz gründende Lob mit einem in personaler Freiheit gründenden Lob verbunden wird. Jenes in Römer 8,19–23 angesprochene „Seufzen der Kreatur" weist auf die „relative Schicksalsgemeinschaft" mit der von Schuld gezeichneten Menschheit hin, die ebenso an Fluch und Verderben Anteil gibt wie an der Hoffnung auf den Erlöser und die Neuschöpfung.[142]

Die Zwischenstellung zwischen dem Gottesdienst der Engel und dem Gottesdienst der außermenschlichen, irdischen Kreatur läßt sich

---

[135] LGG 168.
[136] LGG 169.
[137] LGG 170.
[138] LGG 170f.
[139] LGG 171f.
[140] LGG 172f.
[141] LGG 176.
[142] LGG 177.

als kosmologischer Ort des Gottesdienstes der Kirche bezeichnen.[143] Von den beiden außermenschlichen Gottesdiensten unterscheidet er sich durch seine begrenzte Dauer und seine menschlich bedingte Unvollkommenheit. Mit dem Gottesdienst der Engel verbindet ihn die personale Hingabe im hymnischen Sprachakt, mit dem Gottesdienst der Natur die irdische Leiblichkeit, die im Sakrament sogar gewürdigt wird, „Träger und Übermittler des Heilswerkes Jesu" zu sein. Der dreifache Gottesdienst bewegt sich auf eine letzte, um den dreieinigen Gott zentrierte Einheit zu.[144]

Wesen und Gestalt des Gottesdienstes ergibt sich folglich aus seiner Verortung in dem „dreifachen, im Anbruch begriffenen, eschatologischen *transitus*: im *transitus* dieser Welt zum Reiche Gottes, im *transitus* dieses sterblichen versuchlichen Leibes zu seiner Auferstehung von den Toten, im *transitus*, der die Natur zur Freiheit der Kinder Gottes befreit und die Kinder Gottes zu engelgleichem Sein verwandelt".[145]

B. Diskussion

10.3.4 Zum heilsgeschichtlichen Horizont der Gottesdienstlehre
Brunners Darlegungen zur Erschließung des Wesens des christlichen Gottesdienstes aus seinem heilsgeschichtlichen Kontext setzen voraus, daß Aussagen aus dem gesamten Kanon der Heiligen Schrift von der Genesis bis zur Johannesapokalypse als tragende Basis von Lehraussagen herangezogen werden können und müssen. Ohne diese Voraussetzung wären Ausführungen mit dem Anspruch auf theologische Geltungskraft etwa über den „Gottesdienst des Ersterschaffenen" oder über den „Gottesdienst der Engel" nicht denkbar. Angesichts der Beobachtung, daß die Wahrnehmung des biblischen Wortes in der Breite des Kanons zu einer bemerkenswert weit ausgreifenden und tiefdringenden theologischen Anschauung führt, erweisen sich mögliche Bedenken, die Gottesdienstlehre werde prinzipiell von einem bestimmten Profil gegenwärtiger kirchlicher Verkündigung abhängig gemacht oder auf vorgegebene Lehraussagen des kirchlichen Dogmas eingegrenzt, als unbegründet.[146] Brunner setzt jedoch nicht nur voraus, daß die Schrift in ihrer kanonischen Breite theologische Erkenntnisse vermittelt, sondern auch, daß die Schrift in ihrer kanonischen Mannigfaltigkeit ein im wesentlichen zusammenstimmendes Zeugnis abgibt. Deshalb kann er einmal sagen: „Wer bestreitet, daß diese Verschiedenheiten im Neuen Testament auf einen uns erkennbaren gemeinsamen perspektivischen Fluchtpunkt hinweisen, muß wissen, was er tut:

---

[143] LGG 178.
[144] LGG 179.
[145] LGG 180.
[146] Vgl. 10.2.4.

er bestreitet, ... daß in der Christenheit überhaupt ein Dogma Anspruch auf Verbindlichkeit erheben könne."[147] Nicht aus der Scheidung der Schriftaussagen in verschiedene „Theologien", sondern aus dem Zusammenklang der vielfältigen Aussagen des Wortes Gottes zu *einer* Theologie ergibt sich die von Brunner vorgestellte, weitgespannte heilsgeschichtliche Perspektive. So erscheint der christliche Gottesdienst nicht als Produkt seiner Zeit, sondern als eine durch Gottes eschatologische Heilstat in Christus gestiftete Einrichtung für die Zeit vor dem Telos der Ewigkeit.

Die theologische Bedeutung der Rede vom „Gottesdienst des Ersterschaffenen" (a) liegt in der Verankerung der Gottesdienstlehre im ersten Glaubensartikel. Nicht an den religiös bedürftigen Menschen, sondern an jeden Menschen ergeht die Berufung, seiner Kreatürlichkeit gerecht zu werden durch den ausdrücklichen, gottesdienstlichen Dank gegenüber dem *einen* Kreator.[148] Wenn Brunner den Gottesdienst des Ersterschaffenen als leibhaften Akt und leibhaftiges Tun beschreibt[149], so wird ein berechtigtes Interesse daran erkennbar, den Gottesdienst von vorneherein nicht im Sinne einer Innerlichkeit verstehen zu wollen, die von sichtbaren, ausdrücklichen, menschlichen Vollzügen wie Zusammenkommen, Sprechen oder Singen abgelöst sein kann. Der leibhaft-äußerliche Aspekt des Gottesdienstes darf jedoch auf keinen Fall von jenem geistig-innerlichen Aspekt losgelöst werden, den Brunner als Hinwendung zu Gott im Sinne eines personalen geistigen Aktes des kreatürlichen Ichs beschreibt.[150] Der im Gottesdienst geäußerte Dank kommt notwendig aus dem, „was in mir ist" („kerabaj", Ps 103,1). Diese Erkenntnis verhindert, daß der Gottesdienst, der mit der Ruhe des siebten Tages zu tun hat, mißverstanden wird als menschliche Aktivität und menschliches Werk, wo er doch von jener dem Geschöpf angemessenen Passivität geprägt sein sollte, die Gott sein Werk am Menschen ausrichten läßt.[151]

Für die Ansicht, daß schon der Gottesdienst des Alten Bundes (d) auf den Versöhnungsdienst Christi (b) hingeordnet und von ihm getragen ist, kann sich Brunner auf das Neue Testament berufen. Aussagen wie Rö 3,25f über Gottes Vergebung für Sünden, „die früher begangen wurden in der Zeit seiner Geduld", oder Hebr 9,15 über den Kreuzestod „zur Erlösung von den Übertretungen unter dem ersten Bund" weisen darauf hin, daß sich die Heilswirksamkeit der Christustat nicht auf die neutestamentliche Zeit beschränkt. Luther kann

---

[147] ELKZ 8, 107.
[148] Vgl. LUTHER (KlKat; BSLK 511, 6–8): „des alles ich ihm zu danken und zu loben und dafür zu dienen und gehorsam zu sein schüldig bin".
[149] LGG 123f.
[150] LGG 121.
[151] Nach O. BAYER (Gottesdienst, 30) bedeutet Gottesdienst als „Feier", daß der Mensch von seinen Werken ruht und „daß Gott, Gott allein, sein Werk in uns tut".

sagen: „Christus etiam ab initio mundi occisus est pro peccatis totius mundi antequam ulla Ceremonia esset."[152] Allerdings handelt es sich in der Sicht des Reformators um einen zunächst nur im Verheißungswort beschlossenen Vorgang: „Christus non re ipsa a principio mundi occisus est, sed in promissione tantum."[153] Brunners Aussage, daß „der Opfergang des Menschensohnes vor Gottes Thron" gleichzeitig mit dem Sündenfall feststeht „wie eine vollzogene Tat"[154], legt im Vergleich dazu den Akzent doch sehr stark auf die Tatsächlichkeit dieses Ereignisses. In diesem Themenbereich erscheint es ratsam, sich nach dem Vorbild Luthers enger an die Sprachform der Schrift anzulehnen, so daß die Rede über eine derartige Tatsache eingebettet bleibt in die Rede über Gottes Ratschluß und Verheißung.

Die tragende Mitte der gesamten Heilsgeschichte erkennt Brunner in dem sogenannten „Gottesdienst des Neuen Bundes"[155] (e), sprich in dem Inkarnationsweg Jesu Christi, der in seiner leibhaftigen Aufopferung am Kreuz gipfelt, zur „Sühne, die Gottes Zorn wahrhaftig stillt und den Strahl der Liebe Gottes auf uns lenkt"[156]. Ob diese heute zutiefst umstrittene Erklärung des Kreuzestodes exegetisch anerkannt wird, hängt wesentlich mit der Vorentscheidung über die innerbiblische Kohärenz zusammen, in diesem Fall etwa mit der Frage, ob Jesaja 53 eine gültige Auslegung des Kreuzesgeschehens darstellt oder nicht. Der Exeget Peter Stuhlmacher, der von der Selbstauslegung der Schrift ausgeht, kommt der Sicht Brunners sehr nahe, wenn er erklärt: „Indem Jesus stellvertretend für alle, die an ihn glauben, sein Leben in den Tod gibt, erleidet er stellvertretend für die Sünder das Vernichtungsgericht. Da er dies aber im Namen Gottes schuldlos und aus Liebe tut, ist sein Blut das ein für allemal wirksame, unendlich wertvolle Sühnemittel, das den Glaubenden Vergebung ihrer Sünden, neues Leben vor und mit Gott und damit die den Sündern fehlende Gottesgerechtigkeit verschafft (vgl. 1.Kor 6,20; 2.Kor 5,21)."[157] Dazu fügt sich Luthers Ansicht, daß Christus für den Sünder in zweifacher Weise genugtut, wie Althaus referiert: Christus „erfüllt Gottes im Gesetz ausgedrückten Willen, und er erleidet die Strafe der Sünde, den Zorn Gottes, beides an unserer Statt und uns zugute".[158] Brunner sieht beide Aspekte im Kreuzesgeschehen wie in einem Brennpunkt konzentriert:

---

[152] WA 39 I, 49,14f (Thesen de lege, 1535). Übersetzung W² XIX, 1445: „So ist auch Christus von Anbeginn der Welt erwürgt für die Sünden der ganzen Welt, ehe noch eine Ceremonie da war." Vgl. P.ALTHAUS, Luther, 185 Anm. 51.
[153] WA 39 II, 197,2 (Promotionsdisputation H.Schmedenstede, 1542). Übersetzung T.E.: „Christus ist nicht tatsächlich seit Anbeginn der Welt getötet worden, sondern nur in der Wirklichkeit des Verheißungsworts." Vgl. P. ALTHAUS, a.a.O.
[154] LGG 126.
[155] LGG 151.
[156] LGG 149.
[157] P. STUHLMACHER, Römerbrief, 58; zu Rö 3,25.
[158] P. ALTHAUS, Luther, 179.

„Der Opferakt des Menschen Jesus ist der eine menschliche Gehorsamsakt, der alle Gebote Gottes in einem erfüllt und vor Gott ewig besteht."[159] Das Handeln Jesu wird als ein qua homo auf Gott hin gerichtetes Handeln erklärt. Gleichzeitig aber wird festgehalten, daß es der Sohn Gottes ist, der aufgrund der Sendung durch den Vater für die Menschen Heil schafft. Die Affinität dieser Lehraussage zu der Versöhnungslehre Anselm von Canterburys ist unübersehbar. Allerdings vertritt Brunner die Meinung, daß Anselms Theologie von Luthers Theologie her gesehen einige kritikwürdige Mängel aufweist.[160]

Auch im Blick auf den christlichen Gottesdienst (f) geht Brunner davon aus, daß es der dreieinige Gott ist, der als handelndes Subjekt mittels gottesdienstlicher Vollzüge das Heil in Christus zueignet. Brunner verbindet das göttliche Handeln sehr eng mit dem „gottesdienstliche(n) Handeln der irdischen Kirche", durch welches jenes rettende „ontisch-reale In-Sein im Leibe Jesu" verwirklicht wird.[161] Diese Verbindung ist es, die der Katholik Seemann im Sinne einer Nähe zum römisch-katholischen Kirchenverständnis interpretiert: „Gott kann nur da erlösend handeln, wo Kirche als Epiphanie des Leibes Christi ist."[162] Seemann vergleicht diesen Ergebnissatz mit römisch-katholischen Lehrsätzen, in denen von einem Beitrag des von der Kirche vollzogenen eucharistischen Opfers zum Werk der Erlösung die Rede ist.[163] Allerdings gelangt er zu dem Urteil, daß sich dieses Verständnis der Kirche und ihres Gottesdienstes doch nicht mit demjenigen Brunners deckt. Er begründet dieses Urteil damit, daß Brunner „Gottes Tun" als ein „so übermächtig von oben einfallendes Handeln" betrachte, „vor dem der einzelne ganz empfangend steht", daß es „kein gegenseitiges Schenken der Brüder untereinander geben" könne.[164] Offenbar betont Brunner die Vertikale des göttlichen Handelns im Verhältnis zu der Horizontalen des kirchlichen Handelns stärker, als dies aus katholischer Sicht richtig erscheint.

Das Gegenüber von Gott und Kirche bleibt bei Brunner insofern gewahrt, als die Kirche zunächst einmal als das Werk Gottes ins Auge gefaßt wird, welches auf dem Wirken des Pneuma vor allem in der Taufe, aber auch im apostolischen Zeugnis und im Abendmahl be-

---

[159] LGG 149.
[160] Aus einer Nachschrift R. SLENCZKAs zu einem Seminar über „Die Lehre vom Werke Christi bei Anselm und Luther" (WiSe 1953/54) geht hervor, daß Brunner die aprioristische Konstruktion des Erlösungsweges, die zwischen dem leidenden Menschen und dem weltüberlegenen Gott scharf trennende Zweinaturenlehre oder die als „philosophisch" bezeichneten Begriffe „necessitas praecedens" und „necessitas sequens" bei Anselm ablehnt.
[161] LGG 153.
[162] M. SEEMANN, Heilsgeschehen, 135.
[163] A.a.O. 135f.
[164] A.a.O. 138.

ruht.[165] Danach kommt die Kirche als das Werkzeug Gottes in den Blick, weil in ihrem Gottesdienst kraft des Pneuma der Leib Jesu Christi erscheint, das „Mittel der Kommunikation und der Kommunion" zwischen Gott und Mensch.[166] Obwohl hier das Handeln Gottes dem Handeln der Kirche vorgeordnet wird, so birgt die Rede von dem „Gottesdienst der Kirche" als „Zugang" zu Gott[167] doch die Gefahr in sich, daß sich diese Reihenfolge umkehrt und Gottes Wirken als ein von der handlungsfähigen Kirche abhängiges Handeln erscheint. Die Unabhängigkeit der Tat Gottes vom Tun der Kirche zeigt sich aber gerade im Gottesdienst, wo Gott durch sein eigenes Wort und sein eigenes Sakrament die Versammlung der Sünder stets neu umwandelt in eine Versammlung der Gerechtfertigten. Der Gottesdienst müßte wohl noch grundsätzlicher und unmißverständlicher als „Gottes Dienst an der Kirche" beschrieben werden, als dies in Brunners Studie geschieht.

Die biblisch-heilsgeschichtliche Betrachtungsweise Brunners führt zu der gewichtigen Erkenntnis, daß der christliche Gottesdienst eingebettet ist in eine dynamische Bewegung zum vollendeten Reich Gottes hin, welches die irdische und in gewissem Sinne auch die himmlische Welt durchpulst.[168] Diese Erkenntnis verhindert die Auslieferung des Gottesdienstes an Bedürfnisse, Vorstellungen und Bestrebungen in der Gesellschaft und in der Kirche der Gegenwart, welche den Gottesdienst der Heilsgeschichte allzu leicht zu einem religiösen, nur noch bedingt christlichen Phänomen der Zeitgeschichte degenerieren lassen.

10.3.5 Zur Bedeutung des Gottesdienstes für den Menschen

Auch in dem Abschnitt über den „anthropologischen Ort des Gottesdienstes" (10.3.2) geht Brunner nicht von einer „menschlichen" Sicht des Gottesdienstes aus, die seine soziale oder psychologische Funktion zu erfassen sucht, sondern von der neutestamentlichen Sicht der Kirche Jesu Christi und ihres Gottesdienstes, die die Heilsbedeutung

---

[165] LGG 156f.
[166] LGG 155.157. Vgl. LGG 153 Anm. 83: „So wie die Kirche Werk Gottes ist, ist sie auch Werkzeug in der Hand Gottes."
[167] LGG 157.
[168] In seiner Habilitationsschrift zeigt BRUNNER auf, daß die antiteleologische Weltanschauung Spinozas und die antiteleologischen Momente des Aristotelismus zu logischen Widersprüchen führen, die sich nur im Rahmen einer teleologischen Betrachtungsweise, der heilsgeschichtlichen Perspektive der Bibel entspricht, auflösen (Probleme der Teleologie, 137): „Der Nachweis der Möglichkeit des Telos darf wohl als gesichertes Ergebnis unseres Gesprächs über teleologische und antiteleologische Weltanschauung niedergelegt werden. Damit ist aber gleichzeitig Raum geschaffen für jene Grundüberzeugung des christlichen Glaubens, die sich in diesem Worte des ersten Petrusbriefes ausspricht: ‚pantwn de to telos eggiken'." (1.Petr 4,7)

dieser Stiftung hervortreten läßt. Schon in CA VII werden die dafür charakteristischen Stichworte aus Eph 4,4f zitiert: „*ein* Leib und *ein* Geist, wie ihr auch berufen seid zu *einer* Hoffnung eurer Berufung; *ein* Herr, *ein* Glaube, *eine* Taufe". Brunner hebt in diesem Zusammenhang auf die Begriffe „Geist", „Glaube" und „Taufe" ab, weil sie die Art und Weise betreffen, wie der Mensch eingebunden wird in den Heilsbereich des Christusleibes. Dazu sei im einzelnen folgendes angemerkt.

(a) Grundlegend für jede theologische Anthropologie ist die Einsicht, daß der Mensch als „Kind des Zornes Gottes" (vgl. Eph 2,3) geboren wird. Er bedarf der Gnade und muß zum Glauben geführt werden durch die Verkündigung des Evangeliums. Brunner lehnt es ab, besondere missionarische Veranstaltungen, in denen das Evangelium für Menschen ohne Christusglauben verkündigt wird, ebenso wie die Versammlungen der Gemeinde als „Gottesdienst" zu bezeichnen.[169] Er begründet diese Ablehnung damit, daß jene Veranstaltungen keine Zusammenkunft der getauften Christen im Namen Jesu darstellen.

Tatsächlich zeichnet sich im Neuen Testament eine Unterscheidung ab zwischen einer Evangeliumsverkündigung für Nicht-Christen in der Öffentlichkeit (Apg 19,8) und einer Verkündigung für Christen an einem besonderen Versammlungsort (Apg 19,9). Zweifellos werden sich christliche Veranstaltungen für Menschen ohne Christuserkenntnis in ihrer Gestaltung unterscheiden müssen von Veranstaltungen für Gemeindeglieder, nicht zuletzt dadurch, daß die Abendmahlsfeier wegen ihrer Einsetzung im Jüngerkreis der Gemeinde vorbehalten bleibt. Gleichzeitig aber gilt es zu beachten, daß im Neuen Testament der Übergang zwischen der Gemeindeveranstaltung und der missionarischen Veranstaltung fließend bleibt, wie das Beispiel der Pfingstversammlung (Apg 2,1–13) oder der auch für ungläubige Menschen offenen Versammlung in Korinth zeigt (1.Kor 14,23). Aus dieser Beobachtung hat schon Wilhelm Hahn die Folgerung gezogen, daß der Begriff „Gottesdienst" grundsätzlich auf alle Arten der Versammlung um den Mittelpunkt Christus und sein Wort anzuwenden ist.[170] Mit der Beschränkung des Gottesdienstbegriffs auf die Gemeindeversammlung könnte sich die theologisch problematische Ansicht verbinden, daß die konstitutive Grundlage des Gottesdienstes nicht allein in dem wirksamen Wort Gottes, sondern auch in der mitwirkenden Gemeinde besteht. Diesen kritischen Punkt hat Vajta im Auge, wenn er an Brun-

---

[169] LGG 162.
[170] W. HAHN (Gottesdienst, 37f): „Christlicher Gottesdienst ist in der Urchristenheit überall da, wo Menschen zusammenkommen und Christus der Mittelpunkt ihrer Versammlung wird, ob es sich dabei um die Versammlung der glaubenden Gemeinde um ihren Herrn handelt oder um die Verkündigung der Königsherrschaft Christi an eine noch nicht glaubende Menschenschar, die dadurch zum Glauben an Christus gerufen ist und – sofern sie glaubt – seiner Gemeinde eingefügt wird (Mt 18,20; 28,18–20)."

ner die Anfrage richtet, ob seine Verwendung des Gottesdienstbegriffs nicht die Erkenntnis zu verdunkeln droht, daß Gottes Wort unabhängig von der Haltung der Versammelten seine Wirkung entfaltet (vgl. Jes 55,11).[171] Allerdings hält Brunner erstens fest, daß auch in der missionarischen Verkündigung Gott „handelnd gegenwärtig" ist und zweitens, daß der Gemeindegottesdienst missionarische, zum Evangelium hinführende „Strukturelemente" enthalten sollte.[172] Diese strukturelle und theologische Parallele zwischen beiden Veranstaltungsarten spricht aber eher dafür, auf alle Versammlungen, in denen es hauptsächlich um die Verkündigung des Evangeliums geht, den Begriff „Gottesdienst" im Sinne des „Dienstes Gottes an Gemeinde und Welt" anzuwenden.

(b) Den Zugang zur Kirche Jesu Christi und ihrer gottesdienstlichen Versammlung bezeichnet Brunner mit den Begriffen „Bußglaube" und „Taufe" (vgl. Eph 4,5).[173] Weil nach dem Neuen Testament Glaube und Taufe zusammengehören, drängt Brunner zurecht darauf, daß Kinder, die die Taufe empfangen haben, auch in dem entsprechenden Christusglauben unterwiesen und zu einem selbständigen Taufbekenntnis geführt werden, so daß sie als mündige Christen an der geistlichen Gemeinschaft der Kirche, wie sie insbesondere in der Abendmahlsfeier erlebt und erneuert wird, teilnehmen können.[174] Gerade in diesem Kontext wirkt Brunners Erklärung mißverständlich, der Bußglaube schaffe zwar „einen persönlichen Anschluß an Christus", vermöge jedoch nicht jene „neue Geburt" und „ontisch-reale Einpflanzung in den Leib Jesu" zu vermitteln, die allein durch die Taufe zum Menschen komme.[175] Gewiß ist die Aussage von Römer 6,3–11 ernst zu nehmen, nach der die Taufe das Menschenleben mit dem Christus-

---

[171] V. VAJTA, ELKZ 8, 262f.
[172] LGG 162. Schon die Reformatoren haben wohl eher als die Katholiken die missionarische und katechetische Aufgabe des Gottesdienstes im Blick gehabt. LUTHER (WA 19, 74,25f.75,1f; Deutsche Messe, 1526) geht davon aus, daß im öffentlichen Gottesdienst „viel sind, die noch nicht gleuben odder Christen sind", weswegen diese Veranstaltung „eyne offentliche reytzung zum glauben und zum Christenthum" sein muß. BRUNNER berücksichtigt diese Funktion des Gottesdienstes auch bei seinen Überlegungen zur Sprache der Liturgie, die nicht nur zur Sprache der Bibel und der Ökumene, sondern auch zur Sprache der versammelten Gemeinde in engem Bezug stehen, also verständlich sein sollte (Amtsblatt Sachsen 1968, B 46f.50f). Deshalb wirkt C. GRETHLEINs Kritik (Liturgik, 75), bei Brunner fehlten Überlegungen zur katechetischen Aufgabe oder zur Verständlichkeit des Gottesdienstes, unverständlich.
[173] LGG 161.
[174] LGG 163–165. Wenn Brunner Konfirmation und Abendmahlszulassung verknüpft, will er wohl kaum „die Vollgültigkeit der Kindertaufe" in Frage stellen, wie C. GRETHLEIN meint (Liturgik, 75), sondern gemäß der kirchlichen Tradition an der Zusammengehörigkeit von Taufe, mündigem Glauben, persönlichem Bekenntnis und Mahlgemeinschaft festhalten.
[175] LGG 162f.

leben verbindet. Dasselbe gilt für eine Feststellung wie 1.Kor 12,13, daß Christen „durch einen Geist" „zu einem Leib" getauft sind. Es darf jedoch nicht der Eindruck entstehen, als seien Bußglaube und Taufe einander stufenweise nachzuordnen wie vorläufige und endgültige Heilszueignung. Vielmehr sind Glaube und Taufe einander zuzuordnen wie Heilsempfang und leiblicher Heilszuspruch. Denn sowohl in der Verkündigung als auch in der Taufe wird das eine Evangeliumswort zugesprochen, das im Glauben, der über Heil oder Unheil entscheidet, stets neu ergriffen sein will.[176]

Gerade weil die Taufzusage über einem Menschenleben verläßlich feststeht, nicht aber der dementsprechende Glaube des Menschen, fragt es sich, ob man den Getauften mit Brunner als bevollmächtigten „Träger des Gottesdienstes" bezeichnen sollte.[177] Diese Bezeichnung ist insofern berechtigt, als der Getaufte davon ausgehen darf, daß er nunmehr mit der Geistesgabe des Glaubens, des Gebets oder etwa auch der prophetischen Rede ausgerüstet ist (Rö 8,15f; 1.Kor 12,9f). Ein christlicher Gottesdienst kann nicht stattfinden, ohne daß solchermaßen begabte Menschen zusammenkommen. Doch dabei darf keinen Augenblick in Vergessenheit geraten, daß das geistliche Geschehen des Gottesdienstes nicht darauf beruht, daß geistbegabte Menschen den Geist aus sich heraus entbinden und zur Wirkung bringen, sondern daß der Herr, der der Geist ist, Menschen begegnet in Wort und Sakrament, um ihre geistlichen Mängel aufzudecken und sie wieder zurückführen zu sich selbst als dem eigentlichen Träger der Ekklesia und ihres Gottesdienstes (2.Kor 3,18; 4,5; Gal 3,5). Auch Koch kritisiert Brunners Begriff des „Trägers" mit dem Hinweis darauf, daß der Mensch trotz seiner Rechtfertigung Sünder bleibt und gerade als solcher im Gottesdienst erscheint: „Diese Reflexion auf den Menschen ist die einzig mögliche, die der Souveränität des Handelns Christi im Gottesdienst nichts abbricht, sie unterstreicht im Gegenteil die Souveränität Christi, weil sie den Menschen ausschließlich als Empfänger dem Werke Christi zuordnet."[178] Gleichwohl lassen sich Brunners Ausführungen als eine notwendige Erinnerung an die Bedeutung der Taufe verstehen. Der Gottesdienstteilnehmer ist aufmerksam zu machen auf die Gabe der Taufe, die als eine im Glauben angenommene Gabe sein Leben erneuert und verändert.

---

[176] Vgl. Mk 1,15 mit Mk 16,16; Rö 10,10.17 mit Rö 6,11.
[177] LGG 162.
[178] O. KOCH, Gegenwart, 77. Der Begriff „Träger" erinnert an die Auffassung des zweiten Vatikanums, „das Subjekt der Liturgie und der Träger des Gottesdienstes" sei „nicht einfachhin der Kleriker ..., sondern der *mystische Leib Jesu Christi*, und zwar Haupt und Glieder" (H. PREE, Die Gemeinde als Trägerin der Liturgie in kanonistischer Sicht, 12). Durch die Betonung der Zusammengehörigkeit von Christus und Gemeinde wird die notwendige Unterscheidung des in Wort und Sakrament handelnden Christus und der empfangenden Gemeinde verfehlt: „*Eucharistica celebratio actio est ipsius Christi et Ecclesiae*" (a.a.O. 15).

(c) Brunner berücksichtigt, daß gerade das geistliche Leben des Getauften durch einen Kampf zwischen Fleisch und Geist bestimmt ist, der bis zur Verlust der Teilhabe am Leib Christi führen kann (Gal 5,17; Hebr 6,4–8).[179] In dieser Kampfsituation kommt dem Gottesdienst die Aufgabe zu, den Getauften zu unterstützen durch den erneuten Zuspruch der Vergebung der Sünden und durch die erneute Ausrichtung seines Lebens auf die Hoffnung der zukünftigen Herrlichkeit. So betrachtet erscheint der Gottesdienst nicht länger als ein beliebiges Veranstaltungsangebot der Kirche, sondern als ein notwendiges geistliches Geschehen der Rettung und Bewahrung.

(d) Wenn Brunner darauf hinweist, daß dieses geistliche Geschehen auch die Verherrlichung Gottes einschließt, so wird davor gewarnt, daß der Mensch in seinem Mitvollziehen des Gottesdienstes bei sich selbst bleibt und seine Bestimmung vergißt, etwas zu sein zum Lob der Herrlichkeit Gottes (Eph 1,12). Dieser Aspekt des Gottesdienstes wird von Brunner dem bereits neugeschaffenen Menschen zugeordnet, der in der „Darbringung der Verherrlichung Gottes" als ein „Gebender" erscheint.[180] Die andere „Wirklichkeitsseite" des Gottesdienstes betrifft den Menschen als Sünder, der Vergebung entgegennimmt.[181] Eine solche Beschreibung erschließt den Gottesdienst als ein Ereignis, in dem sich etwas von jener „Erneuerung des Heiligen Geistes", die schon durch die Taufe ins Menschenleben hineingelegt ist, vollzieht (Tit 3,5). Man wird in diesem Zusammenhang jedoch beachten müssen, erstens, daß der Mensch trotz dieser Erneuerung paradoxerweise von dem Charakter des alten Menschen geprägt bleibt, und zweitens, daß er als alter und neuer Mensch vor Gott im Grunde niemals „Gebender", sondern immer nur „Empfangender" sein kann. Dem entspricht die enge Verbindung von Sündenbekenntnis und Lobbekenntnis, die Luther bei der Kommentierung von Hebr 3,1 als „una eademque confessio" beschreibt, „qua homo dat Deo gloriam de iusticia, sapiencia, virtute cunctisque operibus, sibi vero nihil nisi peccatum, stulticiam, infirmitatem."[182] Nur durch diese enge Verschränkung der beiden „Wirklichkeitsseiten" des Gottesdienstes ist eindeutig ausgeschlossen, daß der Mensch jenem religiösen Irrtum verfällt, welcher sich im stolz betenden Pharisäer veranschaulicht (Lk 18,9–14), als könne der Mensch Gott etwas geben oder präsentieren aufgrund der

---

[179] LGG 165.
[180] LGG 167.
[181] LGG 166.
[182] WA 57, (Hebr) 137,17; 138,1–3 (Vorlesung Hebräerbrief, 1517). Übersetzung E. VOGELSANG (Hebräerbrief, 45): Lob- und das Sündenbekenntnis sind „ein und dasselbe" Bekenntnis. Das wahrhaftige Bekenntnis ist nämlich dies, „daß der Mensch Gott über seiner Gerechtigkeit, Weisheit und Kraft, ja über allen seinen Werken die Ehre gibt, sich selbst aber nichts denn Sünde, Torheit, Schwachheit." Vgl. V. VAJTA, Gottesdienst, 287. Ein schönes Beispiel dafür stellt das paulinische Bekenntnis 1.Tim 1,12–17 dar.

Qualität seiner Lebens. Gerade die Beachtung der Taufe des Gottesdienstteilnehmers legt es nahe, den Gottesdienst als ein Geschehen der mortificatio des alten Menschen und der vivificatio des neuen Menschen durch Christus kraft des Heiligen Geistes zu verstehen.

Außerdem sollte in diesem Zusammenhang nicht übersehen werden, daß im Gottesdienst nicht nur Gottes Herrlichkeit proklamiert werden kann, sondern auch seine Verborgenheit und seine Unerforschlichkeit beklagt werden muß, solange die Welt von unbegreiflicher Ungerechtigkeit, von Leid und Tod gezeichnet ist.

(e) Brunners Aussage, daß der Gottesdienst der Menschen umgeben ist vom Gottesdienst der irdischen und himmlischen Kreatur, läßt sich nicht als eine spekulative Aussage beiseiteschieben, weil sie exegetisch begründet ist. Slenczka erwägt, ob die Ausblendung dieser Aussage nicht eine Ursache dafür sein könnte, "daß sich viele innerweltliche Probleme für die christliche Gemeinde verselbständigen".[183] Wenn die Schöpfung im Gottesdienst der Gemeinde in ihrem Bezug zum Schöpfer in den Blick kommt, dann wird der Mensch einerseits davor gewarnt, die Natur zu vergöttlichen, sie aus eigener Kraft erhalten zu wollen oder sie rücksichtslos auszubeuten, und wird andererseits dazu angeleitet, sie recht zu gebrauchen und in dem Geschaffenen die Einladung zur Verherrlichung des Schöpfers zu erblicken. Die Bezugnahme auf den Gottesdienst der Engel erinnert daran, daß Gott auf den Gottesdienst der Gemeinde in keinster Weise angewiesen ist, die versammelte Gemeinde jedoch gnadenhalber teilhaben läßt an einem Leben und einer Freude, die nicht von dieser Welt sind.[184]

10.4 Das Heilsgeschehen im Gottesdienst

A. Darstellung

In dem umfangreichsten Abschnitt C der Gottesdienststudie „Das Heilsgeschehen im Gottesdienst" versucht Brunner zu beschreiben, was der Glaube erkennt von jenem verborgenen „Geheimnis", daß Gott in gottesdienstlich-menschlichen Handlungen selbst handelt.[185] Diese Beschreibung geht zunächst auf die Notwendigkeit und die

---

[183] R. SLENCZKA, Kirchliche Entscheidung, 179 Anm. 22.
[184] Vgl. O. HOFIUS (ZThK 89, 195f): „Der Gedanke einer gottesdienstlichen Gemeinschaft von Engeln und Menschen, wie er vor allem in den Liturgien des Ostens zum Ausdruck kommt, hat von seinem biblischen Ansatz her keineswegs den Sinn, das liturgische Handeln der *Kirche* zu überhöhen und so das „Kultische" *selbst* zu verklären." Vielmehr dient er „einzig und allein der Bezeugung der *Gnade Gottes*" im Sinne von Eph 1,3–14 und der folgenden Strophe LUTHERs (EG 23,6): „Er ist auf Erden kommen arm, daß er unser sich erbarm und in dem Himmel mache reich und seinen lieben Engeln gleich. Kyrieleis."
[185] LGG 181.

Grundstruktur des Gottesdienstes ein (10.4.1), um diese Struktur dann als „Dienst Gottes an der Gemeinde" in Wort und Abendmahl (10.4.2; 10.4.3) sowie als „Dienst der Gemeinde vor Gott" (10.4.4) zu entfalten.

10.4.1 Notwendigkeit und Struktur des Gottesdienstes

Der Gemeindegottesdienst stellt für den getauften Christen aus folgenden drei Gründen eine „geistliche Notwendigkeit" dar[186]:

(1) Erstens ist der Christ darauf angewiesen, daß sein Christsein bewahrt bleibt durch das Christuswort, welchem er als einem lebendigen Wort in der Versammlung der Christen begegnet.[187] Das bewahrende Wort sollte in engstem Zusammenhang mit der bewahrenden Mahlfeier, dem „tragende(n) Fundament der *ekklesia*-Versammlung", gesehen werden.[188]

(2) Zweitens ist der Christ als König, Priester und Prophet des Neuen Bundes (1.Petr 2,9) zum Mitwirken bei der Wortverkündigung und der Mahlspendung berufen, zumindest im Sinne eines Mitvollziehens.[189] Die geistliche Notwendigkeit des Gottesdienstes gründet nicht nur in der Notwendigkeit der „Heilsbewahrung", sondern auch in der Notwendigkeit der von Gemeindegliedern mitgetragenen „Heilszueignung".[190]

(3) Drittens ist der Christ angehalten, zu jener Verherrlichung des dreieinigen Gottes beizutragen, die als „der ‚letzte' Sinn des Gottesdienstes und als der zentrale Inhalt des ewigen Willens Gottes" erkannt sein will.[191] Sie wird ausgelöst durch den Geist, „der die an Wort und Sakrament gebundene Epiphanie des Menschseins Jesu in der *ekklesia* ist", und vollzieht sich in Gebet, Bekenntnis und Lobpreisung. So dient die Kirche Gott nicht nur im Lebensgottesdienst, sondern auch im Versammlungsgottesdienst.[192]

Damit ist schon etwas von der „zwiefältige(n) Struktur" des Gottesdienstes sichtbar geworden, die sich im Anschluß an Melanchthons Ausführungen in Ap XXIV „Von der Messe"[193] folgendermaßen beschreiben läßt: „Gott übermittelt uns die Gabe seines Heiles (‚*Deus nobis exhibet*'), wir bringen Gott in Gebet, Bekenntnis und Lob Dankopfer dar (‚*nos Deo reddimus*')."[194] Der berühmte Satz Luthers aus der Torgauer Einweihungspredigt vom Reden Gottes mit der Gemein-

---

[186] LGG 182.
[187] LGG 183.
[188] LGG 184.
[189] LGG 187.
[190] LGG 188.
[191] LGG 189.
[192] LGG 190.
[193] BSLK 353–368.
[194] LGG 192.

de und dem Reden der Gemeinde mit Gott[195] dient als zusätzlicher Beleg für die Unterscheidung von sakramentaler und sakrifizieller Seite des Gottesdienstes. „Die beiden Seiten durchdringen sich ... gegenseitig in dem einzelnen gottesdienstlichen Akt" insofern, als Gott das menschliche Tun „mit seinem Tun erfüllt". Brunner betont, daß die „Hingabe an Gott in Dank und Lob" (sacrificium) ganz in der „Heilsgabe Gottes an uns"[196] (sacramentum) gründet, weswegen zunächst „Gottes Schenken und Geben"[197] ins Auge gefaßt werden soll.

10.4.2 Gottesdienst als Gottes Dienst im Wort

Gottes gottesdienstliche Gabe ist sein Wort. Der Inhalt dieses Wortes ist in jedem Fall definiert durch das Wort der Apostel.[198] Es sollte in Brunners Sicht aber unterschieden werden zwischen dem „grundlegenden Wort", das die Gemeinde ins Leben ruft, und dem „auferbauende(n)" Wort, das die Gemeinde im neuen Leben wachsen läßt. Die Differenz zwischen beiden Wortformen ist keine inhaltliche Differenz, sondern sie betrifft „Ausdruck", „Gestalt", „Denkform" und „Funktion" des Wortes.[199] Anders als das grundlegende Wort sollte das geistgeschenkte „innergemeindliche(n) Wort" von mehreren Personen ausgesprochen und von der ganzen Gemeinde mitgetragen werden. Es lassen sich sechs Formen der innergemeindlichen Wortverkündigung unterscheiden.

(1) An erster Stelle steht die Schriftlesung als „gewichtigste Form der Wortverkündigung". „Die Gemeinde hat ein Recht darauf, dem prophetischen und apostolischen Wort der Schrift auch unmittelbar ohne nachfolgende Auslegung zu begegnen"[200], weil es allein die geschichtliche Gestalt des Wortes der Propheten und Apostel ist, das die „pneumatische(n) Vergegenwärtigung des Jesusgeschehens" ermöglicht.[201]

(2) So unverzichtbar wie die Schriftlesung ist die Predigt, die das konkret-geschichtliche Christuszeugnis der Apostel inhaltlich unverändert wiederholt und auf die konkrete gegenwärtige Situation bezogen neu ausspricht.[202] Der „Predigtnot der evangelischen Kirche" sollte man nicht mit einer Vernachlässigung der Predigt und einer Überbetonung anderer gottesdienstlicher Vollzüge begegnen, sondern in der Weise, daß ein Verständnis für das Gesamtgefüge des Gottesdienstes und die Notwendigkeit der Predigt in diesem Gefüge geför-

---

[195] A.a.O. LUTHER, WA 49, 588,15–18.
[196] LGG 191.
[197] LGG 193.
[198] LGG 194.
[199] LGG 195.
[200] A.a.O.
[201] LGG 196.
[202] LGG 197.

dert wird.[203] Die konsequente Rückbindung der Predigt an Schrift und Bekenntnis tut ihrer Aktualität und geistlichen Spontaneität keinen Abbruch, sondern entbindet gerade jenen Geist der Befreiung und Erneuerung, der gegenwärtig zum Heil führt.[204]

(3) Die Sündenvergebung als „verborgene Mitte der Predigt" wird in der gottesdienstlichen Absolution besonders deutlich faßbar.[205] Nach Brunners Meinung sollte dieser konzentrierte Zuspruch des Evangeliums im Gottesdienst nicht fehlen.[206]

(4) Als Formen der Wortverkündigung sind auch Gruß- und Segenssprüche wie „Salutatio, Pax, Kanzelgruß, Kanzelsegen" oder Entlassungssegen zu betrachten, die nicht als „formelhafte Angelegenheit" mißverstanden, sondern als Formen des vollmächtigen, segenbringenden Gotteswortes wertgeschätzt werden sollten.[207] Brunner spricht vom „‚sakramentale(n)' Charakter des Wortes", um auszudrücken, daß solche Segensworte dem Glaubenden das bringen, was sie sagen.[208]

(5) Das sogenannte „Psalmenlied der *ekklesia*" besteht nicht nur aus vertonten Psalmen, sondern auch aus anderen geistlichen Liedern, die das biblische Wort aufnehmen und die großen Heilstaten Gottes bezeugen.[209] In solchen Liedern wendet sich die Gemeinde nicht nur an Gott, sondern sprechen sich Gemeindeglieder auch wechselseitig Ermahnung und Trost zu.[210]

(6) Schließlich sind solche Formen der Wortverkündigung zu erwähnen, in denen zu Gott hin gerichtete Worte ausgeprochen werden, die aber indirekt ebenfalls Menschen das Evangelium verkünden: Glaubensbekenntnis, Hymnus, Gebet und doxologische Akklamationen wie Gloria in excelsis, Sanctus mit Benedictus oder Maranatha-Ruf.[211]

Alle diese Formen der gottesdienstlichen Wortverkündigung haben ebenso wie die missionarisch-gemeindegründende Wortverkündigung das Evangelium von Jesus Christus zum Inhalt.[212] Jede gehorsame, an das Apostelwort gebundene Verkündigung des Evangeliums ist mit einer spezifischen Vollmacht versehen, die aus dem Sendungsbefehl des auferstandenen Herrn kommt (Mt 28,18–20).[213] Die Fleischwer-

---

[203] A.a.O.
[204] LGG 198f.
[205] LGG 199.
[206] LGG 200.
[207] LGG 201–203.
[208] LGG 201.
[209] LGG 203f.
[210] LGG 204.
[211] LGG 205–207.
[212] LGG 207.
[213] LGG 208f. Angeführt werden außerdem: Mk 16,15; Lk 24,46–49; Joh 20,21–23; Rö 10,14–17.

dung des ewigen Gotteswortes und die Macht seines Kreuzessieges bilden in der Sicht Brunners den entscheidenden Ermöglichungsgrund dafür, daß Menschen zu einer Evangeliumsverkündigung ermächtigt werden, in der „im Menschenwort Gottes eigenes Wort auf dem Plan" ist.

Dieses Wort erinnert an die „Person Jesus Christus, sein Wort und Werk", und kann deshalb als „Christus-Anamnese" bezeichnet werden.[214] Die „Christus-Anamnese" ist nicht im Sinne eines menschlichen Erinnerns zu verstehen, sondern wird durch die gottesdienstliche „Pneumagegenwart" dessen, an den erinnert wird, zur „Selbstvergegenwärtigung des Herrn". Ähnliche Vergegenwärtigungen ereigneten sich im Kultus Israels, wo ein „das ,Gedächtnis' im Kultus vollziehende heilige Wort" die heilsgeschichtlichen Taten Gottes „in einer eigentümlichen, uns schwer faßbaren Weise für die Kultgemeinde" gegenwärtig setzten, mithin ihre „neuschaffende Kraft und Macht".[215] Die Heilstaten des Alten Bundes sind überboten durch Gottes Heilstat in Christus, die als eschatologische Tat die Schranken von Raum und Zeit durchbricht und durchs apostolische Wort erschlossen zur gegenwärtigen Heilsgeschichte wird.[216] Heils*geschehen* und Heils*wort* gehen nach Brunner eine derart enge Verbindung ein, daß in der gottesdienstlichen Wortverkündigung Jesus selbst mitsamt seinem menschlich-geschichtlichen Handeln zum Heil der Welt „real präsent" wird.[217] Diese erstaunliche, von Gott gewirkte Einheit aus Menschenwort und inkarniertem Menschensohn kann als *„endzeitliches Geheimnis"*[218], *„unio spiritualis"*[219] oder *„sacramentum* der Endzeit" bezeichnet werden.

Der Glaube darf sich frei von einem prinzipiellen, dialektischen Zweifel gewiß sein, daß durch die verschiedenen Formen der gottesdienstlichen Wortverkündigung die in der Heilstat beschlossene Heilsgabe tatsächlich ausgeteilt und zugeeignet[220], mithin „der Sünder gerechtfertigt, gerettet, geheiligt, neu geschaffen und Gott gehorsam" wird[221]. Zwar begegnet im Wort des Evangeliums ganz unabhängig von dem Glauben des Hörers ein heilbringendes, Glauben schaffendes Wort, doch kann es ohne den „rettenden Glauben" nicht heilsam empfangen werden. Jedem Hörer bleibt die „rätselhafte Möglichkeit", sich jenem vom Heiligen Geist nahegebrachten „Ja des Glaubens" zu verschließen.[222] So wird der Gottesdienst zum Ort der „endzeitliche(n)

---

[214] LGG 210.
[215] LGG 210.212.
[216] LGG 213.
[217] LGG 214.
[218] LGG 216.
[219] LGG 217.
[220] LGG 215f.
[221] LGG 218.
[222] LGG 219.

Das Heilsgeschehen im Gottesdienst 279

Entscheidung" zwischen ewigem Leben und ewigem Tod.[223] Durch die Auferweckung von Menschen aus dem Tod des Unglaubens zum Leben des Glaubens und durch die Auferbauung dieses neuen Lebens im Heilsgeschehen des Gottesdienstes verherrlicht sich der dreieinige Gott.[224]

10.4.3 Gottesdienst als Gottes Dienst im Abendmahl

Als „das Herz des Gottesdienstes" bezeichnet Brunner das Abendmahl, welches als besondere Gabe Gottes an seine Gemeinde nicht für Menschen außerhalb der Gemeinschaft der Ekklesia bestimmt ist.[225] Die Lehre vom Abendmahl versucht zwar Erkenntnisse der historisch-kritischen Exegese im Blick auf die einschlägigen Bibeltexte zu berücksichtigen, kann sich als „Glaubenslehre" aber nicht aus kritischen, divergierenden Einzelergebnissen aufbauen, sondern nur auf die Gesamtaussage der kanonischen apostolischen Schriften beziehen.[226]

In der gottesdienstlichen Mahlfeier vollzieht sich deswegen „Heilsgeschehen", weil sie durch die erste Mahlfeier als dem „stiftende(n) Akt Jesu" mit dem Heilsgeschehen des Lebens, Sterbens und Auferstehens Jesu verbunden ist.[227] Nicht nur durch sein Sprechen, sondern auch durch sein Handeln in messianischer Vollmacht beim ersten Abendmahl stiftet Jesus ein alttestamentlich-rituelles Mahl um zu einem neutestamentlich-heilbringenden Mahlritus.[228] Dementsprechend sollten die beim Abendmahl gesprochenen Worte in engstem Zusammenhang mit den vollzogenen Handlungen als Verkündigung des Todes des Herrn im Sinne von 1.Kor 11,26, d.h. als Vollzug der gebotenen „*anamnesis*" betrachtet werden.[229] Wiederum handelt es sich hierbei nicht einfach um einen menschlichen Erinnerungsakt, sondern um das Hereintreten jenes Heilsgeschehens, das den Namen „Jesus Christus" trägt und sich im Kreuz konzentriert, in die Gegenwart der Gemeinde.[230]

Brunner erläutert diesen Vorgang im Anschluß an Rudolf Otto als eschatologisch-messianische Erfüllung der alttestamentlichen „*oth*", jener prophetischen Zeichenhandlung, die „das Bezeichnete ‚ansagt', herbeiführt und im Zeichen verborgen schon wirkende Gegenwart werden läßt"[231]: „So ist in der Tat in der von der Verkündigung umklammerten Handlung des Abendmahls ‚*durch effektive Repräsentation*' das geschichtliche Heilsgeschehen, das im

---

[223] LGG 218f.
[224] LGG 219f.
[225] LGG 220.
[226] LGG 220–223.
[227] LGG 224f.
[228] LGG 226f.
[229] LGG 228f.
[230] LGG 231f.
[231] LGG 230.

Kreuz Jesu konzentriert ist, mit seiner für uns bestimmten Heilsgabe gegenwärtig."[232]

Die Besonderheit des Abendmahls ist jedoch nicht nur darin zu erblicken, daß die gegenwärtigsetzende Christus-Anamnese außer durch Worte auch durch Handlungen vollzogen wird, sondern ebenso darin, daß Jesu Worte zitiert werden, welche die Abendmahlsspeise im Sinne einer „Identitätsverknüpfung" zu seinem Leib und zu seinem Blut erklären.[233] Kraft des Brotwortes wird in natürlichem Brot „das wahrhaftige leibhaftige Menschsein Jesu in seinem FÜR-EUCH-Charakter"[234], also Heils*werk* mitsamt Heils*weg* dargereicht, kraft des Kelchwortes in natürlichem Wein „das vergossene Bundesblut Jesu und darin der aufgerichtete ‚neue' Bund mit seiner umfassenden endzeitlichen Gabe der Sündenvergebung"[235], also vor allem das Heils*werk* des Opfertodes. Die durch das Abendmahlsgeschehen ausgelöste Christus-Repräsentation (a) und die in der Abendmahlsspeise gegebene Christus-Realpräsenz (b) verhalten sich zueinander wie das „pneumatisch-dynamische Wirkungsfeld des endzeitlichen Geheimnisses" und seine „realpräsentische Konkretion".[236]

Die Christusgegenwart in der Speise (b) setzt die Christusgegenwart in der Mahlfeier (a) voraus. Diese „das Mahl stiftende Gegenwart des Herrn" (a) wird sich dort einstellen, wo Gemeindeglieder zusammenkommen, den Namen des Herrn anrufen, sein Wort verkündigen und stiftungsgemäß Brot und Wein durch ein Danksagungsgebet aussondern für den „besonderen Dienst der Vergegenwärtigung von Leib und Blut Christi".[237] Privatmessen ohne Teilnehmer erfüllen diese Bedingungen nicht.[238] Obwohl das beschriebene gottesdienstliche Handeln unbedingt gefordert ist, ist es nicht jenes Handeln, das die Realpräsenz des Leibes und Blutes Christi (b) herbeiführt, sondern die Rezitation der vollmächtigen „IST-Wort(e)" Jesu.[239] Beim Aussprechen dieser „Wunderworte" durch den Liturgen spricht der Herr selbst „mit messianischer Vollzugsgewalt".[240]

Das Abendmahl verkündigt „in der Einheit von Wort und Handlung" dasselbe Evangelium, das auch andere gottesdienstliche Wortformen proklamieren.[241] Allerdings ist die im Abendmahl geschenkte

---

[232] LGG 231. Brunner zitiert R.OTTO, Reich Gottes und Menschensohn, 255. Als Zeuge für die Angemessenheit des Begriffs „Vergegenwärtigung" dient Brunner H.SASSE, Das Abendmahl im NT, 69 (LGG 238 Anm. 184).
[233] LGG 232f.
[234] LGG 235.
[235] LGG 236.
[236] LGG 238.
[237] LGG 239.
[238] LGG 239 Anm. 183.
[239] LGG 240f.
[240] LGG 240.
[241] LGG 242.

Christusgemeinschaft (1.Kor 10, 16) nach Brunner „noch etwas anderes" als die durchs Wort geschenkte Christusgemeinschaft. Ihre Besonderheit besteht in der „leibhaften Realität" der Vereinigung mit dem menschgewordenen, gestorbenen und erhöhten Gottessohn und der in seinem real gegenwärtigen Opferleib beschlossenen Sündenvergebung, welche gleichzeitig die Vereinigung mit anderen Christen zur Ekklesia in Kraft setzt.[242] Die Abendmahlsgabe ist „die endzeitliche Reichsgottesgabe schlechthin".[243] Als solche führt sie mitten im Leiden und in der Not des irdischen Lebens zur Freude über das „Hochzeitsmahl" in der Vollendung, so ähnlich wie bei Israels Bundeserneuerungsfesten die „kultische Nähe des eschatologischen Heilsgutes" eine „kultisch-liturgische(n) Freude" auslöste.[244]

Das Abendmahl kann als „*endzeitliches Geheimnis*" bezeichnet werden, weil verborgen unter irdischen Gaben der Herr selbst „erscheint", sich selbst gibt und so den Ekklesia-Leib neu schafft.[245] Dieses dynamische Geschehen hat nicht nur Auswirkungen in der Menschenwelt, sondern löst als Heilsgeschehen auch „eine Reichs-Gottes-Bewegung in den Himmeln, ja selbst im Herzen Gottes" aus, wiewohl es niemals im römisch-katholischen Sinne als „interzessorische", heilschaffende Tat der Kirche mißverstanden werden darf.[246]

Der einzelne Christ wird durch das Abendmahl hineingenommen in den Christusleib.[247] Falls er diese Leibwerdung übersieht, das Opfer Christi leugnet oder sich in der Gemeinde lieblos verhält, empfängt er die Abendmahlsgabe zum Gericht (1.Kor 11,29). Diese Warnung sollte keinesfalls vom Sakramentsempfang abhalten, weil der dreieinige Gott gerade in der Mahlfeier die notwendige Vergebung der Sünden austeilen will und durch die Annahme seiner Liebesgabe im Rahmen der stiftungsgemäßen Mahlfeier verherrlicht wird.[248]

10.4.4 Gottesdienst als Dienst der Gemeinde vor Gott
Der Gottesdienst besteht nicht nur aus dem Dienst Gottes am Menschen, sondern auch aus dem Dienst des Menschen vor Gott.[249] Während sich Gottes Dienen mittels Wort und Sakrament in einer zuverlässigen, vertrauenswürdigen Weise vollzieht, bleibt das menschliche Dienen immer unzuverlässig und fragwürdig. Der menschliche Dienst wird dadurch möglich, daß der Mensch als ein mit Christus Gestorbener lebt und durch den Heiligen Geist zu einem neuen, wenn auch un-

---

[242] LGG 242–245.
[243] LGG 245.
[244] LGG 247.
[245] LGG 248f.
[246] LGG 250 unter Berücksichtigung der Anm. 198.
[247] LGG 252.
[248] LGG 253.
[249] LGG 253f.

vollkommenen Gehorsam befähigt wird.[250] Dieser pneumatische Gehorsam verwirklicht sich im Feiern des von Gott gestifteten Gottesdienstes (a), d.h. aber im Beten (b), Bekennen (c) und Verherrlichen Gottes (d).

(a) Gott will, daß sein Wort verkündigt, sein Abendmahl ausgeteilt und sein Name angerufen wird. Offenbar beinhalten in Brunners Sicht die Gebote der ersten Tafel und entsprechende neutestamentliche Weisungen ein förmliches „Gottesdienst-Gebot". Der diesem Gebot entsprechende Dienst vor Gott in der versammelten Gemeinde ermöglicht erst den rechten Dienst vor Gott im Alltag des Lebens.

Brunner betont, daß jenes menschliche, gottesdienstliche Dienen nicht einem „gesetzlichen Zwang", sondern der „Spontaneität des Geistes" entspringt.[251] Damit ist keineswegs jener Anschauung Recht gegeben, die den Gottesdienst als Ausdrucksform des kirchlichen Gemeingeistes und als Selbstdarstellung der Gemeindefrömmigkeit betrachtet, weil der Mensch in seinem Dienen auf die Gabe des Geistes angewiesen bleibt. Das menschliche Tun kommt „aus dem über uns ausgegossenen Geist". Dieser Geist verwirklicht sich nicht in wirren Aktionen oder überschwenglichen Emotionen, sondern durch ein klares Wort im Rahmen einer klaren Ordnung, wie 1.Kor 14 belegt. Auch wenn der Heilige Geist stets neu an Gottes Wort und Gebot bindet, so gibt er doch Anteil an einer Freiheit, die dem kindlichen Spielen der Weisheit vor Gott zu vergleichen ist (Spr 8,30f).[252]

(b) Pneumatischer Gehorsam verwirklicht sich im Rahmen des Gottesdienstes konkret im Gebet. Das Beten setzt die gottesdienstliche „Inkarnationsgegenwart Gottes" voraus, erbittet aber gleichzeitig das Geschenk und die rechte Erkenntnis dieser Gegenwart in Wort und Sakrament, die nicht einfach automatisch gegeben ist. Deshalb nennt Brunner das Gebet eine „Voraussetzung" für den stiftungsgemäßen Gottesdienst. Die Verwirklichung des echten Gebets in Bitte und Danksagung ist ganz vom Wirken des Heiligen Geistes abhängig, der „in unsere Gebetsworte eintritt und in, mit und unter unseren Gebetsworten selbst uns (sic!) vor Gott vertritt mit seinem unaussprechlichen Wort".[253]

(c) Neben dem Gebet gehört das Bekenntnis in der Form von Credo oder Lied zum gottesdienstlichen Dienst der Gemeinde.[254] Als öffentliche Antwort auf das offenbarte Wort bekennt es Schuld, bezeugt es

---

[250] LGG 254.
[251] LGG 255.
[252] LGG 256.
[253] LGG 257. An anderer Stelle (Ethik II, 16) definiert BRUNNER das Gebet als „unmittelbar auf Gott bezogenen Dienst" und als „geistgewirkte Aktualisierung des durch Gottes Selbstkundmachung erschlossenen worthaften Gemeinschaftsverhältnisses".
[254] LGG 259.

Glauben und preist es Gott.[255] Im griechischen Wort „homologein" verknüpfen sich eben diese Bedeutungsnuancen.[256]

(d) Im Gottesdienst richtet sich die Gemeinde auf Gottes ewige Herrlichkeit aus.[257] Das wird deutlich in den sogenannten Akklamationen der liturgischen Stücke „Gloria patri", „Halleluja" oder „Ehre sei dir Herre", die nicht einfach Ausrufe der Begeisterung darstellen, sondern rechtsverbindliche, unmittelbare Bekundungen der Königsherrschaft Gottes sind.[258] Indem diese Huldigungen die Verherrlichung irdischer Herrscher ausschließen, machen sie den Gottesdienst zur „politischen Kampfansage" und „politischen Kampfhandlung".[259] Während die Akklamationen noch etwas von der endzeitlichen Auseinandersetzung um Gottes Herrschaft spüren lassen, spiegelt der Hymnus den endgültigen Sieg dieser Herrschaft wieder.[260] Im „Gloria in excelsis", „Laudamus" oder „Tedeum" verbindet sich das Singen der Gemeinde mit dem Lobgesang der Engel im himmlischen Gottesdienst. An diesem Gottesdienst, wie ihn etwa Offb 5 schildert, läßt sich Brunner zufolge ablesen, daß der realen Präsenz Gottes die Proskynese angemessen ist als eine „pneumatische Antwort" auf Offenbarung, in die „der Leib des Menschen mit hineingenommen" ist.[261]

B. Diskussion

Kennzeichnend für Brunners Verständnis des Gottesdienstes ist die Unterscheidung und Zuordnung der zwei Aspekte „Dienst Gottes an der Gemeinde" und „Dienst der Gemeinde vor Gott". Zunächst ist zu erwägen, wie Brunner den „Dienst Gottes" (sacramentum) in Wortverkündigung und Abendmahl erläutert (10.4.5; 10.4.6), bevor die Bestimmung des Verhältnisses zum „Dienst der Gemeinde" (sacrificium) begutachtet wird (10.4.7).

10.4.5 Zum Verständnis der gottesdienstlichen Wortverkündigung

Brunners Aufzählung der verschiedenen Formen der Wortverkündigung macht deutlich, daß sich alle gottesdienstlichen Wortformen wie Predigt, Absolution, Segensgruß, Lied oder Bekenntnis auf die Grundform des Schriftwortes zurückbeziehen, davon geprägt und daran zu messen sind. Deswegen gilt die Schriftlesung zurecht als „gewichtigste Form der Wortverkündigung".[262] Dadurch, daß Gott genau so zu

---

[255] LGG 259–261.
[256] LGG 261.
[257] LGG 261f.
[258] LGG 262.
[259] LGG 263.
[260] LGG 264.
[261] LGG 265f.
[262] LGG 195.

Wort kommt, wie den Propheten und Aposteln offenbart, wird der Gottesdienst zu einer Veranstaltung Gottes. Die Schriftlesung bringt das offenbarte Wort selbst zu Gehör und erinnert an die gebotene Offenbarungsgemäßheit aller anderen gottesdienstlichen Wortformen. Schon die apostolische Weisung Eph 3,4 fordert zur Verlesung des Apostelwortes auf, welches als verlesenes Wort Einblick in das Geheimnis Christi verschafft. Daß Gottes Wort, wie in der Schrift vorgegeben und in gottesdienstlichen Wortformen wiedergegeben, konstitutiv ist für den Gottesdienst, setzt offenkundig auch Luther voraus, wenn er es als den Sinn des Feiertags bezeichnet, daß man „Raum und Zeit nehme, Gottesdiensts zu warten, also, daß man zuhaufe komme, Gottes Wort zu hören und handeln, darnach Gott loben, singen und beten".[263]

Der Vergleich mit der angeführten Erklärung des 3.Gebots im Großen Katechismus läßt eine bestimmte Eigenart der Darstellung Brunners deutlich hervortreten. Luthers Überlegungen zum Gebot der Feiertagsheiligung führen ohne Zäsur über den Versammlungsgottesdienst hinaus, weil Christen nicht nur in der Versammlung dem heiligenden Wort Gottes begegnen, sondern ebenso für sich selbst „eitel heilig Ding treiben, das ist täglich mit Gottes Wort ümbgehen" sollen.[264] Nicht nur das gepredigte Hörwort, sondern ebenso auch das gelesene Schriftwort gilt als machtvolles Wort Gottes, "so uns alle zu Heiligen machet"[265]. Insofern rechter Gottesdienst im glaubenden Hören auf das rechtfertigende und heiligende Wort Gottes besteht, findet er ebenso in der Versammlung der Christen wie in der Andacht des einzelnen Christen statt.[266]

Brunner dagegen räumt dem Versammlungsgottesdienst einen unbedingten Vorrang ein, wenn er erklärt, daß nur an diesem Ort „das die Christus-Anamnese vollziehende Wort lebendig" sei.[267] Zwar sind Brunners Hinweise auf die Beauftragung zur Evangeliumsverkündigung, auf die Ausgießung des bevollmächtigenden Pfingstgeistes und die Gegenwart des Herrn in der Versammlung der Glaubenden notwendig, um das Mißverständnis abzuweisen, als handle es sich bei dem im Gottesdienst laut werdenden Wort einfach um Menschenwort und bei dieser Veranstaltung um eine Gedenkveranstaltung im Geiste der Tradition. Doch ebenso deutlich sollte gesehen werden, daß das Wort Gottes als lebendiges, an Christus erinnerndes Wort durch die Heilige Schrift in den Alltag jedes Christen und auch jedes Nichtchri-

---
[263] GrKat, 3. Gebot, 84. BSLK 581,18–21.
[264] BSLK 582,43–45.
[265] BSLK 583,40f.
[266] Darauf hat A. NIEBERGALL in seiner Untersuchung des Gottesdienstbegriffs der lutherischen Bekenntnisschriften hingewiesen. Einer Überschrift in dieser Untersuchung zufolge ist Gottesdienst reformatorisch gesehen „Umgang mit dem Wort Gottes" (JLH 22, 23).
[267] LGG 210.

sten hineingehalten ist und dort einen Gottesdienst des Hörens und Tuns stiftet – ubi et quando visum est Deo. Dieser reformatorische Gedanke sollte freilich nicht mißbraucht werden zur Rechtfertigung eines von der Gemeinschaft der Heiligen losgelösten Privatchristentums. Das Wort Gottes ad personam führt nicht zu Individualismus und Subjektivismus, sondern in die um das Wort Gottes gesammelte Personalgemeinde hinein. Doch nur die Anschauung, daß das Wort Gottes ebenso innerhalb wie außerhalb der christlichen Versammlung schöpferisch wirkt, verhindert jene bei Brunner zu beobachtende Engführung, die darin besteht, daß lediglich dem „innergemeindliche(n)"[268], gottesdienstlichen Wort zugetraut wird, die Christus-Anamnese in der Kraft des Geistes zu vollziehen und so den Getauften in Christus zu bewahren. Diese Ansicht läuft Gefahr, die Lebendigkeit, Aktualität und Heilsmächtigkeit des Wortes Gottes abhängig zu machen von einer lebendigen, gegenwärtigen, glaubenden Gemeindeversammlung. Damit aber wäre das souveräne Wort Gottes einer Bedingung unterworfen, der es als unbedingt wirksames Wort nicht unterworfen ist (vgl. Jes 55,11).[269]

Das angesprochene Problem, das hier im Rahmen der Gottesdienststudie begegnet, wurde bereits im Zusammenhang mit der Schriftlehre Brunners erörtert.[270] Es begleitet alle weiteren Ausführungen Brunners zur Gottesdienstlehre. Diese Beobachtung darf nicht den Blick dafür verstellen, daß besagte Ausführungen eine neutestamentlich begründete, reformatorische Grundüberzeugung zur Geltung bringen. Es handelt sich um die Überzeugung, daß das gelesene, nachgesprochene, ausgelegte und gesungene Wort Gottes als ein dynamisches Heilswort aufzufassen ist, welches Glaube oder Unglaube hervorruft und sich gerade in dieser zweifachen Wirkung als ein vollmächtiges Wort erweist, das die nahe Vollendung der Heilsgeschichte vorbereitet. Kraft des Wortes Gottes wird der Gottesdienst zum endzeitlichen Heilsgeschehen. Er darf nicht verkannt werden als ein rein menschliches und darum auch heilloses Geschehen.

Die dogmatische These, daß mit dem gottesdienstlichen Wort tatsächlich ein Heilswort gegeben ist, wird von Brunner in einer auffallend aufwendigen Weise begründet. Der Aufwand der Begründung erklärt sich aus der Schwierigkeit der Problemstellung, von der Brunner ausgeht, nämlich der Frage nach der Möglichkeit der Gegenwart des in geschichtlichen Heilstaten beschlossenen Heils in einem gottesdienstlichen Menschenwort. Brunner löst das Problem durch die Beschreibung eines gottesdienstlichen Aktes der Christus-Anamnese, der sich in die beiden folgenden Grundschritte gliedern läßt: a) Das geschichtliche Heilswerk Jesu Christi durchstößt als endzeitliches

---

[268] LGG 209.
[269] Vgl. V. VAJTA, ELKZ 8, 263.
[270] Siehe 6.7.

Werk die Schranken von Raum und Zeit.[271] b) Das gottesdienstliche Menschenwort setzt als ein der Stiftung der Wortverkündigung entsprechendes Wort Jesus Christus mitsamt seinem Heilswerk gegenwärtig.[272]

In dieser Problemlösung wird sichtbar, daß Brunner biblisch-reformatorische Aussagen von einem Denkmodell her zu interpretieren versucht, das Koch „Mysterientheologie" oder „repraesentatio-Theologie" genannt und folgendermaßen charakterisiert hat: „Das einmalige, vergangene Heilsgeschehen soll kraft des als Mysteriengedächtnis vollzogenen Kults, bzw. Gottesdienstes repräsentiert, d.h. ‚vergegenwärtigt', ‚gegenwärtig gesetzt', ‚wieder hingestellt', ‚sakramental erneuert' werden. Diese Termini haben die Funktion, das Undenkbare auszusagen, daß nämlich ein zeitlich Gewesenes, Einmaliges zugleich jeder Zeit gleichzeitig sein kann, ohne mit der Pluralität seine Singularität zu verlieren."[273] Auf evangelischer Seite war es vor allem Wilhelm Stählin, der noch vor Brunner für die Interpretation des Gottesdienstes als Repräsentationsgeschehen eingetreten ist.[274] Die Parallelen zwischen Stählin und Brunner sind unübersehbar. Sie betreffen nicht nur den Repräsentationsbegriff, sondern auch den Begriff des „Geheimnisses", die enge Verknüpfung von Wort und Sakrament oder von sacramentum und sacrificium, die Betonung des Handelns der Gemeinde im Gottesdienst und die Option für die Form des altkirchlichen Eucharistiegebetes.[275] Brunner ist offenkundig davon überzeugt, daß die neue Repräsentationstheologie der alten evangelischen Theologie des Gottesdienstes nicht widerspricht, sondern sie sachgemäß entfaltet, und legt deshalb eine Art von perfekter Verschmelzung zwischen beiden Theologieformen vor. In diesem Abschnitt deutete sich jedoch bereits an, daß sich bestimmte Züge der Repräsentations-theologie nicht ohne weiteres in Übereinstimmung bringen lassen mit der reformatorischen Liturgik und biblischen Aussagen über den Gottesdienst. Die genauere Überprüfung von Brunners Argumentation verstärkt diesen Eindruck.

(1) Erstens wird die heilsame Verkündigung des Wortes Gottes unter dem Aspekt eines gottesdienstlichen Wort-Aktes betrachtet in Analogie zu dem Wort-Akt im israelischen Kultus, der die Heilstat der Vergangenheit vergegenwärtigt.[276] Diese Betrachtungsweise legt die Vorstellung nahe, daß der gottesdienstliche, dem „Kultus" nahestehende Wort-Akt die Voraussetzung darstelle für die Aktualität des Wortes Gottes. Die Aktualität dieses Wortes ist jedoch in keiner Wei-

---

[271] LGG 213.
[272] LGG 214.217.
[273] O. KOCH, Gegenwart, 7.
[274] Vgl. a.a.O. 14–16.
[275] Vgl. W. STÄHLIN, Liturgische Erneuerung, 300–306.312f.
[276] LGG 210f.

se durch gottesdienstliche Vollzüge bedingt, sondern stellt seinerseits die unbedingte, hinreichende Voraussetzung dar für die aktuelle Begegnung mit Gott selbst inmitten gottesdienstlicher oder alltäglicher Lebensvollzüge. Die prinzipielle Vorrangigkeit und unbedingte Aktualität des Wortes Gottes kommt in dem von Brunner angeführten Kapitel Dtn 5 darin zum Ausdruck, daß sich die Predigt des Mose, die eine neue Generation in den alten Bund förmlich hineinversetzt, präzise auf das geschriebene Wort Gottes bezieht, das alle Wüstengenerationen in der Bundeslade begleitet und in die Pflicht nimmt (Dtn 5,22). Die Schriftlichkeit des Wortes Gottes bringt seine Verbindlichkeit und Aktualität in jeder Phase der Menschheitsgeschichte zum Ausdruck.

(2) Zweitens vertritt Brunner die These, die Heilsmächtigkeit der Wort-Verkündigung bestehe in der Gegenwärtigsetzung des Heilsgeschehens selbst.[277] Dieser These ist ein gewisser Wahrheitsgehalt nicht abzusprechen. Gewiß wird jede evangelische Theologie die Vollmacht der Wortverkündigung zur Geltung zu bringen haben. Man kann sagen, daß das verkündigte Wort Gottes dem heutigen Zuhörer das Heilsgeschehen der Vergangenheit als ein für ihn gültiges und faßbares Heilsgeschehen „vergegenwärtigt". Insofern der Hörer durch die Verkündigung zum Glauben gerufen oder im Glauben gefördert wird, stellt das Verkündigungsgeschehen heutiges Heilsgeschehen im Sinne des „Heute" von Hebr 3,7 dar. Brunners These führt jedoch über dieses Verständnis von „Vergegenwärtigung" hinaus. Bezeichnenderweise unter Verwendung eines Zitats von Bultmann wird behauptet, daß jenes Heilsgeschehen der Vergangenheit „ständig in der Gegenwart neu geschieht" und durch die Verkündigung im Gottesdienst „als solches präsent" wird.[278] Damit dürften die Aussagen des Paulus in 2.Kor 5,18–20, auf die sich Brunner bezieht, überinterpretiert sein. Denn Paulus zufolge kommt der Versöhnungstat Gottes als einer geschichtlichen, abgeschlossenen Tat uneingeschränkte, heilsgeschichtliche Gültigkeit zu, ohne daß sie als Heilsgeschehen ständig neu gegenwärtig gesetzt werden müßte. Dementsprechend ist das von Gott gestiftete, in der Gegenwart stets zu wiederholende Versöhnungswort mit der Vollmacht ausgestattet, die Vergebung der Sünden zuzusprechen, ohne daß die solche Vergebung ermöglichende heilsgeschichtliche Tat Gottes „ständig neu geschieht".

---

[277] LGG 214. In der Veröffentlichung „Aus der Kraft des Werkes Christi" (19) entwickelt BRUNNER diese These im Anschluß an: W.T. HAHN, Das Mitsterben und Mitauferstehen mit Christus bei Paulus, Gütersloh 1937.
[278] A.a.O. Zitiert wird R. BULTMANN, Theologie des Neuen Testaments, 297; vgl. a.a.O. 303: „Im Worte ist also das Heilsgeschehen präsent." O. KOCH (Gegenwart, 85) macht auf die „auffällige(n) strukturelle(n) Verwandtschaft" zwischen der Mysterientheologie und der kerygmatischen Theologie Bultmanns aufmerksam. Seiner Meinung nach lösen beide Theologieformen das unaufgebbare „‚extra nos' des perfektisch geschehenen Heilswerkes" auf.

Die Relativierung der paulinischen Unterscheidung zwischen vollbrachter Tat Gottes und verkündigtem Wort Gottes durch die Verklammerung des Versöhnungswortes mit der gegenwärtig repräsentierten Versöhnungstat führt m.E. zu einer Relativierung der Gültigkeit des Versöhnungstat einerseits und der Vollmacht des Versöhnungswortes andererseits. Denn die Interpretation der aktuellen Wortverkündigung als Repräsentation des Heilsgeschehens setzt offenbar voraus, daß die Heilstat als nicht repräsentierte Tat nur noch historische Bedeutsamkeit beanspruchen könnte, ebenso wie das Heilswort ohne Vollzug der Repräsentation zum menschlich-erinnernden Wort degenerierte. Diese Denkvoraussetzung, die ein regelrechtes Herbeiholen jenes vollbrachten Heilsgeschehens im Wort erforderlich macht, kann aber schwerlich mit der Auffassung des Paulusinterpreten Luther vereinbart werden, der davon spricht, daß „die geschicht und brauch des leidens Christi nicht ein ding (!) sey, factum et applicatio facti seu factum et usus facti, Denn Christus leiden ist wol nür ein mal am creutz geschehen, Aber wem were das nütz, wo es nicht ausgeteilet, angelegt und ynn brauch bracht wurde? Wie sols aber ynn brauch komen und aus geteilet werden on durchs wort und sakrament?"[279] Wenn nicht beachtet wird, daß das Heilsfaktum ohne eine vergegenwärtigende Repräsentation faktisch gültig ist und daß der Gebrauch des Heilsfaktums allein durch ein tatsächlich wirksames Verkündigungswort ermöglicht wird, das in der Gegenwart auf dieses Faktum zurückverweist, droht das biblisch zu unterscheidende Geschehen der Heilstat und der Bezeugung dieser Heilstat überführt zu werden in das beide Faktoren erst in Kraft setzende Heilsgeschehen der gottesdienstlichen Heilsrepräsentation. Eine evangelische Theologie sollte aber nicht den Anschein erwecken, als sei Gottes gültige Tat und Gottes aktuelles Wort auf den aktualisierenden gottesdienstlichen Vollzug angewiesen, in dem das ein für alle Mal Geschehene ständig neu geschehen muß.

Gleichwohl ist mit Brunner festzuhalten, daß in der Verkündigung der Heilstat Christi Gottes Initiative zum Heil des Menschen erst zum Ziel kommt und sich insofern im Gottesdienst Heilsgeschehen ereignet.

(3) Drittens fällt in den Ausführungen zur Wortverkündigung die Hervorhebung des menschlichen Handelns und Redens im Gottesdienst auf. Unter der Voraussetzung, daß der Mensch in Tat und Wort der Stiftung Christi und dem apostolischen Wort gehorcht, legt Gott sein Handeln und Reden in dasjenige des Menschen hinein, so daß sich menschliches Tun und göttliches Tun gegenseitig durchdringen,

---

[279] WA 26, 296,31–34; 297,9 (Vom Abendmahl Christi, 1528). Vgl. V. VAJTA, Gottesdienst, 125. Auch O. KOCH (Gegenwart, 78–86) versteht Luthers Unterscheidung als ein Gegenmodell zur Repräsentationstheologie.

erläutert Brunner.²⁸⁰ Der Vorteil dieser Betrachtungsweise dürfte darin zu erblicken sein, daß die Gemeinde nachdrücklich an ihr Recht und ihre Pflicht erinnert wird, sich bei der Gestaltung des Gottesdienstes am Wort Gottes zu orientieren, das die Kommunikation zwischen Gott und Mensch ermöglicht. Ferner spricht aus Brunners Lehre über die Wortverkündigung eine unaufgebbare, evangelische Gewißheit, daß in der gottesdienstlichen Verkündigung Gott selbst zu Wort kommt.

In einer gewissen Spannung zu dieser Überzeugung steht die für Brunner so charakteristische Reflexion auf das „chalcedonensische" Ineinander von Gottes Wort und Menschenwort, weil es diese Reflexion als fraglich erscheinen läßt, ob das Menschenwort als schwaches, gebrechliches Gefäß das Wort Gottes tatsächlich auch richtig erfaßt und vollgültig mitteilt.²⁸¹ Es muß zu denken geben, daß weder die neutestamentlichen Autoren noch die Reformatoren auf das Ineinander von Gottes Wort und Menschenwort reflektieren, sondern sich stets auf die Frage konzentrieren, ob sich der Verkündiger inhaltlich präzise auf das offenbarte Evangelium bezieht oder nicht und ob seine Verkündigung dementsprechend als Gottes Wort oder als Menschenwort zu beurteilen ist. Als problematisch dürfte auch Brunners Aussage einzuschätzen sein, „die menschlichen Taten" im Gottesdienst würden dafür sorgen, daß Wortverkündigung „entsteht".²⁸² Man fragt sich, ob eine solche Aussage die Tat der Gemeinde nicht allzu eng verbindet mit dem, was nur die Tat Gottes sein kann, nämlich durch Wort und Geist eine vollmächtige Wortverkündigung entstehen zu lassen. Schließlich wirkt auch die Rede von einem „*sacramentum* der Endzeit", das sich aus der Synthese von Menschenwort und Christusgegenwart ergibt, nicht glücklich.²⁸³ Denn dabei tritt die Bedeutung des Wortes Gottes als Heilswort und Tatwort in den Hintergrund. Sie wird überboten und überblendet durch die Bedeutung der „Inkarnationsgegenwart Gottes", die im Sakrament noch viel intensiver gegeben ist als im Wort. Eine allzu enge Verklammerung von Wort und Sakrament, bei welcher der Schwerpunkt eindeutig auf dem Sakrament liegt, beeinträchtigt die Klarheit der reformatorischen Erkenntnis, daß Gottes Wort das entscheidende, selbständige, wirksame Heilsmittel ist, welches die einzige Ursache für die Gegenwart Christi in der Verkündigung und im Sakrament darstellt.

10.4.6 Zum Verständnis des Abendmahls
Brunners Abendmahlslehre gipfelt in der Einsicht, daß der Abendmahlsgast aufgrund der ausdrücklich zitierten, stiftenden Worte Jesu

---

[280] LGG 216f.
[281] Vgl. 5.6.
[282] LGG 216.
[283] LGG 217.

Christi durch den Glauben in Brot und Wein die Gabe seines Opferleibes und Opferblutes erkennt und mit dieser Gabe die Versöhnung durch die Vergebung der Sünden empfängt.[284] In dieser Abendmahlsgabe verherrlicht sich der versöhnende Gott. Er erinnert seine Gemeinde an das endzeitliche Freudenmahl.[285] Gleichzeitig setzt er den Menschen der kritischen Frage nach seinem Glauben an diese Gabe und der daraus erwachsenden Liebe aus.[286]

Dieser Grundriß der Abendmahlslehre stimmt überein mit dem reformatorischen Abendmahlsverständnis, wie es etwa im Kleinen Katechismus zum Ausdruck kommt: Das Sakrament des Altars „ist der wahre Leib und Blut unsers Herrn Jesu Christi, unter dem Brot und Wein uns Christen zu essen und zu trinken von Christo selbs eingesetzt", so daß den Abendmahlsteilnehmern „im Sakrament Vergebung der Sunde, Leben und Seligkeit" gegeben wird, wie es die Einsetzungsworte verheißen.[287] Weil das Wort des Sohnes Gottes die heilsame Abendmahlsgabe schafft und anbietet, ist die Gemeinde zu Gast beim Herrenmahl und nicht bei einem menschlichen Erinnerungsmahl, einem traditionellen Kirchenmahl oder einem rein symbolischen Gemeinschaftsmahl.

Die Eigenart der von Brunner vorgelegten Abendmahlslehre besteht aber nun darin, daß in den skizzierten reformatorischen Lehrgrundriß die Vorstellung einer Repräsentation des Heilsgeschehens eingezeichnet wird, und zwar in doppelter Weise. Zum einen soll die Abendmahlsfeier insgesamt als anamnetischer, das Heilsgeschehen effektiv repräsentierender Akt verstanden werden.[288] Zum anderen führen die Einsetzungsworte nach Brunner dazu, daß in Brot und Wein nicht nur Leib und Blut Christi, sondern das ganze Christusgeschehen als „FÜR-EUCH-Geschehen" gegenwärtig gesetzt wird.[289]

Brunners Einführung des Repräsentationsgedankens in die Abendmahlslehre steht im Zusammenhang mit ähnlichen Versuchen bei Odo Casel und Gottlieb Söhngen auf katholischer und Wilhelm Stählin auf evangelischer Seite. Trotz beachtlicher Unterschiede im einzelnen stellt Koch die vier Entwürfe mit gutem Grund unter der

---

[284] LGG 238.245.
[285] LGG 252f und 245–248.
[286] LGG 248–250.
[287] BSLK 519,41–520,2; 520,26–28. Vgl. CA X; BSLK 64. AS, 3.Teil; BSLK 450,13 – 451,2: „*Vom Sakrament des Altars* halten wir, daß (unter) Brot und Wein im Abendmahl sei der wahrhaftige Leib und Blut Christi (im Abendmahl) und werde nicht allein gereicht und empfangen von frommen, sondern auch von bosen Christen."
[288] LGG 231. Vgl. BRUNNER (Aus der Kraft des Werkes Christi, 19): „Im Abendmahl haben wir es mit Christi Kreuz und Auferstehung selbst zu tun. *Dieses Christusgeschehen und das Geschehen im Abendmahl ‚fallen zusammen'* (W.T. HAHN)."
[289] LGG 236.

Überschrift „Repraesentatio als Gottesdienst-Typ" nebeneinander.[290] Katholischerseits ermöglicht die Vorstellung einer Vergegenwärtigung des Heilsgeschehens, das Meßopfer eindeutiger als bisher nicht im Sinne einer wiederholten Aufopferung Christi, sondern als das eine, in die Gegenwart hereingeholte Kreuzesopfer zu interpretieren und damit die von den Reformatoren kritisierte Bezeichnung des Altarsakraments als „Opfer" zu legitimieren.[291] Seemann geht jedenfalls davon aus, daß die Anwendung der Interpretationsfigur „Repräsentation" auf katholische Messe und evangelisches Abendmahl zu einer ökumenischen „Gemeinsamkeit" geführt hat, weil nunmehr von beiden Konfessionen in dem „Tatgedächtnis" der Eucharistiefeier „nicht nur die Opfergabe, sondern auch der Opferakt des Kreuzes" als gegenwärtig gesetzter Opferakt erkannt wird.[292] Bezeichnenderweise sieht sich Seemann durch diese neue, ökumenische Übereinstimmung keineswegs daran gehindert, zur klassisch römisch-katholischen Auffassung fortzuschreiten, in der Messe opfere die Kirche zusammen mit Christus auch sich selbst auf und füge so dem Kreuzesopfer einen „Sühnewert" hinzu.[293] Dieses Votum kann stellvertretend für die Äußerungen anderer katholischer Gesprächspartner stehen, die einerseits ein gewisses Interesse an Brunners Entwurf zeigen wegen des Repräsentationsgedankens, andererseits aber um so härter Anstoß nehmen an seiner unmißverständlich klaren Ablehnung der Lehre, die Kirche gewinne durch ihr sakramentales Handeln Anteil an dem versöhnenden Opferhandeln Christi gegenüber Gott.[294] Interessanterweise beobach-

---

[290] O. KOCH, Gegenwart, 9–23.
[291] Vgl. a.a.O. 12.14.
[292] M. SEEMANN, Heilsgeschehen, 151f.
[293] A.a.O. 183f: „Andere Theologen jedoch ... möchten der Messe einen zum Kreuzesopfer hinzukommenden Sühnewert zuschreiben, insofern sie ja zugleich das Opfer der *Kirche* ist. ... Wenn solche Lehre sich auch nicht auf ein ausdrückliches apostolisches Wort berufen kann, dürfte sie doch als eine gültige Entfaltung der biblischen Botschaft angesehen werden."
[294] Ein charakteristischer Satz BRUNNERs (ThLZ 88, 180) lautet: „Der evangelische Theologe wird darüber nie hinwegkommen können, daß das Tun der Christen, in dem das Kreuzesopfer Christi sakramentale Gegenwart gewinnt, ein kultisch opferndes Tun sein soll." Gegen Seemanns Ansicht, daß das eucharistische Tun der Kirche „einbezogen ist in das eine Versühnopfer Jesu Christi und so die Kirche mit ihrem Tun an diesem Versühnopfer Anteil hat", wendet BRUNNER (Geleitwort, Heilsgeschehen, XV) ein, daß „an dieser Stelle sein ,Christus solus' im strengen Sinne des Wortes aufgerichtet werden muß derart, daß das opus sacerdotale Jesu Christi allein Tat des Gottmenschen ist und bleibt und nicht vermischt oder verbunden werden darf mit irgendeinem Tun der Kreatur". Vgl. ferner ELKZ 12, 283; LGG 250 Anm. 198. Der Katholik B. NEUNHEUSER (ALW 4/2, 466) kritisiert Brunners Abgrenzung in LGG 250 Anm. 198 gegenüber einer interzessorischen Tat der Kirche als „das alte Mißverständnis der kath. Ansicht". V. FIALA (US 12, 149) erblickt in der besagten Anmerkung sogar einen „Widerspruch mit dem vorher Vorgetragenen".

tet Barbara Schwahn bei ihrer Untersuchung zur Arbeit des Ökumenischen Arbeitskreises, daß sich Brunner aufgrund seines mysterientheologischen Ansatzes und seiner Betonung der Verleiblichung des Heils der katholischen Seite oftmals angenähert, aber sogleich wieder scharf abgegrenzt hat.[295] Gerade die Mischung aus Sympathie und Irritation auf katholischer Seite macht darauf aufmerksam, daß der gedankliche Weg von einem gottesdienstlichen Repräsentationsakt zu einem Opferakt der Kirche im Sinne eines sacrificium propitiatorium offenbar nicht weit ist. An die Interpretation des Abendmahls als liturgisch-vergegenwärtigendes Handeln der Gemeinde fügt sich relativ schlüssig die Interpretation dieses Handelns als ein Opferhandeln der Kirche mit Christus an. Wenn nun der Gedanke der Repräsentation des Heilsgeschehens im eucharistischen Handeln der Kirche die klare Erkenntnis zu verwischen droht, daß das Abendmahl eine „reine Empfangshandlung" darstellt, wie etwa Karl-Hermann Kandler und nicht wenige andere Theologen befürchten[296], muß seine Berechtigung tatsächlich in Frage gestellt werden. In diesem Sinne sei hinsichtlich der Abendmahlslehre folgendes zu bedenken gegeben.

(1) Die These, daß sich beim Abendmahl Wort und Handlung zu einer sogenannten drastischen Verkündigung verbinden, die das Heilsgeschehen der Vergangenheit in der Gegenwart Ereignis werden läßt, begründet Brunner durch die Deutung des Abendmahls als eine eschatologisch erfüllte, prophetische Zeichenhandlung.[297] Doch erstens stellt sich die Frage, ob sich in der prophetischen Zeichenhandlung tatsächlich jene effektive Repräsentation ereignet, die Brunner vor Augen hat, und zweitens, ob das Abendmahl in erster Linie von dieser Art von jeweils einmaliger Zeichenhandlung her zu deuten ist. Nach Walther Zimmerli ist das prophetische Wort als ein Wort aufzu-

---

[295] B. SCHWAHN, ÖAK, 46.
[296] K.-H. KANDLER, Abendmahlslehre, 75. W.F. SCHMIDT (ELKZ 4, 24f) erhebt Bedenken gegen die von E. Ellwein unter Berufung auf E. Schlink und H. Sasse vertretenen repräsentatio-Vorstellung, die möglicherweise die Unterscheidung zwischen dem Glauben an die Kondeszendenz Gottes in Christus und der anabatischen Religion verwischt. W. HAHN (Opfer Christi, 132f Anm.2) warnt vor der Beschreibung des Gottesdienstes als „sakramentale(r) Vergegenwärtigung" des Kreuzesopfers Jesu bei K. Adam und K.B. Ritter: „Hier ist Kultus Brückenschlag des Menschen zu Gott." P. REINHARDT (ELKZ 10, 391), der im Gegensatz zu E. BIZER (EvTh 16, 17f) von der Schrift- und Bekenntnisgemäßheit von Brunners Lehre überzeugt ist, gesteht zu, daß der repräsentatio-Begriff, der im Tridentinum in unreformatorischem Sinn gefüllt wird, eventuell Mißverständnisse auslösen könnte. Auch F. KRÜGERs (Sakramente, 160) Votum, das auf der Auswertung der lutherischen Bekenntnisschriften beruht, dürfte als Ablehnung der Repräsentationsthese zu verstehen sein: „Allerdings wird reformatorische Theologie daran festhalten wollen, daß Christi Sühnetod im Abendmahl selbst gegenwärtig ist und die Kirche hier nicht vergegenwärtigt (!), sondern Christi Opfer nur bezeugt."
[297] LGG 228–232.

fassen, das Wirklichkeit schafft.[298] Sein Charakter als „ein Ereignis, das Geschehnis vorwegnimmt", kommt in der prophetischen Zeichenhandlung deutlich zum Ausdruck.[299] Doch auch im Blick auf diese besondere Verkündigungsweise der Propheten darf wohl nicht übersehen werden, daß Gottes Handeln in der Zukunft unterscheidbar bleibt von seinem Handeln in der gegenwärtigen prophetischen Verkündigung. Die vorwegnehmende Vergegenwärtigung der zukünftigen Gerichts- oder Heilstat Gottes durch Wort und Zeichenhandlung für den Hörer kann trotz der Verläßlichkeit der Ankündigung nicht gleichgesetzt werden mit dem Vollzug dieser Tat selbst, die sich erst durch ihren Vollzug tatsächlich zum Unheil oder zum Heil des ganzen Volkes auswirkt. Dementsprechend müßte auch im Blick auf das Abendmahl unterschieden werden zwischen dem Vollzug der Tat Gottes selbst und dem Vollzug der Bezeugung dieser Tat, in der ihre heilsame Wirkung mitgeteilt wird.

Außerdem würde das Abendmahl nur dann exakt einer prophetischen Zeichenhandlung entsprechen, in der sich die Gerichts- oder Heilstat im voraus abbildet, wenn seine Handlungen unmittelbar hinweisen würden auf die eschatologische Heilstat Gottes, nämlich auf das Sterben und Auferstehen Jesu Christi. Die Handlungen bei der Abendmahlsfeier bilden aber eben nicht die Heilstat selbst ab, sondern die Zuwendung seiner Heilsfrucht. Dieser Vorgang entspricht nicht so sehr der prophetischen Zeichenhandlung, als vielmehr dem alttestamentlichen Opfermahl, etwa dem Passamahl oder dem Todamahl.[300] Brunner erwähnt zwar das Passamahl, interpretiert es jedoch im Sinne der prophetischen Zeichenhandlung als Vergegenwärtigungsakt, obwohl das Passamahl selbst in den von Brunner angeführten Stellen Ex 12,13.16 nicht als „oth" bezeichnet wird.[301] Auch im Blick auf diese Art von Gottesdienst wird man unterscheiden müssen zwischen perfekter Heilstat und gegenwärtiger Teilhabe am Ergebnis dieser Heilstat durch Wort, Wortzeichen und Glaube. So sehr der Teilnehmer am Passamahl angehalten ist, sich die in Ägypten geschehene Rettung Israels zu vergegenwärtigen und so gewiß die damalige Rettung die Grundlage der gegenwärtigen Existenz Israels darstellt, so wenig kann Gottes damals und dort aufgerichtetes Tat-"Zeichen" in eins gesetzt werden mit dem hier und jetzt errichteten Gedenkzeichen. Der Tag der Errettung und der Festtag der Erinnerung bleibt erkennbar unterschieden (Ex 12,17). Das Exodusgeschehen selbst braucht nicht durch einen kultischen Repräsentationsakt wiederholt zu werden, weil die Verkündigung dieses Geschehens und die zeichenhafte Erinnerung

---

[298] W. ZIMMERLI, Alttestamentliche Theologie, 88.
[299] A.a.O.
[300] Vgl. H. GESE (Herrenmahl, 109–122), der auch noch andere Herleitungsmöglichkeiten diskutiert.
[301] LGG 230. Vgl. H. GESE, Herrenmahl, 111.

daran Heilsgeschehen darstellt. Ferner läßt sich beobachten, daß zwar das vorgeschriebene Essen des ungesäuerten Brotes der Erinnerung dient (Dtn 16,3), diese Erinnerung aber nur durch die Erzähltradition und Wortverkündigung ermöglicht wird (Ex 12,26f). Die Festhaggada und die Festhandlung kann wohl kaum in demselben Sinne als „Verkündigung" des Heilsgeschehens bezeichnet werden.

Das bedeutet, daß sich Brunners Erklärung des Abendmahls als effektive Repräsentation des geschichtlichen Heilsgeschehens durch eine „von der Verkündigung umklammerten Handlung"[302] keineswegs eindeutig auf alttestamentliche Vorbilder und Aussagen zurückführen läßt.

(2) Auch im Neuen Testament läßt sich der Repräsentationsgedanke, nach dem die Handlung ebenso wie das Wort als auslösendes Moment des sakramentalen Geschehens zu betrachten und der Mahlvollzug als sakramentale Vergegenwärtigung des ganzen Heilsgeschehens zu interpretieren ist, schwerlich schlüssig nachweisen. Gewiß kann kein Abendmahl stattfinden, ohne daß Brot und Kelch zur leibhaften Übermittlung der Sündenvergebung dargereicht werden. Doch es bleibt fraglich, ob diese spezielle Handlung selbst aufgrund von 1.Kor 11,26 als „drastische" Verkündigung zu verstehen ist, solange manche neuere Exegeten ebenso wie Luther der Meinung sind, daß jenes „Verkündigen" in 1.Kor 11,26 „immer eine Sache des Wortes" sei.[303] Ferner sprechen weder die Einsetzungsworte noch Abendmahlstexte wie Joh 6,51–58 oder 1.Kor 10,14–22 davon, daß im Mahlgeschehen das geschichtliche Heilsereignis selbst gegenwärtig gesetzt werde. Vielmehr konzentrieren sich alle Aussagen zum Abendmahl auf die Erinnerung an dieses Geschehen und die reale Gegenwart des Leibes und Blutes Christi, das heilswirksam Anteil gibt an der Heilstat Christi.[304]

Diese Konzentration entspricht insofern dem alttestamentlichen Vorbild des Opfermahles, als dieses Mahl den eigentlichen Opferakt

---

[302] LGG 230f.
[303] C. WOLFF, 1.Korintherbrief, 275. Vgl. F. LANG (Korinther, 154): „Die Verkündigung geschieht durch die den Tod Jesu deutenden Worte." Nach V. VAJTA (Gottesdienst, 108) wird für Luther das Gedächtnis durch einen Akt der Verkündigung vollzogen, für die römisch-katholische Theologie durch ein Opferhandeln.
[304] Nach J. ROLOFF (Urchristentum, 58) geht es in der Anamnese des eucharistischen Gottesdienstes „weder um eine bloße gedankliche Rückwendung zu Ereignissen der Vergangenheit noch um deren Vergegenwärtigung auf dem Wege einer versuchten Suspendierung des von ihnen trennenden zeitlichen Abstandes". „Gedenken ist vielmehr ein Sich-Festmachen in den vergangenen Taten göttlichen Heilshandelns und ein Sich-Unterstellen unter die von ihnen ausgehenden geschichtlichen Heilswirkungen, und zwar nicht zuletzt auch im Blick auf die noch ausstehende Zukunft." In dieser Beschreibung kommt zwar der Rückbezug auf die in der geschichtlichen Vergangenheit geschehenen Heilstaten Gottes angemessen zur Geltung, die vergegenwärtigende Kraft des Wortes Gottes und die Gegenwart Christi im Sakrament dürfte jedoch zu wenig betont sein.

als abgeschlossenen Akt voraussetzt und nunmehr mittels des Genusses von bestimmten Teilen des Opfers Anteil gibt an der Wirkung des Opfervollzuges, mithin an der neuen Gemeinschaft mit Gott.[305] Die Aussagen des Hebräerbriefes über die Einmaligkeit und die Abgeschlossenheit des Opfers Christi können als Hinweis darauf verstanden werden, daß auch das Abendmahl im Sinne der Unterscheidung von Opfertat und Opfermahl zu verstehen ist: „Wo aber Vergebung der Sünden ist, da geschieht kein Opfer mehr für die Sünde" (Hebr 10,18).[306] Von daher legt es sich nicht nahe, das Abendmahl als Vergegenwärtigung des Opfergeschehens von Golgatha aufzufassen, sondern als den Ort, an dem Gott in Christus Anteil gibt an der heilsamen Wirkung seiner Opfertat durch die Darbietung des Opfers selbst. Die Deutung des Essens und Trinkens als passive, empfangende Handlungen wirkt auch wesentlich ungezwungener als jene Deutung, nach der diese Handlungen aktiv den Verkündigungs- und Vergegenwärtigungsakt vollziehen sollen.

Ferner läßt sich beobachten, daß Brunners Auffassung, nicht nur das Opfer, sondern das Opferereignis selbst sei im Mahl real präsent, zu Formulierungen führt, die über die neutestamentlichen Textaussagen hinausgehen. 1.Kor 10,16 soll dahingehend verstanden werden, daß „die umfassende Heilsgabe des Abendmahles Jesu sühnender Opfertod" ist, „der uns in seinem real gegenwärtigen Opferleib und in seinem real gegenwärtigen Opferblut unmittelbar ergreift und in die Versöhnungstat Gottes hineinnimmt".[307] Brunner kann auch sagen: „Nichts steht zwischen dem Stamm des Kreuzes und der Gabe der Vergebung."[308] Diese Aussagen lassen das Opfergeschehen selbst als gegenwärtige Heilsmacht so stark in den Vordergrund treten, daß der gegenwärtige Herr und sein glaubensweckendes Verheißungswort dahinter zurückzutreten scheinen.[309] Nun wird man nicht übersehen dürfen, daß Brunner die Personalpräsenz Christi und die konstitutive Bedeutung seines Gabewortes sehr wohl berücksichtigt hat. Zudem dürfte eine Übereinstimmung darüber zu erzielen sein, daß das Interesse an der Leiblichkeit der Abendmahlsgabe durchaus dem Neuen Testament und der Abendmahlslehre Luthers entspricht. Dennoch las-

---

[305] H. GESE (Herrenmahl, 109) sagt über das jüdische Mahl: „Der Opfercharakter dieses Mahles hat eine doppelte Bedeutung: im Mahl finden die Gemeinschaft mit Gott, an dessen Opfer man ja partizipiert, und die Gemeinschaft untereinander zugleich ihren Ausdruck, und dem entspricht ein Zustand des Heils."
[306] Vgl. Hebr 9,25.26.28; 10,10.12.14.
[307] LGG 245.
[308] A.a.O.
[309] Dieser Anschein ist von E. BIZER (EvTh 16, 13f) kritisiert worden: „Versuche ich aber, mir die Anschauung Brunners klar zu machen, so redet da Christus wohl auch kraft seiner Gegenwart im Geist durch den Prediger und die ihn proklamierende Gemeinde, aber er weist mich zum Empfang seiner eigentlichen Gabe an das Essen und Trinken im Sakrament, – und da bleibt er stumm."

sen es die angeführten Formulierungen Brunners als ratsam erscheinen, gerade bei der Beschreibung der Abendmahlsgabe noch stärker das Wort Christi zur Geltung zu bringen, ohne welches die Gabe der Vergebung nicht empfangen werden kann. Diese Akzentsetzung würde den Eindruck beseitigen, den Brunners Darstellung hervorrufen kann, daß die Gabe des Abendmahls höher zu bewerten sei als die Gabe der Wortverkündigung oder der Absolution.[310]

(3) Ebensowenig wie in der biblischen Theologie scheinen sich in der reformatorischen Theologie triftige, zwingende Gründe für die Einführung der Repräsentationsthese zu finden. Peters arbeitet in seiner Untersuchung der Abendmahlslehre Luthers heraus, daß es in ihr nicht „um eine Repräsentation des Kreuzes als Heilsereignis" geht, „sondern des Leidens Christi in dem am Kreuz erworbenen Schatz der Vergebung".[311] Deshalb gibt es nach Peters einen Unterschied zwischen Luther, der eher von der Person Christi her denkt, und Brunner, der eher vom geschichtlichen Heilsgeschehen her denkt.[312] Auch die lutherischen Bekenntnisschriften entfalten keine Lehre von der Vergegenwärtigung des geschichtlichen Heilshandelns Gottes durch das liturgische Handeln der Kirche. Die Augsburgische Konfession lehrt lediglich die leibliche Gegenwart Christi in den Elementen und schärft ein, daß das Mahl nicht als Opferhandlung, sondern als Empfangshandlung zu verstehen ist.[313] Die Verfasser der Konkordienformel verwahren sich gegen die Meinung, als werde die „Gegenwärtigkeit" des Christusleibes durch „einiches Menschen Werk oder Sprechen des Dieners" geschaffen, weil dieses „einig und allein der allmächtigen Kraft unsers Herrn Jesu Christi zugeschrieben werden soll".[314] Dieser Befund spricht nicht für die Erklärung des Abendmahls als Handlung, die Handlung vergegenwärtigt.

Schon Vajta hat sich gegen die Einführung des Repräsentationsbegriffs ausgesprochen, weil er seiner Meinung nach dem Mißverständnis Vorschub leistet, als müsse die Gegenwart Christi erst von der Kirche hervorgebracht und herbeigeführt werden.[315] Gegen dieses

---

[310] Dieser Eindruck drängt sich E.BIZER (EvTh 16, 9) auf: „Das Sakrament gibt mehr als das Wort, weil das Wort die Gegenwart Christi nicht so enthält wie das Sakrament."
[311] A. PETERS, Realpräsenz, 113.
[312] A. PETERS (a.a.O. Anm. 122) weist auf eine Aussage Brunners hin, die sich bei Luther wohl kaum finden ließe, nämlich daß in der Mahlhandlung mit dem Kreuzesgeschehen auch „der ganze Gehorsamsweg des Gottessohnes von seiner Menschwerdung an bis zu seinem Tod im Kreuz mit gegenwärtig" sei (LGG 231).
[313] CA X; BSLK 64. CA XXIV; BSLK 94,35–95,2: „Dieweil nun die Messe nicht ein Opfer ist fur andere, Lebendige oder Tote, ihre Sunde wegzunehmen, sondern soll die Kommunion sein, da der Priester und andere das Sakrament empfahen fur sich."
[314] Epit VII; BSLK 798,6–11.
[315] V. VAJTA, ELKZ 8, 263.

Mißverständnis ist die reformatorische Theologie in Vajtas Sicht dadurch geschützt, daß sie von der verläßlichen Gegenwart Christi in Wort und Sakrament ausgeht, welche die Allgegenwart der göttlichen und menschlichen Natur Christi seit dem Ereignis der Himmelfahrt voraussetzt.[316] Auch nach Kochs Meinung kommt der Ubiquitätslehre die Funktion zu, „den im Versöhnungsfaktum gründenden Tatbestand theologisch zu sichern, daß die praesentia Christi im Gottesdienst nicht eine Folge des Handelns der Gemeinde ist, die den Stiftungsbefehl befolgt: Solches tut zu meinem Gedächtnis".[317] Eben in diese letztgenannte Richtung können bestimmte Passagen in der Darstellung Brunners gedeutet werden, welche einerseits eine Ubiquitätslehre vermissen läßt, andererseits aber von dem Begriff „Repräsentation" intensiv Gebrauch macht.

Zum Beispiel ist in den einleitenden Überlegungen zum Vollzug der Konsekration davon die Rede, daß jene „das Mahl stiftende Gegenwart des Herrn" abhängt von der Versammlung der Getauften, in der der Name des Herrn angerufen, sein Wort verkündigt, zu ihm gebetet und das Abendmahl stiftungsgemäß vollzogen wird.[318] Gewiß ist die Gemeinde dazu verpflichtet, den Gottesdienst in der beschriebenen Weise zu feiern. Doch damit führen die Versammelten keine spezielle „das Mahl stiftende Gegenwart des Herrn" herbei, sondern setzen sich der einen, verheißenen Gegenwart des Herrn in seiner Kirche aus, die in Wort und Sakrament eine faßbare Gegenwart ist, unabhängig von dem Glauben und dem Gehorsam der Mehrheit der Versammelten.[319] Dadurch, daß das Handeln der Gemeinde pauschal betrachtet unmittelbar einbezogen wird in jenen gottesdienstlichen Vorgang, der jene „das Mahl stiftende Gegenwart des Herrn" Wirklichkeit werden läßt, erscheint das Handeln der Gemeinde als verursachender Faktor, der die Christus-Repräsentation in der Abendmahlsfeier und dadurch auch die Christus-Realpräsenz in der Abendmahlsspeise auslöst.[320] Allerdings ist zu beobachten, daß dieser Anschein, als begründe die Gemeinde und ihr gottesdienstlichen Handeln das Abendmahl, auch wieder aufgehoben wird durch die Bezeichnung der gottesdienstlichen

---

[316] A.a.O. Vgl. V. VAJTA, Gottesdienst, 157–182.
[317] O.KOCH, Gegenwart, 69.
[318] LGG 239.
[319] Vgl. W. HAHN (Gottesdienst, 127f): „Die geschenkte Gnadengabe ist der sich selbst gebende Christus, der Gekreuzigte und Auferstandene, der nach den Anwesenden greift, um sie seinem Kreuz und seiner Auferstehung einzubeziehen. Diese Gegenwart Christi geschieht ‚in, mit und unter' dem Zeichen der sich sammelnden Gemeinde und ist unabhängig vom Glauben der Versammelten (!), den der gegenwärtige Christus schafft."
[320] BRUNNER kann sagen (LGG 240): „Da die Realpräsenz abhängt von der das Mahl schaffenden Präsenz des Herrn, hat alles (!) Tun (!), durch das diese das Mahl schaffende Gegenwart des Herrn uns geschenkt wird, auch Bedeutung dafür, daß die Realpräsenz seines Leibes und Blutes uns geschenkt wird."

Vergegenwärtigung als „Selbstvergegenwärtigung des Herrn"[321] oder durch die These, allein die rezitierten Worte Christi verursachten die Realpräsenz[322].

Angesichts der doppelten Beobachtung, daß der Repräsentationsgedanke offensichtlich schnell zu bestimmten mißverständlichen Aussagen in der Abendmahlslehre führt und daß sich mit diesem Gedanken allzu leicht die Vorstellung verbinden läßt, die Gegenwart des Herrn müsse durch das liturgische Handeln bestimmter qualifizierter Menschen förmlich herbeigeführt werden, drängt sich die Frage auf, ob die Abendmahlslehre auf dieses Theologoumenon nicht besser verzichten sollte. Dadurch, daß Luther keinen Wert legt auf den entsprechenden Gedankenkreis, vermeidet er die Reflexion auf den Menschen als gottesdienstlich handelnden Menschen und erblickt im Abendmahl wesentlich eindeutiger das Gegenüber von gebendem Gott und empfangendem Menschen. Nach Vajta hat Luther „*die Einsetzungsworte Christi als Verheissung* (Zusagung, verba promissionis) angesehen, mit der Christus versprochen hat, in seiner Kirche gegenwärtig zu sein, wenn Brot und Wein in seinem Namen ausgeteilt werden".[323] Diese Verheißung braucht nicht durch einen Repräsentationsakt verwirklicht zu werden, sondern erweist sich als gültige Verheißung für den Glauben, der die Gegenwart Christi in Wort und Sakrament als heilsame Gegenwart wahrnimmt und dementsprechend die Gabe des Abendmahls zum Heil empfängt.[324]

Übrigens zeigt sich in Brunners Ausführungen zum Abendmahl sehr deutlich der Einfluß von Rudolf Ottos Abendmahlsverständnis. Otto betont erstens, daß nicht allein das Kreuzesgeschehen, sondern das nachempfundene „Urgeschehen" des ganzen Lebens Jesu erlösend wirkt, zweitens, daß die Gegenwart Christi nicht allein durch die Elemente, sondern durch die ganze Feier vermittelt wird, und drittens, daß es nicht allein durch das Verkündigen, sondern vor allem durch das Handeln zur Vergegenwärtigung der Vergangenheit kommt.[325] Mit Begriffen wie „Anamnesis", „sakrales numinoses Gedenken", „‚mystischer' Akt" und feierliches „Ereignis des Heiligen" wird das Abendmahl als eine Handlung beschrieben, die auf das besondere re-

---

[321] LGG 239.
[322] LGG 240.
[323] V. VAJTA, Gottesdienst, 182.
[324] Vgl. A. PETERS (Evangelium und Sakrament, 159): „Die Sakramente sind also zunächst und grundlegend nicht menschliches Sich-Erinnern an das Heilshandeln Gottes, nicht ein Zeugnis unseres Glaubensgehorsams, sie sind aber auch nicht unser Teilnehmen an der Hingabe Christi vor Gott dem Vater, vielmehr sind sie als Gestalten des Evangeliums Gottes Zuwendung zu uns Menschen in Wort und Zeichen und darin ‚Willensgestalt göttlichen Handelns'."
[325] K.WIEFEL-JENNER, Rudolf Ottos Liturgik, 113–115. R. OTTO sagt über das Abendmahl (Sakrament als Ereignis des Heiligen, 120): „Es verträgt nicht viel Predigt, ist ein drōmenon, das als solches sein eigenes legomenon ist."

ligiöse Gefühlserlebnis abzielt und nur von dem für diesen divinatorischen Akt begabten Mensch durchgeführt werden kann.[326] Eben diese Perspektive aber dürfte die zentrale, klare, seelsorgerlich bedeutsame Erkenntnis der Reformation verdunkeln, daß das Abendmahl als Gabehandlung Gottes durch sein Wort und Empfangshandlung des Menschen durch den Glauben aufzufassen ist.

10.4.7 Zum Verhältnis von Gottes Dienst und des Menschen Dienst

Brunner betrachtet den Gottesdienst nicht nur als „Dienst Gottes an der Gemeinde", sondern auch als „Dienst der Gemeinde vor Gott". Die Überlegungen zum „Dienst der Gemeinde" zielen darauf ab, die zentrale Bedeutung des Gottesdienstes für das Leben der Gemeinde aufzuweisen. Dazu trägt unter anderem die Erkenntnis bei, daß der Gottesdienst keine mögliche, sondern eine notwendige Zusammenkunft der Christen zur Bewahrung des Glaubens darstellt; nicht nur eine Begegnung von Menschen, sondern eine Begegnung mit Gott; keine Veranstaltung für Zuschauer, sondern eine Veranstaltung für mitbeteiligte Menschen des Glaubens. Diese Einsichten wird jede evangelische Theologie nicht zuletzt innerhalb der Gemeinde selbst zur Geltung zu bringen haben. Inwieweit sie sich dabei an Brunners Gottesdienstlehre orientieren sollte, sei im folgenden in drei Schritten erörtert.

(1) Nach Brunner ist das einzelne Gemeindeglied als Priester und Prophet des Neuen Bundes nicht nur grundsätzlich befähigt zur gottesdienstlichen Wortverkündigung und Abendmahlsspendung, sondern in jedem Gottesdienstvollzug aktuell daran beteiligt.[327] In der Tat wird das priesterliche Gottesvolk in 1.Petr 2,9 zur Verkündigung aufgefordert. Luther kann davon sprechen, daß beim Abendmahl um den Pfarrer „rechte, heilige mit Priester" versammelt sind, die den Pfarrer „nicht für sich, als für seine personen, die ordnung Christi sprechen" lassen; vielmehr gilt: „er ist unser aller mund und wir alle sprechen sie mit jm von hertzen und mit auffgerichtem glauben zu dem Lam Gottes, das da für uns und bey uns ist und seiner ordnung nach uns speiset mit seinem leibe und blut".[328] Dieser Beschreibung zufolge schließt das Teilnehmen am Gottesdienst für den Christen ein geistliches Mitwirken in sich. Da dieses Mitwirken von Brunner als „ein bei der Be-

---

[326] R. OTTO, Sakrament als Ereignis des Heiligen, 120. Vgl. ders. (Vorwort des Aufsatzbandes „Sünde und Urschuld", VIII): „Wenn wir erst wieder verstehen würden, was sakrale ‚anamnesis' ist, und was das ‚präsens numen' bedeutet, so würden wir vielleicht wieder zu echtem sakramentalem Erleben kommen können, ohne dabei genötigt zu sein, den hyperfysischen Materialismus mittelalterlicher Sakraments-magie (sic!) unter uns zu beleben." Zum Begriff der „Divination": K. WIEFEL-JENNER, Rudolf Ottos Liturgik, 116f.
[327] LGG 187.
[328] WA 38, 247, 10.22.27–31 (Von der Winkelmesse und Pfaffenweihe, 1533).

reitstellung der Heilsgabe mitwirkender Faktor" bezeichnet wird[329], stellt sich das ein, was Vajta eine „‚Offenheit' in der Darstellung" genannt hat[330], nämlich die Offenheit für die irrige Annahme, die Austeilung der Heilsgabe werde von der Gesamtheit der im Gottesdienst mitwirkenden Gemeinde regelrecht bewirkt, oder anders ausgedrückt: Gottes heilvolles Geben könne sich nur aufgrund der aktiven Beteiligung des heiligen Gottesvolkes verwirklichen. Aus dem „Mitwirken" der Gemeinde darf jedoch kein „Mitwerken" der Gemeinde werden, wenn nicht das souveräne Wirken Gottes im Gottesdienst durch das vollkommene Heilswerk Jesu Christi in Frage gestellt werden soll.[331]

Eine solche Infragestellung hat Luther in dem Opferwerk der Messe erkannt und deswegen die Beachtung der Rechtfertigungslehre im Blick auf das Verständnis des Gottesdienstes konsequent eingeschärft.[332] William Nagel nennt den Rechtfertigungsartikel mit Recht das „*kritische(s) Prinzip* liturgischer Arbeit".[333] Brunner trägt diesem Prinzip Rechnung, indem er deutlich macht, daß jenes Mitwirken der priesterlichen Gemeinde im Gottesdienst ganz im Zeichen des empfangenden Glaubens steht, der nach Luther „das recht priesterlich ampt" ausmacht.[334] Der Beitrag der versammelten Christen zum Gottesdienst kann kein Beitrag sein, der die Heilszueignung in Wort und Sakrament als solche erst in Kraft setzt, weil jeder einzelne Christ immer neu auf diese von Gott in Kraft gesetzte Heilszueignung angewiesen bleibt. Das priesterliche Gottesvolk bleibt ein Volk von Sündern und ist deswegen nicht imstande, jene Mittel, durch die Gott sich dem Menschen richtend und rettend zuwendet, zu tragen und zu begründen, sondern es wird selbst durch diese Mittel getragen und im Glauben neu gegründet.

Im Gottesdienst kommt die grundlegende Unterscheidung zwischen dem heilschaffenden Priester Christus und der das Heil empfangenden Priesterschaft durch den Dienst des Amtsträgers und Liturgen zum Ausdruck, der das Wort Christi und das Sakrament Christi darbietet. Vajta stellt fest: „Die gottesdienstliche Funktion des Amtes ist die, zu unterstreichen, dass der *Gottesdienst Dienst Gottes an uns durch Wort und Sakramente ist.*"[335] Die Lehre vom kirchlichen Amt, die in Brunners Gottesdienstlehre nicht berücksichtigt ist, könnte dazu beitragen,

---

[329] LGG 187.
[330] V. VAJTA, ELKZ 8, 264.
[331] O. KOCH (Gegenwart, 90) bringt die hier notwendige Unterscheidung im Rückgriff auf E. Kinder so auf den Begriff: „Der Mensch ist ... nicht der concreator, sondern der cooperator des Werkes Christi."
[332] Ein eindrückliches Beispiel dafür bieten die Schmalkaldischen Artikel. BSLK 415.416.418.420.422 u.ö.
[333] W. NAGEL, ThLZ 79, 528.
[334] WA 6, 370,24f (Ein Sermon von dem neuen Testament, 1520).
[335] V. VAJTA, Gottesdienst, 206. Vgl. P. ALTHAUS, Luther, 282; O. KOCH, Gegenwart, 70f.

jenes gewiß unentbehrliche Mitwirken der Gemeinde noch unmißverständlicher als ein Mitempfangen der Wirkungen, die von Christi Wort und Sakrament ausgehen, zu kennzeichnen.

(2) In demselben Problemhorizont steht die Betrachtung jedes einzelnen liturgischen Elements als „unlösliche(n) Einheit" von „Gabe Gottes" (sacramentum) und „Hingabe der Gemeinde" (sacrificium).[336] Zweifellos ist der Gottesdienst von zwei Seiten her zu bedenken. Zum einen von der Seite Gottes her, welcher durch sein gelesenes, ausgelegtes und ausgeteiltes Wort Heil und Leben schenkt, und zum anderen von der Seite des Menschen her, welcher das Heilswort hört, empfängt und dafür dankt in Gebet, Bekenntnis und Lobgesang. Man kann auch davon sprechen, daß sich beide Seiten „in dem einzelnen gottesdienstlichen Akt" „gegenseitig" „durchdringen"[337], weil der Gottesdienstteilnehmer die Austeilung des Heilswortes in einer geistlichen, zu Gott hin geöffneten Haltung mitvollzieht und gleichzeitig das antwortende Beten, Danken und Loben der Gemeinde von eben diesem Heilswort geprägt und getragen ist. Durch das Wort Gottes kommt es zu einer echten Kommunikation zwischen Gott und Mensch.

„Sacramentum" und „sacrificium" werden von Brunner nun aber als göttliches und menschliches Tun derart ineinandergeordnet, daß sich die These ergibt, die sakramentale Seite des Gottesdienstes komme nie ohne die sakrifizielle zur Erscheinung.[338] Diese These erfordert eine genaue Klärung. Offenbar ist sie von dem vorausgehenden Satz her zu verstehen: „Im Gottesdienst wird der Herr nur so (!) seiner Gemeinde gegenwärtig, daß Menschen im Gehorsam gegen seinen stiftenden Befehl das Evangelium verkündigen und das Abendmahl halten."[339] Tatsächlich muß an jeden Gottesdienst die Forderung gestellt werden, daß in allen seinen Teilen die Inhalte und die für den Neuen Bund gültigen Bestimmungen des Wortes Gottes zur Geltung gebracht werden, weil dem Menschen nur auf diese Weise der Gott des Evangeliums begegnet. Sofern unter „sacrificium" die schriftgemäße, evangeliumsgemäße Einrichtung und Durchführung des Gottesdienstes verstanden wird, läßt sich sagen, das „sacramentum" Gottes trete nie ohne das „sacrificium" des Menschen in Erscheinung.

Diese legitime Aussage ist aber deswegen mißverständlich, weil sich der Begriff des „sacrificium", also des geistlichen Opfers (1.Petr 2,5), Melanchthons Apologie zufolge nicht nur auf einen dem Evangelium angemessenen liturgischen Ablauf bezieht, sondern vor allem auf einen Vorgang im menschlichen Herzen, das als sündiges Herz durch das Gesetz getötet, durch das Evangelium lebendig gemacht und so zum rechten Glauben, Danken, Bekennen, Predigen und Loben er-

---

[336] LGG 193.
[337] LGG 192.
[338] LGG 193.
[339] LGG 192.

weckt wird[340]. Da dieser Vorgang niemals als abgeschlossener Vorgang vorausgesetzt werden kann, sondern in dem jeweiligen Gottesdienst stets neu in Gang gesetzt werden muß durch Gottes Wort, dessen Wirkungskraft nicht abhängig ist von der inneren geistlichen Verfassung der Gottesdienstteilnehmer, muß ergänzend betont werden, daß das „sacramentum" Gottes unabhängig von dem bereits vollendeten „sacrificium cordis" der Gemeindeversammlung in Erscheinung tritt. Sonst entsteht allzu leicht der Eindruck, im konkreten gottesdienstlichen Vollzug werde die Gabe Gottes erst durch die glaubende Hingabe der Gemeinde herbeigeführt und in Kraft gesetzt.

Daß Gottes rettendes Handeln erst durch das Handeln geistlich qualifizierter Personen förmlich verursacht und zur Wirkung gebracht wird, haben die Reformatoren deshalb bestritten, weil sich die Gewißheit des Glaubens sich niemals auf unvollkommene Menschen beziehen kann. Luther stellt im Widerspruch zur römisch-katholischen Lehre, der Priester führe die Wandlung der Elemente kraft seiner Weihe herbei, fest: „Die heilige stete odder Kirche leret also, das weder Priester noch Christen ein einiges Sacrament machen (!), auch die heilige christliche Kirche selbs nicht."[341] „Denn es mus unser glaube und Sacrament nicht auff der person stehen, sie sey from odder böse, geweyhet oder ungeweyhet, beruffen oder eingeschlichen, der teuffel oder seine mutter, Sondern auff Christo, auff seinem wort, auff seinem ampt, auf seinem befehll und ordnung."[342] Daraus ergibt sich eine notwendige Präzisierung der These Brunners: Sobald in einer christlichen Versammlung Christi Wort und seine Stiftung unverfälscht zur Geltung kommen, ist Gottes heilvolles Geben gewährleistet (sacramentum). Sofern sich die versammelte Gemeinde diesem Wort im Glauben öffnet, wird aktuell ein solches Danken, Bekennen, Bezeugen und Loben ausgelöst, welches Gott als ein geistliches Opfer wohlgefällt (sacrificium). Die sakramentale Seite des Gottesdienstes sollte zwar nie ohne die sakrifizielle Seite des Gottesdienstes in Erscheinung treten, hat aber als grundlegende Seite auch ohne die darauf aufbauende Seite Bestand.

(3) Der letztgenannten Erkenntnis trägt Brunner an späterer Stelle Rechnung, wo er davon spricht, daß Gottes Wort und Herrenmahl trotz Unglaube oder Heuchelei Gottes Wort und Herrenmahl blei-

---

[340] MELANCHTHON (BSLK 362,10–13) kritisiert einen Opferbegriff, der einseitig auf die Meßliturgie bezogen ist und nicht vorrangig auf das menschliche Herz: „Der Widersacher Traum ist falsch, da sie wähnen wollen, es werde allein das schlechte äußerliche Werk und Ceremonia bedeut, so doch der Glaube im Herzen, das Predigen (,) Bekennen, Danksagung und herzliches Anrufen die rechten täglichen Opfer sein und das Beste an der Messe, sie nennens gleich Opfer oder anders." Vgl. den lateinischen Text (BSLK 362,6f): „mortificationem et vivificationem cordis".
[341] WA 38, 238,29f (Von der Winkelmesse und Pfaffenweihe, 1533).
[342] WA 38, 241,6–9.

ben.³⁴³ Der Gottesdienst steht und fällt mit der verläßlichen Zuwendung Gottes und nicht mit dem wechselhaften Zustand des menschlichen Herzens. Allerdings wird sich nur dort ein gottesdienstliches Leben entfalten, wo es zum Glauben und damit auch zu einem anfangenden Glaubensgehorsam kommt. Mit dieser Überlegung leitet Brunner die Ausführungen zur konkreten Beteiligung des Menschen am Gottesdienst ein.³⁴⁴ Diese Beteiligung wird dann beschrieben als ein Dienst vor Gott im neuen Gehorsam, der sich vor allem im Gottesdienst betätigt. Tatsächlich leitet das Wort Gottes zum Feiern des Gottesdienstes an, etwa durch das dritte Gebot, aber auch durch Verheißungen wie Mt 18,20, der Zusage der Gegenwart Christi in der Zusammenkunft der Christen, oder Ermahnungen wie Hebr 10,25, wo das Verlassen der Versammlungen gerügt wird.

Klarer als in anderen Passagen der Gottesdienststudie arbeitet Brunner hier heraus, daß das gottesdienstliche Handeln des Menschen als ein vom Geist gegebenes Handeln verstanden werden soll und nur aufgrund dieses passiven Empfangens eine legitime Aktivität darstellt.³⁴⁵ Gleichzeitig legt der Heidelberger Theologe offenkundig Wert darauf, von einem liturgischen Tun des Menschen zu sprechen, das als sein eigenes, menschliches Tun zu würdigen ist. Auf diese Weise wird die Neigung des Menschen, sich speziell durch sein gottesdienstlichen Tun selbst zu rechtfertigen, zwar deutlich korrigiert, aber wohl doch nicht so scharf kritisiert und konsequent abgewiesen wie von Luther, der die wesentliche Passivität des Menschen im Gottesdienst seinen alltäglichen Aktivitäten entgegensetzt: „Hic vero ea fieri debent opera, per quae homo ipse sanctus fiat, id quod solum, ut dixi, verbo Dei fieri potest."³⁴⁶ Nach diese Aussage steht der Gottesdienst nicht im Zeichen des bereits geheiligten, im neuen Gehorsam aktiven Menschen, sondern im Zeichen des zu heiligenden Menschen, der durch das aktive Wort Gottes zum neuen Gehorsam erst befähigt werden soll. So gewiß nur ein anhebender, vom Geist gewirkter Gehorsam dazu führt, daß Menschen sich zu dem von Gott gewünschten Gottesdienst versammeln, so gewiß haben die Versammelten die Rechtfertigung und Heiligung durch das Wort Gottes nicht hinter sich, sondern stets neu vor sich. Das Entscheidende am Gottesdienst macht insofern nicht die auf Gott gerichtete geistliche Aktivität seiner Teilnehmer aus, sondern die auf die Teilnehmer gerichtete Aktivität des Geistes Gottes. Gerade im Vollzug des Gebetes kommt diese katabatische Grundrichtung des Gottesdienstes zum Ausdruck. Denn darin

---

[343] LGG 254.
[344] A.a.O.
[345] LGG 255.
[346] GrKat, 3. Gebot, 94. BSLK 584,24–26. Vgl. a.a.O. Z.23–25 dT: „Hie aber muß ein solch Werk geschehen, dadurch ein Mensch selbs heilig werde, welchs alleine (wie gehört) durch Gottes Wort geschicht."

bittet die Gemeinde vor allem darum, daß Gottes Gegenwart auch ihr „*zur Gnadengegenwart werde*", wie Brunner formuliert.[347] Der Mensch darf sich öffnen für das Wirken des Heiligen Geistes, der durch das Wort Gottes zu jenem Gebet anleitet, welches den Dank für Gottes Werk und die Bitte um sein weiteres gnädiges Wirken beinhaltet.[348] Insbesondere im Gebet verzichtet der Mensch auf seine Aktivität, um der Aktivität des dreieinigen Gottes neu Raum zu geben.

Im Blick auf das bittende und danksagende Gebet setzt Brunners Gebetslehre den Akzent in der beschriebenen Weise auf den Dienst Gottes, während sich im Blick auf das lobpreisende Gebet der Akzent zum Dienst des Menschen hin verschiebt. Das verherrlichende Loben wird als ein Handeln des geretteten und erneuerten Menschen betrachtet in Entsprechung zum Gottesdienst der Vollendeten vor Gottes Thron.[349] Offenkundig zielt Gottes Heilshandeln auf die Wiederherstellung der gefallenen Kreatur ab, die Gottes Glorie im Lob widerspiegelt und damit dem Kreator dient (Offb 7,15). Doch auch in der Vollendung konzentriert sich das Lob auf Gottes fortgesetztes Tun am erlösungsbedürftigen und trostbedürftigen Menschen.[350] Diese Konzentration auf Gottes Tat scheint Brunner ein Stück weit zu relativieren, wenn er von Jesus Christus sagt: „Einst wird er kommen, nicht mehr um zu dienen, sondern um die Proskynese aller Kreatur hinzunehmen."[351] So gewiß Jesus Christus der eschatologische Dienst der Proskynese gebührt, so gewiß bildet sein nicht endender Dienst den tragenden Mittelpunkt von Zeit und Ewigkeit. Gerade beim Danken und Loben sieht der Mensch ganz von seinem Dienen ab und schließt so jeden Gedanken an die Verdienstlichkeit seines Tuns aus. Diese von Luther herausgearbeitete Perspektive[352] dürfte noch deutlicher in der Gebetslehre berücksichtigt werden als dies bei Brunner geschieht.

---

[347] LGG 256.
[348] LGG 257f.
[349] LGG 259.
[350] Lk 12,37: „Selig sind die Knechte, die der Herr, wenn er kommt, wachend findet. Wahrlich, ich sage euch: Er wird sich schürzen und wird sie zu Tisch bitten und kommen und ihnen dienen (!)." Vgl. Offb 7,17; 21,4–6.
[351] LGG 265f.
[352] Nach V. VAJTA (Gottesdienst, 284) versteht LUTHER unter Danksagung folgendes: „*Während Gottes Taten gepriesen und bekannt werden, werden gleichzeitig alle menschlichen Werke verurteilt, der Anspruch des alten Menschen, mit seinen eigenen Leistungen vor Gott treten zu können, wird abgewiesen, und stattdessen stellt sich der Mensch unter Gottes Werk als dasjenige, dem er gehört. Denn an dem Menschen und für den Menschen handelt ja Gott.*"

10.5 Die Gestalt des Gottesdienstes

A. Darstellung

Sowohl die Apostelzeit als auch die Reformationszeit bietet eindrückliche Beispiele dafür, daß sich in der Gottesdienstgestaltung rechte oder falsche Gestalten christlicher Lehre ausprägen.[353] Deshalb hält Brunner eine „dogmatische Lehre von der Gestalt des Gottesdienstes" für notwendig, die Grundsätze für die Gestaltungsaufgabe vorgibt (10.5.1) und Hinweise zu ihrer konkreten Lösung beinhaltet (10.5.2).

10.5.1 Die dogmatische Begründung der Gestalt

Zunächst unterstreicht Brunner die in CA VII ausgesprochene Erkenntnis, daß die Frage, in welcher Weise der um die Grundelemente Evangeliumsverkündigung und Abendmahlsfeier zentrierte Gottesdienst ausgestaltet werden soll, niemals zur Heilsfrage gemacht werden darf.[354] Weil die Heilsfrage beantwortet ist durch die Rechtfertigung des Sünders, unterliegt die Gestaltungsfrage nicht mehr der Bindung des Gesetzes, sondern der Freiheit des Evangeliums. Diese Freiheit verwirklicht sich allerdings gerade in der Bindung an drei unbedingt gebotene Formelemente, nämlich (1) die schriftgemäße Verkündigung des Wortes Gottes, (2) den stiftungsgemäßen Vollzug der Abendmahlsfeier und (3) die Anrufung des dreieinigen Gottes (Mt 18,20; 1.Kor 1,2). Damit verknüpft sich die Maßgabe, daß alle anderen Gestaltungselemente der „Regierungsmacht des Evangeliums Christi", mithin „der richterlichen Gewalt des prophetischen und apostolischen Schriftzeugnisses" nicht widersprechen dürfen.[355] Die Gestaltungsaufgabe bezieht sich also auf einen breiten Raum, „*der zwischen diesen beiden Grenzlinien des unbedingt Verbotenen und unbedingt Gebotenen sich erstreckt*".[356] Für die Gestaltung dieses Freiraums gilt der Grundsatz, daß jedes gottesdienstliche Element als ein angemessenes Zeichen von pneumatischer Freiheit und Gebundenheit auf die Stiftung Christi hinweisen sollte.[357] So sehr die Angemessenheit des Zeichens anzustreben ist, so deutlich muß seine bleibende Unangemessenheit in Erinnerung bleiben, aus der seine eschatologische Aufhebung folgt.[358]

Die Formen von Sprache, Musik und Gestik sind wandelbar. Sie sollten einerseits stets die „Einmaligkeit und Kontingenz der Offenbarung" widerspiegeln, andererseits aber auf die konkrete Situation des

---

[353] LGG 268.
[354] LGG 271.
[355] LGG 274.
[356] LGG 275.
[357] LGG 276f.
[358] LGG 279.

Menschen bezogen sein, weil der Gottesdienst für den Menschen da ist.[359] Diese Bezogenheit darf nicht mit einer Anpassung an das Schema dieser Welt (Rö 12,2) im Stil der Aufklärungsliturgik verwechselt werden.[360]

Die Gestaltung des Gottesdienstes kann Brunner zufolge weder einem unkritischen „Traditionalismus" noch einem schwärmerischen Traditionsabbruch verpflichtet sein, sondern soll sich an der in der Ökumene sichtbar werdenden Grundgestalt und an der überlieferten Gottesdienstgestalt der eigenen Konfessionskirche orientieren, um dann angemessene Neugestaltungen vorzunehmen im Zeichen rücksichtsvoller Liebe gegenüber den Gewissen der Gemeindeglieder.[361]

10.5.2 Die Verwirklichung der Gestalt
Im abschließenden Abschnitt der Gottesdienstlehre nehmen unter anderem Erwägungen über die Kunst, die etwa in der Form von Redekunst durch die Begegnung mit dem Evangelium in Dienst genommen wird als „darreichendes Gefäß für das kreatürliche Mittel des pneumatischen Geschehens", einen breiten Raum ein.[362] Die beherrschende Grundthese dieses Themenbereichs dürfte indes in der Option für die Messe als „*Hauptgottesdienst*"[363] der Gemeinde erblickt werden: „Ein Gottesdienst, in dem die durch das Instrument der Taufe geschaffene Realität des pneumatischen Leibes Jesu Christi jeweils im Herrenmahl neu konstituiert wird, wird eben durch dieses Geschehen Anspruch darauf haben müssen, der ‚Hauptgottesdienst' der Gemeinde zu sein."[364] Deswegen sollte die Gemeinde aber nicht auf den Predigtgottesdienst und das Stundengebet, die zwei wichtigsten der aus der Grundgestalt ausgegliederten Gestalten, verzichten.[365]

Brunner geht davon aus, daß die Gemeinde dem Gebot Christi „*Solches tut zu meinem Gedächtnis*" zu entsprechen hat, indem sie die Christusanamnese vollzieht als eine Bewegung von der Anamnese des apostolischen Wortes hin zur Anamnese des Mahles.[366] Daß die Abendmahlsliturgie, die insgesamt als Christus-Anamnese zu betrachten ist, nicht nur aus Einsetzungsworten und Gabenausteilung, sondern auch aus einer die Einsetzungsworte umgreifenden „Eulogie" mit den Gebetsteilen Präfation, Epiklese, Anamnese, Eucharistie und Vaterunser bestehen sollte, wird folgendermaßen begründet.[367]

---

[359] LGG 278.
[360] LGG 277f.
[361] LGG 281–283.
[362] Abschnitt „Gottesdienst und Kunst" LGG 291–332; hier: 316.
[363] LGG 284.
[364] LGG 284f.
[365] LGG 285.
[366] LGG 333f.
[367] LGG 358f.

Die Gestalt des Gottesdienstes 307

Im Anschluß an eine bedeutende altkirchlich-mittelalterliche Traditionslinie hat Luther betont, daß allein die Einsetzungsworte als Worte Christi das Element von Brot und Wein zum Sakrament seines Leibes und Blutes werden lassen.[368] In der Liturgie der Deutschen Messe 1526 sind alle die Einsetzungsworte unmittelbar umgebenden Gebete gestrichen, welche in der Fassung des römisch-katholischen Meßkanons dem Gedanken des verdienstlichen Opfers der Kirche Ausdruck verleihen. Brunner hält diese Entscheidung im Blick auf die Situation der Reformation für angemessen, im Blick auf die heutige Situation aber für revisionsbedürftig.[369] Für eine Entfaltung der Einsetzungsworte in begleitenden Gebeten spricht zum einen die ökumenische Verpflichtung. Zum anderen fordert die Danksagung Jesu beim ersten Mahl einen Nachvollzug diese Gebetes, das im Anschluß an 1.Tim 4,3–5 und 1.Kor 10,16 als eine bedeutsame Segnung und Heiligung der Speise zu interpretieren ist.[370] Die enge Verbindung von Einsetzungsworten und Eulogie sollte als eine der ursprünglichen Stiftung angemessene Verbindung anerkannt und liturgisch verwirklicht werden.[371]

Zu dieser Eulogie gehört zum einen die Epiklese, die Bitte an den Heiligen Geist um die Heiligung der kreatürlichen Elemente, welche die Kirche vor einer „fleischliche(n) Sicherheit" und einem „ungeistlichen Mechanismus" im Blick auf die Realpräsenz von Leib und Blut Christi schützen kann.[372] Allerdings sollte die Epiklese als Konsekrationsbitte den Einsetzungsworten nicht folgen, sondern vorausgehen. So wird der Eindruck vermieden, als vollende der Heilige Geist das Werk Christi, welches er doch nur mitwirkend begleitet.[373] Zum anderen umfaßt die Eulogie die Anamnese, die sich an die auch durch den musikalischen Ton besonders hervorzuhebenden Einsetzungsworte anschließt[374]: „Mit diesen Gebetsworten der ausgesprochenen Christus-Anamnese birgt sich die Gemeinde, vor Gottes Thron stehend, gleichsam in das Christusgeschehen hinein", wobei allerdings „jeder Anklang an die Vorstellung, als bringe die Gemeinde das im Abendmahl gegenwärtige Kreuzesopfer ihrerseits Gott dar, unbedingt vermieden werden muß".[375] Brunner schließt mit einem Textvorschlag für eine solche reich entfaltete, die Einsetzungsworte umschließende Eulogie, die von der Gemeinde „*durch den Dienst des Pastors*" gebetet wird.[376]

---

[368] LGG 341f.
[369] LGG 344.
[370] LGG 345–347.
[371] LGG 348.
[372] LGG 352.
[373] LGG 357.
[374] LGG 359.
[375] LGG 358.
[376] LGG 360f.

B. Diskussion

10.5.3 Zur Frage nach der Angemessenheit der Abendmahlseulogie
Weil sich in der Entscheidung für die liturgische Form der Abendmahlseulogie Brunners Gottesdiensttheologie wie in einem Brennpunkt widerspiegelt, sei die Diskussion auf dieses eine Thema des Schlußabschnitts der Gottesdienstlehre konzentriert. An die einzelnen Argumentationsschritte Brunners schließen sich folgende Erwägungen an.

(1) Der Verzicht Luthers auf die Einbettung der Einsetzungsworte in eine Reihe von Abendmahlsgebeten in der Liturgie der Deutschen Messe hat einen gewichtigen theologischen Grund, wie Brunner herausarbeitet. Er liegt in der Überzeugung, daß das konstitutive Wort Gottes klar unterschieden werden muß von menschlichen Gebetsworten.[377] Hans-Christoph Schmidt-Lauber beschreibt diese Unterscheidung so: „In der reformatorischen Grundlegung der Liturgik führt das Verständnis des ‚Wortes Gottes' zu einem ganz bestimmten Verständnis der Messe, indem die verba testamenti bzw. deren Rezitation sachlich dem Gesamtgefüge der eucharistischen Handlung gegenübergestellt und vorgeordnet werden. ... Statt daß *innerhalb* der danksagenden actio auch die recitatio der verba testamenti erscheint, konzentriert sich nun die Liturgie auf die recitatio und *distributio*."[378] Durch diese Konzentration wird jenes von der traditionellen Abendmahlsliturgie heraufbeschworene Mißverständnis ausgeschlossen, die „eucharistische Handlung" des geweihten Priesters sorge für die Präsenz der Abendmahlsgabe. Das stiftende, schaffende und spendende Wort des Herrn Jesus Christus selbst tritt jetzt als vernehmbare Anrede an die Gemeinde in den Mittelpunkt der Abendmahlsfeier.

Brunner anerkennt zwar die Notwendigkeit dieser liturgischen Neuorientierung in der Reformationszeit, bestreitet aber ihre Angemessenheit in der heutigen Situation.[379] Dabei beruft er sich auf die ökumenische Verpflichtung zur altkirchlichen Meßform, liefert jedoch keine genauere Beschreibung der heutigen Situation, welche die Angemessenheit der reformatorischen Entscheidung in Frage stellen würde. Deshalb wird man an Brunners Option der Rückfrage richten müssen, ob nicht in jeder Situation der Kirche alles getan werden sollte, um die ständig drohende Überblendung des Wortes Christi durch das Wort der Kirche und die ständig naheliegende Verwechslung des Handelns Christi mit dem Handeln der Kirche gerade im Bereich der Abendmahlsgestaltung auszuschließen. Slenczka bezeichnet dieses dogmatische Problem, „daß die Wirkung der Stiftungsworte, in

---

[377] LGG 343.
[378] H.-C. SCHMIDT-LAUBER, Die Eucharistie als Entfaltung der verba testamenti, 102.
[379] LGG 344.

Die Gestalt des Gottesdienstes 309

denen der Herr redendes und handelndes Subjekt ist, überführt wird in den Vollzug der Gemeinde", mit dem Stichwort „Subjektwechsel".[380] Die innerhalb der Liturgie deutlich hervorgehobenen Einsetzungsworte, die von der Gemeinde nicht zu beten, sondern ihr zuzusprechen sind, dürften bis heute ein wirksames Mittel gegen die Fehlentwicklung darstellen, daß das Mahl des Herrn als ein Mahl der Kirche oder gar als verdienstliches Opfermahl verkannt wird.

(2) Das Argument, daß sich die evangelische Kirche aufgrund ihrer ökumenischen Verpflichtung dem traditionellen Meßtypus annähern sollte, der wohl vor allem in der römisch-katholischen und orthodoxen Liturgie erkennbar ist, stellt für Brunner ein wichtiges Argument, wenn auch nicht das entscheidende dar.[381] Jede für die Ökumene der Kirchen nützliche, evangeliumsgemäße Gestaltung der Messe wird sich allerdings die reformatorische Freiheit bewahren müssen, auf solche liturgische Formen zu verzichten, die erwiesenermaßen gravierenden Mißverständnissen Vorschub leisten.

(3) Mehr Gewicht als dem ökumenischen Argument wird dem Grundsatz Luthers beigemessen, daß das heutige Abendmahl der Form des ersten Abendmahls möglichst nahe kommen soll.[382] Dieser Grundsatz kann jedoch schwerlich in einen kritischen Gegensatz zum Liturgieformular der Deutschen Messe 1526 gebracht werden, in dem Gebete zwischen den Einsetzungsworten und der Austeilung gerade deshalb gestrichen wurden, um dem Mahlgeschehen am Gründonnerstagabend entsprechend dem Einsetzungsbericht ein Stück näher zu

---

[380] R. SLENCZKA, KuD 44, 278. In der in KuD 44 veröffentlichten Kontroverse zwischen H.-C. SERAPHIM (238–273; 285–289), der für die Eingliederung der Einsetzungsworte in das Eucharistiegebet plädiert, und R. SLENCZKA (275–284), der für ihre Hervorhebung und Sonderstellung eintritt, geht es um die dogmatische Entscheidung, ob das Eucharistiegebet inklusive der verba testamenti als „konstitutives Element" des Sakraments zu betrachten ist (270f) oder ob allein die verba testamenti das Sakrament konstituieren (282284). Seraphims Berufung auf Brunner (270.285) ist zwar mit Slenczka (278) insofern zu korrigieren, als Brunner auf das Hervortreten der Einsetzungsworte Wert legt (LGG 359), die er eindeutig als authentische Herrenworte betrachtet und als „die Mittel der Konsekration" bezeichnen kann (LGG 356), sie behält aber eine gewisse Berechtigung, weil Brunner ein Eucharistiegebet für angemessen erklärt, welches an der Konstitution des Sakraments mitbeteiligt ist (LGG 346f), in das die Einsetzungsworte organisch eingegliedert sind und so eben nicht eindeutig als Anrede an die Gemeinde zur Geltung kommen.
[381] LGG 344.
[382] BRUNNER (LGG 345 Anm. 343) verweist auf LUTHERs Sermon von dem Neuen Testament (WA 6, 355,3f): „Ihe neher nu unßere meße der ersten meß Christi sein, yhe besser sie on zweyffel sein, und yhe weytter davon, yhe ferlicher." H.-C. SCHMIDT-LAUBER (Die Eucharistie als Entfaltung der verba testamenti, 91) führt LUTHERs Schrift „De Captivitate Babylonica" an (WA 6, 523,25–27): „Iam Missa quanto vicinior et similior primae omnium Missae, quam Christus in caena fecit, tanto Christianior. At Missa Christi fuit simplicissima sine ulla vestium, gestuum, cantuum, aliarumque cerimoniarum pompa."

kommen.[383] Allerdings haben die Reformatoren auch solche Gottesdienstordnungen als „evangelisch" anerkannt, in denen derartige Gebete, die nicht mehr von einer Meßopfertheologie geprägt sein durften, vorgesehen waren. Das kann Brunner in seiner Studie zur Wormser Messe von 1524 eindeutig nachweisen, wobei auch in diesem Formular die Einsetzungsworte als Zuspruch deutlich von den Gebeten abgehoben erscheinen.[384]

(4) Die für die reformatorische Liturgie charakteristische Absonderung der Einsetzungsworte von allen Arten von Gebeten soll nach Brunners Meinung deshalb aufgehoben werden, weil die erforderliche Heiligung (1.Tim 4,5) der Abendmahlsspeise beim ersten Mahl durch Jesu Dankgebet und später in der christlichen Gemeinde durch die gebetete „Eulogie" vollzogen worden sei (1.Kor 10,16).[385] Diese Interpretation der Abendmahlsfeier hält zwar daran fest, daß es das stiftende Wort Christi ist, welches die heilsame Abendmahlsgabe schafft. Aber dadurch, daß stiftendes Wort und bittendes oder dankendes Gebet unmittelbar miteinander verbunden werden und die so rekonstruierte Eulogie als „wesentlicher Faktor in der Segnung und Heiligung der Speise zur Abendmahlsspeise" bezeichnet wird[386], erleidet die Klarheit der Unterscheidung zwischen dem austeilenden Handeln des Herrn und dem empfangenden Handeln der Gemeinde, mithin die Unterscheidung zwischen dem kreativen Spendewort Christi und dem antwortenden Dankeswort der Christen eine empfindliche Beeinträchtigung. Koch führt zwei bedenkenswerte Einwände gegen Brunners Argumentation an[387]: Erstens spricht einiges dafür, daß in 1.Tim 4,5 das „Wort Gottes" als ein die gute Gabe zur Verfügung stellendes Schöpferwort zu verstehen ist, das „Gebet" hingegen als Dank und Bitte um den rechten Gebrauch. Zweitens weist Luther die Ansicht zurück, das Segensgebet verwandle die Speise in Abendmahlsspeise, selbst wenn es von Christus gebetet werden sollte, weil nicht das Tischgebet, sondern das bei Tisch ausgesprochene Stiftungswort Chri-

---

[383] LUTHER, WA 19, 99,5–8 (Deutsche Messe, 1526): „Es dunckt mich aber, das es dem abendmal gemes sey, so man flux auff die consecration des brods das sakrament reyche und gebe, ehe man den kilch segenet. Denn so reden beide Lucas und Paulus: Desselben gleychen den kilch, nach dem sie gessen hatten etc." Die „Konsekration" bzw. „Segnung" geschieht offensichtlich durch die gesungenen verba testamenti.
[384] BRUNNER, Wormser Deutsche Messe, 153. Die Herauslösung der Einsetzungsworte aus der Gebetsform hat zur Folge, daß ihr „stiftender und konsekrierender Charakter ... dadurch noch stärker sichtbar gemacht" ist „als in der römischen Messe", so stellt Brunner hier selbst fest (a.a.O.).
[385] LGG 346–348.
[386] LGG 347.
[387] O. KOCH, Gegenwart, 125.

sti das Abendmahl in Kraft setzt.[388] Respektiert man diese Einwände, so läßt sich auch in diesem Argumentationsschritt keine zwingende Begründung für eine Revision der Ausgliederung der Einsetzungsworte aus eucharistischen Gebeten erblicken.

Ein ebenso einfaches wie bestechendes Argument, das für diese Ausgliederung spricht, hat Dorothea Wendebourg in ihrer Tübinger Antrittsvorlesung 1997 vorgetragen.[389] Es besteht in der These, daß die Integration der Einsetzungsworte in ein Eucharistiegebet deshalb niemals vollkommen gelungen ist und niemals gelingen wird, weil sich die Form des Einsetzungsberichtes einschließlich der direkten Rede Christi mit der Form des Gemeindegebetes nicht vereinbaren läßt.[390] Die Ausgliederung des Einsetzungsberichtes aus der Gebetsform entspricht seiner grammatischen Form und bringt zudem jene Erkenntnis, die schon in der Alten Kirche herausgearbeitet worden war, daß das Sakrament allein durch das Wort Christi geschaffen wird, viel besser zur Geltung als vorreformatorische Liturgieformen.[391] So bleibt das unvermischt, was nicht vermischt werden darf, nämlich „Missa et oratio, sacramentum et opus, testamentum et sacrificium, quia alterum venit a deo ad nos per ministerium sacerdotis et exigit fidem, alterum procedit a fide nostra ad deum per sacerdotem et exigit exauditionem".[392] Diese liturgische und theologische Unterscheidung schließt Bitt- oder Dankgebete im Umkreis der Einsetzungsworte keineswegs aus, verlangt aber deutliche, sprachlich und gestisch ausdrücklich gemachte Zäsuren.

(5) Was den Inhalt des Gebets vor den Einsetzungsworten betrifft, so hält Brunner die Bitte um die Heiligung der Abendmahlsspeise durch den Heiligen Geist für angemessen.[393] Ein solche Bitte kann der Gemeinde bewußt machen, daß es der Geist Jesu Christi ist, der im

---

[388] WA 23, 231, 30–32.36–38 (Daß diese Wort Christi, 1527): „Denn wir wissen, das schlecht gemein brod bleibt schlecht gemein brod, wenn gleich Christus und alle Apostel selbs das benedicite drüber sprechen, und wird damit kein hymelisch ding draus." „Und ist ein unverschampte thurst, wo yemand wolte das NENNEN GOTTES dahin deuten, das es menschlich dancken, segen odder loben heisse."
[389] D. WENDEBOURG, Den falschen Weg Roms zu Ende gegangen? Zur gegenwärtigen Diskussion über Martin Luthers Gottesdienstreform und ihr Verhältnis zu den Traditionen der Alten Kirche, ZThK 94, 437–467.
[390] A.a.O. 446f.
[391] A.a.O. 459f.
[392] LUTHER, WA 6, 526,14–16 (De captivitate Babylonica, 1520). Übersetzung W² XIX, 53: „Darum sind diese zwei nicht zu vermengen, die Messe und das Gebet; das Sacrament und das Werk; das Testament und das Opfer. Denn das eine kommt zu uns von GOtt durch den Dienst des Priesters und erfordert den Glauben; das andere kommt von unserem Glauben zu GOtt durch den Priester, und bittet um Erhörung." Vgl. D. WENDEBOURG (ZThK 94, 466): „Anders ausgedrückt, der Dank kann nicht selbst die Weise der Vergegenwärtigung Christi, das Medium der Präsenz des Heiles sein, sondern ihr nur respondieren."
[393] LGG 353–355.

Abendmahl die Heilsgabe namens Jesus Christus austeilt und übermittelt, nicht etwa der Gemeingeist einer kirchlichen Gemeinschaft. Weil dabei das „Werk des Geistes ... dienend, vermittelnd in das Werk Christi" eintritt[394], wird allerdings nicht nur darauf zu achten sein, daß die Epiklese vor den Einsetzungsworten gebetet wird, wie Brunner fordert[395], sondern auch darauf, daß die Bitte an den Heiligen Geist um sein Wirken verbunden wird mit dem Vertrauensbekenntnis, daß er in und mit dem Wort Jesu Christi sein Werk tatsächlich auch tut, unabhängig von der Unwürdigkeit der Versammelten.[396]

(6) An Brunners Vorschlag für eine Abendmahlseulogie fällt auf, daß die Einsetzungsworte in das vom Pastor gesprochene Gebet der Gemeinde eingegliedert und nicht deutlich aus dem Gemeindegebet ausgegliedert werden, wie dies ihrem Zuspruchscharakter angemessen wäre.[397] Von der direkt anschließenden Anamnese kann man nicht sagen, daß sie in auffälliger Weise von jener für die Repräsentationstheologie charakteristischen Ansicht geprägt sei, durch das eucharistisch-anamnetische Handeln der Gemeinde werde das damalige Heilsgeschehen in die Gegenwart hereinversetzt. Denn das Bekenntnis zum „Opfer" des Leibes und Blutes Christi, „für uns dahingegeben und vergossen am Stamm des Kreuzes/ und für uns gegenwärtig im Geheimnis dieses heiligen Mahles", läßt sich sowohl im herkömmlichen Sinne auf den gegenwärtigen, dargebotenen Opferleib und die Frucht der Opfertat, als auch im Sinne der Repräsentationsthese auf die vergegenwärtigte Opfertat mitsamt allen Taten Christi zum Heil des Menschen beziehen.[398] Ohne Zweifel will Brunner die Anamnese auch im zweiten Sinne verstanden wissen. Daß die Abendmahlstheologie damit in nächste Nähe zur Vorstellung eines von der Gemeinde vor Gott nicht nur zur Geltung gebrachten, sondern auch herbeigeführten und dargebrachten Kreuzesopfers gerät, empfindet der Heidelberger Theologe offenkundig selbst, so daß er sich gerade in diesem Zusammenhang zu einer unmißverständlichen Abgrenzung gegenüber der römisch-katholischen Opfertheologie genötigt sieht.[399]

---

[394] LGG 356.
[395] LGG 357.
[396] O. KOCH (Gegenwart, 136) lehnt die Konsekrationsbitte ganz ab, weil er den erklärten „Gegenwarts- und Versöhnungswille(n) des Herrn" damit in Frage gestellt sieht.
[397] LGG 360f.
[398] LGG 360.
[399] LGG 358. Nicht zufällig findet sich dieselbe Abgrenzung auch an derjenigen Stelle der Gottesdienstlehre, wo das Heilsgeschehen im Abendmahl mit folgenden Sätzen beschrieben wird (LGG 250, vgl. ebd. Anm. 198): „In der Siegeskraft des Kreuzesopfers Jesu steigt das neutestamentliche Bundesgedächtnis zum Thron Gottes empor und erweckt sein schaffendes, das Ende herbeiführendes Gedenken. Auch das Abendmahl ist kein ruhendes, statisches, uns zum ‚Schauen' gegebenes ‚Geheimnis', sondern es ist ein dynamisches Geschehen. In einem irdischen Voll-

Die Gestalt des Gottesdienstes 313

Es dient dieser notwendigen Abgrenzung, wenn die Abendmahlsliturgie jeglichen Anklang an die Vorstellung einer notwendigen, neuen Gegenwärtigsetzung der Heilsgeschichte kraft des eucharistisch-anamnetischen Handelns der geistbegabten Gemeinde von vorne-herein ausschließt. Dieser Anklang dürfte ungleich eindeutiger in der Liturgie der Deutschen Messe vermieden sein, die vor den Einsetzungsworten eine Zurüstung der Mahlteilnehmer durch eine Paraphrase des Vaterunsers und die Erläuterung des rechten Gebrauchs des Sakraments vorsieht, unmittelbar nach dem Zuspruch der Einsetzungsworte aber den Empfang der Abendmahlsgabe folgen läßt, der begleitet ist von dem gesungenen Sanctus oder Agnus Dei und abgeschlossen wird mit dem Dank für die Abendmahlsgabe.[400] Angesichts von alten und neuen Unklarheiten im Blick auf den Gastgeber des Abendmahls, sein vollmächtiges Gabewort und seine Gabe für die Gemeinde sind m.E. solche liturgische Entwürfe, in denen das Stiften, Wirken und Geben Christi von dem Gedenken, Empfangen und Danken der Gemeinde deutlich abgehoben wird, jenen Abendmahlsordnungen vorzuziehen, in denen das Gebetswort der Gemeinde das Stiftungswort Christi einschließt und so das sakramentale Handeln Gottes in das anamnetisch-eucharistische Handeln der Kirche eingeordnet und möglicherweise dadurch bedingt erscheint.[401]

---

zug löst es ein himmlisches Geschehen, eine Reich-Gottes-Bewegung in den Himmeln, ja selbst im Herzen Gottes aus." E. BIZER (EvTh 16, 17) erkennt in dieser Deutung des Abendmahls eine vorreformatorische opus-operatum-Lehre, während O. KOCH (Gegenwart, 138) von einer „Grenzaussage(n)" spricht, „die nur bei optimaler Interpretation ... noch als tragbar" erscheint. Berücksichtigt man die biblische Ansicht, daß irdisches Heilsgeschehen Freude im Himmel auslöst (Lk 15,7), so wird man Brunners Gedanken an eine Kommunikation zwischen Erde und Himmel nicht verwerfen können, die einschlägigen Formulierungen jedoch dahingehend präzisieren müssen, daß Gottes Gedenken und Heilshandeln allem menschlichen, gottesdienstlichen Handeln vorausgeht und stets vorgeordnet bleibt.
[400] WA 19, 95,19–102,11.
[401] Vgl. D. WENDEBOURGs Resümee (ZThK 94, 466f): „Das aber heißt, mit der uns heute begegnenden Forderung, das Abendmahl als Eucharistie im Sinne einer solche Heilspräsenz herbeiführenden Dankhandlung zu verstehen, würde nicht nur ein Erkenntnisgewinn preisgegeben, den die Alte Kirche – in West und Ost – gemacht hat ... Es ginge erst recht die Grundeinsicht verloren, die die Wittenberger Reformation ... bei ihrer Neuordnung des Gottesdienstes zur Geltung brachte: daß die Selbstvergegenwärtigung Jesu Christi im Abendmahl Gabe ist, Mitteilung des Heils, in der ‚mir vergossen wird, das für mich vergossen ist'."

10.6 Zusammenfassung und Würdigung

Die folgenden Sätze bieten einen Überblick über Brunners umfangreiche Lehre vom Gottesdienst. Kochs Überschrift „Der Gottesdienst als Christus-Anamnese" weist treffend auf ihre Eigenart hin.[402]

1. Der Begriff „Gottesdienst" dient nach reformatorischem Vorbild als Bezeichnung für jene Versammlung der Gemeinde im Namen Jesu, die als tragender Mittelpunkt des christlichen Lebens und als Manifestation der Kirche Christi auf Erden zu verstehen ist.

2. Weil sich im Gottesdienst in Wirklichkeit Gott und Mensch begegnen, deshalb hat sich die Lehre über den Gottesdienst, die seinem rechten Vollzug dient, konsequent an dem heilsgeschichtlich offenbarten und kirchlich bezeugten Wort Gottes zu orientieren, welches den Grund, den Inhalt und die Grenze des gottgewollten Gottesdienstes bestimmt.

3. Im christlichen Gottesdienst nimmt Jesus Christus, der menschgewordene Sohn Gottes, kraft seines Geistes Menschen in seinen Leib auf und gibt ihnen dadurch Anteil am eschatologischen Heil, das er selbst durch seinen Dienst vor Gott für die Gottlosen erworben hat und in der Zeit zwischen seiner Himmelfahrt und seiner Wiederkunft denen zuwendet, die an das Evangelium glauben.

4. Der von Geburt an „gottesdienstunfähig(e)"[403] Mensch, der durch Taufe und Glaube zu einem Glied des Leibes Jesu Christi geworden ist, bleibt bis an sein Lebensende des Gottesdienstes bedürftig, wo ihm der dreieinige Gott die Vergebung der Sünden darreicht und er Gott den verherrlichenden Lobpreis darbringt.

5. Der Gottesdienst der Menschen ist umgeben vom Gottesdienst der irdischen Kreatur, welche sowohl die Glorie des Schöpfers als auch das Leid der Gottentfremdung widerspiegelt, und verbunden mit dem vollkommenen Gottesdienst der Engel vor Gottes Thron.

6. Weil in der Versammlung der Getauften Gott dem Menschen seine Heilsgabe zuwendet und der Mensch sich in Bitte, Dank und Lob zu Gott hinwendet, kann von einer sakramentalen und einer sakrifiziellen Seite des Gottesdienstes gesprochen werden. Beide Seiten durchdringen sich in jedem gottesdienstlichen Akt insofern, als Gott das menschliche Reden und Handeln mit seinem Reden und Handeln erfüllt. Darin besteht das endzeitliche Geheimnis des Gottesdienstes.

7. Im Gottesdienst dient Gott dem Menschen zum einen in der Weise, daß er das geschichtliche Heilsgeschehen durch das innergemeindliche Wort der Christus-Anamnese in die Gegenwart hereintreten läßt und so die Teilhabe am Christusheil ermöglicht.

---

[402] O. KOCH, Gegenwart, 16.
[403] Mit diesem Begriff bringt BRUNNER (LGG 161) zum Ausdruck, daß der aufgrund der Sünde Adams gottlose Mensch (Rö 4,5; vgl. Rö 1,18) nicht in der Lage ist, den gebotenen Gottesdienst zu vollziehen.

8. Im Gottesdienst dient Gott dem Menschen zum anderen in der Weise, daß er das im Kreuzesgeschehen konzentrierte Heilsgeschehen durch die Worte und Handlungen der Abendmahlsfeier in die Gegenwart hereintreten läßt („effektive Repräsentation") und in Brot und Wein, den im eucharistischen Gebet mit den Einsetzungsworten gesegneten Elementen, den Leib und das Blut Christi, mithin den Heilsweg und das Heilswerk Christi zur erneuten Einleibung in seinen Leib darbietet.

9. Der Mensch kann die im Gottesdienst dargebotene Heilsgabe Gottes im Glauben annehmen und so zu seiner Rettung empfangen oder im Unglauben verkennen und so zum Gericht empfangen.

10. In der Gemeindeversammlung dient der Mensch Gott dadurch, daß er kraft des ihm geschenkten Heiligen Geistes den von Gott gewollten Gottesdienst in einem anfangenden, neuen Gehorsam vollzieht und die Hingabe an Gott im Beten, Bekennen und Lobpreisen verwirklicht.

11. Der Gottesdienst soll entsprechend dem Evangelium gestaltet sein als eine Versammlung, in der der dreieinige Gott angerufen, das Wort Gottes schriftgemäß verkündigt und das Herrenmahl stiftungsgemäß gefeiert wird. Die altkirchliche Meßform und die Abendmahlseulogie mit Epiklese, Einsetzungsworten, Anamnese, Eucharistie, eschatologischem Ausblick und Vaterunser ist der Stiftung Christi angemessen.

Karl Barth hat recht gehabt, als er die in den voranstehenden Sätzen zusammengefaßte Untersuchung eine „durch ihre Weiträumigkeit wie durch ihren Tiefsinn gleich ausgezeichnete Arbeit" nannte.[404] Die schöne Sprache und der anspruchsvolle Inhalt machen Brunners Gottesdienststudie zu einem ungewöhnlichen Stück theologischer Forschungsliteratur. Die darin beschriebene Theologie des Gottesdienstes ist als ein eigenständiger Entwurf zu beurteilen, der sich nicht auf ein einzelnes theologiegeschichtliches Vorbild zurückführen läßt. Gleichwohl kann sein theologiegeschichtlicher Ort bestimmt werden.

Für Müllers Einordnung von Brunners Entwurf bei dem sogenannten lutherischen Lehrtypus[405] spricht die Beobachtung, daß Brunner sich an den Aussagen des lutherischen Bekenntnisses über die Bedeutung von Wort und Sakrament orientiert. Diese für seinen Entwurf prägende Orientierung schließt Parallelen zu Barths Gottesdienstlehre nicht aus. Barth selbst spricht von „wesentliche(n) Übereinstimmungen", womit etwa das Eintreten für die Normativität des Wortes Gottes, die Priorität des Werkes Gottes oder die Ausrichtung des Gottesdienstes zur Ehre Gottes gemeint sein dürfte.[406] Charakteristisch für

---

[404] K. BARTH, KD IV/2, 722.
[405] Siehe 10.1.
[406] K. BARTH, KD IV/2, 722. Vgl. ders. (Gotteserkenntnis und Gottesdienst, 73): „Wir haben unsere Ehre darin, der Ehre Gottes zu dienen."

Barths Gottesdienstverständnis ist indessen das „Nein" des reformierten Bekenntnisses „gegenüber der realistischen Sakramentslehre"[407], an dessen Stelle bei Brunner ein deutliches „Ja" steht. Während Barth Menschenwort und Gottes Wort, Element und Sakrament, menschliches und göttliches Handeln entsprechend dem Denkmodell der antiochenischen Christologie unter Vorbehalt miteinander verknüpft, schiebt Brunner beide Komponenten entsprechend der alexandrinischen Denkweise ineinander.

Man kann wohl sagen, daß dieser alexandrinische Zug in Brunners Theologie dem lutherischen Abendmahlsverständnis entspricht, nach dem die dargereichten Elemente mit dem gegenwärtigen Christusleib unmittelbar gleichzusetzen sind. Es fragt sich aber, ob diese Betrachtungsweise dem Wortverständnis und dem Gottesdienstverständnis Luthers gerecht wird, welches nicht von der Vorstellung einer Synthese zwischen dem Göttlichen und dem Menschlichen geprägt ist, sondern den Akzent auf die Unterscheidung zwischen Gottes Wort und Menschenwort oder Gottes Handeln und des Menschen Handeln setzt. Das Zurücktreten dieser Unterscheidung scheint ein typisches Merkmal der Gottesdienstlehre Stählins zu sein. Stählin versteht das menschliche Wort im Gottesdienst als sakramentales Wort und Träger des Heils.[408] Das menschliche Handeln betrachtet er als „Träger des göttlichen Handelns".[409] Von ihm stammt der Grundsatz: „Alles, was im Kultus geschieht, ist immer seinem letzten Sinn nach Handeln Gottes an uns, aber es ist immer zugleich auch ein menschliches Handeln in der Richtung auf Gott und ... ein Opfer."[410] Dieser Satz läßt die Nähe Brunners zu Stählin deutlich vor Augen treten. Es ist insbesondere die These von der Repräsentation des Heilsgeschehens in, mit und durch das Gottesdienstgeschehen, wie schon von Rudolf Otto vertreten, welche beide Entwürfe miteinander verbindet.[411] Allerdings verwendet Brunner den Opferbegriff zurückhaltender als Stählin. Kochs Vergleich zwischen der Berneuchener Messe und Brunners Abendmahlseulogie zeigt, daß Brunner vorsichtiger formuliert, um Mißverständnisse im Sinne der römisch-katholischen Meßopfertheo-

---

[407] K. BARTH, Gotteserkenntnis und Gottesdienst, 191.
[408] W. STÄHLIN, Liturgische Erneuerung, 301.
[409] W. STÄHLIN (Das christliche Opfer, 348): „Im Heiligen Geist wird der Unterschied des göttlichen und des menschlichen Subjekts aufgehoben, und der Mensch selbst zum Träger des göttlichen Handelns gemacht."
[410] A.a.O.
[411] W. STÄHLIN (Liturgische Erneuerung, 300f): „Jenes ‚Gedächtnis' (*hoc facite in meam memoriam*), das der Herr seinen Jüngern zur Pflicht gemacht hat, ist nicht nur ein Akt der historischen Rückbesinnung, eine Art Jubiläum oder dergleichen, sondern es ist eine echte *repraesentatio*, in welcher ein Ereignis in der Geschichte zugleich ganz in die Gegenwart gerückt ist, ja in vollem und strengen Sinn gegenwärtiges Ereignis wird."

logie zu vermeiden.[412] Diese Gegenüberstellung läßt erkennbar werden, daß Brunner den Versuch unternimmt, die lutherische Theologie des Gottesdienstes zu verbinden mit der Theologie der liturgischen Bewegung, die sich an altkirchlich-ökumenischen Liturgietraditionen orientiert. Der lutherische Lehrtypus soll ergänzt werden durch den ökumenischen Lehrtypus. Offenkundig ist Brunner der Meinung, daß neuere exegetische und liturgiegeschichtliche Erkenntnisse eine solche Weiterentwicklung des reformatorischen Erbes fordern. Die Frage ist nur, ob dieses Erbe nicht eine exegetisch begründete und praktisch bewährte dogmatische Erkenntnis ersten Ranges beinhaltet, die durch diese Weiterentwicklung zwar nicht aufgegeben, aber doch zumindest ein Stück weit verdunkelt wird.

Nun ist nicht zu übersehen, daß Brunner von den einschlägigen reformatorischen Entscheidungen im Sinne der Theologie der Rechtfertigung ausgeht und an diesen auch festhalten will.[413] Dieses reformatorische Lehrprofil reichert er an mit biblischen Beobachtungen und systematischen Einsichten, die in der evangelischen Liturgik in aller Regel wohl zu wenig Beachtung finden. Das betrifft vor allem die heilsökonomische, anthropologische und kosmologische Ortsbestimmung des Gottesdienstes. Durch diese Überlegungen wird der Gottesdienst erkennbar als der Ort, an dem die seit Adam depravierte Schöpfung überführt wird in die eschatologische Neuschöpfung, in welcher sich ganz neu die Glorie des Schöpfers widerspiegelt. Das Werk des Heiligen Geistes, der diese Neuschöpfung durch die Eingliederung in den Christusleib zustandebringt, findet mehr Beachtung als in anderen Entwürfen der evangelischen Gottesdienstlehre. Brunner bringt die reformatorische Gewißheit zur Geltung, daß in Wort und Sakrament das Christusheil real gegenwärtig ist und mitgeteilt wird. Gerade diese Gewißheit erschüttert jedes oberflächliche Gottesdienstverständnis und fordert den einen Glauben, der aus dem eschatologischen Gericht rettet. Außerdem stellt die Gottesdienststudie eine regelrechte Einweisung in die verantwortliche Gestaltung des Gottesdienstes dar. Diese Aspekte von Brunners Arbeit verdienen m.E. höchste Anerkennung und lassen ihre Behandlung im Rahmen der theologischen Ausbildung bis heute als empfehlenswert erscheinen.

Andererseits verdichten sich die Anfragen an eine bestimmte, in sich zusammenhängende Aussagenreihe der Gottesdienststudie zu dem Eindruck, daß es sich nicht empfiehlt, den reformatorischen Lehrtypus zu einem reformatorisch-ökumenischen Lehrtypus weiterzuentwickeln in der Weise, wie Brunner das tut. Das dogmatische Grundproblem, das bereits von Koch erkannt und herausgearbeitet

---

[412] O. KOCH, Gegenwart, 138.
[413] BRUNNER (Geleitwort Heilsgeschehen, XIf) sagt zu M. Seemanns Untersuchung: „Dabei war mir besonders aufschlußreich, wie der katholische Theologe die Zentrierung meiner Gottesdienstlehre um die Rechtfertigung hervorhebt."

worden ist[414], ergibt sich daraus, daß Brunner den Gottesdienst als einen solchen Dienst Gottes betrachtet, der sich prinzipiell nur in, mit und unter dem Dienst der glaubenden, geistbegabten Gemeinde vollzieht. Durch diese Betrachtungsweise droht der Dienst Gottes in Wort und Sakrament in Abhängigkeit zu geraten von dem „mitwirkenden Faktor" des Dienstes der Gemeinde. Die These von der Synthese aus sacramentum und sacrificium tendiert zu einem verkehrten Synergismus. Das zeigt sich bei Brunner darin, daß er von einem „innergemeindlichen Wort" spricht oder von einer Vergegenwärtigung des Heilsgeschehens, die nur in der Gemeinde möglich sein soll. Gottes Wort aber ist kein „innergemeindliches Wort", sondern ein der Gemeinde vorgegebenes Wort. Gottes Gegenwart und Gottes Heilsgabe muß auch nicht herbeigeführt werden durch einen Vergegenwärtigungsakt der Gemeinde, sondern sie ist an sein sein Wort gebunden und unmittelbar mit ihm gegeben. Wenn die Wirksamkeit der Gnadenmittel Verkündigung und Sakramentsspendung nicht eindeutig und ausschließlich zurückgeführt wird auf die Wirksamkeit des schriftlich vorliegenden Wortes Gottes, sondern in engsten Zusammenhang gebracht wird mit dem aktuellen Wirken der Gemeinde, dann ist der Verwechslung zwischen dem, was allein Gottes Werk sein kann, und dem Werk der Kirche Tür und Tor geöffnet. Diese Verwechslung ist nach reformatorischem Vorbild dadurch zu vermeiden, daß das Wort Gottes, wie im Gottesdienst verkündigt und leiblich zugewendet, nicht als ein von der Gemeinde hervorgebrachtes und getragenes Wort aufgefaßt wird, sondern als ein von Gott an die Gemeinde gerichtetes und sie tragendes Wort. Die Versammlung der Sünder kann sich das Wort, das sie richtet und rechtfertigt, nicht selbst sagen oder bringen, sondern sie kann es nur empfangen.[415] In der Abendmahlsfeier kommt dieses Gegenüber von Gabewort Gottes und empfangender Haltung der Gemeinde dadurch angemessen zum Ausdruck, daß die Einsetzungsworte nicht gebetet, sondern zugesprochen werden. In diesem Sinne muß Brunners Entwurf als revisionsbedürftig beurteilt werden.

---

[414] O. KOCH, Gegenwart, 112f.
[415] Nach LUTHER ist der Gottesdienst für den Menschen als Sünder da (WA 19, 73,14–17): „Aber umb der willen mus man solche ordnunge haben, die noch Christen sollen werden odder stercker werden. Gleych wie eyn Christen der tauffe, des worts und sacraments nicht darff als eyn Christen, denn er hats schon alles, sondern als eyn sunder." Vgl. V. VAJTA (ELKZ 8, 265): „Auch als Gottesdienstversammlung kommen wir nicht vom Evangelium her zum Gesetz, sondern vom Gesetz her zum Evangelium." Vgl. O. KOCH (Gegenwart, 112f): „In Anlage und Ausführung der Christus-Anamnese geht Brunner nicht davon aus, daß das opus Dei im Gottesdienst dem gerechtfertigten *Sünder* gilt. Die Betonung des sakrifizell-eucharistischen Handelns der Gemeinde, die Hineinnahme des pneumatischen habitus des Empfängers in die Bestimmung des Heilsgeschehens im Gottesdienst bewirkt die Abrogation des Gesetzes im Bereich der Wirklichkeit der Christus-Anamnese."

10.7 Die Gottesdienstbewegung der sechziger Jahre

In den sechziger Jahren, als die Bemühungen um eine Neuordnung des Gottesdienstes mit dem Agendenwerk der VELKD und der EKU zum Abschluß gekommen waren, begann eine Reihe von Versuchen zur Neugestaltung des Gottesdienstes, die mit dem Programmwort „Gottesdienste in neuer Gestalt" bezeichnet werden können.[416] Müller, der in seinem Aufsatz „Theologische und liturgische Aspekte zu den Gottesdiensten in neuer Gestalt" die Anfragen und Vorschläge der Gottesdienstbewegung zusammenfaßt, weist darauf hin, daß erstmals beim Dortmunder Kirchentag 1963 gottesdienstliche Experimente durchgeführt wurden, die vor allem im Bereich der kirchlichen Jugendarbeit und später auch in den Gemeindegottesdiensten Nachahmung fanden.[417] Kennzeichnend für die alternativen Gottesdienste war die Orientierung theologischer Aussagen an den Verstehensvoraussetzungen der säkularen Welt, die Behandlung gesellschaftspolitischer Fragen im Gottesdienst, die Umgestaltung der Liturgie, etwa nach dem Schema Information, Meditation, Diskussion und Aktion, oder die Neuformulierung von Bekenntnistexten und Gebetstexten.[418] Peter Brunner, der ein Jahrzehnt zuvor seine Gottesdienstlehre vorgelegt hatte, erblickte in der Gottesdienstbewegung eine theologische Herausforderung. Die angestrebten Wandlungen betrafen seiner Meinung nach nicht nur die äußere Gestalt, sondern auch den inneren Gehalt des Gottesdienstes.[419] Bevor Brunners Kritik an der Gottesdienstbewegung zur Sprache kommt (10.8), die auch manche Aspekte der Theologie des Gottesdienstes in der Gegenwart betrifft[420], sollen exemplarisch Ausführungen zum liturgischen (10.7.1) und hermeneuti-

---

[416] BRUNNER, Theol. Grundlagen, 103.
[417] K.F. MÜLLER, JLH 13, 54–77; hier: 54.
[418] P. CORNEHL, TRE 14, 78f; diese Beschreibung bezieht sich u.a. auf das bekannt gewordene „Politische Nachtgebet" in Köln. In der Einleitung des Bandes „Aktion Gottesdienst" (hg. v. U. SEIDEL/D. ZILS, 8f) kommt der bewußte Gegensatz zur bisherigen Gottesdiensttradition deutlich zum Ausdruck: „Es war einmal ... die Liturgie ein Zufluchtsort vor der als profan empfundenen Wirklichkeit. In der Liturgie sollte der Christ entschädigt werden für die vielen Schwierigkeiten, die er draußen in der Welt erleiden muß und die er nicht bewältigt, weil sein ‚eigentliches Tun' die Verherrlichung Gottes ist. ... Heute zeigt sich ... in der ‚Aktion Gottesdienst' weithin der Säkularisierungsprozeß unserer Welt einschließlich unserer Kirchen. ... ‚Aktion Gottesdienst' bedeutet: die Tagesordnung der Welt behandeln – sachgemäß und unreligiös."
[419] BRUNNER, Theol. Grundlagen, 103.
[420] Vgl. R. SLENCZKAs Darstellung und Beurteilung der Gottesdienstgestaltung im Jahr 1981 (Jus liturgicum. Die theologische Verantwortung für den Gottesdienst, ihre Aufgaben und Maßstäbe; ZEvKR 26, 263–279), die in der Frage gipfelt, „ob manche Formen und Inhalte von Gottesdiensten noch Gottesdienst sind, ob unsere Kirche noch Heilsgemeinde in der Erwartung der Wiederkunft Jesu Christi und in der Vorbereitung auf das Kommen seines Reiches ist" (278).

schen Ansatz (10.7.2) dieser Reformbewegung sowie Vorschläge zu liturgischen Gestaltungen (10.7.3) vorgestellt werden.

10.7.1 Gottesdienst und Wirklichkeit

Die Überschrift dieses Abschnitts entspricht dem Titel eines Aufsatzes von Hans-Helmut Knipping, in dem der Begriff „Wirklichkeit" folgendermaßen definiert wird: „Die Wirklichkeit ist die Welt, in der ich lebe. Sie verändert sich und ist selbst veränderbar."[421] Auf die wirkliche, moderne Welt mit ihrem naturwissenschaftlichen Weltbild, mit ihren sozialen Problemen, mit ihren politischen Herausforderungen und mit ihrer modernen Sprache muß der Gottesdienst bezogen sein, wenn er nicht unverständlich, wirklichkeitsfremd und damit belanglos werden soll, so der Leitgedanke Knippings.[422] Den theologischen Grund für die konsequente Orientierung aller gottesdienstlichen Elemente an der Weltwirklichkeit bildet Gottes Hereinkommen in die Welt durch den Menschen Christus.[423] Seitdem ist die Grenze zwischen profaner und sakraler Sphäre aufgehoben. Gottes Wirklichkeit begegnet von nun an mitten in der Weltwirklichkeit, beispielsweise in liebevoller Mitmenschlichkeit.[424]

Die Botschaft von der Menschwerdung Gottes zielt auf die positive Veränderung der Lebensverhältnisse ab, nicht etwa auf die Evangelisierung der säkularen Umwelt.[425] Diese Veränderung wird durch die „diakonia", „koinonia" und „martyria" der Kirche herbeigeführt, in der sich Christus verleiblicht hat.[426] Der Predigt kommt die Aufgabe zu, den Prozeß der Weltveränderung zu fördern durch die Berufung der Kirche zu einem „weltliche(n) Christentum".[427] Ebenso soll das Gebet die Gemeinde an „ihre Aufgaben vor Gott", d.h. an die Aufgabe eines solidarischen, engagierten, mitmenschlichen Lebens erinnern.[428]

Die Predigt, die die konkrete Lebenswirklichkeit des Menschen darzustellen und ihre Veränderung „durch den Prozeß Jesu" aufzuweisen hat, vermag ihre Aufgabe nur so zu erfüllen, daß sie auf eine metyphysische, jenseitige Sprache verzichtet und sich stattdessen in einer diesseitsbezogenen, wirklichkeitsgerechten Sprache artikuliert.[429] Die

---

[421] H.-H. KNIPPING, Gottesdienst und Wirklichkeit, 59.
[422] Vgl. die Aussage von E. LANGE (Chancen, 290): „Darum ergibt sich von allen Seiten her die zwingende Notwendigkeit, daß die Kirche mit ihrer Verkündigung und mit ihrer Ordnung, mit ihrer Verfassung und mit ihren Programmen flüssig wird in die heutige Wirklichkeit hinein."
[423] H.-H. KNIPPING, Gottesdienst und Wirklichkeit, 50f.
[424] A.a.O. 52.
[425] A.a.O. 52.62.
[426] A.a.O. 56.
[427] A.a.O. 57f.
[428] A.a.O. 58.
[429] A.a.O. 51.

Botschaft des Neuen Testaments ist „mit den Kategorien der Gegenwart" für den modernen, areligiösen Menschen so zu auszulegen, daß er unreligiös bleiben kann, selbst wenn er zum Glauben an Jesus Christus kommt.[430] „Glauben heißt nun nicht mehr, bestimmte Gegenstände, die außerhalb der Vernunft liegen, als wahr anzuerkennen, sondern ist Funktion zur Bewältigung der Existenz." Wenn die Kirche in diesem Sinne Glauben vermittelt durch einen ständigen, prinzipiellen Dialog zwischen Predigt und Wirklichkeit, besinnt sie sich auf das Erbe des Neuen Testaments und der Reformation, so die Ansicht Knippings.

10.7.2 Zur Transformation des Gottesdienstes

Diesen Titel trägt ein Beitrag von Klaus Meyer zu Uptrup zum 1967 veröffentlichten „Werkbuch Gottesdienst", in dem er eine „Krise des Gottesdienstes" konstatiert.[431] Diese Krise äußert sich in der Kritik junger Menschen an unzeitgemäßen Liedern, unverständlicher Bibelsprache und lebensferner Predigt im traditionellen Gottesdienst.[432] Meyer zu Uptrup erblickt die Ursache der Entfremdung heutiger Menschen vom christlichen Gottesdienst in der grundsätzlichen Distanz zwischen heutiger Lebenswelt und historischen, fremdartigen Bibeltexten.[433] Während in der Phase der mündlichen Überlieferung von Gottesbotschaften die überlieferte Sprachform in einem Prozeß der „unreflektierte(n) Transformation" auf die jeweils neue Hörersituation bezogen werden konnte, muß nach der Schriftwerdung und Kanonwerdung der Rede von Gott die aktuelle Auslegung zwischen erstarrtem Bibeltext und gegenwärtiger Problemsituation vermitteln.[434] Diese Aufgabe gestaltet sich inzwischen deshalb so schwierig, weil sich mit der Aufklärung und der Industrialisierung eine „Kulturschwelle" zwischen biblische Welt und Gegenwartswelt geschoben hat.

Die Aufgabe der Vermittlung zwischen Bibel und Gegenwart ist zum einen durch den Beitrag der „Bibelwissenschaft" zu lösen, welche die Inhalte und die übertragbaren Strukturen der biblischen Texte erhebt, zum anderen durch den Beitrag der „Weltwissenschaft", die aus der unübersichtlichen Gegenwart Problemfelder ausgrenzt, auf die jene biblischen Inhalte angewendet werden können.[435] Die mithilfe dieser Wissenschaften zu bewerkstelligende Transformation der Bibel ermöglicht den Dialog zwischen Mensch und Gott im Gottesdienst.[436]

---

[430] A.a.O. 62.
[431] In: G. SCHNATH (Hg.), Werkbuch Gottesdienst, 10–51; hier: 28f.
[432] A.a.O. 10f.
[433] A.a.O. 16f.
[434] A.a.O. 27f.
[435] A.a.O. 18.
[436] A.a.O. 13.24.

Weil dieser Dialog am besten im vorausgehenden Gespräch über denselben eröffnet wird, sollten Gemeindeglieder an biblisch-thematischen Erörterungen beteiligt werden, die den Gottesdienst vorbereiten, empfiehlt Meyer zu Uptrup.[437] Im Gottesdienst selbst kann die Bibel dadurch zum Sprechen gebracht werden, daß nicht nur Übersetzungen des Bibeltextes Verwendung finden, sondern auch sprachlich modernisierte „Übertragungen", inhaltlich modifizierte „Vergegenwärtigungen" („Problemgezielte Transformation") und zur Auseinandersetzung herausfordernde „Verfremdungen".[438] Auf diese Weise soll die Krise des Gottesdienstes überwunden werden.

10.7.3 Neue Gottesdienstformen

Da die „Gottesdienste in neuer Gestalt" von Ort zu Ort anders gestaltet wurden, läßt sich kein einheitlicher Grundtypus beschreiben, sondern nur an Beispielen vorführen, in welcher Weise man traditionelle Gottesdienstelemente variierte und ergänzte. Trotz aller Ungebundenheit lassen viele der Neugestaltungen einen Bezug zur Grundstruktur der überlieferten Liturgie erkennen. Dieser Bezug kommt in den folgenden herkömmlichen Bezeichnungen der Gottesdienstteile zum Ausdruck, während etwa Dieter Trautwein in seiner detaillierten Darstellung der neuen Gottesdienste dem gewandelten Gottesdienstverständnis gemäß unkonventionelle Bezeichnungen verwendet, nämlich die Begriffe „Eingangsphase", „Problemlösungsphase" (Predigt), „Reaktions- und Rekreationsphase" (Gebet, Bekenntnis), „Antezipationsphase" (Mahlfeier) und „Ausgangsphase".[439]

(1) Eröffnung. Am Beginn des Gottesdienstes spielt in vielen Entwürfen die Begrüßung eine wichtige Rolle, in der sich der Vertreter der Vorbereitungsgruppe vorstellt, eine Einführung in das Thema bzw. in den Problemhorizont des Gottesdienstes gibt oder Bekanntmachungen mitteilt. Dadurch soll eine Brücke zu den Gottesdienstbesuchern geschlagen und eine gastfreundliche Atmosphäre geschaffen werden.[440] In manchen Begrüßungen wird der Name des dreieinigen Gottes deutlich über der Versammlung ausgerufen, in anderen fällt das Votum aus. Stattdessen kann es heißen: „Im Namen unserer Vorbereitungsgruppe grüße ich Sie herzlich."[441] Die in der evangelischen Messe vorgesehenen Stücke Salutation und Sündenbekenntnis finden in der Regel keine Berücksichtigung.

(2) Verkündigung. Das Ziel, die Lebenswirklichkeit des modernen, kritischen Zuhörers in der Verkündigung zu berücksichtigen, soll er-

---

[437] A.a.O. 13.15.46–48.
[438] A.a.O. 30–44.
[439] D. TRAUTWEIN, Lernprozeß Gottesdienst, 114–122.
[440] G. SCHNATH, Werkbuch Gottesdienst, 158f.
[441] U. SEIDEL/D. ZILS, Aktion Gottesdienst, 154.

reicht werden durch die Klärung bibelwissenschaftlicher Fragestellungen vor oder in der Predigt, durch die Formulierung von Anfragen und Skepsis gegenüber dem Predigttext, durch gesungene oder gespielte Hinführungen zum Predigtthema oder durch dialogische Predigtformen.[442] Die Predigt kann auch ersetzt werden durch die gemeinsame Behandlung eines Themas in folgenden Schritten: Information – kommentierte Verlesung eines Bibeltextes – Rundgespräch – musikalische Meditation – praktische Vorschläge.[443] Die Predigtentwürfe und Gesprächsimpulse betonen die Notwendigkeit des christlichen Engagements in der Gesellschaft.

(3) Anrufung. An den Gebeten, die in den „Gottesdiensten in neuer Gestalt" nicht fehlen, fällt die Häufigkeit der knappen Gebetsanrede „Herr" auf. Der Name des dreieinigen Gottes wird kaum entfaltet. Die Gebetsformulierungen lenken die Aufmerksamkeit weniger auf Gott und sein Handeln als auf die Probleme der Welt und das notwendige menschliche Eingreifen. Zu diesem Zweck können Informationstext und Gebetstext eng miteinander verbunden werden.[444] Der Übergang zum Appell von Mensch zu Mensch liegt nicht fern, wenn es heißt: „Herr, wir wollen uns mit dieser Situation nicht abfinden."[445] Nicht wenige vorgesprochene und gemeinsam gesprochene Texte leiten zum Bekenntnis der Schuld an, die nicht nur mit dem persönlichen Leben, sondern vor allem mit gesellschaftlichen Strukturen zu tun hat. Auch der Glaube wird bekannt, dabei allerdings neu interpretiert; z.B. so: „Ich glaube an den Grund allen Seins, an Gott – an seine Offenbarung in der Schöpfung. Ich glaube an Jesus Christus, Offenbarung Gottes im Menschen. Ich glaube an den Heiligen Geist, Heilige Gemeinschaft derer, die von ihm erfaßt sind. Ich glaube, daß jeder Mensch im Gericht steht, in der Ewigkeit bleibt und Erlösung findet."[446] Das dankbare Bekenntnis und Anerkenntnis der Heilstat Jesu Christi am Kreuz tritt deutlich zurück.

(4) Mahlfeier. Als „Feier des Abendmahls in anderer Gestalt" wird ein in Bad Boll entworfenes Liturgieformular bezeichnet, das von der württembergischen Gottesdienstordnung kaum abweicht, allerdings die direkte Bezeichnung von Brot und Wein als Leib und Blut Christi offenkundig nicht vorsieht, sondern nur die Verlesung von 1.Kor 10,15–17 und 1.Kor 11,23–26 in einer Übertragung von Jörg Zink.[447] Es bleibt also offen, ob in der Feier tatsächlich Leib und Blut Christi ausgeteilt werden. In einer von Trautwein beschriebenen Agapefeier ist die Rückbindung an die Einsetzungsworte so gut wie aufgegeben,

---

[442] G. SCHNATH, Werkbuch Gottesdienst, 184–186.
[443] U. SEIDEL/D. ZILS, Aktion Gottesdienst, 206–208.
[444] G. SCHNATH, Werkbuch Gottesdienst, 225, Gebet I.
[445] U. SEIDEL/D. ZILS, Aktion Gottesdienst, 209.
[446] G. SCHNATH, Werkbuch Gottesdienst, 269.
[447] G. SCHNATH, Fantasie für Gott, 168f.

obwohl die Feier trotz aller Ungebundenheit wohl als eine Art von „Gottesdienst" verstanden werden soll: Mit dem gemeinsamen Essen verbinden sich eine thematische Erörterung, Lieder, Schriftlesungen, Brot- und Weinausteilung sowie das gemeinsame Planen für die Schalom-Arbeit.[448]

(5) Sendung. Am Ende der neugestalteten Gottesdienste kommt häufig in konzentrierter Weise der Aufruf zu einem bestimmten christlichen Handeln zum Ausdruck. Dieser Aufruf, der nicht selten erkennbar die Zielvorstellung der Vorbereitungsgruppe beinhaltet, kann sich direkt mit einem Segenszuspruch oder einer Verheißung verbinden, etwa in folgender Weise: „Ich beauftrage Sie im Namen Gottes, weiterzugeben, was Sie gehört haben. Sie haben die Vollmacht, Christus in der Welt zu vertreten. Er verspricht Ihnen keinen Erfolg; er verspricht Ihnen aber, jeden Tag bei Ihnen zu sein."[449] Der Gottesdienstteilnehmer wird nicht als beschenkter Mensch entlassen, sondern als ein durch bestimmte Problemlösungsansätze in die Pflicht genommener Mensch.

10.8 Brunners Kritik an den „Gottesdiensten in neuer Gestalt"

Sowohl in dem Aufsatz „Theologische Grundlagen von Gottesdiensten in neuer Gestalt" von 1970[450] als auch in dem Vortrag „Theologie des Gottesdienstes" von 1973[451] hat Brunner zu den Reformbestrebungen der Gottesdienstbewegung Stellung genommen. Beide Beiträge werden im folgenden zusammengefaßt und kommentiert unter den Überschriften „Der zeitgemäße Gottesdienst" (10.8.1), „Der endzeitliche Gottesdienst" (10.8.2) und „Der vernünftige Weltdienst" (10.8.3).

10.8.1 Der zeitgemäße Gottesdienst

Die Frage nach einer in der Gegenwart angemessenen Gestalt des Gottesdienstes hält Brunner für ein durchaus legitime Frage, die im Verlauf der Liturgiegeschichte immer wieder neu gestellt und neu beantwortet wurde.[452] Allerdings ist an jede Antwort, die den Gottesdienst der apostolischen Kirche neu ordnet, die kritische Rückfrage zu stellen, ob sie von dem apostolischen Evangelium getragen ist.[453] Der enge Zusammenhang zwischen einem veränderten Gottesdienst und

---

[448] D. TRAUTWEIN, Lernprozeß Gottesdienst, 170f.
[449] G. SCHNATH, Werkbuch Gottesdienst, 283.
[450] In: W. BLANKENBURG u.a. (Hg.), Kerygma und Melos, Kassel 1970, 103–114.
[451] BeW 163–188.
[452] BeW 171.
[453] A.a.O. Vgl. Theol. Grundlagen, 104.

einer veränderten Theologie wird in der Gottesdienstbewegung selbst deutlich erkannt.[454] Folglich stehen nicht einfach Gestaltungsfragen, sondern tiefgreifende theologische Fragen zur Debatte. Schon in den Auseinandersetzungen der Aufklärungszeit um den vernünftigen, zeitgemäßen Gottesdienst war dies der Fall.[455] Diese Fragen betreffen (1) die Gotteslehre, (2) das christologische Bekenntnis, (3) das Schriftverständnis und (4) die entsprechenden Folgen für einzelne Elemente des Gottesdienstes.

(1) Die in der Gottesdienstbewegung wirksame *Gotteslehre* hängt zusammen mit einer „*radikalisierten* Aufklärung", die die Menschheit der Gegenwart erlebt, so Brunners Analyse im Jahr 1973.[456] Die geistesgeschichtliche Situation ist gekennzeichnet von der „Überzeugung, daß wirklich nur das ist, was empirisch erfahrbar und verifizierbar ist". In dem Maße, wie sich diese Überzeugung in der Kirche durchsetzt, schiebt sich die Frage nach der Notwendigkeit von „theologischen Überbrückungsversuchen" zwischen gesellschaftlichen und kirchlichen Überzeugungen sowie die Frage nach dementsprechend neugestalteten Gottesdiensten in den Vordergrund der innerkirchlichen Diskussion.[457] Der Versuch des theologischen Brückenschlages zwischen gesellschaftlichen Vorstellungen und dem kirchlichen Glauben, wie von Schleiermacher, Tillich und Robinson in Variationen durchgeführt, zielt in der Regel darauf ab, die Größe „Gott" strikt innerhalb der erfahrbaren und erforschbaren Weltwirklichkeit zu verorten. Gott erscheint dann als „die Tiefe des Lebens", als „das, was mich unbedingt angeht" oder als das Bestimmtsein durch Liebe in der mitmenschlichen Beziehung.[458] Eine solche Interpretation des Begriffs „Gott" beruht auf der Denkvoraussetzung, daß es nur die eine Wirklichkeit dieser Welt gibt, in der sich das Menschliche und das Göttliche gegenseitig durchdringen.[459] Diese Denkvoraussetzung trägt den Charakter einer unbedingt geforderten dogmatischen These.

Die These ist deswegen falsch, weil dem christlichen Dogma zufolge die Wirklichkeit der gesamten Kreatur scharf zu unterscheiden ist von der Wirklichkeit des Schöpfers, Erlösers und Richters der Welt. Der Mensch, der die reale Distinktion zwischen Gott und Menschenwelt aufhebt, verkennt sein Menschsein und leugnet in einer Hybris des Denkens das Gottsein Gottes. Die These von der transzendenten Gottheit in der immanenten Wirklichkeit läßt sich keineswegs mit dem Hinweis auf die Menschwerdung Gottes begründen. Denn wenn sich die Christenheit zur Menschwerdung des Sohnes Gottes bekennt,

---

[454] Theol. Grundlagen, 106.
[455] A.a.O. 104.
[456] BeW 165.
[457] BeW 166.
[458] BeW 167.
[459] Theol. Grundlagen, 107.

bekennt sie sich gleichzeitig zur bleibenden Gottheit des Vaters und des Sohnes, nicht etwa zur Vermenschlichung und Verweltlichung Gottes.[460] Brunner verweist auf die altkirchliche Christologie, die im Blick auf die Person Jesu Christi selbst an der bleibenden Unterscheidbarkeit von Gottheit und Menschheit festhält.

Innerhalb der Gottesdienstbewegung läßt sich noch eine zweite Möglichkeit beobachten, wie der Gottesgedanke strikt innerhalb des Bereichs der vorfindlichen Welt verortet werden kann. Der Begriff „Gott" wird gedeutet als eine Größe, die nicht als festgelegte, statische Größe in der Gegenwart existiert, sondern die sich im Werdeprozeß zwischen Gegenwart und Zukunft erst entwickelt: „Gott ist ... im Werden der Zukunft."[461] Indem die gottesdienstliche Versammlung nach dem fragt, was sie aus der auf sie „zukommenden gesellschaftlichen Zukunft heraus jetzt hier unbedingt angeht", begegnet sie konkret „Gott".[462] Dieser Gott der Hoffnung oder Gott der Revolution verpflichtet die Gemeinde, sich am gesellschaftlichen Umgestaltungsprozeß zu beteiligen und so den Prozeß des Reiches Gottes zu verwirklichen.[463] Der in einer solchen Prozeßtheologie entwickelte Gottesbegriff läßt sich nach Brunners Meinung nicht auf den in Jesus Christus offenbarten dreieinigen Gott anwenden. Denn jener Gott, der in der Endzeit durch seinen Geist Heil schafft und die Heilsgeschichte so ihrem Ziel entgegenführt, ist in seinem ewigen Wesen nicht den Bedingungen, Entwicklungen und Zufälligkeiten der Geschichte unterworfen.[464]

Brunner zeigt auf, wie ein modern anmutender, beschränkter Wirklichkeitsbegriff in Verbindung mit dem Bemühen, Gott und Weltwirklichkeit denkerisch zu vermitteln, dazu führt, daß die Wirklichkeit des lebendigen Gottes verkannt und verfehlt wird. Was wahr und wirklich ist, wird dabei nicht nach dem Wort Gottes bestimmt, sondern gemäß einer neuzeitlichen Weltanschauung definiert. An die Stelle des Gegenübers von Schöpfung und Schöpfer tritt das Ineinander von Welt und einem göttlichen Weltgeheimnis. Daraus folgt unvermeidlich jene Divinisierung des Kreatürlichen, vor der Paulus in Rö 1,25 warnt. Die Zeit, eine Kreation des ewigen Gottes, soll angeblich ihn selbst verändern, den unverändert Allmächtigen, „der da ist und der da war und der da kommt" (Offb 1,8). Die immanente Trinitätslehre, welche die biblisch bezeugte Selbständigkeit und Weltüberlegenheit des dreieinigen Gottes festhält, findet im Bereich des neuen Immanenzdenkens nicht die Beachtung, die ihr gebührt. Es ist zu vermuten, daß dieses Denken auch hinter folgender These Dietrich Rösslers steht, in wel-

---
[460] BeW 170.
[461] BeW 167.
[462] Theol. Grundlagen, 108.
[463] A.a.O.108f.
[464] Vgl. BeW 172f.183.

cher der personale, mit dem Namen Jesu verknüpfte Gottesbegriff durch einen neutralen, anonymen Begriff von Göttlichkeit ersetzt ist: *„Der evangelische Gottesdienst ist Ausdruck und Darstellung unserer Beziehung auf den Grund unseres Lebens und also auf das, worüber wir nicht verfügen."*[465] Nach Brunner müßte die These wohl etwa so lauten: „Der evangelische Gottesdienst ist reale Begegnung und Kommunikation zwischen dem dreieinigen, in Jesus Christus offenbarten Gott und dem Menschen, in welcher der todverfallene Mensch das ewige Leben geschenkt bekommt, das er nicht verdient hat."

(2) Der modernisierten Gotteslehre entspricht eine modernisierte *Christologie*, die eigentlich nur als „Jesulogie" bezeichnet werden kann. Ihr Gehalt läßt sich folgendermaßen zusammenfassen: „Jesus ist der eine Mensch, in welchem die Liebe Gottes zur Welt unüberbietbar konkret geworden ist, sowohl in seiner Person wie in seinem Geschick, derart, daß Glaube an ihn nur dies bedeuten kann, daß der in Jesus sichtbar gewordenen Bewegung zur Welt hin in einem konkreten Existenzvollzug entsprochen wird."[466] Jesus wird nicht mehr als der präexistente, fleischgewordene Sohn Gottes bekannt, sondern aufgrund seines hervorragenden Menschseins „Sohn Gottes" genannt. Sein Tod erscheint nicht mehr als sühnende Heilstat, sondern als gesellschaftlich bedingte Folge seiner Solidarität mit den Sündern. Seine Auferstehung bedeutet nichts anderes, als daß er dort weiterwirkt, wo man radikal für andere da ist.[467] Eine solche Christologie erinnert an die Urbildchristologie Schleiermachers oder die ethisch orientierte Christologie Ritschls.[468] Das Interesse an Jesus beschränkt sich auf den ethischen Impuls, der von seinem Leben ausgeht, in genauer Entsprechung zum Interesse der Gottesdienstbewegung am weltverändernden Handeln. Daß die dogmatische Begrifflichkeit nur noch dazu dient, die ethische Konkretion zu rechtfertigen, wird beispielsweise dort deutlich, wo die Verbesserung der Arbeitsverhältnisse als Inkarnation Christi bezeichnet wird.[469]

Brunner erklärt rundheraus, daß unter der Voraussetzung derartig radikaler Umdeutungen des christlichen Bekenntnisses der christliche Gottesdienst nicht mehr möglich ist.[470] Denn der christusgemäße Gottesdienst beruht in seiner Mitte auf dem Bekenntnis zu dem dreieinigen Gott und dem menschgewordenen Sohn Gottes, der als solcher die Versöhnung zwischen dem weltüberlegenen Gott und dem Menschen dieser Welt schafft. Das altkirchliche, trinitarisch fundierte christologische Bekenntnis erweist sich in der modernen theologischen

---

465 D. RÖSSLER, Grundriß, 441.
466 Theol. Grundlagen, 109.
467 A.a.O. 109f.
468 A.a.O. 110.
469 A.a.O. 112.
470 BeW 170.

Diskussion als unverzichtbares Kriterium wahrer und falscher Christologie.[471]
Christologische Entscheidungen, wie in CA I und CA III festgehalten, werden durch eine symbolische Interpretation des Gottseins Jesu Christi und einen dementsprechenden gottesdienstlichen Wortgebrauch also nicht etwa zeitgemäß weiterentwickelt, sondern in einer an den Ebionitismus und Arianismus erinnernden Gegenentscheidung aufgehoben. Damit aber ist dem christlichen Gottesdienst seine Grundlage entzogen, die nach Brunner in dem Dienst des Gott-Menschen Jesus Christus und seiner pneumatischen, leiblichen Gegenwart im Gottesdienst besteht.

(3) Die Neuinterpretation des trinitarischen und christologischen Dogmas setzt die Neuinterpretation der *Schriftaussagen* voraus. Dabei spielt Bultmanns Entmythologisierungs- und Existentialisierungsprogramm eine wichtige Rolle.[472] Brunner setzt sich mit diesem Programm in diesem Zusammenhang nicht näher auseinander[473], sondern unterstreicht, daß er eine Übersetzung der biblischen Begriffe in die heutige Sprache grundsätzlich für nötig und möglich hält.[474] Er kritisiert jedoch die Umdeutung und die Verdrängung der in den biblischen Begriffen beschlossenen Aussageinhalte.[475] Gott als „Schöpfer", „Richter" und „Herr" darf beispielsweise nicht als „funktionale Größe innerhalb der einen Weltwirklichkeit" gedacht werden, sondern will als „das eine, aller Weltwirklichkeit gegenüberstehende Du" erkannt sein. Die konkrete Autorität des biblischen Wortes wird in Brunners Sicht aber nicht nur durch eine Exegese aufgehoben, die seinen Aussagegehalt beiseite setzt, sondern auch durch die Überblendung der Botschaft Gottes durch jene Botschaft, die angeblich aus der konkreten Weltsituation heraus unmittelbar in den Gottesdienst hereinspricht.[476] Wo man die Bibel in einen Dialog mit der Gegenwart einfügt, bei dem der „Anspruch der Stunde" den Wahrheitsanspruch der Schrift überlagert, spielt der biblische Text als mögliche Verstehenshilfe der heutigen Zeit nur noch eine untergeordnete Rolle und kommt mit seinem theologischen Wirklichkeitsverständnis nicht mehr zur Geltung.[477]

Brunner drängt also darauf, daß die Inhalte der in der Heiligen Schrift bezeugten Botschaft den Gottesdienst inhaltlich bestimmen. Der Gedanke, daß die biblischen Begriffe im Blick auf eine veränderte Situation neu bedacht und übersetzt sein wollen, verbindet Brunner

---

[471] A.a.O.
[472] Theol. Grundlagen, 106.
[473] Vgl. dazu 8.5.
[474] Theol. Grundlagen, 106.108.
[475] A.a.O. 108.
[476] A.a.O. 111.
[477] A.a.O. 111f.

zwar mit einem Vertreter der Gottesdienstbewegung wie Meyer zu Uptrup.[478] Doch Brunner geht nicht von der Vorstellung aus, daß ein historischer Text mittels wissenschaftlicher Bearbeitungstechniken für die Gegenwart zu erschließen sei, sondern davon, daß sich das Wort Gottes selbst im Gottesdienst für den Hörer der Gegenwart erschließt.[479] Seine Hermeneutik stützt sich nicht in erster Linie auf ein wissenschafttheoretisches, sondern auf ein pneumatologisches Fundament. Die Voraussetzung, daß der Geist Christi mittels der Verkündigung einweist in das Evangelium von Christus, sollte inhaltliche Verkürzungen des Evangeliums durch eine modernistische Interpretation ausschließen. Weil Bultmanns Interpretationsmodell zu solchen Verkürzungen führt, wäre es wohl sinnvoll gewesen, gerade in der Debatte um die Gottesdienstexperimente noch deutlicher auf die theologischen und liturgischen Folgen dieser Interpretationsansatzes hinzuweisen. Außerdem wäre zu erwägen, ob gegen das Programm einer Transformation des Gottesdienstes nicht eingewendet werden muß, daß der Gottesdienst ohne die grammatische Form des Wortes Gottes der Heiligen Schrift nicht mehr zentriert werden kann um die apostolische Form des Evangeliums. Stuhlmacher etwa unterstreicht die Bedeutung des unauflöslichen Zusammenhangs zwischen Form und Inhalt, wenn er im Blick auf das Zentrum des Evangeliums sagt: „Der Sachverhalt des Kreuzesgeschehens ist uns nur *in* der Sprachgestalt des neutestamentlichen Zeugnisses zugänglich, und wenn wir uns von der Sprachgestalt der Texte zu lösen versuchen, löst sich auch der Sachverhalt auf, den die Zeugen bezeugen wollen."[480]

Als eine Beleg dafür, daß die Auseinandersetzung um die Autorität der Schrift im Gottesdienst keineswegs beendet ist, sondern wie jeder Autoritätenkonflikt stets neu aufbricht, läßt sich folgende Äußerung Ulrike Schweigers werten: „Was die *Autorität der Schrift* betrifft, so prüfe ich die Texte mit dem hermeneutischen Schlüssel ‚strukturelle Gerechtigkeit für die Entrechteten'. Prinzipiell kann ich mir beides vorstellen: mit und gegen einen Text zu predigen."[481] Nach Brunners Auffassung ist es dagegen ebenso unnötig wie unmöglich, gegen den Text zu predigen, weil der Text der Schrift das Evangelium von der personifizierten Gerechtigkeit für die Ungerechten aufbewahrt.

(4) Der theologische Ansatz der Gottesdienstbewegung wird von Brunner gekennzeichnet mit der Formel: „ein Gott der immanenten Transzendenz".[482] Der Heidelberger Theologe skizziert, in welche

---

[478] Siehe 10.7.2.
[479] Siehe 8.3.
[480] P. STUHLMACHER, Zur Predigt am Karfreitag, 38.
[481] U. SCHWEIGER, Frauen-predig(t)en, 136.
[482] BeW 167. Vgl. A. KLASSENs Exkurs (Heilsgeschichte, 204–207): „Aspekte einer Geschichte des Transzendenzverlustes."

Richtung sich der Gottesdienst, der sich auf diesen Gott bezieht, mit innerer Notwendigkeit entwickeln muß.

Der *Predigt* wird einerseits die Aufgabe zukommen, den Gottesdienstbesucher „zur Berührung mit der Tiefe des Seins" zu führen, wozu psychologische Erkenntnisse, meditative Techniken und kultische Tänze beitragen können.[483] Andererseits soll sie zu gesellschaftsverändernden Aktionen anregen, weshalb sie möglichst eindrücklich über die aktuelle Situation zu informieren hat. Viel besser als im Monolog über den biblischen Text läßt sich die Botschaft der Stunde in der Diskussion über die Weltsituation erheben.[484]

Dementsprechend muß sich das Gebet einerseits einer meditativen Besinnung annähern, die „zur inneren Berührung mit der Tiefe des Seins führt", andererseits aber zu einem motivierenden Aufruf werden, sich für die Veränderung der Welt zu engagieren.[485] Der ganze Gottesdienst wird einer „durchgreifenden Ethisierung" unterworfen.[486]

Im *Bekenntnis* kann nicht länger der Glaube an den dreieinigen Gott, sein Schöpfungswerk und sein Heilswerk in seinem Sohn zum Ausdruck kommen, sondern der Glaube an das kraftvolle Urbild des Menschen Jesus, der sich der diskriminierten Randgestalten der Gesellschaft angenommen hat.[487] An Jesus zeigt sich, daß Gott welthaft geworden und nur im säkularen Bereich zu finden ist.

Das *Sakrament des Altars* dürfte sich mehr und mehr verwandeln in „eine Feier erfahrbarer Mitmenschlichkeit" in der Form der Agape-Feier, die eindeutig kein Herrenmahl mehr darstellt und deshalb auch keine sakramentale Gabe beinhaltet.[488]

In Neugestaltungen dieser Art zeichnet sich nicht nur eine Veränderung der Gestalt des Gottesdienstes ab, sondern eine Veränderung seines theologischen Gehaltes.[489] Dies aber muß nach Brunners Überzeugung als unzulässig beurteilt werden, weil „das innere geistliche Wesen des Gottesdienstes" durch das apostolische Urzeugnis, das uns im Neuen Testament (in dem ihm eigentümlichen Zusammenhang mit dem Alten Testament) gegeben ist, ein für allemal festgelegt" ist. So wahr die Gestalt des evangelischen Gottesdienstes immer wieder der Reform bedarf, so wahr darf sich in der Gottesdienstordnung der apostolischen Kirche keine Entstellung des apostolischen Evangeliums widerspiegeln.[490] Eine solche Entstellung aber kommt zustande durch die Anwendung einer Theologie der immanenten Transzendenz auf den Gottesdienst. Sie führt nicht nur zur

---

[483] BeW 168f.
[484] Theol. Grundlagen, 112.
[485] BeW 169.
[486] BeW 168.
[487] BeW 170.
[488] BeW 171.
[489] Theol. Grundlagen, 114.
[490] BeW 171f.

„Transformation", sondern auch zur „Transsubstantiation" des Gottesdienstes.[491]

Man kann wohl sagen, daß Brunner am Anfang der siebziger Jahre einige der künftigen Trends in Liturgik und Liturgie richtig vorausgesehen hat, wobei sich in den neunziger Jahren der gesellschaftspolitische Impuls stärker als bisher mit dem Paradigma der Mystik zu verbinden scheint.[492] Die Einbeziehung von psychologischen und soziologischen Theorien in die Theologie des Gottesdienstes geht so weit, daß die humanwissenschaftliche Hypothese apodiktisch zur Grundlage der theologischen Erkenntnis erklärt werden kann: „Der Gottesdienst ist ein Ritual – dieser Satz ist das Fundament (!), aber nicht schon das Ergebnis theologischer Reflexion."[493] Bezeichnenderweise fällt in dem zitierten Text die theologische Betrachtung des Gottesdienstes ganz aus zugunsten seiner Betrachtung als Ritual, welches im Sinne der „Zwangsneurose", des „Urvertrauen(s)" oder der „Interaktion" gedeutet werden kann.[494] Die psychologische Theorie kann sich mit einer Theorie des kultischen Tanzes verbinden: „Menschen werden in ihren rituellen Handlungen, besonders aber im Tanz um die Mitte zu *Mitschöpferinnen und Mitschöpfern des Universums*. Durch die rituelle Verwirklichung des Weges bleibt es jedoch nicht bloß bei einer abstrakten Imitation mythischer Vergangenheit, sondern das Urbild wird beschworen und erscheint in seiner realen Wirkmächtigkeit und Präsenz."[495] Das Wort, das die Realpräsenz Christi schenkt, wird aber nicht nur durch kultische Rituale verdrängt, sondern auch durch die These, daß die Agende einer „lebendigen Liturgie" „aus den Tagesordnungen der Welt" zu gewinnen sei.[496]

In gleichem Maße scheint Brunners Prognose, daß sich das Verständnis des Gebets, des Bekenntnisses oder des Sakraments wandeln wird, durch neuere theologische Aussagen bestätigt zu werden. Die Bezeichnung des Gottesdienstes als „symbolische Kommunikation"[497] beläßt es im unklaren, ob in dieser Versammlung eine reale, vom mündlichen und leiblichen Wort getragene Kommunikation zwischen Gott und Mensch zustandekommt. Dasselbe gilt für die Definition, daß der Gottesdienst „als Gebet" „ein je neues Wagnis" darstelle,

---

[491] BeW 171.
[492] M. HAUSTEIN (Mystik – Zukunft des Christentums?, DtPfBl 98, 327–331, hier: 330) meint, daß es sich bei der jetzt anbahnenden, von Dorothee Sölle und Jörg Zink proklamierten „Phase mystischer Spiritualität" nicht um eine „kapitulantenhafte religiöse Regression" handle, sondern um „eine Synthese und Verknüpfung von göttlichem ‚Grund' und Weltauftrag".
[493] M. JOSUTTIS, Der Gottesdienst als Ritual, 50.
[494] A.a.O. 40–49.
[495] B. ENZNER-PROBST, Gott dienen? – Gott tanzen! Gottesbild und Gottesdienst aus der Perspektive von Frauen, 50.
[496] R. DEGENHARDT, Lebendige Liturgie als Dimension des Kirchentags, 101.
[497] P. CORNEHL, Gottesdienst als Integration, 70.

„sich verstehend auf Gottes Heilswirklichkeit einzulassen", wobei man „wohl an die Grenzen des (theologisch) Erlaubten gehen muß, um routinisierte und dogmatisch gesicherte Vermittlungsschematik für Transzendenzerfahrung zu öffnen".[498] Der Zusammenhang zwischen Gottes offenbarendem Wort und der anbetenden, bekennenden Antwort der Gemeinde dürfte nicht angemessen erfaßt sein, wenn behauptet wird, daß der Gottesdienst als Bekenntnis „keine Frage der dogmatischen Inhalte" sei, weil sich in seinem Vollzug „die Identität der feiernden Gemeinde" darstelle.[499] Die verbreitete Angewohnheit, das vom Wort Gottes bestimmte Dogma auszuspielen gegen ein von menschlichen Erfahrungen bestimmtes Deutungsschema und Erwartungsprofil, schlägt sich auch in den Liturgien der Feierabendmahle nieder, die das Herrenmahl als „das Urbild des Miteinanderteilens" interpretieren.[500]

Brunners Kritik an der Gottesdienstbewegung hat von ihrer Aktualität deshalb nicht eingebüßt, weil die neuere Liturgik zumindest teilweise Ansätze dieser Bewegung weiterentwickelt. Diese Kritik spitzt sich zu in der Frage, ob sich die Theologie des Gottesdienstes auf den Gott der immanenten Transzendenz bezieht oder auf Gott, den Vater, den Allmächtigen, den Schöpfer Himmels und der Erde. In der Diskussion um ein angemessenes Verständnis des Gottesdienstes geht es um nicht weniger als um die Frage nach dem Gehorsam gegenüber dem ersten Gebot.[501] Sollte der Gottesdienst der Kirche dieses Gebot verfehlen, dann hätte er sich in Götzendienst verkehrt.

10.8.2 Der endzeitliche Gottesdienst

Dem theologischen Ansatz der Gottesdienstbewegung stellt Brunner in seinem Vortrag „Theologie des Gottesdienstes" solche theologische Erkenntnisse gegenüber, die die inhaltliche Entleerung und Umprägung des evangelischen Gottesdienstes ausschließen. Diese Erkenntnisse sind in der „Lehre vom Gottesdienst der im Namen Jesu versammelten Gemeinde" bereits enthalten, bedürfen jedoch in der konkreten Auseinandersetzung der besonderen Hervorhebung.

Zunächst unterstreicht Brunner die grundlegende Bedeutung der Erkenntnis des ewigen, dreieinigen Gottes, seiner Schöpfertat und seiner Herrschaft über die Welt.[502] Nur dort, wo der Mensch Gottes

---

[498] K. KLEK, Erlebnis Gottesdienst, 283. Derselbe Autor plädiert auch für eine „stärkere Gewichtung des *Religiösen* gegenüber der Theologie" (a.a.O.).
[499] A.a.O. 297.
[500] Lorenzer Ratschläge, 329.
[501] Nach LUTHERs Ansicht bezieht sich der römisch-katholische Gottesdienst auf einen anderen Gott (BSLK 463,1–3): „Und des Gaukelwerks unzählich viel, welche wir befehlen ihrem (!) Gott und ihnen selbs anzubeten, bis sie('s) es mude werden, wir wollen damit unverworren sein."
[502] BeW 172f.

Schöpfersein und sein eigenes Geschaffensein anerkennt, verwirklicht sich wahre Menschlichkeit.[503] Ohne die Realisierung der Gottesbeziehung kann es nicht zu einer echten Humanisierung kommen.

Sodann darf in der aktuellen Diskussion nicht verdrängt werden, daß auch der Mensch, der Gottes Gottsein leugnet, „coram deo" existiert, deswegen aber unter Gottes Zorn gestellt ist und der ewigen Verlorenheit entgegengeht.[504] Ohne die *„Erkenntnis der Verlorenheit des Menschen vor Gott"* ist eine *„Erkenntnis des Heiles"* nicht möglich.[505] Dementsprechend geht es im Gottesdienst nicht in erster Linie um die Motivation, Provokation oder Erziehung des Menschen, sondern vor allem um die Errettung des Menschen.[506]

Mehr Beachtung als bisher verdient auch der biblische „Kampf um die Reinheit des auf den heilschaffenden Gott gerichteten Gottesdienstes".[507] Nicht nur die Berücksichtigung von außerchristlichen religiösen Vorstellungen tastet die Einzigkeit des dreieinigen Gottes an, sondern auch die Bezugnahme auf „weltimmanente Sachverhalte", die „mit dem Anspruch numinoser Letztwerte als Gestaltungsmächte des christlichen Gottesdienstes" zur Geltung gebracht werden. Hier droht die Auslieferung der Gemeinde Jesu Christi an die Herrschaft der „Mächte der Welt" (Gal 4,3; Kol 2,8).

Im Mittelpunkt der Theologie des Gottesdienstes kann nichts anderes stehen als das in seinem Aussagegehalt unveränderte Evangelium von der Heilstat des Gott-Menschen Jesus Christus.[508] Seit Pfingsten gibt der Heilige Geist dem einzelnen Menschen Anteil an dieser Heilstat und verwirklicht so Gottes Heilsratschluß für jene letzte Zeit vor der Parusie Christi.[509] Der endzeitliche Gottesdienst beinhaltet nicht etwa eine bloße Information über die bereits geschehene Errettung aller Menschen, wie die Vertreter des Heilsuniversalismus behaupten, sondern in ihm ereignet sich die rettende Inkorporation des einzelnen Menschen in Christus durch das Werk des Heiligen Geistes.[510]

Schließlich ist daran zu erinnern, daß sich Gottes rettender Geist eindeutig zu erkennen gibt, indem er die Heilsvermittlung durch die Verkündigung des Evangeliums und die Spendung der Sakramente bewerkstelligt, während sich der Geist der Zeit, der das Christusheil verdrängt, unter mannigfachen Gestaltgebungen verbergen kann.[511] In der Anbetung des dreieinigen Gottes durch die im Namen Jesu versammelte Gemeinde aber manifestiert sich unverwechselbar jener

---

[503] BeW 173.
[504] BeW 174f.
[505] BeW 175.
[506] BeW 176.
[507] A.a.O.
[508] BeW 177.
[509] BeW 178f.
[510] BeW 180.
[511] BeW 181f.

Geist, der seinen Ursprung nicht in dieser Welt und ihrer Geschichte hat, sondern aus Gottes ewiger Welt kommt und in der Endzeit zu Gottes neuer Welt hinführt.[512]

Mit diesen Thesen stellt Brunner einer bestimmten Form von zeitgemäßem Gottesdienst den endzeitlichen Gottesdienst entgegen. Der bedrängende Horizont der aktuellen geistigen und gesellschaftlichen Situation, in der die Gemeinde Jesu Christi steht, darf nicht zur bestimmenden Gestaltungskraft des Gottesdienstes werden. Denn inmitten ihrer Zeit kann die Gemeinde Jesu Christi nur leben und bestehen durch das Wort Gottes, das den Blick für das aktuelle Heilshandeln des dreieinigen Gottes im Horizont der Ewigkeit eröffnet, welches als bestimmende Gestaltungskraft des Gottesdienstes und des Lebens die nötige Hoffnung und Kraft zum heutigen christlichen Handeln vermittelt.[513]

10.8.3 Der vernünftige Weltdienst

Der durch den Heiligen Geist geschaffene endzeitliche Gottesdienst muß in der neuzeitlichen Welt wie ein Fremdkörper wirken.[514] Gerade in seiner Fremdheit ist er ein verheißungsvoller Gottesdienst.[515] Das bedeutet aber nicht, daß die gottesdienstliche Gemeinde sektenhaft ausgegliedert und geschieden wäre von ihrer Umwelt. Vielmehr behält die christliche Gemeinde auch in ihrer gottesdienstlichen Feier die Welt im Blick, und zwar einerseits als eine von Gott erhaltene, lebensspendende Welt und andererseits als eine vom Bösen bedrohte, lebenszerstörende Welt.[516] Die Gemeinschaft der Christen steht dem Ringen zwischen dem vernünftig Guten und dem unvernünftig Bösen in der Welt nicht gleichgültig gegenüber, sondern ergreift Partei für das vernünftig Gute. Dazu trägt auch der Gottesdienst in fünffacher Weise bei.

(1) Erstens fördert der Gottesdienst den christlichen Glauben, der das „urmenschliche(s) Wissen um den vernünftigen Nomos des Guten" nicht aufhebt, sondern erst recht zur Geltung bringt.[517] (2) Zweitens beziehen sich die Fürbitten der Kirche auf die Verwirklichung des

---

[512] BeW 183.
[513] Vgl. K. SCHWARZWÄLLER (Gottesdienst und Gegenwart: Realpräsenz versus Zeitverfallenheit, 165): „*Welche Gegenwart prägt unsere Gottesdienste?* Ist es die *Gegenwart des Herrn*, die sie erfüllt und ihnen Gehalt und Gestalt verleiht, aus der sie demgemäß Leben und Kraft empfangen? Oder ist es die *Gegenwart als solche*, also die unserer Zeit, so daß unsere Gottesdienste sich speisen aus dem Präsens unseres Kirchentums, unserer Theologie und unserer Frömmigkeit?"
[514] BeW 184.
[515] Brunner verweist auf 1.Petr 2,11 und Hebr 11,9, wo Glaubende als „Fremdlinge" bezeichnet werden. Vgl. 1.Petr 1,1; Hebr 11,13.
[516] BeW 185.
[517] BeW 186.

lebensdienlichen Guten inmitten lebenswidriger Verhältnisse. (3) Drittens unterstützt die Gemeinde mit ihrer Geldgabe lebensförderliche Dienstleistungen.[518] (4) Viertens leitet die Predigt dazu an, das in der konkreten Situation Wahre, Gerechte und Lobenswerte zu bedenken und umzusetzen (Phil 4,8). (5) Fünftens werden Christen durch den Gottesdienst dazu befähigt und ermutigt, in ihrem Beruf für das vernünftig Gute und Menschendienliche einzutreten.[519]

Der eschatologisch verstandene Gottesdienst darf also nicht in dem Sinne als weltfremder Gottesdienst mißverstanden werden, daß sich in ihm eine bestimmte Gruppe von Menschen aus der Solidarität mit ihren Mitmenschen verabschieden und sich ihrer Weltverantwortung entziehen würde. Vielmehr wird gerade durch den „unzeitgemäßen" christlichen Gottesdienst die verantwortungsbewußte Mitmenschlichkeit gefördert. Eine solche Mitmenschlichkeit erwächst nicht aus einem gesellschaftspolitischen Selbstanspruch, sondern aus der Anrede des Gesetzes, das den beziehungsunfähigen alten Menschen tötet, und dem Zuspruch des Evangeliums, das den beziehungsfähigen neuen Menschen ins Leben ruft. Der Umwelt ist nicht damit am besten gedient, daß der Gottesdienstbesucher durch vernünftig erscheinende detaillierte Handlungsanweisungen in die Pflicht genommen wird, sondern dadurch, daß das Wort Gottes die Gottentfremdung des Menschen überwindet und ihn hineinstellt in das endzeitlich-hoffnungsvolle, Mitwelt-freundliche Leben des Christen. Gerade deswegen müßte m.E. noch deutlicher als in Brunners Darlegung geschehen herausgestellt werden, daß der Dienst der Christen für das vernünftig Gute nicht unter Absehung von dem heilsnotwendigen Dienst der Christen für die Welt betrachtet werden kann, welcher in der ausdrücklichen Bezeugung des rettenden Evangeliums besteht.[520]

---

[518] BeW 187.
[519] BeW 188.
[520] An anderer Stelle arbeitet BRUNNER den Vorrang der Heilsfrage vor der sozialen Frage heraus (Ethik II, 15): „Vor allem anderen schuldet die Kirche der Welt die seligmachende Botschaft von Jesus Christus. ... Die Kirche schuldet der Welt das Heil. Löst sie diese Schuld ein, dann wird ihr alles übrige (Karitatives, Soziales) dazugegeben werden. Löst sie diese Schuld nicht ein, dann sind alle ihre übrigen Anstrengungen ... in Gottes Augen zur Unfruchtbarkeit verdammt. ... Die Caritas der Kirche darf nicht aufhören, das eschatologische Zeichen für den anbrechenden, kommenden Äon zu sein."

Kapitel 11: Das Amt der Kirche

A. Darstellung

Brunner hat sich sehr intensiv mit der Frage nach dem Verständnis der kirchlichen Dienste und Ämter befaßt. Bei der folgenden Darstellung seines Amtsverständnisses sollen vor allem drei Vorträge berücksichtigt werden, die in grundlegend-systematischer Weise eine evangelische Lehre vom Amt entfalten[1]: a) das Referat „Vom Amt des Bischofs", vorgetragen auf der neunten Tagung des Theologischen Konvents Augsburgischen Bekenntnisses im März 1954 in Fulda[2]; b) der Vortrag „Das Heil und das Amt. Elemente einer dogmatischen Lehre vom Predigt- und Hirtenamt" von 1959[3]; c) der bei einer Tagung des Kirchenrechtlichen Instituts der EKD vor Juristen gehaltene Vortrag „Das Amt in der Kirche" von 1973[4]. Die Grundzüge dieser Vorträge werden im folgenden zu sechs thematisch geordneten Abschnitten zusammengestellt (11.1–6), wobei andere Veröffentlichungen Brunners der Ergänzung dienen.

11.1 Die Stiftung des ministerium verbi

Das Neue Testament greift nicht die griechischen Fachbegriffe für politische Ämter auf, sondern spricht von der „diakonia", der Dienstleistung, bzw. von der „oikonomia", dem Hausverwalteramt.[5] Dennoch sollte man nach der Meinung Brunners auf den deutschen Begriff „Amt" nicht verzichten. Denn es gibt „gewisse strukturelle Entsprechungen" zwischen dem öffentlichen Amt im Bereich der Polis, das von einem berufenen Amtsträger mit Amtsbefugnissen sowie Amtspflichten wahrgenommen wird, und dem Amt im Bereich der Kirche.[6] Luthers Übersetzung von „diakonia tou logou" mit „Amt" im Neuen Testament Deutsch bringt zutreffend zum Ausdruck, daß der „Dienst

---

[1] BRUNNER weist selbst auf die grundlegende Bedeutung dieser Ausführungen hin (Beiträge Ordination, 54 Anm. 3).
[2] PE I, 235–292.
[3] PE I, 293–309.
[4] In: Dem Wort gehorsam, hg. v. H. MASER, München 1973, 74–97 (Abk. Amt).
[5] Amt, 77.
[6] Amt, 78.

der öffentlichen Verkündigung des Evangeliums" von Paulus und anderen Aposteln nicht aufgrund der freien Betätigung des Charismas, sondern aufgrund des „gleichsam formlen" Auftrags des erhöhten Herrn wahrgenommen wird.[7] Der Begriff „Amt" erinnert daran, daß der kirchliche Dienst ein vom mandatum dei autorisierter, geordneter, öffentlicher Dienst ist.

Das Verständnis des Amtes der Kirche ist nach Brunners Beobachtung in eine Krise geraten, die mit der Krise des Verständnisses der Kirche selbst zusammenhängt.[8] Deshalb ist zunächst zu klären, wozu die Kirche da ist. Diese Grundbestimmung fällt nur dort richtig aus, wo die Frage nach Gottes Urteil über den Sünder und die Frage nach der Art und Weise der Rettung des Sünders richtig beantwortet wird.[9] Erstens muß erkannt werden, daß der Sünder unter Gottes vernichtendem „Zornesurteil" steht.[10] Zweitens, daß sich dieses auf die konkrete Person bezogene Zornesurteil nicht durch das Faktum Kreuz und Auferstehung in ein Gnadenurteil umwandelt, sondern nur durch die Vermittlung des Heils zur konkreten Person hin und durch die Annahme des Heils im Glauben.[11] Diese persönliche Vermittlung wird geleistet durch das Evangelium, in welchem „das Heilsgeschehen unter Pontius Pilatus in seiner endzeitlichen Heilsmächtigkeit erschlossen und gegenwärtig" ist, nämlich durch das Evangelium in seinen vier greifbaren Grundgestalten: mündliche Verkündigung, Taufe, Abendmahl und Absolution.[12] Diese vier Grundgestalten entsprechen einzelnen Anweisungen Jesu. Aufgrund des Sendungsbefehls des auferstandenen Herrn sind die Glaubenden damit beauftragt, das eine Evangelium in seiner vierfältigen Gestalt unter allen Völkern auszubreiten.[13] Die Kirche ist also dazu da, der Menschheit die in Christus beschlossene „reale Möglichkeit" der Rettung aus dem Gericht zu eröffnen und mitzuteilen.[14] Das Amt, das ihr zu diesem Zweck gleichsam eingestiftet ist, ergibt sich aus der Willenskundgebung des Herrn der Kirche.[15] Es besteht „in einem ganz bestimmten Tun, nämlich in dem unbedingten Gehorsam gegenüber dem Sendungsauftrag des österlich erscheinenden auferstandenen Herrn, dem alle Macht gegeben ist im Himmel und auf Erden".

---

[7] Beiträge Ordination, 97. „Die Auslöschung des Wortes Amt in den Ordinationsformularen ... droht gerade den biblischen Gehalt des Wortes DIAKONIA als Bezeichnung für den öffentlichen Dienst der Verkündigung zuzudecken!" (a.a.O.).
[8] Amt, 79.
[9] PE I, 293.
[10] PE I, 294f.
[11] PE I, 296f.
[12] PE I, 297.
[13] Amt, 84.
[14] Amt, 80.
[15] Amt, 83.

Darstellung

Die Krise des Osterglaubens führt mit innerer Folgerichtigkeit zur Krise des Amtsverständnisses. Wo aber der Glaube an den Auferstandenen und Erhöhten lebendig ist, wird auch jener genau beschriebene Dienst ausgeführt werden, der Menschen in den Bereich der rettenden Herrschaft Christi hineinversetzt. Dieser Dienst läßt sich bezeichnen als „das Amt in der Kirche"[16], als „Predigtamt"[17] oder als „*ministerium verbi*"[18] bzw. „ministerium verbi divini"[19]. Die letztgenannte Bezeichnung verbindet das Wort „ministerium", das in der Vulgata für „diakonia" steht und in dem „ein Moment des Amtlichen" „mitschwingt"[20], mit dem Wort „verbum", welches für Luther „der Inbegriff aller Mittel" ist, „die uns die Heilsgüter vermitteln"[21]. „Am Wort hängt alles, was zum *ministerium* gehört", kann Brunner sagen.[22] „Wort Gottes ist darum in letzter Zuspitzung das eine, das not tut."

11.2 Das allgemeine Priestertum als Träger des ministerium verbi

Das ministerium verbi ist ein Dienst, der durch die ganze Kirche ausgeführt wird. Nicht nur die berufenen Amtsträger nehmen ihn wahr.[23] Jeder Christ steht unter dem Auftrag des erhöhten Herrn.[24] Jedes Glied der Kirche ist durch die Gabe des Heiligen Geistes ermächtigt und verpflichtet, „gemäß dem der Kirche eingestifteten Amte zu handeln". Die christliche Existenz trägt charismatischen Charakter und führt zu vielfältigen charismatischen Diensten, wie in Rö 12 und 1.Kor 12 geschildert.[25] Allerdings, so betont Brunner, muß jedes Charisma auf seine Echtheit geprüft und in die Ordnung der Ekklesia eingebunden werden.

Die Grundlage des Dienstes am Evangelium und im Zeichen des Evangeliums ist von den Reformatoren als Priestertum aller Gläubigen beschrieben worden. Jesus Christus hebt als der eine Priester und als das eine, vollkommene Opfer jegliche Form eines heilbewirkenden Priestertums auf.[26] Ein amtliches Priestertum, das die Darbietung des heilsvermittelnden Versühnopfers in der Eucharistiefeier ermöglicht, wie in Sessio 22 und 23 des Tridentiums beschrieben, kann es im Neuen Bund nicht geben.[27]

---

[16] Amt, 84.
[17] PE I, 298. Vgl. CA V, BSLK 58,1.
[18] PE I, 237f.
[19] Pfarramt, 1.
[20] Amt, 78.
[21] Pfarramt, 1.
[22] PE I, 239.
[23] Amt, 86.
[24] Amt, 85.
[25] Amt, 85f.
[26] PE I, 236.
[27] BeW 130.

Christen sind Menschen, die des Opfers Christi teilhaftig werden und die dadurch auch am Priestertum Christi Anteil bekommen.[28] Durch Wort, Taufe und Glaube werden sie gleichsam zu Priestern geweiht, die einen unmittelbaren Zugang haben zum heiligen, dreieinigen Gott. Der im Neuen Testament auf das ganze Volk Gottes angewendete Priesterbegriff bezeichnet den „neue(n) geistliche(n) Stand" des Christen.[29] Seine erneuerte Existenz bildet die Voraussetzung des neuen Dienstes. „Auf dem *sacerdotium* aller Gläubigen ruht das der Kirche als ganzer eingestiftete und entfaltete *ministerium verbi* auf." Mit der Gabe der Mitgliedschaft am Leibe Christi verbindet sich die Aufgabe, die dieser Lebensgemeinschaft eingestiftete Zielvorgabe zu verwirklichen.

Nach 1.Petr 2,9 verkündet die „königliche Priesterschaft" Gottes Wohltaten. Aus dieser Stelle und anderen biblischen Aussagen wie Jes 54,13, Joh 6,45 oder Apg 2,17 läßt sich schließen, daß das „Wort" „allen gläubigen Christen gehört", mithin das Evangelium in seiner vierfältigen Konkretionsgestalt.[30] Jeder Glaubende hat Anteil am Evangelium und ist ermächtigt zu allen Formen des Evangeliumsdienstes. Allerdings nimmt er das ministerium verbi aus gutem Grund nur in einer eigentümlich begrenzten Form wahr.[31] So bezeugt das Gemeindeglied das Evangelium in der Regel nicht durch eine gottesdienstliche Predigt, sondern durch den Mitvollzug des Gottesdienstes oder „*per mutuum colloquium et consolationem fratrum*".[32] Von seiner Vollmacht, die Taufe oder das Abendmahl zu spenden, macht der Nicht-Ordinierte nur in außergewöhnlichen Notsituationen Gebrauch. Dogma und Lehre hat der Christ ohne besondere kirchliche Beauftragung zwar nicht offiziell zu beurteilen, doch kommt er nicht umhin, sich eine begründete Meinung zu Äußerungen über das Evangelium zu bilden.[33] Auch dies gehört zum ministerium des sacerdotium.

So deutlich Brunner die Grenze aufzeigt, die der Christ ohne besondere Berufung beachten sollte, so deutlich weist er auf das weite Feld der Aufgaben hin, die im allgemeinen ministerium aufgrund des allgemeinen sacerdotium beschlossen sind. Sie werden anschaulich im Hausvater bei der Hausandacht, im jungen Fabrikarbeiter, der Christus bezeugt, oder im Kriegsgefangenen, der eine gottesdienstliche Versammlung durchführt.[34] Durch alle einzelnen Diener des Evangeliums handelt die Kirche des Evangeliums. An dieses notwendige Dienen ist das priesterliche Volk des Neuen Bundes nachdrücklich zu erinnern.

---

[28] PE I, 236f.
[29] PE I, 240.
[30] PE I, 239.
[31] PE I, 240.
[32] PE I, 239.
[33] PE I, 240.
[34] PE I, 298.

Brunner sagt im Jahr 1973: „Wir haben allen Anlaß, gerade in der Gegenwart, die durch laodicäische Lauheit in vieler Hinsicht gekennzeichnet sein dürfte, diese ‚Amtsverpflichtung' des Gemeindegliedes, die aus seiner Taufe entspringt, zu betonen."[35]

11.3 Der berufene Diener der Kirche als Träger des ministerium verbi

Das ministerium verbi ist ein Dienst, der der ganzen Kirche anvertraut und aufgetragen ist. Gerade weil die kirchliche Gemeinschaft in ihrer Gesamtheit dem Sendungsbefehl des erhöhten Herrn verpflichtet ist, muß sie einzelne Mitglieder dieser Gemeinschaft dazu berufen, sich des ministerium verbi in besonderer Weise anzunehmen.[36] Für diese These gibt es eine mehrfache Begründung, wobei für Brunner die Stiftung Christi selbst den ausschlaggebenden Grund für die Einrichtung des ordinierten Amtes darstellt.

(1) Erstens ist es nicht möglich, daß in der gottesdienstlichen Versammlung alle Gemeindeglieder in gleicher Weise an Predigt und Sakramentsverwaltung beteiligt sind. Der Erkenntnis Luthers zufolge kann der allgemeinen Berechtigung, das ministerium verbi auszuüben, nur so Rechnung getragen werden, daß einzelne den Auftrag erhalten, „anstatt und im Namen aller" öffentlich zu predigen und Sakramente zu verwalten.[37] Wenn jeder nach Belieben diesen besonderen Dienst in der Mitte der Ekklesia wahrnehmen würde, wäre dies eine Amtsanmaßung, die dem apostolischen Ordnungsgebot widerspräche und das Recht der anderen priesterlichen Christen willkürlich begrenzte. Das aus diesem Grund geforderte öffentliche Amt darf nach der Meinung Brunners nicht „von einem allgemeinen, empirisch-soziologisch begründeten Ordnungsgedanken" her verstanden werden. Vielmehr manifestiert sich in der Berufung zum öffentlichen Dienst am Wort die eine ökumenisch-katholische Kirche, der von dem Herrn der Kirche das ministerium verbi anvertraut ist.[38] Die im ministerium verbi beschlossenen Vollmachten kommen erst dort recht zur Geltung, wo es in einer geordneten Form mit Zustimmung aller Mitglieder der Ekklesia öffentlich ausgeübt wird.

(2) Zweitens impliziert der nachösterliche Sendungsauftrag des Herrn nicht nur die Ausübung des ministerium durch die ganze Kirche, sondern auch seine Ausübung durch speziell berufene Kirchendiener.[39] Die Jünger repräsentieren nicht nur die Allgemeinheit der zukünftigen Kirche, sondern werden selbst als einzelne personale Träger in das Apostelamt eingesetzt. Zwar ist das Apostelamt als kirchen-

---

[35] Amt, 86.
[36] A.a.O.
[37] PE I, 241.
[38] PE I, 242.
[39] Amt, 87.

gründendes Lehramt einmalig. Es kann nach dem Tod des letzten Apostels nicht weitergeführt werden, weil niemand aus der zweiten Generation Augenzeuge Jesu und exklusiver Träger der Offenbarung ist. Doch die Verkündigung des Evangeliums darf nicht aufhören.[40] Der apostolische Botschafterdienst (2.Kor 5,20) muß fortgesetzt werden.[41] Ähnlich wie der politische Dienst eines Gesandten trägt er „einen offiziellen amtlichen Charakter". Deshalb ist es notwendig, daß es „den zu diesem Dienst offiziell Bevollmächtigten und Ausgesandten" gibt.

(3) Drittens ist zu beachten, daß die Kirche unter einer „eschatologische(n) ANAGKE (1.Kor 9,16)" steht, d.h. unter einer „absolute(n), von Gott auferlegte(n) Notwendigkeit", das Evangeliumsamt „ununterbrochen zu allen Zeiten und allenthalben in der Menschheit" auszuüben. Weder die gezielte Ausbreitung des Evangeliums noch die stetige Pflege seiner vier Konkretionsgestalten vor Ort wäre gewährleistet durch den Dienst der ortsgebundenen, charismatisch spontan tätigen Gemeinde.[42] Dieses verbürgt nur der Dienst des Hauptamtlichen. Deshalb ist die Kirche verpflichtet, einzelne Gemeindeglieder zur stetigen Ausübung des Evangeliumsamtes zu berufen. Diese Berufung gründet letztlich nicht in vernünftigen Erwägungen zur Funktionstüchtigkeit der Kirche, sondern im „mandatum Dei".[43]

(4) Viertens gibt Brunner zu bedenken, daß sich das angemessene Verständnis des geordneten Amtes der Kirche nur aus der Ursprungssituation der Kirche ergibt. Aufgrund des Sendungsauftrages des Herrn wird ein einzelner offiziell zum Boten Jesu Christi bestellt.[44] Die Einsetzung ins Amt geschieht „kraft göttlichen Befehls", also „de iure divino". Der Beauftragte handelt als Missionar. Er bringt das Evangelium in seiner vierfältigen Gestalt zu den Menschen. Durch die Austeilung des Evangeliums in Form von Verkündigung und Taufe entsteht eine neue Ekklesia. In dieser Situation wandelt sich das missionarische Botenamt um in das Amt des Hirten der Ekklesia, ohne daß sich der Sendungsauftrag wandelt. Dem ehemaligen Missionar kommt in der neu entstandenen Ekklesia, in der verschiedenartige charismatische Dienste hervortreten, eine besondere Stellung zu. Er trägt die Verantwortung dafür, daß das apostolische Wort rein bewahrt bleibt. Obwohl dieses Wort in der Heiligen Schrift für jedermann zugänglich ist, bedarf es doch des Schriftkundigen, der – „in die Kette der Zeugen eingeordnet" – für die Bewahrung des authentischen, biblischen Evangeliums sorgt.[45] Das Evangelium wird vor Ort konkret

---

[40] Amt, 88.
[41] Amt, 89.
[42] Amt, 90.
[43] Amt, 91.
[44] PE I, 304.
[45] PE I, 305.

Darstellung 343

so erhalten, daß der ehemalige Missionar als Hirte die Gemeinde vor allem in ihrem gottesdienstlichen Leben leitet und die Aufsicht führt über die in ihrem Bereich ausgeübten Dienste.[46]

Das so zustandegekommene Predigt- und Hirtenamt ist allen anderen Diensten oder Ämtern der Ekklesia deshalb vorgeordnet, weil es die Voraussetzung dafür darstellt, daß diese Dienste entstehen.[47] Erst aufgrund der Wirkung des stetig und sorgfältig ausgeteilten apostolischen Evangeliums bildet sich in der Gemeinschaft der Christen die Fähigkeit und die Bereitschaft aus, das mit dem sacerdotium übertragene ministerium als Aufgabe wahrzunehmen. Insofern stellt das öffentliche Predigtamt das Grundamt der Kirche dar.

11.4 Die Vokation und Ordination des Amtsträgers

Das ministerium verbi ist ein Dienst, der der ganzen Kirche anvertraut ist. Damit dieser Dienst im Sinne des Sendungsauftrags Jesu als apostolischer Dienst für die Welt und für die Kirche wahrgenommen wird, beruft die Kirche einzelne Christen zur öffentlichen, stetigen Ausübung des ministerium verbi. Unter „Vokation" versteht Brunner einen Vorgang, der folgende Schritte umfaßt: a) die sorgfältige Prüfung möglicher Kandidaten im Sinne der Prüfung der Geister und Charismen; b) den entscheidenden Akt der Wahl, der vom Gebet begleitet sein soll; c) den abschließenden „gottesdienstliche(n) Gemeindeakt", in dem die Wahl unter Anteilnahme der Gemeinde in Kraft gesetzt wird.[48] Die so beschriebene Vokation gründet ebenso wie das ministerium verbi selbst im Sendungsauftrag Jesu.[49] Ohne Berufung gewinnt der apostolische Dienst nicht die ihm zugedachte profilierte, dauerhafte Gestalt. Die Vokation geschieht also „mit der Notwendigkeit des *ius divinum*". Nach CA XIV hat die Berufung, ohne die keiner das Predigtamt in der Öffentlichkeit der Ekklesia ausüben soll, eine geordnete Form. Die Bekenntnisschriften legen sich nicht fest auf eine bestimmte Form. Die Form kann sich wandeln. Entscheidend ist nur, daß die Vokation „als durch die Ekklesia vollzogen" deutlich in Erscheinung tritt.[50] Denn das Recht zur Vokation liegt nach der Überzeugung der Reformatoren nicht bei der kirchenamtlichen Hierarchie, sondern bei der Ekklesia selbst.[51] Dazu steht nicht im Widerspruch, daß die Ekklesia bei der Vokation durch befugte Personen handelt, in der Regel durch berufene Amtsträger. Sie führen die Vokation durch, nicht etwa in Stellvertretung aller getauften Kirchenmitglieder, son-

---

[46] PE I, 306f.
[47] PE I, 302.
[48] PE I, 243f.
[49] PE I, 247.
[50] PE I, 248.
[51] PE I, 250. BRUNNER verweist auf Apol XIII,12; Tract 9.24.67–69.

dern in Stellvertretung der bekennenden Gemeinde.[52] Es darf damit gerechnet werden, daß in solchem Prüfen, Auswählen und Ernennen Gott selbst handelt.

Das gilt im besonderen für die gottesdienstliche Ordination selbst: „In der Ordination sendet Gott durch eine von Menschen vollzogene Handlung den, der ordiniert wird, in die Ausübung seines amtlichen Dienstes."[53] Das Ordinationsgeschehen läßt sich charakterisieren durch die vier Begriffe Confirmatio, Vocatio, Benedictio und Missio. Die Wahl des geeigneten Kandidaten wird „festgemacht". Der Ordinand wird ins Amt berufen, dafür mit dem Segen ausgerüstet und in den Dienst gesandt.[54]

Brunner schlägt eine agendarische Form der Ordination vor, die folgende Stücke umfaßt: (a) einen einleitenden Gebetsteil, (b) Schriftlesungen zum Amt der Kirche (Mt 28,18b–20; Joh 20,22b.23; 2.Kor 5,19–21; Eph 4,7.11f) und zum Verhalten des Amtsträgers (1.Tim 3,1; 2.Tim 2,24–26; 1.Tim 4,12–16), (c) den Vorhalt, (d) Frage und Antwort, (e) die Gabe des Amtes und (f) die Entlassung (1.Petr 5,2.3).[55]

In seinen Beiträgen zur Lehre von der Ordination äußert sich Brunner u.a. zu den folgenden fünf Aspekten der Ordination.

(1) Weil das Priestertum aller Gläubigen die Voraussetzung für die Ausübung des ministerium verbi ist, sollte vor der Ordination geprüft werden, ob der Bewerber an diesem Priestertum tatsächlich lebendigen Anteil hat.[56] Zwar ist mit der Taufe das Leben im geistlichen Stand zugesprochen. Es darf aber nicht übersehen werden, daß der Christ „in einem responsorialen Verhältnis" zu seiner Taufe steht. Seine Antwort auf die Taufzusage kann verkümmern. Damit aber wird auch seine Befähigung und Berechtigung zum geistlichen Amt hinfällig.

(2) Die Parochialordination am Dienstort hat zwar den Vorteil, daß sie den Sitz im Leben des kirchlichen Amtes veranschaulicht.[57] Doch in der zentral durchgeführten Kathedralordination dürfte deutlicher zum Ausdruck kommen, daß dem Ordinanden nicht etwa ein kirchenrechtlich definiertes, parochiales Pfarramt, sondern das apostolische Amt der „DIAKONIA TOU LOGOU" von ökumenischer Bedeutung übertragen wird.[58]

(3) Die Ordination könnte zwar von einem Kreis nicht-ordinierter Gemeindeglieder durchgeführt werden, sollte nach Brunners Meinung aber in der Regel durch einen Kreis von Ordinierten vollzogen wer-

---

[52] PE I, 249 Anm. 24.
[53] Beiträge Ordination, 111.
[54] A.a.O. 112.
[55] ThLZ 100, 184–188.
[56] Beiträge Ordination, 114f.
[57] A.a.O. 117f.
[58] Pfarrer der reformierten Kirche in der Schweiz werden dementsprechend zum „verbi divini minister" (vdm) ordiniert.

Darstellung

den, so daß sie an die alte, bischöfliche Gestalt der Ordination erinnert.[59] Die evangelische Ordination müßte in jedem Fall aufgrund ihrer Stiftungsgemäßheit auch von solchen Kirchen anerkannt werden, die bisher auf der Beteiligung des historischen Episkopates bestehen.

(4) Das Ordinationsgeschehen hat eine pneumatische, eine soteriologische und eine eschatologische Dimension.[60] Denn unter der Verheißung des Pfingstgeistes wird ein Amt eingerichtet, welches das endzeitliche Heil an der Schwelle zur Parusie Christi vermittelt. Weil durch dieses Amt das Opfer des Lob- und Dankgebetes der Gemeinde vor Gott gebracht wird, trägt es auch einen sacerdotalen Charakter.[61]

(5) Die Ordinationshandlung erreicht ihren entscheidenden Höhepunkt an der Stelle, wo der Ordinand niederkniet und unter Handauflegung für ihn gebetet wird.[62] Die Handauflegung ist zwar nicht zwingend geboten, sollte nach dem Vorbild von Apg 6,6 jedoch beibehalten werden als „Zeichen der Erhörungsgewißheit der im Glauben an Gottes Verheißung betenden Kirche".[63] Aus 1.Tim 4,14 und 2.Tim 1,6 läßt sich schließen, daß dem Ordinanden durch das Segensgebet „ein spezifisches Charisma" verliehen wird, welches die „fruchtbare Ausübung des übertragenen amtlichen Dienstes ermöglicht".[64] Dieses Amtscharisma sollte keinesfalls „dinghaft versachlicht" werden.[65] Es bedarf wie jede geistliche Gabe der Annahme, der Bewahrung und der Entfaltung. Aufgrund des effektiven Segenscharakters der gottesdienstlichen Handlung kommt die Ordination dem nahe, was man nach evangelischem Verständnis als „Sakrament" bezeichnet.[66]

11.5 Der Pastor als Bischof

Durch die Ordination wird einzelnen Gemeindegliedern das ministerium verbi als „vierfältige(s) Evangeliumsamt" „definitiv und effektiv" übertragen.[67] Daraus ergibt sich nicht etwa ein Unterschied von geistlicher Qualität zwischen dem „Laien" und dem „Geistlichen" in der Gemeinde. Es kommt jedoch ein Unterschied der dienstlichen Zuständigkeit zustande, der für das Gefüge der geistlichen Körperschaft der Ekklesia von Bedeutung ist.[68] Im Anschluß an die Reformatoren ist zu unterscheiden zwischen den Amtsträgern, die zum „praeesse ecclesiae", zum Vorstehen und

---

[59] Beiträge Ordination, 124f.
[60] A.a.O. 125.
[61] A.a.O. 126–129.
[62] A.a.O. 129.
[63] A.a.O. 130.
[64] A.a.O. 132.
[65] BeW 137.
[66] Amt, 92f. Verweis auf Ap XIII,10ff.
[67] Amt, 93.
[68] PE I, 251.

Führen in der Kirche berufen sind, und den übrigen Gemeindegliedern.[69]

Das Führungsamt in der Ekklesia, welches durch die Ordination übertragen wird, sollte von den gemeindeleitenden Ämtern des Neuen Testaments, also vom Presbyteramt und Bischofsamt her verstanden werden.[70] Dabei kommt es in der Sicht Brunners nicht darauf an, zwischen verschiedenen Amtsbezeichnungen und Ausgestaltungen des Leitungsamtes zu unterscheiden. Schon die Reformatoren gingen davon aus, daß der neutestamentliche „presbyteros" und der „episkopos" dieselbe hirtenamtliche Tätigkeit des Weidens der Gemeinde Gottes (Apg 20,28; Tt 1,5.7) ausüben.[71] In diesem Sinne ist der gemeindeleitende Dienst des Ordinierten Bischofsamt und Hirtenamt.

Dieses leitende Hirtenamt besteht in der ständigen, uneingeschränkten Ausübung des ministerium verbi einschließlich aller damit verbundenen Funktionen und Vollmachten. Was die Beschreibung dieser Funktionen angeht, so fallen Brunners Aufzählungen im einzelnen verschieden aus, stimmen aber im wesentlichen überein. In dem Aufsatz „Das Amt und die Ämter" aus dem Jahr 1977 sind unter Bezugnahme auf die Aussagen der Bekenntnisschriften sieben Amtsfunktionen aufgelistet:[72]

1. Die öffentliche Verkündigung des Evangeliums gemäß CA V und CA XIV[73], wobei der Begriff der „Öffentlichkeit" auch auf die missionarische Ausbreitung des Evangeliums in der Region hinweist.

2. Die Verwaltung und Spendung von Taufe und Abendmahl gemäß CA VII, wozu auch die entsprechenden Zulassungsentscheidungen als kirchenregimentliche Akte gehören.

3. Das Vergeben und Behalten der Sünde, welches gemäß CA XXVIII,5-9.20f „de iure divino" den Bischöfen zukommt.

4. Der Vollzug der Exkommunikation „sine vi humana, sed verbo" gemäß CA XXVIII,21, z.B. in der Form des Abendmahlsausschlusses.

---

[69] MELANCHTHON spricht von denen, „qui praesunt ecclesiis" (Tract 61, BSLK 489,41f). BRUNNER (PE I, 251 Anm. 2) weist auf eine Predigt LUTHERs über den 110. Psalm hin, wo es heißt (WA 41, 209,4f.9-11): „Quanquam enim omnes sumus sacerdotes, tamen non possumus omnes praedicare. ... Papa vel Episcopus macht keinen priester, Es mus es einer vor hin sein, wenn er aber nu priester ist, kompt das ampt und macht ein unterscheid."

[70] PE I, 253.

[71] BRUNNER (PE I, 254) weist darauf hin, daß die These des Hieronymus von der Identität von Presbyter- und Bischofsamt von den Reformatoren übernommen wurden (vgl. WA 50, 339,4; Tract 18.62; AS Teil II,IV,9; Teil III,X,3).

[72] EK 10, 84-88; hier: 85f. Diese Aufzählung stimmt sachlich überein mit: Beiträge Ordination, 119f („siebenfache potestas"); ZEvKR 10, 391-397. 15 Punkte weist die detailliertere Beschreibung in PE I, 306f, auf.

[73] BRUNNER hatte zu einem früheren Zeitpunkt CA V als Aussage interpretiert, die sich auch auf den Dienst des allgemeinen Priestertums bezieht (PE I, 245 Anm. 11). Jetzt aber versteht er CA V ausschließlich als Beschreibung des kirchenöffentlichen Predigtamtes.

Darstellung 347

5. Die Bewahrung der rechten Lehre und die öffentliche Verwerfung der falschen Lehre gemäß CA XXVIII,20f.[74]

6. Die Wahrnehmung des Hirtenamtes im Sinne des „praeesse ecclesiae" in Tract 60ff als geistliche Leitung und Beaufsichtigung der Gemeinde. Dazu gehört der Vollzug der Amtshandlung in Stellvertretung Christi nach CA XXVIII, 21 und Ap VII/VIII,28.47f.

7. Das Recht zur Weitergabe des Amtes durch Ordination gemäß Tract 63ff, auch wenn die Ordination in der Regel durch einen oberhirtlichen Amtsträger vollzogen wird.

Diese Funktionen definieren „die konkrete Gestalt des einen Amtes in der Kirche, das durch das Mandat des auferstandenen Herrn für alle Zeit und für alle Völker der Kirche Gottes eingestiftet ist".[75] Brunner legt Wert auf die Feststellung, daß dieses eine, in göttlicher Stiftung begründete Amt unterschieden wird von allen anderen Diensten und Ämtern, die in der Kirche ausgeübt werden. Denn das eine Evangeliumsamt schafft die geistlichen Grundlagen für andere Dienste und Ämter.[76] Es ist ihnen vorgeordnet wie die Ursache der Wirkung. Diese Erkenntnis steht nicht im Widerspruch, sondern in sinnvollem Zusammenhang mit der Einsicht, daß andere Dienste und Ämter unverzichtbar sind. „Die Vorstellung von einem ‚monolithischen' Hirtenamt ist Unsinn."[77] Der geistliche Leiter der Gemeinde ist auf Mitarbeiter angewiesen. Nur wenn dem „Hirten" „Helfer" zur Hand gehen, kann er sein Amt in seiner stiftungsgemäßen Gestalt recht wahrnehmen.[78]

Die Dienste im Raum der Ekklesia, die das Hirtenamt gleichsam umgeben, lassen sich in drei Gruppen einteilen.[79] Zum ersten verrichtet jeder Christ einen Dienst am Evangelium in seinem Lebensbereich und im Gottesdienst als Glied der Gemeinde. Zum zweiten sollten sich im Raum der Ekklesia ausgeprägte Charismen wie die Gabe der Prophetie, der Krankenheilung, der Psalmendichtung oder der Zungenrede betätigen, die zwar geprüft, wegen ihrer Unverfügbarkeit aber nicht eingeplant werden können.[80] Zum dritten gibt es regelmäßige, im Auftrag der Kirche ausgeübte Dienste, die auch „Ämter" genannt werden können, und zwar (1) Ämter des Wortes (Katechet, Lehrer, Evangelist), (2) der Diakonie und (3) der kirchlichen Verwaltung.[81]

---

[74] Vgl. ZEvKR 10, 394.
[75] Amt, 93.
[76] Amt, 94.
[77] EK 10, 88.
[78] PE I, 307.
[79] Amt, 95, Punkte 2 bis 4.
[80] BRUNNER vermißt derartige unmittelbare Betätigungen der Charismen (EK 10, 87): „Wir stehen vor der Frage, ob und in welchem Maße in unseren Kirchen echte Charismen noch erkennbar sind. Die innere Notlage unserer Kirchen, die geistliche Krise, in der sie sich offenbar befinden, hängt gewiß damit zusammen, daß ein Mangel an Gaben des heiligen Geistes herrscht."
[81] EK 10, 87f.

Das Verhältnis zwischen den aufgezählten Diensten und dem Hirtenamt beschreibt Brunner als „ein gliedhaftes geistliches Gefüge in einem gegenseitigen Aufeinanderangewiesensein".[82] Die Verbundenheit aller Dienste im Sinne des Leibes Christi hebt jedoch die Sonderstellung des Hirtendienstes nicht auf. Der Träger des Hirtenamtes ist verantwortlich für die Dienstbezogenheit aller Ämter auf die Evangeliumsverkündigung und für die Bewahrung des Evangeliums in der Gemeinde. Als Bischof vor Ort vollzieht er die „Episkope". Allerdings hat die Gemeinde ihrerseits darüber zu wachen, daß der Pastor seinen Dienst auftragsgemäß erfüllt und muß ihn notfalls auch mit einer in der Autorität des Wortes Gottes gründenden Kritik konfrontieren.[83] Diesem Wort entsprechend soll er sein Amt „priesterlich", „nicht pastoral"[84] oder selbstherrlich führen.

In seiner Abhandlung „Das Hirtenamt und die Frau" vertritt Brunner die These, daß Frauen zu dem oben definierten Hirtenamt grundsätzlich nicht zuzulassen seien.[85] Diese These kann in der Sicht des Heidelberger Theologen „nicht ‚biblizistisch' und ‚gesetzlich' aus der Heiligen Schrift" abgelesen werden, was sich daran zeigt, daß die Kirche über andere konkrete apostolische Anordnungen wie das Gebot der Kopfbedeckung in 1.Kor 11,2–11 weithin hinweggegangen ist.[86] Nicht hinweggehen kann die Kirche über die theologische Lehre des Neuen Testaments, daß kraft des Schöpfungsaktes Mann und Frau einander in einer „Kephalē-Struktur" zugeordnet sind, aus der sich für die Frau im Verhältnis zum Mann das Gebot der Unterordnung ergibt.[87] Dieses Gebot wird in der Sicht Brunners verletzt, wenn die Frau das gemeindeleitende Hirtenamt führt, das seiner Stiftung gemäß der Ekklesia aus Frauen und Männern vorgeordnet und im Sinne der Christus-Stellvertretung übergeordnet ist.[88] Das besagte Gebot wird nicht verletzt, wenn die Frau einen „amtlichen helfenden Dienst" im

---

[82] Amt, 97.
[83] Amt, 96.
[84] BeW 141. Brunner bezieht sich auf G. MERZ (Priesterlicher Dienst im kirchlichen Handeln, 8f): „Ein Bischof muß etwas Priesterliches haben ... Wir sollen väterlich sein, aber gerade nicht wie ein Abbé – wachsam wie ein Hirte, aber gerade nicht pastoral – achtsam auf das Wort und seine Wahrheit, wie ein echter Doktor, aber nicht professoral – ständig bereit zum Dienst, aber ohne Betriebsamkeit – in bischöflicher Verantwortung, aber auf der Hut, der Versuchung des Herrschens und Vergewaltigens zu entgehen."
[85] PE I, 310–338; veröffentlicht 1959. Vgl. BRUNNERs Rezension zu: R. PRENTER, Die Ordination der Frauen zu dem überlieferten Pfarramt der lutherischen Kirche, Berlin/Hamburg 1967, ThLZ 94, 304–306. 1976 schreibt BRUNNER (Beiträge Ordination, 118 Anm. 75): „Die Grundlagen meiner Abhandlung ‚Das Hirtenamt und die Frau' ... werde ich auch heute noch vertreten müssen."
[86] PE I, 317.
[87] PE I, 328.332.
[88] PE I, 335f. BRUNNER bezieht sich auf den Vergleich der Relation Mann – Frau mit der Relation Christus – Gemeinde in Eph 5,23.

Bereich des Gottesdienstes, der Seelsorge oder der theologischen Ausbildung ausführt.[89] Diese These ist zwar nicht in den Bekenntnisschriften der evangelisch-lutherischen Kirche enthalten, entspricht aber im wesentlichen der Überzeugung Luthers.[90]

11.6 Das übergeordnete bischöfliche Amt

Das gemeindeleitende Hirtenamt übt das ministerium verbi in hervorragender Weise aus. Es sorgt dafür, daß Gottes Wort als verkündigtes und sakramental zugeeignetes Wort in der Ortsgemeinde unverkürzt zur Geltung kommt. Die Ekklesia vor Ort kann auf diesen Dienst nicht verzichten.[91] Die Kirche kann dieses göttlich gestiftete, bischöfliche Amt nicht entbehren. Das übergeordnete regionalbischöfliche Amt hingegen kann nicht in derselben Weise als unentbehrlich betrachtet werden. Es ist durch den Stiftungsauftrag nicht unmittelbar gefordert. Allerdings gibt es praktische Bedürfnisse und vernünftige Erwägungen, die seine Einrichtung nahelegen. Sie lassen sich mit den Stichworten (1) „*chreia*" (2) „*taxis*" und (3) „*koinonia*" bezeichnen.[92]

(1) Erstens wird der Ortspfarrer in sinnvoller Weise entlastet, wenn er Entscheidungen über die Exkommunikation von Häretikern nicht alleine verantworten muß und für Aufgabenbereiche wie Theologiestudium, Vokation und Ordination nicht zuständig ist. (2) Zweitens müssen Kirchenordnungen als „Gestaltungsprinzip für das Miteinander in der Kirche" von übergeordneter Stelle aus koordiniert werden. Auch die Visitation, die dem Schutz, der Unterstützung und Überprüfung des Pfarramts dient, wird sinnvollerweise von einem übergeordneten Amt durchgeführt.[93] (3) Drittens stellt das übergeordnete Bischofsamt ein Zeichen der Einheit der Kirche dar.[94]

Folglich ist die evangelische Kirche in der Sicht Brunners gut beraten, wenn sie nach dem Vorbild der Alten Kirche ein erzbischöfliches oder landesbischöfliches Episkopat einrichtet.[95] Es kommt dadurch zustande, daß aus dem parochialen Bischofsamt einige Funktionen ausgegliedert und dem überparochialen Bischofsamt zugeordnet werden.[96] Nicht anders als der Ortspfarrer ist der Bischof einer Region Träger des ministerium verbi, welches er als Gemeindeamt tatsächlich

---

[89] PE I, 337f.
[90] PE I, 311.314f.
[91] PE I, 257.
[92] Beiträge Ordination, 121.
[93] PE I, 257.
[94] Beiträge Ordination, 122.
[95] PE I, 258.
[96] Beiträge Ordination, 122f.

auch ausüben sollte.[97] Deswegen darf der von ihm betreute Sprengel nicht allzu groß sein.[98] Brunner stützt sein Votum für die Institution des Episkopats auf die Meinung der Reformatoren, daß die Kirche des Evangeliums am besten durch überparochiale, dem Evangelium verpflichtete Bischöfe und durch einen Synodus dieser Bischöfe geschützt, geordnet und geleitet werde.[99] Luthers Vorstellungen, wie in den Schmalkaldischen Artikeln skizziert, kann man als „synodalen Episkopalismus" bezeichnen, welcher übrigens die Kirchenleitung durch einen Einzelbischof gerade ausschließt.[100] Brunners detaillierte reformationsgeschichtliche Studie „Nikolaus von Amsdorf als Bischof von Naumburg" zeigt den in mancher Hinsicht vorbildlichen, aber u.a. aus politischen Gründen gescheiterten Versuch eines reformatorisch gesinnten Landesfürsten, dem im Laufe der Kirchengeschichte theologisch überhöhten und weltlich überfremdeten Bischofsamt eine evangelische Gestalt zu geben.[101] Ein Episkopat, das „an die Häresie gebunden ist und daher die Lehre des Evangeliums verfolgt und unterdrückt", hat seinen Anspruch auf kirchlichen Gehorsam jedenfalls verwirkt.[102]

Das in der Sicht Brunners wünschenswerte, neu zu gestaltende Oberhirtenamt darf keinesfalls als unbedingt notwendiges Organ der Kirche bezeichnet werden, welches mit der Autorität eines ius divinum gefordert ist, etwa in der Gestalt des römischen Papstamtes.[103] Eine solche dogmatische Betrachtungsweise verhindert den Lehrkonsens mit der evangelischen Kirche. Das Schwergewicht der göttlichen Stiftung liegt nämlich nicht auf dem überörtlichen episkopalen, son-

---

[97] PE I, 258.
[98] PE I, 289.
[99] PE I, 278.
[100] PE I, 264. Ein einzelnes Oberhaupt der Kirche ist entweder zu schwach und unbedeutend oder zu stark und übermächtig (a.a.O. 264f Anm. 58).
[101] Gütersloh 1961. BRUNNER bringt darin nicht nur historische Sachverhalte zur Darstellung, sondern auch Ansätze einer reformatorischen Theologie des Bischofsamtes. So wird etwa die Bischofsordination beschrieben, die dem „Einswerden von Bischof und Kirche" dient (60–76; 71), eine „parakletische Episkopaltheologie" Luthers (95–101) oder der Vollzug des geistlichen Oberhirtenamtes durch Predigt, Lehrzucht und Visitation (103–145).
[102] PE I, 278.
[103] PE I, 285. In dem Aufsatz „Evangelium und Papsttum" (ELKZ 10, 437–443; hier: 442) weist BRUNNER auf Melanchthons Unterschrift zu den Schmaldkaldischen Artikel hin, derzufolge das Papstamt „jure humano" zu dulden sei (BSLK 463,10; 464,1–4). Deshalb müßte in der evangelischen Kirche Raum sein für die Überlegung, ob nicht ein Oberhirte der Gesamtkirche angemessenerweise als Diener der Einheit fungieren sollte. Aber es ist klar, „daß das Dogma von der Verbindung des petrinischen Primates mit dem Bischofsstuhl von Rom ein rein ‚enthusiastisches' Dogma ist, für das kein Grund aus der heiligen Schrift angeführt werden kann" (ELKZ 10, 443). Grundsätzlich gilt: „In dem Augenblick, in dem das kritische Gegenüber von Amt und Schrift verloren geht, feiert der Enthusiasmus seinen Triumph, in welche Gestalten er sich auch immer kleiden mag" (a.a.O.).

dern auf dem örtlichen pastoralen Amt.[104] Die Erkenntnis, daß der Ortspfarrer der eigentliche Bischof ist, sollte darin zum Ausdruck kommen, daß der Pastor in den Grenzen seiner Parochie tatsächlich eine „kirchenleitende Hirtenfunktion" erfüllt. Es müßte deutlich werden, daß die Kirche nicht von einem behördlichen Apparat, sondern von ordinierten Hirten geleitet wird.[105]

Brunner verbindet die Option für das Hirtenamt und den Epikopalismus mit der Überzeugung, daß das presbyterial-synodale Element in der Verfassung der evangelischen Kirche seine Berechtigung hat.[106] Nach CA XXVIII besteht die Kirchenordnung im Unterschied zum Hirtenamt nicht kraft göttlichen, sondern kraft menschlichen Rechts. Deswegen sollten ihre Regelungen nicht durch die Entscheidung des Amtsträgers, sondern durch den Konsensus der Ekklesia zustandekommen. Dafür sorgen Gremien oder Synoden von ausgewählten Kirchenmitgliedern. Allerdings ist die Konsensus-Funktion der kirchlichen Gremien nicht gleichzusetzen mit der kirchenleitenden Hirtenfunktion. Weil dem ordinierten Amtsträger mit dem ministerium verbi auch die Leitung der Ekklesia in geistlicher Vollmacht und Verantwortung übertragen ist, müßte er unabhängig von den Mehrheitsbeschlüssen kirchlicher Gremien darüber entscheiden können, ob die beschlossenen Ordnungen dem ministerium verbi dienlich sind oder nicht. Die Selbständigkeit des Hirtenamts und das ausschlaggebende Gewicht des hirtenamtlichen Urteils könnte in einer kirchlichen Verfassung so zur Geltung gebracht werden, daß der Ortspfarrer im Presbyterium gerade kein Stimmrecht ausübt, dafür aber ein aufschiebendes Vetorecht hat. Analog käme die Unabhängigkeit des geistlichen Leitungsamtes auf der gesamtkirchlichen Ebene dadurch zur Geltung, daß ein Präses in der Synode nicht an Abstimmungen teilnimmt, jedoch ein aufschiebendes Veto einlegen kann.[107] Auf jeden Fall sollten Kirchenordnungen der Zweiheit von synodal-kollegialer Zuständigkeit für Ordnungsfragen und pastoraler Verantwortung für die Kirche als geistliche Körperschaft Rechnung tragen, so die Forderung Brunners.

11.7 Zusammenfassung

„Unum est necessarium" (Lk 10,42): mit dieser Sentenz läßt sich der gedankliche Einsatzpunkt der Lehre Brunners vom Amt der Kirche bezeichnen.[108] Weil eines unverzichtbar ist, nämlich das in Wort und Sakrament konkret zugeeignete Evangelium, darum muß auch der

---

[104] PE I, 287.
[105] PE I, 287.291.
[106] Ministerium verbi und Kirchenleitung. Zwei Fragen zur westfälischen Kirchenordnung, ELKZ 10, 231235; hier: 233.
[107] A.a.O. 234.
[108] PE I, 235f.

Dienst der Wortverkündigung und Sakramentsverwaltung als unverzichtbar betrachtet werden. Der Sendungsauftrag Christi verpflichtet die Kirche dazu, diesen Dienst einerseits in einer allgemeinen Form durch alle ihre Glieder auszuüben und andererseits in Form des ordinierten Amtes zu verwirklichen, welches für die öffentliche, stetige Austeilung oder Ausbreitung des Evangeliums in seiner vierfachen Konkretionsgestalt sorgt. Dieses Amt gründet in der Beauftragung der Apostel und ist deshalb als göttliche Stiftung aufzufassen. Bei der Ekklesia selbst liegt das Recht, zu diesem Amt zu berufen und es in der Ordination durch berufene Amtsträger zu übertragen. Der besondere Dienst am Wort gestaltet sich entsprechend der Bedeutung des Wortes Gottes für die Gemeinde als Hirtenamt und Bischofsamt. Der männliche Inhaber des Pastorenamts führt die Aufsicht über andere Dienste und Ämter in der Gemeinde. Als Ortspfarrer leitet er die Kirche zusammen mit anderen Kollegen und überparochialen Bischöfen. Die dadurch gegebene episkopale Kirchenordnung sollte auch synodalkollegiale Institutionen enthalten, deren Aufgabe darin besteht, den Konsensus der Ekklesia in Fragen der Kirchenordnung festzustellen, nicht aber darin, Kirche zu leiten im Sinne des Hirtenamtes.

Im Jahr 1959 sagt Brunner, die Lehre vom geistlichen Amt sei in der evangelischen Kirche „in mancherlei Hinsicht noch ungeklärt, unsicher und umstritten".[109] Bis in die gegenwärtige Diskussion hinein ist manches umstritten geblieben. Vor diesem Hintergrund soll im folgenden nach der Berechtigung und der Bedeutung der Amtslehre Brunners gefragt werden, und zwar im Blick auf die Begründung (11.8) und die Gestalt des ordinierten Amtes (11.9), ferner im Blick auf das Ordinationsverständnis (11.10), die Frage der Frauenordination (11.11) und die vorgeschlagene Form der Kirchenleitung (11.12).

B. Diskussion

11.8 Zur Begründung des ordinierten Amtes

Althaus teilt die Beobachtung mit, daß Luther das öffentliche Amt der Predigt und der Sakramentsverwaltung einerseits von der notwendigen Ordnung in der Versammlung des priesterlichen Christenvolks her begründet und andererseits von der Stiftung her, die in der Berufung der Apostel durch Christus beschlossen liegt.[110] Die Verhältnisbestimmung zwischen „Ordnungsmotiv" und „Stiftungsmotiv" ist in der evangelischen Theologie umstritten.[111] Brunner nimmt beide Motive

---

[109] PE I, 293.
[110] P. ALTHAUS, Luther, 280.
[111] Eine Zwischenüberschrift bei J. FREIWALD (Amt, 168), lautet: „Das Verhältnis von Ordnungs- und Stiftungsmotiv".

auf, wobei er das Ordnungsmotiv dem Stiftungsmotiv eindeutig unterordnet. Er ist davon überzeugt, daß das Amt der Kirche unmittelbar von der präzisen Beauftragung der Jünger durch den auferstandenen Christus her zu verstehen ist.[112] Ganz bewußt verknüpft Brunner die Amtslehre mit dem Ursprung der Kirche, den er nicht erst in den Pfingstereignissen, sondern in den vor- und nachösterlichen Willenskundgebungen Christi erblickt. Jeder Anschein, als sei das Amt eine später entstandene Einrichtung der Kirche, die menschlichen Überlegungen und situationsbedingten Bedürfnissen entspringt, soll vermieden werden.

Im Blick auf die Erscheinungen des Auferstandenen, die für die Entstehung der Kirche sorgen, hebt Brunner hervor, daß es sich um personale Begegnungen handelt, in denen es zu einer worthaften, also eindeutigen Verständigung zwischen Christus und den Jüngern kommt.[113] Die Anweisungen des Herrn, die zusammengefaßt als „Sendungsauftrag" bezeichnet werden, zielen auf die Ausbreitung des einen Evangeliums in der Gestalt von Verkündigung, Taufe, Abendmahl und Absolution in der Menschenwelt ab.[114] Diese Aussage, die sozusagen das Fundament der Amtslehre bildet, basiert auf biblischen Texten, die meistens nicht explizit angeführt werden: Mt 28,19f, Mk 16,15f, Apg 1,8, Joh 20,23 in Verbindung mit den Einsetzungsworten des Abendmahls Mk 14,22–24 parr.

Der Sendungsauftrag Jesu Christi beschreibt den *einen* Dienst am Evangelium, der als „das Amt in der Kirche" bezeichnet werden kann. Allerdings, so die entscheidende These, ist in der Stiftung dieses Amtes mitgesetzt und beschlossen, daß es nur in zweifacher Gestalt ausgeübt werden kann, nämlich a) in der Gestalt des Dienstes aller Glaubenden und b) in der Gestalt des ordinierten Amtes. Zu der Erkenntnis der Notwendigkeit des ordinierten Amtes führt jene doppelte Gedankenlinie (1) über das Amt des allgemeinen Priestertums und (2) über das Amt der Apostel, die sich schon bei Luther findet. Allerdings hat die zweite Begründungslinie für Brunner ein größeres Gewicht als die erste, wie im folgenden aufzuzeigen ist.

(1) Ebenso wie Luther den Sendungsauftrag pointiert auf alle priesterlichen Christen bezieht, so betrachtet Brunner alle Christen als ermächtigt und verpflichtet, das Evangeliumsamt auszuüben.[115] Eben die Amtsermächtigung und Amtsverpflichtung aller Gemeindeglieder nötigt zur Berufung eines Gemeindeglieds, das mit der Ausübung des Amtes für die Gemeinde beauftragt wird. Brunner schließt sich im Referat „Das Amt des Bischofs" unmittelbar an Luthers Argumentation

---

[112] BRUNNER, Amt, 81.
[113] Amt, 82.
[114] Amt, 84.
[115] Amt, 85.

an.[116] Das darin enthaltene Ordnungsmotiv wird dabei in einer ganz bestimmten Richtung gedeutet. Es soll keinesfalls als pragmatische Lösung eines soziologischen Problems verstanden werden, sondern als bewußte, gehorsame Erfüllung des Auftrags der Kirche.[117] Das ordinierte Amt entsteht nicht durch die Selbstorganisation der Kirche, sondern durch die organisierte Verwirklichung des in der Stiftung der Kirche mitgesetzten ministerium verbi. Das Ordnungsmotiv ist also von dem Stiftungsmotiv umgriffen und bestimmt.

Es fällt auf, daß die Begründung des ordinierten Amtes von dem allgemeinen Priestertum her in Brunners Ausführungen nur selten auftaucht. Das dürfte damit zusammenhängen, daß Brunner eine Verdunkelung des Stiftungsgedankens durch den Ordnungsgedanken befürchtet. Der Ordnungsgedanke könnte zu einer vordergründigen Betrachtungsweise führen, die das Amt lediglich als kirchliche Institution, nicht als göttliche Stiftung erkennbar werden läßt. Die Einrichtung dieses Amtes würde möglicherweise als ein jederzeit revidierbarer Entschluß der Kirche erscheinen, der ersetzt werden kann durch solche Ordnungen, welche die geordnete Übermittlung des Evangeliums in der Vollmacht des apostolischen Botschafters nicht mehr garantieren. Dies will Brunner unbedingt vermeiden.

(2) Ausführlicher als über den Zusammenhang von allgemeinem Priestertum und ordiniertem Amt spricht Brunner über den Zusammenhang von Sendungsauftrag, Apostelamt und Predigtamt. So gewiß der Sendungsauftrag die ganze Kirche und jeden Christen betrifft, so gewiß richtet er sich zunächst einmal an einzelne Jünger.[118] Einzelne Personen werden zum apostolischen Dienst berufen, welcher in der Verkündigung des Evangeliums und der Sammlung der endzeitlichen Ekklesia besteht.[119] Bevor die Kirche durch den Pfingstgeist ins Leben gerufen wird, ist bereits das durch die Mandate Christi definierte Apostelamt eingerichtet. Der einmalige, besondere Dienst der ersten Apostel, der die Augenzeugenschaft seiner Träger voraussetzt, kann nicht fortgeführt werden. Doch durch die Weitergabe des Evangeliums werden auch die Mandate Christi weitergegeben, die mit göttlicher Autorität die Verwirklichung und Ausführung des apostolischen Dienstes verlangen.[120] Deshalb hat die Kirche ein Predigtamt einzurichten, welches die apostolische Wortverkündigung und die Sammlung der Gemeinde fortführt. Die Einrichtung dieses Amtes und die Einsetzung ins Amt wird zwar durch die Kirche vollzogen, geschieht aber „unmittelbar auf Grund des gebietenden und stiftenden Sendungsbefehles

---

[116] PE I, 242.
[117] A.a.O.
[118] Amt, 87.
[119] EK 10, 85.
[120] A.a.O.

Christi".[121] Das Stiftungsgebot ist nicht der historische Anlaß für ein relativ eigenständiges Handeln der Kirche der Gegenwart. Vielmehr wirkt sich der Stifterwille dort unmittelbar aus, wo das ihm entsprechende apostolische Amt Gestalt annimmt.

Für die Ableitung des Predigtamts vom Apostelamt kann sich Brunner auf Luther berufen, der in der Schrift „Von den Konziliis und Kirchen" schreibt: „Haben nu die Apostel, Evangelisten und Propheten auffgehöret, So müssen ander an jre stat komen sein und noch komen bis zu ende der welt. Denn die Kirche sol nicht auffhören bis an der welt ende, darumb müssen Apostel, Evangelisten, Propheten bleiben, sie heissen auch, wie sie wollen oder können, die Gottes wort und werck treiben."[122] Allerdings betont Luther an dieser Stelle die geistlich-praktische Notwendigkeit der Verwirklichung des ministerium verbi in der Fortsetzung von urchristlichen Wort-Ämtern. Brunner hebt stärker auf die Verbindlichkeit der Mandate Christi ab, die ein dem apostolischen Amt entsprechendes ministerium verbi fordern. An der Einsetzung der Apostel hat die Kirche abzulesen, daß sie das Predigtamt einrichten soll. Die Stiftung verlangt die konkrete Institution. Darauf liegt der Akzent bei Brunner.

Im Blick auf die pointierte Begründung des Amtes „de iure divino" darf wohl eine Übereinstimmung mit der reformatorischen Theologie festgestellt werden. Denn auch Luther führt die Bestellung der Kirchendiener unmittelbar auf die Stiftung Christi zurück, wenn er sagt: „Denn man mus Bisschove, Pfarrher oder Prediger haben, die öffentlich und sonderlich die obgenanten vier stück odder heilthum geben, reichen und uben, von wegen und im namen der Kirchen, viel mehr aber aus einsetzung Christi, wie S.Paulus Ephe. 4 sagt. ‚Dedit dona hominibus.' Er hat gegeben etlich zu Aposteln, Propheten, Evangelisten, Lerer, Regirer etc."[123] Der von Luther zitierte Vers Eph 4,11 leitet die aktuell bestehenden Kirchenämter aus der Einsetzung Christi ab und stützt insofern das von Brunner akzentuierte Stiftungsmotiv. Gleichzeitig ist zu beachten, daß Luther den zitierten Satz mit einer für das Ordnungsmotiv klassischen Formulierung fortsetzt.[124] Ordnungsmotiv und Stiftungsmotiv, die für den Reformator offenkundig keinen Gegensatz bilden, werden anscheinend enger ineinandergeschoben und miteinander verknüpft als das bei Brunner geschieht.[125]

---

[121] PE I, 306.
[122] WA 50, 634,11–15.
[123] WA 50, 632,36–633,5.
[124] WA 50, 633,5–8: „Denn der hauffe gantz kan solchs nicht thun, sondern müssens einem befelhen oder lassen befolhen sein. Was wolt sonst werden, wenn ein jglicher reden oder reichen wolt, und keiner dem andern weichen."
[125] Darin sind sich viele Lutherinterpreten einig, obwohl das Verhältnis beider Motive unterschiedlich beschrieben wird. P. ALTHAUS (Luther, 280) spricht von einem Nebeneinander der unmittelbaren (Stiftungsmotiv) und mittelbaren (Ordnungsmotiv) Begründung des Amtes, J. FREIWALD (Amt 169f) von einer „Einheit"

Die Amtslehre des Heidelberger Theologen versucht in einer Situation, die in seiner Sicht von einer Krise des Amtsverständnisses bestimmt ist, eher die im strengen Sinne theologische bzw. christologische Begründung als die ekklesiologische Begründung des Amtes zur Geltung zu bringen. Dies wird man insbesondere dann für eine notwendige theologische Aufgabe halten, wenn man mit Günther R. Schmidt davon ausgeht, daß in der heutigen Situation die „Konturen des *geistlichen Amtes*" „von wenig schriftgemäßen Vorstellungen über ‚allgemeines Priestertum' her verwischt" werden.[126]

Brunners Interpretation der reformatorischen Amtslehre wird in mancherlei Hinsicht in Frage gestellt durch eine neue Untersuchung von Harald Goertz mit dem Titel „Allgemeines Priestertum und ordiniertes Amt bei Luther". Goertz weist darauf hin, daß Luther mit dem Begriff „Amt" sowohl den Dienst im Sinne einer konkreten Tätigkeit als auch das öffentliche, institutionalisierte Amt bezeichnen kann.[127] Beachtet man die Mehrdeutigkeit des Amtsbegriffs, so ergibt sich nach Goertz folgende These: Nur den Dienst des allgemeinen Priestertums an Wort und Sakrament im Sinne des ministerium von CA V hält Luther für eine göttliche Stiftung, nicht aber die Institution des kirchlichen Amtes im Sinne von CA XIV, die sich aus dem allgemeinen Priestertum ableitet.[128] Die „Stiftungstheorie", die letzteres behauptet, lehnt Goertz unter anderem deswegen ab, weil sie die Berechtigung der Nicht-Ordinierten zu bestimmten Betätigungen des öffentlichen Amtes von vorneherein ausschließe, weil sie zu einem doppelten Amtsbegriff führe und weil sie das Berufungsrecht der Gemeinde in Frage stelle.[129] In der Perspektive Luthers erscheine die Amtsinstitution lediglich als indirekte, mittelbare Stiftung Gottes im Sinne einer notwendigen Konsequenz aus der gemeinsamen Beauftragung aller Christen, meint Goertz.[130]

Der auf eine breite Quellenbasis gestützten Arbeit von Goertz kommt das Verdienst zu, auf die prinzipiell unteilbare und unbeschränkte Vollmacht aller Christen hinzuweisen, welche die Berufung kirchlicher Amtsträger sowohl möglich als auch notwendig macht.[131] Ob aufgrund der konstitutiven Bedeutung des allgemeinen Priester-

---

beider Begründungslinien, weil „*die Ordnung selbst Stiftung*" ist. Nach H.GOERTZ (Amt, 192–198) sieht Luther lediglich den allgemeinen Dienst am Wort unmittelbar in der göttlichen Stiftung begründet, das ordinierte Amt hingegen im allgemeinen Priestertum.

[126] R. SLENCZKA/G.R. SCHMIDT, Zur Krise des kirchlichen Lehr- und Leitungsamtes, KuD 41, 171, These 24.
[127] H. GOERTZ (Amt, 180–183) stellt auch noch eine dritte Bedeutung von Luthers Amtsbegriff fest: „officium", „Dienstauftrag".
[128] H. GOERTZ, Amt, 192.195. Vgl. die ganzen Abschnitte 5.2.1 und 5.2.2.
[129] A.a.O. 223f.
[130] A.a.O. 224.
[131] A.a.O. 155–160.

tums für die Amtsinstitution dieselbe für Luther nur als mittelbare Stiftung Gottes in den Blick kommt, kann an dieser Stelle nicht im Detail nachgeprüft werden. Das oben angeführte, auf Eph 4,11 bezogene Lutherzitat in der Schrift „Von den Konziliis und Kirchen" scheint aber in eine andere Richtung zu weisen: Die aufgrund der Gleichberechtigung der Gemeindeglieder gewählten Pfarrer haben ihre Daseinsberechtigung aufgrund der Einrichtung des Amtes und die Berufung des Amtsträgers durch Christus.

Brunner jedenfalls legt genau darauf Wert, daß der Stiftungsbefehl nicht nur als ein allgemeiner Dienstauftrag verstanden wird, der in verschiedener Form und unterschiedlicher Intensität befolgt werden kann, sondern als eine Beauftragung, die von vorneherein auf die Realisierung des ministerium verbi im konkreten Kirchenamt mit seinem personalen Träger abzielt. Eine solche Auffassung wird durch die Aussage von CA V gestützt unter der Voraussetzung, daß es sich bei dem dort beschriebenen göttlich gestifteten Predigtamt um das kirchlich geordnete Amt im Sinne von CA XIV handelt. Diese von Brunner vertretene Deutung ist neuerdings von Gunther Wenz bestätigt worden.[132]

Gegen das Verständnis des ordinierten Amtes als ein stiftungsgemäß mit besonderen Befugnissen ausgestattes Amt läßt sich wohl kaum geltend machen, daß damit die prinzipielle Bevollmächtigung und Berechtigung zum Amtsvollzug aller Gemeindeglieder aufgehoben sei. Brunner versucht deutlich zu machen, daß auch der Dienst des Nicht-Ordinierten als vollgültiger Amtsvollzug der Kirche zu betrachten ist.[133] Man kann im Blick auf das Nebeneinander von allgemeiner Bevollmächtigung und spezieller Befugnis eventuell von einer gewissen Spannung sprechen, die im Sendungsauftrag selbst angelegt ist, aber wohl kaum von einem logischen Widerspruch, der mit der gleichzeitigen Stiftung des Dienstes der Gemeinde und des berufenen Amtsträgers gegeben wäre, wie Goertz das tut.[134]

Entsprechendes gilt im Blick auf den Einwand, aus der These von der göttlichen Stiftung der Amtsinstitution ergebe sich ein doppelter Amtsbegriff. Brunner hält fest, daß die Kirche mit einem einzigen Dienstamt beauftragt ist, das sie allerdings auftragsgemäß in zweifacher Gestalt wahrzunehmen hat.[135] Wenn dementsprechend „iure divino" bestimmte Dienste dem ordinierten Amt vorbehalten sind, ist damit keineswegs das Berufungsrecht der Ekklesia in Frage gestellt. Mittels der berufenden Kirche wird jenes Amt verwirklicht, das vom Sendungsauftrag unmittelbar gefordert ist.[136]

---

[132] G. WENZ, Bekenntnisschriften 2, 325.
[133] Amt, 85f.
[134] H. GOERTZ, Amt, 221f.
[135] Amt, 84f.
[136] PE I, 306.

11.9 Zur Gestalt des ordinierten Amtes

Es gehört zur Eigenart der Amtslehre Brunners, daß das Amt der Kirche als ein definierter Verbund von bestimmten Dienstfunktionen verstanden wird. Alle Amtstätigkeiten dienen dem Evangelium und verbinden sich deshalb zu einer Einheit. Zu dieser Einheit zählen aufgrund der vierfachen Konkretionsgestalt des Evangeliums auf jeden Fall das Verkündigen, Taufen, Abendmahl Verwalten und Absolvieren.[137] Doch die Vollmachten, die mit dem ministerium verbi verbunden sind und die deswegen auch im institutionalisierten Amt zur Geltung kommen sollten, reichen noch weiter. Unter Berufung auf die Bekenntnisschriften nennt Brunner die Aufgabe der Exkommunikation, der Lehrzucht, der Gemeindeaufsicht und der Ordination.[138] Diese Aufgaben machen in der Sicht Brunners den „Gehalt des apostolischen Amtes" aus, das „in dem einen, durch Ordination übertragenen Amt präsent" ist.[139]

Weil das kirchliche Amt durch seinen Ursprung im Sendungsauftrag Christi und im apostolischen Amt als eine Einheit aus bestimmten Dienstfunktionen definiert ist, muß es in der Kirche auch als Einheit und Ganzheit verwirklicht werden, so die Forderung Brunners. Diese Forderung wird besonders deutlich ausgesprochen in der gutachtlichen Äußerung zum Verfassungsentwurf der Nordelbischen Evangelisch-Lutherischen Kirche.[140] In diesem Verfassungsentwurf, der das Pfarramt als einen besonderen Dienst neben anderen Diensten bezeichnet, lautet ein Grundsatz: „Das der Kirche anvertraute Amt gliedert sich in verschiedene Dienste."[141] Dieser Grundsatz wird von Brunner verworfen: „Das der Kirche anvertraute Amt zerfällt ... von *vornherein*, wesenhaft, gleichsam a priori in verschiedene, jeweils besondere Dienste, die auch Ämter genannt werden können. *Diese Vorstellung des VE (= Verfassungsentwurfes; T.E.) von Wesen und Gehalt des der Kirche anvertrauten Amtes läßt sich mit dem Bekenntnis einer evangelisch-lutherischen Kirche nicht in Einklang bringen.*"[142] Auch die Regelung, daß dem Kirchenvorstand die Aufsicht über die kirchlichen Mitarbeiter übertragen wird, wird in dem Gutachten Brunners abgelehnt mit der Begründung, die episkopale Funktion dürfe dem „de jure divino" gestifteten Hirtenamt nicht genommen werden.[143] Der leitende Bischof der VELKD Eduard Lohse weist die Kritik des Gutachtens zurück, wobei er davon ausgeht, daß der Kirche „nicht eine einzig

---

[137] Amt, 83f.
[138] EK 10, 85–87. Vgl. 11.5.
[139] EK 10, 85.
[140] ZEvKR 10, 379–413; hier: 387–391.
[141] A.a.O. 387f.
[142] A.a.O. 389.
[143] A.a.O. 402f.

Diskussion

mögliche Verfassungsstruktur vorgegeben" ist.[144] Lohse hält es für legitim, daß neben dem Pfarrer, der im Blick auf die Amtshandlungen eine episkopale Funktion ausübt, auch der Kirchenvorstand eine Aufgabe der geistlichen Aufsicht wahrnimmt.[145]

Diese Kontroverse wirft die Frage auf, ob Brunners These von der vorgegebenen Struktur des ordinierten Amtes, was übrigens nicht gleichzusetzen ist mit einer vorgegebenen kirchenordnungsmäßigen Ausgestaltung[146], den Aussagen von Schrift und Bekenntnis entspricht.

Tatsächlich stellt sich das Amt, zu dem die Kirche beruft, in der Confessio Augustana und im Tractatus Melanchthons als ein einziges Amt mit ganz bestimmten Aufgaben dar. In CA XXVIII,20f sprechen die Konfessoren dem bischöflichen Pfarramt die iurisdictio ecclesiastica zu und zählen seine Kompetenzen auf: „Proinde secundum evangelium seu, ut loquuntur, de iure divino haec iurisdictio competit episcopis ut episcopis, hoc est his quibus est commissum ministerium verbi et sacramentorum, remittere peccata, reiicere doctrinam ab evangelio dissentientem et impios, quorum nota est impietas, excludere a communione ecclesiae, sine vi humana, sed verbo."[147] Bis auf das in Tract 65 erwähnte Ordinationsrecht[148] werden in diesem Satz alle wesentlichen von Brunner aufgeführten Dienstfunktionen benannt. Sie sind von den ordinierten Amtsträgern wahrzunehmen, die der Kirche vorstehen.[149] Die Bischöfe, denen der kirchen-öffentliche Dienst am Wort anvertraut ist, werden durch das Evangelium auch mit solchen Diensten beauftragt, die nur durch die kompetente und konsequente Anwendung des Wortes auszuführen sind, wie z.B. Lehrzucht oder Exkommunikation.

Daß auch Luther das der Kirche eingestiftete Amt als unteilbare Einheit begreift, wird in seiner Schrift „De instituendis ministris Ecclesiae" von 1523 besonders schön deutlich: Durch die Anteilhabe an

---

[144] ZEvKR 10, 414–417; hier: 415.
[145] A.a.O. 416.
[146] PE I, 253: „Das durch Vokation entstehende Amt hat *iure divino* die Struktur eines Hirtenamtes. Die kirchenordnungsmäßige Ausgestaltung des Amtes geschieht *iure humano*, aber jene Struktur liegt kraft göttlicher Stiftung fest."
[147] BSLK 123,24–124,9 (lT). Vgl. dT 123,22–124,5: „Derhalben ist das bischoflich Ambt nach gottlichen Rechten das Evangelium predigen, Sunde vergeben, Lehr urteilen und die Lehre, so dem Evangelio entgegen, verwerfen und die Gottlosen, dero gottlos Wesen offenbar ist, aus christlicher Gemein ausschließen, ohn menschlichen Gewalt, sonder allein durch Gottes Wort." Vgl. Tract 60f; BSLK 489,30ff.
[148] BSLK 490,37–40: „Sed cum jure divino non sint diversi gradus episcopi et pastores, manifestum est ordinationem a pastore in sua ecclesia facta jure divino ratam esse."
[149] CA XXVIII,22 beschreibt das Bischofsamt als kirchenleitendes Amt (BSLK 124,10–12): „Hic necessario et de iure divino debent eis ecclesiae praestare oboedientiam iuxta illud: Qui vos audit, me audit."

dem Priester Christus haben die Christen auch an den sieben „sacerdotalia officia" teil, nämlich am Verkündigen, Taufen, Sakrament-Verwalten, Absolvieren, Fürbitten, Opfern und Lehrurteilen.[150] „Die genannten Dienste lassen sich ... nicht voneinander *trennen*, da sie sämtlich durch das Wort Gottes konstituiert sind, das nur *eines* und *unteilbar* ist", kommentiert Goertz treffend.[151] Entscheidend für das Verständnis des ordinierten Amtes ist nun Luthers Meinung, daß die unverzichtbare Beauftragung eines einzelnen mit dem Dienst am Wort die Beauftragung mit allen priesterlichen Diensten notwendig in sich schließt: „Quod si docendi verbi officium ulli traditur, simul omnia, quae verbo in Ecclesia fiunt, traduntur, nempe baptisandi, consecrandi, ligandi, solvendi, orandi, iudicandi officium".[152] Das Amt des Wortes ist ein Amt mit weitreichenden Kompetenzen. Die Aufgaben der Exkommunikation und der Ordination werden hier zwar nicht genannt, dürfen aber wohl zu den Diensten gerechnet werden, „die in der Kirche durchs Wort ausgerichtet werden". Die Fortsetzung des Zitats stellt die innerkirchliche Priorität des öffentlich ausgeübten Amtes fest: „siquidem euangelisandi officium omnium summum est, nempe apostolicum, quod fundamentum ponit omnibus aliis officiis, quorum est superaedificare, qualia sunt doctorum, prophetarum, gubernatorum, linguarum, gratiae sanitatum et opitulationum, ut 1.Cor. 12 Paulus digerit".[153] Aus der paulinischen Vorordnung des Apostelamts in 1.Kor 12,28 wird geschlossen, daß das kirchliche Amt der apostolischen Predigt den Vorrang hat vor allen anderen Ämtern. Es soll das Grundamt sein, auf dessen Dienst alle anderen kirchlichen Dienste aufbauen und auf den sie angewiesen bleiben.

Die Anschauung Luthers und der Bekenntnisschriften unterstützen Brunners These von der Einheit des Amtes. Es fragt sich aber, ob sich aus dem Neuen Testament zweifelsfrei erweisen läßt, daß die Kirche durch Gottes Gebot verpflichtet ist, ein gemeindeleitendes Hirtenamt in ungegliederter Einheit zu verwirklichen. Eine dementsprechende ausführlichere exegetische Beweisführung findet sich bei dem Systematiker Brunner leider nicht.

---

[150] WA 12, 180,1–4.
[151] H. GOERTZ, Amt, 156.
[152] WA 12, 191,6–8. Übersetzung W² X, 1592: „So nun das Amt des Wortes einem verliehen wird, so werden ihm auch verliehen alle Aemter, die durch das Wort in der Kirche werden ausgerichtet, das ist, die Gewalt zu taufen, zu segnen, zu binden und zu lösen, zu beten und zu richten oder urtheilen."
[153] WA 12, 191,8–12. Übersetzung W² X, 1592: „Denn das Amt, zu predigen das Evangelium, ist das höchste unter allen; denn es ist das rechte apostolische Amt, das den Grund legt allen andern Aemtern, welchen allen erste zu bauen: als da sind die Aemter der Lehrer, der Propheten, der Regierer, derer, so die Gabe der Sprachen und gesund zu machen haben, wie sie denn Paulus nach einander ordnet, 1.Kor 12,8f."

Die wissenschaftliche Exegese erkennt in den neutestamentlichen Schriften eine Vielfalt von Gemeindeordnungen und Amtskonzeptionen. In einer neueren Untersuchung beschreibt Volker Stolle sieben verschiedene Amtsverständnisse und kommt zu dem Ergebnis, daß sich der neutestamentliche Ansatz mit dem reformatorischen durchaus vergleichen lasse, weil es hier wie dort nicht zur „Ausgestaltung einer festen Amtsverfassung" komme, sondern nur die Notwendigkeit des Dienstes am Evangelium in verschiedenen möglichen Formen erkennbar werde.[154] Dieselbe Ansicht hat bereits Leonhard Goppelt in einem Beitrag zur Brunner-Festschrift 1965 vertreten.[155]

Betrachtet man die neutestamentlichen Schriften jedoch im Zusammenhang, so wird man bestätigen können, daß die von Christus ausgesandten Apostel tatsächlich alle jene sieben Aufgaben wahrgenommen haben, die Brunner als Inhalt des Apostelamts aufzählt: Verkündigung (1.Kor 2,2), Taufe (1.Kor 1,14) und Abendmahlsverwaltung (1.Kor 10,16), Absolution (2.Kor 2,10), Exkommunikation (1.Kor 5,3–5), Lehrzucht (Gal 1,6ff), Gemeindeleitung (1.Thess 5,12) und Berufung zum „Bischofs"-Amt (Apg 20,28). Ferner wird man aufgrund des letztgenannten Belegs in Verbindung mit Apg 14,23 und der Gesamtaussage der Pastoralbriefe davon ausgehen dürfen, daß die Generation der Apostel dafür gesorgt hat, daß alle sieben Dienstfunktionen in den Ekklesien auch weiterhin zur Geltung kamen. Daß diese sieben Dienstfunktionen nun in Zukunft unbedingt in einem einzigen Leitungsamt und in einem einzigen Amtsträger zu konzentrieren sind, geht m.E. aus keiner Schriftaussage mit letzter Eindeutigkeit hervor. Zwar wird Timotheus kraft apostolischer Autorität auf ein bis zur Parusie Christi durchzuhaltendes Amt verpflichtet, das sich als leitendes Hirtenamt im Sinne der These Brunners beschreiben läßt.[156] Doch neben diesem Amtsmodell scheint es ein zweites Modell zu geben, das die hirtenamtlichen Dienstfunktionen einer Gruppe von „Bischöfen" oder „Ältesten" oder „Vorstehern" zuschreibt.[157] Aus der Beobachtung, daß beide Modelle gleichberechtigt nebeneinanderstehen, läßt

---

[154] V. STOLLE, Im Dienst Christi und der Kirche. Zur neutestamentlichen Konzeptualisierung kirchlicher Ämter, LuThK 20, 65–131, hier: 126f. Vgl. die Beschreibung der verschiedenen Strukturmodelle der Ämter und Dienste von J. ROLOFF, TRE 2, 509–533.
[155] L. GOPPELT, Das kirchliche Amt nach den lutherischen Bekenntnisschriften und nach dem Neuen Testament, 103f.
[156] Das „Gebot" 1.Tim 6,14 bezieht sich vermutlich die Bewahrung des Dienstamtes einschließlich aller seiner angesprochenen Funktionen: Lehrbeurteilung 1.Tim 1,3; Lehrbewahrung 1.Tim 1,18; Gottesdienstaufsicht 1.Tim 2,8ff; Ämteraufsicht 1.Tim 3,1ff; Predigt, Seelsorge und Lehre 1.Tim 4,13; Gemeindeaufsicht 1.Tim 5,1ff; Gemeindezucht 1.Tim 5,20; Ordination 1.Tim 5,22. Vgl. J.A.BENGEL (Gnomon, 847) zu 1.Tim 6,13: „Vide, quantum munus evangelii praedicandi."
[157] Apg 20,28; Phil 1,1; 1.Thess 5,12; 1.Petr 5,1.

sich der Schluß ziehen, daß jenes durch sieben Dienstfunktionen definierte göttlich gestiftete Amt der Kirche auch von einer Gruppe von Amtsträgern wahrgenommen werden kann. Es wäre also denkbar, den verschiedenen Amtsträgern einzelne Aufgaben als Arbeitsschwerpunkte zuzuteilen, ohne die Befugnis zu allen hirtenamtlichen Aufgaben einzuschränken. So könnten etwa Hauptprediger, Katechet, Seelsorger und Evangelist zusammen ein hirtenamtliches Kollegium bilden. Beachtenswerterweise kommt auch Edmund Schlink, der die Aufgabe des kirchlichen Amtes als Gottesdienstleitung, Mission und Dienst an der Kircheneinheit bestimmt, zu dem Ergebnis, daß das Hirtenamt durch eine oder mehrere Personen wahrgenommen werden könne.[158]

Gegen eine derartige Aufgliederung des kirchlichen Amtes hat sich Brunner unter anderem durch jene anschauliche Schilderung der Entstehung der Kirche vor Ort gewehrt, die aufzeigt, wie das Amt des apostolischen Missionars direkt in das Amt des Gemeindehirten übergeht. Alle apostolischen Amtsbefugnisse müssen auch weiterhin in der Hand des ehemaligen Missionars konzentriert bleiben, weil nur durch dieses besondere Amt für die unverfälschte Bewahrung der apostolischen Botschaft gesorgt ist, so die Argumentation Brunners.[159] Zweifellos erfordert die Bewahrung des Evangeliums ein besonderes Amt und einen kompetenten Amtsträger. Doch dieser Amtsträger muß nicht unbedingt gleichzeitig alle Aufgaben des apostolischen Amtes wahrnehmen, wenn sein Dienst durch Amtskollegen ergänzt wird. Außerdem ist in diesem Zusammenhang zu bedenken, daß in der nachapostolischen Zeit nicht die geschichtlich-kontinuierliche Erhaltung des Amtes in ungegliederter oder gegliederter Form die Reinheit des Evangeliums garantiert, sondern die regula fidei in Verbindung mit dem alttestamentlichen und später auch dem neutestamentlichen Kanon.[160] Letzten Endes hängt es nicht von der Ämterordnung ab, ob das Evangelium vor Ort in seiner ursprünglichen Form festgehalten werden kann oder nicht, sondern von der rechten Erkenntnis der Botschaft der Schrift, also von Gottes Wort und Gottes Geist.

Eine Amtslehre, die an der göttlichen Stiftung des kirchlichen Amtes einschließlich aller seiner im Sendungsauftrag beschlossenen

---

[158] J. EBER, Schlink, 188.
[159] PE I, 304f.
[160] Wenn L. GOPPELT (Das kirchliche Amt, 111) an den Bekenntnisschriften kritisiert, sie setzten „zu sehr voraus, daß das Evangelium in der Schrift für jedermann gegeben sei" und würden deswegen dem besonderen Amt als Amt der Bewahrung der traditio apostolica zu wenig Gewicht beimessen, so wird dies der Theologie der Reformatoren m.E. nicht gerecht. Denn erstens gehört es zu den grundlegendsten und befreiendsten Entdeckungen der Reformation, daß das Evangelium in der Schrift jedermann zugänglich ist und nicht erst durch das Lehramt erschlossen werden muß. Zweitens wird das Predigtamt gerade von den Reformatoren aufs engste mit der Aufgabe der Bewahrung der Lehre verbunden.

Diskussion

Dienstfunktionen festhält, gleichzeitig aber eine gegliederte Gestaltung des Amtes für möglich hält, stünde nicht unbedingt im Widerspruch mit den oben angeführten Aussagen Luthers. Denn jeder der Amtsträger im hirtenamtlichen Kollegium würde ein ministerium verbi wahrnehmen, das erstens mit allen Befugnissen des Wort-Dienstes ausgestattet ist, wenngleich nicht von allen Befugnissen in derselben Intensität Gebrauch gemacht wird, und das zweitens den Grund legt für alle anderen Dienste in der Gemeinde. Deshalb wäre die Einheit und die Priorität des ministerium verbi nicht verletzt. Luther scheint selbst mit der Möglichkeit zu rechnen, daß in einer Gemeinde mehrere ordinierte Amtsträger tätig sind, wenn er die Anweisung gibt, „unus, aut quotquot placuerint communitati" sollten berufen werden.[161] Am Ende seiner Schrift an die Leisniger spricht der Reformator die Möglichkeit an, daß aus dem „predig ampt" Funktionen wie taufen, Messe halten und Seelsorge üben ausgegliedert werden könnten gemäß dem Vorbild Christi und der Apostel.[162] Die Bezeichnung der ausgegliederten Aufgabe als „unterampt" deutet zwar auf eine Unterordnung unter das Predigtamt hin, schließt aber nicht aus, daß dieser Dienst zur Verwirklichung des apostolischen Amtes in der Kirche gerechnet wird.

Auch mit der Aussage der Bekenntnisschriften müßte sich das angedeutete Modell eines gegliederten Hirtenamtes vereinbaren lassen. Alle Dienste, die dem Bischofsamt „de iure divino" zukommen, würden von ordinierten „episcopi" vollzogen, deren Aufgabenbereiche „de iure humano" unterschieden sind in Entsprechung zu der Unterscheidung von Pfarrherr und bischöflichem Oberhirten, die nicht im göttlichen Recht wurzelt.[163]

Wenn die vorgetragene Korrektur an Brunners Amtslehre tatsächlich Schrift und Bekenntnis entspricht, dann kann eine Verteilung der amtlichen Aufgaben auf mehrere Amtsträger nicht grundsätzlich als bekenntniswidrig verworfen werden, wie das im oben erwähnten Gutachten geschieht.[164] Dennoch gibt es m.E. im Sinne des ius humanum Gründe dafür, das Hirtenamt mit der Fülle seiner Funktionen doch auf eine einzige Person zu konzentrieren. Brunners Darlegungen zeigen, daß dieses Amtsmodell eine Vielzahl anderer Dienste, die das Hirten-

---

[161] WA 12, 189,21f. Vgl. 12, 191,22f: „eligere unum vel quotquot opus fuerit idoneos".
[162] WA 11, 415,30–416,2. Vgl. H. GOERTZ, Amt, 283 Anm. 433. H. GOERTZ stellt bei Luther im Blick auf die konkrete Gestaltung der Ämterordnung eine grundsätzliche Flexibilität fest (a.a.O. 282–284).
[163] Tract 63–65; BSLK 490,29–45.
[164] BRUNNER stellt kategorisch fest (ZEvKR 10, 397): „Eine *Auseinanderlegung* dieses einen Amtes in eine Vielheit besonderer Dienste *ist nicht möglich*." Auch nach den vorgetragenen Überlegungen bleibt es problematisch, dem ordinierten Kirchendiener eine seiner genuinen Aufgaben zu entziehen und sie ohne Vorbehalt nicht-ordinierten Gemeindegliedern zu übertragen.

amt unterstützen, nicht ausschließt, sondern geradezu fordert. Drei denkbare Gründe seien hier genannt:

Erstens wäre der Einheit der Gemeinde vermutlich besser gedient, wenn man in den verschiedenen Aufgabenbereichen einer einzigen leitenden Person begegnete, die die Gesamtverantwortung für die Gemeinde trägt und die ein lebendiges Anschauungsbeispiel für den apostolischen Dienst darstellt. Zweitens dürften sich durch die Regelung, daß schwierige Entscheidungen im Anschluß an gemeinschaftliche Beratungen von einem einzelnen getroffen werden, langwierige Entscheidungsfindungsprozesse und Auseinandersetzungen in einem Amtskollegium vermeiden lassen. Drittens können es sich die Kirchen heute kaum leisten, pro Gemeinde mehr als einen ausgebildeten, für alle hirtenamtlichen Aufgaben kompetenten Theologen einzusetzen, der für die Orientierung der gesamten Gemeindearbeit am Evangelium sorgen kann. Deshalb dürfte eine evangelische Kirche gut beraten sein, wenn sie das Pfarramt im Sinne des von Brunner so eindrücklich geschilderten Hirtenamtes gestaltet.

Eine andere Anfrage an die besagte gutachtliche Äußerung betrifft das Verhältnis zwischen dem Dienst des Ordinierten und dem Dienst des nicht-ordinierten Mitarbeiters im Bereich der Seelsorge. Brunner unterstreicht, daß zum Dienst des Pastors die Erteilung der Absolution bzw. ihre Verweigerung im Rahmen der Privatbeichte gehört.[165] Wenn in diesem Zusammenhang davon die Rede ist, daß zwar auch Gemeindeglieder „das Evangelium mit der Verheißung der Sündenvergebung" zusprechen können, daß aber „die Entscheidung über Gewährung oder Verneinung der Absolution" bei dem ordinierten Amtsträger liegt, so drängt sich die Frage auf, ob damit nicht in unzulässiger Weise diejenige Vollmacht begrenzt wird, die im allgemeinen Priestertum beschlossen liegt.[166] Da die Privatbeichte nicht zu jenem kirchen-öffentlichen Bereich zu rechnen ist, für den in besonderer Weise der Amtsträger zuständig ist, darf der Dienst des Gemeindeglieds an dieser Stelle wohl kaum irgendwelchen „amtlichen" Beschränkungen unterworfen werden. Dies gebietet der Respekt vor dem Recht und der Pflicht eines jeden Christen.

Das letztgenannte Beispiel weist auf die Gefahr hin, daß im Rahmen einer Amtslehre, die berechtigterweise auf die Aufgaben und Befugnisse des ordinierten Amtes hinweist, der Dienst des allgemeinen Priestertums unterbewertet und zurückgedrängt wird. In einer heutigen evangelischen Amtslehre wird zu berücksichtigen sein, daß die Krise des Amtes, von der Brunner spricht[167], nicht nur das ordinierte Amt, sondern auch das von allen Gemeindegliedern auszuübende ministerium verbi betrifft. Diese Herausforderung ist von Brunner gesehen

---

[165] ZEvKR 10, 400.
[166] A.a.O. 400f.
[167] Amt, 79.

Diskussion

worden.[168] Man wird ihr nur so begegnen können, daß die Hirten der Gemeinden ihre Gemeindeglieder dazu befähigen und ermutigen, den Gottesdienst bewußt mitzuvollziehen, das Familienleben geistlich zu gestalten, die nachwachsende Generation zu unterweisen, Seelsorge zu üben, missionarisch zu leben und sich im Blick auf Vorgänge oder Äußerungen im kirchlichen Raum ein begründetes, theologisches Urteil zu bilden, woran Brunner zurecht erinnert.[169]

11.10 Zum Verständnis der Vokation und der Ordination

Die Verankerung der Amtslehre in Sendungsauftrag und Apostelamt bestimmt auch Brunners Verständnis von Vokation und Ordination. Der Vergleich dieses Verständnisses mit der Luther-Studie von Goertz, die Amtsinstitution und Ordination streng von dem dafür konstitutiven allgemeinen Priestertum her begreift, läßt die Akzentsetzungen bei dem Heidelberger Theologen deutlich hervortreten.

Während Brunner betont, daß sich die Notwendigkeit der Vokation aus dem göttlichen Mandat ergibt, hebt Goertz hervor, daß die Notwendigkeit des in der Ordination konkretisierten Berufungsgeschehens aus dem Priestertum aller Gläubigen resultiert.[170] Für die Betonung der mit der Stiftung Christi gesetzten Verpflichtung der Kirche, auszuwählen und zu ordinieren, beruft sich Brunner auf Melanchthons Ausführungen in Ap XIII,7–13.[171] Melanchthon erklärt sich dort bereit, die Ordination eventuell sogar als „Sakrament" zu bezeichnen um des Predigtamts willen, das Gott selbst „eingesetzt", „geboten" und mit „herrliche(r) Zusage" versehen hat.[172] Weil die Kirche „Gottes Befehl" hat, „Prediger und Diakonos" zu bestellen, und weil es sehr

---

[168] Amt, 86: „Wir haben allen Anlaß, gerade in der Gegenwart, die durch laodicäische Lauheit in vieler Hinsicht gekennzeichnet sein dürfte, diese ‚Amtsverpflichtung' des Gemeindegliedes, die aus seiner Taufe entspringt, zu betonen." Vgl. EK 10, 87: „Die innere Notlage unserer Kirchen, die geistliche Krise, in der sie sich offenbar befinden, hängt gewiß damit zusammen, daß ein Mangel an Gaben des heiligen Geistes herrscht. Um so dringender sollten die Hirten der Gemeinden darauf achten, wo solche Gaben vielleicht ganz im Verborgenen sich regen."

[169] PE I, 239f.298.307f. Diese Förderung des Dienstes des allgemeinen Priestertums ist nicht zu verwechseln mit der Forderung, die Kirche und ihre Ämterstruktur dem politischen Prinzip der Gleichberechtigung und der Demokratie zu unterwerfen. – In seiner Ekklesiologie-Vorlesung (Evangelium, 41) formuliert BRUNNER zehn Gebote als konkrete Folgerungen aus dem allgemeinen Priestertum. Die Gebote neun und zehn lauten folgendermaßen: „Du bist als Glied der Ekklesia bevollmächtigt, bei der Berufung von Amtsträgern mitzuwirken. – Du bist als Glied der Ekklesia verpflichtet, für die Ausbreitung und Erhaltung des Evangeliums die Verantwortung wahrzunehmen (bis zur Kirchensteuer)."

[170] PE I, 244. H. GOERTZ, Amt, 299.312–315.

[171] PE I, 244 Anm. 10.

[172] BSLK 293,39–41.

tröstlich zu wissen ist, „daß Gott durch Menschen und diejenigen, so von Menschen gewählet sind, predigen und wirken will", „so ist gut, daß man solche Wahl hoch rühme und ehre", meint Melanchthon.[173] Sowohl der Akt der Vokation als auch der Ordination sind demnach tatsächlich als ein Akt des unmittelbaren Gehorsams gegenüber Gottes Auftrag zu verstehen. Insofern entspricht Brunners Perspektive der reformatorischen Theologie.

Getragen und durchgeführt werden Vokation und Ordination von der Ekklesia. Darin besteht zwischen Brunner und Goertz Übereinstimmung, wobei jener eher in der universalen Kirche das handelnde Subjekt erblickt, dieser in der Gemeinschaft der kraft des sacerdotium zum ministerium berechtigten Christen vor Ort.[174] Dementsprechend wird der Ordinator im ersten Fall als Bevollmächtigter der einen Ekklesia beschrieben, im zweiten Fall als Repräsentant der Ortskirche.[175] Beide Aspekte dürften ihre Berechtigung haben. Man kann fragen allerdings fragen, ob das ekklesiologische Fundament der Vokation in der Ordinationshandlung selbst angemessen zum Ausdruck kommt, wenn ausschließlich Ordinierte an ihr beteiligt sind. Goertz weist darauf hin, daß Luther die Beteiligung von sogenannten „Laien" an der Ordination für möglich gehalten und ernsthaft erwogen hat.[176] Seine Ordinationsformulare sehen vor, daß die Handauflegung sowohl von dem Ordinator als auch von Presbytern durchgeführt wird.[177] Brunner dagegen empfiehlt die Ausführung der Ordinationshandlung durch Ordinierte.[178] Dieses Verfahren kommt dem Brauch der episkopalen Ordination in den nicht-reformatorischen Kirchen entgegen. Auch die biblischen Vorbilder Apg 6,6, Apg 13,3, 1.Tim 5,22 und 2.Tim 1,6 sprechen eher dafür, daß Amtsträger die Ordinationshandlung durchführen und die Segnung vollziehen[179], schließen aber eine Form der Mitbeteiligung von Gemeindegliedern wohl kaum aus. Es wäre zu erwägen, ob durch das Mitwirken von Vertretern der Gemeinde im Ordinationsgottesdienst nicht doch jene reformatorische Entdeckung

---

[173] BSLK 293,50 – 294,6.
[174] BRUNNER, PE I, 240–242. H. GOERTZ, Amt, 302–304.
[175] BRUNNER, PE I, 250. H. GOERTZ, Amt, 306–309.
[176] H. GOERTZ, Amt, 308f. Auch Luthers Auftrag zu Vokation und Ordination an die Böhmen in „De instituendis" setzt dies voraus, wie BRUNNER selbst beschreibt (PE I, 250).
[177] WA 38, 429,1–3 (H): „Tunc impositis manibus in caput ipsorum ab ordinatore et presbiteris dicat ordinator ..."
[178] Beiträge Ordination, 109.124.
[179] Die Lutherübersetzung von 1.Tim 4,14 läßt zwar an eine Handauflegung der Ältesten bei der Ordination des Timotheus denken: „Laß nicht außer acht die Gabe in dir, die dir gegeben ist durch Weissagung mit Handauflegung der Ältesten." Doch der Genitiv „tou presbyterioy" wird wohl besser auf das begleitende prophetische Reden der Ältesten bezogen (J.A. BENGEL, Gnomon, 842) oder als Ausdruck für die Einsetzung ins Ältestenamt verstanden (G. HOLTZ, Pastoralbriefe,108.111). 2.Tim 1,6 zufolge dürfte nur Paulus die Hände aufgelegt haben.

besser zum Ausdruck kommen würde, daß das Recht zur Berufung von Kirchendienern nicht bei der kirchlichen Hierarchie, sondern bei der communio sanctorum liegt.[180]

Das Amt, in das der Ordinand eingesetzt wird, will Brunner nicht als „Produkt der Ekklesia", sondern als Schöpfung des mandatum dei verstanden wissen.[181] Goertz hingegen unterstreicht, daß es sich um einen Dienst am Wort handelt, den ein Gemeindeglied stellvertretend für die Gemeinde versieht.[182] Beide Perspektiven gehören zur reformatorischen Amtslehre und dürfen eigentlich nicht gegeneinander ausgespielt werden. Die oben zitierten Äußerungen Melanchthons unterstützen eher Brunners Akzentsetzung. In Luthers Entwürfen zur Ordinationsagende kommt diese Akzentsetzung allerdings nicht so stark zum Tragen wie in jenem Entwurf, den Brunner selbst vorgelegt hat. Die von Luther vorgesehenen Schriftlesungen 1.Tim 3,1–7, Apg 20,28–31 und 1.Petr 5,2–4 beinhalten zwar die Aussage, daß es der Heilige Geist ist, der Bischöfe in der Gemeinde einsetzt.[183] Das Bischofsamt erscheint aber nicht in erster Linie als das Erbe der Apostel, sondern als der geistlich notwendige Dienst am Wort, auf den die Gemeinde nicht verzichten kann. Die von Brunner vorgeschlagenen Schriftlesungen dagegen setzen programmatisch ein mit dem Sendungsauftrag Mt 28,18b–20 und Joh 20,22b–23, der das apostolische Amt begründet, um dann mit der Beschreibung des von Gott in der Ekklesia gestifteten und erhaltenen Wort-Amtes in 2.Kor 5,19–21 und Eph 4,7.11f fortzufahren.[184] Dieser Hervorhebung der Stiftungsgemäßheit und der Notwendigkeit des geordneten Dienstes am Evangelium wird man ihr theologisches Recht nicht absprechen können, zumal sie in Brunners Formular verbunden wird mit dem Hinweis auf

---

[180] MELANCHTHON geht in seinem Tractatus zwar davon aus, daß die Ordinationshandlung von einem „Pfarrherr" oder „Bischof" ausgeführt wird (BSLK 490,41–45; 492,1–4), betont aber gleichzeitig, daß „die rechte Kirchen" nicht etwa aufgrund eines Weihepriestertums, sondern aufgrund des allgemeinen Priestertums „die Macht" hat, „Kirchendiener zu wählen und ordiniern", wobei die Wahl nach dem Vorbild der Alten Kirche Sache des Kirchenvolks ist (BSLK 491,39.41f.44). G. WENZ (Bekenntnisschriften 2, 367) kommt im Blick auf den Tractatus zum Ergebnis: „Die Antwort ..., die der Text nahelegt, läuft auf ein differenziertes Verfahren hinaus, nämlich auf ein geregeltes Zusammenwirken von ordinierten Amtsträgern und nichtordinierten Gemeindegliedern bei der Bestellung von Pfarrern und Predigern." Im Blick auf die Frage der Gestaltung der Ordinationshandlung will auch BRUNNERs eigene Forderung bedacht sein, daß „in jedem Fall die *vocatio* als durch die Ekklesia vollzogen eindeutig in Erscheinung treten muß" (PE I, 248).
[181] BRUNNER, Beiträge Ordination, 110.
[182] H. GOERTZ, Amt, 309.
[183] WA 38, 419.425–428.
[184] ThLZ 100, 185.

den unverzichtbaren Evangeliumsdienst *aller* Christen.[185] Weil dieser Dienst dazu gestiftet ist, daß Gottes Wort und Gottes Heil zum Menschen kommt, nicht aber dazu, daß der Mensch Gott ein verdienstliches Opfer darbringt, erscheint es nicht ratsam, das kirchliche Amt als sacerdotales Amt zu beschreiben, auch wenn der Amtsträger in seiner Amtsausübung an dem Priestertum aller Gläubigen Anteil hat.[186]

Insbesondere jene von Brunner vertretene Ansicht, die Ordination verleihe nicht nur das Amt, sondern auch eine dafür erforderliche geistliche Gabe, wird durch die Luther-Studie von Goertz in Frage gestellt. Nach Goertz versteht Luther die Ordination als Erteilung der Befugnis zur Amtsausübung, nicht etwa als Verleihung einer für den Dienst erforderlichen Fähigkeit oder Vollmacht.[187] Die Handauflegung versinnbildliche für Luther die Bestätigung der Berufung und die Segensbitte, nicht aber die Vermittlung einer „Ordinationsgabe" oder eines „Amtscharisma(s)", unterstreicht Goertz.[188] Zwar beschreibt der Reformator die Ordination in der Schrift „De captivitate Babylonica" als „ritum quendam vocandi alicuius in ministerium Ecclesiasticum" und verwahrt sich scharf gegen die schriftwidrige Lehre, der Amtsanwärter werde in einem sakramentalen Akt zum Priester geweiht.[189] Doch damit ist nicht bestritten, daß der Ordinationsgottesdienst als ein geistliches Geschehen zu verstehen ist, dessen besonderer Bezugspunkt der zukünftige Amtsträger darstellt. Dies belegen die Ordinationsformulare Luthers, welche die Bitte um die Gabe des Heiligen Geistes für die Diener des Wortes vorsehen, verbunden mit der Handauflegung als Geste der persönlichen Zuwendung dieser Gabe.[190] Auch

---

[185] A.a.O. 185f: „Gewiß ist jeder Christ schon durch seine Taufe berufen, seinen Herrn zu bezeugen, wie und wo er kann, und an der Sammlung der Gemeinde mitzuwirken. Auch mannigfache Gaben des Geistes sind der Gemeinde verheißen, die zu Diensten am Evangelium werden in Wort und Tat. Aber nach Gottes Willen und Gebot muß das Evangelium in der Fülle seiner Gestalten auch öffentlich vor der ganzen Gemeinde und vor der Welt durch den amtlichen Dienst der dazu Berufenen verkündigt werden."

[186] BRUNNER (Beiträge Ordination, 128) spricht von „sacerdotalen Funktionen" des ordinierten Amtes.

[187] H. GOERTZ, Amt, 311.314.

[188] A.a.O. 318f.

[189] WA 6, 566,31f. Übersetzung W² XIX, 117: „ein gewisser Brauch, jemand in den Dienst der Kirche zu berufen". Vgl. den Abschnitt über die Priesterweihe (WA 6, 560–567), von der Luther sagt: „*Hoc sacramentum Ecclesia Christi ignorat, inventumque est ab Ecclesia Papae*" (560,20f).

[190] Handauflegung: WA 38,429,1–3. Bitte um den heiligen Geist: H) WA 429,16f; I) WA 429,28–430,1; R) WA 430,4f; vgl. WA 433,12f. Aus den von H. GOERTZ (Amt, 320f) angeführten Zitaten geht hervor, daß LUTHER das Segensgebet bei der Ordination anderen Segensgebeten an die Seite stellt und es vermeidet, von einer besonderen Ordinationsgabe zu sprechen. Daran, daß LUTHER die Fürbitte für den zu Ordinierenden für eine geistlich wirksame Fürbitte hält, dürfte jedoch kein Zweifel bestehen.

die einschlägigen Äußerungen Melanchthons in den Bekenntnisschriften wollen einerseits einer theologischen Überhöhung und andererseits einer Geringschätzung der Ordination wehren. So kann einmal gesagt werden, die Ordination sei in alter Zeit „nichts anderst gewest dann solche Bestätigung", ein anderes Mal, man könne sie eventuell als „Sakrament" bezeichnen, weil der Auftrag zur Vokation und Ordination von Gott stamme.[191]

Brunner geht über die angeführten Aussagen der Reformatoren insofern hinaus, als daß er ausdrücklich von der Vermittlung einer besonderen geistlichen Gabe spricht, die der Ordinand „trotz aller charismatischer Geeignetheit, die Voraussetzung für seine Erwählung war," zuvor nicht hatte.[192] Es spricht manches dafür, daß die Schriftaussagen 1.Tim 4,14 und 2.Tim 1,6 in dieser Richtung zu deuten sind: der Anlaß der Amtseinführung, das gesprochene prophetische Wort, die Geste der Handauflegung und das auf diese Weise verliehene Charisma Gottes stehen in engstem Zusammenhang.[193] Offenbar empfängt der Berufene, der als Christ bereits mit der Gabe des Heiligen Geistes ausgestattet ist, eine geistliche Gabe, die der öffentlichen Ausübung des ministerium verbi dient. So jedenfalls versteht es Brunner und so versucht er es in seiner Lehre über die Ordination festzuhalten.

An dieser Stelle zeigt sich exemplarisch, daß die Lehraussage der dogmatischen Theologie aufgrund von Schriftaussagen über die Lehraussage der reformatorischen Theologie hinausführen kann und muß. So verständlich es ist, daß Luther die angeführten Schriftstellen angesichts einer römisch-katholischen Lehre von der Priesterweihe mit äußerster Zurückhaltung interpretiert, so wenig dürfte sich der biblische Zusammenhang zwischen der Beauftragung mit dem Amt und der Ausrüstung mit einer speziellen geistlichen Gabe von der Hand weisen lassen. Allerdings stellt sich die Frage, ob Brunner diese Gabe angemessen beschreibt, wenn er sie als „Vollmacht zur öffentlichen Führung des Predigtamtes in seiner Fülle und Ganzheit" bezeichnet, „die andere Christen nicht haben".[194] Weil grundsätzlich jeder Christ zur Ausübung des ministerium verbi befähigt und bevollmächtigt ist, sollte die Ordinationsgabe wohl besser als eine auf das öffentliche

---

[191] BSLK 492,5f; 293,47–294,1.
[192] PE I, 308. Nach G. WENZ (Bekenntnisschriften 2, 363 Anm. 157) schließen die Bekenntnisschriften die Möglichkeit „einer durch die Ordination vermittelten Amtsgnade" nicht aus.
[193] A. SCHLATTER (Die Kirche der Griechen, 220) schreibt zu 2.Tim 1,6: „Der, durch den die Gabe der Gnade zu Timotheus kam, war Paulus durch seine Handauflegung. An der wirksamen Macht seiner Segnung hat er nicht gezweifelt." G. HOLTZ (Pastoralbriefe, 111f; zu 1.Tim 4,14) meint, das junge Christentum habe an die jüdische Ordination zum Rabbi angeknüpft. Die Handauflegung sichere „die Gabe der Amtsführung" bzw. „die Amtsgnade" zu.
[194] PE I, 308.

Amt bezogene, zusätzlich unterstützende Gabe betrachtet werden und nicht als „Vollmacht" sui generis. Aufgrund ihrer Stiftungsgemäßheit und ihres geistlichen Gehalts rückt die Ordination für Brunner in die Nähe eines Sakraments, obwohl diese Bezeichnung von ihm niemals direkt angewendet wird.[195] Einerseits ist die Bemühung anzuerkennen, angesichts der Krise des Ordinationsverständnisses die Notwendigkeit und geistliche Bedeutsamkeit des Ordinationsaktes herauszuarbeiten. Es darf nicht vergessen werden, daß sich die Ordinationshandlung auf ein Amt bezieht, das Verheißung hat, und daß diese Handlung selbst einen Verheißungszuspruch und eine wirkungsvolle Segnung nach biblischem Vorbild umfaßt. Andererseits wird es ratsam sein, im Anschluß an Luther den Sakramentsbegriff zu beschränken auf die Verleiblichung des Evangeliums in Taufe und Abendmahl, um der Mißdeutung der Ordination als Weihe, die den Ordinierten in einen höheren geistlichen Status versetzt, zu wehren.[196]

11.11 Zur Frage der Frauenordination

Brunners Meinung, daß sich die Position des Hirtenamtes mit der Position der Frau in der Ekklesia grundsätzlich nicht vereinbaren lasse, steht im Gegensatz zur opinio communis der neueren Theologie. Daß diese opinio communis bereits zur verbindlichen Lehre der evangelischen Kirche gerechnet und quasi als evangelisches Bekenntnis behandelt wird, zeigt sich in einer Erklärung des Rates der EKD vom 20. Juli 1992, wo es heißt: *„Die Kritik an der Wahl einer Frau in das evangelische Bischofsamt verläßt ... den Boden der evangelischen Kirche ... aber auch eine prinzipielle Kritik an der Frauenordination verläßt den Boden der in der evangelischen Kirche geltenden Lehre."*[197] Mit dieser kategorischen Feststellung wird jede Kritik an den einschlägigen Regelungen der meisten neueren Kirchenordnungen als

---

[195] Wegen der Darreichung einer besonderen geistlichen Gabe in einer gottesdienstlichen Handlung „rückt diese Handlung in die Nähe eines Sakramentes", sagt BRUNNER (Amt, 92).
[196] Vgl. LUTHERs Definition des Sakramentsbegriffs (WA 6, 572,10–12): *„Proprie tamen ea sacramenta vocari visum est, quae annexis signis promissa sunt. Caetera, quia signis alligata non sunt, nuda promissa sunt."* Dagegen dürfte es wenig hilfreich sein, den Sakramentsbegriff wie MELANCHTHON so weit zu fassen, daß auch Ehe und Gebet damit bezeichnet werden können (Ap XIII,14.16; BSLK 294). Nach G. WENZ (Bekenntnisschriften 2, 363) begründet die Ordination nach evangelischem Verständnis „keinen hervorgehobenen geistlichen Stand bestimmter Personen", „die gegenüber den getauften, aber nichtordinierten Gliedern der Gemeinde persönlich hervorgehoben und durch entsprechende spirituelle Qualitätsmerkmale gekennzeichnet wären".
[197] Frauenordination und Bischofsamt. Eine Stellungnahme der Kammer für Theologie, EKD Texte 44, Hannover 1992, 3f. Zitiert nach: R. SLENCZKA, Frauenordination, 186.

Diskussion 371

Irrlehre disqualifiziert.[198] Wenn es aber stimmt, daß die evangelische Theologie in erster Linie nicht kirchlichen Beschlüssen, sondern der Heiligen Schrift verpflichtet ist, müßte zumindest eine offene, schriftbezogene Diskussion der Frauenfrage als notwendig und legitim betrachtet werden.

Brunners Beitrag zu dieser Diskussion, der in der Regel wohl zu wenig Beachtung findet, besteht in dem Hinweis auf die in der Schöpfung begründete „Kephalē-Struktur" im Verhältnis von Mann und Frau. Das Neue Testament spricht eindeutig von einer eigentümlichen, ursprünglichen Zuordnung der Frau zum Mann und einer dementsprechenden Unterordnung der Frau, die offensichtlich trotz der Aufhebung der geschlechtlichen Differenz in Christus ein geschlechtsspezifisches Verhalten in der Ekklesia verlangt.[199] Brunners Interpretation, die darin eine im Willen des Schöpfers und Erlösers begründete und für die neutestamentliche Gemeinde gültige Grundordnung erblickt[200], dürfte dem Literalsinn der biblischen Texte besser gerecht werden als jene Deutung, derzufolge die entsprechenden urchristlichen Äußerungen lediglich auf eine zeitbedingte Gesellschaftsordnung Rücksicht nehmen[201]. Wenn aber in der Offenbarung des Evangeliums, wie sie

---

[198] Vgl. R. SLENCZKA (Frauenordination, 187): „Wir stehen damit vor der erstaunlichen Tatsache, daß nicht nur eine Irrlehre mit einem Anathem belegt wird, sondern bereits die Kritik an einer bestimmten Lehre für kirchentrennend und häretisch erklärt wird."
[199] BRUNNER (PE I, 323–332) bezieht sich auf 1.Kor 11,2–12; 1.Kor 14,33b–36; Eph 5,22–33; 1.Tim 2,11 15; in Verbindung mit Gen 2 und Gen 3. F. LANG (Korinther, 146) empfindet zwar eine „widersprüchliche Spannung" zwischen 1.Kor 11,7, wo Paulus von der Verschiedenartigkeit der Geschlechter spricht, und 1.Kor 11,11, wo von ihrer Gleichwertigkeit die Rede ist, hält aber zutreffend die daraus resultierende Textintention fest: „Die Wahrung der schöpfungsgemäßen Eigenart der Geschlechter auch nach der Taufe in der neuen Existenz der Glaubenden steht nicht im Widerspruch zu Gal 3,28."
[200] BRUNNERS „erste dogmatische Entscheidung" lautet (PE I, 332): „Die mit der Erschaffung des Menschen gesetzte Kephale-Struktur des Verhältnisses Mann-Frau und das durch diese Ordnung der Frau in eigentümlicher Weise geltende Gebot der Unterordnung (Hypotagē) stehen in der Kirchen Jesu Christi bis zum Jüngsten Tag in Kraft." Die zweite dogmatische Entscheidung besagt (PE I, 336), „daß durch die Vereinigung von Hirtenamt und Frau die Ordnung (taxis) der Kephalē-Struktur in dem Verhältnis Mann-Frau objektiv seinshaft verletzt wird und darum auch objektiv, aber tatsächlich gegen das in dieser Ordnung nach Gottes Willen gründende Gebot der Ein- und Unterordnung (hypotagē) tathaft verstoßen wird".
[201] Beispielsweise erkennt C. NIEMAND (Theologisch-praktische Quartalschrift 144, 351–361; hier: 353.355) in den Pastoralbriefen eine Ekklesiologie, die auf der bewußten Übernahme von „verbreitete(n) Idealbilder(n) für Gesellschaft und Gesellschaftsleitung" zum Zweck der Stabilisierung der Kirche beruht. Dementsprechend empfiehlt es sich in der gegenwärtigen Situation, an „die heute selbstverständlichen Leitbilder und Grundwerte für Gesellschaftsgestaltung" anzuknüpfen und folgerichtig die Frau zum Diakonat der römisch-katholischen Kirche zuzulassen (a.a.O. 360f).

der Gemeinde des Neuen Bundes zuteil geworden ist, auch die Erkenntnis einer fortbestehenden „Kephalē"-Position des Mannes im Verhältnis zur Frau beschlossen ist, so drängt sich in der Tat die Frage auf, ob nicht auch die Ämterordnung einer evangelischen Kirche dieses Grundverhältnis zum Ausdruck bringen müßte. Es ist zu beachten, daß Brunner bei seiner Antwort auf diese Frage die Aussage Gal 3,28 sehr wohl bedenkt, sie aber als Argument für die endgültige, vorbehaltlose Aufhebung jener Schöpfungsordnung und des Gebotes der Unterordnung verwirft.[202] Ferner wird man nicht übersehen dürfen, daß Brunners Antwort die Berufung von Frauen zu vielen amtlichen Gemeindediensten, die der Verwirklichung des einen Hirtenamtes dienen und ihm zugeordnet sind, befürwortet.[203]

Die Empfehlung Brunners, ein gemeindeleitendes Hirtenamt einzurichten, zu dem ausschließlich Männer zuzulassen sind, bleibt durchaus auf dem Boden reformatorischer Theologie. Gewiß darf nicht vergessen werden, daß es gerade diese Theologie ist, welche die Bevollmächtigung der Frau zum Dienst am Wort und die Vollgültigkeit ihres Dienstes neu entdeckt. Goertz macht nachdrücklich darauf aufmerksam, daß Luther in dieser Hinsicht zwischen Männern und Frauen, die im neutestamentlichen Sinne „Priester" sind, keinen Unterschied macht.[204] Deshalb erscheint es Goertz inkonsequent, wenn der Reformator trotz dieser Lehre auf die geringere Eignung der Frau abhebt und ihre Zulassung zum kirchen-öffentlichen Predigtamt ablehnt.[205] In der Tat kann das Eignungskriterium mitnichten als ausschlaggebendes theologisches Argument in Anschlag gebracht werden. Doch unverkennbar sind bei Luther praktische Erwägungen dieser Art verbunden mit der Berufung auf das Gebot der Unterordnung der Frau und dem daraus resultierendem Rede- bzw. Lehrverbot.[206] Luther bezieht sich auf „einschlägige Bibelstellen, an die er sich aufgrund seiner Hermeneutik gebunden sieht", so erkennt Goertz richtig.[207] Durch das Wort Gottes sieht sich der Reformator verpflichtet, nicht etwa zeitgebunde-

---

[202] In dem Gutachten zur Frauenordination von 1940 (D. HERBRECHT, Frauenordination, 127f) weist BRUNNER die auf Gal 3,28 gestützte, befürwortende Argumentation mit der Überlegung zurück, daß die geschlechtlichen Unterschiede ebenso wenig wie die nationalen, sozialen oder rechtlichen Unterschiede vor der Auferstehung der Toten faktisch aufhören. Die Taufe hat zwar die Teilhabe am Leib Christi und am allgemeinen Priestertum zur Folge, sie stellt aber keine Berufung zum Hirtenamt dar.
[203] PE I, 322.337f. Vgl. BRUNNER (Ethik II, 11): „Ein Dienst am Wort kann auch der Frau in einer amtlichen Weise übertragen werden. Der Dienst der Leitung einer Ekklesia soll der Frau nicht übertragen werden. In dieser Begrenzung des Dienstes der Frau ist eingeschlossen, daß im öffentlichen Gemeindegottesdienst die Frau nicht predigen und das Sakrament verwalten soll."
[204] H. GOERTZ, Amt, 252f.
[205] A.a.O. 258.
[206] A.a.O. 257.
[207] A.a.O. 258.

nen „Sozialvorstellungen" Rechnung zu tragen, sondern den zeitübergreifenden Vorstellungen des Schöpfers von einem ganz bestimmten soziologischen Gefüge.[208]

Brunners Verdienst ist es, klarer als Luther zu unterscheiden zwischen der theologischen Lehre über das Grundverhältnis zwischen Mann und Frau einerseits und Entscheidungen bezüglich der Kirchenordnung andererseits, in denen jene Lehre zu berücksichtigen sind. Folglich müßte man sich zunächst darüber verständigen, daß im Neuen Testament eine verbindliche theologische Sicht der Relation der Geschlechter im Horizont der Heilsgeschichte zwischen Proton und Eschaton greifbar ist. Daran könnte sich eine Verständigung über die Konsequenzen aus dieser Sicht für die Ämterordnung anschließen.

Als Beispiel für den Versuch einer solchen Verständigung läßt sich der Briefwechsel zwischen Henrietta Visser't Hooft und Karl Barth im Jahr 1934 betrachten.[209] Visser't Hooft stellt die Frage, ob das Festhalten des Paulus an der Vorrangstellung des Mannes in 1.Kor 11,9 nicht das Befreiungswerk Christi in Frage stelle und die Unmittelbarkeit der Frau zu Gott aufhebe.[210] Die Erklärung, Paulus sei „in den Vorurteilen seiner Zeit stecken geblieben", erscheint Frau Visser't Hooft als „zu billig".[211] Barth antwortet darauf, daß die patriarchalische Beschreibung des Verhältnisses Mann – Frau ebenso wie die Erwählung Israels oder das Auftreten Jesu in der Zeit der Spätantike zu den „besondere(n) Anordnungen Gottes hinsichtlich seines Handelns mit den Menschen" zu rechnen sei.[212] Obwohl es sich um „Formen von blos (sic!) zeitlicher Bedeutung" handelt, „können sie nun doch

---

[208] Das zeigt sich beispielsweise darin, daß LUTHER ausdrücklich auf Gen 3,16 Bezug nimmt (WA 50, 633,2024): „Denn solch unterscheid auch die natur und Gottes Creatur gibt, das weiber (viel weniger Kinder oder narren) kein Regiment haben können, noch sollen, wie die erfarung gibt und Mose Gen. 3. spricht: ‚du solt dem Man unterthan sein', das Evangelion aber solch natürlich recht nicht auffhebt, sondern bestetigt als Gottes ordnung und geschepffe". V.STOLLE hat den Eindruck, daß die Verweise auf Stellen wie 1.Kor 14,34 und 1.Tim 2,12 „in die Argumentation Luthers nicht wirklich integriert sind, sondern aufgesetzt wirken" (LuThK 19, 21): „Sie stützen allerdings nicht ein Schriftverständnis, sondern Sozialvorstellungen, die nicht vom Evangelium her bestimmt sind und an denen das Evangelium auch nicht hängt." Luther jedoch ist offenbar nicht der Meinung, daß die paulinische Bezeugung des Evangeliums getrennt werden kann von der paulinischen Lehre über das Verhältnis von Mann und Frau. Im Anschluß an R.Prenter arbeitet BRUNNER den Zusammenhang zwischen dem Evangelium und der Gestaltung des Evangeliumsamtes heraus (ThLZ 94, 305): „Die Vernachlässigung des geschichtlichen Aspektes des Evangeliums und die Vernachlässigung der gesetzten Kontingenz, die der äußeren Gestalt seiner Vermittlung anhaftet, führt zu einer Verdunkelung des wahren Evangeliums." Die Einsetzung der Frau ins gemeindeleitende Hirtenamt zerstört „ein äußeres Zeichen der Apostolizität" dieses Amtes.
[209] In: S. HERZEL, A Voice for Women, 160–166.
[210] A.a.O. 160.
[211] A.a.O. 162; vgl. 161.
[212] A.a.O. 163; vgl. 165.

wohl auch nicht einfach ignoriert oder auf Grund eigenmächtiger Erwägungen ... angefochten werden". Barth empfiehlt, „gegen die Anordnung, dass Christus ein *Mann* gewesen ist und als solcher die Superiorität *Adams* bestätigt", „*nicht* zu streiten, sondern ohne Begründung anzunehmen, dass es nun einmal so ist, um dann vielleicht mit der Zeit von Weitem etwas davon zu ahnen, dass es so auch gut ist".[213]

Barths Forderung, gerade bei diesem Thema „humane und theologische Argumentation" unterscheiden zu lernen, wird von Brunner eingelöst durch ein konsequentes Fragen nach der theologischen Perspektive der Heiligen Schrift. Selbst wenn man die daraus resultierende Entscheidung, wie sie Brunner in Übereinstimmung mit der Reformation und großen Teilen der Ökumene trifft, nicht nachzuvollziehen vermag, sollte man sie doch als theologische, schriftbezogene Entscheidung ernst nehmen und ihr in der evangelischen Kirche den gebührenden Raum gewähren.

11.12 Zur Form der Gemeinde- und Kirchenleitung

In der gutachtlichen Äußerung zum nordelbischen Verfassungsentwurf kommt sehr deutlich zum Ausdruck, daß Brunner es für problematisch hält, die Aufgabe der Gemeindeleitung in gleicher Weise dem Kirchenvorstand wie dem Pfarrer zuzuschreiben, wie dies in heutigen Kirchenordnungen geschieht.[214] Diese Regelung erscheint deshalb als problematisch, weil der Kirchenvorstand nicht nur beteiligt wird an Ausübung von Funktionen, die ursprünglich dem Hirtenamt eingestiftet sind, sondern sie teilweise ganz übernimmt, so daß die Zuständigkeit des episkopalen Amtes nicht mehr uneingeschränkt zur Geltung kommt. Dies betrifft beispielsweise die Kasualien, die selbständige Entscheidungen des Amtsträgers erforderlich machen, oder die Beaufsichtigung kirchlicher Mitarbeiter, welche u.U. dem Kirchenvorstand selbst angehören.[215] Das Hirtenamt, wie es im neutestamentlichen Apostelamt vorgebildet und in CA XXVIII beschrieben ist, sollte als Amt der geistlichen Leitung gerade auf der Gemeindeebene ohne

---

[213] A.a.O. BARTH (a.a.O. 164) verweist auf sein Buch „Die Auferstehung der Toten", wo er zu 1.Kor 11,2 16 u.a. folgendes sagt (31f): „Es ist wichtig, daß es auch im Verhältnis zwischen Mensch und Mensch schlechthinnige, unübersteigbare (wenigstens innerhalb dieser Welt unübersteigbare) Schranken gibt. Diese Schranken weisen uns nach oben. Sie erinnern uns durch ihr unbegreifliches und doch so handgreifliches Dasein an das noch ganz anders Unbegreifliche, an das Haupt der Gemeinde im Himmel ... In diesem Sinn soll die Frau ihre Unterordnung unter den Mann bejahen, aber auch der Mann seine Überordnung, nicht um seiner eigenen Würde willen, sondern um der Würde der Ordnung willen, deren Träger er auf Erden ist."
[214] ZEvKR 10, 402–410.
[215] A.a.O. 406.409.

Diskussion

Einschränkung zur Geltung kommen, so die Forderung und Überzeugung Brunners.[216]
Dieses Interesse hat insofern seine Berechtigung, als daß die kirchen-öffentliche Ausübung des ministerium verbi notwendig mit der Befugnis zur Aufsicht über die ganze Gemeinde und der Befugnis zu konkreten Entscheidungen, etwa im Zusammenhang mit Kasualien, verbunden sein muß, damit die Weisungen des Wortes Gottes in der Kirche auch konkret zur Geltung kommen. Durch das hirtenamtliche Beaufsichtigen und Entscheiden wird die geistliche Körperschaft der Ekklesia geistlich geleitet. Diese theologische Perspektive ginge verloren, wenn der Leitungsbegriff lediglich in einem verwaltungstechnischen Sinne verstanden oder einseitig auf die Regelung von Kirchenordnungsfragen durch die Mehrheitsbeschlüsse kirchlicher Gremien bezogen werden würde.[217]

Andererseits läßt sich die Rückfrage stellen, ob zwischen der Leitungsfunktion des Hirtenamtes und der Leitungsfunktion eines kirchlichen Gremiums ganz scharf unterschieden werden kann und muß. Selbst wenn die presbyterialen und synodalen Gremien nur die Rahmenbedingungen schaffen würden, welche die ungehinderte Ausübung des ministerium verbi in der Kirche ermöglichen, könnte man dies bereits als Akt der Kirchenleitung betrachten.[218] Dazu kommt, daß Brunner selbst die Unterstützung des gemeindeleitenden Amtes durch solche Gemeindeämter für möglich hält, die ausgegliederte Funktionen des Hirtenamtes übernehmen. Es dürfte nichts dagegen sprechen, einem kirchlichen Gremium das Recht zur Ausübung einer episkopalen Funktion zuzugestehen nach dem Vorbild der in 1.Tim 5,17 erwähnten Ältesten, von denen wohl einige als „Presbyter" am bischöflichen „praeesse ecclesiae"[219] teilhatten. Allerdings setzt diese Berechtigung zur Mitwirkung an der Beaufsichtigung und Leitung der

---

[216] Die Aufgabe der geistlichen Leitung der Gemeinde ist nach BRUNNER dem ordinierten Amt zuzuschreiben (a.a.O. 395): „Dieses Weiden, ein Lieblingswort *Luthers* für die Ausübung des der Kirche anvertrauten Amtes durch den ordinierten Amtsträgers, *geschieht nicht durch die Gemeinde*, sondern *an der Gemeinde und für* die Gemeinde und somit *in der Gemeinde durch die Ausübung des apostolischen Amtes. ...* In dieser Amtsausübung vollzieht sich ein *geistliches Gegenüber zwischen Pastor und Gemeinde.*"
[217] Wie oben in 11.6 dargestellt, sind nach BRUNNER kirchliche Gremien für die Regelung von Kirchenordnungen zuständig (ELKZ 10, 233): „Wenn man das Beschließen über solche *de iure humano* zu treffenden Regelungen Gemeindeleitung und Kirchenleitung nennen will, so mag man das tun. Man muß aber dabei deutlich vor Augen haben, daß die Ausübung des Hirtenamtes damit nicht gemeint sein kann, wenn auch durch diese wandelbaren Ordnungen dienliche Gefäße für die Ausübung des *ministerium verbi* von den presbyterialsynodalen Gremien hergestellt werden."
[218] Siehe vorhergehende Anmerkung.
[219] Vgl. 1.Tim 3,5 (Vulgata): „Si quis autem domui suae praeesse nescit quomodo ecclesiae Dei diligentiam habebit."

Gemeinde eine förmliche Berufung und Prüfung von Kirchenvorständen oder Synodalen voraus. Der gemeindeleitende Dienst im kirchlichen Gremium, der nicht losgelöst vom ministerium verbi verstanden werden darf, kann wohl nur dann in einer angemessenen Weise ausgeübt werden, wenn der Träger dieses Dienstes am Priestertum aller Gläubigen lebendigen Anteil hat und über ein gewisses Maß an spezifischer Kompetenz bezüglich des verbum divinum verfügt. Unter dieser Voraussetzung wird man nichts dagegen einzuwenden haben, daß die Kirche von ordinierten Amtsträgern geleitet wird, die in ihrer Leitungsaufgabe von nicht-ordinierten Gemeindegliedern unterstützt werden.[220] Eben diese Verhältnisbestimmung, die keineswegs gegen eine gemeinschaftliche Wahrnehmung der Leitungsaufgabe spricht, aber gegen ihre vorbehaltlose Übertragung an Gremien, deren Mehrheitsentscheidungen durch kein Veto der ordinierten Gemeindeleiter mehr in Frage gestellt werden können, müßte in den Kirchenordnungen wohl exakter erfaßt werden als dies bisher in der Regel der Fall ist.

---

[220] H. GOERTZ (Amt, 289f) weist darauf hin, daß Luther in der Adelsschrift den christlichen Adel bittet, kirchenleitende Verantwortung zu übernehmen. Demnach berechtigt die Teilhabe am allgemeinen Priestertum zur Übernahme eines kirchenleitenden Dienstes, der den Dienst des ordinierten Amtes unterstützt. Auch R. SLENCZKA vertritt in seiner Erlanger Antrittsvorlesung „Synode zwischen Wahrheit und Mehrheit. Dogmatische Überlegungen zur synodalen Praxis" (KuD 29, 66–81; hier 76) die Ansicht, daß die Synode als „Vertretung und Darstellung der Gemeinde" „an der Leitung der Gemeinde" teilnimmt, indem sie „*Lehrentscheidungen*" nach dem Kriterium des Wortes Gottes trifft und somit ein „*Lehramt* (magisterium)" ausübt.

Kapitel 12: Die Einheit der Kirche

A. Darstellung

„Es gab seit der Durchführung der Reformation in der Geschichte der Kirche wohl keine Zeit, in der dieser Ruf zu einer Einigung der durch Kirchen getrennten Christenheit so stark und so verpflichtend laut geworden ist wie in unserer Generation", schreibt Brunner im Vorwort zu seinem dritten, 1977 veröffentlichten Aufsatzband.[1] Der Titel dieses Aufsatzbandes, der an die Vorrede der Confessio Augustana anknüpft, bringt zum Ausdruck, wie Brunner zur Lösung der neu gestellten ökumenischen Aufgabe beitragen will: durch „Bemühungen um die einigende Wahrheit".[2] Damit ist ein ganz bestimmtes Verständnis des Problems der Kircheneinheit angedeutet, welches von Brunner sowohl in sehr grundsätzlicher Weise erörtert (12.1) als auch im Blick auf die inner-evangelische (12.2) und die evangelisch-katholische Ökumene (12.3) eingehend bedacht wird, wie im folgenden darzustellen ist.

12.1 Die Einheit der Kirche und die Verwirklichung der Kirchengemeinschaft

Unter dieser Überschrift steht ein 1955 veröffentlichter Vortrag Brunners, der die Forderung von Kirchenvereinigungen im Bereich des Ökumenischen Rates der Kirchen zum Anlaß für eine „grundsätzliche dogmatische Besinnung" nimmt.[3] Diese Besinnung erinnert zunächst daran, daß der neutestamentliche Begriff „ekklesia" die Gemeinschaft derjenigen Menschen bezeichnet, welche in den Leib Jesu Christi eingefügt sind und deshalb Zugang haben zum eschatologischen Reich Gottes.[4] Die so definierte Kirche existiert als unzerstörbare, geistliche Einheit, welche die Grenzen der Konfessionskirchen übergreift. Dar-

---

[1] BeW 6.
[2] Die Vorrede der CA spricht von „Zwiespalten" und unterschiedlichen Meinungen, die durch den Reichstag in Augsburg 1530 „zu einer einigen christlichen Wahrheit" gebracht werden sollen, so daß alle „ein einige und wahre Religion" annehmen und „in einer Gemeinschaft, Kirchen und Einigkeit" leben (BSLK 44,11–45,1).
[3] PE I, 225–234; hier: 225.
[4] PE I, 226.

auf bezieht sich das Bekenntnis zur „una, sancta, catholica ecclesia". Durch das Haupt Christus ist die Einheit, Heiligkeit und Ganzheit seines pneumatischen Leibes garantiert.[5] Diese Einheit der Kirche muß nicht erst hergestellt werden, weil sie immer schon vorgegeben ist.[6] Diese Einheit der Kirche kann insofern auch nicht sichtbar gemacht werden, als die Scheidung zwischen dem angenommenen und dem verworfenen Menschen erst bei der „Apokalypse des Reiches Gottes" offenbar wird.[7] Gleichwohl ist es berechtigt, aus der Erkenntnis der unanschaulichen, geistlichen Kircheneinheit die Aufgabe der konkret zu verwirklichenden Kirchengemeinschaft abzuleiten.[8] Denn „*der Geist drängt auf Verleiblichung*". Die geistliche Realität der Christusgemeinschaft will sichtbare Gestalt gewinnen.

Allerdings ist die Gestaltwerdung der Kirche im irdisch-geschichtlichen Raum unlösbar verbunden mit dem apostolischen Christuszeugnis, wie es in den neutestamentlichen Schriften in Verbindung mit den alttestamentlichen Schriften festgehalten ist.[9] Nur dort, wo sich die Evangeliumsverkündigung und die Sakramentsverwaltung an dem Maßstab des apostolischen Wortes orientieren, wird wahre Kirche als pneumatischer Leib Jesu Christi ins Leben gerufen und erhalten.[10] „*Insofern ist das Apostolische seinsmäßig und erkenntnismäßig fundamental für Einheit, Heiligkeit und Katholizität der Kirche.*"

Weil sich die Christen nun einmal nicht einig sind, worin der normative Inhalt des apostolischen Wortes besteht, sind sie auch nicht in der Lage, eine einheitliche Evangeliumsverkündigung und Sakramentsverwaltung zu verwirklichen. Die Uneinigkeit im Blick auf das Merkmal der Apostolizität verhindert den Aufbau einer die ganze Christenheit umfassenden, apostolischen Kirche. Aufgrund der je unterschiedlichen Auffassungen des Apostolischen kommt es zwangsläufig zu getrennten Konfessionskirchen, weil das christliche Gewissen gottesdienstliche Gemeinschaft und einen Dissens im Blick auf den Inhalt des Gottesdienstes nicht miteinander vereinbaren kann.

Eine Theologie, die einerseits die Notwendigkeit der Kirchengemeinschaft erkennt und andererseits die Unausweichlichkeit der Kirchentrennung einsieht, charakterisiert Brunner einmal mit dem Begriff „pneumatischer Realismus".[11] Damit ist das Ernstnehmen der besagten paradoxen Einsicht gemeint, die durch das aktuelle Wirken des Heiligen Geistes mittels des biblischen Wortes hervorgerufen (Joh

---

[5] PE I, 227.
[6] PE I, 226.
[7] PE I, 226f.
[8] PE I, 230.
[9] PE I, 228.
[10] PE I, 229.
[11] So die Überschrift eines Artikels in ELKZ 5, 122–124. Fortsetzung: „Bemerkungen zur theologischen Bedeutung der ‚Toronto-Erklärung'" des Zentralausschusses des ÖRK.

16,13–15) und durch entsprechende Erfahrungen bekräftigt wird.[12] Weil das apostolische Wort die verbindende und gestaltende Kraft des Geistes bezeugt, kann der Aufruf zur Einheit nicht als Schwärmerei betrachtet werden.[13] Auch die Auffassung, daß in anderen Kirchen Glieder des Leibes Christi leben, ist als schriftgemäße, geistliche Erkenntnis zu würdigen.[14] Gleichzeitig weiß sich eine Theologie des pneumatischen Realismus der bindenden Kraft von Apostelwort und Dogma verpflichtet und kann deshalb nur in der eigenen Konfessionskirche eine angemessene, sichtbare Verwirklichung der Kircheneinheit erblicken.[15] Um der Verantwortung für das apostolische Evangelium willen und damit um der Verantwortung für die einheitsstiftende Mitte der Kirche willen dürfen die Scheidelinien des Bekenntnisses nicht einfach schwärmerisch übersprungen werden.

Daraus folgt, daß die Trennung der Kirchen nur durch eine Einigung im Blick auf den Inhalt des Evangeliums zu überwinden ist.[16] Es muß einmütig darüber entschieden werden können, welche Evangeliumsverkündigung und welche Sakramentsverwaltung apostolisch ist und welche nicht. Die Voraussetzung für eine Form der Kirchengemeinschaft ist die Anerkenntnis, daß die andere Kirche als apostolische Ekklesia keine widerapostolischen Irrlehren vertritt. Auf die Unterscheidung zwischen dem Apostolischen und dem Widerapostolischen kann keinesfalls verzichtet werden, weil das lebendige, apostolische Wort selbst, welches zwischen „der Wahrheit Gottes und dem Irrtum der Menschen" scheidet, konstitutiv ist für die gegenwärtige Existenz der Ekklesia.[17] Wenn das apostolische Wort gegenwärtig Wahrheit offenbart und Kirche ins Leben ruft, muß auch sein normativer Inhalt bestimmt werden können. Folglich sollten die getrennten Kirchen ein verbindliches Lehrgespräch führen mit dem Ziel, den verlorenen Lehrkonsens wiederzufinden und ihn in einer Lehrkonkordie festzuhalten. Allein durch diesen Lösungsweg wird eine apostolische Kirche ihrer ökumenischen Verpflichtung gerecht, so die stets durchgehaltene These Brunners.

Das Ziel der ökumenischen Annäherung beschreibt Brunner mit dem Begriff „*Koinonia*" bzw. „Kirchengemeinschaft".[18] Dieser Begriff meint „*eine Fülle von wirklich gelebten, konkret geschichtlich und allerdings auch rechtlich greifbaren Verhältnissen und Ausdrucksformen ..., in denen Kirchenvereinigung sich realisiert*", z.B. Kanzel- und Altargemeinschaft oder gegenseitige Anerkennung der Ordination. Mit dieser Zielsetzung wird einerseits das Maximalziel

---

[12] A.a.O. 122.
[13] A.a.O. 123.
[14] A.a.O. 123f.
[15] A.a.O. 124.
[16] PE I, 232.
[17] PE I, 233.
[18] PE I, 231.

der einheitlich verfaßten Unionskirche abgewiesen, welche den „legitimen Plural" von unterschiedlich geordneten Kirchen aufheben würde. Andererseits wird damit das Minimalziel der gegenseitigen Abendmahlszulassung als nicht hinreichend eingestuft.

Zum genaueren Verständnis der solchermaßen definierten „Kirchengemeinschaft" trägt Brunners Aufsatz „Koinonia. Grundlagen und Grundformen der Kirchengemeinschaft" bei.[19] Darin wird zunächst die Kirchengemeinschaft auf örtlicher Ebene ins Auge gefaßt und folgendermaßen bestimmt: „Soweit die communio sanctorum in Raum und Zeit sichtbar wird, stellt sie sich dar als Koinonia an dem gesegneten Brot und dem gesegneten Kelch des Herrenmahles."[20] Kirchengemeinschaft ist demnach von der Abendmahlsgemeinschaft her zu verstehen. Eine stiftungsgemäße Abendmahlsgemeinschaft kommt nur dort zustande, wo der gemeindeleitende Hirte jeweils neu darüber entscheidet, ob das getaufte Gemeindeglied aufgrund seines Bekenntnisses und seines Lebenswandels zum Mahl zugelassen werden kann oder nicht.[21] Diese Regelung, die eine eindeutige Auskunft über den Umfang der Christengemeinschaft ermöglicht, ist im kirchlichen Recht festzuhalten.[22] Sie entspricht den neutestamentlichen Paränesen, welche sich oft auf die Bewahrung oder die Begrenzung der Abendmahls-Koinonia beziehen.[23] Die Anweisungen in Rö 14,1–15,13 zeigen, daß die Abendmahlsgemeinschaft trotz gewisser irrtümlicher Glaubensüberzeugungen im Blick auf die christliche Lebenspraxis nicht aufgekündigt werden sollte, solange die Substanz des Evangeliums nicht angetastet ist. Wo aber die christliche Lebenspraxis unmittelbar gegen die Wahrheit des Evangeliums verstößt, wie bei dem in Gal 2,11ff geschilderten Fall, ist die Abendmahls-Koinonia vom Zerbrechen bedroht. Der Streit des Paulus mit den galatischen Irrlehrern, die das Evangelium durch heilsnotwendige Verpflichtungen ergänzen, macht deutlich: Zwischen solchen Ekklesien, die sowohl am apostolischen Evangelium festhalten als auch die Autorität der Apostel anerkennen, und solchen, die selbstmächtig das Evangelium verändern und damit das Apostolat mißachten, kann es keine Kirchengemeinschaft geben.[24]

Die Richtlinien, die im Bereich der Ortskirche zu beachten sind, gelten auch für das Problem der Kirchengemeinschaft auf der Ebene der Gesamtkirche. Die Ortsgemeinden sind verpflichtet, sich um eine Verbundenheit auf überörtlicher Ebene zu bemühen, weil die Apostel nichts anderes als die *eine* Kirche Christi ausgebreitet haben.[25] Ein

---

[19] PE II, 305–322. Veröffentlicht 1963.
[20] PE II, 306.
[21] PE II, 306f.
[22] PE II, 307.
[23] PE II, 308.
[24] PE II, 310f.
[25] PE II, 312f.

Darstellung 381

maßgebliches Beispiel für eine derartige Bemühung stellt das in Gal 2,1–10 beschriebene Apostelkonzil dar. Das Konzil stellt fest, daß die gesetzliche Forderung der Beschneidung dem einmütig bezeugten Evangelium widerspricht und deshalb keinen Raum in der Kirche hat.[26] Ferner stellt es die Einheit des apostolischen Amtes fest, dem das kirchengründende Evangelium anvertraut ist. Die Übereinstimmung im Blick auf Evangelium und Evangeliumsamt begründet Kirchengemeinschaft, die auch konkret praktiziert wird; in diesem Fall in der Form einer Kollekte.[27] Die Kirchengemeinschaft eröffnet einen Freiraum für eine begrenzte Mannigfaltigkeit der Verkündigung, der Lehre, der Gottesdienstordnungen und der Gemeindeverfassungen.[28] Das Neue Testament fordert nach Brunners Auffassung keine Uniformität der Glaubensäußerungen, sondern ihre Übereinstimmung in der Wahrheitserkenntnis; nicht die einheitliche Unionskirche, sondern ökumenische Kirchengemeinschaft.

Die im Neuen Testament gefundenen Grundsätze sollten die Richtlinie jeder ökumenischen Arbeit bilden.[29] Entsprechend dieser Richtlinie besteht ökumenische Arbeit in der Bemühung, die Einheit des apostolischen Evangeliums gemeinsam zu entdecken und auszusprechen.[30] Von dieser gemeinsamen Entdeckung ist zu erwarten, daß sie einerseits die Zersplitterung der Christenheit zu überwinden vermag und andererseits die Grenzlinie zwischen der Kirche des Glaubens und der Welt des Unglaubens deutlich hervortreten läßt.[31] Weil die lutherische Kirche davon überzeugt ist, daß die einigende Wahrheit des apostolischen Evangeliums bereits von den Vätern der Reformation entdeckt wurde, besteht ihr Beitrag zur ökumenischen Aufgabe darin, das reformatorische Bekenntnis neu zu entfalten als „Ruf" zu „wahrhaft katholischer Kirchengemeinschaft".

12.2 Die Frage der innerevangelischen Kirchengemeinschaft

Brunners Beiträge zur Frage der konkret verwirklichten Kirchengemeinschaft innerhalb und zwischen den evangelischen Kirchen sind durch bestimmte Gegebenheiten und Ereignisse der Kirchengeschichte seiner Zeit veranlaßt. Nach dem Ende des zweiten Weltkriegs setzt sich Brunner kritisch mit dem Modell der unierten Kirche auseinander (12.2.1). Später nimmt er Stellung zum Status der Kirchenbünde EKD und LWB (12.2.2). Er ist beteiligt an dem Abendmahlsgespräch, das zu den Arnoldshainer Abendmahlsthesen führt (12.2.3) und kommentiert die Leuenberger Konkordie (12.2.4).

---

[26] PE II, 315.
[27] PE II, 317.
[28] PE II, 316.318.
[29] PE II, 319.
[30] PE II, 320f.
[31] PE II, 321.

12.2.1 Das Problem der unierten Kirche

Die im wesentlichen von Brunner entworfene „Tannenhofer Erklärung" vom 14. Mai 1946 verleiht der im Kirchenkampf erwachsenen Überzeugung Ausdruck, daß Gemeindeleben und Amtsführung durch ein ganz bestimmtes Bekenntnis geprägt sein müssen, und zwar durch dasjenige der lutherischen Reformation.[32] Mit der Tannenhofer Erklärung proklamiert ein Konvent lutherischer Pastoren die konfessionelle Gliederung der unierten Kirche im Rheinland.

Grundsätzliche Bedenken gegenüber der Zusammenfassung von bekenntnisverschiedenen Gemeinden zu einer unierten Kirche, wie sie sich in der Tannenhofer Erklärung artikulieren, begleiteten diese Form des evangelischen Kirchentums seit ihrer Entstehung im Jahr 1817.[33] Insbesondere die Vertreter des sogenannten Neuluthertums lehnten die Kirchenunion ab, weil sie davon ausgingen, daß ein Verbund von Gemeinden ohne klar definiertes, überall anerkanntes Bekenntnis keine Glaubensgemeinschaft ist und damit auch keine Kirche.[34] Die Verfassung der 1933 unter politischem Druck zustandegekommenen Deutschen Evangelischen Kirche brachte keine wirkliche Klärung der Bekenntnisfrage. Stattdessen wurde erklärt, daß durch den Zusammenschluß der evangelischen Landeskirchen auch „die aus der Reformation erwachsenen, gleichberechtigt nebeneinander stehenden Bekenntnisse in einem feierlichen Bund" vereint würden.[35] Gegen dieses Verfahren erhob beispielsweise die Theologische Fakultät Erlangen wiederholt Einspruch mit der Begründung, daß es nach dem lutherischen Bekenntnis „keine Kircheneinheit ohne Einheit der Kirchenlehre" geben könne.[36] Die erste Bekenntnissynode der DEK in Barmen 1934

---

[32] LBU 134f.
[33] Die preußische, unierte Landeskirche entstand durch die Kabinettsordre Friedrich Wilhelms III. vom 27.9.1817, in der er zu einer „wahrhaft religiöse(n) Vereinigung der beiden, nur noch durch äußere Unterschiede getrennten protestantischen Kirchen" aufrief (J. ROGGE, TRE 10, 678).
[34] H.-J. REESE (Bekenntnisstand, 112) zitiert A.v. Harless : „Eine Kirche, die kein wesentlich gemeinsames Schriftverständnis, keine doctrina publica, kein Bekenntnis zur Grundlage ihres konstituierten Gemeinwesens hätte, wäre eben gar keine Kirche, weil keine Glaubensgemeinschaft."
[35] K. KUPISCH, Quellen, 263. Vgl. W.-D. HAUSCHILD (TRE 10, 666): „Als entscheidender Mangel der Verfassung erwies sich ... die ihr innewohnende Trennung zwischen unitaristischer Rechtssetzung und Verwaltung einerseits und Bekenntnis und Kultus andererseits, für welche die Autonomie der Landeskirchen fortbestand."
[36] Erklärung vom 18. Mai 1934 (K.D. SCHMIDT, Die Bekenntnisse 1934, 80). Vgl. die Erklärung vom September 1934 (a.a.O. 136–138). Auch das Betheler Bekenntnis 1933, zu dessen Verfassern D. Bonhoeffer, H. Sasse, G. Merz, W. Vischer u.a. gehören (K. SCHOLDER, Die Kirchen 1, 579), stellt faktisch einen solchen Einspruch dar. Es erinnert an die Lehrunterschiede zwischen der lutherischen und der reformierten Kirche und erklärt dazu (K.D. SCHMIDT, Die Bekenntnisse 1933, 108): „Die Versuche späterer Zeit, die Einheit durch künstliche, die Frage nach der Wahrheit umgehende oder nicht genügend ernst nehmende Unionen herzustellen, haben sich auch dort, wo es zu evangelischen Unionskirchen verschiede-

beabsichtigte nach ihrem eigenen Bekunden keineswegs, eine solche Lehreinheit festzustellen und dadurch die Bekenntnisdifferenzen zu relativieren. „Vielmehr war ihr Wille, der Zerstörung des Bekenntnisses und damit der Evangelischen Kirche in Deutschland im Glauben und in der Einmütigkeit zu widerstehen."[37] Doch gerade infolge des einmütigen Bekennens in Barmen brach die Frage nach dem Zusammenhang von Kircheneinheit und Bekenntniskonsens von neuem auf.[38] Auch die Bekenntnissynode der evangelischen Kirche der altpreußischen Union in Halle 1937 gab auf die alte konfessionelle Frage insofern keine neue Antwort, als sie den unterschiedlichen Bekenntnisstand in lutherischen, reformierten und unierten Gemeinden einmal mehr bestätigte.[39] Weil sie jedoch die Geltung der reformatorischen Bekenntnisse unmittelbar mit deren Bezeugung in der Barmer Theologischen Erklärung verknüpfte[40], gab sie Anlaß zu Irritationen und neuen Kontroversen um die Möglichkeit einer vereinten deutschen Kirche, die sich bis in die Phase der Konstitutierung der Evangelischen Kirche in Deutschland zwischen 1945 und 1948 hinein fortsetzten.[41]

---

ner Art kam, als unfähig erwiesen, eine wirkliche Einheit der evangelischen Christenheit herzustellen."
[37] Zitat aus dem Barmer „Aufruf an die evangelischen Gemeinden und Christen in Deutschland"; KJ 60/71, 69f.
[38] H. Sasse verließ die Barmer Synode aus Protest, weil er die Auffassung vertrat, daß die Entscheidung zwischen reiner Lehre und Irrlehre nur von einer an eine bestimmte Konfession gebundenen Synode getroffen werden kann (K. SCHOLDER, Die Kirchen 2, 186; vgl. M.WITTENBERG, Hermann Sasse, 98–100). W.Elert unterstellte der Bekenntnissynode, sie „erneuere den untauglichen Versuch der preußischen Generalsynode von 1846, eine Konsensusunion zu erreichen" (K. SCHOLDER, Die Kirchen 2, 210). J. MEHLHAUSEN (TRE 24, 56) weist jedoch darauf hin, daß die Synode die Theologische Erklärung den Bekenntniskonventen „zur Erarbeitung verantwortlicher Auslegung von ihren Bekenntnissen aus" übergab. Folglich wurde die Erklärung nicht als ein Unionsbekenntnis verstanden, in dem die konfessionellen Differenzen bereits überwunden sind.
[39] KJ 60/71, 180f.
[40] Zur Frage der Bekenntnisse wurde in Halle erklärt (KJ 60/71, 181): „Wo die Bindung an die Heilige Schrift und die Bekenntnisse der Kirche, wie sie in der Theologischen Erklärung der Bekenntnissynode der DEK in Barmen zur Abwehr der gegenwärtigen Irrlehren bezeugt worden ist, nicht anerkannt wird, kann auch die Geltung eines reformatorischen Bekenntnisses nicht zu Recht behauptet werden."
[41] In einer Stellungnahme zur Barmer Erklärung vom 17.2.1937 wies der Lutherrat auf deren Interpretationsbedürftigkeit hin; in einer Kritik an den Beschlüssen der Bekenntnissynode in Halle vom 15.6.1937 lehnte er den illegitimen Versuch ab, die Barmer Erklärung zu einem „Unionsbekenntnis" zu machen (W.-D. HAUSCHILD, Die Relevanz von „Barmen 1934", 366f). Den Interessenkonflikt ab 1945 beschreibt W.-D. HAUSCHILD folgendermaßen (TRE 10, 669): „Während die Vertreter des Bruderrates auf eine EKD als Einheitskirche abzielten, die ihre Bekenntnisgrundlage in der Barmer Erklärung haben sollte, hielten die Lutheraner angesichts der trotz des Kirchenkampfes fortbestehenden Konfessionsdifferenzen nur einen Bund bekenntnisverschiedener Kirchen für möglich und wehrten sich gegen einen mit Unionismus gleichgesetzten Zentralismus."

In diese Phase fällt die Unterzeichnung und Veröffentlichung der Tannenhofer Erklärung. Warum eine solche Erklärung ihre Berechtigung hat, begründet Brunner 1952 in der ausführlichen Untersuchung „Das lutherische Bekenntnis in der Union".[42] Doch bereits das Gutachten „Union und Konfession" aus dem Jahr 1946 beinhaltet die entscheidenden Argumente, die gegen die bisherige Verfassung der unierten Kirche sprechen und die deshalb in diesem Zusammenhang zu berücksichtigen sind.[43]

Das Gutachten „Union und Konfession" unterscheidet drei Hauptformen der im neunzehnten Jahrhundert zustandegekommenen Kirchenunionen: a) eine Union, welche als Lehrnorm nur die Heilige Schrift vorsieht und die Bekenntnisse außer Kraft setzt; b) eine sogenannte absorptive Union, die den gemeinsamen Inhalt von lutherischem und reformiertem Bekenntnis zur Bekenntnisgrundlage erklärt; c) eine sogenannte konföderative Union, die Gemeinden von bleibend unterschiedlichem Bekenntnisstand zu einer Kirche zusammenfaßt.[44] Die erste Form der Union (a) erscheint deswegen als problematisch, weil eine Kirche, die kein Bekenntnis als Maßstab für Verkündigung und Sakramentsverwaltung geltend macht, die Erhaltung der Gnadenmittel leichtfertig gefährdet.[45] Auch die zweite Form der Union (b) führt zu einer solchen Gefährdung, da der Inhalt des geltenden Bekenntnisses nicht verbindlich ausgesprochen und somit der Subjektivität des einzelnen Pastors ausgeliefert wird. Gegen die absorptive Union spricht vor allem, daß die verbleibenden Lehrunterschiede, etwa in der Sakramentslehre, unmittelbar mit dem Verständnis des Evangeliums selbst zusammenhängen und deswegen nicht vernachlässigt werden können.[46] Die dritte Form der Union (c) wurde verschiedentlich angestrebt, aber nicht „in Reinheit" verwirklicht. Vielmehr kam es zu einem Schwanken zwischen konföderativer und absorptiver Deutung der Union, was zu Gewissenskonflikten und Hemmungen der Kirchengemeinschaft führte.[47]

Während Brunner die ersten beiden Formen der Union als theologisch illegitime Modelle ablehnt, wäre es für ihn denkbar, eine Kirche im Sinne der echten konföderativen Union zu ordnen. Auf die gegenwärtigen Verhältnisse angewendet bedeutet dies, daß sich die Synode als „oberste Leitung der Kirche" entsprechend der Bekenntnisse in Konvente zu gliedern hat.[48] Bei diesen Konventen liegt die Entscheidungsgewalt, falls eine Angelegenheit den Bekenntnisstand der Ge-

---

[42] Untertitel: „Ein grundsätzliches Wort zur Besinnung, zur Warnung und zur Geduld." Gütersloh 1952.
[43] LBU 99–115.
[44] LBU 101.
[45] LBU 102f.
[46] LBU 103–105.
[47] LBU 105f.
[48] LBU 115.

meinden berührt. Auch bei der Ausbildung, Ordination, Pfarrstellenbesetzung und Visitation müßte die Verschiedenartigkeit der Bekenntnisse berücksichtigt werden.

Zu dieser Lösung der Unionsfrage gibt es keine Alternative, solange der Unterschied zwischen dem lutherischen und dem reformierten Bekenntnis nicht überwunden ist. Davon aber kann trotz der Theologischen Erklärung von Barmen, die „eine gemeinsame Substanz" der evangelischen Konfessionen sichtbar werden ließ, nicht die Rede sein.[49] Ohne umfassende Bekenntnisunion aber sollte in Zukunft keine Kirchenunion erfolgen.[50] Denn eine unvollständige oder bloß schwebende, nicht fixierte Übereinstimmung bezüglich der Lehre des Evangeliums bildet keine tragfähige Basis für eine vereinigte Kirche.

12.2.2 Das Problem des Kirchenbundes

Nicht nur die älteren Formen der Kirchenunion, sondern auch ein Kirchenbund wie die „Evangelische Kirche in Deutschland" stellt in Brunners Sicht ein ekklesiologisches Problem dar. Schon bei der verfassunggebenden Kirchenversammlung der EKD 1948 in Eisenach wurde die Frage diskutiert, ob ein „*Bund*" bekenntnisverschiedener Kirchen tatsächlich „*Kirche*" ist und dementsprechend auch so genannt werden kann.[51] Zwar schienen sich die Teilnehmer an dieser Kirchenversammlung darin einig zu sein, daß die Bezeichnung „Kirche" für „ein konkretes verfaßtes Kirchengebilde" nur dann angewendet werden kann, wenn überall in diesem Gebilde das Evangelium lauter verkündigt und das Sakrament stiftungsgemäß verwaltet wird.[52] Es blieb jedoch umstritten, ob eben dieses in allen EKD-Kirchen gewährleistet ist.[53]

Einer bestimmten Unionstheologie zufolge steht der vollständigen Kirchengemeinschaft innerhalb der EKD deshalb nichts im Wege, weil in CA VII lediglich die Übereinstimmung der Verkündigung zur Bedingung der Einheit erklärt wird, nicht aber die Übereinstimmung der theologischen Lehre.[54] Dagegen ist einzuwenden, daß sich Lehr-

---

[49] LBU 107.
[50] LBU 109.
[51] Eisenach 1948, PE II, 195–224; hier: 217.
[52] PE II, 219.
[53] W.-D. HAUSCHILD sagt über die Grundordnung der EKD von 1948 folgendes (TRE 10, 670): „Die *Grundordnung* (GO) drückt das kirchenpolitisch umstrittene und ekklesiologisch ungeklärte Selbstverständnis der EKD durch die polare Spannung zweier scheinbar widersprüchlicher Aussagen in Art. 1 aus: Die EKD ist nur ein *Bund* von bekenntnisbestimmten Kirchen, welche sich gegenseitig nicht voll als Kirchen anerkennen, aber sich auch nicht als häretisch ansehen; in ihr wird die bestehende Gemeinschaft der deutschen evangelischen Christenheit sichtbar, die nicht auf die äußerliche Kooperation reduziert werden darf, und insofern ist sie *Kirche*. Damit soll die EKD realiter mehr sein, als sie kirchenrechtlich ist, da ihr viele Merkmale des Kirch-Seins fehlen." Vgl. ders. zur Auseinandersetzung um die Grundordnung der EKD (Die Relevanz von „Barmen 1934", 389–398).
[54] PE II, 220.

sätze, wie sie in einem Bekenntnis von der Art der Confessio Augustana formuliert sind, unmittelbar auf den Inhalt der Verkündigung beziehen und deshalb nicht als zweitrangige Aussagen der Theologie von den erstrangigen, maßgeblichen Aussagen der Verkündigung abgesondert und dann vernachlässigt werden können. Dogma und Kerygma stehen in einem unauflöslichen, „dynamische(n) Verhältnis".[55] Solange dogmatische Differenzen vorliegen, die als kerygmatische Differenzen in Erscheinung treten, ist die Proklamation der unitas ecclesiae nicht berechtigt.[56] Der Versuch, die Einheit ohne dogmatischen Konsens herzustellen, muß den Protest der lutherischen Kirche herausfordern und wird folglich eine deutlichere Verwirklichung der Kirchengemeinschaft gerade behindern.[57] Allerdings ist nicht zu übersehen, daß es eine weitreichende, schriftgemäße Übereinstimmung des lutherischen und reformierten Bekenntnisses im Blick auf das rettende Evangelium gibt. Diese Übereinstimmung ermöglicht „die Praxis der begrenzten offenen Kommunion".[58] Diese Übereinstimmung ermöglicht es aber nicht, den Kirchenbund EKD als „Kirche" im eigentlichen Sinn des Wortes zu bezeichnen.[59] Die beschriebene Meinungsverschiedenheit in der ekklesiologischen Frage stellt eine „Last" dar, die von den Mitgliedskirchen im Sinne von Gal 6,2 zu tragen ist.[60]

Im Unterschied zu den Kirchen der EKD stimmen die Kirchen, die zu den Mitgliedern des Lutherischen Weltbundes zählen, im Verständnis der Evangeliumsverkündigung und der Sakramentsverwaltung vollständig überein.[61] Gerade die Einigkeit im Bekenntnis führt zu der Hauptfrage im Blick auf diese Form des Kirchenbundes: *„Ist es möglich, daß lutherische Kirchen, die gemeinsam die Lehrgrundlage des Weltbundes bejahen, sich lediglich zu einer ‚freien Vereinigung' zusammenschließen, ohne untereinander die Kirchengemeinschaft zu vollziehen?"*[62] Die Art der Fragestellung deutet die verneinende Antwort an. Im Sinne von CA VII sollte der consensus de doctrina die uneingeschränkte Kirchengemeinschaft nach sich ziehen, nämlich

---

[55] PE II, 221.
[56] PE II, 222.
[57] PE II, 223.
[58] PE II, 222.
[59] PE II, 223f.
[60] PE II, 224. Ähnliches gilt in BRUNNERs Sicht für die im Ökumenischen Rat zusammengeschlossenen Kirchen (PE II, 229). Die gegenseitige Zulassung zum Abendmahl können sich nur solche Mitgliedskirchen gewähren, die eine relativ weitreichende Übereinstimmung in der „Erkenntnis des Apostolischen" festgestellt haben. Solange die schwerwiegenden Lehrdifferenzen im Blick auf Evangeliumsverkündigung und Sakramentsverwaltung innerhalb des ÖRK nicht durch eine Lehrkonkordie überwunden sind, sollte man zwar „in einer engen brüderlichen Kooperation zusammen kirchlich handeln", aber nicht die Kirchengemeinschaft vollziehen.
[61] Der Lutherische Weltbund als ekklesiologisches Problem, PE II, 232–252; hier: 244.
[62] PE II, 246.

Abendmahlsgemeinschaft und Amtsgemeinschaft.[63] Allerdings setzt dieser Schritt voraus, daß die Evangeliumsverkündigung und die Sakramentsverwaltung der beteiligten Kirchen tatsächlich vom lutherischen Bekenntnis bestimmt sind.[64]

Die zukünftig zu verwirklichende unitas ecclesiae im Bereich des Lutherischen Weltbundes müßte kirchenrechtlich in der Weise Gestalt gewinnen, daß einerseits keine „vatikanische(n) Kirche" entsteht, die die Selbständigkeit der Einzelkirchen aufhebt, andererseits aber ein geistlich unangemessener Partikularismus überwunden wird.[65] Die Weiterentwicklung des Lutherischen Weltbundes zur echten, gliedhaft gefügten Kirche hätte den Vorteil, daß sich die Lutheraner gegenüber anderen Konfessionen mit einer Stimme äußern und so die Lösung der ökumenischen Aufgabe fördern könnten.[66] Als Beleg dafür, daß ein relativ enger, weltweiter Zusammenschluß von Kirchen derselben Konfession nicht im Gegensatz zur reformatorischen Ekklesiologie steht, führt Brunner die Schmalkaldischen Artikel an, in denen Luther die Regierung und Erhaltung der Kirche so beschreibt, „daß wir alle unter einem Häupt Christo leben und die Bischofe alle gleich nach dem Ampt (ob sie wohl ungleich nach den Gaben) fleißig zusammen halten in einträchtiger Lehre, Glauben (und), Sakramenten, Gebeten und Werken der Liebe etc."[67] Im Gefälle dieser Zielsetzung liegt der Vollzug der Kirchengemeinschaft innerhalb des Lutherischen Weltbundes, so die Perspektive Brunners.

12.2.3 Die Arnoldshainer Abendmahlsthesen

Brunners Beteiligung an dem Abendmahlsgespräch, das 1947 von der Kirchenkanzlei der EKD veranlaßt wurde, entspricht seiner Überzeugung, daß der Weg zur Kirchengemeinschaft über das klärende Lehrgespräch führt. In dem Vortrag „Zur Methodik eines verbindlichen theologischen Gesprächs über das Abendmahl" vor der beauftragten

---

[63] PE II, 246f.
[64] BRUNNER stellt in seiner Thesenreihe „Die Kirche und die Kirchen heute" (Untertitel: Thesen zu einer konkreten Ekklesiologie und einem ökumenischen Ethos, PE II, 225–231, hier: 228f) einen Grundsatz auf, der die Bedeutung der tatsächlichen Bekenntnisbindung für die ökumenische Gemeinschaft hervorhebt: „Wenn in einer von modernistischen Häresien durchsetzten Reformationskirche die mit der Ordination und Visitation beauftragten Amtsträger erkennen lassen, daß sie selbst die in ihren Kirchen geltenden Bekenntnisse nicht achten und daher prinzipiell darauf verzichten, ihnen in der Verkündigung ... Geltung zu verschaffen, so ist eine solche Konfessionskirche trotz eines vielleicht an sich einwandfreien rechtlichen Bekenntnisstandes als mit Häresie behaftet anzusehen, bestehende Kirchengemeinschaft aufzuheben und dem Ansinnen auf Vollzug der Kirchengemeinschaft so lange zu widerstehen, bis glaubhaft wird, daß dem geltenden Bekenntnis tatsächlich in der Verkündigung und Sakramentsverwaltung Raum verschafft werden soll."
[65] PE II, 248f.
[66] PE II, 249.
[67] PE II, 250. BSLK 430,6–10.

Theologenkommission stellt Brunner eine doppelte Forderung auf.[68] Erstens sollte sich das Gespräch an dem Wortlaut der geltenden Bekenntnistexte orientieren, die nach der Aussage der Ordinationsformulare aller EKD-Gliedkirchen den Inhalt der Verkündigung und die Weise der Sakramentsverwaltung verbindlich festlegen.[69] Zweitens müßte die Schriftgemäßheit der erarbeiteten Inhalte am Maßstab jener Aussagen gemessen werden, die im Ereignis einer schriftgemäßen Predigt zu Gehör kommen, nicht etwa am Maßstab der aktuellen historisch-kritischen Forschungsergebnisse.[70] Das bedeutet Rückbezug der theologischen Lehre auf den Aussagegehalt aller einschlägigen kanonischen Texte. Als Ziel des Abendmahlsgesprächs ist die Überwindung der bestehenden Differenzen in der Abendmahlslehre durch die Ausarbeitung einer Abendmahlskonkordie ins Auge zu fassen.[71] Ohne eine solche Abendmahlskonkordie kann die uneingeschränkte Kirchen- und Abendmahlsgemeinschaft nicht proklamiert werden.

Als Brunner das Ergebnis des Abendmahlsgesprächs, die Arnoldshainer Abendmahlsthesen vom 2. November 1957, zehn Monate nach ihrer Abfassung kommentiert, bezeichnet er es als „eine in jeder Hinsicht offene Frage", ob diese Thesen als „Vorstufe" einer Abendmahlskonkordie betrachtet werden können, weil ihre Überprüfung und Bewertung durch die EKD-Gliedkirchen noch aussteht.[72] Die kirchliche Bedeutung der Thesen erblickt Brunner darin, daß eine an ihnen orientierte Abendmahlsverkündigung und -praxis das „Evangelium vom Abendmahl" in seinen wesentlichen, unaufgebbaren Grundzügen ohne zu verwerfende Entstellungen zur Geltung bringt.[73] Dazu gehört u.a. die Lehre, daß das Abendmahl durch das verbum externum des Herrn gestiftet ist, daß es wirklich die „Heilsgaben des rettenden Evangeliums" zueignet[74] und daß Brot und Wein im Abendmahl „der wahrhaftige Leib und Blut Christi" sind, welcher von allen Kommunikanten empfangen wird (manducatio indignorum)[75]. Falls die lutheri-

---

[68] In: BRUNNER, Grundlegung des Abendmahlsgesprächs, 11–33. Der Vortrag wurde am 11. März 1954 gehalten.
[69] A.a.O. 28f. Vgl. a.a.O. 15.
[70] A.a.O. 29–31.
[71] A.a.O. 32.
[72] Die dogmatische und kirchliche Bedeutung des Ertrages des Abendmahlsgesprächs, ELKZ 12, 295–302; hier: 302.
[73] A.a.O. 301.
[74] A.a.O. 296.
[75] A.a.O. 298. Das Interesse der Heidelberger Sektion, nicht nur wie die Bonner Sektion die Abendmahlsgabe, sondern auch die Abendmahlsspeise zu definieren (a.a.o. 298), kommt in der Interpretation Brunners deutlich zum Ausdruck: These 5 c), welche die Rede von der Darreichung eines naturhaften oder übernatürlichen Stoffes ablehnt (a.a.O. 303), soll nicht als Antithese verstanden werden zur Überzeugung, daß im Mahl „Leib und Blut Christi *substantialiter* gegenwärtig" sind (a.a.O. 300). Brunner wendet sich gegen die Diskreditierung des Begriffes „Substanz", auf den schon die Alte Kirche (OYSIA, HYPOSTASIS) und die Konkordienformel („vere et substantialiter", BSLK 1016,8; „substantialem praesentiam",

Darstellung

schen, die reformierten und die unierten Kirchen der in den acht Thesen umrissenen Theologie des Abendmahls zustimmen könnten, wäre tatsächlich eine Einigung in der Abendmahlslehre erreicht.[76] Mit dieser Einigung wäre aber nicht gleichzeitig die Frage der Abendmahlsgemeinschaft und Kirchengemeinschaft geklärt, weil eine solche nach CA VII einen umfassenden Lehrkonsens voraussetzt, der etwa auch die Differenzen in der Tauflehre oder der Lehre von den zwei Reichen überwinden müßte. Trotzdem würde die offizielle Annahme der Arnoldshainer Abendmahlsthesen „einen großen Schritt zur Herstellung einer Abendmahlsgemeinschaft und vielleicht auch einer Kirchengemeinschaft" bedeuten, meint Brunner.[77]

12.2.4 Die Leuenberger Konkordie
Jene Kirchengemeinschaft zwischen den Kirchen der Reformation, die 1958 als mögliches Ziel in den Blick kommt, wird von der „Konkordie reformatorischer Kirchen in Europa" 1973 proklamiert.[78]

In seiner Untersuchung der „Hauptprobleme" des Konkordienentwurfes erinnert Brunner an die lutherisch-reformierten Einigungsversuche der Reformationszeit, um anhand der geschichtlichen Vorbilder die Berechtigung des Leuenberger Dokumentes zu überprüfen.[79] Schon beim Marburger Religionsgespräch 1529 war es gelungen, eine relativ weitreichende Übereinstimmung im Verständnis des Evangeliums mittels sorgfältig formulierter Thesen festzuhalten.[80] Jener Dissens in der Frage der Realpräsenz, welcher in Marburg den Lehrkonsens und damit auch die Kirchengemeinschaft verhindert hatte, konnte in der Wittenberger Konkordie 1536 überwunden werden.[81] Weil die Wittenberger Konkordie durch die Verwendung der Cum-Formel zwar die Lehre von der Realpräsenz bestätigt, Luthers praedicatio identica jedoch ausklammert, ist sie nach der Meinung Brunners als „eine Einigung bei klar gesehenen Differenzen" (E.Bizer) zu interpretieren.[82] Insofern stellt sie ein genaues Vorbild der Leuenberger Konkordie dar. Denn auch diese Thesenreihe dokumentiert einen Konsens hinsicht-

---

BSLK 1014,4f) zurückgreift, um die Identität des wahren Leibes des Herrn „unter allen Modi seines Seins" festzuhalten (a.a.O. 300).
[76] A.a.O. 301.
[77] A.a.O.
[78] Vgl. LK 1 (LM 12, 271): „Die dieser Konkordie zustimmenden lutherischen, reformierten und aus ihnen hervorgegangenen unierten Kirchen sowie die ihnen verwandten vorreformatorischen Kirchen der Waldenser und der Böhmischen Brüder stellen auf Grund ihrer Lehrgespräche unter sich das gemeinsame Verständnis des Evangeliums fest, wie es nachstehend ausgeführt wird. Dieses ermöglicht ihnen, Kirchengemeinschaft zu erklären und zu verwirklichen."
[79] Konkordie – Bekenntnis – Kirchengemeinschaft. Hauptprobleme des Leuenberger Konkordienentwurfes, ZEvKR 18, 109–163.
[80] A.a.O. 112–117.
[81] A.a.O. 117.
[82] A.a.O. 118.

lich des heilsnotwendigen Inhalts des Evangeliums, ohne „völlige Bekenntnisgleichheit" herzustellen.[83] Folglich erweist sich das Verfahren, aufgrund der Übereinkunft „in den für die Wahrung der apostolischen Identität des Evangeliums entscheidenden Fragen" die Kirchengemeinschaft zu erklären, „vor dem Forum der Wittenberger Reformation grundsätzlich als legitim".[84]

Gleichzeitig vermeidet die Leuenberger Konkordie den bezeichnenden Fehler der badischen Unionsvereinbarung von 1821, den Dissens zwischen lutherischer und reformierter Lehre auf das Sakramentsverständnis beschränken zu wollen, indem sie nicht nur im Anschluß an die Arnoldshainer Abendmahlsthesen die Abendmahlsfrage klärt, sondern auch die Lösung des Prädestinationsproblems und der christologischen Frage anbahnt, und zwar im Sinne einer Korrektur der reformierten Lehre.[85]

Einerseits kann der Konkordientext als „*Weiterbezeugung des Evangeliums in neuer Gestalt*" gewürdigt werden, weil er anders als bisherige Lehrurkunden etwa den Dienst der Kirche an der Gesellschaft oder „die Gegenwärtigsetzung des Christusereignisses" in Wort und Sakrament erwähnt.[86] Andererseits ist der Text von einer ganzen Reihe von Problemen belastet. Sie betreffen die Verhältnisbestimmung zwischen angeblich geschichtlich bedingter theologischer Denkform und Evangeliumsverständnis[87], den mangelhaften Rückbezug auf das altkirchliche trinitarische und christologische Bekenntnis[88], das Verschweigen des Zornes Gottes und der Verlorenheit des Menschen[89], das Verdrängen der Wirkmacht des überführenden Gesetzes und der überindividuellen Macht der Sünde[90], die Vernachlässigung aktueller Auseinandersetzungen, etwa um die Tauflehre[91], die Ausblendung des Horizontes der Heilsgeschichte zwischen Proton und Eschaton[92], die spiritualisierende Neigung der Abendmahlslehre[93] sowie die fehlende Berücksichtigung des unmittelbar auf Gott gerichteten menschlichen Dienstes[94]. Die benannten Probleme resultieren aus einer falschen Anpassung an neuere theologische Strömungen.[95] Diese verkehrte Anpassung ist zu überwinden durch die Überprüfung der Konkordie am reformatorischen Bekenntnis und dementsprechenden

---

[83] A.a.O. 119f.
[84] A.a.O. 121.120.
[85] A.a.O. 121.123, vgl. a.a.O. 151–153.
[86] A.a.O. 128.
[87] A.a.O. 125–127.
[88] A.a.O. 129.
[89] A.a.O. 131f.
[90] A.a.O. 132f.137f.
[91] A.a.O. 134.
[92] A.a.O. 134–137.
[93] A.a.O. 138–140.
[94] A.a.O. 141.
[95] A.a.O. 142.

Darstellung

Textänderungen. Auch im Blick auf die überarbeitete, 1973 verabschiedete Textfassung will Brunner lediglich von einer „Konkordie in dürftiger Zeit" sprechen, die revisionsbedürftig bleibt und deshalb weitere klärende Gespräche erforderlich macht.[96]

Diese Ansicht kommt auch in dem Gutachten Brunners vom November 1973 zum Ausdruck, das gewissermaßen einen Ratschlag für die Reaktion der lutherischen Kirchen auf die Leuenberger Konkordie darstellt.[97] Das Gutachten drängt auf ein gemeinsames Handeln der aufgrund ihres Bekenntnisses verbundenen Kirchen des lutherischen Weltbundes.[98] Die gemeinsame Zustimmung sollte davon abhängig gemacht werden, ob der als endgültig bezeichnete Textentwurf noch einmal überarbeitet werden kann, weil erstens der mögliche Heilsverlust des Getauften und zweitens die manducatio infidelium nicht klar zur Sprache kommen.[99] Unklar ist bis zu diesem Zeitpunkt auch das Verhältnis zwischen Teil II („Das gemeinsame Verständnis des Evangeliums") und Teil III („Die Übereinstimmung angesichts der Lehrverurteilungen der Reformationszeit") der Konkordie geblieben. Beide Abschnitte sind ausdrücklicher als bisher miteinander zu verbinden und gleichzuordnen, weil ein gemeinsames Verständnis des Evangeliums nicht durch die Erklärung herbeigeführt werden kann, die alten zeitbedingten Streitigkeiten seien nunmehr überholt, sondern nur durch die wirkliche Klärung von kirchentrennenden Lehrunterschieden.[100]

Die nötigen Textverbesserungen ändern nichts daran, daß die lutherischen Kirchen vor einer „sehr schweren Entscheidung" stehen.[101] Denn die Zustimmung zur Leuenberger Konkordie, welche zweifellos die „Funktion" eines kirchlichen Bekenntnisses erfüllt[102], modifiziert die Bindung an das lutherische Bekenntnis[103]. Jene Bekenntnisinhalte, die in Übereinstimmung mit der Konkordie die zentrale, heilsnotwendige Lehre über das Evangelium bezeugen, werden eine andere verpflichtende Kraft haben müssen als solche Bekenntnisaussagen, die eine nicht-zentrale, wenn auch weiterhin festzuhaltende Lehre betreffen.[104] Mit der Annahme der Konkordie wird anerkannt, daß es „eine

---

[96] A.a.O. 142 Anm. *. So der ursprüngliche Titel von Brunners Stellungnahme in LM 11 (1972), 250–253. Vgl. ZEvKR 18, 129 Anm. 26.
[97] Die Leuenberger Konkordie und die lutherischen Kirchen Europas, in: U. ASENDORF (Hg.), Leuenberg. Konkordie oder Diskordie?, 61–75.
[98] A.a.O. 62.
[99] A.a.O. 63–66.
[100] A.a.O. 66–68. Vgl. BRUNNER (ZEvKR 18, 146): „Das Herzstück einer Konkordie liegt dort, wo Übereinstimmung in jenen Lehrunterschieden ausgesprochen wird, die kirchentrennende Bedeutung hatten."
[101] Die Leuenberger Konkordie, 69.
[102] A.a.O. 70.
[103] A.a.O. 69.
[104] A.a.O. 68f. Vgl. BRUNNER (ZEvKR 18, 149): „Die hermeneutische Funktion, die eine Konkordie gegenüber den angenommenen Bekenntnissen ausübt, wird in

begrenzte Mannigfaltigkeit unterschiedlicher kirchlicher Lehren" geben kann, die der Verwirklichung der Kirchengemeinschaft nicht als kirchentrennende Irrlehren im Wege stehen.[105] Die lutherischen Kirchen können sich dieser Überzeugung nicht entziehen, meint Brunner.[106] Folglich hält er „als Dogmatiker"[107] die Zustimmung zu einer verbesserten Form der Konkordie grundsätzlich für möglich, vorausgesetzt, ihre Aussagen bestimmen tatsächlich die Evangeliumsverkündigung der jeweiligen Kirchen und stellen nicht nur ein Hilfsmittel zur Erreichung kirchenpolitischer Ziele dar.[108]

Die Annahme der Leuenberger Konkordie „tangiert" den Bekenntnisstand und sollte deshalb in der Grundordnung der Kirchen festgehalten werden.[109] Sie hat den Vollzug der Kirchengemeinschaft als Kanzel- und Abendmahlsgemeinschaft zur Folge, wobei das Kanzelrecht uneingeschränkt in Kraft bleiben sollte. Die Verwirklichung der Abendmahlsgemeinschaft setzt die Überarbeitung der kirchlichen Agenden voraus, weil sich beispielsweise ein deutlich calvinistisch geprägtes Formular nicht mit der Abendmahlslehre der Konkordie vereinbaren läßt.[110] Die Interzelebration kann aus der möglichen Übereinkunft nicht abgeleitet werden, weil es für einen Pfarrer, der sich eng an die Abendmahlsaussagen der Konkordie hält, unzumutbar wäre, eine lutherische Abendmahlsfeier zu leiten.[111] Mißverstanden oder kirchenpolitisch mißbraucht wäre die Konkordie vor allem dann, wenn man sie als Verpflichtung zur Einrichtung einer unierten Einheitskirche interpretieren würde.[112] Kirchenrechtlich fixierte Zusammenschlüsse sind zwar möglich, aber nicht nötig zum Vollzug der Kirchengemeinschaft auf der Basis der Leuenberger Konkordie.

Brunner versteht das Konkordienwerk nicht im Sinne einer endgültigen Überwindung der konfessionellen Differenzen, sondern lediglich als einen „Schritt auf dem Wege zu dem Ort hin, an dem die göttlich gestifteten innergeschichtlichen Mittel zur Auferbauung des Leibes Jesu Christi in apostolischer Unversehrtheit in Kraft stehen".[113] Wei-

---

dem Ganzen der Bekenntnisaussagen zweifellos eine gewisse Staffelung herbeiführen. Die Bekenntnisaussagen liegen nicht gleichmäßig alle auf der gleichen soteriologischen Ebene."
[105] Die Leuenberger Konkordie, 69.
[106] A.a.O. 69f.
[107] A.a.O. 71.
[108] A.a.O. 70.
[109] A.a.O. 71.
[110] ZEvKR 18, 158.
[111] Die Leuenberger Konkordie, 72f. Vgl. ZEvKR 18, 157f.
[112] Die Leuenberger Konkordie, 74. Vgl. BRUNNER (ZEvKR 18, 162): „Durch die Bekenntnisbestimmtheit der einzelnen Kirchen (vgl. Z.30, 37) bestehen nach wie vor ‚Unterschiede in kirchlicher Lehre' (Z.32), die dadurch, daß sie ihr kirchentrennendes Gewicht verloren haben, für Bewahrung des apostolischen Evangeliums und der rechten Verwaltung der Sakramente keineswegs nebensächlich und bedeutungslos geworden sind."
[113] ZEvKR 18, 162.

tere Fortschritte auf diesem Weg „werden nur dann dem Wesen und der Existenz reformatorischer Kirchen gerecht, wenn der sich dabei herausbildende Konsensus zugleich den Anspruch erheben kann, im wahren Sinne des Wortes ‚katholisch' zu sein, nämlich das, was Evangelium und stiftungsgemäße Verwaltung der Sakramente ist, in einer für die ganze Christenheit auf Erden gültigen Weise auszusagen".[114] Die ungebrochene Übereinstimmung zwischen evangelischen Kirchen kann demnach nicht durch die Entwicklung von neuartigen Konvergenzen erreicht werden, sondern nur durch die Rückkehr zu dem einen, wahrhaft katholischen Konsens im Blick auf das apostolische Evangelium und seine konkreten Vermittlungsgestalten.

12.3 Die Frage der evangelisch-katholischen Kirchengemeinschaft

In einem Beitrag zum Amsterdamer ökumenischen Gespräch 1948 analysiert Brunner das Verhältnis der römisch-katholischen Kirche zur ökumenischen Arbeit.[115] Nach seiner Analyse handelt es sich um ein sehr distanziertes Verhältnis. Denn die römisch-katholische Kirche ist davon überzeugt, daß sie selbst die ökumenische Gestalt der Christenheit verkörpert, zu der die abgefallenen, häretischen und schismatischen Kirchengemeinschaften zurückkehren sollten.[116] Die Kirchen des Ökumenischen Rates dagegen fühlen sich der Suche nach einer neuen, konfessionsverbindenden Einheit verpflichtet, und zwar deshalb, weil sie sich von dem Wort Gottes in Anspruch genommen wissen, das Bereitschaft zu Umkehr und Einigung verlangt.[117] Dieses unmittelbare Verhältnis zum Wort Gottes ist katholischerseits aufgehoben durch den normativen Rang von Tradition und Lehramt.[118] „Die Möglichkeit ökumenischer Arbeit hängt somit letzten Endes an dem reformatorischen Schriftprinzip."

Trotz der unveränderten dogmatischen Abgrenzung hat sich das Verhältnis speziell zwischen evangelischer und katholischer Kirche verbessert. Dafür gibt es eine Reihe von Gründen: die deutlichere Bekenntnisbindung evangelischer Kirchen nach dem Kirchenkampf, die Entdeckung des Frühkatholizismus im Neuen Testament, die Wandlung des katholischen Lutherbildes, die konfessionelle Durchmischung der Bevölkerung und die intensivere Begegnung zwischen den verschiedenen Denominationen auf der Ebene von Kirchenleitung und Gemeinde.[119] Vor dem Hintergrund der positiven Wandlungen sollte ein Gespräch über die kirchentrennenden Lehrdifferenzen in Angriff

---

[114] A.a.O. 163.
[115] Die römisch-katholische Kirche und die ökumenische Arbeit, in: W. MENN (Hg.), Beiträge zum Amsterdamer ökumenischen Gespräch, Bd. VI, 29–44.
[116] A.a.O. 30.
[117] A.a.O. 31f.
[118] A.a.O. 32.
[119] A.a.O. 32–38.

genommen werden.[120] Zu ihnen zählt an erster Stelle das Verständnis der Rechtfertigung. Ein Ausgleich zwischen Tridentinum und lutherischem Bekenntnis in dieser Lehrfrage scheint Brunner im Bereich des Möglichen zu liegen.[121] Der Gegensatz zwischen den Kirchen wäre mit der Lösung dieses Problems aber keineswegs überwunden. Denn die Kirchengemeinschaft wird auch durch einen schwerwiegenden dogmatischen Dissens in der Anthropologie, im Gottesdienstverständnis und in der Papstfrage verhindert.[122] Zwar sollte man die Hoffnung auf eine Einigung nicht aufgeben, weil das Evangelium die Macht hat, menschliche Irrtümer zu überwinden.[123] Dennoch scheint im Jahr 1948 die Kirchenvereinigung so ferne zu liegen, daß sie am ehesten als „eschatologisch-apokalyptisches Ereignis" in Betracht kommt.

Etwas anders schätzt Brunner die ökumenische Situation unmittelbar vor der Einberufung des zweiten vatikanischen Konzils ein.[124] Die Erwartung der evangelischen Kirchen, die seit Luthers Appellation an ein allgemeines christliches Konzil besteht, daß eine Kirchenversammlung kirchentrennende dogmatische und rechtliche Festlegungen überwindet, hat einen neuen konkreten Anhaltspunkt gefunden.[125] Anders als zur Reformationszeit kann im Jahr 1961 keine der beiden Kirchen damit rechnen, daß die jeweils andere in absehbarer Zeit aufhören wird zu existieren.[126] Bedauerlicherweise stehen die Chancen für eine Einigung denkbar schlecht, solange „das römisch-katholische Dogma vom Meßopfer, vom Papsttum und von der Jungfrau Maria", also eine Reihe unannehmbarer „Häresien im strengen Sinne des Worts", Gültigkeit besitzen.[127] Folglich wird das kirchliche Handeln in der nächsten Zeit von dem folgenden, doppelten Imperativ bestimmt sein müssen: „Wir *müssen* mit der Trennung leben! Wir müssen mit der Trennung *leben!*"[128]

Die Schwierigkeit der aktuellen ökumenischen Aufgabe bringt Brunner mit folgender, prägnanter Formulierung zum Ausdruck: „Exkommunikation aufgrund einer Wahrheitsüberzeugung, der das Merkmal des Unbedingten eignet, und dennoch zugleich Kommunikation

---

[120] A.a.O. 30.
[121] A.a.O. 40.
[122] A.a.O. 40–42.
[123] A.a.O. 43.
[124] Das Geheimnis der Trennung und der Einheit der Kirche, PE II, 253–282.
[125] PE II, 255f.
[126] PE II, 256–259.
[127] PE II, 259. In einer Besprechung des Buchs „Katholische Reformation" von H. Asmussen, R. Baumann, E. Finke, M. Lackmann und W. Lehmann (Stuttgart 1958) bezeichnet BRUNNER die Lehre von dem Traditionsprozeß und der Schrift, von dem Meßopfer und vom Papst als schwerwiegendste Differenzpunkte und verwirft das Vorhaben der Buchautoren, diese Punkte mit dem evangelischen Bekenntnis vereinbaren zu wollen, als „gegenreformatorische Bewegung" (Katholische Reformation?, ELKZ 12, 279–284, hier: 283f).
[128] PE II, 260.

aufgrund eines unzerstörbaren, wesenhaft Gemeinsamen!"[129] Die Zielvorstellung, in irgendeiner Form gemeinsam zu leben trotz der Trennung im Glauben, läßt sich mithilfe der Paraklese Rö 14,1–15,13 theologisch begründen.[130] Denn an dieser Stelle ermahnt Paulus zwei Gemeindegruppen, die durch praktisch wirksame „Unterschiede im Glauben" voneinander getrennt sind, die Kirchengemeinschaft nicht aufzukündigen. So wie damals von den Glaubensstarken die Duldung der Glaubensschwachen und ihrer Irrtümer verlangt werden konnte, so müßte auch heute gegenseitige Tolerierung verlangt werden können von Kirchen, die sich dem apostolischen Evangelium verpflichtet wissen.[131]

Diese Toleranz ist allerdings nur dann berechtigt, wenn über der jeweils anderen Kirche nicht jenes „Anathema" auszusprechen ist, das dort geboten ist, „wo das Ganze und das Fundament des Christusheiles auf dem Spiele steht".[132] Die Reformatoren waren zwar von der hochgradigen Gefährdung des Christusheiles in der römisch-katholischen Kirche überzeugt, haben aber die Möglichkeit der Heilszueignung und der Heilsteilhabe innerhalb der Papstkirche niemals bestritten.[133] Auf dieser Linie liegt auch die heutige evangelische Lehre, die nicht bezweifelt, daß innerhalb der römisch-katholischen Kirche Glieder des Leibes Christi leben. Die katholische Kirchenleitung hingegen hat das verdammende „Anathema" auf die Reformationskirchen angewendet. Einschlägige neuere lehramtliche Äußerungen müssen dahingehend interpretiert werden, daß bis heute keinem Menschen außerhalb der römisch-katholischen Kirche tatsächlich die Anteilhabe am Christusheil zuerkannt wird.[134] Folglich kann es auch „keine Spuren von Kirche" außerhalb der Papstkirche geben. Diese katholische Sichtweise wird in Frage gestellt durch die Predigt, das Sakrament und das geistliche Leben in der evangelischen Kirche.[135] Wer an diesen Kennzeichen den ekklesialen Leib Christi erkennt, bekommt Einblick in das Geheimnis der Kirchentrennung: Trotz ihrer Unvermeidbarkeit bleibt sie umgriffen von dem Leib des erhöhten Christus.[136] Aus diesem Grund ist zum einen nicht auszuschließen, daß die Kirchentrennung den Sinn erfüllt, gerade im Gegenüber der Konfessionen das Ganze der Christuswahrheit zu erhalten, und zum anderen, daß sich die Verheißung Christi aus Joh 17,21 doch noch bewahrheitet.[137]

---

[129] PE II, 266.
[130] PE II, 271.
[131] PE II, 272f.
[132] PE II, 273.
[133] PE II, 274f.
[134] PE II, 277.
[135] PE II, 278f.
[136] PE II, 280.
[137] PE II, 281f.

Zu einer Bewegung der Kirchen in Richtung Einigung hat Brunner durch viele theologische Abhandlungen beizutragen versucht. In dem Aufsatz „Unum est necessarium" besinnt er sich auf den Richtpunkt eines zukünftigen evangelisch-katholischen Lehrgesprächs mit dem Ergebnis, daß es alleine darum gehen kann, auf der Grundlage des Evangeliums eine gemeinsame Antwort auf die Frage nach der Rettung des Menschen aus Gottes Gericht zu finden.[138] Denn die Unterschiedlichkeit der Antworten auf diese Frage stellt den eigentlichen Grund der Trennung dar. Sollte die Heilsfrage selbst, die bisher der gemeinsame Ausgangspunkt evangelischer und katholischer Lehre war, im Zuge des gesellschaftlichen Diskussionsprozesses durch andere Fragehorizonte verdrängt werden, so würde sich die ökumenische Einigung in einen „absolut utopischen" Zielpunkt verwandeln.[139] Die Verantwortung dafür, daß es nicht zur Ausblendung des Gerichtshorizontes und der Entscheidung zwischen Heil und Unheil kommt, verbindet die beiden getrennten Kirchen.[140]

Auch jene Erkenntnis verbindet zumindest lutherische und römisch-katholische Ekklesia, daß der verlorene Mensch nur durch die konkret angewendeten Gnadenmittel zum Heil gelangt.[141] Deshalb stellt Karl Barths dogmatischer Entwurf, demzufolge die Verlorenheit des Menschen schon *vor* der Begegnung mit Evangeliumswort und Sakrament definitiv überwunden ist, keine neue Möglichkeit dar, den Dissens in der Rechtfertigungslehre zu überbrücken, sondern „ein Novum", das gerade jene ökumenische, übereinstimmende Erkenntnis hinterfragt.[142]

Brunners Meinung, daß es nicht aussichtslos sei, eine gemeinsame Antwort auf die Frage nach der Rettung des Menschen aus Gottes Gericht zu finden, wird gestützt durch seine Studie zur Rechtfertigungslehre des Trienter Konzils.[143] Diese Studie versucht die Aussagen des Tridentinums dahingehend zu interpretieren und zu korrigieren, daß

---

[138] Unum est necessarium. Eine Besinnung auf den Richtpunkt des zukünftigen Lehrgespräches zwischen der röm.-kathol. und der ev.-luth. Kirche, Oecumenica 1968, 133–143; hier: 135.138.
[139] A.a.O. 141.
[140] A.a.O. 143. BRUNNER meint sogar (BeW 56): „Daß in der römisch-katholischen Kirche die allgemein christlichen Voraussetzungen der reformatorischen Erkenntnis Luthers, zumal die christologischen, klarer und fester als im Protestantismus festgehalten sind, darf und muß heute offen ausgesprochen werden."
[141] Trennt die Rechtfertigungslehre die Konfessionen? Katholisches Dogma, lutherisches Bekenntnis und Karl Barth, PE II, 89–112; hier: 112. Brunner diskutiert folgendes Buch: H. KÜNG, Rechtfertigung. Die Lehre Karl Barths und eine katholische Besinnung, Einsiedeln 1957. Darin vertritt Küng die These, daß die Rechtfertigungslehre Barths mit derjenigen des Tridentinums in Übereinstimmung zu bringen sei.
[142] PE II, 112. Vgl. PE II, 110f.
[143] Die Rechtfertigungslehre des Konzils von Trient; 1949 vorgetragen vor dem Evangelischen und Katholischen ökumenischen Arbeitskreis; PE II, 141–169.

sie der evangelischen Lehre von der Verlorenheit des Menschen, vom unfreien Willen, von dem heilsaneignenden Glauben und von der Rechtfertigung aufgrund der Gerechtigkeit Christi nicht widersprechen. Die Frage an die katholischen Gesprächspartner, ob die vorgelegte Interpretation zutrifft, bleibt allerdings offen.[144] Sollte sie je einmal eine bejahende Antwort erhalten, so müßte daraus die Folgerung gezogen werden, daß das katholische Dogma vom Meßopfer, vom Priesteramt, vom Papstamt und von Maria nicht mehr aufrechtzuerhalten ist.[145] Denn rechtfertigungstheologische und ekklesiologische Lehraussagen stehen in einem engen, logischen Zusammenhang.

Was die Lehre von der eucharistischen Gegenwart Christi im Abendmahl betrifft, so dürfte nach Brunners Einschätzung ein evangelisch-katholischer Konsens möglich sein.[146] Ungleich skeptischer fällt seine Beurteilung der Amtsfrage aus.[147] Weil das evangelische Amt der sakramentalen Weihe entbehrt, so die Sicht des Ökumenismus-Dekretes des zweiten Vatikanum, kann es beim Abendmahl auch nicht die „genuina atque integra substantia Mysterii eucharistici" verwirklichen; d.h. dem evangelischen Abendmahl fehlt die Realpräsenz im Sinne von CA X.[148] Solange die katholische Kirche an dieser Aussage festhält, „kann Kirchengemeinschaft nicht einmal auf der untersten Stufe verwirklicht werden, nämlich in einer *gegenseitigen* Zulassung der Gläubigen zum heiligen Abendmahl", konstatiert Brunner in seinem vermutlich letzten veröffentlichten Beitrag zum ökumenischen Dialog.[149] So bleibt die Trennung zwischen evangelischer und römisch-katholischer Kirche ein ungelöstes Problem.

Zur Lösung des Problems könnte der Text des Augsburger Bekenntnisses beitragen. Diese Überzeugung kommt in Brunners Untersuchung zur ökumenischen Bedeutung der Confessio Augustana aus dem Jahr 1977 zum Ausdruck. Die Untersuchung weist auf die bereits im Vorwort der Augustana geäußerte Absicht der Reformatoren hin, die Kircheneinheit zu bewahren durch die gemeinsame Erkenntnis der in der Schrift beschlossenen christlichen Wahrheit.[150] Der Artikel CA III beinhaltet „alles Entscheidende" jener Wahrheit, die Kirchengemeinschaft begründet, nämlich die Bezeugung des menschgewordenen Sohnes Gottes, der durch sein Sühnopfer die Rechtfertigung des

---

[144] PE II, 169.
[145] Oecumenica 1968, 140.
[146] Realpräsenz und Transsubstantiation. Ist die Lehre von der eucharistischen Gegenwart zwischen Katholiken und Lutheranern noch kirchentrennend?, BeW 143–162; hier: 161.
[147] BRUNNER beschreibt in seinen Diskussionsthesen „Sacerdotium und Ministerium" denn entscheidenden Differenzpunkt (BeW 130f): Der priesterliche Dienst im Neuen Bund kann niemals zu einem amtlichen Priestertum werden, das in der Eucharistiefeier eine Gott versöhnende Opferdarbringung vollzieht.
[148] Anmerkungen zum Referat von W. Kasper (1982), 130.
[149] A.a.O.
[150] Ökumenische CA, 119.121.

Sünders ermöglicht und seit seiner Auferstehung als erhöhter Herr herrscht über alle Welt, insbesondere im Bereich der Gemeinschaft der Glaubenden.[151] Deshalb gilt: „Wer Art. III mit seinen Implikationen im Glauben wirklich anerkennt, der kann eigentlich weder zu Art. I und II noch zu Art. IV bis XV Nein sagen."[152] Die seit 1530 versagte Zustimmung zu den Lehrartikeln der CA würde zu jenem ökumenischen Lehrkonsens führen, der die Überwindung der Kirchentrennung erlaubt.

Der tiefste Grund dafür, daß es bisher nicht zum Konsens gekommen ist, dürfte in dem von Brunner schon 1948 angesprochenen unterschiedlichen Schriftverständnis zu erblicken sein. Der Zusammenhang zwischen der unterschiedlichen Skriptologie, Soteriologie und Ekklesiologie wird von Brunner wohl am deutlichsten in dem Vortrag zum 450. Gedächtnisjahr der Ablaßthesen Luthers herausgearbeitet.[153] Weil der reformatorische Glaube den Zuspruch des reinen Evangeliums unmittelbar aus dem mit der Heiligen Schrift gegebenen Wort Gottes empfängt, duldet er keine Zerstörung dieser Unmittelbarkeit durch ein magisterium, das die rechtfertigende Zusage mit der Forderung von rechtfertigenden Werken verdirbt.[154] Folglich gründet die Kirche als Gemeinschaft der Gerechtfertigten unmittelbar in dem Fundament des Wortes Gottes und nicht in dem Fundament des päpstlichen Lehramts. Im Anschluß an Luther ist die These aufzustellen: „Substantia ecclesiae est in verbo Dei."[155] Solange dieser ekklesiologische Grundsatz katholischerseits verworfen wird, kommt auch die evangelische Rechtfertigungstheologie, die diesen Grundsatz voraussetzt, im Bereich des katholischen Dogmas nicht wirklich zur Geltung als articulus stantis et cadentis ecclesiae.

Trotz aller Bemühungen um Kirchengemeinschaft und trotz aller Lösungsvorschläge kann die ökumenische Situation aus der Sicht Brunners wohl kaum anders beschrieben werden als mit jenem Resümee, das er 1967 zieht: „Wir sind alle tief davon überzeugt, daß Kirchentrennung dem Wesen der Kirche Gottes widerspricht. Aber wir sehen nicht, wie die Grenze, welche die lutherischen Kirchen von der römisch-katholischen Kirche trennt, überwunden werden kann."[156]

---

[151] A.a.O. 124.
[152] A.a.O. 125.
[153] Reform – Reformation. Einst – Heute. Elemente eines ökumenischen Dialogs im 450. Gedächtnisjahr von Luthers Ablaßthesen, BeW 9–33.
[154] BeW 31f.
[155] BeW 33. Verweis auf LUTHER (WA 7, 721,9–14; Ad librum Ambrosii Catharini, 1521): „Euangelium enim prae pane et Baptismo unicum, certissimum et nobilissimum Ecclesiae symbolum est, cum per solum Evangelium concipiatur, formetur, alatur, generetur, educetur, pascatur, vestiatur, ornetur, roboretur, armetur, servetur, breviter, tota vita et substantia Ecclesiae est in verbo Dei, sicut Christus dicit ‚In omni verbo quod procedit de ore dei vivit homo'." (Mt 4,4)
[156] BeW 33.

12.4 Zusammenfassung

Brunners ökumenische Theologie läßt sich vielleicht am treffendsten mit jenem von ihm selbst formulierten Begriff des pneumatischen Realismus charakterisieren. Die Theologie des pneumatischen Realismus nimmt aufgrund ihrer Schrifterkenntnis die Realität des pneumatischen Leibes Christi wahr, welcher alle Konfessionsgrenzen übergreift. Die Theologie des pneumatischen Realismus weiß sich der Bemühung um die Koinonia der Christen verpflichtet, weil der Heilige Geist auf die konkrete Realisierung der Einheit in Christus drängt. Die Theologie des pneumatischen Realismus nimmt aber auch die neutestamentliche Maßgabe ernst, daß sich uneingeschränkte Koinonia nur aufgrund einer gemeinsamen, umfassenden Erkenntnis des apostolischen Evangeliums, wie es in der Verkündigung und in der Sakramentsfeier dargeboten wird, realisieren läßt. Eine solche Theologie wird sich weder von der ökumenischen Verpflichtung der Kirche dispensieren, noch mit einem allzu optimistischen Ökumenismus konform gehen, der die ekklesiologische Bedeutung von dogmatischen Differenzen verkennt und sie zu überspielen versucht.

An dem Vorbild der Einigungsbemühungen zu neutestamentlicher und reformatorischer Zeit läßt sich ablesen, daß ökumenische Arbeit im wesentlichen eine „Bemühung um die einigende Wahrheit" darstellen muß mit dem Ziel, auf der Basis eines magnus consensus hinsichtlich der doctrina evangelii die Kirchengemeinschaft zu vollziehen. Diese Kirchengemeinschaft realisiert sich als Gottesdienstgemeinschaft, aber nicht notwendigerweise als Kirchenunion. So bleibt der legitime Freiraum für unterschiedliche Akzentsetzungen im Bereich kirchlicher Lehre und Ordnung erhalten.

Solange innerhalb einer Kirche oder eines Verbundes von Kirchen kein Lehrkonsens festgestellt worden ist, kann die Kirchengemeinschaft nicht vollzogen werden. Die Leuenberger Konkordie könnte eventuell weiterentwickelt werden zu einer Form des lutherisch-reformierten Lehrkonsenses, der trotz bleibender Bekenntnisunterschiede eine weitreichende Einigkeit im Evangeliumsverständnis feststellt und dementsprechend den Vollzug der Kirchengemeinschaft ermöglicht. Im ökumenischen Dialog mit der römisch-katholischen Kirche zeichnet sich kein vergleichbares Ergebnis ab. Insbesondere das evangelische Verständnis des Wortes Gottes und des Amtes der Kirche scheint sich letztlich nicht mit dem katholischen Dogma vereinbaren zu lassen.

Dieses Ergebnis soll im folgenden auf seine Stimmigkeit überprüft und vor dem Hintergrund der neueren ökumenischen Diskussion bedacht werden. Entsprechend der bisherigen Gliederung ergeben sich drei Abschnitte, in denen sowohl Brunners Verständnis der ökumenischen Aufgabe (12.5) als auch seine Sicht der innerevangelischen

(12.6) und evangelisch-katholischen Ökumene (12.7) besprochen wird.

B. Diskussion

12.5 Zum Verständnis der ökumenischen Aufgabe

Auch im Themenbereich „Kircheneinheit" fällt auf, wie sehr Brunner bemüht ist, sich sowohl an der Theologie des Neuen Testaments als auch an der Theologie der lutherischen Reformation zu orientieren. Der konsequente Rückbezug auf Schrift und Bekenntnis führt nicht etwa zu einer „rückwärtsgewandten" Position, die jeder ökumenischen Bemühung mit Skepsis begegnet. Vielmehr sieht sich Brunner gerade aufgrund der Wegweisung von Schrift und Bekenntnis verpflichtet, theologisch verantwortete Schritte in Richtung einer Annäherung zwischen christlichen Kirchen zu unternehmen. Seine Ausführungen lassen sich verstehen als Beiträge zu einem ökumenischen Ethos[157], das der Kirche des Evangeliums angemessen ist.

Das richtige Verständnis der ökumenischen Aufgabe hängt eng zusammen mit dem richtigen Verständnis der Kirche. Brunner hebt in diesem Zusammenhang auf zwei Aspekte der Ekklesiologie ab, die zwar oft Erwähnung finden, aber nicht immer präzise genug erfaßt werden, nämlich auf die Katholizität (a) und die Apostolizität (b) der Kirche.

(a) Zur Katholizität und Einheit der Kirche kann sich der christliche Glaube nur deshalb bekennen, weil alle Christen des Erdkreises durch ihr Haupt Christus tatsächlich zur wahren, unsichtbaren Kirche verbunden sind, trotz der sichtbaren Zertrennung der Christenheit. Diese Erkenntnis des Glaubens verdankt sich dem apostolischen Wort. So bezeichnet beispielsweise der Hymnus des Kolosserbriefs Christus als „das Haupt des Leibes, nämlich der Gemeinde (ekklesia)" (Kol 1,18; vgl. Eph 1,22f). Nur von *einer* „ekklesia" ist die Rede, obwohl viele Ortsgemeinden rings um das Mittelmeer existieren. Die einzelnen Gemeinden und einzelnen Glaubenden bilden den einen pneumatischen Leib Christi. Sie haben Anteil an dem Herrn, durch den die Welt geschaffen ist und durch den die Versöhnung mit Gott weltweit verwirklicht wird. Die Einheit der Kirche besteht in dem einen Christus, dessen Herrschaft alle Räume und alle Zeiten übergreift.

Es ist sicher kein Zufall, daß Brunner an diese geistliche Wirklichkeit der allgemeinen, ökumenischen Kirche im Zusammenhang mit dem Ruf nach Kirchenvereinigungen erinnert. Die Wahrnehmung, daß allein Christus die Einheit und die Ganzheit der endzeitlichen Ekklesia garantiert, bewahrt vor der Vorstellung, als hänge der Bestand der

---

[157] Begriff von BRUNNER (PE II, 225).

Kirche davon ab, daß sie sich als einheitliche Organisation darstelle. Der Blick auf den Grund der Kirche verhindert, daß sie lediglich als gesellschaftliche Institution verstanden wird, die gemäß gesellschaftspolitischer Erwägungen zu gestalten und gegebenenfalls überregional zu vernetzen ist. Insofern wirkt die Erkenntnis der geistlichen Kircheneinheit wie eine Entlastung und wie eine Vertiefung. Gleichzeitig schließt sie eine besondere Verpflichtung in sich, nämlich die Verpflichtung zur Bemühung um Kirchengemeinschaft. Diese Verpflichtung kommt exemplarisch in der Frage des Paulus an die zerstrittenen Parteien in Korinth zum Ausdruck: „Ist Christus etwa zerteilt?" (1.Kor 1,13). Weil die Gemeinde auf dem einen Fundament „Jesus Christus" aufruht (1.Kor 3,11) und dem einen gekreuzigten Herrn angehört, sollte sie überflüssige Spaltungen vermeiden und als Gemeinschaft leben. Die Erkenntnis der geistlichen Einheit der Kirche darf nicht zu einem Spiritualismus führen, der sich der Verpflichtung zur konkret gestalteten Kirchengemeinschaft entledigt.

(b) Die konkrete Kirchengemeinschaft aber setzt die konkrete Bestimmtheit von Verkündigung und Sakramentsverwaltung durch das Schriftzeugnis der Apostel voraus. Denn nur die apostolische Predigt und Sakramentsverwaltung kann eine apostolische und damit wahrhaft katholische Kirche hervorbringen. Wenn sich Brunner bei der Beschreibung des Merkmals der Apostolizität nach dem Vorbild von CA VII auf Wort und Sakrament konzentriert, so will er damit gewiß nicht behaupten, daß die Kirche im Sinne des Neuen Testament allein in dem korrekten Vollzug der Predigt und der Abendmahlsfeier besteht. Schon in CA VII wird angedeutet, daß Kirche umfassend als Glaubens- und Lebensgemeinschaft zu verstehen ist.[158] Doch eben diese Kirche wird nur dort entstehen, wo so verkündet und gelehrt wird, wie Jesus und seine Apostel das getan haben. Deshalb kommt es vor allem darauf an, daß der Inhalt der Verkündigung und die Weise der Sakramentsverwaltung am apostolischen Zeugnis ausgerichtet werden. Diese Apostolizität ist „der bewirkende Grund für die Einheit, Heiligkeit und Katholizität der Kirche", formuliert Brunner.[159]

Wenn eine Partikularkirche sich als apostolisch und damit als katholisch ausweisen kann, darf und soll die Kirchengemeinschaft mit ihr vollzogen werden. Daß dieser Grundsatz seine Berechtigung hat, zeigt sich an der Praxis des Apostels Paulus, der mit solchen Gemeinden Gemeinschaft hat, bei denen er eine „Gemeinschaft (koinonia) am Evangelium" feststellen kann (Phil 1,5; 4,15). Wo aber das apostolische Evangelium systematisch entstellt wird, ist die Basis der Kir-

---

[158] CA VII spricht von der „Versammlung aller Glaubigen" um die Predigt und das Sakrament des Evangeliums und verweist auf Eph 4,4f: „Ein Leib, ein Geist, wie ihr berufen seid zu einerlei Hoffnung euers Berufs, ein Herr, ein Glaub, ein Tauf" (BSLK 61,4f.16f).
[159] PE I, 232.

chengemeinschaft bedroht. Dies wird exemplarisch deutlich in der Auseinandersetzung des Paulus mit den galatischen Irrlehrern, die ein anderes Evangelium verkünden und deshalb als „falsche Brüder" zu betrachten sind (Gal 1,8f; 2,4). Kirchen, die sich am Vorbild des Apostelkonzils orientieren, werden darum bemüht sein müssen, Einigkeit in der Erkenntnis des Evangeliums festzustellen und der so begründeten Verbundenheit auch Ausdruck zu verleihen.

Das ökumenische Modell der Kirchengemeinschaft aufgrund der Gemeinschaft am Evangelium, für das Brunner eintritt, läßt sich also nicht nur von CA VII herleiten, sondern auch vom Neuen Testament her begründen. Neben diesem Modell der Einheit aufgrund der Wahrheit stehen andere Einheitskonzeptionen, die Kircheneinheit aufgrund des gemeinsamen Dienstes, aufgrund des historischen Episkopates oder aufgrund des konziliaren Prozesses zu verwirklichen suchen.[160] Nach dem Ökumeneverständnis Brunners können diese Einheitskonzeptionen nicht an die Stelle einer Einigung aufgrund der Klärung des Wahrheitsfrage treten. Denn das gemeinsame Dienen der Kirchen steht in engstem Zusammenhang mit ihrem gemeinsamen Glauben, Bekennen und Lehren.[161] Zu einer gegenseitigen Anerkennung der Ämter wird es wohl kaum kommen, solange eine Kirche die historische Sukzession als unverzichtbare nota ecclesiae ansieht. Eine konziliare Gemeinschaft der Kirchen wird keinen gemeinsamen Gottesdienst feiern können, solange sie sich nicht darüber einig wird, was in diesem Gottesdienst zu predigen und wie das Abendmahl auszuteilen ist. Es führt also kein Weg daran vorbei, daß man sich bemüht um eine gemeinsame Beschreibung des Evangeliums und seiner verbindlichen Bestimmungen.

Gegen eine solche Bemühung erheben sich Einwände grundsätzlicher Art. Drei von ihnen werden im folgenden mit Brunners Position konfrontiert.

(1) Die Verständigung über die einigende Wahrheit setzt voraus, daß es grundsätzlich möglich ist, in der Bibel die „Einheit des apostolischen Evangeliums" zu entdecken.[162] Mit dieser Formulierung wendet sich Brunner gegen die Anschauung, der Schriftkanon beinhalte so schwerwiegende Differenzen, daß sich aus dem vorliegenden Textbestand ohne einschneidende Kritik und Auswahl keine einheitliche

---

[160] U. KÜHN, Kirche, 203f.
[161] R. SLENCZKA erinnert in seinem Aufsatz „Die Lehre trennt – aber verbindet das Dienen? Zum Thema: Dogmatische und ethische Häresie" (KuD 19, 125–149; hier: 144) daran, daß gerade der gemeinsame Dienst regelmäßig zu Meinungsverschiedenheiten, Parteibildungen und gegenseitigen Abgrenzungen führt. Darin zeigt sich die „Wirklichkeit der Häresie". Die Kirche kann als Dienstgemeinschaft nur erhalten werden, wenn sie grundlegend als Glaubensgemeinschaft verstanden wird (145). Im Konfliktfall ist danach zu fragen, ob das noch „als gemeinsame Basis" anerkannt wird, „was Christen miteinander verbindet, nämlich nicht ihre eigene, sondern die im Glauben geschenkte Gerechtigkeit" (149).
[162] PE II, 320.

apostolische Lehre erheben lasse. Brunner geht davon aus, daß die Kirche, die auf eine an den Schriften des Alten und Neuen Testamentes orientierte Verkündigung hört, nichts prinzipiell Widersprüchliches vernimmt.[163] Diese Auffassung läßt sich als Antithese verstehen zu der bekannten These von Ernst Käsemann, der neutestamentliche Kanon sei von solchen Gegensätzen gezeichnet, daß er nicht die Einheit der Kirche, sondern die Vielzahl der Konfessionen begründe.[164] Es ist allerdings zu beachten, daß Käsemann diese These als „Historiker" ausspricht und gleichzeitig die Möglichkeit einräumt, aus der Sicht des Glaubens das eine, einheitsstiftende Evangelium zu entdecken.[165] Dieses Evangelium ist nach Käsemanns Meinung aber nicht in der Breite des Kanons nachweisbar. Mit diesem Urteil des historisch-kritischen Exegeten ist für Brunner deshalb nicht das letzte Wort über das Schriftproblem gesprochen, weil es nach dem Zeugnis der Schrift nur ein Evangelium und eine Kirche geben kann (Eph 4,4f). Es darf erwartet werden, daß sich die Einheit des Evangeliums neu entdecken läßt, zwar nicht im Bereich der historisch-kritischen Wissenschaft, aber im Raum der hörenden Kirche.[166]

(2) Im Rahmen des ökumenischen Lehrgesprächs kann aber nicht nur die Verständigung über den Aussagegehalt des Schriftkanons, sondern auch die Verständigung über den Aussagegehalt des Bekenntnisses zum Problem werden. Kühn weist darauf hin, daß man heute verstärkt aufmerksam geworden ist auf die Beschränktheit, die Situationsbedingtheit und die Mißverständlichkeit von historischen Bekenntnisformulierungen.[167] Brunner kennt diese Schwierigkeit.[168] Sie stellt in seiner Sicht aber kein unüberwindliches Problem dar. Das hängt damit zusammen, daß Brunner die ökumenische Verständigung nicht einfach als eine Verständigung über historische Texte begreift, sondern als eine Verständigung über den Aussagegehalt des gegenwärtigen, lebendigen, apostolischen Wortes.[169] Von dem gegenwärtig gehörten apostolischen Wort her müßte die Berechtigung oder die Unangemessenheit der bejahenden und verneinenden Bekenntnissätze deutlich werden. Aufgrund des gegenwärtig gehörten apostolischen Wortes müßte es möglich sein, einen neuen Lehrkonsens zu formulieren.

---

[163] BRUNNER sagt (PE I, 228): „Apostolisch ist die Kirche, wenn sie ihre Verkündigung richten läßt durch das Zeugnis, das in den prophetischen und apostolischen Schriften des Alten und Neuen Testaments verfaßt und begriffen ist."
[164] E. KÄSEMANN, Begründet der neutestamentliche Kanon die Einheit der Kirche?, 221.
[165] A.a.O. 214.223.
[166] PE II, 321.
[167] U. KÜHN, Kirche, 209.
[168] Vgl. ZEvKR 18, 125–128.
[169] PE I, 233.

(3) Diese Methode wird in der jüngsten Diskussion über die sogenannte ökumenische Hermeneutik grundsätzlich problematisiert. Die Kontextualität aller theologischen Texte erfährt eine so starke Betonung, daß die Einigung auf gemeinsame Bekenntnistexte weder möglich noch wünschenswert erscheint.[170] Die Wahrheit des Evangeliums erschließe sich nur im „offenen (hermeneutischen) Prozeß des Dialogs", der „Lehrdefinitionen und Grenzziehungen" ausschließe, meint Konrad Raiser.[171] Tobias Brandner spricht in seiner Dissertation über die Bewegung „Faith und Order" von der „Unmöglichkeit, kontextuelle Glaubenssprachen in einen umfassenden Einheitsdiskurs zu integrieren", und zieht daraus die Folgerung, dieser Diskurs könne nur in einer Haltung der Leichtigkeit und Ironie geführt werden.[172]

Die These von der grundsätzlichen Unterschiedlichkeit der Glaubenssprachen und Lehrtexte steht offenkundig im Widerspruch zu Brunners Auffassung, das apostolische Wort könne in der Gegenwart von Kirchen gemeinsam neu gehört, geglaubt und in einem Lehrbekenntnis schriftlich zusammengefaßt werden. Das Einigwerden der Christen wird dabei von der aktuellen Verkündigung des Wortes Gottes erwartet, die an den Schrifttext gebunden ist, und nicht etwa von dem aktuellen Aufeinandertreffen der Glaubensäußerungen, welche an den kulturellen Kontext gebunden sind. Bruder ist der Meinung, daß Lösungen, die auf die Einheit im Bekenntnis verzichten, nur das eigentliche Problem verdecken. Dies bringt er 1955 in folgendem, ernsten Satz zum Ausdruck: „Wenn es uns schwer fällt, in der gegenwärtigen Lage unserer Geistesgeschichte und unserer Theologiegeschichte das apostolische Wort in seiner verbindlichen Einheit, Reinheit und Lauterkeit und darum auch in seiner die Häresie entlarvenden Entscheidungskraft zu hören, so ist das ein Zeichen dafür, daß Gott uns straft."[173]

Man kann wohl sagen, daß Brunner trotz seiner Distanz zu den aufgeführten problematischen Betrachtungsweisen ein gewisses Wahrheitsmoment in ihnen erkennt. So spricht er zwar nicht von der Uneinheitlichkeit des Schriftkanons, aber von Unterschieden der in ihm erkennbaren „Theologie(n)".[174] Die tatsächliche Übereinstimmung im

---

[170] A. HOUTEPEN (Ökumenische Hermeneutik. Auf der Suche nach Kriterien der Kohärenz im Christentum, ÖR 39, 279–296, hier: 292f) schreibt: „Es geht im Glauben und auch beim ökumenischen Gespräch nicht um Texte, sondern um die Sache, das Reich Gottes ... Die Kirche Christi ist eine hermeneutische Erzählgemeinschaft in vielen Kontexten."
[171] K. RAISER, Hermeneutik der Einheit, ÖR 45, 401–415, hier: 411f.
[172] T. BRANDNER, Einheit gegeben – verloren – erstrebt: Denkbewegungen von Glauben und Kirchenverfassung, Göttingen 1996, 295. Brunner dürfte nicht zuletzt durch die „Theologie" der Deutschen Christen mit einer bestimmten Spielart des Problems der Kontextualität konfrontiert worden sein.
[173] PE I, 233.
[174] PE II, 316.

Evangeliumsverständnis schließt für ihn „eine Mannigfaltigkeit theologischer Schulrichtungen" ebenso wenig aus wie „eine Mannigfaltigkeit von Gottesdienstordnungen und Gemeindeverfassungen", wobei diese Mannigfaltigkeit klar begrenzt zu denken ist.[175] Dementsprechend kommt als Ziel der ökumenischen Einigungsbestrebungen eine Gemeinschaft von durchaus originellen Ekklesien in den Blick, die geprägt sind von unterschiedlichen theologischen Akzentsetzungen. Die Einheit in der Wahrheit ermöglicht eine Koinonia der Mannigfaltigkeit.

Eine solche Sichtweise läßt sich zum einen vom Bekenntnis her begründen. Die Aussage über die Freiheit der Gemeindeordnungen entspricht CA VII und damit der lutherischen Überzeugung, daß in der Kirche des Evangeliums nur das Predigtamt eine unverzichtbare Einrichtung darstellt.[176] Selbst wenn man im Anschluß an die reformierte Tradition eine bestimmte Ämterstruktur als das Merkmal einer apostolischen Gemeinde ansehen will, wird man wohl eine gewisse Variabilität der Gemeindeordnungen für möglich halten. Die Perspektive Brunners läßt sich zum anderen von der Schrift her begründen. Die von ihm angeführte Paraklese Rö 14,1–15,13 zeigt, daß schon innerhalb der Ortsgemeinde mit unterschiedlich adäquaten Ausprägungen des Glaubens gerechnet werden muß, welche die Abendmahlsgemeinschaft aber keineswegs unmöglich machen. Die anfängliche Verbundenheit von eher judenchristlich und eher heidenchristlich geprägten Gemeinden deutet darauf hin, daß man in der Christenheit keine Uniformität der Kirchen erwarten darf, sehr wohl aber die Gemeinschaft von apostolischen Ekklesien.

Mit einem Fragezeichen ist allerdings Brunners Wort von dem Plural der Theologien im Schriftkanon und der legitimen Vielfalt der theologischen Schulrichtungen zu versehen, weil die heute vorfindliche Pluralität der Theologie einen Konsens in der Bezeugung des offenbarten Wortes Gottes, wie er nach der Überzeugung der Schriftzeugen selbst möglich ist, offenkundig ausschließt und dementsprechend die Kirchengemeinschaft ernsthaft gefährdet. Ferner erscheint es fraglich, ob die Unterschiedlichkeit der Kirchen unmittelbar auf die Variabilität des Schriftkanons zurückgeführt werden kann – ein Zusammenhang, der von Brunner mehr angedeutet als ausgesprochen wird. Denn jene Unterschiedlichkeit schließt allzu oft kirchentrennende Differenzen im Evangeliumsverständnis ein, die nicht durch das einmütige Evangeliumszeugnis der Schrift verursacht wurden, sondern eindeutig durch irrtümliche Meinungen über dieses Zeugnis.

---

[175] A.a.O.
[176] Die einschlägige Aussage in CA VII lautet (BSLK 61,9–12): „Nec necesse est ubique similes esse traditiones humanas seu ritus aut cerimonias ab hominibus institutas."

Trotz dieser Einwände wird man die Legitimität einer begrenzten Mannigfaltigkeit im Bereich von kirchlicher Lehre und Ordnung kaum bestreiten können. Brunners Zielvorstellung für die ökumenische Arbeit, die sich mit der Formel „Einheit in der Wahrheit als Voraussetzung für eine Koinonia der begrenzten Mannigfaltigkeit" beschreiben läßt, hat folglich ihre Berechtigung. Sie unterscheidet sich von anderen Zielbestimmungen im Bereich der Ökumene, die zum Teil mit ähnlich klingenden Formeln beschrieben werden[177], durch die Entschiedenheit, mit der die Klärung des Evangeliumsverständnisses, wie es der Verkündigung der Apostel entspricht, durch einen schriftlichen Lehrkonsens verlangt wird.

12.6 Zur Frage der innerevangelischen Kirchengemeinschaft

Wenn man sich vor Augen geführt hat, wie Brunner die ökumenische Aufgabe versteht, so wird man über seine Kritik an den Kirchenunionen des neunzehnten Jahrhunderts nicht überrascht sein. Einer Kirchenvereinigung ohne klare Verständigung über die geltende Kirchenlehre mangelt es nach Brunners Meinung an einer tragfähigen Grundlage. Diese Meinung wird dort auf Widerspruch stoßen, wo man Unterschieden im Bekenntnis keine allzu große Bedeutung beimißt oder eine bekenntnismäßige Festlegung ohnehin für überflüssig hält. Es ist aber zu bedenken, daß sich Kirchengemeinschaft im wesentlichen als Gottesdienstgemeinschaft realisiert. Diese Gottesdienstgemeinschaft wäre bis zum Zerbrechen belastet, wenn keine Einigkeit darüber bestünde, welches Evangelium verkündet, welches Bekenntnis gemeinsam gesprochen und auf welche Weise die Sakramente verwaltet werden. Gerade bei ökumenischen Veranstaltungen läßt sich erfahren, wie durch bestimmte Predigten oder bestimmte liturgische Vollzüge die Grenze des Konsensfähigen überschritten und damit die Grenze der Kirchengemeinschaft sichtbar wird. Dafür, daß diese Grenze nicht aufgrund subjektiver Meinungen oder untheologischer Begründungen gezogen wird, sorgen die Festlegungen des Bekenntnisses. Sie bilden im Streitfall die unentbehrliche Argumentationsbasis, von der aus gezeigt werden kann, was nach der Erkenntnis der Glaubensgemeinschaft dieser konkreten Kirche dem Evangelium entspricht und was ihm widerspricht. Die Bekenntnisschrift hält fest, was wirklich verbindet. Deshalb ist es sinnvoll und richtig, diese verbindende und verbindliche Grundlage als Bedingung der dauerhaften, uneingeschränkten Kirchengemeinschaft einzufordern.

Diese Forderung wird von Brunner auch im Blick auf die föderativen Kirchenzusammenschlüsse konsequent geltend gemacht. Er be-

---

[177] R. FRIELING (TRE 25, 70f) erwähnt u.a. folgende Formulierungen: Einheit in Vielfalt, Vielfalt in der Einheit, Versöhnte Verschiedenheit, Die Einheit der Kirche als Koinonia.

zweifelt nicht, daß es geboten ist, solche Kirchen in Verbänden zusammenzufassen, die durch das Band des Glaubens an Christus und seine Gerechtigkeit miteinander verbunden sind. Doch Verbände dieser Art werden erst dann zur Kirche im Sinne des Neuen Testaments, wenn alle wesentlichen Differenzen, etwa im Sakramentsverständnis, Amtsverständnis oder Kirchenverständnis, überwunden sind. Wo dies der Fall ist, sollte die Kirchengemeinschaft nicht versagt werden. Auch dieses Postulat Brunners ist folgerichtig. Allerdings wird man in diesem Zusammenhang fragen müssen, ob es wirklich ratsam ist, Großverbände zu institutionalisierten Großkirchen weiterzuentwickeln. Falls die Selbständigkeit und die gewachsene Prägung von Einzelkirchen durch übergreifende Organisationsstrukturen beeinträchtigt werden sollten, könnte dies als Eingriff in die legitime Mannigfaltigkeit der kirchlichen Profile aufgefaßt werden und zu Spannungen bis hin zu scharfen Abgrenzungen führen. Dieses Problem ist von Brunner gesehen und insofern berücksichtigt worden, als daß keine einheitliche Unionskirche, sondern eine Gemeinschaft relativ selbständiger Kirchen als anzustrebendes Ziel empfohlen wird.

Mit dem Abendmahlsgespräch und den Arnoldshainer Abendmahlsthesen schlagen die reformatorischen Kirchen denjenigen Weg zum Ziel der Kirchengemeinschaft ein, den Brunner für den einzig gangbaren Weg hält. In seinem Kommentar zu dem Gesprächsergebnis gibt Brunner zu verstehen, daß er die Abendmahlsthesen für keine optimale Lösung der gestellten Aufgabe hält.[178] Denn die Thesen sprechen nicht das Ganze der Abendmahlslehre aus. Sie lassen beispielsweise offen, ob die Konsekrationslehre oder die Rede von der Substanz des Leibes Christi dem apostolischen Wort entspricht oder nicht.[179] Andererseits handelt es sich in der Sicht des Mitautors Brunner um solche Lehrsätze, die das Abendmahl im wesentlichen zutreffend beschreiben. Sie lassen sich verstehen als Bezeugung einer der lutherischen Auffassung zumindest sehr nahekommenden Abendmahlstheologie. Die Aussage, daß zusammen mit Brot und Wein der Leib und das Blut Christi allen Mahlteilnehmern dargereicht werde, kommt dem lutherischen Bekenntnis noch näher als die Wittenberger Konkordie, so die Einschätzung Brunners im Jahr 1958.[180] Später erblickt er in den Arnoldshainer Thesen dieselbe melanchthonisch-bucerische Fassung der Abendmahlslehre wie in der Wittenberger Konkordie.[181] Wenn eine der beiden ein Stück weit voneinander ab-

---

[178] ELKZ 12, 301.
[179] A.a.O. 297.300.
[180] ELKZ 12, 300.
[181] BRUNNER (ZEvKR 18, 149): „So wird die lutherische Kirche Luthers Abendmahlsverständnis, wie es in seinem Katechismus und in den Schmalkaldischen Artikeln auch in die Bekenntnisschriften dieser Kirche eingegangen ist, der melanchthonisch-bucerischen Fassung, wie sie in der Wittenberger Konkordie, in

weichenden Einschätzungen richtig ist, dann stellen die Arnoldshainer Abendmahlsthesen eine deutliche Korrektur am reformierten Bekenntnis dar. Sie dürften nicht einfach als ein Kompromiß zwischen zwei legitimen Lehrtypen aufgefaßt werden, sondern wären als eine dogmatische Lehrentscheidung zu würdigen. Auffallenderweise hebt Brunner zumindest in seinem Kommentar von 1958 nicht auf diese dogmatische Bedeutung des erarbeiteten Lehrdokumentes ab. Diese Bedeutung ist deshalb umstritten, weil die Arnoldshainer Abendmahlsthesen auch im Sinne der reformierten Abendmahlslehre interpretiert worden sind. Offenbar mangelt es ihren Bestimmungen an einer Eindeutigkeit, die den lutherisch-reformierten Dissens in der Abendmahlslehre wirklich überwinden könnte.[182]

Ein solches Ergebnis wie das von Arnoldshain wirft zwei schwierige Grundsatzfragen auf, die Brunner beide zu beantworten versucht hat. Erstens: Hat sich der Lebensvollzug der heutigen Kirche möglicherweise schon so weit von ihrem Bekenntnis gelöst, daß ein theologisches Lehrgespräch über den Bekenntnisstand nicht mehr sinnvoll ist? Zweitens: Wie kommt es zur tatsächlichen Anerkennung eines im Lehrgespräch erreichten consensus de doctrina in den Kirchen?

Die mit diesen beiden Fragen angesprochene Problematik wird die Kirchen vermutlich zu jeder Zeit begleiten. Diese Problematik sollte die Kirchen aber nicht daran hindern, an der Übereinstimmung der Bekenntnisse zu arbeiten, meint Brunner. Die Begründung für diese Meinung liegt in der Erkenntnis, daß auch für eine heutige Kirche die „Struktur einer Bekenntniskirche" „unaufgebbar" ist.[183] Auch heute können und müssen die Glaubensinhalte festgestellt werden, die Christen in der kirchlichen Gemeinschaft verbinden. Deshalb können und müssen Gemeinden auch überprüfen, ob der erreichte Lehrkonsens für sie akzeptabel ist, so die Argumentation Brunners.[184] Diese Argumentation ist m.E. plausibel, auch wenn man realistischerweise stets mit einem Hiatus zwischen Bekenntnisstand und Lebenswirklichkeit der Kirche rechnen müssen wird. Solange aus diesem Hiatus nicht die tatsächliche Loslösung der Kirche von ihrem Bekenntnis abgeleitet wird, muß er weder die Kirchengemeinschaft behindern noch den Sinn des zwischenkirchlichen Lehrgesprächs in Frage stellen. Al-

---

den Arnoldshainer Abendmahlsthesen und in dem Leuenberger Text enthalten ist, vorziehen, während reformierte Kirchen umgekehrt entscheiden werden."
[182] Vgl. F. BEISSER (Annäherungen, 10): „Fragen kann man, ob diese Thesen wirklich eine gemeinsame Abendmahlslehre formulieren oder ob sie nur eine solche Aussage bieten, welche die Lutheraner lutherisch und die Reformierten reformiert deuten konnten. Dies ergab sich m.E. jedenfalls faktisch aus den anschließenden Kommentaren, die von P. Brunner einerseits und von H. Gollwitzer andererseits den Thesen nachgesandt wurden."
[183] BRUNNER, Grundlegung des Abendmahlsgesprächs, 22.
[184] Vgl. ZEvKR 18, 143: „Ob die (Landes-)Kirche als solche die Konkordie wird annehmen können, hängt davon ab, wie die Entscheidungen in den örtlichen Gemeinden fallen."

lerdings kann weder die Glaubensgemeinschaft innerhalb einer Kirche noch diejenige zwischen Kirchen auf die Dauer Bestand haben, wenn Amtsträger und Gemeindeglieder nicht für das Bekenntnis eintreten und auch daran arbeiten, daß ein neuer Lehrkonsens seinen Niederschlag findet im Glauben und Leben der Gemeinde. Das ist dort der Fall, wo beispielsweise die Abendmahlsagende eine angemessene Neugestaltung erfährt oder Mitglieder einer durch hinreichende Lehrübereinstimmung verbundenen Kirche zum Abendmahl zugelassen werden.

Eine solche hinreichende Lehrübereinstimmung ist in der Leuenberger Konkordie festgestellt worden. Nach der Auskunft Friedrich Beißers hat Brunner der Konkordie die Zustimmung nach eingehender Prüfung versagt, vermutlich deswegen, weil er die Verbindlichkeit des lutherischen Bekenntnisses gefährdet sah und die Beschreibung des Evangeliums als mangelhaft betrachtete.[185] Zu Brunners Interpretation der Konkordie sei folgendes angemerkt:

(1) Der Vergleich mit der Wittenberger Konkordie ist zweifellos ein instruktiver Vergleich. Er verdeutlicht, daß schon zur Reformationszeit eine Einigung zwischen lutherischer und eher zwinglianisch geprägter Theologie nur durch das Bekenntnis zur Realpräsenz des Leibes Christi im Abendmahl, auch für die „Unwürdigen", möglich wurde. Ob der Konkordientext von 1536 tatsächlich ein anderes Verständnis der Realpräsenz als das von Luther vertretene dokumentiert, wie Brunner meint, erscheint eher fraglich, weil Brot und Leib Christi in usu sacramenti essentiell gleichgesetzt werden.[186] Doch es läßt sich kaum bestreiten, daß jenes Wittenberger Dokument insofern einen Interpretationsspielraum gewährt, als es nicht von der Speisung der Ungläubigen, sondern von der Speisung der „Unwürdigen" (1.Kor

---

[185] F. BEISSER (Annäherungen, 10): „Die Leuenberger Konkordie hat Brunner nicht von vornherein abgelehnt. Er zögerte längere Zeit, er neigte zur Zustimmung und verweigerte sie endlich doch. Ein Hauptgrund dafür lag m.E. darin, daß er durch diese Konkordie die Verbindlichkeit des lutherischen Bekenntnisses gefährdet sah. Auch die Beschreibung von ‚Evangelium' schien ihm allzu dürftig geraten sein. Vielleicht hatte er aber auch andere Gründe."

[186] Die einschlägigen Passagen in der Wittenberger Konkordie lauten (BSLK 65,29–34): (I) „Itaque sentiunt et docent, cum pane et vino vere et substantialiter adesse, exhiberi et sumi corpus Christi et sanguinem." (II) „Et quanquam negant fieri transsubstantiationem, nec sentiunt fieri localem inclusionem in pane aut durabilem aliquam coniunctionem extra usum Sacramenti: tamen concedunt sacramentali unione panem esse (!) corpus Christi, hoc est, sentiunt, porrecto pane simul adesse et vere exhiberi corpus Christi." BRUNNER (ZEvKR 18,118 Anm. 16) meint, in dem Text der Wittenberger Konkordie sei die praedicatio identica Luthers nicht unterzubringen, weil sie durch den Zusatz „sacramentali unione" („durch sakramentliche Einigkeit") umgedeutet werde. Interpretiert man diesen Zusatz als Abgrenzung gegen die Vorstellung der Transsubstantiation oder der Konjunktion extra usum und betrachtet man die Aussagen I und II im Zusammenhang, so läßt sich schwerlich behaupten, in der Konkordie sei das pointierte „est" Luthers nicht unterzubringen.

12,27) spricht. Dieser biblische Begriff schließt Bucers Auffassung, derzufolge ein ungläubiger Heide den Leib des Herrn nicht zu empfangen vermag, nicht ausdrücklich aus.[187] Um so bedeutsamer ist die Tatsache, daß Luther, obwohl von der manducatio infidelium überzeugt, die Konkordie nicht nur unterschreibt, sondern sie als eine wahrhaftige Einigung mit Bucer und den Oberdeutschen verteidigt.[188]

Daraus läßt sich mit Brunner folgern, daß sich eine im Sinne der Reformatoren tragfähige Konkordie auf den Konsens hinsichtlich der heilsnotwendigen Verkündigungsinhalte konzentrieren darf und nicht alle umstrittenen Detailfragen zu behandeln braucht. Damit ist keineswegs behauptet, daß es auf diese Fragen außerhalb der Übereinstimmung im Zentralen mehrere „gleich richtige" Antworten gebe und eine Klärung dieser Streitpunkte deshalb überflüssig sei. Doch an dem Vorgehen Luthers läßt sich in der Tat ablesen, daß es Lehrunterschiede gibt, welche die Einigkeit im Evangeliumsverständnis nicht wesentlich beeinträchtigen und deswegen der Kirchengemeinschaft nicht im Wege stehen. Das reformatorische Vorbild legitimiert die Unterscheidung der Leuenberger Konkordie zwischen dem einheitsstiftenden Konsens im Zentralen und dem verbleibenden Dissens im Nicht-Zentralen, der weiter zu bearbeiten ist.[189]

Dieser Grundgedanke von Brunners Interpretation ist nachvollziehbar. Freilich bringt dieses Verständnis einer reformatorisch legitimen Konkordie auch die Schwierigkeit mit sich, über die Grenze zwischen den für die Kircheneinheit relevanten und irrelevanten Inhalten des Bekenntnisses einmütig entscheiden zu müssen. Man wird auch beachten müssen, daß der verbleibende Dissens im Fall der Wittenberger Konkordie ein minimaler Dissens war, der wohl kaum dazu berechtigt, in einem Konkordienwerk schwerwiegendere Differenzen auszuklammern.

(2) Genau dort, wo die Wittenberger Konkordie den unterschiedlich interpretierbaren Begriff des „Unwürdigen" benutzt, geht die Leuenberger Konkordie einen Schritt weiter und spricht davon, daß Christus sich in Leib und Blut „vorbehaltlos allen" Mahlteilnehmern schen-

---

[187] M. BRECHT (Luther III, 59–61) meint zwar, die Wittenberger Konkordie gewähre keinen Interpretationsspielraum. Er beschreibt aber selbst, wie Bucer aufgrund des Begriffs „Unwürdige" zwischen unwürdigen Christen und gottlosen Heiden unterscheidet. LUTHER kennt diese Unterscheidung nicht.
[188] M. BRECHT (Luther III, 60.63) arbeitet heraus, daß Luther die Wittenberger Konkordie für eine tatsächliche Einigung mit Bucer und den Oberdeutschen gehalten hat.
[189] Der Satz 37 der Leuenberger Konkordie besagt, daß die Konkordie „eine im Zentralen gewonnene Übereinstimmung" zur Ermöglichung von Kirchengemeinschaft darstelle. Satz 39 spricht von bestehenden Lehrunterschieden, die keine kirchentrennende Bedeutung haben und zukünftig zu bearbeiten sind (LM 12, 274).

ke.[190] Damit berücksichtigt sie einen wesentlichen Aspekt des lutherischen Abendmahlsverständnisses.

Angesichts dieses Befundes wirkt es überraschend, wenn Brunner das Abendmahlsverständnis der Leuenberger Konkordie ebenso wie das der Wittenberger Konkordie und der Arnoldshainer Abendmahlsthesen eindeutig in die Linie der Auffassung Bucers und auch Melanchthons einordnet.[191] Diese Einordnung wird damit begründet, daß im Leuenberger Text die personale, innerliche Beziehung zu Christus stärker betont werde als die Leibhaftigkeit der Abendmahlsgabe.[192] Doch wenn man Satz 15 dahingehend versteht, daß die Konkordie an der Leibhaftigkeit und Objektivität der Abendmahlsgabe ebenso festhält wie an ihrer sündenvergebenden Wirkung, wird man sie wohl kaum scharf abgrenzen können von Luthers Abendmahlsverständnis.[193] So gesehen legt es sich nahe, die einschlägigen Aussagen der Konkordie nicht nur als Fortsetzung einer einzelnen Traditionslinie zu verstehen, sondern als Neufassung der Abendmahlslehre, die das zu verbinden sucht, was nach dem Neuen Testament und nach der Einsicht Luthers und Melanchthons zusammengehört, nämlich personale Christusbegegnung und leiblich vermittelter Anschluß an das Christusleben.[194]

---

[190] Nach LK 18 gibt sich Jesus Christus „vorbehaltlos allen, die Brot und Wein empfangen; der Glaube empfängt das Mahl zum Heil, der Unglaube zum Gericht" (LM 12, 173). BRUNNER kritisiert an dem letzten Teilsatz, daß er jene Deutung nicht eindeutig ausschließt, nach der der Unglaube Leib und Blut Christi nicht zu empfangen vermöge (Die Leuenberger Konkordie, 64–66). Doch liest man den Satz im Zusammenhang, so wird die Intention erkennbar, die Präsenz der Abendmahlsgabe gerade nicht abhängig zu machen von der Verfassung des Kommunikanten.
[191] ZEvKR 18, 149.
[192] A.a.O. 138–140.
[193] LK 15 (LM 12, 273): „Im Abendmahl schenkt sich der auferstandene Jesus Christus in seinem für alle dahingegebenen Leib und Blut durch sein verheißendes Wort mit Brot und Wein. Er gewährt uns dadurch Vergebung der Sünden und befreit uns zu einem Leben aus Glauben." – Wenn BRUNNER meint, die Konkordie bezeuge „die Gegenwärtigsetzung des Christusereignisses" (ZEvKR 18, 128), so ist dies m.E. als eine Überinterpretation des Textes zu betrachten, die sich aus Brunners repräsentationstheologischem Verständnis des Ereignisses der Heilsvermittlung leicht erklären läßt. LK 13 spricht nur davon, daß *Jesus Christus* in „Verkündigung, Taufe und Abendmahl" durch seinen Heiligen Geist *gegenwärtig* sei (LM 12, 272).
[194] Tatsächlich betont LUTHER in den Schmalkaldischen Artikeln und den Katechismen die Realpräsenz der Leiblichkeit Christi stärker als die Realpräsenz seiner Person, was aber wohl kaum gegeneinander ausgespielt werden darf, weil Leib und Blut Christi nur durch den in seinem Wort gegenwärtigen Christus ausgeteilt werden können (vgl. BSLK 709,23–26). Umgekehrt verbindet MELANCHTHON in Ap X den Aspekt der Personalität deutlich mit dem Aspekt der Leiblichkeit. Er zitiert CYRILL, welcher von der Vereinigung mit Christus zum einen durch Glaube und Liebe und zum anderen durch den Genuß des Fleisches Christi spricht (BSLK 248,510.22–25).

Die Einigung auf Lehrsätze, welche den wesentlichen Gehalt des Altarsakraments beschreiben, soll nach der Intention der Leuenberger Konkordie konfessionelle Akzentsetzungen keineswegs aufheben.[195] Doch es müßte wohl erwartet werden können, daß aufgrund der Einigung die Unterschiede in den Abendmahlsagenden so weit zurücktreten, daß es einem Liturgen der jeweils anderen Konfession möglich ist, die Mahlfeier zu leiten. Brunner lehnt die Interzelebration ab, weil er zwischen dem Abendmahlsverständnis der Konkordie und demjenigen Luthers einen so großen Unterschied sieht, daß Gewissenskonflikte beim Liturgen nicht auszuschließen sind. Beurteilt man diesen Unterschied als relativ geringfügig, so wird man gegen die Interzelebration nichts einzuwenden haben unter der Voraussetzung, daß die jeweils gültigen Agenden beachtet werden.

(3) Nicht nur die Frage nach der grundsätzlichen Möglichkeit einer Konkordie, sondern auch die Frage nach dem konkreten Umfang des notwendigen consensus de doctrina stellt Brunner an das Einigungswerk der Wittenberger Konkordie. Aus den Schlußbestimmungen jenes Dokuments von 1536 geht hervor, daß „die jetzt erreichte Übereinstimmung in einen weitergreifenden, umfassenden Konsensus hineingestellt" wird, nämlich in den durch die Confessio Augustana und ihre Apologie definierten Konsensus.[196] Die nicht-lutherischen Kirchen bestätigen sämtliche Aussagen dieser Bekenntnisschriften bis auf Artikel CA X, an dessen Stelle die Wittenberger Konkordie tritt. Brunner zieht daraus den Schluß, daß die Einigung in bisher kirchentrennenden Lehren stets eingebettet sein muß „in einen das Evangelium in seiner Ganzheit umfassenden Konsensus".[197]

Wenn dieser Grundsatz im Sinne einer korrekten Auslegung von CA VII anerkannt wird, so drängt sich die kritische Frage auf, ob die Leuenberger Konkordie ihm gerecht zu werden vermag. Man kann wohl sagen, daß die Konkordie von Leuenberg ihm gerecht zu werden versucht, indem sie nicht nur die von Verwerfungsurteilen betroffenen Aussagen durch neue Lehraussagen ersetzt, sondern auch an den Bekenntnisschriften als breite Entfaltung des Evangeliumsverständnisses festhält.[198] Doch erstens unterscheidet sich dieses Verfahren von demjenigen Luthers und Bucers dadurch, daß es nicht auf die einheitlichen Bekenntnisschriften einer Konfession verweist, sondern auf die differierenden Bekenntnisschriften verschiedener Konfessionen. Zweitens beinhaltet es insofern einen inneren Widerspruch, als daß es gleichzeitig die Gültigkeit der alten und der neuen Lehrform feststellt.[199] Drittens wirft es die Frage auf, ob durch den Konsens hin-

---

[195] LK 29 (LM 12, 273).
[196] ZEvKR 18, 120.
[197] A.a.O. 121.
[198] LK 37 und LK 17–27 (LM 12, 273f).
[199] LK 17 (LM 12, 273): „Wir nehmen die Entscheidungen der Väter ernst, können aber heute folgendes gemeinsam sagen ..." Vgl. LK 37 (LM 12, 274): „Die

Diskussion

sichtlich der mit Verwerfungsurteilen belegten Lehren tatsächlich alle Lehrunterschiede von kirchentrennender Bedeutung überwunden sind. Die Lutheraner hatten in den Leuenberger Gesprächen beispielsweise auf den Gegensatz zwischen der Zwei-Reiche-Lehre und der Lehre von der Königsherrschaft Christi hingewiesen.[200] Die genannten Einwände sind schon während der Rezeptionsphase der Leuenberger Konkordie in die Diskussion eingebracht worden. Sie haben bei Kritikern zu dem Urteil geführt, daß dieses Dokument einen von Unklarheiten belasteten Minimalkonsens beinhalte und deshalb aus der Sicht einer der reformatorischen Theologie verpflichteten Position nicht befürwortet werden könne.[201]

Brunner kommt zwar letzten Endes zu demselben Schluß, aber er stellt in seinen veröffentlichten Stellungnahmen Überlegungen an, die grundsätzlich für Vereinbarungen von der Art der Leuenberger Konkordie sprechen. In diesen Überlegungen erscheint die fortbestehende Gültigkeit von verschiedenen Bekenntnisschriften nicht als unüberwindliches Problem, weil die Bekenntnisaussagen als Ausdruck einer legitimen Mannigfaltigkeit der Glaubenserkenntnis stehen bleiben können, sofern sie dem Evangeliumsverständnis der Konkordie nicht widersprechen.[202] Wo letzteres der Fall ist, werden sie durch die Konkordie faktisch korrigiert, und zwar insbesondere auf reformierter Seite.[203] Ein solche Interpretation setzt voraus, daß die Konkordie selbst als neues Bekenntnis verstanden wird, das aus der bisherigen Bekenntnistradition unhaltbare Aussagen ausscheidet.[204] Gleichzeitig beschreibt es den „zentrale(n) soteriologische(n) Gehalt"[205] der reformatorischen Bekenntnistraditionen, der trotz bleibender Unterschiede Kirchengemeinschaft als Gottesdienstgemeinschaft ermöglicht.

Wenn diese Deutung zutrifft und die Leuenberger Konkordie nicht anders als eine gewichtende Zusammenfassung und eine kritische Norm der bisherigen evangelischen Bekenntnisse zu verstehen ist, so fragt sich, warum der Konkordientext dieses nicht deutlicher ausspricht und sogar bestreitet, ein Lehrtext von Bekenntnisrang zu

---

Konkordie läßt die verpflichtende Geltung der Bekenntnisse in den beteiligten Kirchen bestehen." Auf diesen Widerspruch hat beispielsweise P. NØRGAARD-HØJEN hingewiesen (Bekenntnis, Einheitskonzept und Lehrverurteilung, 85): „Solange die versöhnte Verschiedenheit die ungebrochene Aufrechterhaltung überkommener, in bekenntnishaften Affirmationen und diesen Positionen entsprechenden Damnationen zum Ausdruck kommender Konfessionalität impliziert, sind die Lehrverwerfungen grundsätzlich nicht gegenstandslos geworden und können deswegen nicht aufgehoben werden."
[200] W. SAFT, Leuenberger Gespräche, 146.
[201] So U. ASENDORF, Konsequenzen, 351f.
[202] ZEvKR 18, 148. Nach BRUNNERs Auffassung muß zugegeben werden, daß es „eine begrenzte Mannigfaltigkeit unterschiedlicher kirchlicher Lehren" geben kann (Die Leuenberger Konkordie, 69).
[203] ZEvKR 18, 151–153.
[204] A.a.O. 155f.
[205] A.a.O. 148.

sein.²⁰⁶ Von einer Konkordie, die ein zutreffendes Verständnis des Abendmahls, der Christologie und der Prädestination beschreibt, wäre auch zu erwarten, daß sie das falsche Verständnis verwirft und exemplarisch unhaltbare Aussagen der alten Bekenntnistexte anführt. Ferner erscheint es fraglich, ob ein einheitsstiftendes Verständnis des Evangeliums dort schon erreicht ist, wo im Blick auf das Verständnis der Schrift, des Bekenntnisses, des Verhältnisses von Gesetz und Evangelium, der Taufe, des Amtes, der Zwei-Reiche-Lehre oder der Kirche offenbar noch manche Differenzen bestehen, wie Satz 39 der Konkordie zu verstehen gibt.²⁰⁷ Diese Schwierigkeiten sind von Brunner nicht übersehen worden. Sie sind von ihm aber zumindest in seinen Veröffentlichungen nicht als derart gravierend bezeichnet werden, daß sie die Tauglichkeit der Konkordie ganz in Frage stellen.

(4) Brunners Ansicht, daß die Leuenberger Konkordie möglicherweise als Basis einer evangelischen Kirchengemeinschaft in Frage kommt, ist in Verbindung zu sehen mit den Bedingungen, die nach seiner Meinung im Fall einer Zustimmung erfüllt sein müssen: Die Diskussion über den Wortlaut der Konkordie darf nicht als abgeschlossen gelten.²⁰⁸ Insbesondere der enge Zusammenhang zwischen der Beschreibung des gemeinsamen Evangeliumsverständnisses in Teil II und der Klärung von Lehrdifferenzen in Teil III ist deutlicher als bisher zum Ausdruck zu bringen.²⁰⁹ Vor allem muß gewährleistet sein, daß die Lehre der Konkordie in den Kirchen tatsächlich zur Geltung kommt.²¹⁰ Sollte insbesondere die letztgenannte Bedingung nicht erfüllt sein, „dann wäre das ganze Konkordienunternehmen sinnlos, eitel, nichtig, um nicht zu sagen: Lüge", meint Brunner.²¹¹ An dieser Stelle wird deutlich, daß nach Brunner das Einigungswerk von Leuenberg nur als ein die Kirche tatsächlich prägender Lehrkonsens im Sinne eines Bekenntnisses Anerkennung verdient. Dieses Verständnis der Konkordie dürfte der Intention ihrer Autoren und dem Ökumeneverständnis der Reformatoren ungleich näher kommen als etwa jene Interpretation, die Eilert Herms in seiner Mainzer Antrittsvorlesung 1987 vorgetragen hat. Herms meint, daß mit dem Leuenberger Dokument die Kirchengemeinschaft ausgesprochen wird „durch die lehrmäßige Anerkennung der lehrmäßigen Feststellung, daß der Gegenstand aller kirchlichen Lehre von dieser unterschieden ist und daß seine Einheit durch bestimmte Differenzen seiner lehrmä-

---

[206] Die Konkordie „versteht sich nicht als ein neues Bekenntnis" (LK 37; LM 12, 274).
[207] LM 12, 274.
[208] Die Leuenberger Konkordie, 68.
[209] A.a.O. 66–68.
[210] A.a.O. 70.
[211] A.a.O.

ßigen Beschreibung nicht aufgehoben wird".²¹² In Leuenberg seien nicht etwa unterschiedliche kirchliche Lehren durch einen Konsens im Fundamentalen in Verbindung gebracht worden, zumal die sachliche Einheitlichkeit jeder kirchlichen Lehre dieses Vorhaben unmöglich mache. Vielmehr sei erklärt worden, daß die Verbundenheit der Kirchen auf jenem Glaubensgrund beruhe, der grundsätzlich in keine Gestalt der menschlichen Kirchenlehre eingehe.²¹³

Es liegt auf der Hand, daß diese Auffassung mit der Auffassung Brunners nicht zu vereinbaren ist. Denn Brunner würdigt an der Leuenberger Konkordie gerade die Erkenntnis, „daß im Hinblick auf die Erklärung von Kirchengemeinschaft die in Sätzen ausgesagte Übereinstimmung in dem, was als Inhalt des Evangeliums zu verkündigen ist, von entscheidender Bedeutung ist".²¹⁴ Diese Erkenntnis entspricht dem siebten Artikel der Confessio Augustana. Ohne ein in Worten ausgesprochenes gemeinsames Verständnis der doctrina evangelii wäre die einigende Wahrheit nicht erkennbar. Sie wäre formlos und könnte Glauben und Leben der Kirche deshalb auch nicht in der Weise formen, daß sie die Gemeinschaft mit anderen Kirchen ermöglicht. An die Stelle der Einigkeit in der Wahrheit würde eine Einigkeit in der Unbestimmtheit treten.

(5) Eben aus der Erkenntnis, daß nur die gemeinsame, genaue Bezeugung des Evangeliums die Verwirklichung der Kirchengemeinschaft ermöglicht, dürfte Brunners Ablehnung der Konkordie resultieren. Seine Kritik an der Beschreibung des Evangeliums im Konkordientext zeigt, daß das Evangelium seiner Meinung nach nicht angemessen erfaßt und bezeugt wird, wenn es nicht ausdrücklich in Verbindung gebracht wird mit dem dreieinigen Gott, der den unter seinem Gesetz und seinem Zorn verlorenen Menschen aufgrund der Opfertat seines menschgewordenen Sohnes durch die Heilszueignung in Wort und Sakrament vor der Verurteilung im eschatologischen Gericht rettet. Die dementsprechenden kritischen Anfragen an die Konkordie lassen einmal mehr erkennbar werden, daß es Brunner in erster Linie darum geht, jeglicher Verkürzung des apostolischen Evangeliums und jeglicher Verkennung der stiftungsgemäßen Weisen seiner Vermittlung in der Kirche der Gegenwart zu wehren. Weil alle christlichen Kirchen von dem konkret zugesprochenen und leiblich dargereichten Evangelium leben, kann der Fortschritt der ökumenischen Annäherung nur in dem Schritt der gemeinsamen Annäherung an das apostolische Evangelium bestehen. Nicht der Konsens, der sich aus der Konvergenz auf der Grundlage neuerer theologischer Denkschemata ergibt, bildet in der Sicht Brunners eine tragfähige Basis der Kirchen-

---

²¹² E. HERMS, Einigkeit im Fundamentalen. Probleme einer ökumenischen Programmformel, 124.
²¹³ A.a.O. 123.
²¹⁴ ZEvKR 18, 122.

gemeinschaft, sondern nur jener Konsens, der der Verkündigung und Stiftung Jesu Christi, wie von den Aposteln bezeugt, gerecht wird.

12.7 Zur Frage der evangelisch-katholischen Kirchengemeinschaft

Im Dialog mit der römisch-katholischen Kirche zeigt sich der Lutheraner Brunner einerseits sehr entgegenkommend, wohlwollend und aufrichtig bemüht um eine mögliche Einigung. Andererseits scheut er sich nicht, kirchentrennende Differenzen klar anzusprechen und nüchtern festzustellen, daß die Kirchengemeinschaft unter den gegenwärtigen Voraussetzungen nicht verwirklicht werden kann.

Charakteristisch für Brunners Beurteilung der römisch-katholischen Kirche ist seine Meinung, der mit ihr entstandene Problemfall käme im Neuen Testament in dieser Form nicht vor.[215] Denn der Katholizismus unterscheide sich von dem im Galaterbrief verurteilten Legalismus oder dem im 1. Johannesbrief bekämpften Doketismus insofern, als daß durch seine Häresien nicht „das Ganze des Christusheiles" umgestoßen werde. Dies hätten schon die Reformatoren erkannt und deshalb nicht jenes „Anathema" über der Papstkirche ausgesprochen, das Rom über die reformatorischen Kirche verhängte.[216] Zu dieser Argumentation ist folgendes zu sagen.

Selbstverständlich ist nicht zu erwarten, daß sich schon im Neuen Testament alle ekklesiologischen Konstellationen der Kirchengeschichte detailliert abzeichnen. Doch es darf erwartet werden, daß das Neue Testament als das Orientierungsbuch der Kirche von göttlicher Autorität die theologischen Maßstäbe zur Beurteilung konkreter Kirchengebilde an die Hand gibt. In dieser Erwartung sahen sich gerade die Reformatoren nicht getäuscht. Insbesondere am Römerbrief und am Galaterbrief konnten sie ablesen, daß dort, wo die Rechtfertigung aus dem Glauben durch die Rechtfertigung aus den Werken ersetzt wird, eine die Grundlage der christlichen Kirche zerstörende Irrlehre um sich greift. Genau dieser Fall war in der abendländischen Kirche eingetreten, sowohl im Bereich der kirchlichen Praxis als auch im Bereich der kirchlichen Lehre und Ordnungen. Daraus zogen die Reformatoren den Schluß, daß alle Amtsträger, die für das Evangelium der Werkgerechtigkeit eintreten, den Fluch von Gal 1,8f auf sich ziehen und daß ihre Kirche eigentlich gar keine Kirche ist.[217] Dieses Urteil

---

[215] PE II, 270.273.
[216] A.a.O.
[217] MELANCHTHON sagt (Tract 72; BSLK 493,4–8): „Denn so gebeut Paulus, daß alle Bischofe, so entweder selb unrecht lehren oder unrechte Lehr und falschen Gottesdienst verteidigen, fur verfluchte Leut sollen gehalten werden." LUTHER stellt fest (AS XII; BSLK 459,36): „Nequaquam largimur ipsis, quod sint ecclesia, quia revera non sunt ecclesia." Schon 1520 hat der Reformator (!) den Papst (!) und seine Anhänger förmlich exkommuniziert (B. LOHSE, Luther, 300). Vgl. R. SLENCZKA (Luther und die Katholizität der Kirche, 91): „Gewiss kann ein solcher

Diskussion 417

stand für Luther nicht im Widerspruch zu der Erkenntnis, daß in der Papstkirche aufgrund der Wirkung von Wort und Sakrament „rechte Christenheit" als Leib Christi lebt.[218] Die beiden Aspekte der reformatorischen Sichtweise widersprechen sich deshalb nicht, weil sich die Verwerfung auf die sichtbare, konkrete Kirche bezieht, welche das Merkmal des Apostolischen nicht mehr für sich beanspruchen kann, die Anerkennung aber auf jene unsichtbare, katholische Kirche, welche bruchstückhaft auch dort noch existiert, wo Wort und Sakrament falsch verstanden und dargeboten werden.

Trifft es zu, daß die Reformatoren auf diese Weise zwischen wahrer und falscher Kirche unterschieden haben, dann ist Brunners Perspektive in doppelter Hinsicht zu korrigieren. Erstens besteht von der reformatorischen Theologie her gesehen zwischen dem römischen Katholizismus spätmittelalterlicher Prägung und der im Galaterbrief angesprochenen Gesetzesfrömmigkeit insofern kein wesentlicher Unterschied, als in beiden Fällen das Evangelium der Freiheit vom Gesetz ergänzt wird durch eine gesetzliche Verpflichtung, die das ganze Evangelium verdirbt. Zweitens ist das Ringen der Evangelischen um die Kirche von der Erkenntnis geprägt, daß der beschriebene Tatbestand unvermeidlich das „Anathema" von Gal 1,8f nach sich zieht und das Kirche-Sein der Kirche beendet. Das theologische Urteil der Protestanten über die römisch-katholische Kirche und ihre Dogmen kann also im Prinzip nicht weniger ablehnend ausfallen als das theologische Urteil der Katholiken über die protestantische Kirche und ihre Bekenntnisse.

Allerdings hat die katholische Kirche aus diesem Urteil andere Konsequenzen gezogen als die evangelische Kirche. Darauf weist Brunner zurecht hin. Während die Katholiken im Blick auf die andere Konfession das Wort „Kirche" vermeiden und auch die Eucharistiezulassung versagen, sprechen die Evangelischen im Blick auf die andere Konfession um ihrer schriftgemäßen Elemente willen von „Kirche" und laden zum Abendmahl ein. Die katholischen Äußerungen und Maßnahmen provozieren in der Tat jene von Brunner gestellte Frage, ob die Evangelischen überhaupt als Getaufte betrachtet und in ihrer Gemeinschaft Spuren von Kirche wahrgenommen werden. Diese Frage ist bei einer Diskussion im Jahr 1961 positiv beantwortet wor-

---

Ausschliesslichkeitsanspruch aus böswilliger Polemik erwachsen. Es gibt aber auch einen berechtigten Grund für solche Ausschliesslichkeit, und der liegt in der Heilsgewissheit, die notwendig mit der Zugehörigkeit zur ‚ecclesia catholica' zusammenhängt. Denn bei der Heilsgewissheit kommt alles darauf an, dass ich gewiss sein darf, in meiner Kirche an der Fülle der Gnade teilzuhaben."
[218] B. LOHSE, Luther, 303. J. EBER (Schlink, 246f) zeigt, daß auch für Calvin die wahre Kirche an der Reinheit der Gnadenmittel erkennbar ist, die falsche an der Verdorbenheit der Gnadenmittel. In der katholischen Kirche sind Spuren wahrer Kirche erkennbar. Der Titel „Kirche" sollte ihr nach Calvins Meinung aber nicht ohne weiteres zugestanden werden.

den. Der katholische Professor Heinrich Fries sagte, er halte es für gut katholische Lehre, den Evangelischen aufgrund von Taufe und Glaube die wirkliche Zugehörigkeit zur Kirche Christi und die Anteilhabe am Leben Gottes zuzugestehen.[219] Ferner seien in den evangelischen Kirchengemeinschaften „vestigia ecclesiae" zu erkennen.[220] Daß Brunner trotz dieser Antwort skeptisch blieb, dürfte zum einen damit zusammenhängen, daß die Auffassung von Fries katholischerseits umstritten blieb[221], und zum anderen mit Brunners genauer Kenntnis der doch sehr zurückhaltenden offiziellen lehramtlichen Aussagen[222].

Einerseits versucht Bunner, die Theologie der katholischen Kirche ernst zu nehmen, andererseits, die Theologie des Neuen Testaments zum Maßstab der ökumenischen Arbeit zu machen. Deshalb verweist er auch im evangelisch-katholischen Gespräch auf die eindrückliche Bemühung um Einheit trotz Glaubensverschiedenheit in Rö 14,1–15,13. Dieses apostolische Wort verpflichtet zur genauen Prüfung, ob die unterschiedlichen Meinungen der Christen tatsächlich die gemeinsame Basis der Kirchengemeinschaft zerstören. Wenn es stimmt, daß der Katholizismus echte Häresien enthält, die entsprechend der galatischen Irrlehre zu einer Entstellung des Evangeliums geführt haben, läßt sich dieser Problemfall allerdings nicht durch eine innerkirchliche Toleranz und gegenseitige Rücksichtnahme im Sinne von Rö 14 lösen. Denn dann entspricht er nicht der römischen Situation, wo die evangelische Freiheit vom Gesetz einer partiellen, freiwilligen Einschränkung um der schwachen Brüder willen unterworfen wird, sondern der galatischen Situation, wo die evangelische Freiheit vom Gesetz durch heilsnotwendige, überflüssige Verpflichtungen entzogen und damit die Basis der Kirchengemeinschaft aufgelöst wird.

Eine ökumenische Theologie, die sich am Neuen Testament zu orientieren versucht, wird auch an Joh 17,20–23 nicht vorbeigehen können. Offenbar interpretiert Brunner das Bittgebet Jesu als Verheißung einer sichtbaren, gottesdienstlichen Kirchengemeinschaft.[223] Diese gängige Interpretation legt sich deshalb nahe, weil Jesus nach dem Zeugnis des Johannes von einer Einheit aller Jünger spricht, die für die Welt so deutlich erkennbar ist, daß sie zum Glauben an den gott-

---

[219] K. FORSTER, Erwägungen zum kommenden Konzil, 55.58.
[220] A.a.O. 55.
[221] B. SCHWAHN (ÖAK, 286.288) schildert eine Tagung des ÖAK 1962 in Bossey, bei der die Auffassung von H. Fries, den evangelischen Kirchen könne ein ekklesiologischer Status der Teilhabe zugebilligt werden, von Katholiken als nicht repräsentativ und zu weitgehend abgelehnt wurde.
[222] Ein Beispiel für den Sprachgebrauch der römisch-katholischen Kirche, der die Nichtanerkennung der reformatorischen Gemeinschaften als „Kirchen" deutlich zum Ausdruck bringt, ist etwa die Antwort auf die GE vom 30.6.1998 (MD 49, 78f). Einerseits ist von der katholischen Kirche die Rede, andererseits vom „Dialogpartner", von „Lutheranern", vom „Lutherischen Weltbund", von der „lutherischen Gemeinschaft" und nicht etwa von „lutherischer Kirche".
[223] PE II, 282.

gesandten Christus kommt. Doch bedenkt man, daß jenes in der Fürbitte Jesu angeblich implizierte Ziel der Kirchengemeinschaft aller Christen nach zweitausend Jahren Kirchengeschichte vielleicht ferner liegt denn je und daß trotzdem ständig Menschen in aller Welt zum Glauben kommen, so wird man zu der Frage geführt, ob die beschriebene Interpretation tatsächlich die Intention von Joh 17,20–23 trifft. Da Jesus um eine Einheit bittet, die seinem eigenen Einssein mit dem Vater entspricht, dürfte diese Einheit vor allem als eine unsichtbare, geistliche Verbundenheit zu verstehen sein, die nicht unbedingt mit einer weltweiten Kirchengemeinschaft gleichzusetzen ist. Der Glaube der Welt kann auch aufgrund des gemeinsamen Christuszeugnisses getrennter Kirchen zustandekommen. Es wäre zu erwägen, ob sich diese vielfache Zertrennung nicht in der Zerstreuung der Jünger nach Joh 16,32 andeutet. Mit dieser Überlegung zu Joh 17 wird nicht in Frage gestellt, daß nach dem Willen Jesu geistliche Gemeinschaft ihren Ausdruck finden soll in konkreter Kirchengemeinschaft. Doch dieses sei zu Bedenken gegeben, ob die Perspektive Jesu für die Kirchengeschichte nicht von demselben nüchternen Realismus gekennzeichnet ist, der auch bei Paulus zum Ausdruck kommt, wenn er von den leider unvermeidbaren Spaltungen in der Kirche spricht (1.Kor 11,19).

Weil die Spaltung zwischen Papstkirche und Reformationskirche an der Frage nach der Rettung des Menschen aus Gottes Gericht aufbrach, ist es in der Tat unumgänglich, erneut zu versuchen, auf diese Frage eine gemeinsame Antwort zu finden. Eben dazu will Brunners Untersuchung des Tridentinums beitragen, die das Schriftgemäße dieser dogmatischen Bestimmungen hervorhebt und das Schriftwidrige korrigiert.

Ein Beispiel für die Kritik an dieser Untersuchung stellt Jörg Baurs Einlassung im Rahmen seiner Stellungnahme zur Studie „Lehrverurteilungen – kirchentrennend?" des ÖAK dar.[224] Baur rückt Brunners Arbeit in die Nähe eines inakzeptablen Unternehmens, „das die Texte umdeutet und die Gewissen irreleitet".[225] Der Stein des Anstoßes ist für Baur „die undeutliche Metapher" vom Gefängnis der Sünde, in welches der gefallene Mensch mitsamt seinem freien Willen hineingeraten ist.[226] Brunner benutzt diese Metapher, um einerseits festzuhalten, daß der Mensch trotz des Sündenfalls eine verantwortliche Person mit der Möglichkeit zu unterschiedlichen Entscheidungen bleibt, und um andererseits zu verdeutlichen, daß sich der Mensch nicht per Willensentschluß aus seiner radikalen Verlorenheit befreien kann. Deshalb sollte auch besser vom servum als vom liberum arbitrium die Re-

---
[224] J. BAUR, Einig in Sachen Rechtfertigung?, Tübingen 1989.
[225] A.a.O. 42.
[226] PE II, 143.

de sein.²²⁷ Allerdings wird dieser gebundene Wille durch Gottes Gnade ergriffen, befreit und umfaßt in einer zwangfreien Weise, die eine echte, persönlich verantwortete Entscheidung für oder gegen Gott ermöglicht.²²⁸ Auf dieses Verständnis des Willensproblems, das aus den Texten des Tridentinums in dieser Form nicht deutlich hervorgeht, will sich der Lutheraner Brunner mit den Katholiken einigen. Es ist charakteristisch für seine Theologie. In dem Aufsatz „Die Freiheit des Menschen in Gottes Heilsgeschichte" findet es sich am ausführlichsten entfaltet.²²⁹

Baur weist jegliche Tendenz in diese Richtung als Synergismus oder Pelagianismus zurück unter Verweis auf die entsprechenden Verwerfungen der Konkordienformel.²³⁰ Es will aber beachtet sein, daß sich die Konkordienformel nicht nur gegen das synergistische Mißverständnis des Heilsempfangs verwahrt, sondern auch gegen das manichäisch-deterministische Mißverständnis, welches die willentliche Zustimmung des Menschen zu Gottes Ruf kraft des Heiligen Geistes als Akt personaler Verantwortlichkeit nicht angemessen berück-

---

²²⁷ PE II, 144.
²²⁸ PE II, 160–162. BRUNNER (Ethik I, 20f) lehnt die Lehre von der Entscheidungsfreiheit des Menschen im Blick auf die Heilsfrage ab, vertritt aber eine „Lehre von der Kondeszendenz des Geistes", welcher so „niedrig und gering" zum Menschen kommt, daß sein Werk vom Menschen auch abgewiesen werden kann. Vgl. A.KLASSEN (Heilsgeschichte, 203): „Gott rettet den Menschen nicht mit zwingender Allmacht, weil seine Gnade aus der Freiheit seines Willens kommt." Vgl. K. FISCHER (Prota, 116): „Das Pneumawort wirkt Freiheit. Es konstituiert den von ihm Ergriffenen zu wirklicher Individualität, Subjektivität und personal antwortender, also verantworteter Existenz." FISCHER (Prota, 124) sagt über Brunner, der den Prädestinationsgedanken zumindest zurückstellt, den Gedanken der personalen Verantwortung jedoch hervorhebt, mit gewissem Recht: „Freiheit ist sein Pathos."
²²⁹ PE I, 108–125. BRUNNER hält dort einerseits fest, daß der in gewisser Hinsicht freie Wille des Sünders „das Gefängnis der Sünde" weder „aufsprengen" noch sich „in diesem Gefängnis auf die Erlösung hinbewegen" kann (118), und daß andererseits Gott „auch im Sünder noch die zur Freiheit der Liebe bestimmte Person respektiert" (119) und ihm deshalb auch „die furchtbare Möglichkeit des tödlichen Widerspruchs" einräumt (122). In seiner Habilitationsschrift weist BRUNNER in kritischer Auseinandersetzung mit Maimonides, Thomas von Aquin und Spinoza nach, daß Gott nicht als determiniertes und determinierendes Weltprinzip zu denken ist, sondern als Person, die zukünftige Ziele verfolgt, die frei entscheidet und neuschöpfend handelt (Probleme der Teleologie, 27f.47.131f.134). Das Personsein Gottes spiegelt sich in gewissem Sinne im Personsein des Menschen wieder, der eben nicht einfach triebhaft handelt, sondern absichtsvoll, nicht determiniert, sondern von seinen Entscheidungen geleitet, nicht programmiert, sondern reflektiert (a.a.O. 79.96.100).
²³⁰ J. BAUR, Einig in Sachen Rechtfertigung?, 46; vgl. 57f. Vgl. SD I, 7.Verwerfung (BSLK 851,20–38): gegen die Lehre vom nur geschwächten Willen, gegen die Lehre von der Mitwirkung des Menschen in geistlichen Sachen. SD II, 4.Verwerfung (BSLK 903,24–904,18): gegen den Synergismus, der ein Zusammenwirken des Heiligen Geistes und des freien Willens aus seinen natürlichen Kräften behauptet.

sichtig.[231] Es spricht einiges dafür, daß Brunners Denkmodell auf der Linie der Konkordienformel liegt.[232] Auch die anderen Aspekte des Rechtfertigungsgeschehens versucht Brunner erkennbar im Sinne des lutherischen Bekenntnisses zu beschreiben. So gesehen ist die Untersuchung zum Tridentinum zumindest als ein notwendiger und hilfreicher Versuch zu würdigen, der aufzeigen will, inwiefern katholische Lehräußerungen mit dem lutherischen Verständnis des Evangeliums übereinstimmen und inwiefern sie korrekturbedürftig sind.

Die Einigung auf ein schriftgemäßes Rechtfertigungsverständnis könnte allerdings nur dann zur Überwindung der Kirchentrennung beitragen, wenn aus ihm die logischen Folgerungen gezogen werden, daß die Messe kein Opfer ist, die Sukzession nicht heilsnotwendig, der Papst nicht unfehlbar und Maria nicht anbetungswürdig. Brunners Hinweis auf den Zusammenhang zwischen Rechtfertigungstheologie und Gottesdiensttheologie oder Amtstheologie ist in seiner Bedeutung kaum zu überschätzen. Es war dieser Zusammenhang, der zum Konflikt der Reformatoren mit ihrer Kirche führte. Nach reformatorischem Verständnis stellt die Erkenntnis der Rechtfertigung allein durch den Glauben an Christi Werk den Kern des Evangeliums dar, der durch keinen kirchlichen Lebensvollzug und durch kein kirchliches Amt in Frage gestellt werden darf. Dies kommt in den Schmalkaldischen Artikeln deutlich zum Ausdruck, wo Luther den „*Häuptartikel*"[233] mithilfe weniger Bibelverse darlegt, um ihn dann kritisch anzuwenden auf Messe, Ablaß, Heiligenanrufung, Ordenswesen und Papstum. Der aufgrund des Wortes Gottes erkannte „Häuptartikel" erfüllt die Funktion eines Kriteriums für Kerygma und Dogma. Daß die katholische Kirche mit dieser kriteriologischen Funktion des Rechtfertigungsglaubens mehr Schwierigkeiten hat als mit der Einigung auf eine gemeinsame Beschreibung seines Inhalts, hat sich unlängst in ihrer Stellungnahme zur „Gemeinsamen Erklärung zur Rechtfertigungslehre" ge-

---

[231] In SD II (BSLK 893,10–19) heißt es: „Wiewohl nun beide, des Predigers Pflanzen und Begießen und des Zuhörers Laufen und Wollen, umbsonst wäre, und keine Bekehrung darauf folgen würde, wo nicht des Heiligen Geists Kraft und Wirkung darzukäme, welcher durch das gepredigte gehörte Wort die Herzen erleuchtet und bekehret, daß die Menschen solchem Wort *gläuben und das Jawort darzu geben*." Vgl. BSLK 897,37–43: „Daraus dann folget, alsbald der Heilige Geist, wie gesagt, durchs Wort und heilige Sakrament solch Werk der Wiedergeburt und Erneuerung in uns angefangen hat, so ist es gewiß, daß wir durch die Kraft des Heiligen Geists *mitwirken können und sollen*, wiewohl noch in großer Schwachheit." Vgl. BSLK 901,1–4: „Denn das ist einmal wahr, daß in wahrhaftiger Bekehrung müsse ‚ein' Änderung, neue Regung und Bewegung *im* Verstand, *Willen* und Herzen geschehen." Nicht akzeptabel ist die Rede, „daß des Menschen Wille vor, in und nach der Bekehrung dem heiligen Geist widerstrebe" (BSLK 905,41 – 906,1). (Hervorhebungen T.E.)
[232] Übrigens spricht auch die Konkordienformel in SD II vom „Gefängnus der Sünden" (BSLK 877,26).
[233] BSLK 415,6.

zeigt.²³⁴ Nicht umsonst weist das Votum der Hochschullehrer vom Januar 1998 darauf hin, daß sich die einzigartige Bedeutung des Kriteriums „Rechtfertigung allein aus Glauben" mit dem Festhalten an mehreren Kriterien auf katholischer Seite nicht vereinbaren läßt.²³⁵ Es muß befürchtet werden, daß unter der Berufung auf andere Kriterien weiterhin an der Heilsnotwendigkeit von Meßopfer, Amtssukzession und Papstamt festgehalten wird. Dies aber widerspricht der evangelischen Auffassung, daß der Mensch durch nichts anderes aus Gottes Gericht gerettet wird als durch den lebendigen Glauben an Jesu Opfertat und Verheißung, wie sie im apostolischen Wort zugesprochen wird.

Daß Brunner tatsächlich die gravierendsten Differenzpunkte ins Auge gefaßt hat, an denen die Verständigung in der Frage der Rechtfertigung zu durchgreifenden Änderungen führen müßte, bestätigt auf ihre Weise die 1995 promulgierte päpstliche Enzyklika „Ut unum sint". Im dritten Teil führt sie als ungeklärte Themen auf: „1. die Beziehung zwischen Heiliger Schrift und Tradition, 2. die Eucharistie und die Realpräsenz Christi im Abendmahl, 3. das Amtsverständnis in seiner Gliederung und als Sakrament, 4. das Lehramt der Kirche und der Primat des Bischofs von Rom, und 5. die Mariologie."²³⁶

Sinnvollerweise wird in dieser Aufzählung an erster Stelle die Schriftfrage genannt. Denn von der Schriftfrage hängen alle anderen Fragen ab. Dies wurde schon bei der Diskussion zwischen Cajetan und Luther in Augsburg im Oktober 1518 deutlich, auf die Brunner ausdrücklich hinweist.²³⁷ Während der päpstliche Legat auf die Autorität des Papstes pochte, berief sich der Augustinermönch auf die souveräne Autorität der Schrift.²³⁸ Der Autoritätenkonflikt zwischen Menschenwort und Gottes Wort forderte zur Entscheidung heraus. Luther beschreibt seine Entscheidung in dem Bericht „Acta Augustana" folgendermaßen: „prior est veritas scripturae, et post hoc, si hominis ver-

---

[234] In der Antwort der katholischen Kirche auf die GE vom 30.6.1998 heißt es (MD 49, 78): „Während für die Lutheraner diese Lehre eine ganz einzigartige Bedeutung erlangt hat, muß, was die katholische Kirche betrifft, gemäß der Schrift und seit den Zeiten der Väter die Botschaft von der Rechtfertigung organisch in das Grundkriterium der ‚regula fidei' einbezogen werden, nämlich das auf Christus als Mittelpunkt ausgerichtete und in der lebendigen Kirche und ihrem sakramentalen Leben verwurzelte Bekenntnis des dreieinigen Gottes."
[235] MD 49, 33: „Kein Konsens wurde erreicht über die Funktion der Rechtfertigungslehre als Kriterium für Leben und Lehre der Kirche. Die Feststellungen der GE, daß ‚Lutheraner die einzigartige Bedeutung dieses Kriteriums betonen' und daß ‚Katholiken sich von mehreren Kriterien in Pflicht genommen sehen', schließen einander aus."
[236] So formuliert R. HÜTTER, Ökumene und Einheit der Christen – abstrakte Wiedervereinigung oder gelebte Einmütigkeit? Ein lutherischer Zugang zu der römisch-katholischen Ökumene-Enzyklika *Ut Unum Sint – Daß sie eins seien*, KuD 44, 193–206, hier: 197, unter Bezug auf UUS Nr. 79, 54.
[237] BeW 32.
[238] Vgl. B. LOHSE, Luther, 128–131.

ba vera esse possunt, videndum."[239] In demselben Text kommt das Ringen um den konstitutiven Zusammenhang von Gottes Wort und wahrer Kirche zum Ausdruck, wenn es wenig später heißt: „Sunt quoque, qui Papam non posse errare et supra scripturam esse impudentissime iactitent. Quae monstra si admissa fuerint, scriptura periit, sequenter et Ecclesia, et nihil reliquum erit nisi verbum hominis in Ecclesia."[240] Für Luther ist allein durch die Schrift das jedermann zugängliche, verläßliche Wort Gottes offenbart, nicht durch die Aussagen von Tradition, Lehramt oder Konzil. In diesem Wort gründet die Gewißheit des Glaubens. In diesem Wort gründet die wahre Kirche.

Brunner beschreibt den entscheidenden Streitpunkt folgendermaßen: „Rechtfertigung und Glaube schließt unmittelbar ein solcher Verhältnis der Glaubenden zum Worte Gottes ein, daß sich keine Instanz, und sei es das Konzil aller Bischöfe mitsamt dem Bischof von Rom, zwischen den Glaubenden und dieses Wort Gottes schalten kann. In der Kirche Gottes ist gemäß der Stiftung Christi kein magisterium eingesetzt, das Vollmacht hätte, außer dem in der Heilszusage des Evangeliums Gesetzten etwas anderes, Zusätzliches als Inhalt des Heilsglaubens zu setzen, selbst wenn dieses magisterium von einem Engel oder einem papa angelicus ausgeübt würde."[241] Die römisch-protestantische Kontroverse bezieht sich also keineswegs nur auf das Verständnis der Rechtfertigung, sondern gleichzeitig auf die Unmittelbarkeit des Glaubenden zum Wort Gottes, welche durch das römisch-katholische Lehramt aufgehoben wird. Brunner erwägt nicht ohne Grund, ob sich die Verurteilung Luthers letzten Endes gar nicht auf den „materiale(n) Inhalt seiner Rechtfertigungslehre" bezog, sondern vielmehr auf „die in dieser Lehre mitgesetzte Beziehung zum Worte Gottes und die damit gezogene Grenze gegenüber der potestas magisterii des Papstes".[242] Weil sich die römisch-katholische Kirche über dieses Papstamt definiert, welches sich mit der Unmittelbarkeit des Glaubenden zum Verheißungswort Christi nicht vereinbaren läßt, könnte selbst eine Einigung im Glaubensartikel von der Rechtfertigung nicht zu einer Einigung mit den reformatorischen Kirchen führen.[243] Diese Erkenntnis spricht Brunner längst vor den offiziellen

---

[239] WA 2, 21,5f. Übersetzung W² XV, 622: „Die Wahrheit der Schrift geht mir vor, und hernach ist erst zuzusehen, ob die Worte eines Menschen wahr sein können."
[240] WA 2, 22,18–21. Übersetzung W² XV, 624: „Es gibt auch einige, die ganz unverschämt rühmen: der Pabst könne nicht irren und sei über der Schrift. Wenn man diese greulichen Lehren zuläßt, so ist die Schrift zu Grunde gerichtet und folglich auch die Kirche, und wird nichts übrigbleiben als eines Menschen Wort in der Kirche."
[241] BeW 31f.
[242] BeW 32.
[243] BeW 33: „Eine echte Integration der lutherischen Rechtfertigungslehre müßte doch wohl den ekklesiologischen Satz einschließen: Substantia ecclesiae est in verbo Dei. Hier wird die Grenze einer Integrationsmöglichkeit des Glaubensarti-

Bemühungen um eine gemeinsame Erklärung zur Rechtfertigungslehre aus.[244] Nach seiner Einschätzung gibt es keine Anzeichen dafür, daß die römisch-katholische Kirche zusammen mit dem, was die Formel „solus Christus" meint, auch die notwendigen ekklesiologischen Folgerungen daraus anerkennt, die sich mit den Formeln „sola scriptura", „solum ministerium verbi divini" und „sola fide" bezeichnen lassen.

Gerade Brunners Beurteilung des Verhältnisses zwischen dem Evangelium der Schrift und der Kirche läßt einmal mehr deutlich werden, wie eng sich seine Theologie an grundlegende Entscheidungen der Reformatoren anschließt. Gleichzeitig ist unverkennbar, daß seine Theologie von einer ökumenischen Offenheit und einem gewissen Verständnis für Wahrheitsmomente im katholischen Dogma gekennzeichnet ist. Das zeigt sich darin, daß Brunner der Kirche als Trägerin des lebendigen Wortes Gottes eine hohe Bedeutung zumißt. Das zeigt sich im Verständnis des Abendmahls als Vergegenwärtigung des Christusopfers und der Bereitschaft, Transsubstantiationslehre und Realpräsenzlehre auf den gemeinsamen Nenner „sakramentale Parusie" Christi zu bringen.[245] Das zeigt sich in der Überzeugung von der göttlichen Stiftung des apostolischen Amtes und der Verleihung eines Amtscharismas. Wo aber ausgelotet ist, was von Bekenntnis und Schrift her vertreten werden kann, zieht Brunner eine scharfe Grenze. Das Wort der Kirche, des Lehramts und der Tradition hat sich dem in der Schrift bezeugten apostolischen Wort als Gottes Wort unterzuordnen. Dem Christusopfer auf Golgatha ist kein Verdienst hinzuzufügen. Das Amt wird legitimiert durch den Sendungsauftrag Christi, nicht durch seine Verbindung zum historischen Episkopat.[246] Brunner kann auch davon sprechen, daß es unbegreiflich bleibt, wie es für heilsnotwendig erklärt werden konnte, an die leibliche Aufnahme der jung-

---

kels von der Rechtfertigung für den katholischen Dogmatiker sichtbar werden. Der erschütternde Tatbestand, der sich hier zeigt, liegt darin, daß diese Grenze gleichzeitig die Grenze ist, durch welche die Kirchen Augsburgischen Bekenntnisses von der römisch-katholischen Kirche abgetrennt sind.

[244] Vgl. F. BEISSER (Annäherungen, 11): „Wenn man bei den neueren Verhandlungen über die Rechtfertigung diesen prophetischen Aufsatz (= BRUNNER, Reform – Reformation, BeW 9–33; T.E.) beachtet hätte, hätte man sich einige Enttäuschungen ersparen können."

[245] BeW 159.

[246] Bischof W. KASPER stellte unlängst wieder fest (Das Zweite Vatikanum weiterdenken. Die apostolische Sukzession im Bischofsamt als ökumenisches Problem, KuD 44, 207–218, hier: 208): „Insgesamt erachtet die evangelische Seite die apostolische Sukzession im Bischofsamt ... allenfalls als ein wünschenswertes und empfehlenswertes Zeichen, aber keineswegs als theologisch konstitutives Element der Apostolizität. ... Die katholische Kirche dagegen sieht in der Amtssukzession einen wesentlichen Ausdruck und ein Werkzeug der apostolischen Tradition. Die Amtssukzession ist also das unverzichtbare Zeichen, an dem eine Tradition als apostolisch erkannt werden kann."

fräulichen Maria in den Himmel zu glauben.[247] Er ist offensichtlich überzeugt davon, daß es weder redlich noch hilfreich wäre, diese für eine evangelische Theologie unübersteigbare Grenze im ökumenischen Gespräch nicht klar zu benennen.

Daß die erwähnten Grenzziehungen notwendig sind, läßt sich von dem apostolischen Christusglauben her zeigen. Brunner demonstriert in seiner Untersuchung zur Confessio Augustana, daß CA III, das Bekenntnis zu Person und Werk Christi, auch CA I bis XV, das Bekenntnis zu Rechtfertigung, Evangeliumsamt und Evangeliumskirche, in sich schließt. Dennoch kann es von Brunner her gesehen nicht genügen, sich im ökumenischen Dialog auf einen eng beschränkten Komplex von christologischen „Grundwahrheiten" einigen zu wollen, an dem andere Lehr- und Lebensäußerungen der Kirche als „abgeleitete Wahrheiten" zu verifizieren oder mit dem sie als erhellende Traditionen zu koordinieren sind.[248] Offenbar läßt sich nicht ohne weiteres eine Einigung darüber erzielen, welches Rechtfertigungsverständnis oder welches Kirchenverständnis aus dem christologischen Zentrum zu entwickeln ist und welche Traditionen sich mit ihm vereinbaren lassen. Eine diesbezügliche Einigung kann auch nicht erwartet werden, wenn auf evangelischer Seite die Grundlage jeder möglichen Einigung, nämlich der Schriftkanon als richtendes und bestätigendes Wort Gottes, durch die Anschauung von einem die Schrift selbst normierenden und kritisierenden „Kanon im Kanon" faktisch aufgehoben wird.[249] Das reformatorische Schriftprinzip, das die Weisung der Apostel als Einweisung in die einigende Wahrheit unverkürzt zur Geltung bringt, wäre ersetzt durch ein neuprotestantisches Auswahlprinzip, das inakzeptable Verkürzungen oder Ergänzungen dieser Weisung ermöglicht. Brunner warnt eindringlich vor einem „Minimalkonsensus abgeschliffener Art", „aus dem jeder machen kann, was er will", und fordert im Anschluß an die ökumenische Methode der Confessio Augustana einen solchen „Konsensus, dessen Inhalt tatsächlich dem in der Heiligen Schrift uns vorgegebenen und darin überlieferten apostolischen Urzeugnis entspricht".[250] Die Rückbindung des ökumenischen Dialogs an die Heilige Schrift in der Breite ihres Kanons stellt zwar

---

[247] PE II, 267. Vgl. Apostolische Konstitution „Munificentissmus Deus" von 1950 (J. NEUNER/H. ROOS, Der Glaube der Kirche, 334): „Es ist eine von Gott geoffenbarte Glaubenswahrheit, daß die unbefleckte, immer jungfräuliche Gottesmutter Maria nach Vollendung ihres irdischen Lebenslaufes mit Leib und Seele zur himmlischen Herrlichkeit aufgenommen worden ist. Wenn daher, was Gott verhüte, jemand diese Wahrheit, die von Uns definiert worden ist, zu leugnen oder in Zweifel zu ziehen wagt, so soll er wissen, daß er vollständig (!) vom göttlichen und katholischen Glauben abgefallen ist."
[248] So der Vorschlag von O. CULLMANN, Einheit durch Vielfalt, 42.45f.
[249] Dies ist bei O. CULLMANN der Fall, der unter Berufung auf Luthers kritischen Maßstab „was Christum treibet" für die neutestamentlichen Christusbekenntnisse als „Kanon im Kanon" plädiert (a.a.O. 42).
[250] Ökumenische CA, 130.

keine Garantie für die Überbrückung der Gegensätze dar. Doch diese Rückbindung ist aus evangelischer Sicht als conditio sine qua non zu betrachten. Denn Gegensätze, die aus menschlichen Vorstellungen und Worten entstanden sind, können nur dadurch überwunden werden, daß Gottes offenbartes Wort als klärendes Wort der Wahrheit gemeinsam neu gehört wird. Diese Einsicht steckt hinter jenem Satz Brunners, der vielleicht zu den bedeutendsten Grundsätzen der ökumenischen Theologie zu rechnen ist: „Die Möglichkeit ökumenischer Arbeit hängt ... letzten Endes an dem reformatorischen Schriftprinzip."[251] Allein aus dem Vertrauen in die unmittelbare Zugänglichkeit und verändernde Wirksamkeit des Wortes Gottes erwächst für den Heidelberger Theologen Hoffnung in einer schwierigen ökumenischen Situation. Zu den katholischen Mitchristen gewandt hat Brunner diese Hoffnung einmal so ausgedrückt: „Alles, was wir für Sie erhoffen, ist zusammengefaßt in dem einen: daß Sie die Stimme des in der Heiligen Schrift redenden Gottes klar und eindeutig und ohne Zusätze eben an dieser Stelle, in der Schrift, aus der Schrift und nirgends sonst, hören und annehmen möchten."[252]

---

[251] Die römisch-katholische Kirche, 32.
[252] Was erwarten und erhoffen die Glieder der evangelischen Kirche von den Gliedern der katholischen Kirche?, LR 6 (1956/57), 238–246, hier: 244.

Kapitel 13: Endergebnis

Die Beobachtungen im zweiten Teil dieser Untersuchung erlauben das Fazit, daß jene in Kapitel 9 aufgestellte These, die dogmatische Theologie Brunners verfüge über so etwas wie ein organisierendes Zentrum, um das sich alle ihre Teilbereiche ordnen, bewährt hat. Dieses Zentrum besteht im Ereignis der kerygmatischen und sakramentalen Vermittlung des in dem Gottmenschen Jesus Christus beschlossenen Heils.

Faßt man diesen Mittelpunkt ins Auge, so erschließt sich Brunners Werk wie ein Gemälde mit Zentralperspektive, wobei zu beachten ist, daß der Mittelpunkt der Zueignung des eschatologischen Heils über sich hinausweist auf den Fluchtpunkt der eschatologischen Heilsverwirklichung.

(Kapitel 10) In dieser Perspektive kommt der Gottesdienst der Kirche als der konkrete Ort in den Blick, an dem der Heilige Geist das in Christus beschlossene Heil durch die Wortverkündigung und den Sakramentsvollzug an den Menschen vermittelt. Das gottesdienstliche Geschehen erweist sich als Heilsgeschehen und darum als das zentrale Geschehen im Leben der Kirche. Ob man bei der Beschreibung dieses gottesdienstlichen Heilsgeschehens so weit gehen sollte, nicht nur von der durch das Wort Gottes ermöglichten Gegenwart Christi und der Gegenwart seines Heilswerkes, sondern auch von der durch den sakrifiziellen Gottesdienstvollzug ermöglichten realen Gegenwärtigsetzung des Heilsweges und der Heilstaten Christi zu sprechen, ist in dieser Untersuchung in Frage gestellt worden. Ohne Frage aber legt Brunners Erläuterung den Blick auf den wesentlichen Gehalt des Gottesdienstes frei und schafft auf diese Weise ein theologisches Verantwortungsbewußtsein für die Gestaltung von Gottesdiensten. Es wird deutlich, daß der Wort- und Sakramentsgottesdienst der im Namen Jesu versammelten Gemeinde durch keine anderen Veranstaltungen zu ersetzen ist und durch keine evangeliumsfremden Inhalte entstellt werden darf. Weil der Gottesdienst gestiftet ist durch das Gebot Gottes und die Verheißung Gottes, hat die Gemeinde darauf zu achten, daß an die Stelle der stiftungsgemäßen Heilsmittel Wort und Sakrament keine anderen, angeblich heilsamen liturgischen Vollzüge treten, an die Stelle des eschatologischen Horizontes der zeitgenössische Denkhorizont, an die Stelle des Heiligen Geistes der Zeitgeist und an die Stelle des ewigen, lebendigen Gottes der Gott der immanenten Transzendenz.

Insbesondere in der Gottesdienstlehre zeigt sich, daß Brunners Theologie die Heilsmittel aufs engste verbindet mit der Heilsgeschichte. Das Evangelium, das in Wort, Wasser, Brot und Wein zum Menschen kommt, läßt sich nicht verstehen ohne den Liebesratschluß Gottes, den zerbrochenen Bund, das tötende Gesetz, das Sühnopfer Christi, den ausgegossenen Geist und das eschatologische Reich Gottes. Das Ereignis, das im Mittelpunkt des Gottesdienstes und immer wieder im Mittelpunkt der Überlegungen Brunners steht, gewinnt seine Bedeutung aus dem Ereigniszusammenhang der zwischen Schöpfung und Vollendung ablaufenden Geschichte. So, wie es in dieser ganzen Geschichte um das spannungsvolle Verhältnis von Gottes Initiative und der Reaktion des Menschen geht, so kommt es in der Gegenwart durch Wort und Sakrament zur Begegnung zwischen Gott, der mit seinem Versöhnungswerk bei dem einzelnen, entfremdeten, feindlichen Geschöpf ans Ziel gelangen will, und dem Menschen, der dazu herausgefordert ist, dieses Versöhnungswerk ganz bewußt an sich geschehen zu lassen. In dieser Begegnung entscheidet es sich, ob der Mensch durch den Glauben teilhat an Gottes eschatologischem Reich oder deswegen, weil er sich im Unglauben verschließt, aus diesem Reich ausgeschlossen bleibt. Das verkündigte und verleibliche Evangelium ruft nicht nur den Glauben, sondern auch den Unglauben hervor. Daß die Zusammenschau der konkreten Vermittlungsformen des Heils mit der Heilsgeschichte zwischen Proton und Eschaton charakteristisch ist für Brunners Theologie, bestätigt seine eigene, von Beißer mitgeteilte Äußerung, seine Theologie lasse sich zusammenfassen unter dem Stichwort „Gesetz und Evangelium" oder „Heilsgeschichte".[1] Durch die Einbettung des Evangeliums in den Horizont der Heilsgeschichte wehrt Brunner seiner Umdeutung gemäß wechselnder geistesgeschichtlicher Strömungen in einen Impuls zur Entfaltung des Gottesbewußtseins, zur Betätigung der Nächstenliebe, zur Wende im Existenzverständnis oder zur Entdeckung der Göttlichkeit des Kosmos. So bleibt das Evangelium das, was es ist, nämlich das dynamische Wort von Jesus Christus, welches den glaubenden Sünder vor dem Urteil des Gesetzes und der Verurteilung im Jüngsten Gericht rettet.

(Kapitel 11) Weil diese Heilsbotschaft durch die Verkündigung und den Sakramentsvollzug zum Menschen gelangt, ist der Dienst der Verkündigung und Sakramentsverwaltung heilsnotwendig. Da das Schwergewicht der Theologie Brunners auf den konkreten Vermittlungsgestalten des Evangeliums liegt, kommt auch dem Dienst, der diese Vermittlung konkret vollzieht, eine gewichtige Bedeutung zu.

---

[1] F. BEISSER, Annäherungen, 2. Vgl. den in 4.1 dargestellten Aufsatz BRUNNERS.

Brunner hält einerseits fest, daß dieser Dienst am Evangelium der ganzen Gemeinde aufgetragen ist. Andererseits betont er, daß die Einsetzung der Apostel die Einrichtung eines apostolischen Amtes in sich schließt, das als gemeindeleitendes Hirtenamt in jeder Ortskirche durch einen berufenen, männlichen Amtsträger wahrzunehmen ist. Charakteristisch für Brunners Amtslehre ist die Konzentration der typischen Aufgaben des Apostels wie Wortverkündigung, Sakramentsverwaltung, Absolution, Exkommunikation und Lehrbeurteilung in einer Hand. Diese Konzentration der Aufgaben schließt die umfassende Beteiligung der Gemeinde an der Aufgabe, im Zeichen des Evangeliums Gemeindeaufbau, Diakonie und Mission zu betreiben, keineswegs aus. Aber sie führt zu einer deutlichen Unterscheidung zwischen dem ordinierten Amt und dem allgemeinen Priestertum, die sich mit der Einreihung des Pfarramts in die verschiedenen Dienste der Gemeinde und der Gleichsetzung des Amtsträgers mit anderen Mitarbeitern der Gemeinde nicht vereinbaren läßt. Zu dieser Unterscheidung sieht sich Brunner durch den Stifterwillen Christi genötigt. Er ist offenbar der Überzeugung, daß ohne die Wahrung der Vollständigkeit und der Selbständigkeit des ordinierten Amtes die Verheißungen und die Verwerfungen des Wortes Gottes in der Ortsgemeinde und in der Gesamtkirche nicht mehr konkret zur Geltung gebracht werden. Demnach gibt es einen Zusammenhang zwischen der Erhaltung des besonderen, stiftungsgemäßen Evangeliumsamtes und der Erhaltung der Kirche des Evangeliums.

(Kapitel 12) Da die Entstehung und die Erhaltung der Kirche abhängig ist von dem Evangelium, wie es durch das Evangeliumsamt angeboten und zur Geltung gebracht wird, ist die Verwirklichung der Kirchengemeinschaft abhängig von der Übereinstimmung im Evangeliumsverständnis. Die weltweite Einheit der Kirche als pneumatischer Leib Christi hängt nicht von dieser Übereinstimmung ab, weil auch dort Glieder des Leibes Christi leben können, wo das Evangelium in einer verkürzten Form gelehrt wird. Jegliche Verkürzung gefährdet aber den Zugang des Menschen zum Reich Gottes und kann deswegen als offizielle kirchliche Lehre nicht toleriert werden. Erst dann, wenn sich die Amtsträger und die Gemeinden verschiedener Kirchen davon überzeugt haben, daß die geltenden Bekenntnis- und Lehraussagen über das Zeugnis der Apostel im wesentlichen übereinstimmen, steht der gemeinsamen Feier des Wort- und Sakramentsgottesdienstes nichts mehr im Wege.

Brunner ist nicht der Meinung, daß mit der 1973 verabschiedeten Fassung der Leuenberger Konkordie tatsächlich eine dementsprechende tragfähige Übereinstimmung zwischen den lutherischen, den reformierten und den unierten Kirchen erreicht worden ist. Zwar lassen sich in Brunners Sicht beispielsweise die Aussagen der Konkordie über das Abendmahl mit dem lutherischen Bekenntnis vereinbaren.

Doch offenkundig befürchtet Brunner, daß mit der Annahme dieses Dokuments auch der darin erkennbare Trend zu einem oberflächlichen Verständnis des Evangeliums akzeptiert wird. Die beteiligten Kirchen legen kein deutlicheres, sondern eher ein undeutlicheres Zeugnis über den Mittelpunkt der Kirche Jesu Christi ab als bisher. Sehr viel unbegründeter als die Erwartung eines diesbezüglichen Fortschritts ist die Erwartung, daß es zu einer gemeinsamen Bezeugung des Evangeliums durch die evangelischen Kirchen und die römisch-katholische Kirche kommt. Brunner hält zwar eine Verständigung über die Rechtfertigungslehre des Evangeliums für möglich, eine Einigung über die Konkretionsgestalten des Evangeliums aber für unmöglich, da gerade die gottesdienstliche Evangeliumsverkündigung, der Abendmahlsvollzug, die Beichtpraxis und das Amtsverständnis auf römisch-katholischer Seite mit evangeliumswidrigen Zusätzen anscheinend unlösbar verbunden sind. Trotzdem spiegelt sich in allen Stellungnahmen Brunners zur ökumenischen Frage eine eigentümliche Hoffnung auf Einigung wider, die aus dem tiefen Vertrauen in das gegenwärtige Wirken des Heiligen Geistes durch das apostolische Evangelium erwächst.

Die Untersuchung der drei vorgestellten Themenfelder hat nicht nur die These von einem Zentrum der Theologie Brunners bestätigt, sondern auch die in Kapitel 9 ausgesprochene Erwartung, daß die Problematik der Schriftlehre Brunners bei der Durchführung der dogmatischen Theologie zu keiner Problematisierung des Schriftbezugs führen wird. Brunner beruft sich zwar dort, wo er grundsätzlich argumentiert, nicht einfach auf die klare Aussage der Heiligen Schrift, sondern stets auf die Inhalte der apostolischen Bezeugung des Evangeliums, die in der Verkündigung in der Form von aktuellen, gültigen Aussagen erscheinen. Mit der Bindung der Theologie an die Verkündigung begründet er im Rahmen der Gottesdienstlehre und bei den Vorschlägen zum Abendmahlsgespräch den notwendigerweise kritischen Umgang mit divergierenden exegetischen Forschungsergebnissen.[2] Gerade diese Orientierung führt zu einem Rückbezug der theologischen Überlegungen auf die Aussagen der Heiligen Schrift in ihrer kanonischen Breite. Dies zeigt sich in den Ausführungen zum dreifach bestimmten Ort des Gottesdienstes ebenso wie in den Überlegungen zur Ordinationsgabe oder zur Begründung und Begrenzung der Abendmahlsgemeinschaft.[3] Brunner fragt eindringlich und konsequent nach dem, was der Kirche Jesu Christi durch die heute ergehende Anrede des Wortes Gottes, wie sie aus dem Zeugnis der Apostel und Propheten hervorgeht, verheißen, geboten und verboten ist. Diese Anrede darf nicht im geringsten beeinträchtigt oder inhaltlich verändert werden durch die Anweisungen des kirchlichen Lehramts oder der kirchlichen

---
[2] Siehe 10.2.2, 10.4.3, 12.2.3.
[3] Siehe 10.3.1–10.3.3, 11.4, 12.1.

Tradition. Wo Brunner zu der Überzeugung gelangt, die dieser Anrede entsprechende Antwort klar erkannt zu haben, tritt er unbeirrt von den Stimmen der Mehrheit oder den aktuellen Stimmungen in der Kirche für die Bestimmungen des Wortes Gottes ein. Deshalb erscheint sein Votum oft als unbequeme Stimme eines einzelnen, die unbedingt überstimmt werden muß. So ist es im Fall der Gottesdienstexperimente, der Frauenfrage oder der Leuenberger Konkordie tatsächlich auch geschehen. Die Frage ist nur, ob damit nicht zumindest ein Stück weit auch die gültigen Anordnungen des dreieinigen Gottes verdrängt worden sind, an denen es sich entscheidet, ob das Volk Gottes unter dem Segen Gottes lebt oder vielmehr im Begriff ist, den Fluch Gottes auf sich zu ziehen.

Im zweiten Teil dieser Untersuchung hat sich ferner gezeigt, daß Brunner die Frage nach dem Wort Gottes tatsächlich aufs engste verbindet mit der Frage nach dem Bekenntnis der Kirche. Er versucht, die Aussagen der in den lutherischen Kirchen anerkannten Bekenntnisschriften über die Struktur des Gottesdienstes, das Abendmahl, die Aufgaben des Ortsbischofs oder die Bedingungen der Kirchengemeinschaft genau zu erfassen und angemessen zu berücksichtigen.[4] Das bedeutet zum einen, daß sie überprüft und ergänzt werden durch die Aussagen der Heiligen Schrift, und zum anderen, daß sie einbezogen werden in eine neue Darlegung der evangelischen Lehre, wie sie angesichts der gegenwärtigen Situation der Kirche und der Theologie erforderlich ist. In allen Themenbereichen prägt sich das Profil des lutherischen Bekenntnisses aus, wobei Brunner die Bekenntnisaussagen zur Abendmahlslehre wohl am stärksten ergänzt, während er etwa die reformatorischen Aussagen über die Aufgaben des ordinierten Amtes oder die Grundlage der Kircheneinheit ohne wesentliche Ergänzungen zur Geltung bringt.

Brunners Theologie erweist sich in der Tat als eine bekenntnisorientierte Theologie. Sie setzt voraus, daß das kirchliche Bekenntnis eine heilsentscheidende Glaubensäußerung und eine zuverlässige Orientierungshilfe darstellt, die aufgrund der Wirkung des in Wort und Sakrament aktuell hervortretenden Wortes Gottes zustandegekommen. Es wird erwartet, daß das kirchliche Dogma, welches eine Frucht des pneumatisch gewirkten, gottesdienstlichen Kerygma darstellt, das apostolische Kerygma im wesentlichen zutreffend wiedergibt. Brunners Denken ist also nicht beherrscht von der neuprotestantischen Scheidung zwischen den Inhalten des persönlichen Glaubens und den Inhalten der verbindlichen kirchlichen Lehre. Denn die Lehrsätze des gültigen Bekenntnisses bezeugen dieselbe Heilsbotschaft, die auch im Gottesdienst der Gemeinde verkündigt und bekannt wird. Dementsprechend ist Brunners Denken auch von keinem grundsätzlichen Vorbehalt gegenüber der Abfassung und der Anerkennung von Be-

---

[4] Siehe 10.4.1, 10.4.3, 11.5, 12.1.

kenntnisschriften bestimmt. Denn die Beschreibung des Evangeliums in den Bekenntnisschriften dient der kirchlichen Aufgabe, für die Bewahrung des Evangeliums und seine Bewährung angesichts neuer theologischer Herausforderungen zu sorgen.

Diese zentrale Aufgabe der Kirche ist nach der Meinung Brunners dadurch zu lösen, daß das kirchliche Bekenntnis neu erschlossen und aktualisiert wird durch die gemeinsame Anerkennung von Lehrsummarien, die Stellungnahmen zu aktuellen theologischen Strömungen beinhalten. Man kann Brunners gesamte theologische Arbeit als Vorarbeit zu einer solchen Aktualisierung und Profilierung des kirchlichen Bekenntnisses verstehen. Brunner betreibt Theologie als dogmatische Theologie, die durch das genaue Hören und Durchdenken des Kerygma des Wortes Gottes dazu beizutragen versucht, die Aussage des kirchlichen Dogmas zu entfalten und auf diese Weise die orientierende, normierende Aussagekraft des Dogmas freizusetzen. Diese Bemühung um das kirchliche Dogma zielt nicht etwa auf eine lehrgesetzliche Reglementierung oder Uniformierung des kirchlichen Lebens ab, sondern auf die erneute Freilegung und Entdeckung des einen apostolischen, eschatologischen Evangeliums, wie es vor Ort konkret zuzusprechen und auszuteilen ist. Insofern dient Brunners Theologie in einem elementaren Sinne der Kirche Christi und nicht einem wie immer gearteten Selbstzweck. Es handelt sich tatsächlich um eine dogmatische Theologie „pro ecclesia".

Diese Theologie wirkt gewichtig und ernst. Sie nimmt die Heilsgeschichte und die Funktion der Heilsmittel ganz ernst. Sie verleiht der Lehre über die Grundlagen der Theologie ebenso wie der Lehre vom Gottesdienst, vom Amt und von der Einheit der Kirche ein eigentümliches Gewicht. Deshalb erinnert sie an Luthers bekannten Satz in der Vorrede des Kleinen Katechismus: „Unser Ampt ist nu ein ander Ding worden, denn es unter dem Bapst war, es ist nu ernst und heilsam worden."[5] Nicht nur bei dem Reformator, sondern auch bei Brunner dürfte die Ernsthaftigkeit der theologischen Erkenntnisbemühung zusammenhängen mit der Erkenntnis der Heilswirksamkeit des in Wort und Sakrament vermittelten Evangeliums, die verbunden ist mit der Erkenntnis der realen Möglichkeit des Unglaubens und des Heilsverlustes. Dieser Erkenntnishorizont veranlaßt Brunner zu theologischen Ausführungen, die in der Kirche zur Entscheidung herausfordern zwischen dem, was geboten und heilsam, und dem, was verboten und heillos ist. Es ist leichter, an dieser Herausforderung Anstoß zu nehmen als sie anzunehmen. In nicht wenigen Fällen dürfte es leichter fallen, nicht mit, sondern gegen Brunner zu entscheiden. Von Brunner her ist an Vertreter dieser möglicherweise legitimen Gegenentscheidungen die Frage zu stellen, ob sie schon ermessen haben, wie schwer das Gebot Gottes, die Sünde des Menschen, das Opfer Christi, das Er-

---

[5] BSLK 507,12–15.

Endergebnis

eignis der Evangeliumsverkündigung, die Reaktion des Menschen und das Urteil des Jüngsten Gerichtes wiegt.

Brunners schwere Theologie war nach seiner eigenen Einschätzung keine erfolgreiche Theologie. Er konnte sagen: „Nichts von dem, was ich kirchlich und theologisch gewollt habe, habe ich erreicht."[6] Auch dieser Aspekt von Brunners theologischem Schaffen erinnert an die Katechismusvorrede, in der es heißt: „Darumb hat's nu viel Mühe und Erbeit, Fahr und Anfechtung, dazu wenig Lohn und Dank in der Welt."[7] Allerdings konfrontiert die Fortsetzung dieses Luthersatzes die Perspektive scheinbarer Erfolglosigkeit mit der Perspektive der Glaubenswirklichkeit: „Christus aber will unser Lohn selbs sein, so wir treulich erbeiten."[8] Angesichts dieser Perspektive stellt sich die Frage, ob eine Theologie eigentlich danach beurteilt werden kann, ob sie im Bereich der Wissenschaft und im Bereich der Kirche einflußreich gewesen ist oder nicht. Die ersten Botschafter des Evangeliums scheinen jedenfalls nicht zuerst danach gefragt zu haben, ob etwas Erfolg hat, sondern danach, ob etwas Verheißung hat. Es spricht vieles dafür, daß Brunner die gleiche Priorität gesetzt und deshalb versucht hat, das apostolische, einzig verheißungsvolle Evangelium in der theologischen Situation des 20. Jahrhunderts unverkürzt zur Geltung zu bringen. Seine Haltung und seine Arbeitsweise läßt sich mit folgendem Pauluswort beschreiben (1.Thess 2,4): „Weil Gott uns für wert geachtet hat, uns das Evangelium anzuvertrauen, darum reden wir, nicht, als wollten wir den Menschen gefallen, sondern Gott, der unsere Herzen prüft."

---

[6] F. BEISSER, Annäherungen, 5.
[7] BSLK 507,15–17.
[8] BSLK 507,17–19.

Abkürzungsverzeichnis

Abgekürzt wird nach Siegfried M. Schwertner, Internationales Abkürzungsverzeichnis für Theologie und Grenzgebiete, Berlin/New York ²1992. Weitere verwendete Abkürzungen:

Ap	Apologia Confessionis Augustanae
AS	Articuli Smalcaldici
BSLK	Die Bekenntnisschriften der evangelisch-lutherischen Kirche
CA	Confessio Augustana
dT	deutscher Text
Epit	Epitome der Konkordienformel
FC	Formula Concordiae
GE	Gemeinsame Erklärung zur Rechtfertigungslehre des Lutherischen-Weltbundes und des Päpstlichen Rates zur Förderung der Einheit der Christen vom Januar 1998
GrKat	Großer Katechismus
KlKat	Kleiner Katechismus
LK	Leuenberger Konkordie
lT	lateinischer Text
NA	Neue Ausgabe
NB	Neubearbeitung
repr.	reprint (Neudruck)
SD	Solida Declaratio der Konkordienformel
Tract	De potestate et primatu papae tractatus von Melanchthon

Literaturverzeichnis

Nach Autorennamen und Kurztiteln alphabetisch geordnet. Bei Veröffentlichungen in Periodica dient der abgekürzte Titel des Periodicums mit Jahrgangsziffer als Kurztitel. Unveröffentlichte Literatur ist durch einen entsprechenden Vermerk in KAPITÄLCHENDRUCK gekennzeichnet.
Der Nachlaß P. Brunners (= Nl Brunner) befindet sich im Archiv des Landeskirchenamts der Evangelischen Kirche im Rheinland in Düsseldorf. Der Nachlaß E. Schlinks (= Nl Schlink) befindet sich im Konfessionkundlichen Institut des Evangelischen Bundes (KIEB) in Bensheim.
Chronologisch geordnete Bibliographien der Veröffentlichungen P. Brunners finden sich in
a) (1925-1964) E. Schlink/A. Peters, Zur Aufbauung des Leibes Christi. Festgabe für Professor D. Peter Brunner zum 65. Geburtstag am 25. April 1965, Kassel 1965, 295-304;
b) (1965-1969) A. Peters, Fortsetzung der Bibliographie Peter Brunner zum 75. Geburtstag am 25. April 1970, ThLZ 96 (1971), 238-240;
c) (1970-1987) A. Klassen, Heilsgeschichte bei Peter Brunner, Seeheim-Jugenheim 1990, 266–268.

I. Schriften Peter Brunners

Amt: Vom Amt in der Kirche, in: H. Maser (Hg.), Dem Wort gehorsam. FS H. Dietzfelbinger, München 1973, 74–97.
Amtsblatt Sachsen 1968: Die Sprache der Liturgie. Eine theologische Überlegung zu ihrer geistlichen Bedeutung, Handreichungen für den kirchlichen Dienst. Amtsblatt der evangelisch lutherischen Landeskirche Sachsens, 1968, B 45–48.49–52.
Anmerkungen zum Referat von W. Kasper, in: K. Lehmann/E. Schlink (Hg.), Evangelium – Sakramente – Amt und die Einheit der Kirche. Die ökumenische Tragweite der Confessio Augustana, Freiburg i.Br./Göttingen 1982, 126–132.
Anselm: Die Lehre vom Werke Christi bei Anselm und Luther. Wintersemester 1953/54. UNVERÖFFENTLICHTE Seminarnachschrift von R. Slenczka.
Aus der Kraft des Werkes Christi. Zur Lehre von der Heiligen Taufe und vom Heiligen Abendmahl, Kirchlich-theologische Hefte IX, Evangelischer Presseverband für Bayern, München 1950.
Beiträge Ordination: Beiträge zur Lehre von der Ordination unter Bezug auf die geltenden Ordinationsformulare, in: R. Mumm (Hg.), Ordination und kirchliches Amt. Veröffentlichungen des Arbeitskreises ev. und kath. Theologen, Paderborn/ Bielefeld 1976, 53–133.
Bericht: Bericht des Pfarrers Lic. Peter Brunner über seine Verhaftung am 20. März 1935. UNVERÖFFENTLICHT. Nl Schlink, KIEB S 1105, 35, 03, 20, c. Vgl. Nl Brunner Nr. 204, 220, 221 u.a. Dokumente.
BeW: Bemühungen um die einigende Wahrheit. Aufsätze, Göttingen 1977.

BeW 9–33: Reform – Reformation. Einst – heute. Elemente eines ökumenischen Dialogs im 450. Gedächtnisjahr von Luthers Ablaßthesen, 1967.
BeW 34–57: Die Reformation Martin Luthers als kritische Frage an die Zukunft der Christenheit, 1968, BeW 34–57.
BeW 74–96: Gesetz und Evangelium. Versuch einer dogmatischen Paraphrase, 1967.
BeW 97–125: Elemente einer dogmatischen Lehre von Gottes Basileia, 1970.
BeW 126–142: Sacerdotium und Ministerium. Ein Diskussionsbeitrag in 9 Thesen, 1971.
BeW 143–162: Realpräsenz und Transsubstantiation. Ist die Lehre von der eucharistischen Gegenwart zwischen Katholiken und Lutheranern noch kirchentrennend?, 1972.
BeW 163–188: Theologie des Gottesdienstes, 1973.
BeW 269–291: Eschata. Theologische Grundlinien und Andeutungen, 1976.
Das lutherische Bekenntnis in der Union. Ein grundsätzliches Wort zur Besinnung, zur Warnung und zur Geduld, Gütersloh 1952.
Die Leuenberger Konkordie und die lutherischen Kirchen Europas, in: U. Asendorf/F.W. Künneth (Hg.), Leuenberg. Konkordie oder Diskordie? Ökumenische Kritik zur Konkordie reformatorischer Kirchen in Europa, Berlin 1974, 61–75.
Die römisch-katholische Kirche und die ökumenische Arbeit, in: W. Menn (Hg.), Die Ordnung Gottes und die Unordnung der Welt. (Deutsche) Beiträge zum Amsterdamer ökumenischen Gespräch 1948, Bd. VI, Stuttgart/Tübingen 1948.
DP: Grundlegung der Dogmatik im Ganzen der Theologie. Dogmatische Prinzipienlehre, Sommersemester 1959. UNVERÖFFENTLICHTE Vorlesungsnachschrift. Nl Brunner, unnumeriert.
Eins ist not. Elf Predigten aus dem Heidelberger Universitätsgottesdienst, Göttingen 1965.
EK 10: Das Amt und die Ämter. Über den Auftrag der Kirche nach den lutherischen Bekenntnisschriften, EK 10 (1977), 84–88.
ELKZ 5: Pneumatischer Realismus. Bemerkungen zur theologischen Bedeutung der „Toronto-Erklärung", ELKZ 5 (1951), 122–124.
ELKZ 8: Auf dem Wege zu einer Theologie des Gottesdienstes, ELKZ 8 (1954), 107–108.
ELKZ 10, 231–235: Ministerium verbi und Kirchenleitung. Zwei Fragen zur westfälischen Kirchenordnung, ELKZ 10 (1956), 231–235.
ELKZ 10, 437–443: Evangelium und Papsttum, ELKZ 10 (1956), 437–443.
ELKZ 11: Theologie, Kirche und Wissenschaft. Eine Randbemerkung zur Lage der evangelischen Theologie in Deutschland, ELKZ 11 (1957), 249–253.
ELKZ 12, 279–284: Katholische Reformation?, Rezension: H.Asmussen u.a., Katholische Reformation, Stuttgart 1958, ELKZ 12 (1958), 279–284.
ELKZ 12, 295–302: Die dogmatische und kirchliche Bedeutung des Ertrages des Abendmahlsgesprächs, ELKZ 12 (1958), 295–302.
ETh: Die Encyklopädie der Theologie. Grundlegung und Gliederung der theologischen Wissenschaft, Wintersemester 1947/48. UNVERÖFFENTLICHTE Vorlesungsnachschrift. Nl Brunner Nr. 274.
Ethik I. Sommersemester 1955. UNVERÖFFENTLICHTE Vorlesungsnachschrift von R. Slenczka.
Ethik II. Wintersemester 1955/56. UNVERÖFFENTLICHTE Vorlesungsnachschrift von R. Slenczka.
Evangelium: Die Lehre vom Evangelium und dem Werk des Heiligen Geistes. Sommersemester 1954. UNVERÖFFENTLICHE Vorlesungsnachschrift von R. Slenczka.

FAB 3: Der Mensch im Urteil Gottes. Die Grundgedanken der Konkordienformel in Artikel I–VI zu einer dogmatischen „Epitome" zusammengezogen, FAB 3 (1949), 305–317, 348–351.

GDg: Grundlegung der Dogmatik. Zugleich Einführung in das dogmatische Denken, Sommersemester 1966 und 1968. UNVERÖFFENTLICHTE Vorlesungsnachschrift. Nl Brunner Nr. 240 (= Nr. 281).

Geleitwort zu M. Seemann, *Heilsgeschehen* und Gottesdienst. Die Lehre Peter Brunners in katholischer Sicht, KKTS XVI, Paderborn 1966, IX–XV.

Gesetz: Die Lehre vom Gesetz und der Erlösung (Christologie). Wintersemester 1953/54. UNVERÖFFENTLICHTE Vorlesungsnachschrift von R. Slenczka.

Vom Glauben bei Calvin. Dargestellt auf Grund der Institutio, des Catechismus Genevensis und unter Heranziehung exegetischer und homiletischer Schriften, Tübingen 1925.

Gottesdienstl. Abendmahlzeugnis: Das gottesdienstliche Abendmahlszeugnis in den badischen Landen vor der Union, in: H. Erbacher (Hg.), Vereinige Evangelische Landeskirche in Baden 1821–1971. Dokumente und Aufsätze, Karlsruhe 1971, 170–266.

Grundlegung des Abendmahlgesprächs, Kassel 1954.

Gutachten über die Frage, ob die Vikarin in das Predigtamt berufen und ordiniert werden kann, 1940, in: D. Herbrecht/I. Härter/H. Erhart (Hg.), Der Streit um die Frauenordination in der Bekennenden Kirche, Neukirchen-Vluyn 1997, 117–131.

Kirche und Gemeinde 5: Die ganze Theologie auf einem Bogen Papier, in: Kirche und Gemeinde. Evangelisches Sonntagsblatt für Baden 5 (1950), 143f. Derselbe Artikel mit UNVERÖFFENTLICHTEN handschriftlichen Nachträgen, Nl Brunner, unnumeriert.

KiZ 10: Die Anfänge der Kirchlichen Hochschule Wuppertal, KiZ 10 (1955), 259f.

KuD 14: Der Wahrheitsanspruch des apostolischen Evangeliums. Edmund Schlink zum 65. Geburtstag, KuD 14 (1968), 71–82.

LBU: Lutherisches Bekenntnis in der Union. Eine Festgabe für Peter Brunner zum 65. Geburtstag am 25. April 1965, im Auftrage des Lutherischen Konvents im Rheinland und der Evangelisch-lutherischen Gemeinden Elberfeld hg. v. Eugen Rose, Berlin/Hamburg 1965.

LBU 32–38: Gutachten über die Eidesfrage, 1938.

LBU 54–98: Ex 20,2–17. Die Zehn Gebote Gottes in Predigten ausgelegt, 1945.

LBU 99–115: Union und Konfession. Ein theologisches Gutachten, 1946.

LBU 127–130: Apg 20,32. Das letzte Wort. Abschiedspredigt, 1947.

LBU 134f: Die Tannenhofer Erklärung. Konvent lutherischer Pastoren im Rheinland, 1946.

LGG: Zur Lehre vom Gottesdienst der im Namen Jesu versammelten Gemeinde, in: K.F. Müller/W. Blankenburg (Hg.), Leiturgia. Handbuch des evangelischen Gottesdienstes, Bd. 1: Geschichte und Lehre des evangelischen Gottesdienstes, Kassel 1954, 83–361. = NA mit einem Vorwort von Joachim Stalmann, Leiturgia. Neue Folge Bd. 2, Hannover 1993.

LM 11: Zustimmung wäre möglich. Notwendige Verbesserungen der Leuenberger Konkordie (ursprünglicher Titel: Konkordie in dürftiger Zeit), LM 11 (1972), 250–253.

LR 6: Was erwarten und erhoffen die Glieder der evangelischen Kirche von den Gliedern der katholischen Kirche?, LR 6 (1956/57), 238–246.

Luther und die Welt des 20. Jahrhunderts, Kleine Vandenhoeck-Reihe 109, Göttingen 1961.

Nikolaus von Amsdorf als Bischof von Naumburg. Eine Untersuchung zur Gestalt des evangelischen Bischofsamtes in der Reformationszeit, SVRG 179, Gütersloh 1961.

Oecumenica 1968: Unum est necessarium. Eine Besinnung auf den Richtpunkt des zukünftigen Lehrgespräches zwischen der römisch-katholischen und der evangelisch-lutherischen Kirche, Oecumenica. Jahrbuch für ökumenische Forschung 1968, 133–143.

Ökumenische CA: Die ökumenische Bedeutung der Confessio Augustana, in: H. Meyer u.a. (Hg.), Katholische Anerkennung des Augsburger Bekenntnisses? Ein Vorstoß zur Einheit zwischen katholischer und evangelischer Kirche, Ökumenische Perspektiven 9, Frankfurt a.M. 1977, 116–131.

Die Ordnung des Gottesdienstes an Sonn- und Feiertagen, in: J. Beckmann/H. Kulp/P. Brunner/W. Reindell, Der Gottesdienst an Sonn- und Feiertagen. Untersuchungen zur Kirchenagende I,1, Gütersloh 1949, 9–78.

PE I: Pro Ecclesia. Gesammelte Aufsätze zur dogmatischen Theologie, Bd. 1, Fürth (1962) ³1990.

PE I, 13–22: Gebundenheit und Freiheit der theologischen Wissenschaft, 1947.

PE I, 23–39: Schrift und Tradition, 1951.

PE I, 40–45: Umrisse einer Lehre von der Heiligen Schrift, 1955.

PE I, 46–55: Was bedeutet Bindung an das lutherische Bekenntnis heute?, 1957.

PE I, 66–82: Die großen Taten Gottes und die historisch-kritische Vernunft. Ein Fragment aus der Grundlegung der Theologie, 1962.

PE I, 108–125: Die Freiheit des Menschen in Gottes Heilsgeschichte, 1959.

PE I, 129–137: Vom Wesen des kirchlichen Gottesdienstes, 1952.

PE I, 205–212: Von der Sichtbarkeit der Kirche, 1950.

PE I, 220–224: Der Geist und die Kirche. 45 Thesen zur 107. Flensburger Lutherischen Konferenz am 12. April 1955.

PE I, 225–234: Die Einheit der Kirche und die Verwirklichung der Kirchengemeinschaft, 1955.

PE I, 235–292: Vom Amt des Bischofs, 1955.

PE I, 293–309: Das Heil und das Amt. Elemente einer dogmatischen Lehre vom Predigt- und Hirtenamt, 1959.

PE I, 310–338: Das Hirtenamt und die Frau, 1959.

PE I, 341–359: Politische Verantwortung und christliche Entscheidung, 1932.

PE I, 360–374: Der Christ in den zwei Reichen, 1949.

PE I, 375–388: Die Stellung des Christen in einer verantwortlichen Gesellschaft, 1958.

PE II: Pro Ecclesia. Gesammelte Aufsätze zur dogmatischen Theologie, Bd. 2, Fürth (1966) ²1990.

PE II, 13–30: Allgemeine und besondere Offenbarung in Calvins Institutio, 1934.

PE II, 31–49: Gott, das Nichts und die Kreatur. Eine dogmatische Erwägung zum christlichen Schöpfungsglauben, 1960.

PE II, 89–112: Trennt die Rechtfertigungslehre die Konfessionen? Katholisches Dogma, lutherisches Bekenntnis und Karl Barth, Rezension: H. Küng, Rechtfertigung. Die Lehre Karl Barths und eine katholische Besinnung, Einsiedeln 1957, 1959.

PE II, 122–140: „Rechtfertigung" heute. Versuch einer dogmatischen Paraklese, 1962.

PE II, 141–169: Die Rechtfertigungslehre des Konzils von Trient, 1963.

PE II, 170–179: Die Notwendigkeit des neuen Gehorsams nach dem Augsburgischen Bekenntnis, 1961.

PE II, 195–224: Eisenach 1948, 1954.

PE II, 225–231: Die Kirche und die Kirchen heute. Thesen zu einer konkreten

Ekklesiologie und einem ökumenischen Ethos, 1954.
PE II, 232–252: Der Lutherische Weltbund als ekklesiologisches Problem, 1960.
PE II, 253–282: Das Geheimnis der Trennung und der Einheit der Kirche, 1961.
PE II, 283–294: Vom Wesen der Kirche, 1963.
PE II, 295–304: Bekenntnisstand und Bekenntnisbindung, 1963.
PE II, 305–322: Koinonia. Grundlagen und Grundformen der Kirchengemeinschaft, 1963.
Pfarramt: Das ministerium verbi divini und das Pfarramt. Referat im Theologischen Ausschuß der VELKD, 1957. UNVERÖFFENTLICHT. Nachlaß E. Schlink im KIEB S 1091, 57, 01, 26, b.
Predigthilfe 2.Kor 6,14–7,1: In: G. Eichholz (Hg.), Herr, tue meine Lippen auf. Eine Predigthilfe, Bd. 4 Die neuen Episteln, Wuppertal-Barmen ²1959, 99–110.
Probleme der Teleologie bei Maimonides, Thomas von Aquin und Spinoza, PhB 13, Heidelberg 1928, Nendeln/Liechtenstein repr. 1979.
Römerbrief: Auslegung des Römerbriefs. UNVERÖFFENTLICHTE Vorlesung, maschinenschriftlich, undatiert. Nl Brunner, unnumeriert.
Theol. Grundlagen: Theologische Grundlagen von „Gottesdienste in neuer Gestalt", in: W. Blankenburg u.a. (Hg.), Kerygma und Melos. Christhard Mahrenholz 70 Jahre, Kassel/Basel/Tours/London 1970, 103–114.
Theologische Literaturbeilage RKZ: Rezension: K. Barth, Fides quaerens intellectum. Anselms Beweis der Existenz Gottes im Zusammenhang seines theologischen Programms, München 1931, in: Theologische Literaturbeilage der RKZ, März 1932, 1–3.
ThG I: Theologiegeschichte I. Die Geschichte der evangelischen Theologie von der Aufklärung bis Schleiermacher, Sommersemester 1948. UNVERÖFFENTLICHTE Vorlesungsnachschrift. Nl Brunner, unnumeriert.
ThG II: Theologiegeschichte II. Die Geschichte der evangelischen Theologie von Schleiermacher bis Ritschl, Sommersemester 1949. UNVERÖFFENTLICHTE Vorlesungsnachschrift. Nl Brunner, unnumeriert.
ThLZ 88: Zur katholischen Sakramenten- und Eucharistielehre, ThLZ 88 (1963), 170–186.
ThLZ 94: Rezension: R. Prenter, Die Ordination der Frauen zu dem überlieferten Pfarramt der lutherischen Kirche, Berlin/Hamburg 1967, ThLZ 94 (1969), 304–306.
ThLZ 100: Ein Vorschlag für die Ordination in Kirchen lutherischen Bekenntnisses, ThLZ 100 (1975), 173–188.
VF 1: Theologie der Bekenntnisschriften als Prolegomena zur Dogmatik, Rezension: E. Schlink, Theologie der lutherischen Bekenntnisschriften, München 1940, VF 1 (1941), 45–54.
VF 2: Kritisches zu Elerts Dogmatik, Rezension: W. Elert, Der christliche Glaube. Grundlinien der lutherischen Dogmatik, Berlin 1940, VF 2 (1941), 47–60.
Wesen und Funktion von Glaubensbekenntnissen, in: P. Brunner/G. Friedrich/K. Lehmann/J. Ratzinger, Veraltetes Glaubensbekenntnis?, Regensburg 1968, 7–64.
Die Wormser Deutsche Messe, in: H.-D. Wendland (Hg.), Kosmos und Ekklesia. Festschrift Wilhelm Stählin, Kassel 1953, 106–162.
ZEvKR 10: Gutachtliche Äußerung zum Verfassungsentwurf der Nordelbischen evangelisch lutherischen Kirche, ZevKR 10 (1977), 379–413.
ZEvKR 18: Konkordie – Bekenntnis – Kirchengemeinschaft. Hauptprobleme des Leuenberger Konkordienentwurfes, ZEvKR 18 (1973), 109–163.

Sekundärliteratur

II. Sekundärliteratur

Aland, Kurt, Hilfsbuch zum Lutherstudium, Gütersloh/Berlin 1956.
Althaus, Paul, (*CW*) Die christliche Wahrheit. Lehrbuch der Dogmatik, Gütersloh (1947) [8]1972.
- *Gebot und Gesetz*. Zum Thema „Gesetz und Evangelium", in: E. Kinder/K. Haendler (Hg.), Gesetz und Evangelium, WdF 142, Darmstadt 1968, 201–238.
- Die Theologie Martin *Luther*s, Gütersloh (1962) [7]1994.

Aschermann, Hartmut/Schneider, Wolfgang, Studium im Auftrag der Kirche. Die Anfänge der Kirchlichen *Hochschule Wuppertal* 1935 bis 1945, SVRKG 83, Köln 1985.

Asendorf, Ulrich, *Konsequenzen*, in: ders./F.W.Künneth (Hg.), Leuenberg – Konkordie oder Diskordie? Ökumenische Kritik zur Konkordie reformatorischer Kirchen in Europa, Berlin 1974, 349–354.

Asmussen, Hans, *Die Lehre vom Gottesdienst*, Gottesdienstlehre Bd. 1, München 1937.

Assel, Heinrich, Der andere Aufbruch. Die *Lutherrenaissance* – Ursprünge, Aporien und Wege: Karl Holl, Emanuel Hirsch, Rudolf Hermann (1910–1935), FSÖTh 72, Göttingen 1994.

Barth, Karl, *Die Auferstehung* der Toten. Eine akademische Vorlesung über 1.Kor 15, München [2]1926.
- *Das Bekenntnis* der Reformation und unser Bekennen, TEH 29, München 1935.
- *Evangelium und Gesetz*, in: E. Kinder/K. Haendler (Hg.), Gesetz und Evangelium, WdF 142, Darmstadt 1968, 1–29.
- *Gotteserkenntnis und Gottesdienst* nach reformatorischer Lehre. 20 Vorlesungen (Gifford Lectures) über das Schottische Bekenntnis von 1560, Zürich 1938.
- (*KD*) Die Kirchliche Dogmatik.
  Bd. I/1: Die Lehre vom Wort Gottes. Prolegomena zur Kirchlichen Dogmatik, Zürich (1932) [7]1955.
  Bd. I/2: Die Lehre vom Wort Gottes. Prolegomena zur Kirchlichen Dogmatik, Zürich [4]1948.
  Bd. II/2: Die Lehre von Gott, Zürich (1942) [3]1948.
  Bd. III/2: Die Lehre von der Schöpfung, Zürich 1948.
  Bd. IV/1: Die Lehre von der Versöhnung, Zürich 1953.
  Bd. IV/2: Die Lehre von der Versöhnung, Zürich 1955.
  Registerband, Zürich 1970.
- *Das Wort Gottes als Aufgabe der Theologie*, 1922, in: J. Moltmann (Hg.), Anfänge der dialektischen Theologie, Teil I, TB 17, München 1974, 197–218.

Baur, Jörg, *Das reformatorische Christentum in der Krise*. Überlegungen zur christlichen Identität an der Schwelle zum 21. Jahrhundert, Tübingen 1997.
- *Einig in Sachen Rechtfertigung?:* zur Prüfung des Rechtfertigungskapitels der Studie des Ökumenischen Arbeitskreises evangelischer und katholischer Theologen „Lehrverurteilungen – kirchentrennend?", Tübingen 1989.
- *Kirchliches Bekenntnis* und neuzeitliches Bewußtsein, in: ders., Einsicht und Glaube. Aufsätze, Göttingen 1978, 269–289.
- *Sola Scriptura* – historisches Erbe und bleibende Bedeutung, in: ders., Luther und seine klassischen Erben. Theologische Aufsätze und Forschungen, Tübingen 1993, 46–113.

Bayer, Oswald, Theologie und *Gottesdienst*, in: F.-O. Scharbau (Hg.), Erneuerung des Gottesdienstes. Klausurtagung der Bischofskonferenz der VELKD 1989. Referate und Berichte, Hannover 1990, 19–35.
- *Theologie*, HST 1, Gütersloh 1994.

Beckmann, Joachim, Die Aufgabe einer Theologie des Gottesdienstes, *ThLZ 79* (1954), 519–526.
- Rezension: K.F. Müller/W. Blankenburg, Leit. 1, *ThLZ 79* (1954), 688–690.
Behm, Johannes, Art. „noys", *ThWNT IV*, Stuttgart 1942, 950–958.
Beißer, Friedrich, *Annäherungen* an Peter Brunner. Referat bei der Jahrestagung des Theologischen Konvents Augsburgischen Bekenntnisses am 29.9.1998 in Wuppertal. UNVERÖFFENTLICHT.
Bengel, Johann Albrecht, *Gnomon* Novi Testamenti, Stuttgart (1742) [8]1891.
Berger, Klaus, Art. Kirche II. Neues Testament, *TRE 18*, Berlin/New York 1989, 201–218.
Beutel, Albrecht, Erfahrene Bibel. Verständnis und Gebrauch des verbum dei scriptum bei Luther, *ZThK 89* (1992), 302–339.
Beyschlag, Karlmann, Grundriß der Dogmengeschichte, Bd. I Gott und Welt, Grundrisse Bd. 2, Darmstadt (1982) [2]1987, (*DG I*).
- *Die Erlanger Theologie*, EKGB 67, Erlangen 1993.
Bizer, Ernst, Lutherische Abendmahlslehre?, *EvTh 16* (1956 = NF 11), 1–18.
Brandner, Tobias, *Einheit gegeben – verloren – erstrebt: Denkbewegungen von Glauben und Kirchenverfassung*, Kirche und Konfession. Veröffentlichungen des Konfessionskundlichen Instituts des Evangelischen Bundes Bd. 39, Göttingen 1996.
Brecht, Martin, (*Luther II, III*) Martin Luther, Studienausgabe 1994.
   Bd. 2, Ordnung und Abgrenzung der Reformation 1521–1532, Stuttgart 1986.
   Bd. 3, Die Erhaltung der Kirche 1532–1546, Stuttgart 1987.
Bruder, Otto, *Das Dorf auf dem Berge*. Eine Begebenheit, Zürich (1939) [5]1946.
BSLK: Die Bekenntnisschriften der evangelisch-lutherischen Kirche, Göttingen (1930) [3]1956.
Buchholz, Armin, *Schrift Gottes* im Lehrstreit. Luthers Schriftverständnis und Schrift-auslegung in seinen drei großen Lehrstreitigkeiten der Jahre 1521–28, EHS.T 487, Frankfurt a.M./Berlin/Bern/New York/Paris/Wien 1993.
Bultmann, Rudolf, *Theologie des Neuen Testaments*, NTG, Tübingen (1938) [2]1954.
- Art. „pisteuo", *ThWNT VI*, 197–230.
Confessio Virtembergica. Das württembergische Bekenntnis von 1551, hg. v. E. Bizer, Stuttgart 1952.
Conzelmann, Hans, *Geschichte des Urchristentums*, GNT 5, Göttingen (1969) [2]1971.
Conzelmann, Hans/Lindemann, Andreas, *Arbeitsbuch* zum Neuen Testament, Tübingen (1975) [11]1995.
Cornehl, Peter, Der Gottesdienst. *Gottesdienst als Integration*, in: HPTh(G) 3, Gütersloh 1983, 5978.
Cornehl, Peter, Art. Gottesdienst VIII. Evangelischer Gottesdienst von der Reformation bis zur Gegenwart, *TRE 14*, Berlin/New York 1985, 54–85.
Cullmann, Oscar, *Einheit durch Vielfalt*. Grundlegung und Beitrag zur Diskussion über die Möglichkeiten ihrer Verwirklichung, Tübingen (1986) [2]1990.
Degenhardt, Reiner, *Lebendige Liturgie als Dimension des Kirchentags*, in: S. Fritsch-Oppermann/H. Schröer (Hg.), Lebendige Liturgie. Texte – Experimente – Perspektiven, Bd. 1, Gütersloh 1990, 99–106.
Donner, Herbert, *Geschichte des Volkes Israel* in Grundzügen, Teil 1: Von den Anfängen bis zur Staatenbildungszeit, GAT 4/1, Göttingen 1984.
Ebeling, Gerhard, Die Bedeutung der *historisch-kritischen Methode* für die protestantische Theologie und Kirche, in: ders., Wort und Glaube, Tübingen [3]1967, 1–49.

Eber, Jochen, Einheit der Kirche als dogmatisches Problem bei Edmund *Schlink*, FÖSTh 67, Göttingen 1993.
Elert, Werner, *(CG)* Der christliche Glaube. Grundlinien der lutherischen Dogmatik, Erlangen (1940) [6]1988.
Enzner-Probst, Brigitte, *Gott dienen? – Gott tanzen! Gottesbild und Gottesdienst aus der Perspektive von Frauen*, in: R. Jost/U. Schweiger (Hg.), Feministische Impulse für den Gottesdienst, Stuttgart/Berlin/Köln 1996, 36–58.
Fiala, Virgil, Rezension: K.F. Müller/W. Blankenburg, Leit. 1–3, *US 12* (1957), 143–151.
Fischer, Konrad, Ein eisenharter Lutheraner. Fällige Erinnerung an den leidenschaftlichen Theologen Peter Brunner, *LM 34* (1995), 23–25.
– *Prota*, Eschata, Existenz. Bemerkungen zur Theologie Peter Brunners, Theologische Texte und Studien 5, Hildesheim/Zürich/New York 1994.
Forster, Karl, *Erwägungen zum kommenden Konzil*, Studien und Berichte der katholischen Akademie in Bayern, Heft 15, Würzburg 1961.
Frauenordination und Bischofsamt. Eine Stellungnahme der Kammer für Theologie, EKD Texte 44, Hannover 1992.
Freiwald, Jan, Das Verhältnis von allgemeinem Priestertum und besonderem Amt bei Luther, Heidelberg 1993.
Frieling, Reinhard, Art. Ökumene, *TRE 25*, Berlin/New York 1995, 46–77.
Gäckle, Volker, Art. Brunner, Peter, Evangelisches Lexikon für Theologie und Gemeinde (*ELThG*) 1, 315.
Gese, Hartmut, Die Herkunft des *Herrenmahls*, in: ders., Zur biblischen Theologie. Alttestamentliche Vorträge, Tübingen 1983, 107–127.
Goertz, Harald, Allgemeines Priestertum und ordiniertes *Amt* bei Luther, MThSt 46, Marburg 1997.
Goppelt, Leonhard, *Das kirchliche Amt* nach den lutherischen Bekenntnisschriften und nach dem Neuen Testament, in: E. Schlink/A. Peters (Hg.), Zur Auferbauung des Leibes Christi. FS P. Brunner, Kassel 1965, 97–115.
Greive, Wolfgang, *Die Kirche als Ort der Wahrheit*. Das Verständnis der Kirche in der Theologie Karl Barths, FSÖTh 61, Göttingen 1991.
Grethlein, Christian, Abriß der *Liturgik*. Ein Studienbuch zur Gottesdienstgestaltung, Gütersloh 1989.
Hahn, Wilhelm, *Gottesdienst und Opfer Christi*. Eine Untersuchung über das Heilsgeschehen im christlichen Gottesdienst, VEGL 5, Göttingen 1951.
Hauschild, Wolf-Dieter, *Die Relevanz von „Barmen 1934"* für die Konstituierung der Evangelischen Kirche in Deutschland 1945–1948, in: ders./G. Kretschmar/C. Nicolaisen, Die lutherische Kirche und die Bekenntnissynode von Barmen. Referate des Internationalen Symposions auf der Reisensburg 1984, Göttingen 1984, 363–398.
– Art. Evangelische Kirche in Deutschland, *TRE 10*, Berlin/New York 1982, 656–677.
Haustein, Manfred, Mystik – Zukunft des Christentums?, *DtPfBl 98* (1998), 327–331.
Hengel, Martin, Historische Methoden und theologische Auslegung des Neuen Testaments, *KuD 19* (1973), 85–90.
Herbrecht, Dagmar u.a. (Hg.), *Der Streit um die Frauenordination in der Bekennenden Kirche*. Quellentexte zu ihrer Geschichte im Zweiten Weltkrieg, Neukirchen-Vluyn 1997.
Herlyn, Okko, Theologie der *Gottesdienstgestaltung*, Neukirchen-Vluyn 1988.
Herms, Eilert, *Einigkeit im Fundamentalen*. Probleme einer ökumenischen Programmformel, in: ders., Von der Glaubenseinheit zur Kirchengemeinschaft.

Plädoyer für eine realistische Ökumene, MThSt 27, Marburg 1989, 111–127.
Herzel, Susannah, *A Voice for Women*. The women's department of the World Council of Churches, Genf 1981.
Hofius, Otfried, Gemeinschaft mit den Engeln im Gottesdienst der Kirche. Eine traditionsgeschichtliche Skizze, *ZThK 89* (1992), 172–196.
Holtz, Gottfried, Die *Pastoralbriefe*, ThHK 13, Göttingen (1966) ⁴1986.
Houtepen, Anton, Ökumenische Hermeneutik. Auf der Suche nach Kriterien der Kohärenz im Christentum, *ÖR 39* (1990), 279–296.
Hütter, Reinhard, Ökumene und Einheit der Christen – abstrakte Wiedervereinigung oder gelebte Einmütigkeit? Ein lutherischer Zugang zu der römisch-katholischen Ökumene-Enzyklika „Ut unum sint – Daß sie eins seien", *KuD 44* (1998), 193–206
– *Theologie als kirchliche Praktik*, BEvTh 117, Gütersloh 1997.
Josuttis, Manfred, *Der Gottesdienst als Ritual*, in: F. Wintzer (Hg.), Praktische Theologie, Neukirchen-Vluyn (1982) ⁴1993, 40–53.
Käsemann, Ernst, *Begründet der neutestamentliche Kanon die Einheit der Kirche?*, in: ders., Exegetische Versuche und Besinnungen I, Göttingen 1960, 214–223.
Kandler, Karl-Hermann, Christi Leib und Blut. Studien zur gegenwärtigen lutherischen *Abendmahlslehre*, AGTL.NF 2, Hannover 1982.
Kant, Immanuel, *Die Religion innerhalb der Grenzen der bloßen Vernunft*, ²1794, in: W. Weischedel (Hg.), I.Kant. Werke in zehn Bänden, Bd 7. Schriften zur Ethik und zur Religionsphilosophie, Teil 2, Darmstadt (1956) 5. repr. 1983, 649–879.
Kasper, Walter, Das Zweite Vatikanum weiterdenken. Die apostolische Sukzession im Bischofsamt als ökumenisches Problem, *KuD 44* (1998), 207–218.
KJ 60.71: Kirchliches Jahrbuch für die evangelische Kirche in Deutschland 60/71. 1933/1944, hg. v. J. Beckmann, Gütersloh (1948) ²1976.
Klassen, Alfred, *Heilsgeschichte* bei Peter Brunner, Selbstverlag, Seeheim-Jugenheim 1990.
Klek, Konrad, *Erlebnis Gottesdienst*. Die liturgischen Reformbestrebungen um die Jahrhundertwende unter Führung von Friedrich Spitta und Julius Smend, Veröffentlichungen zur Liturgik, Hymnologie und theologischen Kirchenmusikforschung Bd. 32, Göttingen 1996.
Knipping, Hans-Helmut, *Gottesdienst und Wirklichkeit*, in: G. Schnath (Hg.), Fantasie für Gott. Gottesdienste in neuer Gestalt, Stuttgart/Berlin ²1965, 47–62.
Koch, Ottfried, *Gegenwart* oder Vergegenwärtigung Christi im Abendmahl? Zum Problem der Repräsentatio in der Theologie der Gegenwart, München 1965.
Kolb, Anton, *Grenzen, Gründe, Gefahren und Ziele der Wissenschaften*. Im Vergleich mit der Theologie als Wissenschaft, in: M. Liebmann (Hg.), Metamorphosen des Eingedenkens. Gedenkschrift der Katholisch-Theologischen Fakultät der Karl-Franzens-Universität Graz 1945–1995, Graz/Wien/Köln 1995, 241–258.
Kraus, Hans-Joachim, *Geschichte der historisch-kritischen Erforschung des Alten Testaments*, Neukirchen-Vluyn (1956) ⁴1988.
Krüger, Friedhelm, *Sakramente*, in: H.G. Pöhlmann u.a., Theologie der lutherischen Bekenntnisschriften, Gütersloh 1996, 136–168.
Kühn, Ulrich, *Die Kirche als Ort der Theologie*, in: ders., Die eine Kirche als Ort der Theologie. Ausgewählte Aufsätze, hg. v. H. Franke u.a., Göttingen 1997, 38–55.
– *Kirche*, HST 10, Gütersloh (1980) ²1990.
– *Sakramente*, HST 11, Gütersloh 1985.

Kupisch, Karl (Hg.), *Quellen* zur Geschichte des deutschen Protestantismus 1871–1945, München/Hamburg 1965.
Lang, Friedrich, Die Briefe an die *Korinther*, NTD 7, Göttingen 1986.
Lange, Ernst, *Chancen* des Alltags. Überlegungen zur Funktion des christlichen Gottesdienstes in der Gegenwart, 1965, ²1966, HCiW 8, NA (hg. v. P. Cornehl) München 1984, Edition Ernst Lange 4.
(*LK*) Die Leuenberger Konkordie. Dokument der Einigung reformatorischer Kirchen in Europa, LM 12 (1973), 271–274.
Lohse, Bernhard, *Luthers* Theologie in ihrer historischen Entwicklung und in ihrem systematischen Zusammenhang, Göttingen 1995.
Lohse, Eduard, Art. Brunner, Peter, *RGG*⁴ 1, Tübingen 1998, 1802.
– Persönliche Stellungnahme des Leitenden Bischofs der VELKD zur gutachtlichen Äußerung von Professor D. Peter Brunner/Heidelberg zu einigen Punkten des Verfassungsentwurfs der Nordelbischen Evangelisch-Lutherischen Kirche, *ZEvKR 10* (1977), 414–417.
Lorenzer Ratschläge, in: Forum Abendmahl. Im Auftrag und unter Mitarbeit des Projektausschusses Abendmahl, Gottesdienst, Fest und Feier des 18. Deutschen Kirchentags in Nürnberg hg. v. G. Kugler, Gütersloh 1979, 159–163 = W. Herbst (Hg.), Evangelischer Gottesdienst. Quellen zu seiner Geschichte, Göttingen ²1992, 326–329.
Lüdemann, Gerd, *Das Unheilige in der Heiligen Schrift*. Die andere Seite der Bibel, Stuttgart 1996.
– *Die Auferstehung Jesu*. Historie, Erfahrung, Theologie, Stuttgart NA 1994.
Luther, Martin, *(LD 8)*, Luther Deutsch. Die Werke Martin Luthers in neuer Auswahl für die Gegenwart, hg. v. K. Aland, Bd. 8, Stuttgart/Göttingen ²1965.
– *(W²)* Dr. Martin Luthers Sämtliche Schriften, hg. v. Johann Georg Walch, (Halle 1740ff), St. Louis/Mo. ²1880ff, repr. Groß-Oesingen 1986f.
– *(WA)* Werke. Kritische Gesamtausgabe, Weimar 1883ff.
(WA DB) Deutsche Bibel.
(WA TR) Tischreden.
Lutherbibel 1984: Die Bibel nach der Übersetzung Martin Luthers, Textfassung von 1984, Stuttgart 1985.
Mahrenholz, Christhard, *Kompendium der Liturgik* des Gottesdienstes. Agende I für ev.-luth. Kirchen und Gemeinden und Agende I für die Ev. Kirche der Union, Kassel 1963.
Martens, Gottfried, Die Frage der Rettung aus dem Gericht. Der Beitrag Peter Brunners zur Behandlung der Rechtfertigungsthematik vor und bei der IV. Vollversammlung des Lutherischen Weltbundes in Helsinki 1963, *LuThK 13* (1989), 14–71.
MD 49, 33f: Zur Rechtfertigungslehre. Votum der Hochschullehrer zur „Gemeinsamen Erklärung zur Rechtfertigungslehre" vom Januar 1998, MD 49 (1998), 33f.
MD 49, 78f: Antwort der katholischen Kirche auf die Gemeinsame Erklärung zwischen der katholischen Kirche und dem lutherischen Weltbund über die Rechtfertigungslehre, MD 49 (1998), 78f.
Mehlhausen, Joachim, Art. Nationalsozialismus und Kirchen, TRE 24, Berlin/New York 1994, 43–78.
Meier, Kurt, *Der evangelische Kirchenkampf*, Bd. 2. Gescheiterte Neuordnungsversuche im Zeichen staatlicher „Rechtshilfe", Göttingen 1976.
Melanchthon Philipp, *(StA)* Melanchthons Werke in Auswahl, Studienausgabe, hg. v. R.Stupperich.
Bd. II,1: Loci communes von 1521, Loci praecipui theologici von 1559 (1.Teil),

hg. v. H.Engelland/R.Stupperich, Gütersloh 1978.
Bd. II,2: Loci praecipui theologici von 1559 (2.Teil) und Definitiones, hg. v. H.Engelland, Gütersloh 1953.
Menge-Bibel: Die Heilige Schrift, übersetzt von Hermann Menge, Stuttgart (1949) NA ^{12}1994.
Merz, Georg, *Priesterlicher Dienst im kirchlichen Handeln*, München 1952.
Meyer zu Uptrup, Klaus, *Zur Transformation des Gottesdienstes*, in: G. Schnath (Hg.), Werkbuch Gottesdienst. Texte – Modelle – Berichte, Wuppertal 1967, 9–52.
Mezger, Manfred, Probleme evangelischer Liturgik. Ein kritischer Bericht, *FAB 8* (1954), 162–174.
Müller, Gerhard, Art. Bekenntnisse, Bekenntnisschriften, *EKL*³ *1*, Göttingen 1986, 413–419.
Müller, Karl Ferdinand, Theologische und liturgische Aspekte zu den Gottesdiensten in neuer Gestalt, *JLH 13* (1968), 54–77.
– Die *Neuordnung* des Gottesdienstes in Theologie und Kirche. Ein Beitrag zur Frage nach den theologischen Grundlagen des Gottesdienstes und der liturgiegeschichtlichen Entwicklung in der Gegenwart, in: L. Hennig (Hg.), Theologie und Liturgie. Eine Gesamtschau der gegenwärtigen Forschung in Einzeldarstellungen, Kassel 1952, 197–260.
Nagel, William, Der Artikel von der Rechtfertigung in seiner Bedeutung für die Entfaltung der Liturgik, *ThLZ 79* (1954), 525–532.
Neuner, Josef/Roos, Heinrich, Der *Glaube der Kirche* in den Urkunden der Lehrverkündigung, Regensburg (1938) ^{12}1971.
Neunheuser, Burkhard, Rezension: P. Brunner, Zur Lehre vom Gottesdienst der im Namen Jesu versammelten Gemeinde, Leit. 1, 83–364, *ALW 4/2* (1956), 463–467.
Nicol, Martin, *Meditation bei Luther*, Göttingen (1984) ²1991.
Niebergall, Alfred, Die Auffassung vom Gottesdienst in den lutherischen Bekenntnisschriften. Eine Säkularerinnerung, *JLH 22* (1978), 15–78.
Niemand, Christoph, „ ... damit das Wort Gottes nicht in Verruf kommt" (Titus 2,5). Das Zurückdrängen von Frauen aus Leitungsfunktionen in den Pastoralbriefen – und was daraus heute für das Thema „*Diakonat* für Frauen" zu lernen ist, *Theologisch-praktische Quartalschrift 144* (1996), 351–361.
Nørgaard-Højen, Peder, *Bekenntnis, Einheitskonzept und Lehrverurteilung*, in: G. Gaßmann/ P. Nørgaard-Højen (Hg.), Einheit der Kirche. Neue Entwicklungen und Perspektiven, Frankfurt a.M. 1988, 79–100.
Nuutinen, Tapani, *Apostolinen evankeliumi*. Peter Brunnerin ekumeeninen metodi, STKJ 173, Helsinki 1990.
Otto, Gert, Handlungsfelder der Praktischen Theologie, *Praktische Theologie*, Bd. 2, München 1988.
Otto, Rudolf, *Reich Gottes und Menschensohn*. Ein religionsgeschichtlicher Versuch, München (1934) ³1954.
– *Sakrament als Ereignis des Heiligen*, 1917, in: ders., Sünde und Urschuld und andere Aufsätze zur Theologie = Aufsätze, das Numinose betreffend, Teil II, München ⁶1932, 96–122.
Pannenberg, Wolfhart, *Systematische Theologie*, Bd. *1*, Göttingen 1988.
– *Systematische Theologie*, Bd. *3*, Göttingen 1993.
Peters, Albrecht, *Evangelium und Sakrament* nach den Bekenntnissen der lutherischen Reformation, 1970, in: ders., Rechenschaft des Glaubens. Aufsätze, hg. von R. Slenczka und R.Keller, Göttingen 1984, 130–179.
– *Gesetz und Evangelium*, HST 2, Gütersloh 1981.

- Ringen um die einigende Wahrheit. Zum Gedenken an Professor D. Peter Brunner, *KuD 29* (1983), 197–224.
- /Thoböll, Jens, In memoriam Peter Brunner, in: *LuJ 50*, Göttingen 1983, 10–12.
- Art. Brunner, Peter, *(ÖL²)* Ökumene-Lexikon. Kirche, Religionen, Bewegungen, Frankfurt a.M. ²1987, 195.
- *(RC 33)* Zum 80. Geburtstag von Peter Brunner, Ruperto Carola. Zeitschrift der Vereinigung der Freunde der Studentenschaft der Universität Heidelberg e.V., 33. Jahrgang, Heft 65/66, 1981, 177f.
- *Realpräsenz.* Luthers *Zeugnis* von Christi Gegenwart im Abendmahl, AGTL 5, Berlin 1960.

Peterson, Erik, *Was ist Theologie?*, in: G. Sauter (Hg.), Theologie als Wissenschaft, TB 43, München 1971, 132–151.

Pöhlmann, Horst Georg, Art. Brunner, Peter, *LThK³ 2*, Freiburg/Basel/Rom/Wien 1994, 730f.
- Peter Brunner im memoriam, *ZEvKR 32* (1987), 1–18.

Pree, Helmuth, *Die Gemeinde als Trägerin der Liturgie in kanonistischer Sicht*, in: A. Bilgri/B. Kirchgessner (Hg.), Liturgia semper reformanda, Freiburg/Basel/Wien 1997, 12–33.

Raiser, Konrad, Hermeneutik der Einheit. Vortrag bei der Sitzung der Plenarkommission für Glauben und Kirchenverfassung. Moshi, Tansania, 15. August 1996, *ÖR 45* (1996), 401–415.

Reese, Hans-Jörg, *„Bekenntnisstand"*, „Lehre der Kirche", „Irrlehre" in der theologischen Diskussion vom 19. zum 20. Jahrhundert, in: W.-D.Hauschild/G. Kretschmar/C. Nicolaisen (Hg.), Die lutherische Kirche und die Bekenntnissynode von Barmen. Referate des Internationalen Symposions auf der Reisensburg 1984, Göttingen 1984, 107–131.

Reinhardt, Paul, Was heißt „lutherische Abendmahlslehre"?, *ELKZ 10* (1956), 389–393.

Riesner, Rainer, *Jesus als Lehrer*. Eine Untersuchung zum Ursprung der Evangelien-Überlieferung, WUNT Reihe 2, 7, Tübingen (1981) ³1988.

Rössler, Dietrich, *Grundriß* der praktischen Theologie, Berlin/New York (1986) ²1994.

Rogge, Joachim, Art. Evangelische Kirche der Union, *TRE 10*, Berlin/New York 1982, 677–683.

Roloff, Jürgen, *Die Kirche im Neuen Testament*, GNT 10, Göttingen 1993.
- Art. Amt/Ämter/Amtsverständnis IV. Im Neuen Testament, *TRE 2*, Berlin/New York 1978, 509–533.
- Der Gottesdienst im *Urchristentum*, in: H.-C. Schmidt-Lauber/K.-H. Bieritz, Handbuch der Liturgik. Liturgiewissenschaft in Theologie und Praxis der Kirche, Göttingen ²1995, 43–71.

Rose, Eugen (Hg.), Lutherisches Bekenntnis in der Union. Siehe Schriften P. Brunners: LBU.

Rothen, Bernhard, *Die Klarheit der Schrift*. Teil 1: Martin Luther. Die wiederentdeckten Grundlagen, Göttingen 1990.

Saft, Walter, Zum Ergebnis der *Leuenberger Gespräche*, in: G. Klapper (Hg.), Die Aktualität des Bekenntnisses, FuH 21, 143–150.

Sasse, Hermann, *Das Abendmahl im Neuen Testament*, in: ders. (Hg.), Vom Sakrament des Altars. Lutherische Beiträge zur Frage des heiligen Abendmahls, Leipzig 1941, 26–78.

Schlatter, Adolf, *Der Brief des Jakobus*, Stuttgart 1932.
- *Die Kirche der Griechen* im Urteil des Paulus. Eine Auslegung seiner Briefe an Timotheus und Titus, Stuttgart 1936.

Schleiermacher, Friedrich Daniel Ernst, *Über das Wesen der Religion*, in: ders., Über die Religion. Reden an die Gebildeten unter ihren Verächtern, II. Rede, hg. v. H.-J. Rothert, PhB 255, Hamburg 1958, 22–74.

Schlink, Edmund, Predigt in der Trauerfeier für D. Peter Brunner, KuD 28 (1982), 2–6.

Schmidt, Kurt Dietrich (Hg.), *Die Bekenntnisse* und grundsätzlichen Äußerungen zur Kirchenfrage des Jahres *1933*, Göttingen 1934.

– (Hg.), *Die Bekenntnisse* und grundsätzlichen Äußerungen zur Kirchenfrage, Bd. 2: *1934*, Göttingen 1935.

Schmidt, Wilhelm F., Repraesentatio, ELKZ 4 (1950), 24–25.

Schmidt-Lauber, Hans-Christoph, *Die Eucharistie als Entfaltung der verba testamenti*. Eine formgeschichtlich-systematische Einführung in die Probleme des lutherischen Gottesdienstes und seiner Liturgie, Kassel 1957.

Schnath, Gerhard (Hg.), *Fantasie für Gott*. Gottesdienste in neuer Gestalt, Stuttgart/Berlin ²1965.

Schnath, Gerhard (Hg.), *Werkbuch Gottesdienst*. Texte – Modelle – Berichte, Wuppertal 1967.

Schneider, Wolfgang. Siehe Aschermann, Hartmut.

Scholder, Klaus, Ursprünge und Probleme der *Bibelkritik* im 17. Jahrhundert. Ein Beitrag zur Enstehung der historisch-kritischen Theologie, FGLP (10. Reihe) 33, München 1966.

– *Die Kirchen* und das Dritte Reich, Bd. *1*, Vorgeschichte und Zeit der Illusionen 1918–1934, Frankfurt a.M./Berlin/Wien 1977.

– *Die Kirchen* und das Dritte Reich, Bd. *2*, Das Jahr der Ernüchterung 1934. Barmen und Rom, Berlin 1985.

Scholz, Heinrich, Wie ist eine evangelische Theologie als Wissenschaft möglich?, ZZ 9 (1931), 8–35; auch in: G. Sauter (Hg.), Theologie als Wissenschaft, ThB 43, München 1971, 221–264.

Schwahn, Barbara, *(ÖAK)* Der Ökumenische Arbeitskreis evangelischer und katholischer Theologen von 1946 bis 1975, FSÖTh 74, Göttingen 1996.

Schwarzwäller, Klaus, *Gottesdienst und Gegenwart. Realpräsenz versus Zeitverfallenheit*. 'Gottesdienst und Entertainment' III, 1991, in: ders., Um die wahre Kirche. Ekklesiologische Studien, Kont. 20, Frankfurt a.M./Berlin/Bern/New York /Paris/ Wien 1996, 165–192.

Schweiger, Ulrike, *Frauen-predig(t)en*. Die Vielfalt geschlechterdifferenzierter Bibelauslegung entdeckt an drei Predigten mit feministischem Anspruch, in: R. Jost/U. Schweiger (Hg.), Feministische Impulse für den Gottesdienst, Stuttgart/Berlin/Köln 1996, 125–145.

Seemann, Michael, *Heilsgeschehen* und Gottesdienst. Die Lehre Peter Brunners in katholischer Sicht, KKTS 16, Paderborn 1966.

Seidel, Uwe/Zils, Diethard (Hg.), *Aktion Gottesdienst* I. Evangelische und katholische Gottesdienstmodelle. Ökumenische Gottesdienste. Gebete – Meditationen – Bekenntnisse, Wuppertal 1970.

Seitz, Manfred, *Hermann Bezzel*. Theologie, Darstellung, Form seiner Verkündigung, FGLP (10. Reihe) 18, Wuppertal (1960) ²1987.

Seraphim, Hans-Christian, Meßopfer und Eucharistie. Weg und Irrweg der Überlieferung, KuD 44 (1998), 238–273.

– Antwort auf die Dogmatische Stellungnahme von Herrn Professor Dr. Reinhard Slenczka „Herrenwort oder Gemeindegebet?", KuD 44 (1998), 285–289.

Slenczka, Reinhard, *(Einführung PE I)* Einführung. Erinnerungen und Hinweise zu Peter Brunner. 25.4.1900–24.5.1981, in: P. Brunner, Pro Ecclesia. Gesammelte Aufsätze zur dogmatischen Theologie, Bd.1, (1962), Fürth ³1990, 13 Seiten am

Beginn des Bandes ohne Seitenzählung.
- Ist die Kritik an der *Frauenordination* eine kirchentrennende Irrlehre? Dogmatische Erwägungen zu einer Erklärung des Rates der EKD vom 20. Juli 1992, in: B. Hägglund/G. Müller (Hg.), Kirche in der Schule Luthers. Festschrift J. Heubach, Erlangen 1995, 185–198.
- *Kirchliche Entscheidung* in theologischer Verantwortung. Grundlagen – Kriterien – Grenzen, Göttingen 1991.
- Die Lehre trennt – aber verbindet das Dienen? Zum Thema: Dogmatische und ethische Häresie (Edmund Schlink zum 70. Geburtstag), *KuD 19* (1973), 125–149.
- Bekenntnis als Deutung, Gemeinschaft und Grenze des Glaubens, *KuD 26* (1980), 245–261.
- Synode zwischen Wahrheit und Mehrheit. Dogmatische Überlegungen zur synodalen Praxis, *KuD 29* (1983), 66–81.
- „Nonsense" (Lk 24,11). Dogmatische Beobachtungen zu dem historischen Buch von Gerd Lüdemann, „Die Auferstehung Jesu. Historie. Erfahrung. Theologie", Göttingen 1994, *KuD 40* (1994), 170–181.
- /Schmidt, Günter R., Zur Krise des kirchlichen Lehr- und Leitungsamtes. Zwei Thesenreihen, vorgelegt bei der Theologischen Konsultation auf Einladung der Bekenntnisbewegung „Kein anderes Evangelium" und des „Theologischen Konventes Bekennender Gemeinschaften" in Frankfurt am 26./27. Februar 1995, *KuD 42* (1995), 160–175.
- Herrenwort oder Gemeindegebet? Eine zur Klärung von dringenden Fragen notwendige Kontroverse, *KuD 44* (1998), 275–284.
- *Luther und die Katholizität der Kirche*, in: A.Skowronek (Hg.), Martin Luther in ökumenischer Reflexion. Symposium zum 500. Geburtstag des Reformators in Warschau 1982, Warschau 1984, 88–109.
- *Nachschriften* der Vorlesungen P.Brunners „Die Lehre vom Gesetz und der Erlösung", „Die Lehre vom Evangelium und dem Werk des Heiligen Geistes", „Ethik I", „Ethik II" und des Seminars „Die Lehre vom Werke Christi bei Anselm und Luther": siehe Schriften P. Brunners.
- Die Auflösung der Schriftgrundlage und was daraus folgt, *ThR 60* (1995), 96–107.
- *(VZ III)* Geist und Buchstabe, in: Th. Schneider/W. Pannenberg (Hg.), Verbindliches Zeugnis, Bd. III: Schriftverständnis und Schriftgebrauch, DiKi 10, Freiburg i.Br./Göttingen 1999, 107–134.
- Jus Liturgicum. Die theologische Verantwortung für den Gottesdienst, ihre Aufgaben und Maßstäbe, *ZEvKR 26* (1981), 263–279.

Sparn, Walter, Evangelium und Norm. Über die Perfektibilität des Bekenntnisses in den reformatorischen Kirchen, *EvTh 40* (NF 35) (1980), 494–516.

Spener, Philipp Jakob, Der *Klagen* über das verdorbene Christentum Mißbrauch und rechter Gebrauch, 1685, in: ders., Schriften, Bd. IV, hg. v. E. Beyreuther, Hildesheim/Zürich/New York repr. 1984, 103–398.

Stählin, Wilhelm, *Das christliche Opfer* in Gottesdienst und Leben, 1943, in: ders., Symbolon. Vom gleichnishaften Denken, Stuttgart 1958, 345–354.
- *Liturgische Erneuerung* als ökumenische Frage und Aufgabe, 1951, in: ders., Symbolon. Vom gleichnishaften Denken, Stuttgart 1958, 294–313.

Stalmann, Joachim, *Vorwort* zu: P.Brunner, Zur Lehre vom Gottesdienst der im Namen Jesu versammelten Gemeinde, Leiturgia. Neue Folge, Bd. 2, Hannover repr. 1993, VIII–XXII.

Steiger, Johann Anselm, „Das Wort sie sollen lassen stahn ..." Die Auseinandersetzung Johann Gerhards und der lutherischen Orthodoxie mit Hermann Rahtmann und deren abendmahlstheologische und christologische Implikate, *ZThK* 95 (1998), 338–365.

Stephan, Horst, Art. Richard Rothe, *RGG*² 4, 2117–2120.

Stolle, Volker, Luther, das „Amt" und die Frauen, *LuThK* 19 (1995), 2–22.

– Im Dienst Christi und der Kirche. Zur neutestamentlichen Konzeptualisierung kirchlicher Ämter, *LuThK* 20 (1996), 65–131.

Stuhlmacher, Peter, *(Römerbrief)* Der Brief an die Römer, NTD 6, Göttingen/Zürich 1989.

– *Zur Predigt am Karfreitag,* in: T. Sorg/P. Stuhlmacher, Das Wort vom Kreuz. Zur Predigt am Karfreitag, Stuttgart 1996, 11–49.

Trautwein, Dieter, *Lernprozeß Gottesdienst.* Ein Arbeitsbuch unter besonderer Berücksichtigung der „Gottesdienste in neuer Gestalt", Gelnhausen/Berlin/München 1972.

Troeltsch, Ernst, Die Dogmatik der *„religionsgeschichtlichen Schule",* in: ders., Gesammelte Schriften, Bd. 2, Aalen (²1922) repr. 1962, 500–524.

Ulrich, Hans G., Art. Bekenntnis, *EKL*³ 1, Göttingen 1986, 409–413.

Ulrich, Hans G./Hütter, Reinhard, *Einführung* zu: G.A. Lindbeck, Christliche Lehre als Grammatik des Glaubens. Religion und Theologie im postliberalen Zeitalter, TB 90, Gütersloh 1994, 7–15.

Urban, Hans Jörg, *Bekenntnis,* Dogma, kirchliches Lehramt. Die Lehrautorität der Kirche in heutiger evangelischer Theologie, VIEG 64, Wiesbaden 1972.

Vajta, Vilmos, Die Hauptprobleme der Lehre vom Gottesdienst, *ELKZ 8* (1954), 262–265.

– *(Gottesdienst)* Die Theologie des Gottesdienstes bei Luther, FKDG 1, Göttingen 1952.

Vogelsang, Erich, Luthers *Hebräerbriefvorlesung* von 1517/18. Deutsche Übersetzung, AKG 17, Berlin/Leipzig, 1930.

Vorlesungsverzeichnis Gießen: Vorlesungsverzeichnis der hessischen Ludwigs-Universität Gießen, Wintersemester 1927/28 – Sommersemester 1936.

Vorlesungsverzeichnis Heidelberg: Personal- und Vorlesungsverzeichnis der Ruprecht -Karl-Universität Heidelberg, Wintersemester 1947/48 – Sommersemester 1968.

Vorlesungsverzeichnis Wuppertal: Vorlesungs-Verzeichnis der Theologischen Schule in Wuppertal (Kirchliche Hochschule), Wintersemester 1945/46 – Sommersemester 1947.

Werner, E., *Übersetzung*: M.Luther, Assertio omnium articulorum, Vorrede (WA 7,95–101), in: J. Cochlovius/P. Zimmerling, Evangelische Schriftauslegung. Ein Quellen- und Arbeitsbuch für Studium und Gemeinde, Wuppertal 1987, 23–29.

Wendebourg, Dorothea, Den falschen Weg Roms zu Ende gegangen? Zur gegenwärtigen Diskussion über Martin Luthers Gottesdienstreform und ihr Verhältnis zu den Traditionen der Alten Kirche, *ZThK* 94 (1997), 437–467.

Wenz, Armin, *Das Wort Gottes* – Gericht und Rettung: Untersuchungen zur Autorität der Heiligen Schrift in Bekenntnis und Lehre der Kirche, FSÖTh 75, Göttingen 1996.

Wenz, Gunther, Theologie der *Bekenntnisschriften* der evangelisch-lutherischen Kirche, Bd. 2, Berlin/New York 1998.

Wiefel-Jenner, Katharina, *Rudolf Ottos Liturgik,* Veröffentlichungen zur Liturgik, Hymnologie und theologischen Kirchenmusikforschung Bd. 31, Göttingen 1997.

Wittenberg, Martin, *Hermann Sasse* und „Barmen", in: W.-D. Hauschild/G. Kretschmar/C. Nicolaisen (Hg.), Die lutherische Kirche und die Bekenntnissynode von Barmen. Referate des Internationalen Symposions auf der Reisensburg 1984, Göttingen 1984, 84–106.

Wolff, Christian, *(1.Korintherbrief)* Der erste Brief des Paulus an die Korinther, ThHK 7, Leipzig 1996.

Zimmerli, Walther, Grundriß der *alttestamentlichen Theologie*, ThW 31, Stuttgart/Berlin/Köln (1972) ⁶1989.

Verzeichnis der Lehrveranstaltungen Peter Brunners

Nach den Vorlesungsverzeichnissen Gießen, Wuppertal, Heidelberg und H. Aschermann/W. Schneider, Hochschule Wuppertal.

Ludwigs-Universität Gießen

SoSe 1925 *Übung:* Kursorische Lektüre der paulinischen Briefe.
(Repetent) *Übung:* Lektüre der Confessio Augustana.

WiSe 1925/26 *Übung:* Kursorische Lektüre aus Briefen des Paulus.
Repetitorium der alten Kirchengeschichte.

WiSe 1927/28 *Übung:* Kursorische Lektüre der kleineren paulinischen Briefe.
Dogmengeschichtliches *Repetitorium*.

SoSe 1928 *Vorlesung:* Das Gottesproblem in der neuzeitlichen Philosophie
(Privatdozent) von Descartes bis Leibniz. Mit anschließender Besprechung von Texten.
Übung: Kursorische Lektüre der Offenbarung des Johannes.
Übung: Kursorische Lektüre der Römerbrieferklärungen des Thomas von Aquin und Luthers (1515/1516).

WiSe 1928/29 *Kolloquium* über Sozialethik im Anschluß an Ernst Troeltsch und Georg Wünsch.
Übung: Kursorische Lektüre der Apostelgeschichte.
Übung: Quellenlektüre zur Geschichte der Alten Kirche.

SoSe 1929 *Vorlesung:* Das theologisch-systematische Denken seit Albrecht Ritschl.
Übung: Kursorische Lektüre der Katholischen Briefe.
Systematisches *Repetitorium:* Die christologischen Stücke der symbolischen Bücher.

SoSe 1930 *Vorlesung:* Die Philosophie und Theologie der Hochscholastik. Mit anschließender Besprechung von Texten.

WiSe 1930/31 *Vorlesung:* Augustin.

SoSe 1931 *Vorlesung:* Der Gottesgedanke in der neueren Philosophie seit Descartes.

WiSe 1931/32 *Vorlesung:* Die christliche Hoffnung (Grundzüge der Eschatologie).

SoSe 1932 *Vorlesung:* Enzyklopädie der Theologie. Zugleich Einführung in das theologische Studium.

WiSe 1932/33 *Vorlesung:* Der Erlösungsgedanke in den Hochreligionen Indiens und das Christentum.

Verzeichnis der Lehrveranstaltungen Peter Brunners 453

SoSe 1933 *Vorlesung:* Einführung in die Theologie Luthers.

WiSe 1933/34 *Vorlesung:* Der Erlösungsgedanke Indiens und das Christentum.
Übung: Calvins Institutio.

SoSe 1934 *Vorlesung:* Enzyklopädie der Theologie. Zugleich Einführung in das theologische Studium.

WiSe 1934/35 *Proseminar:* Die evangelische Lehre von Glaube, Rechtfertigung und Heiligung im Anschluß an Calvins Institutio, Buch III.

SoSe 1935 *Vorlesung:* Das Dogma der protestantischen Theologie des 19. Jahrhunderts.

WiSe 1935/36 *Proseminar:* Anselm.

Kirchliche Hochschule Wuppertal

SoSe 1936 *Vorlesung:* Geschichte der protestantischen Theologie seit der
(Dozent) Aufklärung.
Seminar: Hauptlehrunterschiede zwischen altprotestantischer, lutherischer und reformierter Dogmatik.

WiSe 1936/37 *Vorlesung:* Augustin.
Vorlesung: Dogmatik I.
Seminar: Schleiermachers Glaubenslehre.
Sozietät: Der Gebrauch der Schrift in den lutherischen Bekenntnisschriften.

SoSe 1937 *Vorlesung*: Die Lehre von Gott dem Schöpfer und des Menschen Sünde:
--- (Keine Vorlesungsverzeichnisse der folgenden Semester vorhanden.)

WiSe 1945/46 *Vorlesung:* Theologie der Bekenntnisschriften. Mit Übungen.

SoSe 1946 *Vorlesung:* Dogmatik I.
Seminar: Die zehn Gebote.

WiSe 1946/47 *Vorlesung:* Die Lehre von der Dreieinigkeit.
Vorlesung: Die Frage nach Gott in der Philosophie Kants.
Seminar: Die Lehre von der heiligen Taufe.

Ruprecht-Karls-Universität Heidelberg

WiSe 1947/48 *Vorlesung:* Grundlegung und Gliederung der theologischen Wis-
(Ordinarius) senschaft. Enzyklopädie der Theologie.
Seminar: Rechtfertigung und Heiligung in Calvins Institutio.

SoSe 1948 *Vorlesung:* Geschichte der evangelischen Theologie von der Aufklärung bis Ritschl.
Seminar: Ernst Troeltsch.

WiSe 1948/49	*Vorlesung:* Sozialethik. *Seminar:* Die Theologie der Konkordienformel.
SoSe 1949	*Vorlesung:* Die Geschichte der evangelischen Theologie von Schleiermacher bis Barth. *Seminar:* Die dogmatischen Entscheidungen des Konzils von Trient.
WiSe 1949/50	Grundlegung und Gliederung der theologischen Wissenschaft. Enzyklopädie der Theologie. *Seminar:* Die dogmatischen Grundlagen der Hermeneutik in der neueren Theologie seit Schleiermacher. *Kolloquium:* Grundlegung der theologischen Wissenschaft.
SoSe 1950	*Vorlesung:* Die Lehre von der Schöpfung und von der Sünde. *Seminar:* Das Verständnis der biblischen Schöpfungs- und Sündenfallsgeschichte in der Lehre der Kirche.
WiSe 1950/51	*Vorlesung:* Die Lehre von der Erlösung. *Seminar:* Ausgewählte Texte zur Lehre von der Person Christi.
SoSe 1951	*Vorlesung:* Die Lehre vom Werk des heiligen Geistes: Kirche und Letzte Dinge. *Seminar:* Ausgewählte Texte zur Lehre vom Abendmahl.
WiSe 1951/52	*Vorlesung:* Ethik. *Seminar:* Die Lehre von den letzten Dingen.
SoSe 1952	*Vorlesung:* Geschichte und Kritik der theologischen Prinzipienlehre. Problemgeschichtliche Einführung in die Enzyklopädie der Theologie. *Seminar:* Grundlegung der Theologie und der Dogmatik bei Karl Barth.
WiSe 1952/53	*Vorlesung:* Die Lehre von der heiligen Schrift und ihrer Auslegung. *Seminar:* Die dogmatischen Grundlagen der Hermeneutik bei Luther, Schleiermacher und J.Chr.K.v.Hofmann.
SoSe 1953	*Vorlesung:* Die Lehre von der Schöpfung und der Sünde. *Seminar:* Glaube und Naturwissenschaft in der Theologie Karl Heims. *Oberseminar:* Die dogmatischen Grundlagen der Hermeneutik bei Luther.
WiSe 1953/54	*Vorlesung:* Die Lehre vom Gesetz und von der Erlösung (Christologie). *Seminar:* Die Lehre vom Werke Christi bei Anselm und bei Luther.
SoSe 1954	*Vorlesung:* Die Lehre vom Evangelium und dem Werk des Heiligen Geistes. *Vorlesung:* Die Lehre von den letzten Dingen. *Seminar:* Ausgewählte Texte zur Lehre von der Rechtfertigung

Verzeichnis der Lehrveranstaltungen Peter Brunners 455

WiSe 1954/55 *Vorlesung:* Die Lehre von Gott, dem Einen und Dreieinigen.
Seminar: Augustin, De doctrina christiana.
Oberseminar: Das Verhältnis von Akt und Sein in Theologie und Physik der Gegenwart.

SoSe 1955 *Vorlesung:* Ethik I.
Seminar: Grundlinien evangelischer Ethik in den lutherischen Bekenntnisschriften.

WiSe 1955/56 *Vorlesung:* Ethik II.
Seminar: Schleiermacher, „Kurze Darstellung des theologischen Studiums" und „Der christliche Glaube".

SoSe 1956 *Vorlesung:* Grundlegung der Dogmatik.
Seminar: Die Theologie der reformierten Bekenntnisschriften.
Oberseminar: Die Lehre von Gott nach Thomas von Aquin und Karl Barth.

WiSe 1956/57 *Vorlesung:* Die Lehre von der Schöpfung und von der Sünde.
Proseminar: Die Lehre vom Abendmahl in Luthers Schriften zum Abendmahlsstreit 1527 und 1528.
Seminar: Grundlegung der Ethik bei Karl Barth und Werner Elert.

SoSe 1957 *Vorlesung:* Die Lehre von der Erlösung.
Seminar: Christologie und Rechtfertigung in den lutherischen und in den reformierten Bekenntnisschriften.

WiSe 1957/58 *Vorlesung:* Die Lehre vom Werk des Heiligen Geistes (Pneumatologie, Ekklesiologie, Eschatologie).
Seminar: Schöpfung und Ethos bei Karl Barth und Werner Elert.

WiSe 1958/59 *Vorlesung:* Ethik.
Seminar: Ausgewählte Texte und Untersuchungen zur Lehre von den zwei Reichen.

SoSe 1959 *Vorlesung:* Grundlegung der Dogmatik im Ganzen der Theologie. Dogmatische Prinzipienlehre.
Seminar: Dogmatische Prinzipienlehre bei Otto Weber, Paul Tillich und Regin Prenter.

WiSe 1959/60 *Vorlesung:* Die Lehre von der Schöpfung und von der Sünde.
Seminar: Texte und Untersuchungen zur Lehre von der Erwählung.

SoSe 1960 Vorlesung: Die Lehre von der Erlösung (Christologie).
Oberseminar: Dogmatische Grundfragen der Erwählungslehre.

WiSo 1960/61 *Vorlesung:* Christi Kreuz, Auferstehung und Erhöhung.
Seminar: De servo arbitrio. Dogmatische Grundfragen in Luthers Streit mit Erasmus.

SoSe 1961	*Vorlesung:* Pneumatologie, Ekklesiologie, Eschatologie. *Seminar:* Ausgewählte Texte zur Lehre vom geistlichen Amt.
WiSe 1961/62	*Vorlesung:* Die Lehre von den letzten Dingen. *Seminar:* Texte zur Gotteslehre des Thomas von Aquin und Karl Barths.
SoSe 1962	*Vorlesung:* Ethik I. *Oberseminar:* Der historische Jesus und das christologische Dogma.
WiSe 1962/63	*Vorlesung:* Ethik II. *Seminar:* Hauptfragen christlicher Lebensführung.
SoSe 1963	*Vorlesung:* Grundlegung der Theologie und ihrer Disziplinen. *Seminar:* Wilhelm Herrmann.
WiSe 1963/64	*Vorlesung:* Die Lehre von der Schöpfung und von der Sünde. *Seminar:* Die Lehre vom Menschen bei Karl Barth.
SoSe 1964	*Vorlesung:* Die Lehre von der Erlösung (Christologie). *Seminar:* Die Anfänge der „dialektischen" Theologie.
WiSe 1964/65	*Vorlesung:* Die Lehre von der Erlösung (Christologie) II. *Seminar:* Rechtfertigungsglaube und Schriftverständnis in Luthers Streitschrift „Wider Latomus" 1521.
SoSe 1965	*Vorlesung:* Die Lehre vom Werk der heiligen Geistes: Ekklesiologie und Soteriologie. *Seminar:* Die Taufe.
WiSe 1965/66	*Vorlesung:* Der dogmatische Gehalt von Luthers Kleinem und Grossem Katechismus. *Seminar:* Ausgewählte Texte zur Lehre von den letzten Dingen.
SoSe 1966	*Vorlesung:* Grundriß der Dogmatik in zwei Teilen, Teil I. *Oberseminar:* Tod, Unsterblichkeit, Auferstehung.
WiSe 1966/67	*Vorlesung:* Grundriß der Dogmatik in zwei Teilen, Teil II. *Seminar:* Descensus ad inferos.
SoSe 1967	*Vorlesung:* Die Lehre von Gott. *Seminar:* Die Lehre von Gott in Schleiermachers Glaubenslehre.
WiSe 1967/68	*Vorlesung:* Die Lehre von der Rechtfertigung, der Wiedergeburt der Heiligung. *Seminar:* Die Lehre von der Rechtfertigung in Luthers Galaterkommentar 1531/ 1535.
SoSe 1968	*Vorlesung:* Grundlegung der Dogmatik. Zugleich Einführung in das dogmatische Denken. *Seminar:* Schrift und Tradition.